프린스턴 채플 설교 노트

PRINCETON SERMONS Outlines of Discourses Doctrinal and Practical

교리적이고 실제적인 설교 개요

찰스 하지 지음

존 머리 서문 | 유태화 감수

프린스턴 채플 설교 노트

아바서원

찰스 하지의 생애와 건강한 신학에 정초한 신앙의 한 증언으로서 설교 노트

유태화(백석대학교 신학대학원, 조직신학)

생애와 학문의 여정

찰스 하지^{Charles Hodge, 1797-1878}는 북아일랜드에서 미국으로 이주한 부모에게서 출생하였다. 부친인 휴^{Hugh Hodge}는 프린스턴대학교를 졸업한 인물로, 시민전쟁 당시 군인으로서 복무한 후 메리^{Mary Blanchard}와 혼인하였다. 둘 사이에는 네 명의 아들이 있었지만 찰스 하지와 한 살 터울인 그의 형 ^{Hugh L. Hodge, 1796-1873}을 제외하고는 모두 황열병으로 사망하였다. 부친은 하지 출생한 후 몇 개월이 지나지 않아 유명을 달리하였고, 하지는 모친의 보살핌 아래 비교적 부유했던 친척의 재정적인 지원을 받으면서 잘 양육되었다. 수려한 외모 못지않은 깊은 경건을 추구했던 모친은 아들의 영민함을 알아차리고, 1812년 하지의 프린스턴대학교 입학을 돕기 위해 이사까지 했다고 알려진다.

하지는 1812년에 입학하여 인문학적인 소양을 쌓았던 프린스턴대학교를 1815년에 졸업하게 되었는데, 졸업하기 1, 2년 전쯤 참석했던 한 신앙 관련 집회에서 그리스도 예수를 향한 인격적인 회심을 경험했다. 그는 프린스턴대학교를 졸업할 무렵 학창 시절 그의 이모저모를 관찰할 기회를 가졌던 스승인 아치볼드 알렉산더^{Archibald Alexander, 1772-1851}로부터 신학대학원 입학 권면을 받았고, 졸업하던 1816년에 곧바로 프린스턴대학교 신학대학원에 진학했다. 하지가 프린스턴대학교와 신학대학원을 다니면서 깊은 영향을 받은 학자로는 아치볼드 알렉산더와 새뮤얼 밀러^{Samuel Miller, 1769-1850}

를 꼽을 수 있는데, 그들로부터 성경, 신학, 교회사에 대한 학문적인 관심뿐만 아니라, 경건 훈련의 필요성과 중요성에 눈을 뜬 것으로 알려진다. 신학과 관련하여 하지는 개혁교회the Reformed Church의 정통신학을 구현했던 프란시스 튜레틴François Turrettini, 1623-1687의 신학에 깊은 관심을 보였으며, 1819년 비교적 우수한 성적으로 졸업한 후 1821년에 목사안수를 받았다.

그는 신학대학원 과정뿐만 아니라 졸업 후 1년여를 히브리어에 깊은 관심을 기울였고, 이것이 바탕이 되어 프린스턴대학교 신학대학원에서 히브리어를 강의할 수 있는 기회를 갖게 되었으며, 결과적으로는 그 역량을 인정받아 1822년에 고대근동을 포함한 히브리 문학을 담당하는 교수로 임용되었다. 미국에서만 공부했던 그는 프린스턴대학교 신학대학원의 허락을 받아 유럽으로 '일종의' 유학을 떠나게 되었다. 1826-1828년에 걸쳐 하지는 프랑스의 파리에 들러 불어와 시리아어와 아라비아어를 접했고, 독일의 할레에 들러 오직 성경의 원리를 붙잡고 살았던 게오르그 뮬러Johann G. F. Müller, 1805-1898와 성경 원어에 정통했던 프리드리히 톨룩Friedrich A. G. Tholuck, 1799-1877을 만나 교제했다. 베를린에서는 셈족언어와 아라비아어에 정통한 실베스터 드 싸시Baron Silvestre de Sacy, 1758-1838, 신학에 뿌리를 튼 합리주의에 대하여 대대적인 전선을 형성했던 에른스트 행스텐베르크Ernst W. T. H. Hengstenberg, 1802-1869, 플라톤의 철학에 정통한 사상가로서 슐라이어마하의 경험주의를 비판적으로 극복하는 의중을 담아 고대교회사 연구에 집중했던 아우구스트 네안더Johann A. W. Neander, 1789-1850의 강의를 들었을 뿐만 아니라, 당대의 베를린대학교 신학부의 대표적인 학자로서 경험주의 신학의 꽃을 피웠던 프리드리히 슐라이어마허Friedrich D. E. Schleiermacher, 1768-1834의 신학을 접할 기회를 얻었다.

미국적인 경계 내에서 받은 신학 수련이 유럽의 맥락에서 확장 심화되는 과정을 가질 수 있었으나, 신학대학원에 재학하던 시절 프랜시스 튜레틴을 통해서 맛보았던 개혁신학의 정통성을 견지하는 일에 일생 실패하지 않았다. 오히려 유럽에서 흥왕하던 합리주의적인 비평주의의 실체를 꿰뚫어 파악하는 힘을 길렀으며, 그런 유형의 진보적인 신학이 프린스턴대학교 신학부에 상륙하여 번성하는 일을 방지하는 일에 성공적인 역할을 수행하는 계기가 되었던 것으로 평가되기도 한다. 그렇지만 유럽에서 2년여를 체류하면서 가졌던 학자들과의 학문적인 만남을 통하여 계몽주의라는 흐름이 마치 존재하지 않는 것처럼 신학하는 위험을 피할 수 있었고, 충분한 관련 지식과 이해를 인지한 상태에서 신학을 추구함으로써 더욱 명석하게 성경을 연구할 수 있었고, 자연스럽게 변증적인 형태로 실제 적용을 꾀할 수 있었다.

게다가 하지는 이런 특별한 계기를 통하여 자신이 관심을 갖고 작업했던 히브리어에 대한 심층적인 이해를 더 하였으며 성경해석학의 다양한 방법론에 눈을 뜨게 되었다. 이런 경험을 하고 프린스턴대학교 신학대학원으로 다시 돌아왔을 때 구약성경언어 영역의 지도적인 학자로서 성경해석학 영역에서 한동안 두드러진 영향력을 떨칠 수 있었다. 얼마 지나지 않아 자신이 담당했던 영역의 전공자가 등장하면서 하지는 관심 영역을 신약으로 옮기게 되었으니, 그 기간이 대략 1840~1854년에 걸쳐 있다. 이 기간에 하지는 로마서와 에베소서와 고린도전후서 주석을 쓰면서 성경의 교훈을 집대성하여 교회의 신앙고백을 찾아가는 작업을 병행하였는데, 성경신학적인 관심사를 반영하여 성경의 핵심적인 교훈을 집대성하는 일종의 교훈신학 Didactic Theology을 한 셈이다. 1854년부터 1874년 소천하기까지 하지는 그가 일생을 통하여 추구했던 성경주석, 성경신학에 더하여 변증신학 Polemic Theology에 관심을 기울인 결과 자신의 최고의 작품인 《조직신학》을 출간할 수 있었다.

이런 여정을 볼 때, 하지는 대학생 시절에 인격적으로 그리스도 예수를 받아들인 진정한 회심의 사람이었을 뿐만 아니라 당대에 공유되었던 학문성을 고려하며 성경을 읽고 묵상하는 힘을 가진 신학자로서 성경의 교훈을 조직화하여 진술할 수 있는 학문적인 힘을 지닌 학자였다고 말할 수 있다. 그것을 통하여 그가 직면했던 시대정신을 읽고 분석하여 현실 적합성을 찾아내고 동시대인이 수렴 가능한 내용으로 재해석하여 변증할 수 있는 능력을 지닌 신학자였다. 텍스트인 성경의 세계를 정확하게 읽어낼 힘을 가진 학자이면서 동시에 콘텍스트인 그 시대의 다양한 문제를 파고들어 분석하고 정오를 가려 방향을 제시할 수 있는 지식인이었기에, 하지는 텍스트와 콘텍스트 사이에 구체적인 가교를 놓을 수 있었다. 무엇보다도 당대의 지성인들 사이에서 기독교의 복음이 어떻게 들려져야 하는지에 대하여 늘 새롭게 고민하는 전도인의 삶을 꾀한 인물로도 볼 수 있을 것이다.

남긴 작품들을 통해서 보는 하지의 신학 세계

젊은 시절에 고대근동문헌과 구약성경에 관심을 기울이면서 학문적인 역량을 키운 하지는 중년에 접어들면서 신약으로 관심사를 옮기고 본격적인 학문 활동을 꾀하였다. 특별히 고린도전후서, 에베소서, 로마서의 주석을 집필하면서 성경 그 자체의 의미를 파고드는 작업을 성공적으로 수행하였다. 늘 그렇듯이 현재의 관점에서 보완되어야 할 어떤 지점이 없는 것은 아니지만, 특별히 로마서 주석의 경우는 여전히 읽고 반영할 만한 내용을 담고 있는 연구 결과물로 평가될 수 있을 것이다. 그는 상아탑에 파묻힌 학자로만 남지 않았다. 학교의 담장을 넘어 교회의 현실에도 늘 관심을 기울였던 결과 1840년에 프린스턴대학교 신학대학원을 근간으로 형성되었던 장로교회의 신학과 실천을 변호하는 역작을 출간하기도 했기 때문이다. 이 책을 집필함으로써 미국 장로교회의 정체성을 명확하게 드러내는 일에 성공했다고 평가받는다. 이와 같은 교회에 대한 애정과 관심은 자연스럽게 경건에 대한 관심으로 이행되었고, 그리스도인이 삶을 어떻게 전개해야 하는지와 관련된 중요한 저술을 세상에 내놓기에 이른다. 이 책은 일종의 경건 서적으로서 그리스도인이 지향해야 하는 건강한 삶이 무엇인지 보여주는 친절함이 반영된 것이었기에, 일선에서 주일학교 교육을 담당하는 이들에게 일종의 지침서로 받아들여졌다. 삶에서 경건을 지향하는 이런 성향은 스승인 밀러와 알렉산더뿐만 아니라 아마도 경건한 모친에게서 상속한 것으로 볼 수 있다. 이처럼 학문과 경건이 어우러지는 오랜 묵상의 시간 끝자락에 자신의 성숙한 신학을 집대성한 세 권의《조직신학》을 출간하였는데, 이 작품을 통하여 하지는 비로소 개혁신학자로서의 자신의 위상을 세계에 알리게 되었다.

생애의 말년에 출간한《조직신학》이라는 명저magnum opus는 일생에 걸쳐서 경건한 학문을 추구했기에 가능한 일이었을 것이다. 사실 조직신학은 성경에서 순수한 교의를 뽑아 형성하는 교훈신학의 범주를 포함하면서도 보다 더 너른 이해 지평을 끌어안는다. 현실에서 발생하는 다양한 이슈를 품고 고민하면서 그 구체적인 대안을 찾아가는 노력을 내포하기 때문이다. 사실, 하지는 교수 생활의 전 과정에서 잡지를 통하여 다양한 주제와 관련된 글을 써서 그가 살던 당시의 현안에 즉각적인 참여를 표명하기도 하였다. 그의 관심사는 성경적이고 건강한 주석뿐만 아니라 경건, 신학, 교회사, 교회의 다양한 현안, 철학, 정치, 사회적인 관심을 포괄하였다. 하지는 가령 낙태, 노예, 시민전쟁과 같은 영역에 대하여도 자신의 구체적인 입장을 드러냈다. 이런 그의 관심과 추구가 교훈신학을 넘어 변증적인 성격을 강하게 반영한 자신의 조직신학이라는 저술을 낳게 한 것이다.

특별히 하지는 학문적인 신학을 추구한 인물로 알려진다. 소위 경건한 이성의 중요성을 강조했다. 신학이 말씀하시는 하나님의 말씀을 듣는 것에서 출발한다는 사실에 대하여는 일보의 양보도 없었으나, 신학의 객관적인 자료인 성경과 신학의 주관적인 원천인 성령의 조명 사이에서 거듭난 이성의 분별하는 힘을 상쇄하는 일에 대하여는 매우 전투적이었던 인물이다. 혹자는 하지가 드러낸 이성의 역할이 성경 위에 서거나 혹은 성령의 조명을 압도하는 것처럼 읽는 경우도 없지 않으나, 실은 그런 지경까지 이성을 높였다고는 볼 수 없다. 오히려 거듭난 이성은 객관적인 규범으로서 성경과 주관적 사역으로서 성령의 조명을 받아들인 상태에서 현실 세계를 분석하여 그 구체적인 정신을 찾아냄으로써 수용할 것과 수용하지 말아야 할 것을 분별하는 일을 구체적으로 수행하는 그런 역할을 하는 것으로 적극적으로 정의했다고 보는 것이 맞을 것이다.

인간의 경험에 부착된 내용을 파악하고, 그것에서 신적인 계시를 찾아, 그 계시의 순수성을 단계적으로 추구함으로써 순수한 신적인 계시에 도달할 수 있다고 믿었던 프리드리히 슐라이어마허의 신학에 맞설 수 있는 그런 신학의 세계를 추구한 인물로 하지를 파악하는 것이 더 옳을 것이다. 성경 계시 그 자체의 신빙성을 의심에 붙이고, 성령이 형성하는 경험적 자산을 분석하는 이성의 힘을 믿었던, 그것으로써 신의 순수한 실재에 도달할 수 있다고 믿었던 슐라이어마허와는 구별되는 개혁신학의 이해 지평을 만들어 내고자 하는 열정을 하지에게서 볼 수 있다는 말이다. 성령의 인도를 따르는 이성이 하나님의 말씀에 근거하여 시대사조를 분석하고, 그 안에서 하나님의 계시가 이해 가능하게 들리도록 자신의 모든 힘을 다 쏟아 부은 인물이 바로 하지였던 셈이다.

특별히, 《프린스턴 채플 설교 노트》가 담고 있는 세계

신학대학원을 졸업하면서 순회설교자로 봉사하는 일을 기뻐했듯이 하지는 일생 설교하는 일에도 관심을 지속적으로 기울였는데, 그 열매가 바로 이 책이다. 그의 생애를 전체적으로 일람하면서 충분히 느낄 수 있듯이 그가 한편으로 성경 그 자체에 대한 관심을 일관되게 가졌던 것이 사실이다. 그 결과 교훈신학을 형성하였지만, 다른 한편으로 세상사의 다양한 조류를 파악하는 가운데, 그리스도인과 교회가 자신과 세상에 대하여 어떤 답을 내놓아야 하는지에 관심하는 조직신학에 대한 열정을 일생 집요하게 가져간 것도 사실이다. 조직신학의 세세한 주제는 현장에서 논란이 되는 다양한 논의를 그 배경에 두고서 형성되어왔기에 단순한 이론의 전개만은 아니라고 보아야 한다. 특별히 그런 관심사를 설교의 형태로 기회가 있을 때마다 드러냈고, 그런 결과물을 엮어낸 것이 바로 이 책이다.

다양한 주제를 묵상하고 그렇게 무겁지 않게, 소박하면서도 깊이 있게 풀어낸 그리 길지 않은 내용의 글이 248개의 주제로 이 책에 담겨 있다. 프린스턴대학교 신학대학원에는 토요일마다 신학교 교수들이 돌아가면서 설교하며 신학생들과 교류하는 시간이 있었다. 《프린스턴 채플 설교 노트》는 사실 이 집회에서 자신의 순서가 올 때마다 하지가 신학생들과 나눴던 설교를 엮은 것이다. 설교 노트에 반영된 주제의 순서는 실제 설교의 순서는 아니다. 현재의 최종본은 편집본이다. 달리 말하면, 하지가 현재 책의 목차를 따라서 논리정연하게 설교하지 않았다는 말이다. 편집자의 편집 의도에 따라 엮어가는 과정에서 조직신학의 주제 순서로 배열된 결과물이다. 그럼에도 불구하고, 자연스럽게 혹은 자유롭게 행했던 다수의 설교에 반영된 신학적인 일관성, 혹은 목회 철학만큼은 매우 일관되게 반영되어 있는데, 이것은 하지가 그만큼 잘 정돈된 신학을 구비하였기에 가능한 일이었을 것이다.

주제마다 성경을 사랑하는 조직신학자로서 작성한 설교 초안의 느낌을 드러내는 형식을 취하고 있는데, 거의 모든 문장이 비록 성경 구절을 명시하지 않은 경우에서조차 성경 구절들로 이루어졌다고 말할 수 있을 정도로 성경을 깊고 폭넓게, 그리고 집중적으로 반영하고 있다. 성경 본문과 직접 씨름함으로써 그 안에서 활동하시는 하나님을 묵상하며, 하나님께서 당신의 자녀들에게 원하시는 바를 회중과 공유하는 목회자의 마음이 더 많이 반영된 설교로 보아도 무방할 것이다. 다른 말로 성경을 따라서 하나님을 알아가고, 회중을 목양하려는 목회자나 목회자 후보생이면 누구나 공유할만한 관심사를 반영하고 있다는 말이다. 하지도 신학 강연의 시간으로 생각했다기보다는 후배요, 미래의 목회자인 학생들이 지향해야 하는 목회의 현장을 보면서 그 시간을 성경적이고 설교적인 언어로 채웠다고 보아야 할 것이다. 신학을 연마하고 목회자와 설교자로 살아가는 과정에서 이 정도의 수준으로 기독교 신앙의 내용을 편안하고 자연스럽게 드러낼 수 있어야 한다는 후배들을 향한 어떤 바람이 느껴지기도 한다. 사실 장로교회의 회중은 어느 정도의 학식을 구비해야만 장로교회의 독특한 경건의 세계를 맛볼 수 있다.

성경과 신학뿐만 아니라 다양한 영역의 독서를 주도면밀하게 지속했던 하지의 부지런함이 장로교회의 정신을 설교로 쉽게 풀어내어 회중과 공유할 수 있는 자유로움을 경험할 수 있도록 돕지 않았을까 싶다. 여기에 담긴 내용을 읽어보면, 조직신학적인 엄밀함을 따라서 진술되고 배열되었다기보다는 다소간 내용이 중복되거나 더 보태야만 설득력이 배가되는 지점이 가끔 눈에 띄기도 하는데, 그 이유가 바로 회중에게 친근하게 다가서려는 설교 노트의 성격을 가졌기 때문일 것이다. 설교자는 회중의 상황에 적응하는 과정에서 논리의 엄밀성이나, 내용의 치밀성을 살짝 내려놓아야 할 때도 없지 않다. 정보 층이 꼭 두터워야만 설득적 효과가 커지는 것은 아니기 때문이다. 회중의 상황에 적응하여 하나님의 의중을 더욱 극대화하려는 이런 태도는 성숙한 설교자에게서 자연스럽게 흘러나오는 하나님의 성품일 것이다.

비록 조직신학의 순서에 따른 순차적 설교는 아니지만, 그때그때의 상황에 맞추어 랜덤하게 주제를 선택하여 설교한 내용의 논리적인 순차 배열에서 확인할 수 있듯이 하지는 성경 그 자체가 내포하는 균형을 잘 유지하는 건강한 설교자였다. '오직 성경으로$^{sola scriptura}$'라는 입장에만 서 있으면, 설교자의 주제 편식이 일어날 수 있다. 자신의 개인적인 상황이나 교회의 다급한 필요에 매몰됨으로써 특정한 주제나 관심사로만 설교를 채울 수 있는 가능성이 있기 때문이다. 이런 이유로 건강한 설교자는 '전체 성경으로$^{tota scriptura}$'라는 측면을 항상 유념해야 한다. 설교자는 회중이 전체 성경의 다양한 메시지를 접할 수 있도록 신중하게 마음을 써야 한다는 것이다. 이런 설교가 제공되어야만 균형을 갖춘 그리스도인으로 세상을 직면할 수 있고, 시대와 자신을 분별하며 건강한 삶을 노정할 수 있기 때문이다. 이런 점에서 하지의 설교 노트는 성경 전반의 메시지를 균형 있게 담아 설교하고자 하는 목회자에게 매우 안전하고 소중한 기초 자료로 기능할 수 있을 것으로 예상된다.

한국 교회의 강단과 찰스 하지의 설교 노트
하지나 조나단 에드워즈와 같은 기독교 설교자들이 담아냈던 설교의 내용에 비하면, 국내외를 막론하고 오늘의 설교는 그 내용이 지나치게 단순하거나 너무 많은 여백으로 남겨지는 경향이 없지 않다고 생각한다. 설교 시간도 상당히 짧아진 것이 사실이고, 설교의 내용도 복음 전도라는 최소의 요구에 머무는 경우가 많기 때문이다. 그만큼 세속화가 진행되어 비그리스도인이 다수를 점하는 상황이 초래되어 명료하면서도 단순함에 깃든 효율적인 복음의 제시가 요구되는 상황이기 때문일 것이다. 혹은 오순절주의Pentecostalism의 여파로 설교의 포괄성과 엄밀성보다는 종교적 경험이 우선시되는 상황을 전방위적으로 직면하고 있기 때문이기도 할 것이다.

1990년대 중반에 접어들면서부터 한국 교회는 그간의 제자 훈련이라는 지성과 의지의 결합체로서 교회의 지향성을 슬며시 내려놓으며 종교적 경험을 추구하는 전환을 꾀하게 되었다. 70년대에 출생한 청년을 중심으로 교회 안에 찬양집회의 열풍이 일었고, 젊은 인파가 다양한 형태의 모임으로 그 모습을 드러내기 시작하였다. 소위 말하는 엑스세대 혹은 오랜지족이라고 불리던 세대인데, 베이비부머세대의 자녀들로서 가난을 구체적으로 경험하지 않은 세대를 중심으로 일어난 교회의 새로운 트랜드였다. 미국식 교회음악과 오순절식 열정이 교묘하게 들러붙어서 형성된 흐름으로써 부르주아적인 종교적 경험 혹은 부심 가득한 종교적 감흥을 추구한다는 점에서 그 뚜렷한 특징을 찾아볼 수 있다.

하나의 주제로 20-30분의 설교가 행해지기 전후로 세대의 음악에 담은 찬양을 지치도록 열정적으로 부르며, 종교적인 감흥을 즐기는 새로운 형태의 영성이 노정되기 시작한 것이다. 아마도 제자훈련이라는 지성 일변도의 흐름에 대한 반작용이나 되는 듯, 대형집회중심의 교회로 재구성되면서 찬양하는 일에 마음을 쏟는 일이 불길처럼 번진 것이다. 이런 흐름과 함께 일대일 양육이라는 제자훈련보다는 가벼운 형태의 양육이 실행되었는데, 일대일이라는 형식에서 비롯되는 주관적인 판단에 매몰되는 경향을 보여주게 되었다. 하나님의 말씀이라는 객관적인 표준, 십계명이라는 불변의 하나님의 뜻보다는 과도하게 상대방의 상황에 공감하게 되는 일대일의 구조 내에서 하나님의 뜻이 주관적으로 재해석되어 기준이 사라지는 지경으로 내몰리는 일이 다반사로 일어나게 되었다.

자연스럽게 교회의 가르침의 균형도 깨지지 않을 수 없게 되어, 칭의와 성화의 환원 불가능한 구조도 해체되고 말았다. 한편에서는 칭의 일변도의 값싼 은혜에 기초한 설교와 교육이, 다른 한편에서는 성화에 매몰되어 은혜를 상실한 채 윤리적 개혁을 지향하는 메마른 설교와 교육이 자행되기에 이른다. 교회는 성장하는 듯 보였지만 종말론적 공동체로서의 교회의 정체성은 흐릿해지는 일이 뒤 따랐다. 산업화 이후 세대가 누리는 경제적인 안정에 수반되는 윤리적인 일탈이 세속사회뿐 아니라 교회 안에서도 터져 나오기 시작하는데, 교회는 이미 그런 흐름을 되돌릴만한 힘을 갖고 있지 않았다. 교회 현장에서부터 세속화가 시작된 것이다. 찬양도 신 중심성에서 다소간 벗어나면서 인간의 내면적 위로나 치유 쪽으로 선회하기 시작하였고, 설교 자체도 세속화의 흐름에 삼켜버리고 대중영합적인 흐름을 좇는 일이 일어나게 되었다. 그리스도 예수와 연합함으로써 제공되는 은혜는 그 은혜에 합당한 삶을 요구하지 않는 값싼 종교적 경험을 양산하는 쪽으로 선회하고 대중의 기호와 필요를 충족하는 기재로 전락할 위기에 빠지게 된 것이다.

게다가 신생아 출산의 위기까지 겹쳐 학령인구절벽 시대를 맞으면서 초등학교의 축소와 폐교에 거의 상응하는 방식으로 교회의 교회학교도 축소되거나 혹은 사라지는 일이 뒤 따랐다. 교회의 중심을 이루었던 베이비부머 세대의 은퇴가 진행되고, 교회의 재정은 자연스럽게 축소되는 조짐이 구체화하기에 이르렀다. 교회미래학자들은 한국 교회의 미래를 매우 비관적으로 그리고 있다. 이런 분위기가 지속된다면 교회는 대형교회와 소형교회로 재편되는 일이 일어날지도 모를 상황이다. 생존을 꾀하는 과정에서 사역자를 두지 않는 소그룹중심의 형제자매회로 축소되는 일이 일어날지도 모를 일이다. 밖으로는 인구절벽이, 안으로는 세속화가 교회를 둘러싸고 있다. 이런 흐름이 만연되도록 지켜보고만 있을 수는 없지 않은가 싶지만, 대체적인 분위기가 암울하다.

뭔가 흐름을 뒤집는 전환이 모색되어야 할 상황이다. 조심스럽지만 아직 한국 교회가 자정을 꾀할 수 있는 상황에 있다고 믿는다. 한국 교회가 자기를 성찰하고, 하나님의 말씀의 안내를 따라서 자신의 삶을 새롭게 하여 하나님의 뜻을 추구하는 교회로 전환을 꾀한다면, 암울한 현실을 딛고 미래를 꾀할 수 있는 저력을 아직은 갖고 있다고 판단된다. 이런 점에서 현금의 한국 교회의 어려움은 하나님의 연단의 과정이라고 볼 수 있을 것이다. 아주 버리진 않으셨기 때문이다. 코비드19 상황을 겪으면서 한편으로 진정한 그리스도인은 예배의 소중함과 회집의 중요성을 골수에 사무치도록 경험했을 것이지만, 다른 한편으로 뭔가 모를 해방감을 느끼며 비정상의 정상화를 꾀하는 움직임도 일어나지 않을까 싶다. 새로운 상황의 전개와 함께 그럼에도 교회는 다시 모이는 교회로 자신을 꾀하는 길을 모색해야 할 것이다. 교회가 자기 갱신을 꾀할 수 있는 길은 무엇보다도 강단의 갱신에서부터 시작되어야 한다. 다시 회집된 곳에서 하나님의 말씀이 "명확하게" 그리고 "포괄적으로" 선포되어야 하고, 그런 말씀을 반영하는 보편적이면서도 구체적인 사귐이 일어나야 한다.

갱신의 비전 가운데, 세속화의 흐름을 깨고 다시 하나님 앞에 회중이 세워지는 일을 꾀하는 일은 하나님의 말씀의 "온전한" 선포를 통해서만 가능하다. 감정과 경험의 범주를 넘어서 객관적인 하나님의 말씀이 제안되어야 한다. 지성일변도의 경화된 제자훈련의 반복을 넘어설 뿐만 아니라, 종교적 감흥에 몰입된 주관주의적인 흐름을 깨트리는 일이 동시에 일어나야 한다. 설교와 교육에서 인류를 향한 하나님 아버지의 구원의 경륜이 포괄적으로 제안될 필요가 있고, 그리스도 예수 안에서의 칭의와 성령의 사역을 통한 성화의 균형이 살아나야 하고, 이로써 삼위 하나님의 성품에 대한 바른 이해를 도모해야 한다. 성경을 관통하는 핵심적인 교훈을 충분히 배우고 확신하는 일에 거하도록 양육되어야 한다. 구원에 참여한 자들의 공동체로서 교회의 정체성을 성경의 메시지에 접근하여 명확히 드러내고, 종말론적인 공동체로서 교회가 세속화된 세계에서 어떤 삶을 구현해야 하는지에 대한 삼위 하나님의 비전에 눈을 떠야 한다. 그리스도 예수의 다시 오심을 고대하는 종말론적인 공동체로서 기독교가 성령 안에서 이 세대를 살아가면서 하나님 아버지 앞에서 추구해야 하는 경건이 무엇인지를 구체화할 수 있는 객관적인 안내가 긴요한 시점에 하지의 설교 노트에 반영된 이런 신학적인 묵상이 적실한 방향을 찾아가는 포괄적이고 구체적인 설교의 한 양상을 보여줄 수 있지 않을까 생각된다.

현실의 고민을 끌어안는 일에서 하지를 넘어 자신으로

하지도 역시 시대의 아들이었다. 그가 살고 사유하며 하나님을 예배하던 시절의 미국은 남북 간의 긴장이 연속되었고, 나라가 나뉠지도 모르는 상황에 놓여 있었다. 소위 노예 해방 문제를 어떻게 다루어야 할지에 대한 것이었다. 삼차 산업을 기반으로 형성된 북부는 노예제도를 해방하는 쪽으로 가닥을 잡았고, 일차 산업 구조를 유지해야 했던 남부는 여전히 노예제도의 존치를 노정했던 상황이었기 때문이다. 이것은 비단 미국이라는 국가의 문제였을 뿐만 아니라, 남북에 걸쳐서 존립하고 있던 교회의 문제이기도 하였다. 장로교회가 총회로 모이게 되면 자연스럽게 노예제도에 대한 입장을 표명하지 않을 수 없었기에, 신학자요 목사로서 하지는 노예제도에 대안 견해 표명을 하지 않을 수 없었다.

하지가 노예 문제에 대하여 어떤 관점을 표명하였는지에 대하여, 조금 구체적으로 말하면 입장의 선회가 있었는지의 여부에 대하여 약간의 논란이 없지 않다. 물론 하지는 자신의 입장에 어떤 본질적인 변화도 없었다고 명확하게 견해를 드러내긴 했지만, 논란은 여전하다. 그러나 하지가 상식실재론철학이라는 공동의 자산을 상속한 그 시대의 아들이라는 점에서 이 논란을 살핀다면, 그의 입장은 변하지 않았다고 말할 수 있을 것이다. 주변인의 관찰에 따르면 북부에 살았던 하지조차도 한동안 집안에 노예를 두었던 것으로 보인다. 그러나 그는 남부인들이 노예를 대하는 것처럼 노예를 대하는 것에 대하여는 동의하지 않았다. 노예에게도 교육의 기회, 결혼의 기회, 가족을 구성할 기회, 자녀들이 부모의 양육을 받을 수 있는 기회, 직업교육의 기회를 제공함으로써 노예이나 인격적인 대우를 해야 한다고 주장했기 때문이다. 상식실재론철학을 수용했던 하지는 이런 정도의 범주가 성경에서도 관찰된다고 생각했을 것이다. 그러나 하지는 적어도 현상 유지를 존치하고자 하는 노력이나 제안을 했던 것은 아니다. 이런 대우를 하다 보면, 자연스럽게 노예제도는 해체되고 논란은 사라질 것이라고 보았고, 이것이 하나님께서 섭리하시는 길이라고 믿었기 때문이다.

이렇듯 노예제도에 대한 점진적인 개선의 밑그림을 제시했음에도 불구하고, 하지는 적어도 인종차별적인 생각을 가진 사람이었다는 점은 언급해 두어야 할 것이다. 그의 이런 모든 사유의 전제로서 흑인은 열등하다는 가치를 견지하기 때문이다. 미국 동부의 백인으로서, 존경스러운 프린스턴신학대학원의 디바인divine으로서 그는 흑인에 대하여 자신이 속한 집단의 우월함이라는 생각을 갖고 살았던 것은 분명하다. 그가 쓴《조직신학》에서 인종의 통일성을 언급했을지라도 현실적으로는 특별한 인종의 열등성을 고려하고 있으며, 이는 특별히 도망친 흑인 노예들을 아프리카로 돌려보내야 한다는 입장을 표명한 일로 증명되고 있기 때문이다. 이는 적어도 흑인이 백인과 사회적으로 공존할 수 있다는 생각을 자연스럽게 받아들이지 않은 평소 생각의 반영이었을 것이다. 비록 전복적인 방식은 아니더라도 노예제도의 점진적인 폐지에 자신을 배치하긴 했지만, 인종차별적인 생각을 완전하게 배제하지는 못했다는 점에서, 하지도 역시 그 시대의 아들이었다는 사실을 확인하게 된다.

하지뿐만 아니라 모든 인간은 그 시대의 아들이다. 모든 시대는 그 시대의 문제를 안고 있고 시대의 한계에 파묻힐 위험을 내포하고 있다. 우리 시대를 살아가는 대한민국의 그리스도인들은 대한민국이라는 시대적 상황이 제기하는 문제로부터 우리의 신앙고백을 소외시켜서는 안 된다. 제기된 문제와 함께, 그 안에서 기독교인으로서 우리의 신앙적인 정체성을 찾아내어 구현할 책임이 있기 때문이다. 신앙은 진공의 상태에서 존재하지 않고, 언제나 구체적인 상황에서 그 모습을 구현하는 속성을 갖는다. 하지의 설교를 접하면서, 그가 살았던 시대의 변화를 넘어 존속되는 성경의 교훈, 복음의 실체를 공유하려는 노력을 경주해야 하지만, 그가 살던 시대와 우리가 살아내야 하는 시대를 분별하고 우리 시대의 청중에게 들려져야 할 설교를 찾아가려는 노력이 집요하게 이어져야 할 것이다. 이것이 자신의 책을 읽는 우리 시대의 독자나 설교자를 향하여 하지가 기대하는 바가 아닐까 생각한다.

서문

존 머리(John Murray)

지난 1세기 동안 개혁주의 교회 역사상 미국 뉴저지의 프린스턴신학교에서 반세기 이상 시무했던 찰스 하지Charles Hodge 박사만큼 유명한 사람은 없을 것이다. 하지 박사는 세 권의 책으로 구성된《조직신학Systematic Theology》의 저자로 정평이 나 있으며, 마찬가지로 잘 알려진 저작은 그의《로마서 주석Commentary on the Epistle to the Romans》일 것이다. 이 두 저작은 그의 신학자이자 성경해석자로서의 천재성을 분명하게 보여주었다. 이 책을 읽는 사람이라면 분명 하지 박사의 명성의 이유를 발견할 수 있을 것이다. 그는 두 저서를 통해 박학다식한 지성을 비롯해 하나님의 말씀으로서 성경의 절대 무오한 진리와 그것의 완전함에 헌신하는 순수한 신앙과 그 깊이를 유감없이 보여주었다.

만일 우리가 앞서 말한 하지 박사의 저서만으로 그의 영향력을 평가하려고 한다면, 그의 연구와 노역勞役에 관한 우리의 지식은 너무나도 제한적일 수밖에 없다. 1825년에 시작하여 처음에는 〈성경 논고Biblical Repertory〉라는 제목으로 불리다가 후에 〈성경 논고와 신학평론The Bible Repertory and Theological Review〉으로 불리고, 마지막에는 〈성경 논고와 프린스턴 신학평론The Biblical Repertory and Princeton Review〉이라는 잡지에는 50여 년에 걸쳐 하지 박사의 기사와 평론들이 게재되었다. 거기에서도 우리는 그의 뛰어난 지적 독창성과 다재다능함을 발견할 수 있다. 특별히 그는 기독교 신앙에 영향을 미치는 사상적 경향들에 대하여 가장 최근의 동향들에 보조를 맞추어 집필했다. 또한 이외의 저서들은 교회의 실제적인 문제들에 대해 그가 얼마나 많은 관심을 기울였는지 보여주고 있다. 그의 여러 저서 중 하나가《교회와 교회 정치

The Church and its Politics》라는 제목을 갖고 있는 것도 결코 놀라운 일이 아니다.

잘 알려져 있지는 않지만, 하지 박사의 관심과 특징이 무엇이었는지 보여
주는 또 다른 면은《삶의 방식*The Way of Life*》이란 저서로, 평신도들의 필요를
충족시켜 주는 것이다. 어떤 의미에서는 그의 걸작으로 불릴 수도 있는 저
서로, 1841년 미국 주일학교 연합*The American Sunday School Union*을 위해 집필
되어 연합회를 통해 출간된 책이다. 이 책에는 구원과 삶과 방법에 관하여
간결하게 쓰여져 있으며, 영혼을 치유하고 돌보았던 하나님의 사람의 다정
다감함과 열정이 잘 그려져 있다. 책의 첫 장에서 한 단락에 쓰여진 다음 문
장은 주제를 잘 드러내 줄 뿐만 아니라 독자들의 욕구를 충족시켜 주기에
충분하다.

"거룩함이 진리의 열매라는 사실은 하나님의 계시에서 가장 분명하게 드러
나는 진리 가운데 하나다. 그리고 진리에 대한 헌신이 거룩함을 증진시킬 수
있는 최선의 방법이라는 것이 그 진리에서 이끌어낼 수 있는 가장 명백한 결
론이다."

《삶의 방식》에서 분명하게 보여주고 있는 하지 박사의 관심과 특징들은
이번에 출간된 본서《프린스턴 채플 설교 노트》에도 잘 나타나 있다. 이 책
은 프린스턴신학교 학생들 앞에서 토요일 오후마다 진행된 설교들을 요약
한 것이다. 이 설교들은 다양한 주제들에 대한 그의 성숙한 생각들을 보여
주며, 경건한 열정의 뜨거움이 무엇인지 잘 보여준다. 본서의 주제들은 평
신도와 목회자들의 실제적인 관심사와 관련되어 있으며, 신학적으로도 중
요한 주제들에 대한 핵심적 정의를 정리한 책이다. 이 책이 조직신학과 신
앙의 주요 주제에 대한 개요라는 점에서 간결함을 연상할 수도 있지만, 어
떤 면에서는 단점이자 장점이 되기도 한다. 사상적 간결함은 때로 자기를
깊이 살펴보는 일에 도움을 주기 때문이다.

무엇보다 이 주제들을 주의 깊고 신중하게 본서의 원래 의도^{토요일 오후의 채플}

와 같은 목적으로 사용하려는 독자들이라면 이 책의 설교야말로 프린스턴 신학교가 지향했던 지적 경건 형성을 이루는 가장 좋은 방법임을 알게 될 것이다. 거룩한 믿음에 관한 주요 주제들을 본서처럼 헌신하여 밀도 있고 깊이 있게 다룸으로써 우리의 토요일 오후 예배가 다시금 회복되어 풍요로 워지게 될 것임을 기대해도 좋을 것이다. 성경에서 말하는 묵상은 초연하게 앉아서 막연하게 꿈꾸는 것이 아니다. 참된 신자가 되기 위해서는 하나님의 말씀 가운데 우리를 위해 예비되어 있는 풍성한 진리에 대한 강도 높는 적 용이 요구된다. 무엇보다 말씀 묵상에 대한 보상으로 하나님에 관하여 실로 많은 것들을 경험하게 될 것이다. 나아가 우리의 영혼은 그러한 묵상의 절 정에서 안식을 누리고, 주님의 위엄을 맛보게 될 것이다.

이 책에서 강론의 각 부분들을 대할 때 그릇되기 쉬운 인간의 저작물을 대할 때와 같은 식별력으로 읽어야 할 것이다. 때로 독자들은 박학하고 헌 신적인 하지 교수의 해석에서 벗어나야 할 때도 있을 것이다. 그가 비록 성 경해석자로서 위대한 업적을 남겼다 해도 때때로 그의 해석보다 더 넓은 해 석학상의 보편성을 발휘해야 할 때도 있기 때문이다. 해석학적 간파력에 있 어서는 하지 박사가 동시대 학자들뿐만 아니라 프린스턴신학교의 후임자 들 몇몇보다 뒤지는 경향도 있다. 이와 같은 비판적 읽기를 통해 본서에서 얻을 수 있는 다른 여러 가지 유익은 증가될 것이며, 주의 깊게 사고하도록 도전 받게 될 것이다. 본서에서 제공하는 훌륭한 강론들은 오늘날의 사고와 실천에서 상실되어서 우리가 찾고자 하는 바로 그 모습을 회복시킬 수 있 도록 고려했다. 모쪼록 하나님의 은혜로 이러한 일들이 결실을 맺게 되기를 간절히 기도한다.

1957. 10. 29.
펜실베이니아주 필라델피아에서

서문

A. A. 하지

프린스턴신학교는 설립 초기부터 매주 토요일 오후 신학교 교수들과 학생들이 모임을 갖는 전통이 있었다. 그것은 영혼 안에 있는 하나님의 생명과 관련된 주제에 대한 기도와 토론, 나아가 그것에 기초한 실천적 의무에 대해 토론하는 모임이었다. 매주 토요일 오후마다 그 모임에 지속적으로 참석한 학생들은 지금도 그 신성한 예배당의 벽들을 보면서 토론회의 특별함과 소중함을 생생히 증언할 수 있을 것이다. 여기에는 존경받는 교수들도 교사가 아닌 친구이자 목사로서 함께 참여했다. 이로 인해 지성의 영역에서만 작용하는 신학의 무미건조하고 차가운 속성은 개인적 신앙 경험의 따뜻함과 영적 빛으로 인도함을 받은 직관적인 통찰로 바뀌었다. 이 자리에서 선생들의 선생인 교수들은 자신의 가르침을 가장 효과적인 방법으로 드러냈고, 광범위하고 지속적인 영향력을 발휘했다. 또 여기에서는 완벽한 학자를 양성하기보다 그리스도인을 육성하고, 학생들의 미래 사역을 위해 그들을 지혜로운 방법으로 가르치고자 했다.

성경 본문이나 주제는 지난주 모임에서 미리 공지되었다. 교수들이 번갈아 사회를 보았으며, 나이가 적은 순서부터 강론을 맡았다. 수년 동안 이 모임은 학생들의 자발적인 비판을 허용했지만, 나중에는 교수들만이 전체 시간을 차지하게 되었다.

주목할 만한 이 예배의 역사적 전통은 학교 설립 초기 세 교수들의 매우 지적이고 영적인 재능에 기인한 것이었다. 세 명의 교수는 자신들의 상호보완적인 은사를 서로 결합시켜 뛰어난 하나의 완전함을 이루어냈다.

모범적이고 신사적인 그리스도인이자 하나님의 사람인 새뮤얼 밀러 박사^{Dr. Samuel Miller}는 성령의 내주 하심을 경험하면서 천성적으로 너그럽고 순수한 성격으로 변화된 인물이다. 오랜 자기훈련을 통해 외적인 태도들을 훌륭한 신앙 위인들처럼 변화시킨 사람인데, 아마 낯선 사람들의 시선을 끌면서 그들에게 감명을 주는 데에는 일인자일 것이다. 그는 긴 시간 적극적인 일생을 살아오면서 인간의 풍부한 경험을 축적했을 뿐 아니라 책에서 얻은 방대한 지식을 축적하고 있었다. 매사에 신중하고 품위 있는 어휘를 사용하여 평화롭고 위엄 있는 태도와 인상에 남을 만큼 힘이 있으면서도 부드럽고 감동적인 어조로 모든 것을 전수해 주었다. 하나님의 위엄에 대한 경외심과 인간의 생명에 대한 경각심, 성령 사역의 실재와 놀라움, 신앙고백에 따른 의무, 무엇보다 목회자의 직분에 참예하는 것에 대한 경외심은 그가 말하는 모든 것에서 다채롭게 반영되었다. 그의 가르침은 언제나 박학하고 실제적이었으며, 특히 적절하고 넘치는 재치는 늘 독특하고 다양한 예화 속에서 볼 수 있었다. 그러한 것들은 신앙과 세속을 아우르는 모든 저작물뿐만 아니라 목사이자 한 시민으로서 그의 폭넓은 교제 관계를 통해 만들어진 것이다.

다음으로 아치볼드 알렉산더^{Archibald Alexander} 박사는 저명한 가문의 장남으로 이미 비교할 수 없이 대단한 인물이었다. 비록 나이 많은 동료들보다 더 박식하거나 경건하다고 할 순 없지만, 그는 훨씬 더 독창적인 사람이었다. 알렉산더 박사는 다른 것을 모방하려 하지 않았으며, 내면의 모든 것부터 시작해 생각과 의견, 심지어 억양과 몸짓 등 모든 세세한 것에 이르기까지 그의 내부에서부터 표출되는 자연스러운 결정이었다. 이 위대한 선생은 천성적인 재능과 은사에 더하여 자의식을 배제하고 사고와 감정의 표현을 오롯이 단순함과 자연스러운 솔직함으로 드러낼 줄 아는 사람이었다. 그의 지적 능력은 논리적이라기보다 직관적이었다. 다마스커스 검^{Damascus blade}처럼 날카롭고 빠르면서도 정확한 분석력을 보여주기도 했다. 하지만 알렉산더 박사는 본질적으로 진리의 상호 관계를 폭넓게 바라보는 것뿐만 아니라 생각의 연결고리를 일관성 있고 길게 연결하는 데에는 능하지 않았다.

그는 어떤 사실을 재빨리 파악해 내는 데 특별한 재능이 있었으며, 뛰어난 통찰력으로 정확하게 사물의 핵심을 파악해냈다.

한편 그는 탁월한 기억력으로 광범위한 분야의 책들로부터 엄청난 분량의 지식을 습득했다. 어린아이와 같은 단순함과 유순함이 높은 지성에 더하여질 때 평생토록 말씀을 연구하는 신학자들에게 성령이 전해 주는 하나님의 지혜와 은혜의 모든 보화들로 말미암아 알렉산더 박사의 영혼은 더욱 밝아지고 다른 사람들에게 그 빛을 비출 수 있었다. 그는 인간의 마음속 모든 비밀과 자연적 양심, 그리고 하나님의 말씀과 성령의 인도 아래 있는 다양한 경험들을 이해하고 있었다. 그래서 자신에게 조언을 구하거나 강의를 듣고자 하는 사람들의 모든 말을 해석하고 정확한 이해력으로 다룰 줄 아는 훌륭한 기술을 가지고 있었다.[1]

알렉산더 박사의 사고와 상상력에 더하여 언어에 관한 특출한 자연스러움이 빚어낸 단순함과 탁월한 통찰은 그의 존재나 행동과는 분리할 수 없는 독특한 개성이었으며, 글로 표현할 수도 없는 것이었다. 노년에 그의 연구 성과를 책으로 엮어서 영구 보존하자는 요청을 받았을 때에도 다음과 같은 말로 일축하곤 했다.

"아닙니다. 만약 제게 어떤 은사가 있다면, 그것은 바로 이 자리에 앉아 이야기를 나누는 일일 것입니다."

알렉산더 박사는 자신의 저서들이 가진 가치를 교회가 인정하도록 하는 데에는 실패했을지 모른다. 하지만 그리스도인의 삶에 관한 주제들을 다루고 이야기하는 데 있어서는 당대에 어깨를 나란히 할 자가 없었다. 자신의

---

1 "알렉산더 박사에 대해 가장 깊은 경의와 존경심을 갖고 있다. 특히 병상에서의 체험과 건강한 삶에서의 체험들을 통한 인간의 심성, 그리고 기독교인의 심성에 대한 그의 놀라운 지식에 대해 진정으로 탄복했다. 그는 기독교인의 심성 묘사에 관한 한 셰익스피어(William Shakespeare)라고 불러도 좋을 정도다. 이처럼 특별하고도 강렬한 인상을 준 사람을 본 적이 없으며, 그러한 사람을 앞으로도 볼 수 있으리라 기대해 본 적이 없다." - 예일대학교 전 학장이었던 시어도어 울지(Theodore D. Woolsey) 박사의 말, 1872년 5월 24일, 찰스 하지 교수 임직 50주년 기념식에서.

강의를 듣는 사람들에게는 그 어느 누구보다 더 박학다식한 선생으로 인정을 받았으며, 하나님으로부터 보냄을 받은 권위 있는 선지자의 겉옷을 두른 사람으로 받아들여졌다. 우리는 그를 산의 가장 높은 봉우리와 같은 사람으로 생각했으며, 수평선 저 너머 하늘에서부터 때 묻지 않은 그의 머리 위로 빛나는 광채들이 쏟아져 내린다고 칭송했다.

초기와 중년기의 알렉산더 박사는 특별한 극적 표현력을 바탕으로 타고난 연설가였다. 노년에는 비록 조용하고 말이 없는 사람이었으나, 그것은 자신이 강의하고 있는 주제들을 대하는 그의 긴장감 때문이었다. 가령 천사에 관하여, 천국에 관하여, 하나님의 영광을 봄에 관하여, 그리스도에 관하여, 그리고 그리스도의 재림과 심판에 관하여 말할 때면 청중들은 마치 자신의 눈도 밝아져서 보지 못하는 영원한 것들의 임재를 분별하고 있는 듯한 느낌을 받곤 했다.

매주 수요일 저녁이면 알렉산더 박사는 강당에서 공동 기도 시간을 인도했다. 학생들이 자리에 앉자마자 그는 회중시계를 든 채 급히 들어왔다. 때로 그의 머리는 마치 공상에 빠져든 것처럼 구부정한 어깨 위로 비스듬히 기울어지기도 했지만, 꿰뚫어보는 듯한 눈에서 나오는 불꽃 같은 시선은 마치 시선이 머무는 곳에 있는 모든 사람들의 비밀을 간파한 듯 보였다. 그는 늘 창에 기댄 채 오른쪽으로 학생을 향하여 앉았으며, 책상에 거의 가려질 만큼 낮게 앉았다. 커다란 성경을 자기 앞으로 끌어당길 때면 마치 청중을 전혀 의식하지 않고 홀로 하나님의 임재 앞으로 들어가는 사람 같았다. 그가 성경을 읽고 묵상하면서 하나님의 말씀에 관해 신앙적으로 체험한 바를 말할 때면 우리는 그 엄숙함에 숨을 죽였다. 우리는 마치 선생의 강의를 듣는 자가 아니라 성령의 직접적인 계시 아래 성화된 영혼의 신비스러운 역사를 열린 창문을 통해 보고 듣기 위하여 신을 벗고 가까이 와도 좋다고 허락을 받은 사람들이라고 느껴졌다.

찰스 하지 박사는 전체적으로 볼 때 밀러 박사나 알렉산더 박사 같은 유수한 신학자들에 비해 젊은 축에 속한다. 그래서 교수 생활 초기의 매주 토요일 오후 채플에서의 역할은 정기적인 어떤 임무를 맡았다고는 하나 선배들에 비하면 크지 않았다. 그러나 1848년부터 그가 죽기 전인 1878년까지 오랫동안 모든 사람들로부터 이 토론 모임의 모든 과정에 걸쳐서 중추적인 인물로 인정받았다.

그의 평생의 사역들에 대해서는 익히 알고 있을 것이다. 하지 박사의 두드러진 특성을 들자면 먼저 위대한 부드러움과 정서적인 힘, 그리고 그것을 다른 사람들에게도 불러일으키는 능력, 즉 그리스도를 향해 행동으로 드러내는 열정적 사랑이다. 둘째로, 하나님의 말씀에 대한 마음과 의지의 완전한 복종, 즉 오랜 인생살이 동안 변함없는 자기 일관성을 가지고 세상의 모든 역경에 대항하여 자기가 아는 진리를 지키고자 하는 기사도적 마음과 사고와 표현에 있어서의 수정 같은 깨끗함이다. 셋째로, 모든 진리 간의 관계를 분석하고 파악하고 표현하여 보여주는 탁월한 논리력이다.

이전에 알렉산더 박사는 하지 박사의 정신세계는—엄격함을 제외하고는 칼뱅과 같은—자신이 아는 한 어떤 사람보다 뛰어나다고 말한 적이 있다. 회의 석상에 앉아 원고도 없이 그 자리에서 생각나는 예들을 사용해 자연스럽게 발언했다. 청중들은 그 모든 주장들을 즉흥적인 것으로 생각했다. 그는 제시되는 문제들에 대한 정확한 성경 본문, 교리, 실제적 주제에 관한 분명한 분석을 이야기했다. 그것은 질문에 대한 충분한 설명이면서도 적절한 예시였다. 그가 사용한 예시는 교리의 근거에 대한 예시, 추론의 근거에 관한 예시, 방법과 상황과 경험 혹은 의무의 한계에 관한 예시였다. 그것은 경험과 의무 측면에서 각 교리의 발전, 모든 교리의 실제적 성격과 진정한 종교적 체험과 실천에 대한 교리적 기초의 증명이었다.

전체 강의는 가장 열렬하고 뜨거웠으며, 태도에 있어서도 사랑과 확신이 충만했다. 대부분 청중들이 받은 일시적인 인상은 알렉산더 박사가 남긴 인상보다 덜하긴 했지만, 대부분의 학생들, 특히 열심히 필기를 하던 학생들은 다른 누구보다 하지 박사로부터 엄청난 분량의 조리 있는 사상들에 대해 배웠음을 깨달았다. 그가 연구실의 강의를 위하여 얼마나 주의 깊게 준비했는가에 대한 많은 증거는 그의 책상 서랍에 들어 있었다. 하지 박사 본인 외에는 아무도 보지 못하도록 되어 있긴 했지만, 그의 분석들은 꼼꼼하게 기록되어 있었고 모든 구절들을 완벽히 정리해 두고 있었다. 또 청강하는 학생들이 3년마다 모두 바뀌는 데도 불구하고 자신이 준비한 원고를 두 번 다시 사용하지 않았으며, 여든이 지난 후에도 동일한 주제일지라도 모임 때마다 새로운 원고를 몇 번이고 작성했다.

이것이 바로 하지 박사의 정신적 준비를 위한 방법이었다. 그는 습관적으로 손으로 쓰면서 생각했고, 설교를 쓰기 전에 자신이 선택한 주제에 대해 면밀히 분석하면서 준비했다. 신학 강의 또는 조직신학의 여러 분야들에 대해 저술하기 전에도 같은 방법으로 준비했다. 게다가 하지 박사는 자신이 읽은 중요한 책들은 모두 분석하여 기록으로 남겼는데, 특히 자신의 주장과 반대되는 견해를 가진 책에 대해서는 더욱 그랬다.

이 많은 분량의 원고들이 이제 출판되었다. 이 원고들은 박사의 생전에 그의 강의를 들었던 많은 학생에게 과거의 경건한 장면들을 다시 떠올리게 해 줄 것이다. 뿐만 아니라 이 원고들이 유용하게 활용될 수 있으리라는 점에서 더욱 중요하다. 웃음 띤 표정과 다소 떠는 듯한 음성을 통해 이 원고들에게 생생한 활력을 불어넣던 그의 두뇌와 심장은 지금 여기에 없다. 그럼에도 이 원고들은 능력 있는 설교자들에게 있어 필수적 능력인, 진리를 논리적으로 분류하고 표현하면서도 분석력 뛰어난 예시들을 보여준다. 즉 이 강론은 분석적인 형태를 통해 엄청난 양과 질의 설교 모범을 제시해 주고 있으며, 아마도 영어로 집필된 설교 노트 가운데 이만한 책은 없을 것이다. 모든 순수한 종교적 체험은 기독교 교리의 체험에 관한 실재에 불과하며, 또 모든 참된 교리는 내적·외적 인생의 실제 문제들에 즉각적으로 개입한다는 위대한 원리에 관한 효과적 예시라 할 수 있다. 그런 면에서 본서는 하지 박사의 마지막 저서인 세 권의 《조직신학》을 옹호하고 설명하기에 적합하다.

본서의 원고들을 분류하는 작업은 전적으로 편집자에 의한 것이다. 독자들은 같은 내용이 반복되는 점도 발견할 수 있을 터인데, 이는 사정상 피치 못할 일이었으며, 어떤 경우에는 편집자의 부족함 탓이기도 하다. 그러나 어떤 경우에라도 이 원고들이 집필된 날짜와 원래 의도를 생각해 볼 때 편집자와 원저자의 실수로 여겨질 만한 것은 없다. 주제 색인이 없기 때문에 방안으로 차례를 만들었는데, 이것으로 충분하리라 생각한다.

1879년 3월 30일
프린스턴에서

뉴저지의 비옥한 경사지에 프린스턴이라는 마을이 위치하고 있다. 1812년 이 쾌적하고 작은 도시에 신학교가 세워졌다. 이때부터 모든 영어권에서 이 신학교의 이름을 드높인 뛰어난 목회자들과 선교사들이 줄지어 배출되었다. 그 후 백 년이 넘는 기간 동안 개신교에는 여러 가지 슬픈 일과 기쁜 변화들이 일어났지만, 프린스턴신학교는 여전히 정통과 동의어로서 존재해 왔다. 오랜 시간 뒤에 다른 학교들은 잘못된 믿음의 침략 앞에 무릎을 꿇었음에도 프린스턴신학교는 굳건히 서서 하나님의 말씀에 대한 경건하고 신실한 충절을 지켜왔다.

오래된 장로교 예배당에서 이 신학교의 개교예배가 열렸다. 새로 설립된 신학교의 선임 교수들 중 한 명인 아치볼드 알렉산더 박사가 인사말을 할 때 긴장된 마음으로 회랑 난간에 기대선 한 젊은이를 볼 수 있었다. 이 사람이 바로 찰스 하지였는데, 이날의 예배는 14살의 그에게는 결코 잊을 수 없는 사건이었다. 같은 해 필라델피아의 집을 떠나 조나단 에드워즈Jonathan Edwards와 관련된 옛 미국의 배움의 요람 중 하나^{프린스턴대학교의 전신인 뉴저지대학은 식민지시대에 설립된 미국 9개 대학 중 하나이며, 3대 총장이 에드워즈였다}인 프린스턴신학교에 입학했다. 이 대학은 일반적인 대학 교육과정을 제공했기 때문에 특별히 신학만 공부하는 신학교와는 구별되었다. 하지만 신학과에 입학한 학생들은 다음 단계로 진학하여 공부하는 것이 관례가 되었다. 따라서 1815년에 대학을 졸업한 하지는 1816년 11월 9일 당시 신학대학원에 입학했던 26명의 신학생 가운데 한 명이었다.

어린 시절부터 목회자를 향한 하지의 소명의식은 흔들린 적이 없었다. 1730년 북부 아일랜드로부터 이민해 온 할아버지는 성공한 상인이었으며,

그가 태어난 지 6개월 만에 사망한 아버지는 의사였다. 즉 하지의 직업은 집안의 전통에서 벗어나는 것이었다. 후에 그 자신도 여러 번 말하곤 했지만, 하지는 어머니의 모든 것을 빼닮았다. 그의 어머니는 1790년에 아버지와 결혼하기 전 "보스턴의 아름다운 메리 블랜처드The beautiful Mary Blanchard of Boston"라 불리며 이미 유명세를 타고 있었다. 그녀의 가족은 위그노Huguenot 혈통이었으므로 그 역시 혈통의 강한 성격과 경건한 신앙을 이어받았다. 젊은 나이에 과부가 된 하지 부인은 자신의 신념을 따라 아들 하지를 어려서부터 경건의 능력 가운데 양육했으며, 금욕적인 생활을 통해 아들에게 최고의 교육을 시켰다. 훗날 하지는 그의 가정으로부터 받은 영향에 대해 다음과 같이 말하곤 했다.

"그 어떤 시절보다 나의 어린 시절이 '쉬지 말고 기도하라'는 사도의 권면에 보다 가까이 근접해 있었다고 생각한다. 기억할 수 있는 가장 어린 시절로 거슬러 올라가 보면 나는 그때부터 이미 내가 받은 것에 대해 하나님께 감사하는 습관을 가지고 있었다. 내가 갖기를 원하는 모든 것에 대해 하나님께 간구하는 습관 또한 있었던 걸로 기억한다. 가령 어떤 책이나 장난감을 잃어버렸을 때에는 그것을 찾게 해 달라고 기도하곤 했다. 학교를 오가는 길을 걸으면서도 기도했으며, 놀 때나 공부할 때에도 기도했다. 어떤 기록된 규칙에 순종하기 위하여 이런 일을 한 것은 아니었다. 그렇게 기도하는 일이 오히려 자연스럽게 생각되었다. 나는 하나님을 어디에나 존재하시는 분, 어린아이가 말을 걸더라도 반대하지 않으시며 온유와 사랑으로 충만하신 분이라고 생각했다. 나는 그분이 새들을 돌보아주시는 분이라고 알고 있었다. 나는 새처럼 명랑하고 즐거웠으며, 또 새들처럼 행동했다."

프린스턴신학교 시절부터 하지는 부지런하고 훌륭한 학생, 열심히 책을 읽는 학생, 지도 교수들당시 두 명의 교수가 있었다에게 헌신적인 학생, 친구들에게 다정한 태도를 가진 학생으로 인정받았다. 그는 1819년 10월 28일에 학교를 졸업했으며, 한 달 후 필라델피아장로교단으로부터 설교권을 허락받았다. 선교에 대한 열정은 이미 그의 일생에서 뚜렷한 특징으로 나타나고 있다. 그는 다음과 같이 기록하고 있다.

"그리스도를 영화롭게 하고 영혼을 구원하려는 욕망이 너무나도 강하기 때문에 나는 내 자신과 관련된 것에 대해서는 무관심할 수밖에 없다. 나는 그 어떤 희생이라도 치를 수 있을 것이다."

이 무렵 모교로부터 성경신학과 해석학 과목을 가르치는 조교가 되어 달라는 제의를 받았을 때 그는 자신의 심경을 다음과 같이 쓰고 있다.

"계획하고 있던 일로 인해 내가 설교할 기회를 잃어버리게 된다면 그것을 거절하는 데 망설여서는 안 된다고 생각한다. 복음을 전파하는 일이야말로 인간에게 맡겨진 가장 위대한 특권이라고 믿기 때문이다."

하지만 그 일이 다른 영적 의무들을 직접적으로 방해하지 않았다. 따라서 교회의 번영과 건전한 신학을 전파하는 일 사이의 밀접한 관계를 잘 이해하고 있었던 하지는 1820년 학교의 제의를 받아들였다. 2년 후 그의 선임교수인 아치볼드 알렉산더와 새뮤얼 밀러 두 사람은 하지의 능력에 크게 만족했으며, 총회에 그의 정교수 임명을 추천했다. 한 달 후 하지는 세라 배키 Sarah Bache와 결혼했다. 하지는 그녀의 회심을 도와주었으며, 인격이나 성격이 탁월하게 아름다운 인물이었다. 하지의 가정을 위한 집은 학교에서 가까운 곳에 새로 지어졌는데, 이 집은 이후로 50년간 하지의 인생과 사역의 배경이 되었다. 이 집에서 큰아이를 제외한 여덟 명의 자녀가 태어났으며, 1849년 사랑하는 아내 역시 이 집에서 세상을 떠났다. 하지의 두 아들 아치볼드 하지 Archibald Alexander Hodge와 카스파 하지 Caspar Wistar Hodge, 그리고 손자 카스파 하지 2세 Caspar Wistar Hodge Jr.도 나중에 같은 신학교의 교수가 되었다.

어린 시절부터 임종 때까지 하지의 활동력은 정말 변함없이 동일했다. 해가 갈수록 그는 사람들을 훈련시켜 하나님의 은총의 복음을 전파하는 일에 한결같이 헌신했다. 약 3,000여 명의 학생들이 그의 강의를 들었으며, 50여 년 동안 자신이 섬기는 교회와 국가에 주도적으로 의견을 개진했다. 그는 넓은 시야를 가지고 바라보는 사람이었다. 젊은 시절 2년 동안 독일의 대학을 다닐 때 자신과 다른 견해를 가진 사람들의 생각을 들으면서 지냈지만, 그럼에도 역사적 칼뱅주의가 참된 성경 해석과 복음주의적 설교를 위한 유일하고 건전한 근거가 될 수 있다는 확신을 잃어버리지 않았다. 그는 깊은 연구 생활을 통해 종교개혁자들과 청교도들의 교리적 기준이 진리라는 확고한 결론을 얻게 되었다.

1872년 안식년을 맞았을 때에는 당시 대다수 사람은 새로운 학설과 진리를 혼동하고 있었는데, 이때 그는 다음과 같이 대담하게 선언했다. "나는 새로운 사상이 결코 이 신학교에서 일어나지 않는다고 감히 말한다." 그의 성격상 투쟁이라는 말이 어울리지는 않았지만, 이 같은 교리적 원리들에 대한 논쟁을 피할 수 없었으며, 피하지도 않았다. 불확실함과 타협과 혼란이 확산되던 시대에 그는 하나님의 말씀을 통하여 다음과 같은 사실을 분명하게 발견했다.

"결정적인 문제는 무신론 및 그 사상과 관련된 무수한 형식들과 칼뱅주의 사이에 있는 것이다. 이외의 다른 사상 체계들은 이 두 커다란 산 사이에서 반쯤 녹은 얼음처럼 사라질 것이다."

윌리엄 셰드^{William G. T. Shedd} 박사는 이 사실을 다음과 같이 말한다. "하지 박사는 미국의 어떤 사람보다도 크게 칼뱅주의의 발전에 기여했다." 하지의 반대자들은 그를 두고 그 시대가 이룬 신학적 '진보'에 대한 가장 큰 장애물로 지적했다는 것 자체가 바로 그 사실을 무의식적으로 인정한 것이다.

하지의 인생 자체가 개혁주의 신앙에 필수적으로 수반되는 편협함과 냉

랭함에 빠져드는 사람들에 대한 하나의 대답이었다. 그는 추상적인 조직신학자가 아니었으며, 성경의 위대한 진리들을 인간의 신앙 경험 영역에서 생생하게 적용해 보는 일에 항상 관심을 갖고 있었다. 그는 옛 청교도 신학자들의 경구, "완고한 머리와 차가운 가슴에 주의하라"는 말을 잊지 않았다. 그리스도의 사랑에 대해 언급할 때는 수업 중에도 가끔 눈물을 흘리곤 했는데, 그의 친구는 조금도 과장하지 않고 다음과 같이 증언하고 있다. "새뮤얼 러더퍼드Samuel Rutherford도 이처럼 그리스도의 사랑에 감격하지는 않았다." 나중에 하지의 교수직을 이어받은 벤저민 워필드Benjamin B. Warfield 교수는 하지의 수업 광경을 다음과 같이 설명하고 있다.

"언제나 그러하듯 인상적이고 적절한 그의 기도가 끝난 뒤에야 우리는 각자의 자리에 앉았다. 그는 손에 익은 헬라어 성경─분명히 거기에는 단 한 줄의 주注도 기록되어 있지 않았다─을 펴서 잠시 동안 고개는 뒤로 젖히고 눈은 지그시 감은 채로 읽다가 한 구절을 두고 주해를 시작하곤 했다. 주해하는 내내 성경을 다시 보는 일이 거의 없었다. 그의 마음속에는 분명 그 성경 본문이 구구절절 기록되어 있었기 때문이며, 주해하는 문제들에 대해서는 자유자재로 다룰 수 있었다. 그의 강의는 단순하고 분명하고 꾸밈이 없었고, 신뢰할 만큼 경건하게, 그리고 한 주제를 이어서 또 다른 주제가 끊임없이 꼬리를 물고 이어졌다. 언제나처럼 그는 예시가 될 만한 일화 둘을 설명하기 위하여 잠시 휴식을 갖곤 했다. 그때마다 그는 갑작스레 상체를 앞으로 숙이고 큰 눈에 이내 눈물을 글썽인 채 잃어버린 죄인들에 대한 하나님의 사랑의 간섭을 아주 편안한 어조로 설명하곤 했다."

집에서도 하지는 언제나 겸손하고 사랑스러운 그리스도인의 모습을 보여주었다. 그의 집을 방문했던 한 사람은 다음과 같이 주장한다.

"어떠한 밝은 빛도 노인 하지 박사의 따뜻한 사랑보다 뛰어나지는 않을 것이다. 나는 그때 본 그의 거실에서의 연구 장면을 내가 그동안 보아온 미국 가정의 모습들 가운데 가장 유쾌한 모습으로 기억하고 있다."

그의 신학 연구는 사실 그의 아이들이 수없이 오가면서 일하고 놀던 가족들 가운데에서 이루어졌다. 가끔 문을 열기에도 힘들 만큼 방이 어질러져 있을 때에도 걸쇠를 잠그지 않은 채 그대로 놓아두었고, 어린아이라도 방해받지 않고 마음대로 오갈 수 있도록 했다. 아치볼드 하지는 가정에 끼친 아버지의 영향력에 관한 기억을 되새기면서 다음과 같이 말했다.

"아버지는 우리 모두를 위하여 하나하나 기도해 주셨고, 마음으로 느낄 수 있는 친절한 태도로 우리를 무릎에 앉힌 채 기도하는 법을 가르쳐 주었다. 그래서 혹시 우리가 잘못되었을 때라도 그의 가르침이 모두 마음을 녹이곤 했다. 나중에 아버지는 가족들로 하여금 아침 예배 시간마다 사도신경과 자신이 만든 기도문을 반복하도록 했는데, 성부 하나님과 성령님께 개인적인 헌신을 고백하도록 했다. 하지만 자녀들의 기억 가운데 이 시절이 특별하게 기억되는 이유는 바로 아버지의 인격과 성품 때문인데, 가정에서 아버지의 사생활 가운데 발견되는 것은 오로지 사랑과 변함없는 믿음과 흐려지지 않는 소망뿐이었다."

찰스 하지는 마침내 1878년 6월 19일, 프린스턴신학교와 작별을 고하고 영원한 안식에 들어갔다. 그의 마지막 말은 다음과 같았다.

"육신을 떠나는 것은 바로 주님과 함께하는 것이며, 주님과 함께하는 것은 그분을 뵙는 것이다. 그분을 뵙는 것은 바로 그분을 닮는 것이다."

하지의 위대한 사역은 끝났지만, 그의 저작들은 지금까지도 남아 하나님의 교회를 영원토록 부요하게 만들고 있다. 그는 위대한 저술가였으며, 그의 저술 활동은 한 번도 유익하지 않은 적이 없었다. 50여 년 이상을 〈성경 논고와 프린스턴 신학평론〉의 편집자 또는 주필로 섬겼는데, 이 잡지를 통하여 매우 무게 있는 영향력을 끼쳤다. 1835년에는 《로마서 주석》을 내놓았는데, 이 책에 이어 고린도전후서와 에베소서에 관한 훌륭한 주석도 출간되었다. 찰스 스펄전^{Charles Spurgeon}은 "하지의 책을 사용하면 할수록 우리는 그의 가치를 다시 평가하게 된다. 그의 모든 주석들도 마찬가지다"라고 말했다. 69회 생일을 맞았을 때는 그의 대작 《조직신학》을 내놓았다. 이 책은 미국에서 최근에 다시 출간되었다. 다만 오직 한 권의 책, 즉 본서만이 그의 훌륭한 작품 《조직신학》과 견줄 만하며, 어떤 의미에서는 그 책보다 뛰어나다고 할 수 있다. 본서는 오랫동안 북미와 유럽에서 구할 수 없었는데, 이제 이 책으로 다시 독자들의 손에 쥐어지게 되었다. 이 책은 오래전 하지 박사가 토요일 오후 학생들에게 전했던 풍성한 교리와 헌신으로 가득 찬 훌륭한 요약 설교 노트다. 그 예배에 참석했던 한 사람은 다음과 같이 말했다.

"옛날 노 박사님이 상체를 앞으로 수그린 채 눈을 반짝이고 입술을 떨면서 자신의 내적인 경험에서 강력한 지배력을 갖고 있는 어떤 실재적 진리들을 차근차근 설명해 주셨다. 박사님이 자신의 능력을 입증해 보여준 곳은 다름 아닌 바로 그곳이었다. 그는 바울이 디모데를 그리워하듯 자신의 젊은 제자들을 그리워하는 것 같았으며, 마치 매주 그 시간이 마지막 시간이라도 되는 듯이 열렬하고도 다정다감하게 말씀하셨다."

이 설교 노트에 대해 하지는 다음과 같이 평가하고 있다.

"이 요약 설교 노트는 분석적인 형태로 되어진 여러 설교 모범을 제시해 주고 있으며, 아마도 영어로 쓰인 동등한 분량의 책 가운데 이 책을 능가하는 책은 없을 것이다."

이 설교들은 오늘날에도 나름대로의 이점을 지니고 있다. 오늘과 같이 바쁜 시절에는 간편하고 단순한 것이 요구된다. 지금은 책을 읽는 시대가 아니며, 우리는 연구에 몰두한다는 것이 평신도 또는 심지어 목회자들에게까지도 더 이상 통용되지 않는 그런 현실을 직면하고 있다. 그러나 한편에서는 그동안 너무나 교리에 소홀한 채 목회 활동에만 신경을 쓰고 있었다는 자각이 일고 있다. 우리의 선조들은 우리보다 더 하나님의 말씀에 깊이 몰두하고 있었다는 사실을 깨닫고 있으며, 교회가 부흥했던 시절에 그 교회들이 먹고 누렸던 진리들을 분명하게 담고 있는 책을 다시 펴야 할 필요성을 느끼고 있다. 이 모든 필요성들이 이 책을 읽는 가운데 분명히 알 수 있다. 기도와 묵상을 깊이 하려는 독자들은 이 책을 통해 영적 조명과 힘을 끊임없이 공급받을 수 있을 것이다. 이 설교들이 처음 행해졌을 때 주어졌던 그 감격이 이번 출간을 통해 다시 나타나기를 기원하며, 아울러 이로 말미암아 하나님의 축복이 그의 백성들에게 언제나 함께하시기를 기원한다.

1958년 런던에서

차례

PRINCETON SERMONS Outlines of Discourses Doctrinal and Practical

1부

하나님과 그 속성

1. 무소부재하신 하나님

"내가 주의 영을 떠나 어디로 가며 주의 앞에서 어디로 피하리이까 내가 하늘에 올라
갈지라도 거기 계시며 스올에 내 자리를 펼지라도 거기 계시니이다 내가 새벽 날개
를 치며 바다 끝에 가서 거주할지라도 거기서도 주의 손이 나를 인도하시며 주의 오
른손이 나를 붙드시리이다"

■ 시편 139:7-10

하나님의 속성

하나님과 그의 모든 속성에 관하여는 경건의 모든 목적과 일치하는 단순
하고도 성경적이며 일반적인 개념이 있다. 그러나 혼돈과 불일치를 피하기
위해 이러한 개념과 부합하거나 모순되지 않는 또 다른 개념이 있다. 따라
서 하나님의 편재遍在에 관하여는 하나님은 동시에 어디든지 계신다라는 단
순하고 일반적인 개념으로 충분하다. 그러나 이러한 개념에 대해 하나님이
연장延長되어 계신 것으로 생각하기 쉬우므로, 이에 대해 좀 더 구체적인 진
술이 필요하다.

하나님의 편재 개념에 내포되어 있는 시간과 공간의 본질은 철학적인 문
제들 중에서도 가장 난해한 문제에 속한다. 하지만 어떤 의미에서는 가장
단순한 진리들 가운데 어느 정도는 가장 불가사의한 것이라는 사실이 다행
한 일이기도 하다. 우리는 영혼이 우리 안에 존재하며, 그 외 다른 곳에 있지
않다는 것을 알고 있지만, 공간과 우리 영혼의 관계는 불가사의한 것이다.
그러므로 하나님이 어디에나 계신다는 것을 알고는 있지만, 공간에 대한 하

나님과의 관계는 여전히 연구의 대상이다.

하나님의 실재實在에 관해서 어디에나 계신다고 말할 수 있다. 다만 이것은 그가 어디에 계시든 존재상으로 구분되어질 수 없기 때문이다. 하나님의 지식知에 관해서도 그는 어디에나 계신다고 말할 수 있는데, 어떠한 것도 그의 주목을 피할 수 없기 때문이다. 또한 하나님의 능력에 관해서도 어디에나 계신다고 할 수 있는데, 그는 모든 것을 자신의 뜻에 따라 이루시기 때문이다. 그러므로 하나님의 속성은 다음과 같은 개념을 내포한다.

- 온 우주는 하나님 안에 존재한다. 모든 피조물은 그하나님 안에서 살고 활동하며 존재하는 것으로 언급되기 때문이다.
- 자연에 나타나는 모든 총명intelligence은 하나님이 편재하심을 나타내는 총명이다. 그는 모든 이성적인 피조물에게 그 자신의 총명을 부여해 왔다.
- 자연 속에 나타나는 모든 힘efficiency은 하나님이 정돈한 능력potestas ordi-nata이다.

하나님의 계시

우주는 하나님에 대한 증거다. 모든 별과 지구, 모든 식물과 동물, 우리의 육신부터 미세한 곤충에 이르기까지 모든 것은 살아 계신 하나님을 계시啓示해 준다. 따라서 우리는 모든 피조물 가운데 하나님을 본다.

그러므로 모든 사건, 곧 참새 한 마리가 땅에 떨어지는 것, 국가들의 흥망성쇠, 인류 역사의 전 과정, 우리의 일상생활에서 일어나는 모든 사건은 모두 그가 살아 계심을 명시해 주는 것들이다.

또한, **우리는 언제나 하나님의 존전에 있다.** 우리의 모든 사고와 감정은 그가 보고 계시는 중에 발동되며, 우리의 모든 행위는 그의 목전에서 행해진다.

즉, **무한한 능력의 조력자이시며 벗이신 그분은 언제나 우리 가까이에 계신다.** 자비롭고 긍휼히 여기시며 오래 참으시는 전능하신 아버지께서 언제나 우리와 함께 계시면서 우리를 붙드시고 인도하시며, 도우시고 위로해 주신다. 무한한 만복의 근원이신 그가 언제나 우리 가까이에 계시므로, 우리는 그에게서 삶의 무궁무진한 자원을 이끌어낼 수 있다.

우리에게 어떤 의미인가?

그러므로 모든 죄와 죄인은 타오르는 불에 던져지게 된다. 그들은 현재 우리를 에워싸고 있는 대기 밖으로 탈출할 수 없는 상황 이상으로 하나님의 심판을 피할 수 없다. 다시 말해 이러한 교리敎理를 숙고해 본다는 것은 다음과 같은 도움이 된다.

- 모든 것에 대해 하나님의 영광과 능력을 명시해 주는 것으로 인식함으로써 그에 대한 우리의 견해를 드높이는 데 도움이 된다.
- 하나님은 모든 곳에 계시며 모든 사건을 지배하신다는 것을 알기 때문에 우리의 평안과 안전을 촉진시키는 데 도움이 된다.
- 우리의 모든 사고와 행위가 그의 목전에서 발동된다는 것을 알기에 그에 대한 두려움을 갖게 하는 데 도움이 된다.
- 우리의 전능하신 조력자께서 언제나 우리 가까이에 계시며, 천상의 복을 친히 조성하시는 그가 우리 가까이 계시기 때문에 우리의 기쁨과 확신을 강화하는 데 도움이 된다.
- 죄인들에게 그들에게 다가올 멸망의 확실함과 두려움을 가르쳐 주는 데 도움이 된다.

모든 참된 신앙은 하나님과 교제하며, 모든 참된 교제는 그의 존재를 전제로 하기 때문에 이 교리는 모든 참된 신앙의 기초가 된다.

2. 하나님과 인간의 관계

"우리가 그를 힘입어 살며 기동하며 존재하느니라 너희 시인 중 어떤 사람들의 말과 같이 우리가 그의 소생이라 하니"

사도행전 17:28

하나님의 본성에 대한 잘못된 이해

하나님 및 그분과 우리의 관계에 대한 잘못된 이해들은 모든 거짓 종교들의 이론적 근거가 된다. 하나님의 본성에 대한 그릇된 견해들은 다음과 같은 것들이다.

- 그는 성전 뜰 안에 거하시고, 인간으로부터 예물을 받으시기 때문에 유한한 존재라는 것이다. 이러한 이해가 바울이 말했던 고대 헬라인들의 통속적인 관념이었다.
- 그가 무한한 존재, 곧 만물의 창조자이긴 하지만 우리를 지켜보지 않으시고, 사건들을 그의 섭리를 따라 명하지 않으시므로 우리로부터 떠나계신 하나님ª God이며, 도의적인 통치자가 아니라는 것이다.
- 그는 무한한 존재이시며, 실로 유일한 존재이시며, 존재하는 모든 것은 단지 하나님에 대한 현상이라는 것이다. 그러므로 어떠한 각기 다른 별개의 존재가 없으며, 자기 활동도, 죄도, 거룩도, 책임이나 내세도 없다는 것이다.

바울이 가르치는 참된 교리

사도 바울이 이에 대해 가르치는 참된 교리는 다음과 같다.

• 하나님은 세상과 구별되어 계신 인격적인 분이시며, 그는 그것의 창조자이시자 보존자이시다.

• 그는 우리 중 어느 누구로부터도 멀리 떠나 계시지 않으며, 모든 곳에 계시면서 모든 것을 보시고, 관리하시며, 지배하신다. 또한 그는 우리가 의존하는 분이며, 우리에 대하여 책임을 요구하시는 분이시다.

• 그에 대한 우리의 의존은 우리의 존재, 삶, 활동을 위해 필연적인 것이지만, 동시에 그것은 각기 다른 별개의 개인적 존재, 자유, 책임과도 일치한다.

하나님과 우리의 관계를 어떻게 이해할 것인가?

이러한 것이 바울의 유신론에 있어 불변하는 요점이다. 그러면 우리는 이 요점들을 어떻게 이해해야 하는가? 또 우리는 하나님과 우리의 관계를 어떻게 이해해야 할까? 이러한 요점을 이해하는 데에는 두 가지 방식이 있다.

첫째, 하나님에 대한 우리의 관계는 이성理性 혹은 이해력understanding에 의한 것이다. 둘째, 그것은 성경에 의해 교화教化된 우리의 도덕적·신앙적 본성의 직관直觀에 의한 것이다.

첫 번째는 이지적인 방법 또는 고찰에 의한 방법이다. 해결해야 할 문제는, 무소부재하시고 우주적이며, 전능하신 제1원인하나님의 활동이 현상 세계에 어떻게 관련되어 있는가 하는 것이다. 이 문제에 대한 가장 자연스러운 해결법이 범신론이다. 그것이 가장 단순하고 알기 쉽기 때문이다. 그리고 그것은 역사적인 사실로도 가장 널리 받아들여진 해결책이었기 때문이다. 범신론에서는 동방의 브라마梵天, Brahma가 우주의 실체였으며, 만물은 이러한 실체를 보여주는 것이었다. 이러한 지론은 애굽인들의 자연 숭배의 기초가 되었으며, 또한 상급 헬라 철학자들의 은밀한 신앙이었다. 그것이 알렉산드리아학파School of Alexandria와 신플라톤학파Neo-Platonism의 교리에 전해졌다. 그것은 또한 스콜라 철학자들 가운데에서도 다시 나타났으며, 현대 철학자들에게도 일반적인 믿음이 되어왔다.

하지만 이러한 교리는 인간의 양심적이며 종교적인 본성에 위배된다. 뿐만 아니라 관념론idealism이 어떠한 인간의 참된 신앙이 될 수 없는 것처럼 그것은 결코 어떤 사람에게도 참된 신앙이 될 수 없다. 이런 극단에 대한 반동이 자연신론deism다. 자연신론에서의 신은 실로 우주 밖에 있으면서 이 세상에서 일어나는 모든 사건과 변화에 아무런 영향력을 행사하지 않고 냉담하며 무관심하게 있는 신이다.

두 번째, 다음과 같은 성경의 가르침은 우리의 지적이며 양심적이고 건전한 본성에 부합한다.

- 모든 존재는 하나님으로부터 비롯되며, 하나님 안에 있다.
- 모든 생명은 하나님으로부터 비롯되며, 그분 안에 있다.
- 모든 활동은 하나님에게서 비롯되어 그분 안에서 일어나며, 그에 의해 유지되지 않는 한 어떠한 제2원인도 독자적으로 활동할 수 없다.

하나님에 대한 인간의 의존 관계

이 모든 이해로부터 다음과 같은 결론을 내린다.

- 우리는 언제나 하나님으로부터 가장 가까이에 있다. 우리가 하나님께 가장 가까이 있다는 것은 우리가 그에 대한 지식을 갖고 있거나 그의 능력을 체험하거나 그를 시인하거나 부인할 수도 있음을 함축한다.
- 그러므로 우리가 온당하고 지적이며 신령한 삶을 위해서는 언제나 그에게 의존해 있어야만 한다.
- 하나님과 인간의 이러한 연합 작용은 불변하는 법칙에 따른 것이다. 그러한 법칙들은 우리의 온당하고 지적이며 신령한 삶에 관계된다. 그러나 인격적인 하나님의 지배 아래에서 누가 그러한 법칙들을 자기 마음대로 중단시키고 좌절시키거나 무시할 수 있겠는가? 만일 우리가 그러한 법칙들을 인정하고 그에 따라 행한다면 법칙에 따른 정상적인 역사

를 경험할 것이며, 우리는 더욱더 하나님의 생명을 공급받는 자들이 될 것이다. 하지만 우리가 그러한 법칙들을 무시하거나 위반한다면 우리는 그 반대의 결과를 피할 수 없게 될 것이다.

• 따라서 영혼의 전 존재와 복은 하나님과 우리 인간과의 참된 관계를 어떻게 유지하느냐에 달려 있으며, 우리는 그의 법들을 결코 어기는 일이 없도록 항상 경계해야만 한다. 우리가 범사에 그의 뜻에 일치하여 행하기 위해서는 우리는 의존적인 존재라는 것과 그에 대한 우리의 의무를 깨닫고 그를 신뢰함으로써 그에게 감사와 사랑을 표해야만 한다.

• 우리는 모든 상황 아래에서 참된 지식, 존재와 복, 거룩함과 생명의 무한한 원천이신 하나님을 언제나 가까이해야 한다.

• 그러나 악인들은 언제나 그를 소멸시키는 불로 대하게 된다.

3. 하나님의 주권

"모든 일을 그의 뜻의 결정대로 일하시는 이의 계획을 따라 우리가 예정을 입어 그 안에서 기업이 되었으니"

■ 에베소서 1:11

하나님의 주권

이것은 절대적인 주재권主宰權을 말한다. 그러나 우리가 주권主權을 말할 때 대개 그것은 우리 자신 및 다른 사람들에 대하여 자신의 의지적 명령에 따라 행할 권리를 말한다. 따라서 주권은 사람들 가운데서도 행사된다. 하지만 절대적 주권자는 독재자라 할 수 있다. 자기의 뜻이 곧 법인 통치자에게는 누구도 반박하거나 불복할 권리가 없다. 이것은 어떠한 통치자라도 잘못을 행하거나 의와 긍휼의 영원한 법을 범할 권리가 있음을 의미하는 것은 아니다. 단지 통치자는 이 세상에서 누구에 대해서든 자기의 지혜롭고 의로운 판단에 따라 행하여도 책임이 없다는 것을 의미한다.

그러므로 우리가 하나님의 주권에 대하여 말할 때 그것은 모든 것을 그의 뜻에 따라 행하실 그의 권리를 의미한다. 또한 그가 뜻하시는 것을 행할 권리와 온 우주에 관련해 절대적인 통치권을 가지시며 그의 모든 피조물을 그가 보시기에 좋은 대로 다루실 권리를 갖고 계심을 의미한다. 나아가 그들이 죄짓는 것을 허용하거나 그들로 범죄하지 못하게 할 권리를 갖고 계신다는 것도 의미한다. 그리고 피조물들이 범죄했을 땐 그들이 멸망하는 것을 허용하거나 그들의 구원을 예비할 권리를 갖고 계심을 의미한다. 뿐만 아니라 만일 구원이 예비된다면 그것을 어느 민족에게는 계시하고 다른 민족에게는 계시하지 않으시며, 어떤 사람에게는 계시하고 다른 사람에게는 계시하지 않으시며, 어떤 사람에게는 구원을 적용시키고 다른 사람에게는 적용시키지 않으실 권리가 있음을 의미한다.

하나님은 또한 피조물들이 문명화되든 미개하게 되든, 부유하게 되든 가난하게 되든, 박식하게 되든 무지하게 되든, 건강하게 되든 병약하게 되든, 행복하게 되든 불행하게 되든, 이 세상에서 모든 인간의 운명을 결정할 권리를 갖고 계시다. 하나님의 주권은 창조와 섭리와 구속에 대한 모든 계획이 그의 선하신 기쁨에 따라 채택되었음을 전제로 한다. 곧 그러한 계획을 무수한 세부적인 면에 이르기까지 실행하는 것은 그의 절대적인 뜻에 따라 결정된다. 그러므로 만일 왜 아담이 타락했는가, 왜 구원이 사람을 위해서는 예비되고 천사들을 위해서는 예비되지 않았는가, 왜 구원이 먼저 유대인들에게 계시되고 이방인들에게는 계시되지 않았는가, 왜 구원이 우리에게는 알려지고 중국인들에게는 알려지지 않는가, 왜 여러분은 구속의 참여자가 되고 다른 사람들은 참여자가 되지 못하는가, 왜 어떤 사람은 귀족이 되고 다른 사람은 농부가 되는가, 왜 어떤 사람은 병약하고 다른 사람은 건강한가, 왜 어떤 사람은 행복하고 다른 사람은 불행한가라는 질문이 제기된다면 우리는 다음과 같이 말할 수 있을 뿐, 전혀 아무 할 말이 없다. "하나님께서 그렇게 하심은 그렇게 하는 것이 하나님에게 선하게 보였기 때문이다."

이러한 하나님의 주재권은 스콜라 철학자들이 '절대 능력absolute power'이라고 칭하던 의미와는 다르다. 그들에게 있어 '절대능력'이란 하나님께서 죄를 거룩하게 할 수도 있고, 거룩함을 죄가 되게 할 수도 있다는 것을 전제로 한다. 하나님에게는 자신이 책임져야 할 더 이상의 존재가 없으며, 자신을 지배하는 더 이상의 영원한 법칙이 없다. 하지만 하나님을 이성적이며 거룩한 존재로 보는 사상에는 그의 행위들이 그의 이성에 지배를 받는다는 의미가 함축되어 있다. 무한한 이성이 불합리할 수 없으며, 무한한 거룩함이 부정不淨할 수 없기 때문이다.

주권의 근거

권위의 정당한 근거는 한편으로는 탁월성과 다른 한편으로는 신뢰성에 있다. 그것은 부모와 자녀의 관계에서도 존재하며, 학설이나 인간 사회에도 존재한다. 주권자는 더 많은 능력과 자력을 갖춘 것으로 가정되며, 사람들은 이러한 이유에서 그를 신뢰하게 된다. 혹은 다른 이론에 따른다면, 행정부의 장관이라면 그의 관료들 중 그 누구보다 우월한 지위를 대표한다. 그러므로 하나님의 주권의 근거가 한편으로는 그의 피조물에 대하여 창조자와 관리자로서뿐 아니라 모든 속성에 있어 그의 무한한 탁월하심에 있다. 그는 지혜와 능력과 선하심에 있어 무한한 탁월하심 때문에 천군 천사들과 땅의 모든 거민들에 대하여 그의 기쁘신 대로 행할 권리가 있으시다. 하나님의 주권의 근거가 다른 한편으로는 그의 능력에 대한 피조물들의 절대적인 신뢰와 그의 은혜에 대한 죄인들의 절대적인 신뢰에 있다.

피조물들은 그에게 무엇을 명할 권리가 없다. 그 증거에 대하여는 다음과 같은 세 가지 근거를 제시할 수 있다.

- 이 주제에 대한 성경의 명백하고도 무수한 선언적 말씀들
- 하나님에 의한 섭리의 실제적인 집행과 은혜의 실제적인 경륜
- 모든 신자의 의식意識과 경험

주권에 대한 이해의 중요성

주권에 대한 이 위대한 교리의 실제적인 중요성은 다음과 같다.

- 그것은 우리의 신앙을 결정하는 하나님과의 관계를 결정하기 때문이다. 만일 어떤 사람이 하나님과의 관계를 잘못 인식한다면 그의 신앙은 분명 정도를 벗어나게 될 것이다. 그가 자신을 단순히 기계나 하나님의 선택의지의 표현으로 간주한다면 그에게 있어 모든 책임감, 죄의식, 신앙심은 사라질 것이다. 만일 그가 스스로 자신의 성품과 운명을 결정하면서 하나님으로부터 독립되어 있다고 생각한다면 다시 잘못된 위치에 있는 것이다. 반면에 그가 하나님을 무한히 선하신 분이자 자신의 의로

운 주권자로 생각하고 자신을 그에 대해 의존적이고 무가치한 존재로 간주한다면 모든 것이 바르게 될 것이다.

• 우리가 자신의 개인적 안녕이나 구원에 대해 안전을 기대할 수 있는 것은 오직 이러한 근거에 따른 것이다.

• 이것은 어떠한 일이 일어나도 우리가 확신을 갖게 되는 근거다. 운명이나 우연이 아니라 하나님의 무한한 지혜와 능력과 선하심이 세계를 지배한다고 믿는 것이 올바른 사상이다.

하나님의 주권은 모든 설교의 기초다

이 교리가 성경에 어떻게 존재하며 어떻게 설교되어야 하는지를 이야기했다. 화강암의 형성이 지구의 다른 지층과 관련되어 있는 것처럼 하나님의 주권 교리는 다른 모든 교리와 관련되어 있다. 이 교리가 성경의 다른 모든 교리의 기초가 되고 그것들을 유지하면서도, 성경의 여기저기에서 일정 간격을 두고 나타난다. 그러므로 하나님의 주권에 대한 교리가 우리의 모든 설교의 기초를 이루어 명백하게 표현되어야만 하며, 나아가 확실히 제시되고 주장되어야만 한다.

4. 주께서 통치하신다

"여호와께서 다스리시니 스스로 권위를 입으셨도다 여호와께서 능력의 옷을 입으시
며 띠를 띠셨으므로 세계도 견고히 서서 흔들리지 아니하는도다"
시편 93:1

통치하시는 주

우리가 믿는 주는 자존하시며, 불변하시며, 무한하신 여호와이시다.

• 주님은 어떤 개념, 어떤 힘, 존재 원리가 아니라 인격적인 하나님이시다.

• 그는 그 자체로 지혜와 능력과 선하심에 있어 무한하시다.

• 그는 유일한 하나님이시며, 이 통치권에 근거를 두는 삼위 하나님이시다.

• 그러나 그는 나타나신 여호와, 신격이 계시되는 삼위일체의 제2위격이
며, 그를 통하여 말씀하신 주권이 행사되는 로고스이다. 그 로고스는 우
리의 성정을 취하셨으며, 따라서 왕권이 부여된 주님은 신인 양성the-
anthropic, 神人兩性을 갖고 계신 분이시다. "할렐루야, 전능하신 주 하나님께
서 통치하시도다"

통치하심의 의미

여기서 '통치하다'라는 말은 다음과 같은 것을 의미한다.

첫째, 만물과 만사에 대한 절대적 능력의 행사를 의미한다. 그의 주권을
제한시킬 만한 것은 아무것도 없으며, 그의 능력은 온 우주와 우주가 포함
하고 있는 모든 것, 곧 모든 질서, 이성적이며 비이성적인 모든 것, 감지할

수 있거나 감지할 수 없는 크고 작은 모든 종류의 존재에까지 미치기 때문이다.

둘째, 그의 능력은 만물에 미칠 뿐만 아니라—만일 그가 원하시면 그것들을 멸할 수도 있고 보존할 수도 있다—실제로 그러한 통치력을 발휘하신다. 우주는 그 자체나, 우연이나 운명이나, 또는 어둠의 권세에 내맡겨지지 않았다. 주께서는 모든 것을 통치할 능력을 갖고 계시다. 그의 뜻과 지혜와 능력이 모든 사건을 결정짓는다.

셋째, 이러한 통치력은 절대적으로 최상의 것이다. 그는 어떠한 상담자도 필요치 않으신다. 그에게는 자신의 계획을 방해하거나 망쳐놓을 자가 아무도 없다. 그의 주권은 절대적이고 어떠한 존재도 저항할 수 없다.

넷째, 하나님의 주권은 무한한 지혜와 무한한 사랑의 지배이며, 모든 것을 생각할 수 있는 가장 고귀한 목적에 도달하도록 인도한다.

이 교리는 다음과 같은 것들의 기초가 된다.

• 확신과 기쁨의 기초가 된다. 즉 온 우주는 주께서 통치하신다는 것을 기뻐할 이유가 있다.

• 가장 불리한 상황 아래에서의 복종과 사면의 기초가 된다. 하나님의 사람들은 언제나 그렇게 해 왔으며, 이제 우리도 그렇게 해야만 한다.

• 만일 주께서 만사를 통치하신다면 그의 권위를 인정하지 않는 것은 형언할 수 없이 사악한 것이다.

• 그를 반대하는 자들은 틀림없이 멸망한다.

• 사람들에게 주께서 통치하신다는 것을 가르치고 그들로 하여금 주께 대한 충성을 인정하도록 위임받은 자들은 높은 지위와 은총이 주어졌다.

여러분의 손에 다음과 같이 새겨 놓으라.

"우리 주 예수 그리스도께서 통치하신다."

5. 하나님에 대한 의존

"내가 네 갈 길을 가르쳐 보이고 너를 주목하여 훈계하리로다"
■ 시편 32:8

우리가 의존적이라는 사실은 모든 종교에서 인식된다. 이러한 사실은 이론적으로는 부인될 때에도 실제로는 인정되고 있는 진리 중 하나다. 비록 이론들이 각양각색이긴 하지만, 이 사실은 이성론자理性論者들과 펠라기우스 학파의 사람들에 의해서는 물론, 자연신교自然神敎 신봉자들과 이스라엘인 그리고 범신론자汎神論者들에 의해서도 인정되고 있다.

의존에 대한 두 극단론

이러한 의존의 성격에 관하여 두 극단론이 있다.

첫째, 어떤 이들은 의존을 제2원인들second causes의 존재와 실체에만 돌리고, 그것의 작용이나 영향에는 돌리지 않는다. 둘째, 다른 이들은 제2원인들을 부정하고 모든 것을 하나님first cause과 합체시켜 버린다.

그러나 성경은 하나님에 대하여 인간의 이중적 의존이 있음을 가르쳐 준다. 첫째는 피조물로서의 의존이고, 둘째는 믿는 자로서의 의존과 그의 자연적이고 영적인 삶에 관련해서 하게 되는 의존이다. 이 두 유형의 의존은 서로 매우 다르다. 전자는 하나님의 섭리적인 효력에 대한 우리의 관계에 관련되고, 후자는 그의 영적인 영향력에 대한 우리의 관계에 관련된다.

의존에 대한 성경의 가르침

피조물로서 하나님에 대한 우리의 의존에 대해, 또는 하나님과 세상과의 관계에 대해 성경은 다음과 같이 가르친다.

첫째, 세상은 그 존재에 있어 하나님의 은혜를 입고 있다.

둘째, 세상의 지속적인 존속에 있어서도 그의 은혜를 입고 있다.

셋째, 그럼에도 그것은 실제 존재를 가지고 있으며, 제2원인들은 그 자체로 실제적인 효력을 발휘한다.

넷째, 그러한 효력의 발휘에는 ① 제1원인의 전체적인 관리와 지배가 있으므로, 계획이 있는 곳에는 현재적이며 활동하는 정령精靈spirits이 있다는 것이다. 또 ② 제2원인들은 특별한 목적들을 위해 정해지는 것이다. 비가 오든 가뭄이 있게 되든, 풍요가 있게 되든 가난이 있게 되든, 성공이 있게 되든 패배가 있게 되든 그 모든 일은 하나님의 뜻에 달려 있으며, 단순히 제2원인들의 작용에 달려 있지 않다.

다음으로 우리가 영적으로 하나님을 의존함에 대하여는 성경이 다음과 같이 가르치고 있다.

첫째, 성경은 영적인 생명과 그 지속의 기원origin은 어떤 자연법에 기인하지 않는다고 가르친다. 그 기원은 자연적인 방식으로 발생하지 않는다. 시력 운동을 하는 건강한 사람의 의존과 시력의 회복을 위한 시각 장애인의 그리스도에 대한 의존 간에는 큰 차이가 있다. 그러므로 우리는 초자연적인 존재로서 영적 생명의 기원을 향해 하나님께 의존한다.

둘째, 성경은 우리가 이러한 영적 생명의 발휘와 지속을 위하여 하나님께 의존해야만 한다고 가르치고 있다.

셋째, 우리가 다른 사람들을 유익하게 하기 위한 노력의 성공을 위해서도 하나님을 의존해야 한다고 가르친다. 그러므로 모든 면에 있어 하나님에 대한 우리의 의존은 절대적이다.

넷째, 하나님의 영향력의 공급은 적절한 방법을 통해 실현된다. 그러므로 우리는 이러한 방법들을 무시해서는 안 된다. 우리가 이러한 방법들을 신실하게 사용한다면 언제나 복을 누리게 될 것이다.

의존의 의미

- 우리는 이 교리를 끊임없이 인정해야 하며, 마치 우리가 하나님에 대해 독립적으로 존재할 수 있을 것처럼 행하거나, 하나님 없이도 무엇이든 할 수 있을 것처럼 느끼고 행해서는 안 된다.
- 우리는 하나님의 임재와 도우심을 간절히 구해야 한다.
- 우리는 그의 성령^{Spirit}을 근심하게 하지 말아야 한다.

6. 아버지의 말씀은 진리니이다

"그들을 진리로 거룩하게 하옵소서 아버지의 말씀은 진리니이다"
■ 요한복음 17:17

하나님에 대한 진리

여기서 '진리'란 '영속하는 것', '기대를 총족시켜 주는 것', '절대로 실망시키지 않는 것', '실재이며 언제나 이것과 일치하는 것으로 발견되는 것'을 의미한다. 다른 한편, 헛된 말과 실책은 공허하고 헛된 것, 지속되지 못하고 실망시키는 것, 실재와 부합하지 않는 것이다.

영원한 세계와 그 현상과 법칙에 관한 진리는 실재하는 것과 신뢰할 수 있는 것을 나타내는 것이며, 실재로 가정해도 결코 실망시키지 않는 것이다. 그러므로 마음의 내면 세계에 대한 진리는 그 세계의 현상과 법칙에 부합하는 것이며, 우리가 언제나 안전하게 가정하고 신뢰할 수 있는 것이다.

그러므로 하나님에 대한 진리는 그의 본성과 속성, 존재 양식과 행동이 그가 실제로 존재하고 행하시는 것에 일치하는 표현이다. 그리고 우리의 도덕적·영적 상태, 하나님과의 관계, 구원의 방식과 조건에 관한 진리는 이 모든 문제에서 결코 실망시키지 않는 확신을 가질 만한 것이다.

'하나님의 말씀'의 의미

그런데 여기서 "주의 말씀은 진리니이다"란 주장은 매우 광범위하다. 여기서 지칭하는 '하나님의 말씀'은 다음과 같은 것들을 의미하거나 의미할 수 있다.

첫째, 하나님의 말씀은 하나님의 계시다. 그것은 그의 생각에 대한 외적인 표현이다. 그러므로 하나님에 의해 그 자신과 그의 계획이나 어떤 사실에 관하여 계시되는 것이 바로 그의 말씀이다. 이러한 의미에서 모든 피조물들은 하나님의 공공연한 말씀이며, 모든 피조물은 하나님을 계시한다. 그리고 하나님 자신과 그의 방식, 그의 성품과 뜻과 목적에 대해 알려주는 모든 것은 진리이다. 모든 피조물은 하나님이 어떠한 분이신가와 정확히 일치하며, 그러므로 그에 관하여 온당하게 가르치는 것은 절대적인 확신을 갖고 신뢰할 수 있다.

외부 세계는 환영幻影이나 공허한 쇼가 아니다. 그것은 우리를 미혹시키는 것이 아니라 그 자체가 무엇인가를 나타내는 것이다. 그것은 자체의 가르침을 신뢰하는 자들을 결코 실망시키지 않는다. 이러한 실재의 기초, 곧 하나님의 말씀인 세상이 이처럼 실재하고 신뢰할 수 있는 이유는 그것이 하나님의 말씀이기 때문이다. 따라서 우리는 세상을 그의 말씀으로 알고 눈여겨보아야만 한다.

둘째, 성경에서는 하나님의 말씀이 종종—어떤 약속이든 경고이든 혹은 존재하거나 존재할 것에 대한 계시이든 간에—어떤 특별한 선언을 의미한다.

셋째, 그것은 하나님과 성경에 내포되어 있는 신성한 것들에 관한 계시를 의미한다.

진리를 발견할 수 있다는 것

이러한 의미에서 "주의 말씀은 진리니이다"란 주장은 성경이 참되다는 것과 같은 의미다. 곧 하나님, 인간, 인간의 성품과 상태, 하나님과의 관계뿐 아니라 그리스도의 인격과 사역, 구원 계획, 미래의 삶과 교회의 미래 상태에 관하여 성경이 가르치는 모든 것은 참된 것이다.

성경에서 말하는 모든 것은 실재다. 그러므로 성경이 가르치는 모든 것에 대해서는 확신을 갖고 신뢰할 수 있다. 성경이 가르치는 것은 그 어느 것도 정당한 기대를 실망시키지 않을 것이다. 성경을 참된 것으로 믿고 그 말씀에 따라 행하는 자들은 말씀이 약속하는 목표에 이를 것이다. 그러나 성경이 가르치는 것이 거짓되다고 믿고 그 말씀에 따라 행하지 않는 자들은 마침내 자신의 실수를 발견하게 될 것이다.

그러므로 무엇이 진리이며, 그것을 어디에서 발견할 수 있는가를 아는 것은 형언할 수 없는 복이며, 이는 실로 위대한 일이다. 사람들은 진리를 이곳저곳에서 찾지만, 진리는 오직 하나님과 그의 말씀에서만 찾을 수 있다.

나아가 진리를 어디서 찾을 수 있는지 알 뿐 아니라 우리로 그것에 영향받기 쉽게 하는 것 또한 형언할 수 없는 복이다. 하지만 우리가 진리를 이성과 지각, 사람들의 지혜, 가르침, 인류의 역사에서 찾으려 한다면 결국 실망하게 될 것이다. 진리를 하나님의 말씀^{특별히 성경} 외의 다른 곳에서 찾는 자들은 모두 의문과 어둠 그리고 오류에 빠질 것이며, 틀림없이 그렇게 될 것이다. 그러므로 우리가 하나님의 말씀을 진리로 믿고 그에 따라 행하는 한, 우리는 확고하고도 영원한 반석 위에 있는 것이다.

7. 하나님은 빛이시라

"우리가 그에게서 듣고 너희에게 전하는 소식은 이것이니 곧 하나님은 빛이시라 그에게는 어둠이 조금도 없으시다는 것이니라"

■요한일서 1:5

하나님에 대한 지식

하나님에 대한 지식이 모든 종교에 있어 필수적인 이유는 다음과 같다.

• 종교는 하나님에 대한 인간 영혼의 관계에서 존립하기 때문이다.

• 종교란 인격 대 인격에 관한 것이며, 그것은 당연히 합리적인 관계이기 때문이다. 곧 종교는 그러한 관계가 함께 유지되는 인격에 대한 지식을 전제로 한다.

우리의 내적 상태는 우리의 인식에 의해 결정된다. 그것은 단지 이론적인 인식에 의해서가 아니라 우리 자신에 대한 지적 대상들의 관계에 있어 그것의 참된 성격에 대한 인식에 따라 결정된다. 즉 우리가 하나님과 우리의 관계에 대해 잘못된 견해를 갖는다면 필연적으로 그릇된 느낌을 갖게 될 것이다. 바꿔 말하면 참된 신앙을 가질 수 없게 된다. 정리하면 다음과 같다.

• 만일 우리가 하나님에 대하여 어떤 원리나 능력 혹은 세상의 무의식적인 생명the unconscious life으로 생각한다면 우리는 그에 대하여 피조물이나 자녀의 관계로 있을 수 없다. 또한 그는 우리의 아버지, 보호자, 주재자나 분깃이 되실 수 없다.

- 만일 우리가 하나님이 세상을 창조하시고 그것에 대해 어떠한 섭리적인 돌봄도 행사하지 않으시며, 그곳 거민들에 대하여 아무런 책임도 지지 않으시는 것으로 생각한다면 우리는 그와 참된 관계에 있을 수 없다.
- 만일 우리가 하나님에 대하여 공의는 없고 오직 자비하신 분으로만 생각한다면 우리의 내면 상태에 관한 한 모든 것이 잘못되어질 수밖에 없다.

따라서 하나님에 대한 지식이 필수적이기 때문에 성경은 그것을 전하기 위하여 모든 방법을 사용한다. 그의 성호, 그의 속성, 그의 역사, 그의 말씀과 아들 등 이 모든 것은 그를 계시하기 위한 방법들이다. 하나님은 때로 말씀으로, 때로 그의 속성들이나 역사에 대한 열거를 통하여 묘사된다. 우리는 하나님이 어떤 한 가지 성호나 한 가지 역사 혹은 한 가지 묘사를 통하여 우리에게 다 전하여질 수 있을 것으로 생각해서는 안 된다. 하나님이 피난처로 묘사될 때 그는 피난처이실 뿐만 아니라 그 이상의 존재이시다. 그가 "사랑이시라"고 언급될 때 그는 사랑이실 뿐만 아니라 그 이상의 분이시다. 즉 그가 사랑이시라는 선언적인 묘사는 두 가지를 의미한다. 첫째, 그에게는 사랑과 조화되지 않는 것이 아무것도 없다는 뜻이다. 둘째, 그에게 있어 사랑은 무한하게 존재한다는 뜻이다.

하나님은 빛이시라

그러므로 우리가 하나님은 빛이시라고 말할 때 하나님에게는 빛을 대표하는 것 이외에 아무것도 없다고 이해해서는 안 된다. 다만 그에게는 빛이란 단어로 묘사된 개념과 불일치하는 것은 아무것도 없다는 것^{그에게는 전혀 어두움이 없다}과 그러한 단어가 표현하는 모든 것이 그에게 무한대로 속하게 된다는 것으로 이해해야 한다.

하나님에 대하여 빛이라고 말할 때 그것은 두 가지 사실을 의미한다. ① 하나님은 그의 특성에 있어 그러하시다는 것이며, ② 하나님은 우리에게 그러하시다는 것이다.

하나님은 그 특성에 있어 빛이시다

우리는 물질적인 것들에 대해 그것들의 현상 외에는 전혀 아는 바가 없다. 빛에 대하여도 그것의 영향과 법칙들 외에 전혀 아는 바가 없다. 다시 말해 그 자체 내에 있는 것은 알지 못한다. 그러므로 하나님에 대하여 빛이시라고 말할 때 이 표현의 목적은 하나님과 빛의 비교에 있지 않다. 다만 그의 특성이 우리가 빛에 대해 아는 것과 일치하기 때문에 빛이라고 불리는 것이다.

빛은 투명하며 드러나게 한다. 그것은 마치 어두움이 무지에 대한 상징이 되듯 지식에 대하여 적절한 상징이 된다. 따라서 하나님의 무한한 지력intelligence은 모든 진리를 포괄할 뿐만 아니라 그의 이해력 중 어느 면에서도 모호한 점이나 의심스러운 점이 없기 때문에 그는 빛이신 것이다. 무지라는 의미에서 그에게는 어두움이 전혀 존재하지 않는다. 또한 빛은 즉시 나타날 뿐만 아니라 즉시 드러나듯이 하나님의 지식의 본질을 정확히 상징한다. 하나님은 모든 것을 아시되, 탐색하거나 추론함으로가 아니라 봄seeing으로 아신다.

빛은 순결하다. 그것은 결코 더럽혀질 수 없다. 빛은 거룩함에 대하여 적절한 상징이 되며, 하나님은 절대적인 거룩함이시다. 그에게는 반대 특성이 전혀 존재하지 않는다. 빛이 필연적이고 불변적이며 영원한 반대 성격에 의해 어두움과 반대되듯이 그분 또한 악과 반대되신다. 어두움이 빛 안에 존재할 수 없다. 하나가 다른 하나에 대하여 배타적이며 그 반대이다. 즉 하나님과 죄는 반대되며 교제할 수 없다. 빛이 어떻게 어두움과 교제할 수 있겠는가? 그러므로 죄인으로서 우리는 하나님과 교제할 수 없다. 우리를 변화되지 않게 놔두는 한, 우리의 어떠한 소유물이나 어떠한 외적인 관계도 실은 우리를 위해 아무것도 할 수 없으며, 따라서 그러한 것들이 우리로 하여금 하나님과 교제케 할 수도 없다. 어떠한 사람도 거룩하지 않고는 하나님을 뵐 수 없다.

빛은 평온하다. 빛은 어떠한 폭풍우에 의해서도 전혀 방해받는 일이 없다. 그래서 빛은 신성의 조화와 복됨에 대한 상징이 된다. 하나님에게는 완전한 조화와 일치하지 않는 것이란 아무것도 없다. 그의 복되심은 무한하고 불변적이며 영원하다. 하나님은 모든 면, 특히 그의 밝은 통찰력에 있어서 빛이시며, 절대적으로 거룩하실 뿐만 아니라 그의 복되심에 있어 무한하시다.

우리와의 관계에서 하나님은 빛이시다

빛은 드러내는 위대한 매체다. 어두움은 가리는 것이고 빛은 드러낸다. 그러므로 하나님은 우리에게 모든 지식의 유일하고 무한하며 무궁무진한 원천이시다. 우리는 그의 빛 안에서 빛을 본다. 오직 그만이 우리의 심령으로부터 어두움을 추방시키고 우리로 진리에 대한 지식에 이르게 할 수 있는 분이다.

자연계에 있어 빛은 생명의 원천이자 필수적인 조건이다. 이처럼 하나님은 우리에게 모든 영적 생명의 원천이시다. 우리는 영적으로 그의 존전에서와 그의 얼굴의 광채 아래에서만 살고, 성장하고, 번영할 수 있다. 그의 은혜가 우리의 생명이다. 모든 거룩함은 그와의 화해와 친교에서 나온다.

자연계에 있어 빛이 모든 아름다움의 근원이듯 하나님은 만복의 근원이시다. 하나님으로부터 떠난다는 것은 악인들이 내던져지는 바깥 어두움에 있다는 것이다. 그러므로 하나님은 우리에게 빛이 자연계에 미치는 영향보다 훨씬 더 많은 영향력을 발휘하신다.

8. 하나님은 사랑이시라

"사랑하지 아니하는 자는 하나님을 알지 못하나니 이는 하나님은 사랑이심이라…하나님이 우리를 사랑하시는 사랑을 우리가 알고 믿었노니 하나님은 사랑이시라 사랑안에 거하는 자는 하나님 안에 거하고 하나님도 그의 안에 거하시느니라"
요한일서 4:8, 16

'하나님은 사랑이시라'의 의미

사랑은 ① 교제에 대한 열망, ② 만족, ③ 자비를 포함한다.

하나님에 대하여 "사랑이시라" 선언하게 될 때 그분이 그것 외에 아무것도 아니라거나 그의 모든 아름다움이 한 가지로 묘사될 수 있다는 것을 의미하지 않는다. 하물며 그에게 있어 어떤 한 가지 속성을 한 가지 형식으로 묘사할 수 있다는 의미는 더더욱 아니다.

그러나 이러한 주장이 부정적으로는 하나님에게 있어 사랑과 상반되는 것이 아무것도 존재하지 않는다는 것을 의미한다. 곧 그에게는 악의나 원한, 냉담함이나 무관심이란 존재하지 않는다. 만일 하나님의 전능하심이 우리의 죄로 인하여 더 이상 억제받지 않는다면 그의 사랑은 무한히 발휘될 것이다.

긍정적으로 볼 때 이 말은 욕망, 만족, 호의로서의 하나님의 사랑이 본질적이고 영원하며, 무한하다는 의미를 담고 있다. ① 하나님은 사랑이시라는 것은 그의 모든 피조물에 미치는 것으로 우주적인 사랑이며, ② 지적인 사랑이며, ③ 거룩한 사랑이며, ④ 측량할 수 없는 사랑이며, ⑤ 주권적이고 차별적인^{discriminating} 사랑이다. 곧 어떤 피조물은 천사, 다른 피조물은 사람, 또 다른 피조물은 짐승, 또 다른 피조물은 곤충인 것이다. 그리고 이성적인 피조물들 중에서도 어떤 이들은 거룩하게 보전되고, 어떤 이들은 죄로 인해 버려진다. 즉 어떤 이들은 구속함을 받고, 다른 이들은 구속함을 받지 못한다. ⑥ 하나님은 사랑이시라는 것은 그의 모든 피조물들을 풍족하게 하고 아름답게 꾸며줌에 있어 풍성하고 기쁨에 넘치는 사랑이다. ⑦ 그것은 형식 면에서 단순한 자비의 형식을 취하든, 선택하여 구원하는 사랑의 형식을 취하든 간에 자체의 모든 형식에 있어 불변적인 사랑이다. ⑧ 그것은 감각이 있는 피조물들에 대하여는 이런 형식으로 자체를 나타내고, 이성적인 피조물들에 대하여는 다른 형식으로 자체를 나타내며, 부정^{不淨}한 피조물들에 대하여는 또 다른 형식으로 자체를 나타내고, 그의 특별한 사람들인 구속함을 받은 자들에 대하여는 또 다른 형식으로 자체를 나타냄으로써 다양한 형식을 취하는 사랑이다.

'하나님은 사랑이시라'는 증거

- 부정적으로 말하자면 그에게는 악의에 대한 증거가 전혀 없다.
- 천지 창조와 그것에 대한 하나님의 섭리가 그의 사랑을 보여준다.
- 구속 사역이 그의 사랑을 보여주는 압도적으로 위대한 증거이다.
- 성경에서는 다양한 형식으로 하나님은 자비하시고, 오래 참으시고, 인자하시고, 긍휼히 여기실뿐만 아니라 그의 사랑은 부모나 남편의 사랑보다 강하다고 선언하고 있다.

'하나님은 사랑이시라'의 중요성

- 하나님은 사랑이시라는 사실이 회개와 믿음과 순종의 근거가 된다.
- 그 사실은 거룩함에 대한 촉진에 있어 중요하다. 우리의 신앙생활은 하나님에 대한 지식에서 시작되는데, 그 하나님은 사랑이시다. 이 사실이 우리에게 온전한 감명을 줄 수 있기 이전에 우리는 이 사실을 알고, 믿

고, 그 진가를 인정해야 한다.

- 만일 우리가 하나님과 우리의 형제들을 사랑한다면 우리는 하나님의 자녀들이다. 왜냐하면 하나님은 사랑이시기 때문이다.

- 하나님이 사랑이시라는 사실이 우주의 조성과 그의 섭리 과정과 우리가 당면하는 모든 사건에 관한 신뢰의 근거가 된다.

- 우리는 오직 하나님과 부단히 교제하고 그가 우리 안에 거하시는 것을 기뻐함으로써만 그가 "사랑이시다"라고 고백할 수 있다. 따라서 이러한 주장은 우리에게 있어 인격에 대한 시금석이 된다.

9. 우리에 대한 하나님의 사랑

"긍휼이 풍성하신 하나님이 우리를 사랑하신 그 큰 사랑을 인하여 허물로 죽은 우리를 그리스도와 함께 살리셨고 (너희는 은혜로 구원을 받은 것이라)"

■에베소서 2:4-5

하나님의 사랑의 성격

하나님의 특성은 모든 것이 불가해하다는 것이다. 그는 한편으로 우리와 같다. 우리는 그의 형상으로 지음을 받았기 때문이다. 그러나 다른 한편으로 하나님은 무한하고 영원하시며, 변천하는 일이 없으실 뿐만 아니라 시간의 지배를 받지 도 않으신다. 우리는 이 전능자를 완전히 이해할 수 없다.

첫째, 우리가 하나님에 대해 단지 율법이나 능력으로 생각한다면 우리가 그에 대하여 사랑을 단언하는 것은 불가능하다.

둘째, 우리가 하나님을 지적이며 인격적인 분으로 생각하면서도 그가 자연의 법칙들과 유사한 전체 법칙을 그의 도덕상의 통치에 따라 제정하시고, 그 법에 따라서만 행하는 분으로 생각한다면 우리는 그를 자비로우신 분으로 생각할 수는 있어도 사랑할 순 없을 것이다. 만일 그가 단지 미덕이 행복을 초래하도록 하거나 어떤 외적인 것들이 참된 기쁨을 제공하도록 정해 놓으신다면 그러한 것은 호의일 뿐, 사랑은 아니다. 그러한 행위는 인간을 진정으로 존중하는 것이 될 수 없다. 그의 그러한 행위는 다만 인간에 대해 행복을 증진시키려는 욕망을 불러일으키는 것일 뿐이다. 또한 그러한 행위는 어느 한 계층의 사람뿐 아니라 다른 계층의 사람도 존중하는 것이 아니며,

한 개인뿐 아니라 다른 사람도 존중하는 것이 아니다. 우리는 사랑이 다른 피조물이나 인간이 행복하게 되어야 한다는 욕망 이상의 것임을 알고 있다.

셋째, 우리는 오직 하나님은 인격이시며, 다른 인격들과 교제하실 수 있고 실제로 그렇게 하신다는 것과, 그가 먼저 우리를 사랑하셨다는 것을 전제로 했을 때 그를 사랑할 수 있다.

사랑을 정의하면 다음과 같다. ① 개인들을 존중한다. ② 사랑은 개인들을 충족시키고 기쁘게 해 주는 데 있다. ③ 사랑은 소유와 친교에 대한 욕망이다. ④ 사랑은 선하고 행복하게 하려는 욕망이며, 사랑을 받으려는 욕망이다.

이 부분을 정리하면 다음과 같다.

- 사랑은 개인들을 존중하되 무차별적인 것이 아니며, 모든 개인을 동등하게 취급하지 않는다. 우리는 그리스도에게서 모든 사람에 대한 자비와 그 사람들에 대한 사랑을 본다. 그는 요한을 그의 다른 제자들보다 더 사랑하셨다.
- 사랑은 개인들을 만족시켜 기쁘게 해 주는 것이다.
- 사랑은 서로의 교제를 통해 표현된다. 하나님은 그의 피조물들과 교제하신다. 그는 그의 사랑을 우리 각 사람의 마음에 부어주신다.
- 사랑은 자체의 대상들을 전적으로 복되게 해 주는 것에서 나타난다.

하나님의 사랑

우리에 대한 하나님의 사랑은 이상의 네 가지 진술이 하나님의 본성과 불일치한다는 견해에 반대된다. 그러나 우리는 하나님에 대해 오직 그의 말씀과 그가 행하시는 것에 의해서만 알 수 있다. 하나님은 무한한 분이시기 때문에 사람들의 미세한 것일지라도 그의 주목을 받지 못하는 것은 없다. 그러나 성경은 하나님은 무한하시기 때문에 어떠한 것도 어떤 돌봄의 수고를 요구하지 않을 만큼 사소한 것이 없다고 가르친다. 바다 깊은 곳에나 하늘 높은 곳에나 그 어디에서든 하나님의 지력intelligence이 역사한다. 가장 작은 것에서 가장 큰 것에 이르기까지 지적으로 역사하시듯 그는 어디에서나 의식적으로 사랑할 수 있으시다.

- **하나님의 사랑은 무한하고 영원하며, 불변적이고 주권적이다.**
- **하나님의 사랑은 거룩함의 원천이다.** 우리는 그가 우리를 사랑하셨기 때문에 그를 사랑할 수 있다. 우리에 대한 그의 사랑이 우리에게 감사와 기쁨과 열심 그리고 자녀로서의 존경과 순종을 낳는다. 그것이 우리의 영혼을 다른 모든 피조물 이상으로 높여주며, 우리의 모든 감정을 순화시켜 준다. 이것이 하나님의 사랑의 정당한 효력이다. 하나님이 이해되고 그의 사랑이 실제로 누려지는 곳에서는 이러한 효력이 발생하게 된다.
- **하나님의 사랑은 행복의 원천이다.** 사랑이 축복의 위대한 원천이다. 인생의 모든 행복은 우리에 대한 하나님의 사랑에 달려 있다. 사랑의 능력은 대체로 그것을 행사하는 자의 인격과 기품에 달려 있다. 하나님에게 있어서의 무한한 사랑이 축복의 무한한 원천이다. 그것이 모든 인간의 영혼을 충족시키고 만족시켜 준다.
- **하나님의 사랑이 모든 시련과 모든 의무에 대해 우리를 지원하고 강화시켜 준다.**
- **하나님의 사랑은 우리의 본성을 완전하게 승화시켜 준다.** 하나님의 인자하심은 피조물에 대한 그의 역사와 섭리에서 나타난다. 그러나 하나님의 모든 백성에 대한 사랑은 그의 아들과 모든 신령한 은혜의 양식을 주심에서 드러난다. 또 각 개인에 대한 그의 사랑은 각 개인에게 있어 그의 영의 역사에 의해서 알 수 있게 된다.

10. 하나님의 긍휼

"여호와께서는 모든 것을 선대하시며 그 지으신 모든 것에 긍휼을 베푸시는도다"

시편 145:9

하나님에 대한 고찰

하나님에 대해 생각하는 두 가지 방법이 있는데, 철학적인 방법과 종교적인 방법이다. 전자는 이성에 관련된 것이며, 후자는 마음에 관련된 것이다. 전자의 방법에 따라 우리는 하나님을 모든 일의 제1동기와 원인으로 생각하며, 무한하고 불변적이며, 공간이나 시간에 관계없이 변천과 변화가 없는 영원하신 존재로 생각한다. 후자의 방법에 따라 우리는 피조물과 자녀로서 그와 관계를 맺고, 책임과 의존 관계를 갖는 대상으로 생각할 뿐만 아니라 모든 미덕을 구해야만 하고, 더불어 교제할 수 있는 분으로 생각하며, 우리에 대하여 부성父性의 감정을 갖고 계시며, 우리의 모든 기쁨과 슬픔을 알릴 수 있는 분으로 생각한다.

성경에 의해 한정되고 결정되는 한, 이 두 방법은 정당하다. 한 가지 방법이 다른 한 가지 방법을 제한시킨다. 만일 우리가 철학적인 방법만 강조함으로써 종교적인 감정의 대상을 잃는다면 우리는 그저 무신론으로 끝나고 말 것이다. 반대로 만일 우리가 감정만을 발휘한다면 신비주의적인 광신자들이 그러했듯이 우리는 무한하고 절대적으로 완전한 분을 놓치고 말 것이다. 성경에서는 종교적인 방법이 지배적이긴 하지만—우리에게 있어서도 그러해야만 한다—두 가지 방법이 조화를 이루고 있다.

인간의 감정을 하나님께 속하는 것으로 보는 성경의 모든 절을 해석함에 있어, 우리는 다음의 두 가지를 피해야만 한다.

- 영원하시고 불변적인 여호와로서 그의 속성과 불일치하거나 혼란과 동요의 원인이 되는 것은 어느 것도 그에게 돌려서는 안 된다.
- 실제적인 것은 아무것도 의도되지 않은 것처럼 우리가 예배하는 하나님은 마치 의식이 없고 지식도 없으며, 그의 피조물들을 돌보지 않으시는 것처럼 모든 것을 상징으로 동일시해서는 안 된다.

하나님께서는 우리가 사용하는 말에 실제로 답변을 해 주실 뿐만 아니라 우리가 구현하는 감정의 올바른 목적인 무엇인가를 갖고 계신다.

하나님의 긍휼이 의미하는 것

히브리어 '라하밈ᵐᵐᵐ'이란 단어는 대개 자녀들에 대한 부모의 자연스러운 감정에 대해 사용된다. 동사도 언제나 그와 같이 사용되는데, 특별히 명사는 부모의 감정, 특히 모성의 감정을 나타낸다. 이 단어는 항상 '긍휼tender mercies'이라고 번역되는데, 이는 인간의 본성에 있어 자녀에 대한 어머니의 것보다 더 부드러운 감정이 없기 때문이다.

그러므로 하나님의 긍휼의 대상들은 그의 작품들, 곧 우주나 이성이 없는 피조물들이 아니라 그의 이성적인 피조물들이다. 그것은 하나님이 그들에 대해 유지하시는 관계를 나타낸다. 또한 그것은 하나님에게는 부성의 사랑에 유사한 무엇이 있음을 가르쳐 준다.

하나님의 긍휼의 특징

- 하나님의 긍휼은 범세계적인 것이다. 곧 모든 이성적인 피조물, 특히 모든 인간이 그 대상들이다. 그것은 의인과 악인에게 다같이 자비롭고, 인격이나 행위를 고려하지 않는다. 그것은 온 우주 만물의 배열, 그가 조율하시는 모든 섭리, 그가 베푸시는 모든 은혜에서 예증되는데, 이러

한 것들은 모든 피조물에 적용되고 모든 피조물에 대하여 충족하는 것이다.

- 하나님의 긍휼은 마음에 들거나 선행하여 유익을 주는 것에 따라 베풀어지는 것과는 반대로 본능적이며 자연스러운 것이다. 그러므로 그러한 긍휼은 부모의 사랑에서도 동일하다.

- 하나님의 긍휼은 불멸적인 것이다. 부모는 자기 자녀에 대한 사랑을 결코 중단하지 않으며, 그렇게 할 수도 없다. 자녀로 하여금 은혜를 모르고 사악하게 되는 대로 놔두었다가 그의 아버지 집으로 돌아가게 해 보라. 그가 탕자라 할지라도 기쁨으로 받아들여질 것이다. 하나님에게 있어서도 그렇다. 그의 긍휼하심은 영원한 것이다.

- 하나님의 긍휼은 그침이 없고 오래 참으며, 부드럽다.

- 하나님의 긍휼은 거룩함과 완전히 일치한다. 그래서 죄에 대한 하나님의 혐오와 그의 의로우심뿐 아니라 죄인들을 벌하시려는 그의 결정과도 완전히 부합한다.

하나님의 긍휼하심에 대한 증거는 모든 피조물과 그것에 대한 그의 섭리, 그의 구속 사역, 우리에 대한 그의 개인적인 섭리에서 발견할 수 있다.

거룩한 완전함에 대한 믿음

그러므로 하나님에게는 이 우주적이고 본능적이며, 무차별적인indiscriminate 불멸의 사랑이 있음을 우리가 믿는 것이 중요하다. 그것은 우리에게 어떤 의미가 있을까?

- 어떠한 상황 아래에서도 신뢰의 근거를 제공해 준다. 만일 우리의 아버지나 어머니가 편재하고 전능하며, 무한히 지혜롭기만 하다면 우리는 그들로부터 축복을 확신하게 될 것이다. 하물며 하나님이 우리에 대하여 그러한 긍휼하심을 갖고 계신 이상, 왜 우리가 그같이 느낄 수 없겠는가?

• 따라서 하나님의 긍휼은 혐오할 만한 죄인들이 하나님께로 돌아올 용기를 준다. 그러나 그것은 결코 죄에 대해 격려해 주지 않으며, 회개하지 않는 자들에게 무죄를 바랄 근거를 주지도 않는다.

11. 하나님이 세상을 이처럼 사랑하사

"하나님이 세상을 이처럼 사랑하사 독생자를 주셨으니 이는 그를 믿는 자마다 멸망하지 않고 영생을 얻게 하려 하심이라"

요한복음 3:16

하나님의 사랑의 대상

하나님의 사랑의 대상은 다른 모든 존재와 구별되는 인간이다. 본 절은 더 이상 아무것도 결정적으로 말하지 않으며, 단지 덕행이 여기서 말하는 사랑의 동기였다고 가르치지도 않는다. 본 절은 자선이나 모든 인류에 대한 무차별적이거나 동등한 사랑이 여기서 말하는 형식의 사랑이라고 주장하지도 않는다. 본 절은 또한 이 사랑이 자기 백성에 대한 하나님의 구별하는, 또는 특별한 사랑이었다는 가정과 일치한다. 어느 것이 문제에 대한 진정하고 참된 견해인가는 성경에 대한 유추에 달렸다. 그리스도가 세상의 구주, 곧 사람들의 구주라고 말할 때 그것은 그가 모든 사람을 구원하지 않으신다는 교리, 그는 오직 그의 사람들만을 구원하신다는 교리와 일치한다. 어느 경우든 그분은 사람들의 구주이시다.

인간이 하나님의 사랑의 대상으로 고려되고 있기에 이 사랑의 특징을 기리는 다음과 같은 고찰들이 있어 왔다.

- 절대적·상대적으로 인간의 무가치함. 하나님이 만드신 광대한 작품들 중 인간은 무엇이며, 보다 높은 차원의 지성과 비교할 때 인간은 무엇인가?

- 인간의 죄. 인간은 사랑의 적절한 대상이라거나 호의를 받을 만한 존재가 아니다. 하나님의 진노와 저주 외에는 아무것도 받을 만한 가치가 없다.
- 인간은 아름답지 못하다. 인간은 극도로 불쾌하며 추한 존재이다.

그럼에도 하나님께서 인간을 사랑하셔야만 한다는 것은 놀랍고 불가사의한 일이다. 그러한 사실에 대하여는 어떠한 이유도 제기될 수 없다. 그러므로 우리로서는 그러한 사실이 믿기 어려운 것들 중 하나다. 그러한 사실이 회개하지 않고 무감각한 자들에게 있어서조차 믿기 어렵다는 것이 아니라 교화되고 각성한 죄인들에게 있어 믿기 어려운 것이다. 따라서 성경은 그러한 사실을 반복하여 확언하고 주장할 뿐 아니라 가장 명백하게 보여준다. 하지만 이것마저 충분치 못하다. 그러므로 우리가 하나님의 사랑의 대상이라는 것에 대하여는 성령의 특별한 계시와 증언이 필요하다.

하나님의 사랑의 위대함

우리는 성경의 교리들을 표현되고 있는 그대로 받아들이고, 그 자체가 표현되고 있는 형식에 따라 주장해야 한다. 우리는 하나님이 무한한 존재이시라는 것과 진리가 인간적인 형식, 곧 인간적인 개념 양식에 착색된 형식들로 표현되었다는 것을 구실로 성경의 교리들에 대해 교묘히 변명하여 발뺌하거나 그것을 일반 철학 용어로 설명하려고 해서는 안 된다. 우리가 그 교리들을 이해할 수 있든 없든 간에 우리는 그것을 계시된 그대로 받아들이고 믿으며, 그것에 따라 살아야만 한다. 성경에서는 다음과 같이 선언하고 있다.

- 오직 하나님은 한 분이시다.
- 성자 하나님 또는 2위 second person 께서 성부 하나님의 무한한 사랑의 대상이 되신다.
- 성부와 성령에 있어 사실이 아닌 무엇인가가 성자에게 있어서는 사실

이다. 곧 우리의 죄를 위해 육신을 입으시고 고난을 당하셨으며, 죽으신 분은 삼위 중 다른 위가 아니라 2위이신 성자이시다.

• 하나님의 사랑은 그의 편에서 엄청난 희생을 필요로 했다. 곧 그의 사랑은 단지 고통스러운 희생이 아니라 그의 유일한 지배력이 발휘되었다면 그 아들에 대한 사랑으로 인하여 회피했을 무엇인가를 필요로 했다. 수욕과 고난과 죽음에 넘겨진 분은 하나님의 아들이셨다. 그가 하나님의 아들이셨다는 것은 천사들과 사람들이 하나님의 아들이라고 불렀다는 의미에서가 아니라 성부의 속성을 공유한 자이시요, 능력과 영광에 있어 그와 본질적으로 동일한 그의 독생자라는 의미에서다.

획득할 대상의 중요성이나 자체의 달성을 위해 야기되는 감정의 강도는 그 목적에 적용된 수단에 의해 측정되어야 한다. 한 천사나 어떤 세계나 무수한 세계를 포기한다는 것은 포기하는 자의 감정이 강할 뿐만 아니라 그러한 것들을 포기하는 목적이 매우 중요하다는 것을 나타낸다. 그러나 하나님이 자기의 독자를 포기하신다는 것은 우리로서 이해하기 어려운 일이다. 그렇게 하신다는 것은 우리에 대한 그의 사랑이 우리의 측량을 불허할 만큼 절대적으로 무한하시다는 것을 보여준다.

독생자를 주셨으니

자기의 아들을 주시는 하나님의 목적은 사람들이 멸망하지 않고 영생을 얻게 하려는 것이다. 사람들이 당할 수밖에 없는 멸망은 영원한 비참함과 영원한 죄악됨eternal sinfulness을 내포하고 있다. 그러나 하나님의 독생자에 의한 구원은 그러한 멸망으로부터의 구출과 영원한 거룩함과 영원한 복됨을 내포하고 있다.

첫째, 다른 구절뿐 아니라 본 절에서도 자기 아들을 주심으로 가능한 한 모든 사람을 구원하려는 것이 하나님의 목적이었다고 가르친다. 하나님의 역사의 성격이나 가치나 목적에는 오직 어떤 한 부류의 인간들에 대해서만 유효하게 하려는 것은 아무것도 없다. "믿는 자마다" 영생을 얻게 하려는 것이 그의 역사의 목적이었다. 이것은 자기 백성의 구원을 자기 아들의 죽음으로 확실하게 하려는 것이 하나님의 계획의 일부를 이룬다는 다른 주장들과 불일치하지도 않는다.

둘째, 본 절은 믿음이 구원의 유일한 조건이라고 가르쳐 준다. 곧 구원의 조건은 아브라함의 가계※※에서 태어나는 것이 아니다. 또 할례나 교회와의 결속이나 외적인 의식이나 미덕이 아니라 실로 모든 미덕 등을 확실하게 하는 단순한 믿음이다.

셋째, 본 절은 믿음이 신뢰를 포함한다는 것을 가르쳐 준다. 우리는 그리스도를 믿는다. 즉 우리는 우리의 구주로서 그를 신뢰한다. 그에 대한 이러한 믿음은 그의 영광을 하나님의 아들로 이해함을 포함하거나 가정한다. 그것은 다른 모든 신뢰의 근거를 포기한다는 것을 포함하거나 가정한다. 우리의 구원을 위해 그가 하기로 약속하시고 실제로 행하신 것과 그가 우리를 구원하리라고 믿음으로써 실제로 우리를 그의 손으로 맡아주심에 대한 지식을 포함하거나 가정한다.

그러므로 요한복음 3장 16절은 우리가 우리 자신의 교육을 위해, 그리고 확신과 위로를 위해서 뿐 아니라 우리에게 맡겨진 자들에 대한 교육과 지도를 위해 부단히 상기해야만 하는 구절이다.

12. 인간에 대한 하나님의 소원

"하나님은 모든 사람이 구원을 받으며 진리를 아는 데에 이르기를 원하시느니라"
디모데전서 2:4

성경에 대한 해석을 통제하는 두 가지 원리가 있다. 첫째, 어떤 절에 대해 두 가지 해석이 가능해 보일 땐 그 두 해석 간의 선택은 우선적으로 성경의 다른 유사절에 의해 결정되어야 한다. 즉 만일 한 해석이 성경의 다른 곳에서 가르치는 것과 모순되고 다른 한 해석이 그것과 일치한다면 우리는 후자를 받아들여야 한다. 둘째, 해석은 확실한 사실들에 의해 결정되어야 한다. 다시 말해 만일 한 해석이 그러한 사실들과 일치하고 다른 해석이 그러한 사실들과 모순된다면 전자가 참된 것일 수밖에 없다.

하나님은 모든 사람의 구원을 원하신다?

본 절은 단어의 의미에 관한 한 두 가지 해석이 가능하다.

첫째 해석은, 하나님은 모든 사람의 구원을 의도하신다거나 꾀하신다는 의미에서 '원하신다^{will}'는 것이다. 그러나 이러한 해석은 성경과 모순되기 때문에 참된 것일 수 없다. 성경은 ① 하나님의 계획이 불변적이라는 것과 그러한 것들은 그 성취에 있어 실패할 수 없다고 가르친다. ② 또한 모든 사람이 구원을 받게 되는 것은 아니라고 가르친다. 인류의 대다수가 멸망해 왔고 지금도 멸망하고 있으며, 앞으로도 멸망하리라는 것이 성경의 명백한 가르침이다. 하나님은 무엇이 일어나서는 안 되는지를 아시면서도 그러한 것을 뜻하시고 의도하신다는 해석은 하나의 모순이다. 그러한 해석은 하나님의 실제 계획에 모순되며 불가능한 것일 뿐만 아니라 성경의 명백한 진술과 인정되고 있는 사실들에 모순된다.

- 하나님은 모든 사람들에게 구원의 은혜를 베풀지 않으신다는 것이 사실이다.
- 하나님은 모든 사람이 진리를 아는 데 이르게 하지 않으시며, 결코 그렇게 해 오지 않으셨다는 것이 사실이다.

많은 사람들에게는 그러한 지식이 결여되어 있으며, 지금까지도 그랬다. 여기서 사도 바울은 '진리'란 단어에 대해 구원하는 진리, 곧 단지 피조물들에 의해 계시되는 진리가 아니라 복음에 계시되는 진리를 의미하는 것이 분명하다. 그러므로 이러한 해석은 참된 것일 수 없다.

하나님은 모든 사람이 구원받기를 바라신다

둘째 해석은 하나님은 모든 사람이 구원받기를 바라신다^{desires}는 것이다. 이 해석에 대한 첫 번째 견해는 성경이 하나님은 선하시다고 선언하는 데서 갖게 된다. 곧 하나님은 자비롭고 은혜로우시며, 언제라도 용서해 줄 수 있으시다는 것과 그는 모든 이에게 인자하시며, 그는 모든 일을 그의 자비하심에 따라 하신다는 데에서 갖게 되는 견해다. 그는 감사할 줄 모르는 자에게나 악인에게도 인자하시다. 하나님의 이러한 인자하심이나 자비하심은 선언되어질 뿐만 아니라 그의 모든 역사와 섭리 그리고 그의 구속사에서 계시된다.

두 번째 견해는 다음의 성경 구절에서 말하는 것을 의미한다는 것이다.

"주 여호와의 말씀이니라 나의 삶을 두고 맹세하노니 나는 악인이 죽는 것을 기뻐하지 아니하고…" 겔 33:11

"주 여호와의 말씀이니라 내가 어찌 악인이 죽는 것을 조금인들 기뻐하랴 그

가 돌이켜 그 길에서 떠나 사는 것을 어찌 기뻐하지 아니하겠느냐" 겔 18:23

"주께서 인생으로 고생하게 하시며 근심하게 하심은 본심이 아니시로다" 애 3:33

이러한 해석은 그리스도께서 탕자와 잃은 양과 잃었던 드라크마에 대한 비유를 통하여, 그리고 예루살렘에 대한 그의 비탄을 통하여 가르치셨던 것을 의미하기도 한다. 위의 인용절들은 하나님이 그의 피조물들의 행복을 기뻐하신다는 것과 그가 피조물들이 멸망하는 것을 허용하거나 그것들로 해를 받게 하실 때에는 그것은 어떤 엄정한^{inexorable} 필연성에 따라 그렇게 하신다는 것이다. 즉 그 외 다른 방법을 취한다는 것은 현명하지 못하고 그릇될 것이기 때문에 그렇게 하신다는 것을 가르쳐 준다. 피조물들과 그의 관계는 죄를 벌하실 때의 인자하신 주권에 해당하거나, 범죄자들에 대하여 형을 선고할 때의 동정적인 판결에 속하거나, 성경의 친숙한 표현으로써 자기의 자녀들을 다정다감함으로 대하되, 때로는 지혜로, 때로는 정의의 지시에 따라 다루는 아버지의 관계에 해당한다. 이상이 본 절이 의미하는 것이다.

바른 해석

이런 해석이 타당하다는 것은 다음과 같은 사실들로 알 수 있다.

- '델레인^{θέλειν}'이란 단어의 의미에 합치하기 때문이다. 많은 경우 이 단어는 "사랑하다" "기뻐하다" "바랄 만한 것으로서 만족스럽게 여기다"를 의미한다. "주께서는 제사와 예물과 번제와 속죄제는 원하지도 아니하고 기뻐하지도 아니하신다" "내가 원하는 바 선은 행하지 아니하고 도리어 원하지 아니하는 바 악을 행하는도다" "네 소원대로 되리라"

- 이와 같이 해석되는 본 절은 바로 성경이 하나님의 선하심에 대하여 다른 곳에서 가르치는 것을 보여준다.

- 본 절에 대한 이러한 해석은 성경에 모순되지 않으며, 하나님을 변덕스럽거나 무기력한 하나님으로 인식시키지도 않는다.

• 이러한 해석은 알려진 모든 사실과 일치한다. 곧 이러한 해석은 하나님께서 하시는 역사들을 통하여 알 수 있듯이 그는 자비로우시다는 것과, 그럼에도 그는 많은 피조물들이 멸망하는 것을 허용하신다는 사실과 일치한다.

이러한 진리가 매우 중요한 이유는 다음과 같다.

• 모든 종교는 신神에 대한 지식과 그의 특성에 대한 바른 이해에 기초를 두기 때문이다. 만일 우리가 하나님에 대해서 악의 있는 분으로 생각한다면 우리는 결정적인 오류를 범할 수밖에 없다.

• 하나님은 사랑이시며 자비로우신 아버지시라는 확신은 죄인들을 격려하여 회개시키는 데 필요하다. 탕자는 그의 아버지의 사랑을 의심했기 때문에 그에게 돌아가기를 주저했다. 그러나 그를 격려하여 그의 아버지에게로 돌아가게 한 것은 그의 아버지가 자기를 긍휼로 대하리라는 그의 소망이었다.

• 이러한 진리는 우리가 하나님을 신뢰하는 데 불가결한 것이다. 이러한 진리가 하나님에 대한 감사와 사랑의 근원이다.

• 이러한 진리는 모든 상황에서 견지되어야 한다. 우리는 이 세상에 많은 죄와 비참한 사건들이 성행하는 가운데서도 하나님은 여전히 인간에 대하여 자비로우시다는 사실을 믿어야만 한다. 우리는 이러한 난제에 대한 그릇된 해답을 용납해서는 안 된다. 곧 하나님은 죄를 저지시킬 수 없으시다거나 죄를 행복에 대한 수단으로 의도하신다고 가정해서는 안 된다. 하나님께서 죄를 허용하시는 것은 그렇게 하는 것이 그의 보시기에 좋게 보이기 때문이다. 그리고 이러한 결론이 죄의 문제에 대한 가장 숭고하고도 결정적인 해답이다.

13. 하나님의 약속

"하나님은 사람이 아니시니 거짓말을 하지 않으시고 인생이 아니시니 후회가 없으시
도다 어찌 그 말씀하신 바를 행하지 않으시며 하신 말씀을 실행하지 않으시랴"
■ 민수기 23:19

하나님의 약속은 칭의와 성화에 관련되는 것처럼 구속사에 있어서도 중
요한 역할을 한다. 그의 약속들은 우리의 믿음과 소망의 대상들이다.

하나님의 약속은 믿음의 대상이다

하나님의 약속은 타락한 아담과 아브라함과 다윗을 비롯한 모든 세대의
모든 하나님의 사람들에게 있어 그러했으며, 또한 그러하다. 메시아이신 그
리스도를 통한 칭의와 구원에 대한 약속이 믿음의 바른 대상으로 지지되었
으며, 지금도 그러하다. 이 믿음은 자아 포기와 함께 약속에 대한 동의와 신
뢰를 내포한다. 그리고 그 자체로 칭의에 대한 조건이 되었다.

하나님의 약속은 소망의 대상이다

현재뿐만 아니라 미래의 축복과 관계된 하나님의 약속은 우리가 특별히
필요로 하는 것이다. 하나님의 약속은 우리가 필요로 하는 모든 것을 포함
하고 있는데, 이는 우리를 죄책과 지옥으로부터 구원하고 우리에게 충만한
안전과 행복과 우리 본성의 존귀해짐을 현세와 내세 그리고 지금과 영원까
지 보장하기 위해 필요하기 때문이다.

성화

이 약속들로 말미암아 우리는 베드로가 베드로후서 1장 4절에서 말한 대로 하나님의 성품에 참여한 자들이 된다. 그 말씀에서 우리는 약속을 상속받거나 약속을 고대하게 되는 것이다. 어떤 의미로 이해하든 이러한 선언은 참된 것이다. 우리는 하나님의 약속들에 의해 하나님의 성품, 곧 거룩한 성품의 참예자들이 된다. 그 이유는 다음과 같다.

• 그러한 약속들이 없다면 우리는 믿음과 소망을 가질 수 없으며, 거룩한 삶이란 불가능할 것이기 때문이다.
• 우리의 영혼이 순결하게 되고 우리의 마음이 세상의 것들에서 떠나 위의 것을 의지하게 되는 것은 성령의 능력으로 계시된 약속들과 그 능력에 의해서이기 때문이다.

만일 그 말씀이 이미 약속된 복들을 의미한다면 그 의미는 그리스도의 구속, 거룩한 하나님의 공의를 만족시키기 위한 우리 외부에서의 그의 사역, 우리 마음속에서의 성령의 역사, 그리고 하나님 나라의 모든 통치에 의한 것이다. 우리는 하나님의 성품에 참여하기 위해 드높여짐으로, 우리의 판단과 감정에 있어서 하나님과 일치를 이루게 된다.

하나님의 약속은 위로와 힘의 원천이다

다시 말해, ① 역경의 때에, ② 갈등의 때에, ③ 시험을 당할 때에 그 약속들은 우리의 영혼을 확신과 기쁨으로 채워주며, 우리의 결의를 고무시켜 끝까지 잘 참게 하여 우리가 정복자 이상이 될 것을 확신시켜 준다.

이 약속들은 개인들뿐 아니라 세계의 온 교회와 국가들에 관련되어 있다.

하나님의 약속의 특성

• 하나님의 약속들은 지극히 위대하고 귀중하다. 곧 약속되는 복들은 실로 엄청난 것이며, 그 자체에 그만한 가치를 부여할 만한 것이다.

- 하나님의 약속들은 다음과 같은 이유에서 확실하다. ① 하나님이 말씀하셨으며, 그러므로 그의 신실하심은 약속될 뿐만 아니라 그의 능력과 무한한 지혜는 그것들의 성취를 위해 보증되기 때문이다. ② 그 약속들은 그리스도 안에서 얼마든지 '예'와 '아멘'이 되기 때문이다. 곧 그리스도는 그 약속들에 달려 있던 조건을 성취하시고, 그것들을 실행할 능력을 받으심으로써 그것들을 그의 역사에 의해 절대적으로 확실하게 하셨다.
- 하나님의 약속들은 불변적이다. 이러한 사실은 그것들이 확실하다는 데 내포되어 있다. 그러나 그것은 또한 하나님의 계획들은 결코 변치 않으리라는 것뿐 아니라 그것들의 성취를 방해할 가능성이란 전혀 존재하지 않는다는 특별한 개념을 내포하고 있다. 하나님의 계획은 그의 약속 밖에 있는 것들로 간주되는 우리에게 있는 어떤 것들, 곧 우리의 충성됨이나 교회의 충성됨에 달려 있지 않다. 왜냐하면 하나님의 약속은 그가 우리를 타락하지 않도록 지켜 주시리라는 것, 우리 모두를 신실하게 지켜 주시고 우리로 참고 견디게 하시리라는 것이기 때문이다.

하나님의 약속의 혜택을 받는 법

하나님의 약속들에 대한 불신과 많은 의심의 원인들로는 다음과 같은 것들이 있다. ① 무가치하다는 느낌, ② 오래 지연된다는 느낌, ③ 분명히 실패한다는 느낌이다. 이러한 것들은 하나님의 사람들이 보통 경험하는 것들이다. 이러한 것들은 사탄이 그들로부터 하나님의 약속들의 유익을 박탈하기 위해 사용하는 수단들이다.

하지만 ① 하나님의 약속들의 성취는 우리의 훌륭함에 기초되어 있지 않고, ② 그 약속들은 오랫동안 기다린 후에 성취되어 왔으며, ③ 그러므로 그 약속들의 성취를 기다리는 데 실패한 사례들만이 명백하게 보일 뿐이다. 우리는 그 약속들을 오해할 뿐 아니라 우리가 잘못 이해함으로써 그 약속들이 실패한다고 생각한다.

우리가 해야 할 것은 다음 세 가지다. ① 그 약속들을 이해하고 이해하기 위해 연구하는 것과, ② 그리스도를 믿음으로, 또는 그 약속을 받아들임으로 그것들에 관심을 갖는 것, ③ 그리고 그 약속들을 따라 사는 것이다.

14. 하나님의 진노

"범죄하지 아니하는 사람이 없사오니 그들이 주께 범죄함으로 주께서 그들에게 진노하사 그들을 적국에게 넘기시매 적국이 그들을 사로잡아 원근을 막론하고 적국의 땅으로 끌어간 후에"

■ 열왕기상 8:46

진노의 의미

'진노'란 단어가 하나님에 대하여 사용될 때의 의미를 살펴보기로 한다. 신인동형론Anthropomorphism, 곧 인간은 하나님의 형상으로 지음 받았으며, 그러므로 하나님은 특성에 있어 인간과 같으신 분이라는 교리가 유신론Theism의 기초를 이룬다.

성경과 우리가 하나님의 이지intelligence, 의지will, 능력을 말할 때, 그것은 하나님이 이 단어가 우리 안에 표현하는 기능들과 유사한 속성들을 소유하고 계시다는 것을 의미한다. 그러므로 우리가 하나님의 사랑과 긍휼과 거룩과 선하심을 말할 때에도 마찬가지다. 이 모든 경우에 있어 우리는 이러한 단어들을 하나님에 대하여 사용할 땐 우리에 대하여 사용될 때와 같은 어떤 한계나 불완전함을 의미하는 것은 모두 배제해야만 한다.

성경에서 하나님은 진노, 분노, 격노하시는 분으로 묘사된다. 인간에게 있어 이러한 것들은 혼란되고 흥분되고 고통스러운 마음 상태로 대체로 다소 악의적인 것이다. 그러나 성경에서 하나님이 진노하시고 분노하시고 격노하시는 분으로 묘사될 때는 인간과 같은 마음 상태를 연상해서는 안 된다.

그렇다면 그 경우에 하나님은 어떠한 상태에 계시는가? ① 그는 침착한 불찬성의 상태에 계시며, 그러한 불찬성이 죄와 죄인들에 대한 그의 심판이며 반응이다. ② 그러한 불찬성을 나타낼 결심 상태에 계신다. ③ 그러한 불찬성은 결국 죄인에 대한 하나님의 추방으로 귀착된다. ④ 그러한 추방은 모든 거룩함과 복의 원천으로부터 그를 제거시켜 절망적이며 피할 수 없는 영원한 죄와 비참함에 처하게 한다. 이것이 영혼의 죽음이며, 둘째 사망인 것이다.

죄인들에 대한 대한 하나님의 진노

그러므로 다음과 같이 결론지을 수 있다.

- **죄인들에 대한 형벌은 자발적**^{voluntary}**이며, 공명정대한 것으로서 필연적인 것이다.** 그것은 하나님의 특성, 곧 죄와 거룩함 간의 필연적인 대립에서 오는 불가피한 조처이다.

- **그러한 형벌은 피할 수가 없다.** 인간에게 있어 형벌은 계획적인 것으로서 가하여질 수도 있고 가하여지지 않을 수도 있다. 비록 가하여지게 될 경우에라도 면죄될 수도 있기 때문에 동일한 죄가 하나님에게 있어서도 인간들에게서와 똑같이 취급될 것으로 사람들은 생각하기 쉽다. 형벌은 하나님의 주권에 있어 실로 계획적인 것이지만, 그러나 하나님의 뜻은 그의 속성에 의해 결정되며, 그러므로 그의 속성이 불변적인 것처럼 죄에 대한 형벌도 불변적인 것이다. 하나님의 속성은 필연적으로 죄와 대립되기 때문에 죄를 벌하는 그의 뜻도 불가피한 것이라는 의미에서 필연적인 것이다. 하나님께서 거룩함을 사랑하실 리 없다고 생각할 수 없듯이 그가 죄를 혐오하실 리 없다고도 생각할 수 없다. 그리고 그가 거룩한 자들에게 호의를 베푸실 리 없다고는 생각할 수 없듯이 그가 죄인들에 대하여 그의 불찬성을 나타내실 리 없다고도 생각할 수 없다.

- **죄인들은 그들의 죄에 대한 형벌을 도저히 피할 수 없다고 결론지을 수**

있다. 이것은 같은 개념을 다른 형식으로 표현하고 있을 뿐이다. 그러나 하나님은 죄와 대립되며, 그는 이에 따라 행하시리라는 것을 죄인들이 인정하는 한 그들은 죄를 회피하려고 할 것이다. 왜냐하면 그들은 범죄하기를 중단하려고 결심하거나, 하나님께서 긍휼히 여기시고 용서해 주실 것을 바라기 때문이다. 하나님은 죄가 용서받을 수 있는 길—죄에 대한 사면과 죄의 사악성의 제거를 위한 방법—과 인간의 영혼이 하나님의 형상으로 회복될 수 있는 길을 예비해 놓으셨다. 그러나 이러한 구원의 방법을 사용하기를 거부하는 자들에게는 오직 심판에 대한 두려운 전망만이 남아 있을 뿐이다.

• **회개하지 않는 죄인에 대한 형벌은 필연적으로 영구적인 것이다.** 그것은 첫째, 형벌의 불가피성 때문이다. 둘째, 그러한 불가피성의 근거는 영구적인 것이기 때문이다. 인간의 영혼은 범죄하고 죄악스럽게 되기를 결코 중단하지 않으며, 그러므로 비참하게 되기를 결코 중단하지 않는다. 하나님께서는 잃어진 영혼들을 회개시킬 방법을 계시해 오셨을 뿐만 아니라 그리스도를 거부하는 자들은 영원히 멸망할 수밖에 없다는 취지를 계시해 오셨다.

• **악인들에 대한 형벌은 상상할 수 없으리만큼 두려운 것이라고 결론지을 수 있다.** 그들은 하나님과 모든 복으로부터 내쫓김을 받는다. 그들은 지속해서 증가하는 모든 악의 세력에 넘겨진다. 그들은 오직 그들 자신과 같은 자들과만 교제해야 하며, 더 이상 아무 소망이 없게 된다.

우리는 이러한 진리들을 우리 자신에게 적용시키고, 모든 죄를 피하여 구원을 위해 그리스도께로 피하기로 결단해야만 한다. 이러한 진리들에 의해 우리는 우리 동족의 구원을 위한 열정으로 불타야만 한다.

15. 하나님의 심판

"그러므로 이스라엘아 내가 이와 같이 네게 행하리라 내가 이것을 네게 행하리니 이
스라엘아 네 하나님 만나기를 준비하라"

아모스 4:12

선지자 아모스가 선포한 이 말씀은 경고하기 위한 말씀이다. 이는 다음과
같이 말씀한 것과도 같다. "너희는 하나님의 보복에 대비하라." 곧 본 절에
대해 생각해야만 할 것은 "심판에 대비하라"는 권고로서의 의미이다. 이것
은 다음과 같은 또 다른 권고의 말씀과 유사하다. "너희는 또한 하나님 만나
기를 준비하라." 이러한 권고들이 어떤 의미인지 생각해 보자.

하나님의 도덕적인 통치

하나님은 인간들의 품성과 행위에 대하여 심판하시고, 그들이 행한 것에
따라 그들에게 상을 주거나 벌하시리라는 것이다.

• 하나님의 도덕적인 통치는 하나님의 존재뿐 아니라 그의 전능하심과
  전지하심을 나타낸다. 하나님은 인간의 행위와 인간의 성품을 결정하
  는 모든 것을 아시는 것으로 생각할 수 있다. 하나님의 도덕적인 통치
  는 그들의 외적인 행위에 대하여, 그리고 그들의 마음 상태와 이를 결
  정하는 모든 것에 대하여 아시는 것을 전제로 한다. 한 인간의 내력은
  하나님 앞에 공의롭게 심판받을 수 있을 만큼 자세하게 알려질 터인데,
  그 내력은 그 인간의 행위와 상태와 죄를 범하게 된 환경들에 있어 어

떠한 지적^{知的}인 피조물도 추적할 수 없을 만큼 광대한 범위에 이르기까지 철저히 알려질 것이다. 그렇다면 우리는 수억 만의 온 인류의 내력에 대하여는 무엇이라 말해야만 하겠는가? 오직 전지하신 자만이 다른 존재에게 온 세상의 심판자가 되게 할 자격을 줄 수 있다는 것이 명백하다. 만일 그리스도가 그러한 심판자이시라면, 그는 전지하신 자이심에 틀림없다.

- 이 전지하신 분이 심판자이시며, 법령을 집행하시고 공의에 따라 판결하시는 분이다. 심판의 법칙은 공의이다. 곧 그것은 긍휼이나 자비나 편애가 아니라 공의^{justice}인 것이다. 성경에서 하나님이 심판자로 표현되고, 사람들을 고려함이 없이 오직 사건의 진상에 관련해서만 법에 따라 판결하시는 자로 표현되는 것은 바로 이러한 면에서다.

하나님의 심판의 대상

이 도덕적인 통치의 대상자들은 첫째, 모든 이성적인 피조물들이다. 이성적인 본성이 도덕적인 행위의 근거이며, 그것은 필연적으로 모든 이성적인 피조물을 하나님에 대하여 책임 있는 행위자들의 관계에 두기 때문이다.

둘째, 그것은 모든 인간이다. 그들은 이성적인 피조물들 중 일반적인 범주에 들기 때문이다. 곧 도덕적인 통치의 대상은 민족들로서의 사람들, 공동체들로서의 사람들, 집단과 개인들로서의 사람들이다. 민족들은 민족들로서 행하고 이성적인 특성을 가지며, 그러므로 민족들은 민족들로서 다루어진다. 어떤 단체에 대해서든 마찬가지다. 그리고 모든 사람은 단지 하나님 앞에 한 국가나 가족의 일원으로서가 아니라 한 개인으로서 서게 되듯이 각 개인은 각 개인으로서 심판을 받아야만 한다. 그리고 하나님에 대한 이러한 개인적인 관계가 우리가 갖게 되는 가장 중요한 관계이듯이 우리 각인이 개인으로서 받게 되는 심판이 그 어떤 심판보다도 훨씬 더 중대하다.

하나님의 심판의 근거

앞서 진술했듯이 심판의 근거는 성품^{character}과 행위다. 이것은 민족들과 개인들에 대하여 그렇다. 우리 모두는 각자가 다음과 같은 것들에 대하여 심판을 받게 된다.

- 모든 외적이며 내적인 행위나 모든 범죄 행위나 무관심한 행위, 모든 의지와 모든 감정에 대하여 심판을 받는다.
- 성품에 의한 모든 것과 단지 실제적인 실행뿐 아니라 지속적인 상태들에 대하여 심판을 받는다.

하나님의 통치와 지배

- 이 세상의 모든 민족은 하나님의 섭리에 의한 것으로, 그것들이 지상에 존재하는 것은 오직 그 때문이다. 각 민족들의 도덕적인 행위와 성품은 확실하고도 불가피하게 상벌을 받는다. 이러한 사실은 유대인들, 그리고 고대의 다른 민족들과 현대의 모든 민족의 역사에 의해 실증된다. 그러므로 각 개인들은 정사政事에 관심을 가질 의무가 따른다. 이러한 문제에 있어 그리스도인들과 교역자들이 취할 행동 양식은 편의주의가 아니라 하나님의 말씀의 표준에 따라 평가되는 국가적인 행위의 도덕성이다.
- 모든 개인들에 대한 하나님의 도덕적인 통치는 다음과 같은 것에 의해 집행된다. ① 사건들의 결과와 인과관계를 조절하는 확정된 자연의 법칙에 의해 집행된다. ② 하나님의 특별 섭리에 의해 집행된다. ③ 사후 즉시 그리고 마지막 날 미래의 나라에서 집행된다.

하나님의 심판을 어떻게 대비해야 하는가?
- 각 국가들로서는 국가적인 회개와 개혁 또는 최악^{최후의 심판}을 겪을 각오를 함으로써 대비해야 한다.
- 개인들로서는 완전무결한 삶과 성품을 제시할 준비를 하거나, 또는 하

나님이 그 안에서 경건하지 않은 자를 의롭다 하실 수있는 그리스도의 의義에 피함으로써 대비해야 한다.

본 절에는 그리스도의 의義로 말미암아 의롭다 하심을 받는 그리스도인들도 그들의 행위에 따라 심판을 받게 된다는 의미가 있다.

PRINCETON SERMONS Outlines of Discourses Doctrinal and Practical

2부

그리스도의 위격과 직분

16. 그리스도의 초림 (1)

"이로써 너희가 하나님의 영을 알지니 곧 예수 그리스도께서 육체로 오신 것을 시인하는 영마다 하나님께 속한 것이요"

■요한일서 4:2

그리스도에 의한 이 세상의 구속은 인류뿐 아니라 온 우주 역사의 중심을 이루는 사건이다. 이같이 믿어야 할 이유는 다음과 같다.

- 그 사건의 성격
- 하나님의 영광이 특별히 교회를 통하여 나타나야 한다는 성경의 선언

그리스도의 구속 사건

그러므로 우리에겐 그리스도의 구속 사건을 다른 어떤 사건보다도 가장 중요한 사건으로 생각해야 할 의무가 따른다. 우리가 그러한 사건을 이같이 기억하고, 우리에 대한 그러한 사랑의 명시에 대하여 불변적인 사의^{謝意}를 표해야 할 이유들은 다음과 같다.

첫째, 무한한 겸손과 그것이 보여주는 사랑 때문이다. 하나님의 아들의 존귀함과 그가 인간이 되심에 있어 자신을 낮추신 그 깊이 때문이다.

둘째, 우리가 그의 구속으로 인하여 누리게 되는 유익이 있기 때문이다. 그 유익은 개인들로서 누리게 되는 것과, 하나님의 백성으로서 누리게 되는 것이 있다.

- **개인들로서 누리게 되는 유익**. 이러한 제하^{題下}에서는 다음과 같은 것들

을 들 수 있다. ① 용서, 지옥으로부터의 구원. ② 거룩함 혹은 죄로부터의 구원. ③ 하나님과의 화해 혹은 그의 총애를 누림. 곧 만복의 무한한 근원이신 하나님과의 교제. ④ 우리의 인격에 있어 영광과 위엄과 탁월함으로 높임을 받음.

- **하나님의 백성으로서 누리게 되는 유익**. 그것은 곧 땅에서의 평화와 인간들에 대한 선의다. ① 우리가 살고 있는 세상이 구속함을 받는다. ② 세상은 더 이상 계속하여 죄의 지배 하에 있지 않게 된다. ③ 세상은 더 이상 어둠의 권세 하에 있지 않게 된다. 앞으로는 그리스도께서 온 세상을 통치하실 것이다. ④ 거룩함과 평화와 행복이 온 세계에 편만하게 된다.

그리고 구속함을 받은 하나님의 백성들은 하나님의 아들과의 연합에 의해 높임을 받고, 하나님의 영광을 가장 놀랍게 나타내게 될 것이다. 이것이 우리가 하나님께서 육신을 입고 오심을 감사하고 명심해야만 할 세 번째로 중요한 이유이다. 하나님이 그렇게 하셨기에 그는 모든 시대의 모든 그의 백성에 의해 가장 높이 영광을 받으셔야만 한다. 그는 창조주와 통치자로서보다 구속의 하나님으로서 더욱 높이 찬양을 받으셔야만 한다.

복음을 듣는 모든 사람에게 과하여지는 두 가지 중대한 의무는 ① 그리스도를 자신의 구주로 영접하는 것과 ② 그를 다른 사람들에게 인간의 구주로 알리는 것이다.

17. 그리스도의 초림 (2)

"천사가 대답하여 이르되 성령이 네게 임하시고 지극히 높으신 이의 능력이 너를 덮으시리니 이러므로 나실 바 거룩한 이는 하나님의 아들이라 일컬어지리라"

■ 누가복음 1:35

성탄절의 준수

성탄절에 대한 준수는 성경에서 명하여지지 않았다.

그러므로 그것은 의무는 아니다. 개신교의 참된 원리는 성경에서 명하여지지 않은 것은 누구에게도 명하여질 수 없다는 것이다. 이러한 원리의 중요성은 인간적인 권위의 부담으로부터 방어 역할을 해 준다. 탈무드와 로마 가톨릭교도들의 전통은 이러한 원리를 저버린 결과로 인한 커다란 두 유적이다. 이것은 성경에서 명하여지지 않은 것은 용납되지 않는다는 원리와 혼돈되어서는 안 된다. 성경에서 명하여지지 않은 것에 대하여는 양심의 자유에 따라 결정할 수 있기 때문이다. 무엇을 임의로 명한다는 것은 무엇을 임의로 금지시키는 것만큼이나 인간적인 권위를 조장하는 것이 된다. 교회의 전반적인 관례와 우리 자신의 관습, 국가적인 추수감사절 등은 양심의 자유에 따라 결정될 수 있는 것들이다.

성탄절 준수의 편익은 무엇인가? 성탄절 준수에는 긍정적인 면과 부정적인 면이 있을 수 있다. 긍정적인 면은 다음과 같다.

첫째, 상호 제휴할 수 있는 자연스러운 기회가 될 수 있다.

둘째, 그것은 구약에서 절기들을 지키게 되었던 것과 유사한 것이다.

셋째, 그것은 그리스도인들이 합심하여 교제할 수 있는 기회가 될 수 있다.

넷째, 그것은 그리스도에 대한 지식을 증진시키고 보유할 수 있는 수단이 될 수 있다.

반면 성탄절 준수의 부정적인 면도 있다.

첫째, 그것이 남용될 여지가 있다. 즉 성탄절 준수를 신성시하거나 신적 권위가 있는 것으로 생각하기 쉽다. 둘째, 그것을 점차 안식일로 대치시킬 소지가 있다. 셋째, 그것이 세속적인 방식의 경축이 될 여지가 있다. 이러한 것들은 경계해야 할 것들이며, 성탄절이 이러한 면에서 준수될 수는 없다.

성탄절 준수의 역사를 살펴보자. 성탄절이 4세기 전에는 경축되지 않았다. 오리게네스는 널리 준수되었던 축일로 성금요일, 부활절과 오순절만을 언급한다. 아우구스티누스는 성탄절을 축일들 중 두 번째에 위치시킨다. 크리소스토무스는 그의 시대에 성탄절이 새로 추가된 것이었다고 말한다. 그는 그것이 십 년 내에 점진적으로 소개되어 왔다고 말했다.

성탄절은 날짜가 중요한 것이 아니다. 그것은 가정된 것이다.

그리스도의 탄생

- **그리스도의 탄생은 이적적인 사건으로 표현된다.** 즉 그것은 예언되고 기록되었던 대로의 사건이었다. 그리스도의 탄생의 중요성은 그 탄생이 그에게 오염되지 않은 인성을 전해 주었다는 데 있다.

- **그리스도의 탄생은 그 자체로 가장 놀라운 사건으로 묘사된다.** 말씀이 육신이 되셨다는 것이다. 곧 ① 하나님의 아들이 여인에게서 태어나신 것이다. ② 하나님의 형상으로 계셨던 그가 인간의 형상을 입고 나타나신 것이다. ③ 아버지의 영광의 광채이셨던 그가 혈과 육을 입으신 것이다.

- **그의 탄생은 겸손과 사랑에 대한 가장 놀라운 전시로 묘사된다.** 하나님이 세상을 극진히 사랑하셨기에 그의 독생자를 보내셨다. 하나님께서는 그의 친아들도 아끼지 않으신 것이다. 여기에 사랑이 있으니, 곧 우리가 하나님을 사랑한 것이 아니라 그가 우리를 사랑하셨으며, 그의 아들을 보내시어 우리의 죄에 대한 중보가 되게 하셨다. 이것이 우주의 역사에 있어 가장 위대한 사건이다. 신성과 인성이 그 구속자의 인격에 있어 연합되어진 것이다.

- **그의 탄생은 가장 풍요로운 결과이며, 하나님에게는 영광이요 인간에게는 기쁨이 되었다.**

  그것은 하나님에게는 영광이었다. 그의 탄생에 대해 천사들이 기뻐 외쳤다. 즉 "지극히 높은 곳에서는 하나님께 영광"이라고 외쳤다. 이때 천사들의 모든 시선은 베들레헴에 있던 한 구유로 향해 있었다. 맑고 밝은 유아에 대한 코레조Correggio, 이탈리아의 화가의 작품에 드러난 사상은 온 우주에 빛을 발하는 그리스도에 대한 희미한 상징일 뿐이다. 그 탄생은 그리스도의 사랑과 겸손, 그의 지혜와 능력에 대한 전시다.

  그것은 인간에게는 기쁨이었다. ① 그것은 하나님과의 화해, 화평, 친교, 그의 성품에의 참여에 대한 방편이었다. ② 그것은 구속함을 받은 하나님의 모든 자녀들의 연합에 있어 화평의 방편이요, 우리의 성품의 고양을 위한 방편이며, 신성과 인성의 보유자이신 그 신인God-man이 우두머리가 되는, 그의 나라의 설립의 방편이었다. ③ 그것은 사탄에 대한 하나님의 승리가 되었다.

그리스도의 탄생에 대한 우리의 반응

- 감사 · 기쁨 · 순종 · 헌신

18. 임마누엘

"보라 처녀가 잉태하여 아들을 낳을 것이요 그의 이름은 임마누엘이라 하리라 하셨
으니 이를 번역한즉 하나님이 우리와 함께 계시다 함이라"
■ 마태복음 1:23

고대인들, 특히 하나님의 백성들에게 있어서 이름은 중요한 의미를 가지
고 있었다. 이름이 부모에 의해 지어질 때 그것은 부모가 상징하거나 기념
하려고 의도했던 것을 나타내었다. 그러나 이름이 하나님에 의해 지어질 땐
그것은 일종의 계시가 되었다. 하나님께서 동정녀의 아들에게 '임마누엘'이
란 이름을 주신 것은, 하나님께서 우리와 함께 계셔야만 했다는 사실에 대
한 계시였다.

하나님이 함께하신다는 의미
• 그것은 가까이 계심에 대한 일반적인 의미를 나타낸다.

물론 하나님은 어디에나 계시지만, 그러나 그는 특별히 그 자신을 현재
계신 그대로 명시하시는 곳에 계실 것으로 언급된다. 그는 우리들 중 누구
로부터도 멀리 계시지 않으신다. 왜냐하면 우리는 그로 말미암아 살고 활동
하며 존재하기 때문이다. 이러한 유의 가까이 계심은 모든 피조물, 특히 이
성적인 모든 피조물에게 공통적인 것이다.

• 그것은 호의와 도우심에 대한 일반적인 의미를 나타낸다.

우리가 "주께서 당신과 함께 계시기를"이라 말할 때 우리는 하나님께서 우리가 인사하는 자들을 도우시고 지지하실 것을 기원하는 것이다. 시편 기자는 주에 대하여 "…그가 나의 오른쪽에 계시므로 내가 흔들리지 아니하리로다"시 16:8라고 말한다. 그러므로 메시아에 대한 이러한 이름은 하나님께서 그의 호의를 베푸신다는 의미에서 우리와 함께 계시리라는 약속이었다. 후에 천사들이 "땅에서는 하나님이 기뻐하신 사람들 중에 평화로다"라고 선포했던 것이 이러한 예언적인 명칭에서 예고되었다.

그리스도를 위하여 하나님께서 우리와 함께 계신 것으로, 혹은 우리에게 호의를 베푸시는 것으로 언급되는 모든 방식과 의미를 진술하기란 불가능할 것이다. ① 하나님은 그의 아들의 죽음에 의해서 우리와 화해되셨다. 그리스도께서 우리를 하나님께로 인도하셨다. ② 우리는 하나님의 공의에 관한 그와 화해되었을 뿐 아니라 우리는 그의 사랑의 대상들이다. ③ 하나님은 성령에 의해 우리를 도우시고 권고하시며 위로하기 위해 무소부재하신다. ④ 하나님은 언제나 우리의 삶을 섭리하시고 우리를 지켜주신다. 주께서는 빛·방패·힘·위로자와 영혼의 영원한 분깃으로서 우리와 함께, 우리의 우편에, 우리 주위에 가까이 계신다.

• 하나님께서 우리와 함께하시리라는 말은 그의 아들의 성육신에 의해 실현된 우리와의 화합을 나타낸다.

하나님은 그의 아들의 이적적인 탄생에 의해 우리와 화합하셨다. 이러한 사실은 동정녀 마리아에게서 태어나셔야만 했던 거룩하신 자가 하나님의 아들이심을 선포한 그녀에 대한 천사의 포고에 의해 더욱 충분히 설명된다. 하나님께서 우리와 함께 계시리라는 것은 인성과 신성이 "임마누엘"이라 불리워져야만 했던 그 아기에게서 한 인격으로 연합되어야만 했기 때문이었다.

이러한 연합으로 하나님과 인간은 그리스도 안에서 가장 친밀한 친교를 맺게 되었다. 그러나 이 연합은 거기서 멈추지 않았다. 그러한 연합으로 인하여 하나님은 다른 피조물들과는 맺지 않는 관계를 인간과 맺게 되셨다. ① 이러한 관계는 거룩하신 자께서 "우리는 하나니라," 곧 "우리는 같은 성품one nature에 속하느니라"고 말할 수 있는 관계이다. ② 그것은 그리스도 께서 우리를 '형제들'이라고 부르실 수 있는 관계이다. ③ 그것은 주께서 우리를 긍휼히 여기실 수 있는 관계이다. ④ 그것은 그리스도에게 행하여지는 것은 우리에게도 행하여지게 하는 관계이다. ⑤ 그것은 주께서 우리의 성품을 천사들의 것보다 우월하게 하는 관계이다. ⑥ 그것은 주께서 그의 백성에 대하여 영원히 친구로서, 형제로서, 배우자로서 있게 되시는 관계이다.

• **"하나님께서 우리와 함께"라는 표현**요 14:17 참조**은 그가 우리와 함께 계시되, 우리 안에 계시다는 것을 의미한다.**

그리스도는 예비 조건으로써 성육신과 성령의 내주하심에 의해 그의 백성 안에 살아 계신다. 즉 그가 그들의 영적 생명의 원천이시다. 그러한 생명에 속한 생각과 감정과 행위들은 그와 우리 간의 이러한 특별한 관계에 기인한다. 주께서는 부단히 영구적으로 우리와 친밀하게 함께하신다. 우리와의 그의 연합은 그 어느 연합보다도 친밀하고, 소중하며, 영구적인 것이다.

그러므로 우리의 위대한 의무는 ① 우리 자신이 이러한 연합에 부합되게 사는 것이다. ② 다른 사람들로 이러한 복을 누리도록 노력하는 것이다.

이하의 절들을 읽어보고 묵상해 보자.

"만군의 여호와께서 우리와 함께 하시니"시 46:7

"나의 성실함과 인자함이 그와 함께 하리니"시 89:24

"내가 모세와 함께 있었던 것 같이 너와 함께 있을 것임이니라"수 1:5

"두려워하지 말며 놀라지 말라 네가 어디로 가든지 네 하나님 여호와가 너와 함께 하느니라"수 1:9

"네가 물 가운데로 지날 때에 내가 너와 함께 할 것이라"사 43:2

19. 그리스도의 신성

"그 안에는 신성의 모든 충만이 육체로 거하시고"

골로새서 2:9

역사의 하나님, 성경의 하나님

우리가 믿는 하나님은 역사^{history}와 성경의 하나님이시다. 그가 모든 사건과 계시의 과정을 주관하신다. 성경의 모든 책은 역사적인 사실을 기록한 것들이다. 곧 그 책들은 역사상 실제로 일어났던 사건들을 기록한 것이다. 그러므로 어떤 의미에서 그것들은 역사의 산물이다. 그것들은 역사상 각각 다른 시대에 기록되었을 뿐만 아니라, 각각 다른 시대에 살고 있는 사람들의 필요를 충족시켜 준다.

따라서 역사적인 사건들과 하나님의 계시들에 대한 전체적인 큰 체계가 점진적으로 나타나게 되었다. 구약의 성경들은 모세 이전과 모세 이후, 그리고 모세로부터 그리스도의 도래에 이르기까지 전 기간의 하나님의 사람들의 필요를 충족시켜 주기 위해 기록되었다. 신약, 특히 서신서들은 수필이나 강론으로 기록된 것이 아니라 특별한 회중들에게 역사적으로 필요했던 것들을 충족시켜 주기 위해 그들을 위한 서신들로 기록되었다. 그러나 신구약 전체는 모든 시대의 사람들에게 필수적이며 바람직한 진리가 모두 알려질 수 있도록 기록된 것이다.

골로새서의 목적

골로새인들을 위해 쓰인 서신이 그 외에 다른 시대의 다른 사람들에게 보내어질 수는 없었을 것이다. 당시에 그들은 그 전후에도 결코 존재한 일이 없는 특별한 부류의 이단자들의 유혹을 받게 되었다. 그 이단자들은 유대인들이었지만, 그들은 구 체제와 신 체제에 대하여 많은 것을 주장하는 유대인 그리스도인들이었다. 그들은 그리스도가 메시아이자 구주이심을 인정하면서도 할례의 필요성과 의식들의 유효성, 해^{year}와 달^{month}과 날들의 각 절기 준수를 고수했다. 이러한 점에서 그들은 갈라디아, 예루살렘, 안디옥 그리고 로마에 있는 교회들이 타락하고 혼란케 되었던 유대교화한 교사들과 다르지 않았다.

골로새의 거짓된 교사들의 특징은 그들이 유대교화한 자들인 동시에 철학자들이라는 것이었다. 그들은 동방의 신지학^{theosophy}을 유대인들의 전통과 결합시켰다. 그들은 영지주의 체계의 요소인 영적인 감화력, 영원한 존재, 물질의 해악성, 천사숭배와 금욕주의의 필요성을 고수했다. 그들은 그리스도를 하나님으로 생각지 않고 보다 높은 존재자들 중 하나로 생각했다. 그러므로 그들은 "우리는 그리스도로는 완전하게 되지 못하며, 따라서 신자는 그가 베풀 수 있는 이상의 것과 그의 역사와 성령을 통하여 얻을 수 있는 이상의 것을 필요로 한다"고 가르쳤다.

이 서신에서 바울의 목적은 그리스도의 전적인 충족성$^{all-sufficiency}$과 그 외 모든 것, 특히 골로새인들이 신뢰하도록 가르침을 받아왔던 헛된 철학과 공허한 의식 준수들의 무가치함을 가르치는 것이었다. 그러므로 그는 다음과 같이 가르친다.

- 그리스도는 보이는 모든 것과 보이지 않는 모든 것의 창조자 하나님이시며, 그러므로 모든 것은 그에 의해 존재한다.
- 그는 교회의 머리시요, 모든 복이 기인하는 생명의 근원이시며, 그와의 연합이 구원의 불가결한 조건이다.

• 그는 교회의 구주시다. ① 우리는 십자가에서의 그의 보혈로 인하여 하나님과 화해되고, ② 그에 의해 성령을 통하여 영적이며 영원한 생명이 그의 몸된 교회의 각 지체에 전하여지기 때문이다.

이러므로 골로새인들은 어떤 사람이 그들을 미혹하여 그들로 그리스도 외의 곳을 바라보게 하거나, 그의 죽음의 공적과 그의 능력의 효능 외에 어떤 것을 의지하게 하지 못하도록 조심해야만 했다. 만일 그들이 거룩하신 구주, 참으로 하나님이신 구주를 소유했다면 그 외에 그들에게 무엇이 필요했겠는가? 실로 이것은 중요한 문제다. 그들이 그 외에 어떤 것이나 그리스도와 구원을 위한 그의 역사 외의 어떤 것을 잘못 신뢰하게 된 것은 그들에게 일정한 형식을 갖춘 위대한 교리에 대한 믿음이 결여되어 있었기 때문이었다. 우리가 필요로 하는 것은 그리스도시며, 오직 그리스도뿐이다. 바로 이것이 바울의 교리다.

우리에게는 신성의 모든 충만으로 충분하다

우리는 그리스도 예수를 소유하고 있으므로 인하여 그 안에 거하고, 그 안에서 뿌리를 박으며 세워져야만 한다. 그리고 어떤 사람이 철학이나 헛된 속임수로 우리를 해치지 못하도록 조심해야만 한다. 그 이유는 무엇인가? 그리스도 안에는 신성의 모든 충만이 육신으로 거하시기 때문이다.

"신성의 모든 충만"이란 신적인 속성의 풍부함을 의미한다. 그것이 그리스도 안에 육체로 거하신다. 즉 그것이 실제로 혹은 본질적으로 거할 뿐 아니라 육신으로 옷 입혀져 있다. 누가복음 3장 22절에서는 성령이 형체로 나타나셨던 것으로 언급된다. 만일 그렇다면 우리는 성령 안에서 완전^{are complete}, 곧 충만하다. 그러나 우리가 성령 안에서 충만하다는 것은 그리스도께서 그러하셨고 지금도 그러하시듯이 신성의 충만으로써가 아니라 하나님의 모든 충만, 곧 하나님이 그 창시자이시며, 그와의 교제에서 오는 모든 미덕^{good}의 풍요함으로 그러하다. 우리가 그 안에서 충만하다는 것은 이러한 의미에서다. 우리는 영적인 면에서 더 이상 아무것도 필요로 하지 않는다. 참으로 하나님이시며 우리의 성정으로 옷 입으신 거룩한 구주 그리스도는 모든 복되신 것으로 충만하시다. 그에 대해 구체적으로 살펴보자.

- 그는 그 자신 안에 경배와 최고의 찬미와 사랑의 대상으로서 필요한 모든 것을 갖고 계시기 때문이다. 우리는 유한하지만, 무한한 것 외에는 그 어느 것도 인간의 영혼을 충족시킬 수 없다. 그리스도께서 인간의 영혼을 완전히 충족시키는 분깃이 되시는 것은 그의 존재와 완전성에 있어 그가 무한하시기 때문이다.

- 그는 하나님이실 뿐만 아니라 우리의 성정을 입으신 하나님이시기 때문이다. 그러므로, ① 하나님은 더욱 완전하게 알려지셨다. ② 그는 우리가 더욱 가까이할 수 있는 분이시다. ③ 그는 우리와 더욱 친밀한 연합과 교제를 할 수 있으시다.

- 무한한 공적이 그의 의에 속하고, 무한한 효력이 그의 보혈에 속하기 때문이다. 이 두 가지가 그 외 모든 것의 필요성을 무용하게 하기 때문이다.

- 그는 우리의 죄를 정복하시고 우리의 영혼을 그의 형상으로 변화시키신다. 또 우리를 그의 모든 원수와 우리의 모든 원수로부터 보호하시고 우리를 모든 죄악에서 구출하시며, 우리에게 모든 좋은 것을 그의 영 spirit에 의해 베푸실 능력에 있어 무한하시기 때문이다.

- 그 안에는 지혜와 지식의 모든 보화가 있기 때문이다. 그러므로 죄인들과 신앙인들로서 우리의 필요뿐 아니라 우리의 마음을 위해 필요한 모든 충만이 그 안에 준비되어 있다.

- 그는 무소부재하시기 때문에 우리는 언제라도 그를 가까이할 수 있으며, 그는 영원하고 전능하시기 때문에 그를 통해 하나님께 나아가는 모든 사람을 구원하신다. 그는 항상 살아 계셔서 그들을 위해 중보하신다.

20. 그리스도의 풍성

"모든 성도 중에 지극히 작은 자보다 더 작은 나에게 이 은혜를 주신 것은 측량할 수
없는 그리스도의 풍성함을 이방인에게 전하게 하시고"
에베소서 3:8

그리스도의 측량할 수 없는 풍성

바울이 설교하도록 부르심을 받은 것은 그리스도의 측량할 수 없는 풍성
이었다. 이것은 그리스도께 속한 풍성—그로 풍성케 하는 것들—을 의미할
수도 있고, 그가 바로 그 근원이신 풍성, 곧 그로부터 유대인들과 이방인들
에게 오는 은혜와 혜택의 측량할 수 없는 보화를 의미하는 것일 수도 있다.
전자가 후자를 포함하는데, 이것이 어법상으로 자연스러운 의미이다.

본 절이 특히 흥미로운 이유는 첫째, 본 절은 가난한 우리에게 참된 풍요
를 발견할 수 있는 곳을 가르쳐 주고, 그 풍요함이 발견될 수 있는 유일한
곳을 가르쳐 주기 때문이다. 둘째, 본 절은 우리에게 교역자로서의 정확하
고 특수한 의무를 가르쳐 주기 때문이다. 만일 그리스도의 종들이 그의 측
량할 수 없는 풍성을 전하고 있다면, 자신들의 의무를 잘 수행하고 있는 것
이다. 그러나 그들이 그러한 풍성을 전하지 않는다면 비록 그들이 미덕이나
지식, 인간의 안녕을 증진시킴에 있어 무엇을 행한다 해도 그저 무익한 종
인 것이다.

그렇다면 그리스도의 측량할 수 없는 풍성이란 무엇이겠는가? 여기서
'그리스도'란 단어는 직명이 아니라 인명이다. 이 단어로 표현하려고 한 분

은 때로는 '예수'라 지칭하여지는 역사적인 인물, 때로는 '그리스도', 때로는 '주', 때로는 '구주' 등이다. 그러므로 그의 풍성은 주 예수를 무한히 풍성하게 했던 것들일 뿐만 아니라 그분 안에 있음이 우리에게는 무한한 풍성이며, 무한히 가치 있고 귀중한 것이다.

• 신성의 충만, 곧 신적인 divine 완전함의 충만

그의 인격의 본질에 있어 신성이 완전한 인성과 연합되었으며, 그러므로 그리스도로 알려진 그분이 신적인 모든 완전성을 소유하셨고, 지금도 소유하고 계시다. 그는 무한하고 영원하시며, 그의 존재·지혜·능력·거룩·의와 진리에 있어 불변적이시다. 어떤 사람을 그리스도 곁에 데려다 놓고 그리스도의 지성·총명·능력과 선하심을 그 사람의 것과 비교해 보라. 그러면 우리는 그 사람이 얼마나 초라하고, 그리스도의 풍성함이 얼마나 측량할 수 없는 것들인가를 이해하게 될 것이다. 가장 고귀한 천사도 그리스도와 비교해 볼 때는 이와 같은 방식에서 절대적인 미천함에로 전락되어 버린다.

우리의 분깃과 사랑의 대상으로서의 그의 귀중함과, 우리의 구주로서 그의 가치는 이러한 의미에서의 그의 측량할 수 없는 풍성, 곧 모든 신적인 완전함에 있어 그의 무한한 풍성하심에 있다. 만일 그에게 있어 그러한 것이 모두 제하여진다면 무엇이 남게 되겠는가? 그리스도의 측량할 수 없는 풍성하심을 설교하는 것, 곧 그를 모든 신적인 완전하심을 무한대로 소유하고 계신 분으로 선포하는 것이 목회자의 중대한 목적이다. 만일 사람들이 이러한 사실을 알고 인정하게 된다면 그들은 회개하고 구원을 받게 될 것이다.

• 그리스도의 측량할 수 없는 풍성은 그의 무한한 사랑과 긍휼과 겸손과 온유함을 내포한다.

이러한 것들은 그의 신성에 속한 하나님의 속성들이며, 그의 인성에 속한 인간으로서의 속성이지만, 이 두 속성은 구별된다. 우리에 대하여 로고스로서 그리스도의 사랑과 인간으로서 그의 사랑은 신적인 것과 인간적인 것만큼이나 다르다.

그리스도 안에는 양성이 한 인격 안에 연합되어 있다. 주의 인격 안에 이러한 신성과 인성의 연합에서 오는 귀중함, 매력, 적절함을 탐색하여 이해하기란 실로 불가능하다. 만일 그가 단지 하나님이실 뿐이라면 그는 우리에게 있어 너무도 불가해하고, 너무나 엄위하시며, 너무도 접근하기 어려웠을 것이다. 한편, 만일 그가 단지 인간이실 뿐이라면 그는 아무것도 아닌 것이다. 그는 참 하나님이시며 참 인간으로서 우리가 바라고 소유할 수 있는 모든 것이다. 우리의 복됨은 우리가 그를 가까이하여 그의 무한한 사랑과 온유함 그리고 그의 긍휼하심을 신뢰하는 데 달려 있다. 그리고 목회자들로서 우리의 중차대한 임무는 사랑과 자비의 이러한 보화들을 그에게서 찾아야만 한다는 것을 사람들로 확신시키는 것이다.

• 그리스도의 풍성은 다음과 같은 것들을 내포한다.

① 그의 무한한 공적merit, 곧 모든 죄를 깨끗케 하는 그의 보혈의 효력과 하나님의 율법을 충족시키는 그의 공적을 포함한다. ② 무궁무진한 거룩의 원천, 곧 그분 안에서 모든 영혼과 모든 민족의 치료를 위해 영원히 충만히 넘쳐흐르는 그의 성화시키는 능력을 포함한다. ③ 그가 그의 사람들을 그 안에서 복되게 하고 완전케하기 위해 소유하고 계신 무한한 능력을 포함한다.

그리스도의 풍성에 대한 고찰
- 그는 합당한 믿음에 의해 우리의 것ours이 되신다.
- 그의 풍성함을 경시하는 죄와 그 어리석음.
- 그를 다른 사람에게 전하고 소개할 의무와 영광스러운 특권.

21. 그리스도의 사랑

"유월절 전에 예수께서 자기가 세상을 떠나 아버지께로 돌아가실 때가 이른 줄 아시고 세상에 있는 자기 사람들을 사랑하시되 끝까지 사랑하시니라"

■요한복음 13:1

언어 표현

우리는 인간의 가지각색의 마음 상태를 한마디로 표현할 수는 없다. 우리는 그러한 상태를 표현할 수 있는 단어들을 '두려움' '후회' '믿음'이란 단어들에 대해서처럼 지금까지와는 좀 다른 의미들로 사용해야만 한다. '사랑'이란 단어에 대해서도 그렇다. 우리는 유아를 사랑하고 하나님을 사랑한다. 이러한 경우들에 있어 사랑은 자체의 대상에 대한 기쁨과 그 대상을 소유하려는 욕망, 그리고 그 대상의 성격에 따라 즐기려는 욕망을 포함한다.

만일 인간의 언어가 우리의 마음속에 있는 것들을 정확히 표현할 수 없다면, 그것이 하나님에 대하여 사용될 때에는 더더욱 부적절한 것이 될 수밖에 없다. 우리는 하나님이 악인들에 대하여 진노하시고 혐오하시며, 때로는 그가 후회하시는 분으로 말한다.

이러한 경우에 있어 두 가지 위험이 따른다. 첫째, 우리는 이러한 단어들을 문자적으로^{인간적으로} 해석하는 것이다. 둘째, 우리는 이러한 단어들에서 모든 진정한 의미를 간과하는 것이다. 진정한 문제는 그러한 단어들이 모든 불완전한 것을 제거시킴으로써 표현하는 본질적인 개념이 하나님에 대하여는 참되다는 것이다. 하나님은 참으로 거룩하시고 의로우시며, 선하시다. 그는 참으로 살아계신다.

그리스도의 사랑

그렇다면 하나님의 사랑이나 그리스도의 사랑은 무엇을 의미하는 것일까?

- 그것은 단순한 박애^{benevolence}가 아니다. 사랑과 박애 간 구별이 대체로 인정되고 있지만, 그러나 이것은 또한 반드시 주목되어야만 한다.
- 그것은 단지 인류애^{philanthropy}가 아니다. 물론 이 단어의 참된 의미는 사랑이기도 하다.

그렇다면 그리스도의 사랑에 대하여 주의해 보자.

- **그것은 개인적인 것이다.**

그 사랑의 대상은 각개인들이다. 그리스도는 그의 친구들, 그의 교회, 그의 양들을 사랑하신다. 사도 바울은 그리스도께서 자기^{바울}를 사랑하신다고 말한다. 자체의 대상으로서 어떤 부류에 대하여 갖고 있는 사랑과 특정인들에 대하여 갖고 있는 사랑 간에는 커다란 차이가 있다. 우리는 이러한 차이를 쉽게 의식할 수 있다.

- **그리스도의 사랑은 인간의 이성으로는 다 이해할 수 없는 것이다.**

그것은 인간으로서는 다 측량할 수 없는 것이다. 우리는 하나님 앞에 사랑스럽지 못할 뿐 아니라, 야비하고 비열하며, 그와는 원수들이기도 하다. 그리스도의 사랑은 자녀의 인격에 관계없이 자기 자녀에 대하여 갖는 어머니의 사랑에 비유되기도 한다. 그러므로 그리스도의 사랑은 은혜의 성격에 속한다. 이것이 그의 사랑의 특성이다. 이러한 것이 성경에서 주장되고 있다. 바로 이러한 점이 실제로 가장 중요한 점이다.

- **그것은 무한히 위대한 사랑이다.**

① 그것은 무한한 존재의 사랑이기 때문이다. ② 그것은 가장 큰 희생을 치렀기 때문이다. ③ 그것은 무한한 복들을 보증하기 때문이다.

• 그것은 불변적인 사랑이다.

이러한 진리는 로마서 5장과 8장에서 주장하고 있다. 이것 또한 실로 매우 중요한 진리다.

• 이것은 특별하고도 전일적^{專一的}인 사랑이다.

그 사랑은 신부에 대한 신랑의 사랑에 비유된다. 자기의 신부에 대한 사랑을 다른 여인에게 나누어 줄 신랑은 아무도 없다. 그리스도의 사랑의 이러한 특수성이 위대한 독자성과 함께 성경에서 강조되고 있다. 당신의 창조자가 당신의 남편이시다. 교회는 그리스도의 신부이다. 이러한 표현들이 성경에서 교체되어 사용된다.

• 그것은 신인^{God-man}의 사랑이다.

그것은 신적인 모든 것과 인간적인 모든 것을 내포한다. 이러한 것이 그리스도의 사랑이다. 그것은 이적 중에 이적이다. 그것은 영광스럽고도 불가사의한 구속의 사랑이다. 그것은 천사들의 경탄의 대상이며, 성도의 기쁨과 축복이다.

그리스도의 사랑의 결과

인간의 영혼에 대한 이러한 사랑의 결과들에 대해서 숙고해 보자. 이러한 사랑이 성령에 의해 계시되고 인간의 마음속에 부어질 때 그것은 다음과 같은 것들을 낳는다.

- 경이와 놀라움
- 가장 위대한 겸손
- 그것은 사랑을 불러일으킨다. 즉 우리가 그를 사랑하는 것은 그가 먼저

우리를 사랑하셨기 때문이다.

- 그것은 그리스도에 대한 관심과 헌신을 야기시킨다. 즉 그리스도의 사랑이 우리를 강권한다.
- 그것은 우리를 순화시키고 고양시킨다.
- 그것은 인간의 영혼을 형언할 수 없는 기쁨으로 채운다.
- 그것은 어떠한 시련도 견디게 하고 어떠한 환경에서도 천상의 기쁨을 누리게 한다.

22. 그리스도의 죽으심 (1)

"하나님이 죄를 알지도 못하신 이를 우리를 대신하여 죄로 삼으신 것은 우리로 하여금 그 안에서 하나님의 의가 되게 하려 하심이라"

■ 고린도후서 5:21

십자가 사건

그 십자가 위에서 죽으신 분은 누구였는가? 그 육신에 대하여 진술되는 것은 그 인간에 대하여 진술되는 것이다. 즉 그리스도의 인성에 대하여 진술되는 것은 그의 인격에 대하여 진술되는 것이다. 그 십자가 위에서 죽으신 분은 거룩한 분이셨다. 그러므로 그 십자가 위에서 죽으신 분의 죽음으로 말하면, 그것은 하나님의 죽음인 것으로 말하는 것이 타당하다. 인간의 죽음이 짐승의 죽음보다 더욱 중대한 것은 인간에게는 이성적인 영혼이 있기 때문이다. 마찬가지로 그리스도의 죽음이 인간의 죽음보다 훨씬 더 중대한 이유는 그의 신성이 그의 인성보다 고귀한 때문이다. 그러므로 그의 죽으심은 엄청난 사건이다. 즉 그것은 온 우주의 역사상 가장 중대한 사건이며, 온 인류 역사의 중심을 이룬다.

그리스도의 죽으심의 의미

그 목적은 그의 백성을 구원하기 위한 것이었으며, 다음의 의미가 있다.

• 그것은 하나님의 사랑에 대한 가장 놀라운 전시였다.
• 그것은 하나님의 공의를 충족시켜 주신 사건이었다.

- 그것은 하나님의 언약을 충족시켜 주셨다. 즉 그것은 언약의 희생제였다.
- 그것은 하나님의 진리를 확증했다.
- 그것은 그의 겸손과 인내에 대한 가장 위대한 전시였다.

그리스도의 죽으심의 결과는 다음과 같다.
- 교회의 실제적인 구원
- 어둠의 왕국의 멸망
- 천사들의 활성화
- 하나님의 완전하심에 대한 가장 숭고한 전시

우리의 의무
- 우리는 그의 죽으심을 하나님에 대한 우리의 신뢰의 근거로 받아들여야만 한다. 하나님에 대한 우리의 신뢰의 근거로 이 이상 더 위대한 근거란 있을 수 없다. 따라서 이 하나의 사건만으로 전적으로 충분하다. 그의 죽으심의 효력은 모든 사람에게 값없이 주어지며, 그러므로 우리에게도 그렇다. 가장 큰 죄는 우리가 그의 죽으심을 소홀히 하거나 경시하는 것이다. 그러므로 하나님의 아들의 피를 짓밟는 것은 영원히 용서받을 수 없는 죄가 된다.
- 우리는 그의 죽으심을 선포해야만 한다. 그것은 ① 성찬식에 의해서, ② 그의 죽으심에 관하여 계시된 모든 것을 만인에게 알림으로써 선포할 수 있다.
- 다른 사람들로 그의 죽으심에 의한 축복들을 누릴 수 있게 해야만 한다.
- 우리는 그의 죽으심이 과하는 의무들을 인정해야만 한다.

23. 그리스도의 죽으심 (2)

"우리가 아직 연약할 때에 기약대로 그리스도께서 경건하지 않은 자를 위하여 죽으
셨도다 의인을 위하여 죽는 자가 쉽지 않고 선인을 위하여 용감히 죽는 자가 혹 있거
니와 우리가 아직 죄인 되었을 때에 그리스도께서 우리를 위하여 죽으심으로 하나님
께서 우리에 대한 자기의 사랑을 확증하셨느니라 그러면 이제 우리가 그의 피로 말
미암아 의롭다 하심을 받았으니 더욱 그로 말미암아 진노하심에서 구원을 받을 것이
니 곧 우리가 원수 되었을 때에 그의 아들의 죽으심으로 말미암아 하나님과 화목하
게 되었은즉 화목하게 된 자로서는 더욱 그의 살아나심으로 말미암아 구원을 받을
것이니라 그뿐 아니라 이제 우리로 화목하게 하신 우리 주 예수 그리스도로 말미암
아 하나님 안에서 또한 즐거워하느니라"

■ 로마서 5:6-11

그리스도의 죽으심

- 죽음이란 무엇인가? 그것은 육신으로부터의 영혼의 분리이다. 그것은
  이 세상으로부터의 떠남이다.
- 그리스도는 죽음의 이러한 통상적인 사건들을 경험하셨다. 그의 죽으
  심에 있어서도 그의 영혼이 그의 육신을 떠났었다. 따라서 그의 육신은
  생명을 잃게 되었다. 그의 영혼은 하데스^{음부}에 들어갔었다. 따라서 그의
  육신은 진토가 될 것이었다.
- 그러나 그의 죽으심은 단지 어떤 인간의 죽음이 아니었다. 그것은 거룩
  하신 분, 영광의 주, 하나님의 아들, 하나님의 죽으심이었다. 그의 인간

영혼이 그의 신성에 거의 아무런 영향을 미치지 않았던 것처럼, 그의 신성도 그의 인간 영혼에 거의 아무런 영향을 미치지 않았었다. 그의 죽으심의 무한한 가치와 효력은 바로 이러한 사실 때문이다.

그리스도의 죽으심의 목적

대체로 그것은 저주로부터의 구출과 하나님의 형상과 은혜의 회복을 포함하여 인간의 구속에 있었다. 그의 죽으심은 이러한 구속을 다음과 같은 결과들에 의해 성취한다.

- 하나님의 공의를 충족시킴으로써, 곧 하나님을 인간과 화해시킴으로써 성취한다.
- 그의 죽으심은 우리의 속전^ransom이 되어 우리를 율법과 사탄으로부터 구출한다.
- 그의 죽으심은 우리를 하나님 앞에 의로운 자들로 나타낸다.
- 그의 죽으심은 성령의 은사를 보증한다.
- 그것은 하나님께로 가까이 나아감을 보증해 주며, 그의 은혜와 함께 은혜 언약의 모든 복을 보증해 준다.

우리에게 어떤 의미인가?

- 그것은 우리의 죽음이다. 그것은 우리를 대신하여 겪으신 우리의 대표자의 죽음이었기 때문이다. 그것은 이에 대한 증거였다.
- 그러므로 그의 죽으심은 율법적으로 뿐 아니라 실제로 우리의 죽음이기도 하다. 그것은 율법과 죄와 세상에 대한 죽음을 내포한다.
- 그것은 생명의 원천이 된다. 그것은 또한 죄를 피할 동기가 되기도 한다. 그리고 그것은 우리가 하나님에 대하여 살아야만 할 이유가 되기도 한다. 마지막으로 그것은 우리의 기쁨의 근거와 원천이 된다.

우주에게는 어떤 의미인가?

- 그것은 타락한 천사들과 잃어버린 사람들과 선한 천사들에게 다각적인 지혜, 곧 하나님의 완전하심을 전시할 위대한 방편이 된다.
- 그러므로 그것은 하나님의 권위를 유지한다.
- 그것은 또한 하나님의 나라의 거룩함과 기쁨을 증진시킨다.

그리스도의 죽으심에 대한 고찰

- 그리스도의 죽으심은 우리가 묵상해야 할 부단한 주제가 되어야만 한다.
- 그것은 감사와 헌신에 대한 이유가 된다.
- 그것은 십자가에 못 박히신 그리스도를 설교함으로, 그리고 세상을 자기의 피로 사시고 온 인류를 통치할 자격이 주어진 분으로 그를 제시함으로 우리가 세인들을 개심시키기 위해 노력해야 할 방편이 된다.

24. 유언은 유언한 자가 죽어야 되나니

"유언은 유언한 자가 죽어야 되나니"

히브리서 9:16

본 절에 대한 주해

두 가지 견해가 있다. 여기서 '디아데케$^{\deltaι\alpha\theta\etaκ\eta}$'란 단어가 다른 곳에서와 같이 '언약'을 의미한다는 것과, 문맥에도 불구하고 이것이 '유언'을 의미한다는 것이다. 그러나 어느 경우든 본 절은 같은 진리를 가르친다. 이것은 첫째로 그리스도의 죽음의 불가피성을 가르치며, 둘째로 그 죽음이 보증하는 은혜를 가르친다.

그리스도의 죽으심의 불가피성

이러한 불가피성은 하나님의 속성에서 기인된다. 그것은 통치상의 필요성이나 편의상의 필요성이 아니라 절대적인 불가피성이었다. 우리는 죄인들이며, 하나님은 의로우시기 때문이다. 이것은 인간이 구원받을 수 있는 다른 방법이 없으며, 다른 어떠한 제물도 아무 효력이 없다는 것, 그리고 이 죽음을 자신들의 죄 때문인 것으로 인정하고 그리스도를 받아들이기를 거부하는 자들은 오직 두려운 마음으로 심판을 기다려야 할 뿐이라는 것을 우리에게 가르쳐 주는 것으로써 매우 중요한 진리이다.

은혜의 보증

또 다른 진리는 그리스도의 죽으심은 우리에게 위대한 복들을 보증한다는 것이다. 만일 우리가 이 죽음을 언약의 제사로 받아들인다면 그것은 우리에게 언약으로 약속된 복들을 보증해 준다. 만일 우리가 이 죽음을 유언자의 죽음으로 받아들인다면 그것은 우리에게 그가 우리를 위해 획득해 놓은 유산을 보증해 준다. 만일 우리가 이 죽음을 희생제로 받아들인다면, 그것은 우리에게 사죄와 하나님과의 화해를 보증해 준다.

그리스도의 죽음에 대한 각기 다른 이러한 견해들은 서로 불일치하지 않는다. 곧 몇몇 신학자들이 주장해 왔듯이 한 견해가 다른 견해를 제외시키지 않는다. 이러한 견해들은 같은 진리를 나타냄에 있어 방법상으로만 다를 뿐이다. 그리스도께서 보증해 놓으신 은혜들은 ① 칭의, ② 성화, ③ 하나님과의 화해, ④ 영생에 대한 자격, ⑤ 그 결과로 천상에서의 모든 존귀와 복 같은 것들이다.

만일 우리가 이 죽음을 유언자의 죽음으로 받아들인다면 그것은 우리에게 이러한 은혜들을 보증해 준다. 왜냐하면 이러한 것이 그리스도께서 우리를 위해 획득해 놓으신 기업이기 때문이다. 또 우리가 이 죽음을 언약의 제사로 받아들인다면 그것은 이러한 은혜들이 그의 백성에게 약속되는 언약을 확증한다. 그리고 우리가 이 죽음을 속죄제로 받아들인다면 그것은 하나님의 공의에 대한 완전한 만족이 되며, 이상의 모든 은혜를 받는 데 있어 모든 어려움을 제거시켜 줄 뿐만 아니라 그 모든 은혜를 보증해 준다.

우리의 의무

이러한 복음을 듣는 모든 사람의 첫째 의무이자 가장 명백한 의무는 자신들이 이러한 은혜의 방편을 받아들이는 것이다. 무관심이나 불신앙으로 이러한 은혜를 무시하거나 거부하는 것은 이 세상에 대한 두려운 정죄를 받은 것이 된다.

둘째 의무는 자신의 고난과 죽음을 통해 우리에게 이러한 복들을 보증하여 주신 경의로운 구속자에 대한 감사와 사랑이다.

셋째 의무는 우리 자신이 그를 섬기는 데 헌신하는 것이다. 곧 우리에게 있는 모든 것을 그의 대의와 나라의 발전을 위해 영속적으로 바치는 것이다.

넷째 의무는 우리를 죄에서 구원하고 우리를 사탄의 권세에서 구출하여 천국에 적합하게 하셔야만 했던 그의 계획과 목적에 맞게 사는 것이다.

다섯째 의무는 다른 사람들로 그리스도의 죽으심에 의한 은혜들을 알고 누리게 하려는 열의와 노력이다.

25. 그리스도에 대하여 삶

"예수께서 우리를 위하여 죽으사 우리로 하여금 깨어 있든지 자든지 자기와 함께 살게 하려 하셨느니라"

데살로니가전서 5:10

초기 교회의 구주대망

구약은 메시아와 그의 역사와 나라에 대한 묘사로 가득하다. 하나님의 옛 백성들의 기대와 열망의 대상인 메시아의 나라가 한시도 그들의 마음에서 떠나지 않았다. 그가 이 땅 위에 오셨을 때 그는 부름받은 자들의 인정recognition과 사랑을 받으셨지만, 그러나 그러한 경우에 그의 나라는 어디에 있었는가? 그것은 그의 백성들이 기대했던 형식으로나 자체의 영광으로 실현되지 않았다. 그것은 그의 재림 때까지 보류되었다. 그러므로 초기 그리스도인들에게는 그의 재림이 간절한 기대의 위대한 대상이 되었다.

그러나 이에 관련하여 그들은 세 가지 오류를 범했다. ① 그 나라가 곧 임하리라는 것과, ② 이미 죽은 그들의 친구들 중에는 그 나라에서 그들의 분깃을 누리는 자들이 있으리라는 것, ③ 그리고 만일 그들이 그리스도께서 오시기 전에 죽는다면 그들 자신은 완전한 의미에서 구원을 받지 못하리라는 것이었다.

이러한 오류들을 시정하기 위해 사도 바울은 다음과 같이 가르친다. ① 그리스도는 예기치 않은 때에, 그리고 아직 성취되지 않은 사건들 후에 오시리라는 것, ② 그리스도께서는 그의 초림 전에 죽었던 자들과 함께 오시리라는 것, ③ 그리스도인들로 말하면 그들은 그리스도께서 오셨을 때 살아 있든 죽어 있든 간에 완전한 구원을 받으리라는 것이다.

그리스도인에 대한 권고

본 절에서의 권고는 그리스도인들은 빛의 자녀들로서, 그리고 어둠의 나라와 구별되는 빛의 나라의 일원들로서 살아야만 한다는 것이다. 여기서 빛은 지식과 거룩함과 행복을 대표한다. 어둠은 무지와 죄와 비참을 대표한다. 그러므로 본 절을 통한 부정적인 형식에서의 권고는 어둠의 나라에 속한 이 세상에 빠지지 말라는 것과 이 세상의 견해와 관습에 영향받지 말고 어둠의 나라가 궁극적으로 이를 수밖에 없는 멸망에 필연적으로 말려들지 말라는 것이다. 이것은 그리스도의 나라의 일원이 된 자들로서 행하라는 권고이며, 그 나라에 속한 자들을 특징짓는 믿음과 소망과 사랑으로, 지식과 거룩함을 나타내라는 권고이다.

이러한 권고가 강권되는 동기는 우리는 진노가 아니라 구원 받기로 운명 지어졌다는 것이다. 이러한 구원은 우리의 죄를 위해 대신 죽으신 그리스도에 의해 얻게 되며, 그러므로 우리는 살든지 죽든지 그와 함께 살아야만 한다는 것이다.

이것은 다음과 같은 것을 가르친다.

• **구원의 확실성은 그리스도의 죽으심에 의해 보증된다.**

그는 단지 구원을 가능하게 하기 위해 죽으신 것이 아니라 그것을 확실하게 하기 위해 죽으셨다. 그의 죽으심이 이러한 일을 하는 것은 그것[그의 죽음]이 하나님의 공의를 완전히 충족시켜 주었기 때문이다. 그의 죽으심은 우리의 죄악으로 말미암아 우리가 받아야 할 영원한 멸망으로부터의 구원의 값을 충족시켜 주며, 그러므로 그의 죽음은 우리의 그러한 멸망을 불필요하게 한다. 그리스도께서는 우리의 죄로 말미암은 그의 수난을 예견하셨다. 그가 대신하여 죽으신 자들은 멸망할 수 없다. 그리스도께서는 구원을 가능케 하기 위해서 뿐 아니라 그것을 확실하게 하기 위해 죽으셨다는 것이 사실이다. 왜냐하면 그의 백성의 구원은 언약에서, 즉 그가 그의 생명을 포기하셨던 십자가상의 수난에서 그에게 약속되었기 때문이다.

이것이 여기서 약속된 위로에 대한 하나의 위대한 근거이다. "하나님께서 우리를 위해 죽으셨다." 이러한 진리를 항상 마음에 되새기라. 그러면 그것이 어떠한 결과를 낳겠는가?

우리가 하나님 앞에 머리 숙여 경배하고 그가 우리를 영원부터 사랑하셨으며, 또한 사랑으로 그가 그의 아들을 우리의 구원을 위해 주셨다고 말씀하시는 것을 우리가 듣는다고 가정해 보라. 그리고 주 예수께서 우리를 죄의 권세와 사악에서 구원하기 위해 우리를 거룩하게 하고, 우리를 하나님의 형상으로 회복시키며, 그의 은혜를 입도록 하기 위해 그가 종의 모습을 취하셨고 인간의 모양으로 나타나셨으며, 자신을 낮추시되 십자가에서 죽기까지 하셨다고 말씀하시는 것을 우리가 듣는다고 가정해 보라. 그것이 우리에게 어떠한 영향을 미치겠는가? 그것이 우리로 부주의하게 하고 죄에 빠지게 하며, 세상과 짝하여 살게 하겠는가? 이는 우리가 세상과 함께 멸망해서는 안 되기 때문이다. 그러한 것들은 구원의 확실성에 대한 확신이 중생한 마음에 미칠 수 있는 결과가 아니다. 그러한 결과는 우리가 마귀의 자식들이었다는 가장 명백한 증거를 제공할 뿐이다.

그러나 마음이 새롭게 된 자들, 곧 죄로부터 구원을 받고 그리스도와 함께 살기를 열망하는 자들, 그리고 구속이 죄로부터의 구원임을 아는 자들은 이러한 말씀에서 화평, 기쁨, 인내, 순종, 열심, 넘치는 감사와 사랑, 그리스도를 섬김에 대한 헌신으로 충만하게 될 것이다.

만일 이러한 것들이 우리가 느끼는 영향들이라면 그것들은 우리에게 전해져서 우리는 위로를 받을 것이며, 맑은 이 생수의 샘에서 충족히 마실 것이다.

• 본 절은 우리에게 구원의 성격을 가르쳐 준다.

첫째, 구원은 생명이다. 우리는 살 것이다. 구원은 우리가 영적이며 영원한 생명에 포함시키는 모든 것에 대한 성경적인 명칭이다. 죽음에 반대되는 모든 것이 구원이란 개념에 포함된다. 구원이란 전인全人, 즉 영과 육을 지닌 완전한 인간의 거룩하고 행복하며 영생하는 존재를 대상으로 하는 것이다.

둘째, 구원은 그리스도와 함께하는 삶이다. 그것은 두 가지, 곧 그리스도와의 연합과 교제, 또는 친교 및 그의 생명, 그의 능력과 거룩함, 그의 복됨과 영광스러움에 대한 참여를 포함한다.

셋째, 구원은 모든 사람이 살아야 할 삶이다. 우리 모두는 구속함을 받은 모든 자, 그리스도께 속한 우리의 모든 사랑하는 이들, 그리스도를 사랑하는 모든 민족과 개인은 연합되어 이러한 삶의 주체들이 되어야만 한다. 그러므로 우리는 서로 위로하고 교화시킨다.

26. 그리스도의 대속

"모세가 광야에서 뱀을 든 것 같이 인자도 들려야 하리니"

요한복음 3:14

니고데모의 오류

니고데모는 교육받은 유대인들 중 상류층의 인물이었다. 그는 성경을 믿었다. 그는 경건하며 진지했다. 그는 진리에 대한 지식 얻기를 갈망했다. 그는 율법의 도리에 따랐으며, 바리새인들의 자기 의와 교만한 정신에서 해방되어 있었다. 그럼에도 그는 여전히 어둠 속에 있었다. 그는 구원이 오직 자신들에게만 속한 것으로 주장했던 유대교에서 자라났었다. 만일 다른 민족의 사람들이 구원을 받으려면 그들은 다시 태어남으로 유대인들이 되어야만 했다.유대인들 외에 다른 민족의 사람들은 절대 구원받을 수 없다는 것을 강조하여 표현한 것.

아브라함의 자연적인 후예들은 중생할 필요가 없었다. 니고데모는 명백히 이러한 사실을 믿었지만, 그럼에도 그는 유대인이 모세의 율법에 대하여 외적으로 일치되는 삶 이상의 무엇인가가 필요했음을 명백히 확신하게 되었다. 그는 단순한 형식주의자 이상의 인물이었다. 그는 이러한 마음 상태에서 그리스도를 찾아갔다. 그의 그러한 행위는 실로 자신의 무지에 대한 의식, 그리스도의 가르침과 진실함에 대한 열망, 그리고 그리스도에 대한 그의 존경을 입증해 주었다. 그가 밤에 찾아갔다는 것은 어쩌면 그가 유대인들에 대해 겁내고 있음과 그리스도를 하나님에게서 온 자로 믿는 그의 믿음의 약함을 암시해 주는 것이었다. 우리 주께서는 그를 친절히 맞이해 주셨으며, 그의 마음 상태에 맞게 설교discourse를 해주셨다.

유대교의 근본적인 두 가지 오류는, ① 아브라함의 자연적인 자손으로 출생거나 적어도 선민과의 외적인 연합이 구원에 필수적이라는 것과, ② 행위—사람이 행하는 것과 신분 및 그의 내적인 상태—가 하나님께 받아들여질 수 있는 근거라는 것이었다.

그러나 우리 주께서는 이에 대해 ① 이방인들에 대해서 만큼이나 유대인들에 대해서도 구원에 있어 본질적으로 필요한 것은 내적이며 영적인 변화라는 것과, ② 열납하나님께 받아들여짐이나 칭의의롭다 하심를 얻는 참된 방법은 행위가 아니라 믿음에 의한다는 것, 그리고 사람들은 광야에서 뱀에 물렸던 히브리인들이 고침 받았던 것과 유사한 방법으로 구원을 받게 된다고 가르치신다.

이러한 비유의 요점은 주로 다음과 같은 것들이다.

인자도 들려야 하리니

뱀이 사람들이 보는 앞에서 장대에 매달려 들리웠듯이 그리스도께서도 모든 사람이 보는 중에 십자가에 못 박혀 들리워야만 하셨다. 여기서 '들린다'는 것을 어떤 해석자들처럼 그리스도의 희생적인 죽음의 취지를 제거하기 위해 설명하듯이 그의 승영에 대한 것으로 이해해서는 안 된다.

그 이유는 다음과 같다.

첫째, '들리우다'란 표현이 아랍어권에서와 헬라 문화권에서는 우리에게 있어서의 '매달리다' 혹은 '십자가에 처형하다'란 표현과 거의 같았기 때문이다. 유대인들은 죄수들을 나무 위에 매달았다.

둘째, 본 비유 자체가 그러한 해석을 용납하지 않기 때문이다. 광야에서의 그 놋뱀은 존경을 받는다는 의미에서 높이 들리워진 것이 아니었다.

셋째, 그리스도께서는 이 말씀을 다른 곳에서도 같은 의미로 사용하시기 때문이다. "내가 땅에서 들리면"요 12:32이란 말씀은 그가 어떠한 죽음을 죽으셔야만 하는가를 의미했다.

유대인들은 그의 이러한 말씀을 알아듣지 못하여 다음과 같이 말했다. "우리는 율법에서 그리스도가 영원히 계신다 함을 들었거늘 어찌하여 인자가 들려야 하리라 하느냐?" 본 절에서 "들린다"는 것은 십자가에 매달려 공공연하게 죽게 됨을 나타낸다. 그리스도께서는 니고데모에게 실은 자기가 십자가에 못 박혀야만 한다고, 곧 광야에서 놋뱀이 들리웠던 것처럼 공공연하게 죽게 되셔야만 한다는 의미로 말씀하신 것이다.

뱀을 장대에 매달아 높이 세웠던 것은 사람들을 현세적인 죽음으로부터 구원하고 그들의 건강과 삶의 모든 즐거움을 회복시켜 주기 위함이었다. 이와 마찬가지로 그리스도께서 십자가에 들리우셨던 것은 그의 백성을 멸망에서 구원하여 그들로 영생을 얻도록 하기 위한 것이었다.

십자가에 들려야 했던 이유

이상의 두 경우에 있어 그러한 방법들은 목적에 불가결한 것이었다.

뱀을 들어 올리는 것 외엔 그 백성들이 구원받을 수 있는 다른 방법이 없었다. 하나님께서 그러한 일을 명하셨기 때문이다. 다른 어떠한 것도 이에 대체될 수 없었다. 이를 거부하거나 무시하는 것은 치유의 유일한 방법을 거부하는 것이 되었다. 마찬가지로 그리스도의 죽음이 구원의 유일한 방법이다. 만일 어떤 사람이 이 죽음을 알지 못하거나 무시하거나 거부하면 그는 멸망할 수밖에 없었다.

사람들은 구원을 위한 수천 가지 대체물들을 시도해 왔지만, 모두 헛되었다. 사람들은 목적에 대한 적절한 방법을 알지 못함으로써 그것을 거부하고 멸망해 간다. 만일 히브리인들이 산 뱀에게 물린 치명상을 어떻게 놋뱀이 치료할 수 있는가라고 묻고는, 그 두 사건뱀에게 물린 것과 놋뱀을 장대에 매달아 세운 것 간의 인과율적인 관계를 이해할 수 있을 때까지, 살아남을 수 있었던 그 유일한 방법 택하기를 거부했다면 그들은 광야에서 모두 죽었을 것이다. 죄인들이, 그리고 그리스도께서 십자가에 들리우신 사건에 관해서도 그렇다.

치유의 조건

그것은 모든 사람, 곧 노인과 청년, 무식한 자와 지혜로운 자, 선인과 악인, 부자와 가난한 자 모두에게 적용될 수 있는 일로 세상에서 가장 단순한 일인 단지 바라보는 것이었다. 치유에 대하여는 이 조건만이 요구되었다. 후속적인 어떠한 것도 미래의 행위에 관한 어떠한 서약이나 약속도 전혀 요구되지 않았다.

그리스도의 경우에 있어서도 그렇다. 구원의 조건으로 우리는 육신의 눈으로가 아니라 영적인 눈으로 그리스도를 다만 바라보기만 하면 된다. 그리스도를 바라본다는 것은 다음과 같은 의미이다.

- 그에 대한 지식, 혹은 이해를 포함한다.
- 그 자체가 치유에 대한 정해진 방법이라는 확신을 포함한다.
- 자체의 구원하는 효력에 대한 신뢰를 포함한다. 그러므로 이러한 구원의 방법은 모든 계층의 모든 사람에게 적용될 수 있다.

치유의 성격

뱀에게 물린 그 히브리인들은 뱀의 독소에서 해방되어 죽음에서 구출되었으며, 살아 활동할 수 있도록 회복되었다. 이와 마찬가지로 우리가 그리스도를 바라볼 때나 받아들일 때 우리는 죄와 그것의 독소와 유죄 판결로부터 해방되며, 새롭고 불멸적이며 영원한 생명을 얻는다.

이것이 우리에게 다음과 같은 사실들을 가르쳐 준다.
- 구원에 대한 복음직인 방법은 완전히 무상이다. 그것은 공로에 대한 모든 개념을 배제한다.
- 그것은 자체의 기초와 출처를 우리들 밖에 갖고 있다.
- 그것은 어떠한 사람도 자신의 중생이나 하나님과의 최초의 화해에 협력하는 일이 없다는 것을 보여준다. 그것^{중생 또는 하나님과의 최초의 화해}은 부분적으로는 인간의 역사며 부분적으로는 하나님의 역사가 아니다.

- 치유에 대해서는 어떠한 준비도 불가능하다. 혹은 불필요하다. "단지, 나 있는 그대로"일 뿐이다.

- 그 히브리인들의 치유는 순간적이며 결정적이었다. 어떤 의미에서는 그리스도를 믿는 자들에게 있어서도 그렇다. 그러나 또 다른 의미에서 그것^{구원}은 점진적인 것이다. 구원을 위해 우리는 예수를 계속 반복하여 바라보고, 항상 바라보고, 오직 그만을 바라볼 필요가 있다.

- 그리고 우리는 우리가 죄인들을 어떻게 지도해야만 하는지를 배우게 되었다.

27. 하나님의 어린 양

"이튿날 요한이 예수께서 자기에게 나아오심을 보고 이르되 보라 세상 죄를 지고 가
는 하나님의 어린 양이로다"

■ 요한복음 1:29

메시아에 대해 많은 명칭이 주어진다. '실로Shiloh' '아브라함의 자손' '가
지Branch' '하나님의 종' '빛' '의의 태양' 등이 그것이다. 이 모든 명칭은 그
의 특성을 명시하기 위해 주어진 것이다. 그는 "하나님의 어린 양"이라 불
린다.

희생제물

하나님의 어린 양으로 불리는 이유는 죄에 대한 희생제물이 되셨기 때문
이다. 구약에서 어린 양은 중요한 희생 제사용 동물이었다. 그 이유는 ① 그
것이 모든 가축 중 가장 순진하고 매력적이며 기쁨이 되는 동물이었기 때문
이다. ② 무해하고 온순하기 때문이었다. ③ 도살장에 끌려갈 때에도 저항
하지 않고 잠잠하기 때문이었다.

이러한 특성들 때문에 그것은 그리스도를 상징했다. 그리스도를 상징했
던 어린 양은 특히 유월절 어린 양과 아침과 저녁마다 번제로 드려졌던 어
린 양이었다. 그리스도는 우리의 유월절 어린 양이시다. 그리고 그는 이따
금씩이 아니라 계속하여 필요로 하는 우리의 영속적인perpetual 희생제물이
시다. 그는 하나님의 어린 양, 우리의 희생제물, 하나님께 정해 놓으신 그에

게 열납될 만한 희생제물로서 영원히 효력이 있으신 것으로 선언된다.

하나님의 어린양과 그리스도의 죽으심

복음서와 서신서에서 그리스도는 서너 번 "하나님의 어린 양"이라 불리는데, 그의 희생적인 죽으심과 관련해서는 그때마다 그와 같이 불린다. 요한계시록에서는 20회 '어린 양'이라 불리며, 희생제 외의 사건들에 관련해서도 그와 같이 불린다.

- 희생제물로서 그는 죽임을 당한 어린 양이셨다. 그가 피를 흘리심으로써 성도들은 그들의 옷을 그의 피로 빨았다.

- 교회와 세상의 통치자로서 그는 어린 양으로 제시된다. "인들을 떼시는 자"^{제5장}는 그 어린 양이신데, 그는 악인들에 의해 적대시된다. 하지만 그들을 정복하시므로 주의 주, 왕의 왕으로서 하나님의 보좌에 앉으신다.

  이것은 교회와 세상의 통치자이신 그 신인^{神人}은 어린 양의 속성을 갖고 계시다는 것이다. 그러므로 ① 그에 대한 적대시는 정당한 이유가 없는 것으로서 악의적이라는 것과, ② 그의 백성은 그의 온유함과 인자함을 신뢰할 수 있다는 것을 가르쳐 준다. 그는 냉혹하거나 엄한 통치자가 아니라 그 주권이 사랑이신 자로서 사랑에 의해 사랑으로^{by and in love} 통치하는 자이시다.

- 심판자이신 그는 '어린 양'이라 불린다. 성도들은 그의 생명의 책에 기록되지만, 악인들은 바위들에게 그 어린 양의 진노로부터 자신들을 숨겨 달라고 부탁할 것이다. 이것은 그리스도께서 공의로 통치하시는 중에서도 그는 최대한의 인자함과 관용으로 행하신다는 것을 가르쳐 준다.

- 어린 양이신 그는 만물에 대하여 지고의 경배의 대상이시다. 장로들, 생물들, 구속받은 자들 모두가 그에게 경배한다. 모두가 구원을 그에게 돌리며, 합동하여 하나님과 그 어린 양에게 경배한다.

  이것은 우리에게 ① 신인 양성의 보유자이신 그 신인^{God-man}은 경배의 적절한 대상이시라는 것을 가르쳐 준다. 인성을 입으신 분이 경배를 받으셔야만 한다. 경배의 원인과 대상 간에는 차이가 있다. ② 그것은 우리에게 경배를 받으셔야 함에 대해 그가 하나님의 어린 양이시기 때문이라는 것을 가르쳐 준다. 성도들과 천사들이 그에게 경배하는 것은 그가 우리를 구속하셨기 때문이다. ③ 그것은 우리에게 그가 지극히 높임을 받고 계시지만 여전히 어린 양the Lamb이시며, 우리는 신뢰와 사랑으로 그에게 나아갈 수 있다는 것을 가르쳐 준다.

• 어린 양이신 그는 천상의 모든 복의 근원이시다. 보좌에 앉으신 어린 양이 그의 백성을 먹이시고 그들을 생수의 강으로 인도하실 것이며, 하나님께서는 그들의 눈에서 모든 눈물을 닦아주실 것이다. 수정같이 맑은 생명수 강이 하나님과 어린 양의 보좌에서 발원한다. 전능하신 주 하나님과 어린 양이 거룩한 성, 곧 새 예루살렘의 전이시다. 그 성은 그 안을 비출 해나 달이 필요 없다. 하나님의 영광이 그곳을 비추며, 어린 양이 그곳의 빛이 되시기 때문이다. 이 마지막 두 절은 의미상으로는 동의어다.

그러므로 우리가 함께 교제해야 할 하나님은 그의 두려워할 만하심이나, 그의 무한하심이나, 추상적인 완전하심 중에 계신 것이 아니라 어린 양 같은 하나님, 곧 온유함으로 옷 입으신 하나님으로 계신다.

• 교회에 관련하여 그는 '어린 양'이라 불린다. 교회는 신부이고 그 어린 양의 아내wife다. 절정은 그 어린 양의 혼인 만찬이 될 것이다. ① 이것은 집합적으로는 교회, 개별적으로는 각 믿는 자에 대한 그리스도와의 관계를 나타낸다. ② 이러한 관계의 성격으로 말하면 그것은 독특하고 그 어떠한 관계보다도 친밀하며, 다정다감하고 불변적이다. 그것은 가장 강한 결속이며 가장 고귀한 사랑이다. ③ 영혼과 교회의 신랑이신 그는 능력과 지혜와 선하심과 진실함에 있어 무한하지만, 하나의 어린 양이시다.

28. 그리스도 보혈

"그가 빛 가운데 계신 것 같이 우리도 빛 가운데 행하면 우리가 서로 사귐이 있고 그 아들 예수의 피가 우리를 모든 죄에서 깨끗하게 하실 것이요"

요한일서 1:7

도덕성

인간의 도덕성^{moral nature}의 작용들은 인간성의 그 어떤 요소보다도 더욱 신비롭다. 우리는 오감^{五感}에 의해 외부 세계와 교통한다. 우리는 이성에 의해 진리나 지적인 세계와 교통한다. 우리는 사회적 호의에 의해 동료들과 교제한다. 그리고 우리는 도덕성에 의해 하나님과 교제한다. 도덕성은 영혼과 하나님 간의 접촉점이다. 우리는 도덕성에 의해 율법, 그리고 책임과 벌의 개념을 인지한다. 그것은 우리의 지배를 받지 않는다. 즉 우리는 도덕성을 우리의 뜻에 따르게 할 수 없다. 혹은 그것이 어떻게 행해야 하는지를 결정할 수 없다.

- 양심은 의지가 아니다. 양심은 우리가 무엇을 찬성하려 하거나 불찬성하려고 의도하기 전에 이미 우리 자신에게 무엇을 찬성하고 불찬성해야 하는지를 말해 준다. 그러므로 우리는 양심의 가책을 느끼려 하거나 느끼지 않으려고 의도할 수 없다. 양심의 가책은 우리의 의지 활동 이전에 일어나는 것이기 때문이다.
- 양심은 이성의 지배를 받지 않는다. 즉 우리는 우리 자신을 설복시켜 죄는 죄가 아니며 미덕은 미덕이 아니라는 확신을 갖게 할 수 없다. 우

리는 자신의 인격에 대하여 책임이 없다거나 우리가 느끼는 양심의 가책은 불합리하다거나 근거가 없는 것이라고 우리 자신을 설득시킬 수 없다.

• 이러한 의미에서 양심은 자체의 지도 하에서 활동할 수 있지만, 도덕법에 대한 무지가 그것의 활동을 저해한다. 율법이 없으면 죄는 죽는다. 사람들은 그들의 죄악됨의 정도를 알지 못하는 한 죄 가운데서 산다. 그러나 이러한 무지는 완전한 것이 아니므로 죄의식에서 해방되어 있는 사람은 아무도 없다. 하지만 양심의 무기력함과 무감각이 자신들의 죄악됨에 대한 무지에 비례한다. 바울은 자신의 양심이 잘못되었다는 것을 알지 못하는 상태에서 열성적이었다. 그는 그리스도를 박해했으며, 그렇게 하는 것을 하나님을 섬기는 것으로 생각했다.

• 도덕성은 우리가 경험할 수 있는 가장 위대한 복과 존귀 그리고 가장 심각한 타락과 고통의 장소이며 근원이다. 모든 사람은 자체 내에 천상이나 지옥의 요소들을 갖고 있다. 우리는 우리 자신 속에 영혼을 치명적으로 쏘며 한 줄기의 광선이 활발한 활동을 야기시킬 수 있는 잠자는 전갈들의 소굴과 같은 악의 본질들을 갖고 있다.

우리는 어떻게 죄에서 구원받는가?

우리 자신이 죄악되고, 속에 있는 죄가 사악성과 타락성과 타락시키는 능력을 갖고 있는데, 우리는 이러한 죄에서 어떻게 구원받을 수 있겠는가?

• 그것은 의지력에 의해서가 아니다. 의지는 죄나 그것의 결과로 일어나는 양심의 가책이나 타락성을 제거하거나 죄의 능력을 압도하기에는 전적으로 무력하다.

• 그것은 이성의 힘이나 지식에 의해서가 아니며, 진리에 의해서도 아니다.

• 그것은 자진하여 고해성사를 하거나 적극적인 율법 준수에 의해서가 아니다.

• 그것은 종교적 의식들에 의해서가 아니다. 또 교회의 힘이나 우리와 같

은 인간의 영향력에 의해서가 아니다. 누구도 자기 형제를 구속할 수 없다.

• 그것은 천사들의 지혜나 능력에 의해서가 아니다. 천사들은 분명 죄를 용서하고 죄인을 회복시키는 일^{현 상태를 원상태로 하거나 과거를 회복하는 일이 그러한 만큼}^{이나}이 자신들로서는 불가능한 것으로 간주했다.

그러나 사람에게는 불가능한 것이 하나님에게서는 가능하다. 율법이 할 수 없는 것을 하나님은 죄를 위하여 그의 아들을 죄 있는 육신의 모양으로 보내시어 육신에 죄를 정하셨다. 이것은 다음과 같은 사실을 가르쳐 준다.

• 보냄을 받으신 분은 거룩한 분이시요, 하나님의 아들이신 하나님이셨다는 것과 만일 그가 어떠한 피조물도 할 수 없는 것을 하셔야만 했다면 그는 거룩하셔야만 할 필요가 있다는 것을 가르쳐 준다.

• 그는 죄 있는 사람들과 같으셨고 같은 인성으로 존재함에 있어 그들과 같으셨으며, 동일한 연약함을 입으셨음을 가르쳐 준다.

• 그는 속죄 제물로 오셨음을 가르쳐 준다. 즉 ① 그가 우리의 죄짐을 대신 져주셨다는 것, ② 우리의 죄가 그에게 전가되었다는 것, ③ 그가 우리의 죄 때문에 형벌을 받으셨다는 것, ④ 하나님의 아들에 대한 이러한 조처는 우리 안에 있는 죄에 대한 정당한 유죄 판결이었다는 것 등이다.

이것이 그리스도의 보혈을 통해 죄로부터 깨끗하게 한다고 성경이 가르치는 방식이다. 그리스도의 보혈이 죄의식을 없이해 주고 하나님의 공의를 만족시켜 준다. 그리고 그것이 하나님의 공의를 만족시켜 주기 때문에 그것은 죄로 인한 형벌에 대한 양심의 외침인 가책을 제거시켜 준다. 그리고 그것이 모든 죄를 제거시켜 준다. 죄가 아무리 많고 심각한 것들이라 하더라도 그 보혈이 그 모든 죄를 제거시켜 줌에 있어서는 아무런 어려움이 없을 뿐만 아니라 작은 죄 하나를 제거시켜 줌에 있어서와 아무런 차이가 없다. 우리 모두는 죄를 범해 왔으며 하나님의 영광에 이르지 못하지만, 그 보혈이 죄를 없이해 주는 문제에 있어서 한 사람의 죄인과 그 이상의 죄인들 간의 차이란 극히 사소한 것이다.

그리스도의 보혈의 능력

그 보혈은 죄의식과 죄의 오염을 깨끗하게 씻어준다. 그것은 우리에게 하나님의 은혜를 회복시켜 줌으로써 그렇게 한다.

- 그것이 하나님의 은혜를 우리에게 회복시켜 줌으로써 그와 같이 하는데, 우리의 생명은 하나님의 은혜에 있다.
- 그것은 영혼을 중생시키고 거룩하게 해 주는 성령을 우리에게 보증해 주며, 그러므로 영혼은 결국 하나님의 사자들같이 순결하게 된다.

그 보혈은 새로운 생명의 법칙을 도입하거나 그러한 도입을 보장함으로써 죄의 능력을 파괴시킨다. 그 새로운 법칙이 하나님의 생명이며, 악의 법칙보다 강할 뿐만 아니라 궁극적으로는 그것을 정복한다. 그리스도의 보혈은 죄를 깨끗이 제거시켜 주는 유일한 방편이므로, 우리는 다음과 같이 결론지을 수 있다.

- 우리의 첫째 의무는 치료하고 깨끗케 하는 보혈의 능력을 우리 자신에게 매일 적용시키는 것이다.
- 우리는 죄와 그것의 오염을 씻어낼 수 있는 샘[보혈]을 우리의 동료 죄인들에게 알려야만 한다.

어떠한 형식을 취하든 간에 이러한 것들이 본 주제에 대하여 고려할 수 있는 결론들이다.

29. 대제사장이신 그리스도

"그러므로 우리에게 큰 대제사장이 계시니 승천하신 이 곧 하나님의 아들 예수시라 우리가 믿는 도리를 굳게 잡을지어다"

■ 히브리서 4:14

대제사장의 개념과 필요성

하나님의 탁월한 특징은 그의 거룩하심에 있다. 그는 죄와는 정반대를 이루신다. 그러므로 죄인들은 그에게 접근할 수 없다. 사람들은 부정하기^{unholy} 때문이다. 거룩함과 죄는 불과 물과 같은 두 자연법이나 두 가지 자연적인 요소로서 반대되는 것이거나, 단지 의와 불이라는 두 가지 법칙으로서 반대되는 것이 아니라 우리 인간에 관한 한 두 종류의 인격으로서 반대되는 것이다. 그 양자는 너무나 서로 이질적이기 때문에 상호의 연합이란 영원히 불가능하다. 그리고 죄인들에 관한 한 그들은 너무나 죄악되기 때문에 하나님은 그들의 접근을 금할 수밖에 없으시다.

하나님으로 말하면 그의 능력과 복되심 그리고 탁월하심이 무한하시기 때문에 그로부터 추방당한다는 것은 우리 편에서는 완전한 멸망을 의미한다. 우리는 그에게 접근할 수 없다. 우리가 그에게 접근해야 하지만, 그렇게 하면 우리는 멸망할 수밖에 없다. 사람들은 모두 이러한 사실을 감지하며, 이러한 사실이 구약에서 상징적으로 나타난다.

그러므로 우리는 중재자, 곧 하나님께 나아가 그를 우리와 화해시킬 자가 필요하다. 이러한 것들이 제사장의 기능이다. 이것이 코헨$^{חֹה}$과 히에루스

ἱερεύς에서 파생한 히에류스^{ιερός}란 단어의 근본적인 의미에 내포되어 있다.

우리의 대제사장이신 그리스도

그리스도는 신인 양성의 보유자인데, 로고스로서가 아니라 신인$^{God-man}$으로 계시며, 그러므로 예수는 하나님의 아들이시다. 그는 하나님을 인간과 화해시키는 데 적격자라는 데에는 다음의 이유가 있다.

- 그는 하나님께 자유로이 나아가실 수 있기 때문이다.
- 그는 하나님께 바칠 무엇인가를 갖고 계시기 때문이다.
- 그의 무한한 위엄이 그의 사역에 무한한 공로와 효력을 부과하고 있기 때문이다.
- 그는 영원히 사시기 때문이다.
- 그는 우리의 연약함을 의식하시고 감동되실 수 있기 때문이다.
- 그는 하나님에 의해 임명되셨기 때문이다.

대제사장으로서 그리스도의 사역

- 그는 실제로 속죄하신다. 그는 하나님으로 우리에게 호의를 갖게 하신다. 그는 우리의 죄를 대속하신다.
- 따라서 그는 우리로 하나님께 나아갈 수 있게 하신다. 구약의 제사장들은 이러한 일을 할 수 없었다. 그들의 희생제물이 죄를 제거시킬 수 없었기 때문이다.
- 그는 우리를 위해 중보기도를 하신다. 즉 그는 우리의 칭의, 성화와 보존, 그리고 우리가 필요로 하는 모든 것의 공급을 위해 하나님께 기도하신다.

대제사장 그리스도에 대한 우리의 의무

불신자들이 그러하듯이, 그리고 캐묻기 좋아하는 죄인들이 자주 무익하게 시도하는 것으로써 그리스도를 떠나서 하나님께 접근하려 말고 우리를 위한 제사장으로서 그의 직분을 인정해야 한다. 이러한 인정은 단지 그리스도를 대제사장으로 안정하는 것만이 아니라 우리의 영혼을 실제로 그의 손에 맡기어 속죄받고 우리 자신이 그에 의해 하나님께 소개받도록 하는 것이다. 이러한 일은 한 번이 아니라 계속해야만 한다.

우리가 신뢰해야 할 것은 ① 그리스도가 우리를 위해 기꺼이 제사장으로서의 임무를 수행하고 계시다는 것, ② 그의 보혈의 효력과 그의 중보의 유효성, ③ 그리고 그의 긍휼과 인자하심이다. 따라서 그는 자비롭고 신실하신 분, 곧 신뢰할 만한 대제사장이라 불린다.

이 교리가 중요한 이유

- 이러한 교리는 체계적인 교리로서 기독교에 중요하다. 이러한 교리 없이는 복음은 단지 철학이 될 뿐이다. 이러한 교리가 복음주의적인 체계와 이성주의적인 체계, 곧 소치니파^{Socinianism}와 개신교와 로마 가톨릭교 간의 차이를 이룬다.
- 이러한 교리는 실제적인 신앙에 중요하다. 신앙은 하나님과의 교제에 있다. 대제사장이신 그리스도를 통하지 않고서는 하나님과의 어떠한 교제도 있을 수 없다. 그러므로 우리의 모든 신앙적인 행위는 이러한 위대한 진리를 우리가 실제로 인정하는 데 달려 있다.

30. 유월절 어린 양, 그리스도

"그리하면 그가 세상을 창조한 때부터 자주 고난을 받았어야 할 것이로되 이제 자기를 단번에 제물로 드려 죄를 없이 하시려고 세상 끝에 나타나셨느니라 이와 같이 그리스도도 많은 사람의 죄를 담당하시려고 단번에 드리신 바 되셨고 구원에 이르게 하기 위하여 죄와 상관 없이 자기를 바라는 자들에게 두 번째 나타나시리라"

■ 히브리서 9:26, 28

유월절이 의미하는 것
- 그것은 천사가 이스라엘인들의 집 문을 실제로 넘어간 것을 가리킨다.
- 어린 양을 잡은 것을 말한다.
- 축일을 뜻한다.

그리스도와 유월절 어린 양
- 그 유월절 어린 양은 흠이 없었다.
- 그 유월절 어린 양은 십자가에 못 박히셨다.
- 구약의 유월절 어린 양은 불에 태워졌다.
- 그것은 사람들이 먹어야만 했다.
- 그것의 피는 문설주에 발라야만 했다.
- 그것이 이스라엘 백성을 구원하는 데 영향을 주었다.

왜 유월절 어린 양인가?

- 우리는 멸망할 위험에 있다. 진노의 사자가 불의를 행하는 모든 자들을 멸하라는 명령을 받았다. 이러한 멸망은 확실하고 두려운 것으로 우리가 예기치 않은 때에 그는 어둠의 사자로 올 것이다.

- 이러한 멸망을 피할 수 있는 다른 방도는 없다. 우리는 문의 빗장을 질러 잠그거나 창문을 닫아서 이 진노의 사자가 들어올 수 없게 할 수는 없다. 우리는 그를 진정시킬 수 없다. 우리는 그에게 저항할 수도 없다. 우리는 그의 보복의 맹타에 견뎌낼 수 없다.

- 우리를 구원하는 유일한 방법으로써 그리스도의 보혈만이 확실하게 유효하다. 그리스도를 상징했던 어린 양의 피가 뿌려진 문에는 어떠한 진노의 사자도 들어가지 못했다.

- 그러나 그 피는 뿌려져야만 한다. 그 피가 흘려진 것만으로는 충분하지 못하다. 만일 사람들이 자신들은 안전하다고 생각하거나 진노의 사자가 오지 않으리라고 생각한다면, 또는 자신들은 그의 진노를 다른 방법으로 피할 수 있다고 생각하거나 단지 피를 흘린 것만으로도 충분하다고 생각한다면 그들은 마침내 모두 멸망하고 말 것이다.

- 이 피를 적용하는 것이 안전할 뿐 아니라 안도감을 준다. 문설주에 어린 양의 피를 뿌렸던 이스라엘인들은 정도의 차이는 있었겠지만 의심할 바 없이 모두 구원에 대한 확신을 가졌다. 이때에 어떤 이들은 아무 염려 없이 잠을 잤다. 그러나 다른 이들은 지극히 사소한 소리에도 놀랐다. 또 다른 이들은 그들의 첫 태생 아이를 품에 꼭 껴안고는 속히 아침이 오기를 고대했다. 오늘날 그리스도의 보혈로 뿌려진 죄인들에게 있어서도 그렇다. 그의 보혈로 뿌려진 자들은 모두 안전하지만, 안전에 대한 그들의 확신의 정도는 사람에 따라 매우 다르다. 이러한 확신의 결핍은 믿음의 결핍에서 기인한다.

- 유월절 어린 양은 죽음으로부터의 보존뿐 아니라 바로 왕의 세력에 의한 노예 상태로부터의 구원과 가나안으로 인도해 들임을 보증해 준다.

이와 같이 우리의 유월절 양께서도 우리를 죽음으로부터 뿐 아니라 사탄의 속박으로부터 구원해 주시며, 우리를 천상의 가나안으로 들어가게 한다.

• 유월절은 구약의 제도가 계속되는 한 기념되어야만 했다. 그리스도의 죽음도 그가 오실 때까지 기념되어야만 한다.

• 유월절은 무교병과 애굽 땅으로부터의 구별을 나타내는 모든 것으로 경축되었다. 그와 같이 그리스도의 죽음은 우리를 거룩에로 결속시켜 준다. 거룩은 특별한 적용이다. 우리는 거룩한 삶을 살지 않을 수가 없다. 즉 우리는 우리의 전 인생을 유월절로 삼아 하나님께 헌신하며 섬길 영구적인 기회로 삼아야만 한다.

31. 율법의 완성자, 그리스도

"그리스도는 모든 믿는 자에게 의를 이루기 위하여 율법의 마침이 되시니라"

로마서 10:4

율법에 대한 이해

율법의 불변성은 주요한 진리다. 이것은 그것의 성격과 하나님의 불변성에 근거되어 있다. 이에 대한 증거는 성경과 양심에서 발견된다. 유대인들은 이러한 사실을 믿었으며, 이러한 사실이 다음과 같은 그들의 이중적인 오류error의 근거가 되기도 했다. ① 율법은 그들 자신에 의해 성취되어야만 한다는 것, ② 율법이 불변적이었던 형식은 모세의 율법이라는 것이다. 이러한 이중적인 오류는 다음과 같은 노력을 야기시켰다. ① 그들 자신의 의를 이루려는 것, ② 의식적儀式的인 복종에서 그들의 의를 이루려는 노력이 그것이다.

그러나 바울은 다음과 같이 가르친다.

- 율법은 불변적이다.
- 그것은 우리 자신의 의로 성취될 수 없으며, 오직 하나님의 의에 의해서만 성취될 수 있다.
- 즉 그리스도는 모든 믿는 자들의 의를 위한 율법의 마침이 되신다.
- 따라서 율법의 불변성은 그것의 철폐와도 일치되는데, 이는 그것의 철폐가 그것의 성취에 의해 초래되기 때문이다.

율법은 칭의에 대한 불가결의 조건으로서 의를 요구하는 한 불변적인 것이다. 하지만 그것이 "의를 행하고 살라"고 말하는 한, 곧 그것이 우리 자신의 의를 요구하는 한 오직 그리스도의 공로와 죽으심을 의존해야만 하기 때문에 그것은 철폐된다.

율법의 마침이 되시는 그리스도

그리스도가 "율법의 마침이 된다"고 말할 수 있는 다른 의미가 있다.

- 그것의 성취의 의미에 있다. 그러나 이러한 의미는 텔로스$^{τέλος 끝}$의 의미에 모순되며, 이 단어가 플레로마$^{πλήρωμα, 성취}$의 의미로는 쓰이지 않는다.

- 율법의 마침이 된다는 의미에서 그것을 철폐했다. 이러한 사실은 두 가지 면에서 이루어졌다. ① 율법의 요구들을 충족시킴으로, 즉 칭의의 조건으로 우리 자신의 개인적인 의를 요구하기를 중단했다는 면에서, ② 모세의 제도들을 폐지시켰으므로 율법에 대한 복종은 구원에 더 이상 필요가 없게 되었다는 면에서다. 그리스도는 율법의 목표나 목적이 되심에 있어 율법의 마침이 되신다. 이것은 율법의 마침이 의롭다는 걸 의미한다.

그리스도가 율법의 마침이 되시는 이유는 그가 우리의 의가 되시기 때문이다. 율법의 목표나 계획이 그리스도에게서 성취된다. 그러므로 율법의 목표가 달성되어야 하는 것은 행위가 아니라 그리스도에 대한 믿음에 의해서다.

이것은 다음과 같은 사실과도 일치한다. 즉 율법은 우리가 할 수 없는 것을 요구했다. 그러나 복음은 단지 믿음을 요구한다. 혹은 그리스도는 율법에서 목표로 했던 대상이시기 때문에 그가 율법의 마침이시라고 말할 수 있다. 율법은 우리를 그리스도께로 인도하도록 계획되어졌다. 율법은 몽학 선생이다. 이것은 도덕법과 모세 율법에 대해서도 그렇다. 어떤 의미에서 가르쳐져야 할 위대한 진리는 그리스도가 우리를 율법으로부터 지켜 주시며, 그가 우리의 의라는 것이다. 이러한 사실을 그가 율법의 목적을 이루셨다고 말함으로 가르치든, 율법은 자체의 중대한 목표에 관한 한 그리스도에게서 자체를 상실했으며, 그것이 계획했던 것은 그리스도에게서 성취된다고 말함으로 가르치든 이러한 것은 별로 중요하지 않다.

그리스도 밖에서는 우리가 율법에서 다음과 같은 것들에 직면하게 된다. ① 율법의 냉혹한 요구들, ② 그것의 두려운 저주, ③ 그것의 노예 근성적인 정신이다.

의를 이루기 위하여

그러나 우리는 그리스도 안에서 의롭다.

• 우리는 그가 이루어 놓으신 것을 내세우며 율법의 모든 요구에 맞선다.
• 그가 우리를 대신해 저주를 받으셨으므로 우리는 저주에서 해방되었다.
• 우리는 다시 두려워할 노예 신분의 정신에서 구원받았으며, 양자의 정신으로 충만하다.

그러므로 우리는 다음과 같은 것을 누리게 된다.

• 바울이 가르치듯이 우리는 하나님과 화목하며 양심의 평안을 누린다.
• 하나님께서 의롭다 하시는 자들을 아무도 정죄할 수 없으므로 우리는 영생을 확신한다.
• 이와 함께 우리는 순종의 법칙을 수용한다. 왜냐하면 우리가 완전한 구원을 얻기까지는 어떠한 거룩함도 존재할 수 없기 때문이다.
• 우리는 그리스도의 승리의 모든 영광과 혜택의 참여자들이 된다. 그가 우리를 위해, 그리고 우리의 대표자로서 복종하고 수난을 받으셨으므로 우리는 그의 상급으로 약속된 모든 복을 함께 누린다.

32. 그리스도의 중재

"누가 정죄하리요 죽으실 뿐 아니라 다시 살아나신 이는 그리스도 예수시니 그는 하나님 우편에 계신 자요 우리를 위하여 간구하시는 자시니라"

■로마서 8:34

그리스도의 중재란?

성경의 비유적인 표현들은 독자들의 이해를 돕기 위해 사용된다. 그러므로 그러한 표현들은 명백한 진리를 전할 수 있도록 해석되어야만 한다. 그러한 것들을 문자적으로 이해해서는 안 되며, 그러한 표현들이 암시하는 유추analogy를 지나치게 강조해서도 안 된다. 그러면서도 그러한 표현들이 단순한 비유적인 말로 설명되어서도 안 된다.

그리스도의 중재는 신뢰의 근거와 위로의 원천으로 표현되기 때문에 그것은 다음과 같은 것을 표현하는 것으로 이해해야만 한다. ① 그리스도께서 그의 백성에 대하여 계신 관계이며, ② 그가 그들을 위해 수행하시는 역사의 일면의 성격이라고 이해해야 한다.

중재 사역에서 의미하는 관계

중재자로서 그리스도께서 그의 백성에 대하여 유지하시는 관계이거나 그의 중재 사역에서 의미하는 관계를 말한다. 그것은 그의 변호 의뢰인에 대한 변호인의 관계다. 변호인이 변호 의뢰인으로 분장한다. 즉 변호인이 변호 의뢰인의 입장에 서는 것이다.

그러므로 그러한 일이 계속되는 동안 그 양자 간에는 가장 친밀한 관계가 유지되어 간다. 이때에 변호 의뢰인은 나타나지 않는다. 그의 말은 듣지 않는다. 그는 주목되지도 않는다. 그는 그러한 시간이 진행되는 동안 그의 대행자인 그의 변호자 안에서 잃어져 버린다. 바로 이러한 것이 우리의 변호자로서 그리스도께서 우리에 대하여 계신 관계다. 그가 우리를 위해 하나님 앞에 나타난다. 우리는 그 안에서 잃어진다. 우리가 아니라 그가 하나님께 보여지고, 그 말이 들려지며, 그가 주목된다. 피보호인이 친히 나타날 필요가 없다. 그의 변호인이 그를 대신하기 때문이다. 이와 같이 그리스도께서도 우리의 입장을 떠맡아 주신다.

변호인의 역할은 이중적이다

- 그것은 피고인을 그의 책임에 돌려진 범죄들로부터 변호하고, 그를 위해 무죄 평결을 보증하는 것이다. 바꿔 말하면 그것은 위협받는 벌과로부터 피고인을 구원하는 것이다.
- 그것은 그의 피보호인의 주장을 확증하고, 그를 위해 그의 유산이나 재산을 안전하게 누릴 수 있도록 보증해 주는 것이다.

그러므로 그것은 또한 그리스도께서 우리의 변호자나 중보자시라고 언급될 때에 그가 우리를 위해 두 가지 직무를 수행하신다는 것을 의미한다. 즉 그는 우리를 위해 무죄 평결을 보증한다. 그가 하나님의 법정에서 우리의 칭의를 확보해 주신다. 그리고 그는 은혜 언약의 조건에 따라 자격이 주어진 모든 복을 보증해 주신다. 이러한 복은 우리의 칭의뿐 아니라 성령의 은사를 포함하는데, 성령의 은사는 중생·성화·진리에 대한 지식과 위로하심 그리고 인도하심과 은혜로 끝까지 보호하심을 보증해 준다. 또 우리가 거룩하고 유용하도록 하는 데 최선의 도움이 되어줄 현세적인 모든 복과 마침내는 천상에서의 절정의 구원 사역을 보증해 준다.

변호자의 자격

• 법정에 나타날 권리

이러한 권리는 모든 사람에게 속한 것이 아니다. 그것은 관할권 있는 권위자에게 허락을 받아야만 한다. 그리고 이러한 허락은 신청자나 지원자가 필수적인 자격들qualifications로 고백하는 증거에 기초를 둔다. 따라서 우리는 하나님 앞에 나타날 권리가 없다. 그리스도께서 이러한 직무 수행을 위해 하나님에 의해 임명받으셨다. 그리고 그의 임명은 그가 필수적인 자격들을 갖고 계신다는 것을 전제로 한다. 그는 그의 백성의 대표자로서 하나님의 법정에 출입할 권리가 있으시다.

• 지식

변호자에게 필요한 지식은 ① 율법에 대한 지식과 공의의 요구들에 대한 지식과 법정이 속한 정부의 제도에 대한 지식, ② 피보호인의 실정에 대한 완전한 지식, ③ 그의 실정이 올바르게 표현되고 주장될 수 있는 방법에 대한 지식이다.

그리스도 편에서의 이러한 지식은 전지omniscience이다. 그의 그러한 지식은 신적이며 인간적인 동정과 결부되어 있다.

• 적절한 변호

어떠한 변호인도 피보호인을 위해 충분한 항변을 하지 못한다면 그는 피보호인의 소송 사건을 변호할 자격이 없다. 그리스도께서는 그 자신의 완전한 의로우심과 하나님의 약속에 따라 우리를 위해 변호하신다. 이러한 것들을 근거로 하여 그는 우리에 대한 칭의와 우리에게 베풀어 주실 구속의 모든 복을 보증해 주신다.

그리스도의 중재의 특징

• 그는 우리의 유일한 중보자 또는 변호자이시다. 그 외에 우리를 위해 변

호해 줄 권한이나 자격이 있는 자는 아무도 없다. 그리고 그분 외에는 이러한 일에 아무도 필요가 없다.

- 그의 중재는 영속적이다. 그는 우리를 위해 그러한 중재를 하신다.
- 그의 중재는 성공적이다. 그것은 결코 실패한 일이 없으며, 결코 실패할 수도 없다.
- 그의 중재는 그를 믿는 모든 사람을 위해 무료로 실행된다.

변호자에 대한 피변호인의 의무

- **맡김**. 자신의 소송 사건을 거리낌없이 자기의 변호자에게 맡겨야 하며, 자신이나 그 외 다른 사람을 의존해서는 안 된다.
- **신뢰와 확신**. 자기의 소송 사건을 처리할 그의 능력을 신뢰해야 하며, 그 사건을 그의 손에서 회수하려고 해서는 안 된다.
- **감사와 사랑**. 우리의 변호자로서 그리스도의 중재가 우리에게 있어 영구적이며, 넘쳐 흐르는 위로의 원천이다.

33. 화목제물이신 그리스도

"나의 자녀들아 내가 이것을 너희에게 씀은 너희로 죄를 범하지 않게 하려 함이라 만
일 누가 죄를 범하여도 아버지 앞에서 우리에게 대언자가 있으니 곧 의로우신 예수
그리스도시라 그는 우리 죄를 위한 화목제물이니 우리만 위할 뿐 아니요 온 세상의
죄를 위하심이라"

요한일서 2:1-2

성경에서 죄는 언제나 지극히 악한 것으로 표현된다. 즉 그것은 영혼을
타락시키고 모든 불행을 초래하며, 우리를 하나님으로부터 분리시키는 것
이며, 하나님의 진노와 저주를 받을 만하게 하는 것 등으로 표현된다.

우리 자신의 판단에 비추어볼 때에도 성경이 말하는 것이 전적으로 옳
다고 보여진다. 무엇보다도 그것은 하나님께서 보실 때 불쾌하고도 부정한
것이다. 죄에 대한 하나님의 반대 성향은 불가피하며 필연적이다. 하나님의
성향은 무한히 위대하시며, 그의 공의가 죄인에 대한 정죄를 불가피하게
한다.

모든 사람은 죄인이다

우리도 물론 이 무리 가운데 있다. 우리의 죄들은 무수하며, 변명할 수 없
는 것들일 뿐만 아니라 매우 심한 것들이다. 우리는 우리의 이러한 죄들을
부인할 수 없다. 우리는 그것들을 취소할 수 없다. 우리는 그것들을 속죄할

수도 없다. 우리는 절망적인 정죄 상태에 있다. 우리가 절망적인 상태에 있다는 것은 우리가 바로 그러한 죄인들로 있기 때문이다.

우리는 대언자가 필요하다

즉 우리를 위해 하나님 앞에 나타날 권리가 있고 그의 심판에서 우리의 소송을 변호할 자격이 있는 자가 필요하다. 누구도 이러한 일을 자기 스스로 할 수는 없다. 누구도 자기의 동료를 위해 그 같은 일을 할 수도 없다. 어떠한 피조물도 자기와 같은 다른 피조물을 위해 그러한 일을 해 줄 수 없다.

왜 예수 그리스도인가?

우리의 대언자는 의로우신 예수 그리스도시다. 그는 이러한 일을 하는 데 적격자이시다.

- 그는 하나님의 아들이시기 때문이다. 그는 거룩한 분이시며, 하나님 앞에 나타날 자격이 있으시다. 그의 중재는 정당할 수밖에 없으며 틀림없이 경청된다. 그의 신성이 무한한 위엄을 갖고 있으며, 그의 역사에 가치를 부여할 뿐만 아니라 우리를 위해 그가 행하시는 모든 것을 유효하게 한다.

- 그는 인자^{the Son of Man}이시다. 그는 우리와 같은 성품을 입으셨으며, 그러므로 그는 우리를 대신하여 복종하고 고난을 받으시며, 우리의 연약함을 긍휼히 여기실 수 있으시다.

- 그는 의로우시며, 우리의 죄를 위한 화목제물이시다. 그는 하나님의 공의와 거룩함이 우리가 용서함 받고 열납되도록 하기 위해 요구하는 모든 것을 이루셨다. 따라서 그가 표현할 수 있는 탄원적인 변호는 충분한 것이다. 그의 변호는 틀림없이 받아들여지며 받아들여질 수밖에 없다. 그것은 정당하게 무시될 수 없다. 그것은 어떤 사람들에게뿐 아니라 모든 사람에게 유력한 효과가 있다. 즉 그의 변호는 하나님께로 나오는 모든 사람에게 유력한 효과를 발휘한다. 그러므로 다른 사람들의 면제

에 대한 근거가 있을지는 몰라도 자기의 면제에 대한 근거란 존재하지 않는다고 말할 권리가 있는 사람은 아무도 없다. 그리스도의 의는 무한한 가치가 있을 뿐만 아니라 모든 인류에게 똑같이 유효하거나 가장 적절한 것이다.

- 매우 존귀하시고 인자로우시며, 유효한 변호를 할 수 있으실 뿐만 아니라 그가 변호해 주시는 자들이 결코 정죄 되어서는 안되는 확고한 이유들을 갖고 계신 이 중보자는 영원히 사시어 우리를 위해 중재하여 주신다. 그의 변호는 방해받는 일이 없으며, 결코 실패하지 않을 것이다. 그는 우리의 소송 사건이 다뤄져야 할 법정에 결코 부재하실 수가 없다.

- 그는 언제나 가까이하기 쉽다. 우리가 어디에 있든, 어떠한 위급한 사태에 있든 우리는 언제라도 그에게 갈 수 있으며, 어느 때에라도 그를 발견할 수 있다.

이러한 교리는 죄에 대한 격려로서가 아니라 자신들의 죄를 저버리기를 열망하는 자들에 대한 위로의 근거로써 사도 바울에 의해 제시된다. 그리스도는 사죄와 성화 그리고 구원을 위해 그에게 오는 자들을 위해서 행동하신다. 그러나 그는 계속하여 죄에 머물기를 바라는 자들을 위해서는 행동하지 않으신다. 죄 문제로 도움을 얻기 위해 그에게 오지 않는 자들에 대해서 말이다.

34. 교회와 함께 계신 그리스도

"내가 너희에게 분부한 모든 것을 가르쳐 지키게 하라 볼지어다 내가 세상 끝날까지 너희와 항상 함께 있으리라 하시니라"

■ 마태복음 28:20

그리스도의 약속은 "볼지어다 내가 세상 끝날까지 너희와 항상 함께 있으리라"이다.

가톨릭교회의 해석

이에 대하여 로마 가톨릭교의 교리는 다음과 같은 두 가지 견해를 채택한다. ① 이 약속은 사도들과 사도직에 있어 그들의 계승자들에게 했다는 것, ② 이것은 사도들로서 그들과 함께하리라는 주님의 약속이었다는 것이다. 즉 그들에게 필요한 은사들로서 가르치는 은사와 다스리는 은사를 주시기 위하여, 곧 그들로 그들의 직분상의 행위에 있어 결코 과오가 없게 하기 위하여 그들의 결정들을 시행함에 있어서와 그들의 권위를 지지하기 위하여 하신 주님의 약속이라는 것이다.

이것은 꽤 아름다운 지론이다. 사도들, 곧 그 판단에 있어 절대로 틀림이 없는 거룩한 사람들을 계승하고 교리의 모든 점을 결정하며, 모든 의심을 제거시키고 양심의 모든 의문들을 해결하며, 온 교회에 대해 정도를 벗어나지 않는 의로 다스린다는 것이 인간적인 견해로는 복된 것일 수 있을 것이다.

그리고 이에 더하여 베드로와 그의 계승자인 그리스도의 대행자로서 로마 가톨릭교의 교황에게 그같은 지상권이 부가될 때 우리는 가톨릭교회와 궁극적으로는 세계에 대한 신권 정치의 아름다운 이상을 보게 될 것이다.

만일 이러한 지론이 참된 것이라면 그것은 훌륭한 것이지만, 그러나 만일 이러한 지론이 거짓된 것이라면 이러한 지론은 그에 비례하여 그만큼 파괴적인 것이다. 만일 가톨릭교의 고위 성직자들이 사도들이 아니며, 은사, 곧 그들이 무오성이나 권위를 갖지 못했다면 그러한 죄악 되고 잘못을 범하는 사악한 자들이 그들의 특권을 주장하는 것은 멸망을 자초하는 것이 된다. 선한 천사의 인도를 받는 것은 축복이다. 그러나 빛의 사자로 가장한 사탄의 인도를 받는 것은 파괴적인 것이다.

그들의 이러한 견해가 참되지 않다는 것은 명백하다.

- 이 약속은 오직 사도들에게만 한 것이 아니기 때문이다.
- 사도권은 영구적인 것이 아니기 때문이다.
- 로마 가톨릭교의 고위 성직자들은 그러한 은사들을 개인적이 아니라 오직 집단적으로만 주장하기 때문이다.
- 그들은 사도들의 표징을 보여주지 못하기 때문이다.
- 역사가 그들이 거짓 사도들임을 입증하기 때문이다.

왜 교회에 대한 약속인가?

이 약속은 그리스도의 대행자들^{ministers}로서 사도들과 성직에 있어 그들의 계승자들에게 한 것이 아니라 온 교회에게 한 것이었다. 이것은 다음과 같은 이유들에서 명백하다.

- 이 약속이 주어질 땐 사도들 외에도 다른 사람들이 있었기 때문이다.
- 같은 명령들과 같은 약속이 이곳 외의 다른 곳에서 믿는 자들에게 주어지기 때문이다.
- 그리스도의 임재가 오늘날에도 실현되고 있듯이 그의 모든 백성과 함

께 있기 때문이다.

그리스도께서 그의 교회와 함께 계신다

여기서 말씀하신 분은 하나님이나 성령님이 아니라 그리스도시다. 그러므로 여기서 약속된 것은 특별히 그의 임재이며, 그의 아버지나 성령의 임재가 아니다. 한 분^{성자}이 계신 곳에 다른 분들^{성부와 성령}도 계시다는 것은 사실이다. 그러므로 각기 다른 형식의 표현들이 교체되어 사용될 뿐이다.

여기서 약속된 임재는 다음과 같다.

- 육신적인 임재가 아니다.
- 그것은 단지 동적인 임재도 아니다. 비록 새로운 힘, 능력이나 생명이 인간성 속에 투입되었다 하더라도 말이다.
- 그리스도의 임재가 현장에 있지 않는 친구의 경우에서와 같이 생각과 느낌에 따른 단순한 임재가 아니다.
- 그것은 인격적인 임재이다. 그것은 단지 하나님이나 성령이나 영원한 로고스가 아니라 그리스도시며, 그가 항상 그의 백성과 함께 계신다. 그리스도의 이러한 임재는 단지 그의 신성으로서가 아니라 그의 온 인격으로서의 임재이다.

즉 신인^{God-man}으로서 그리스도는 그의 교회와 함께하신다

- 우리에게 매우 가까이 계시므로 우리는 그에게 말할 수 있고 그를 찬양하고 그에게 고백하며, 그에게 우리의 사랑을 맹세하고 그가 우리를 들으신다는 확신을 갖고 그에게 기도할 수 있다.
- 그가 언제나 우리를 보고 계시다는 의미에서 그는 우리 가까이 계신다. 그는 우리가 받고 있는 시험들과 시련들, 우리의 내적인 상태와 외적인 환경, 그리고 우리의 약함과 필요를 아신다.
- 그는 우리에게 그의 영광을 계시해 주시고 우리에게 그의 사랑을 확신시켜 주시며, 우리를 우리가 가야 할 길로 인도해 주심으로써 우리와

교제하실 수 있고 실제로 교제하신다는 점에서 우리와 함께 계신다.

- 그는 우리를 가르치고 위로하기 위해서 뿐 아니라 의무수행을 위해 우리를 강화시켜 주시고 시련 중에서 우리를 지지하시며, 우리를 위로하시고 그를 섬기는 우리의 수고가 성공적인 것이 되도록 하기 위하여 우리와 함께하신다.

- 그는 사도들의 내적이며 영적인 삶에서뿐 아니라 그들의 사역을 인도하여 주시고, 그들에게 그들의 적들이 반박하거나 저항할 수 없는 말씀을 주시고, 그들의 설교를 효력 있게 하시고, 그 설교의 진리를 확증하시고, 그것의 권위를 옹호해 주심에 있어 그들과 함께하셨던 것처럼 우리와 함께하신다. 따라서 그는 세상 끝까지 그의 교회와 함께하실 것이다.

35. 그리스도의 자기 계시

"가룟인 아닌 유다가 이르되 주여 어찌하여 자기를 우리에게는 나타내시고 세상에는
아니하려 하시나이까"

요한복음 14:22

자기 계시

여기서 말하는 나타냄이란 특히 믿는 자들에 대한 나타냄이며, 일반적으
로는 모든 믿는 자들에 대한 것이다. 그러므로 이것은 그의 부활 후 육신으
로 나타나셨던 것을 말하지 않는다.

여기서 가르치는 위대한 진리는 그리스도께서 자기를 자가 백성의 각 영
혼들에게 내적이며 영적으로 나타내신다는 것이다. 그는 자신을 그들에게
계시하시기 때문에 그들은 그를 본다고 말할 수 있으며, 그와 교제한다거나
교통한다고 말할 수 있다. 이에 대하여 다음과 같은 사실들을 주목해 볼 수
있다.

- 우리는 자체를 우리의 오감에 나타내고 그 오감 위에서 활동하는 물질
  세계에 의해 둘러싸여 있다. 또한 우리는 영적 세계, 곧 다른 사람들의
  영혼들, 선한 영들과 악한 영들, 그리고 하나님에 의해 둘러싸여 있다.
- 우리는 이러한 영들이 자체를 우리에게 나타내고 우리 위에서 활동한
  다는 것을 안다. 우리의 동료들은 우리에게 말과 표정과 행동으로 의사
  를 전달한다. 우리가 아는 악한 영들이 사탄의 시험에 빠지거나 귀신들
  린 사람들의 경우에서 그러하듯이 사람의 영혼에서 활동한다. 하나님

께서도 이와 같이 사람들의 영혼에서 역사하신다. 이것이 자연 종교와 모든 그리스도인들의 교리이다.

- 하나님의 섭리적인 행위에 있어 그의 임재에 대한 명시는 사람의 영혼이 육신의 활동에서 명시되는 것과 유사하다.

- 그러나 그가 그의 백성에 대하여 실행하시는 나타내심은 그것이 이루어지는 형식면^{즉 성령에 의한}에서 뿐 아니라 계시되는 것에 있어서도 특별한 것이다. 하나님은 자신을 악인들에게는 소멸하는 불로써 보복자로 나타내신다. 그러나 그의 백성에게는 그의 영광과 사랑을 나타내신다.

- 하나님의 자기 계시에 관한 성경적인 교리는 인간과 하나님 간에는 어떠한 직접적 교제도 없다는 자연신교나 이성주의 교리와 구별되며, 다른 한편으로는 신비주의와도 구별된다. 신비주의가 가르치는 것은 다음과 같은 것들이다. ① 하나님과 영혼의 직접적인 교제와 접촉, ② 따라서 새로운 진리가 계시되고 새로운 지시가 주어진다는 것, ③ 영혼은 궁극적으로 하나님과 합체된다는^{merged} 것, ④ 이러한 행복감에 넘치는 황홀경은 부동 상태와 명상에 의해 도달된다는 것 등이다.

앞에서 진술했듯 이러한 오류들과는 반대로 성경은 다음과 같이 가르친다.
- 하나님은 단지 그의 역사와 말씀을 통해서뿐 아니라 직접적으로는 그의 영^{spirit}에 의해서 인간과 교제하신다.

- 하나님의 이러한 자기 계시의 결과들이다. ① 환상^{vision}, 우리는 환상을 통하여 그를 보는 것으로 언급된다. ② 지식 ③ 거룩함, 즉 우리는 그의 형상으로 변화된다. ④ 하나님의 사랑에 대한 확신을 얻게 된다. ⑤ 그의 영광에 대한 소망을 갖게 된다. ⑥ 형언할 수 없는 기쁨을 누리게 된다.

- 하나님의 자기 계시에 의한 사적인 상태는 사랑과 순종이다. 우리는 먼저 그리스도를 통하여 하나님과 화해해야만 한다. 이것 없이는 영혼과 하나님 간에 어떠한 교제도 있을 수 없다. 그리고 우리가 하나님과 화

해하면 우리는 영혼을 부정하고 어지럽히는 모든 열정에서 해방된 필수적인^{requisite} 상태로 유지해야 하며, 죽은 행실에서 깨끗하게 된 양심을 가져야만 한다.

- 하나님의 역사와 말씀을 통한 계시는 의식^{意識}의 문제가 아니라 중요한 것은 오직 그것의 결과들이다. 이러한 것은 모든 신령한 계시에 있어서도 그렇다.

그리스도의 자기 계시에 대한 고찰

- 하나님과의 교제는 가능할 뿐 아니라 측량할 수 없는 유익을 초래하므로 우리는 이것을 가장 열렬히 바라고 부지런히 추구해야만 한다.
- 우리는 하나님의 자기 계시에 관한 이러한 교리를 부인하거나 남용하는 일이 없도록 조심해야만 한다.

36. 우리의 생명이신 그리스도

"하나님의 떡은 하늘에서 내려 세상에 생명을 주는 것이니라 그들이 이르되 주여 이 떡을 항상 우리에게 주소서 예수께서 이르시되 나는 생명의 떡이니 내게 오는 자는 결코 주리지 아니할 터이요 나를 믿는 자는 영원히 목마르지 아니하리라"

■ 요한복음 6:33-35

'생명'은 무엇을 의미하는가? 이 단어는 매우 포괄적인 의미를 갖고 있다. '생명'은 ① 적절한 활동과, ② 행복happiness을 포함한다. 여기서 말하는 '생명'은 자연적인 생명과 지능적인 생명이 아니라 영적이며 영원한 생명이다.

그리스도가 우리의 생명의 창조자이시며, 그 대상object과 목적end이시라는 점에서 그는 우리의 생명이시다.

그리스도는 우리 생명의 창조자이다

• 그는 우리를 사망으로부터 구원하신다. ① 율법을 충족시키는 그의 속죄에 의해, ② 우리를 사탄의 권세로부터 구하여 내심으로 구원하신다.

• 그는 영적인 생명의 창조자이시다. ① 그는 우리에게 생명을 주는life-giving 성령의 은사를 제공해 주시기 때문이다. 그는 우리가 성령의 약속을 받을 수 있도록 우리를 구속해 주셨다. ② 그는 성령의 은사를 받으실 만할 뿐 아니라, 그것을 보내 주시며, 또는 성령을 보내 주신다. 그는 성령과 불로 세례를 베푸신다.

그리스도는 생명의 대상이다

• 영적인 생명이 지속될 수 있는 모든 행위는 궁극적으로 그를 향하여 나아간다.

• 영적인 생명에 포함되는 행복은 그와의 친교에 있다. 그가 우리의 생명이신 것은 그가 우리의 유일한 참된 기쁨이시요 우리의 분깃이시며, 우리의 영원한 기업이시기 때문이다.

그리스도는 우리 생명의 목적이다

우리가 사는 것은 그리스도를 위해서다. 어떤 사람은 자신을 위해 살고 어떤 이들은 그들의 조국을 위해 살며, 또 다른 이들은 인류를 위해 살아간다. 그러나 그리스도를 믿는 자들은 그리스도를 위해 산다. 그의 영광을 증진시키고 그의 나라를 진척시키는 것이 믿는 자의 삶의 위대한 목표요 목적이다.

생명되신 그리스도

• 그리스도는 인격의 시금석이시다. 참된 신자와 명목상의 신자 간의 차이는 여기에 있다. 즉 전자는 오직 그리스도만이 자신을 죽음에서 구원해 주시기 때문에 그를 자기의 생명으로 추구하고 간주한다. 후자는 그리스도를 자기의 생명으로보다는 단지 외적인 삶의 목적과 목표로만 여긴다.

• 은혜 가운데 성장하거나 생명을 얻는 참된 길은 그리스도께로 나아가는 것이다.

• 우리의 참된 행복과 의무는 그리스도만을 우리의 생명으로 삼아가는 것이다.

37. 생명의 떡이신 그리스도

"내가 곧 생명의 떡이니라"

요한복음 6:48

생명의 떡

본 강해는 참으로 필요하다. 그리스도께서 한때 큰 무리를 먹이셨다. 사람들이 그에게 몰려들었던 것은 그들이 그리스도로 인하여 떡을 배불리 먹었기 때문이었다. 그리스도께서 그들에게 "썩을 양식을 위하여 일하지 말고 영생하도록 있는 양식을 위하여 하라 이 양식은 인자가 너희에게 주리니…"요 6:27라고 권고해 주셨다. 그가 말씀하신 양식은 그 자신이셨다.

"진실로 진실로 너희에게 이르노니 믿는 자는 영생을 가졌나니 내가 곧 생명의 떡이니라 너희 조상들은 광야에서 만나를 먹었어도 죽었거니와 이는 하늘에서 내려오는 떡이니 사람으로 하여금 먹고 죽지 아니하게 하는 것이니라 나는 하늘에서 내려온 살아 있는 떡이니 사람이 이 떡을 먹으면 영생하리라 내가 줄 떡은 곧 세상의 생명을 위한 내 살이니라…내 살을 먹고 내 피를 마시는 자는 영생을 가졌고…"요 6:47-51, 54

내가 곧 생명의 떡이니라

위의 구절들에서 가르치는 진리는 이것이다.

• 그리스도가 생명의 원천이시다. 여기서 말하는 생명은 영생이라 불린

다. 그것은 육신적인 생명이 아니라 영적이며 영원한 생명이다. 즉 그것은 영혼의 생명이며, 영적인 죽음과 반대되는 것이다. 그것은 인간이 누릴 수 있는 가장 고귀한 수준에서 거룩함과 복됨과 영광스러움을 내포한다.

이러한 영생이 다른 방법으로는 얻어질 수 없다. 그것은 우리 자신에게서나 어떤 외적인 의례나 의식으로 얻을 수 없으며, 만나를 먹고도 죽었던 옛 신정 정치의 백성^{이스라엘}에게 속했던 것과 같은 외적인 특혜나 사회적인 특권으로도 얻을 수 없다. 그리스도 밖에 있는 자들, 그를 거부하는 자들, 그를 생명의 원천으로 인정하기를 거부하거나 그를 영접해 들이고 소유하기를 거부하는 자들은 모두 멸망할 것이다. 그리스도 안에서 외에는, 또 그를 통하지 않고는 생명에 이를 수 없다.

- 그리스도가 생명을 주는 떡이시다. 즉 생명을 주는 떡은 그의 교리, 그의 규범, 그의 모범, 그의 영향이나 도덕적인 능력, 그리고 그가 소개하셨던 종교의식이나 그가 세우셨던 교회가 아니라 그것은 바로 그리스도 자신이시며, 그의 위격^{person}과 사역^{work}다.

- 그리스도께서 세상의 생명을 위해 자신을 주심으로써 그는 우리의 생명이시다. 혹은 생명이 되신다. "내가 줄 떡은 내 살이니라." 그는 자신, 곧 그의 살과 몸과 피를 세상의 죄에 대한 희생제물로 주셨다. 따라서 그는 세상의 생명이시다. 그 이유는 ① 그것이 우리를 사형 선고로부터 구하여 내기 때문이며, ② 그것이 우리에게 하나님의 호의^{favor}를 회복시켜 주기 때문이며, ③ 그것이 사적으로 우리의 생명이시며, 우리에게 영생이신 성령의 내주를 보증하기 때문이다.

- 그리스도께서 자신을 주셨다는 것만으로는 충분하지 못하다. 즉 만나가 광야에 뿌려졌다는 것이나 떡이 준비되어 있었다는 것과 희생제물이 준비되어 있는 것만으로는 충분하지 못하다. 그 만나를 취하여 먹어야만 한다. 그 떡을 개인적으로 소유하여 사용해야만 한다. 그 희생제물은 사람에게 유익이 되도록 각자에게 적용해야만 한다.

- 그리스도에 대한 이러한 소유는 본문의 문맥상으로는 다음과 같은 또 다른 말들로 표현될 수 있다. ① 그리스도께로 나아감. "아버지께서 내게 주시는 자는 다 내게로 올 것이요…마지막 날에 다시 살리는 이것이니라" 요 6:37-39 ② 그의 살을 먹고 그의 피를 마심. 이러한 표현은 모두 같은 것을 의미한다. 왜냐하면 이 두 가지에는 같은 효력이 있기 때문이다.

- 그리스도의 살을 먹고 그의 피를 마신다는 것은 다음과 같은 것을 의미하지 않는다. ① 로마 가톨릭교도들과 루터교 교인들이 말하듯이 그의 몸과 피의 본질substance을 받아들인다는 것, ② 칼뱅이 말하듯이 그의 영화롭게 된 몸의 역동적인 영향이 성례식에 반영되지 않는다는 것, ③ 더구나 그것은 그의 고난과 순교적인 죽음의, 단지 도덕적인 영향을 의미하지도 않는다는 것, ④ 그것은 그의 신인 양성의 생명을 가리키지도 않는다는 것, ⑤ 그러나 그는 자기의 살을 세상의 생명을 위해 주시므로 그는 세상을 위해 죽는다. 그리고 사람을 위해 죽는다는 것은 희생제물로서 죽는 것을 가리키며, 그의 살을 먹고 그의 피를 마신다는 것은 찢긴 그의 살과 쏟아진 그의 피를 우리 자신에게 적용시키는 것을 가리킨다는 것이다.

  그는 자신을 가리켜 떡이라 말씀하셨고, 그 자신을 받아들이는 행위를 먹는 것으로 표현하셨으며, 그 떡은 그의 살이라고 말씀하셨듯이, 그의 살을 희생제물로 받아들이는 행위가 먹는 것으로 표현된 것이다.

중요한 진리는 이것이다.
- 그리스도가 생명의 유일한 원천이시다.
- 모든 사람은 자신을 위해 그를 받아들이고 소유해야만 한다.

38. 우리의 모범이신 그리스도

"내가 너희에게 행한 것 같이 너희도 행하게 하려 하여 본을 보였노라"
■ 요한복음 13:15

하나님 자신이 성경에서 우리에게 본^{an example}으로 제시된다. 그러나 우리와 같은 인성을 소유하고 우리와 같은 연약함과 우리가 받는 것과 같은 시험들과 고난들을 받으시는 그리스도께서는 우리에게 단지 신적인 온전하심이 아니라 인간적인 온전함을 우리가 본받아야 할 모범^{model}으로 제시하신다. 즉 우리는 그리스도를 따르는 자들이나 본받는 자들이 되라는 명을 받는다.

우리는 다음과 같은 면에서 그를 본받아야만 한다.

• 하나님에 대한 그의 경건이나 전념과 하나님의 영광에 대한 부단한 관심에 있어서 그리스도를 본받아야 한다.

즉 하나님의 약속에 대한 부단한 신뢰와 그의 명령들에 대한 부단한 순종, 그의 뜻에 대한 부단한 복종, 그가 모든 의를 이루셨으므로 그가 은혜의 다른 방편들에 대해 가지셨던 관심과 열정에 있어서 그를 본받아야만 한다.

• 그의 자비하심과 다른 사람들의 유익을 위한 청렴한 헌신에 있어서 그리스도를 본받아야 한다.

즉 그는 자신의 유익을 구하지 않으셨다. 그는 다른 사람들에게 유익을 베풀며 다니셨다. 그가 추구한 목적은 그 자신의 영예나 이익이 아니었다. 우리 모두는 예수 그리스도에게 있으셨던 이러한 마음을 가져야 한다. 그분의 삶의 지배적인 원리와 그가 사시던 목적을 우리의 것으로 삼아가야 한다.

• **시험에 저항하시는 그의 자세에 있어서 그리스도를 본받아야 한다.**
 ① 그는 결코 위험한 일에 빠지지 않으셨다. 그는 하나님을 시험하기를 거부하셨다.
 ② 그는 마귀의 최초의 제의들을 거부하셨다.
 ③ 그는 성경의 권위에 호소하셨다. 한편으로 그는 성경을 성령의 검으로 사용하셨다.

• **모욕에 대한 그의 참으심에 있어서 그리스도를 본받아야 한다.**
 즉 그분 외의 그 어떤 머리 위에도 그가 받으셨던 것과 같은 그러한 배은망덕함, 무뢰함, 냉담함, 악의와 경멸과 조소가 쌓여본 일이 없었다. 그 머리는 하나님의 완전하심의 광휘와 우주적인 지배의 광채로 둘러싸여 있던 머리였다. 그럼에도 ① 그에게는 어떠한 분개함도 없으셨다. 그는 그의 원수들 위에 하늘에서 불이 내리도록 명하지 않으셨다. 그는 악을 악으로 갚지 않으셨다. 그는 악을 선으로 갚으셨으며, 그의 피를 흘리게 한 자들을 위해 기도하셨다. ② 그는 위협하지 않으셨다. 이러한 점에서 그분과 다른 많은 순교자들 간에는 강한 대조가 있다.

• **죄인들에 대한 그의 신실한 책망에 있어서 그리스도를 본받아야 한다.**
 ① 그가 책망하신 것은 그들의 죄였다. 그리고 그의 책망은 죄에 대한 그의 혐오의 표현이었다.
 ② 그의 책망은 두려움이 없고 공정했다.
 ③ 그의 책망은 권위가 있었다.

• **선생으로서의 그리스도를 본받아야 한다.**

① 그는 그의 가르침을 그의 청중의 형편에 맞게 조정해 주셨다.

② 그는 기회가 있을 때마다 특별히 적용할 수 있도록 가르치셨다.

③ 그는 증인으로서 말씀하셨다.

• **수난자로서 그리스도를 본받아야 한다.**

① 그는 금욕주의적인 무관심을 나타내 보이지 않으셨다.

② 그는 온유하고 인종忍從하셨다.

③ 그는 끝, 곧 다가올 영광을 바라보셨다.

39. 우리의 의사이신 그리스도

"예수께서 손을 내밀어 그에게 대시며 이르시되 내가 원하노니 깨끗함을 받으라 하
시니 즉시 그의 나병이 깨끗하여진지라"

■마태복음 8:3

죄라는 질병

우리 모두는 죄라는 질병을 앓고 있다. 이 질병의 특징은 다음과 같다.

• 범세계적인 것이다.

• 그것은 우리의 온 성향에 퍼져 있다.

• 그것은 큰 고통과 타락과 능력의 상실을 수반한다.

• 만일 그것이 저지되지 못한다면 영원한 죽음을 초래한다.

스스로 고칠 수 있는 사람은 없다

자신을 고칠 수 있는 사람은 아무도 없다. 이러한 사실은 다음과 같은 것
들에 의해 입증된다.

• 자기의식에 의해

• 경험에 의해

자기 치료를 위한 모든 노력은 실패나 자기 속임으로 끝나며, 기껏해야
그러한 증상의 완화 정도로 끝난다.

영혼의 질병은 누구도 치료할 수 없다

어떠한 사람도 다른 사람을 치료해 줄 수 없다. 그러함에도 다음과 같은 것들로 시도되어 왔다.

- 교육자들에 의해
- 철학자들에 의해
- 수도자들에 의해
- 의식주의자들에 의해

이 세상은 영혼의 질병을 치료하는 능력을 가장한 돌팔이 의사들이나 사기꾼 의사들로 가득하다.

그리스도가 유일한 의사이시다

- 그는 하나님의 공의를 충족시키고 성령을 통하여 인간의 영혼에 접근할 자유를 확보해 놓으심으로써 유일하게 효력이 있는 약remedy을 적용시킬 권리를 갖고 계신다.

- 그는 성령을 생명과 능력의 영으로 보내신다. 각 영혼들은 근본적으로 죄의 영향을 받기 때문에 근본적인 치료가 필요한데, 이러한 치료는 오직 생명을 주는 성령에 의해서만 가능하다.

- 이러한 치료는 고통스럽고도 오랜 과정을 거친다. 인간의 영혼은 단번에 완전한 건강 상태로 회복되지 않는다. 그러므로 이 치료는 오랜 식이요법의 과정을 따라야만 한다. 그것은 자아 부인과 처방이 내려진 약들을 사용하는 데 복종해야만 한다.

- 그러나 만일 우리가 그의 처방에 복종하기만 한다면 치료는 틀림없으며 영구적인 것이다. 그렇게 하기만 하면 그것은 불멸의 활력과 아름다움과 능력으로 귀착하며, 우리의 성품은 본래의 상태보다 훨씬 고귀한 상태로 회복된다.

- 그리스도는 유일한 의사이시며, 우리의 모든 병을 틀림없이 치료해 주실 수 있는 분이실 뿐만 아니라 그는 언제라도 누구에게나 가까이할 수

있으시다. 그가 치료하실 수 있는 병은 어느 한 종류의 영적인 병이거나 그 병의 어떤 한정된 것이 아니라 모든 병의 모든 정도의 것이다. 영적인 죽음의 마지막 단계에 와 있는 어느 사람이라도 그에게 받아들여질 수 있고 치료받을 수 있다는 확신을 갖고 그에게 나아갈 수 있다. 그는 어떠한 조건이나 어떠한 값도 요구하지 않으신다. 그는 어떠한 준비도 요구하지 않으시며, 어떠한 보수도 받지 않으신다.

• 따라서 그는 의심할 여지가 없으시고 가까이하기 쉬울 뿐 아니라 그는 인자로우시고 인내하시며 오래 참으신다. 그는 훌륭한 의사의 모든 자질을 무한히 완벽하게 갖추셨다.

우리의 의무

• 그에게 치료를 의뢰하는 것이 모든 사람의 의무이다.

• 우리나 어떤 이들이 치료받지 못하는 한 가지 이유는 그분이 아니라 우리 자신들에게 있음이 틀림없다.

• 우리에게는 이 의사를 다른 사람들에게 알려야 할 의무가 있다.

40. 우리의 사랑이신 그리스도

"남편들아 아내 사랑하기를 그리스도께서 교회를 사랑하시고 그 교회를 위하여 자신을 주심 같이 하라 이는 곧 물로 씻어 말씀으로 깨끗하게 하사 거룩하게 하시고 자기 앞에 영광스러운 교회로 세우사 티나 주름 잡힌 것이나 이런 것들이 없이 거룩하고 흠이 없게 하려 하심이라 이와 같이 남편들도 자기 아내 사랑하기를 자기 자신과 같이 할지니 자기 아내를 사랑하는 자는 자기를 사랑하는 것이라"

■ 에베소서 5:25-28

그리스도와 교회의 관계

교회에 대한 그리스도와의 관계는 다양하게 표현된다. ① 그는 그의 몸인 교회의 머리이시다. ② 그는 포도나무이시다. ③ 그는 기초돌이거나 모퉁이돌이시다. ④ 그는 교회의 선지자시요, 제사장이시요, 왕이시다. ⑤ 그는 교회의 목자이시다. ⑥ 그는 교회의 신랑이시다.

이 같은 표현은 다음과 같은 것들을 나타내기 위해 사용된다.
- 긴밀한 연합 : ① 동질성 ② 공동생활
- 특별한 사랑 : ① 이 사랑은 전일적專一的이다. 이것은 또 다른 대상을 갖지 않는다. ② 특별한 자랑과 기쁨 ③ 애정의 강도strength of affection
- 그는 교회를 은혜들로 단장해 주고 의의 옷과 거룩한 아름다움으로 입히시며, 그 자신의 영광의 참여자가 되게 하심으로써 존귀하게 해 주신다.
- 그는 교회를 소중히 여기시고 기르시며, 모든 불명예스러움과 비참함으

로부터 보호해 주신다.

- 그는 교회를 풍요케 하신다. 그의 영광뿐 아니라 모든 소유를 교회와 함께 나누신다. 이러한 사실은 성경에서 여러 모양으로 자주 표현되고 있다. 그리스도의 부에 포함되는 것은 ① 성령, ② 은혜와 선을 위해 필요한 모든 방편, ③ 천국 또는 영생이다.
- 그는 교회에 대하여 애정을 느끼게 하는 말을 사용하시고 사랑에 대한 확신을 주시며, 또한 그의 사랑에 대한 확신을 요구하신다. 그는 낯선 자나 종으로서가 아니라 친구로서의 교회와 교제하신다.
- 그는 신부를 무한히 영예롭고 기쁨이 넘치는 그의 아버지의 집으로 데려가셔서 불변의 연합으로 영원히 함께 거하신다.

신부의 의무

신부의 의무는 다음과 같다.

- 사랑 : 어떠한 경쟁자도 없는 전일적이며 최고 수준의 것이어야 한다.
- 순종 : 신랑의 뜻이 신부의 법이어야만 한다. 그것이 신랑의 뜻이기 때문이다. 이 순종은 ① 마음으로부터의 것이어야 하며, ② 광범위한 것이어야 하며, ③ 한결같은 것이어야 하며, ④ 자아 희생적인 것이어야 한다.
- 충성 : 이에 대한 결핍은 신랑과의 관계를 손상시키고 파괴시킨다. 신부의 애정을 어느 다른 대상에로 이전시키는 것은 신랑과의 관계에 대해서 범할 수 있는 가장 큰 죄다.
- 의존 : 신부는 보호와 지지와 행복을 위해서 신랑만 바라보아야 한다.
- 신랑 앞에서 기뻐함과 그의 사랑의 명시에 대한 열망.
- 신랑의 영예에 대한 열성 : 신부는 신랑과 동일시되며, 신랑을 존중하는 것은 신부 자신을 존중하는 것이 된다.

41. 변모

"엿새 후에 예수께서 베드로와 야고보와 그 형제 요한을 데리시고 따로 높은 산에 올라가셨더니 그들 앞에서 변형되사 그 얼굴이 해 같이 빛나며 옷이 빛과 같이 희어졌더라"

■ 마태복음 17:1-2

변모^{transfiguration}에 대해서는 각각 다른 양식의 해석들이 있다. ① 역사적인 해석, ② 자연주의적인 해석, ③ 상징적인 해석, ④ 신비주의적인 해석이 그것이다. 여기서 첫째 해석이 인정받을 수 있는 유일한 해석이다. 변화산상에 대한 기록의 성격과 복음서 역사의 성격은 이 외의 다른 설명을 불허한다.

변모의 특징
- 이때의 변화는 모양의 변화가 아니라 상태와 외모^{appearance}의 변화였다.
- 그것은 단지 그리스도의 몸에 대한 조명이 아니라 그것의 내적인 변화로서 보통 상태에서 특별한 상태에로의 변화였으며, 그러므로 그것은 해같이 순수하고 빛나게 되었다. 그것은 실체^{substance}의 변화가 아니었다. 목탄, 다이아몬드, 부싯돌, 유리는 같은 물질의 다른 상태에 대한 실례다.
- 그의 옷들 자체가 변화되었거나 아니면 밝게 되었다^{illuminated}.
- 모세와 엘리야가 몸으로 실재했으며, 그들은 다른 사람들이 들을 수 있

고 이해할 수 있게 예수님과 실제로 대화했다. 그것은 구약에서의 천사들의 현현의 양식과도 같은 것이었다.

- 구름과 음성이 있었고 그 음성은 알아들을 수 있는 것이었다.
- 제자들에게 영향을 미쳤다.

꿈이 아니었다

선지자들이 보았던 것과 같은 환상도 아니었다. 그것은 정신 착란이나 몽유병의 상태에서 보이는 광경과 같은 환영은 더더욱 아니었다. 그것은 실제의 사건이었다. 그리스도와 모세와 엘리야가 실제로 나타났다.

자연적인 원인들에 의한 것이 아니었다

그것은 또한 제2원인들을 통한 신적 능력에 의한 것도 아니었다. 그것은 바로 하나님의 직접적인 능력에 의한 것이었다.

현현의 목적

- 그리스도는 자신의 생명을 자신이 지배하고 계시다는 것을 보여주기 위함이었다. 그에게 있어 죽음은 자연적인 필연성에 속한 것이 아니었다. 그의 희생적인 죽으심은 계획적인 것이었다.
- 그의 제자들로 하여금 그들 앞에 있을 큰 시련들에 대해 미리 대비시켜 주기 위함이었다.
- 그의 영광을 보여주고 그의 거룩한 사명을 입증하기 위함이었다.

그리스도의 변모의 의미

첫째, 그리스도에 관하여

- 그의 신성은 그의 영광에 대한 명시였다. 베드로는 "우리는 그의 크신 위엄을 친히 본 자라"[벧후 1:16]고 말한다. '위엄'에 대한 단어 메가레이오테스^{μεγαλειότητος}가 이교도적인 의미로 단 한 번 아데미[Artemis, 행 19:27]에게

적용된 것 외에는 신약에서는 오직 하나님에 대하여 사용된다. 이러한 사실은 그리스도가 하나님이시라는 것을 입증해 주었다. 그가 그렇다는 것은 구름 속에서 들려온 목소리가 그를 하나님의 아들로 인정했던 것에 의해서도 입증되었다.

- 그의 인격의 연합. 그의 인격은 데안드로포스$^{θεανθρωπος, 신성과 인성}$였다. 즉 그는 육신으로 나타난 하나님이셨다.
- 그것은 그의 거룩한 사명을 가르쳐 주고 그것을 입증하여 준다.

둘째, 중간 상태에 관하여

그것은 사후에 영혼들이 개별적이고 의식적인 상태에 있음을 가르쳐 준다. 모세와 엘리야는 개별적으로 나타났다. 또한 이 세상을 떠났던^{믿음의} 영혼들이 이 세상에 있는 교회의 상태에 대하여 알고 있을 뿐 아니라 그것의 발전에 대하여 관심을 갖고 있는 관객들^{spectators}이라는 것을 가르쳐 주는 것 같다.

셋째, 미래의 생명에 관하여

- 그것은 현재의 몸과 동일시되며, 모든 것을 의식할 수 있는 상태에서 영광스럽게 되어질 부활의 몸의 성격을 계시해 준다.
- 미래의 생명이 누릴 수 있고 누리게 될 것은 의식^{意識}뿐 아니라 교제까지 포함한다.

우리의 의무

우리가 그리스도의 변모 사건에서 기억해야 할 두 가지 중대한 의무는 이것이다.

- 예수 그리스도를 하나님의 아들로, 곧 무한히 영광스럽고 아름다우신 신인$^{God and man}$으로 바라보고 경모하는 것이다.
- 그에게 복종하는 것이다. "너희는 그의 말을 들으라" 그가 말씀하시는

것은 모두 진리로 받아들여야 한다. 그의 모든 가르침을 믿어야 한다. 그의 약속들을 신뢰하고 그의 가르침에 순종해야 한다.

42. 그리스도에 대한 기억

"내가 전에는 비방자요 박해자요 폭행자였으나 도리어 긍휼을 입은 것은 내가 믿지 아니할 때에 알지 못하고 행하였음이라 우리 주의 은혜가 그리스도 예수 안에 있는 믿음과 사랑과 함께 넘치도록 풍성하였도다"

■디모데후서 1:13-14

과거에 숨겨진 사람들

거리^{distance}와 부재와 과거는 눈이 꿰뚫어볼 수 없는 흑암층을 형성한다. 족장들이었던 아담, 에녹, 므두셀라, 노아, 아브라함, 모세, 이사야와 그 외 모든 선지자들에 대하여는 어떠한가? 그들이 역사적으로 실재했던 인물들이기에 그들을 완전히 망각하고 있지는 않다 하더라도 그저 그림자 정도로만 생각될 뿐이다.

과거에 숨겨져 있는 세 부류의 사람들이 있다.

• 숲의 잎들처럼 살다가 죽어서 아무런 흔적도 남기지 않은 사람들이다. 이러한 이들은 광대하리만큼 무수히 많다.

• 이름이 역사와 분리될 수 없도록 결부되어 있고 역사가 연구되는 한 결코 잊힐 수 없는 이들이 있다.

• 자신들의 시대에 위대한 일들을 성취했을 뿐만 아니라 자신들의 삶과 행위들의 결과가 계속되어 현세대의 상태를 결정지어 주는 이들이다. 위대한 혁명과 영구적인 제도의 주창자들이나 계속하여 오는 세대들의 견해나 상태를 결정하는 체계적인 교리 및 철학의 주창자들인 모든 사

람은 이러한 부류에 속한다. 그러한 이들은 무함마드와 종교개혁자들인 루터 그리고 칼뱅이었다.

그리스도를 기억한다는 것

그리스도께서는 그분 스스로 한 부류를 구성하신다. 그는 세소스트리스Sesostris, 고대 이집트의 왕나 뉘마 폼필리우스Numa Pompilius, 로마의 전설적인 제2대 왕 같은 단지 역사적인 인물만이 아니셨다. 그는 인류의 2분의 1의 사람들이 받아들이는 체계적인 교리의 창시자만이 아니셨다. 또한 그는 현대 문명의 형태를 결정하는 교회의 창건자만이 아니셨다. 이러한 의미에서 그는 인류 역사에서 결코 잊힐 수 없는 분이시다. 그의 이름이 매일같이 온 세계의 모든 곳에서 수천만 번 언급되고 있기 때문이다. 이 모든 것이 사실이지만, 그럼에도 이 모든 것도그의 구속사에 비하면 너무나 하찮은 것들일 뿐이다.

기억한다는 것은 단지 현재의 지식의 대상으로써 과거를 회상하는 것만이 아니다. 그것은 또한 평가하고 감정하며, 충분히 숙고하는 것이다. 우리가 하나님을 기억할 때 우리는 우리의 의무와 특혜들과 우리에게 하신 약속들을 기억하는 것이다. 이때에 우리는 또한 진리를 인정하고 그것이 당연히 만들어 내야 할 뿐 아니라 그것이 의미하고 의도한 결과에 대하여 평가를 한다.

그러므로 그리스도를 기억한다는 것은 단지 그의 생애의 사실들을 상기하는 것만이 아니며, 무슬림들이 무함마드Muhammad를 기억하듯 단지 복음의 선생이나 교회의 창건자로서 그에 대한 우리의 의무들을 인정하는 것만이 아니다. 이 모든 것 외에도 그분에 대한 우리의 현재의 관계를 숙고하고 평가하는 것이다. 그것은 그가 우리의 생명이시라는 생생한 의식을 간직하는 것이다.

- 죽음, 곧 우리가 당해야 했던 정당한 죽음으로부터의 구원자이시다. 우리는 오직 그에 의해서만 이 죽음으로부터 보호를 받는다. 우리는 매

순간 우리를 지옥으로부터 건져주시는 그분의 손을 기억해야만 한다. 그러나 대양에 표류하는 사람이 그를 지탱하고 있는 판자 조각을 잊을 수가 있듯이 심연 위에 매달려 있는 사람이 그를 잡고 있는 밧줄을 망각하듯이, 우리도 그리스도를 망각할 수 있다.

- 우리가 사는 것은 우리가 아니라 우리 안에 사시는 그리스도라는 사실과 모든 바른 생각, 모든 정당한 계획, 모든 거룩한 감정과 모든 선행은 우리의 마음속에서 부단히 역사하는 그분의 행위^{agency}의 결과라는 사실을 기억해야 한다. 또한 언제나 유념해야만 한다. 포도나무 가지가 포도나무를 잊는 일이 있겠는가? 지구가 태양을 잊는 일이 있겠는가?

- 우리는 그가 모든 행복과 양심의 평안의 창시자이시며, 하나님의 은혜의 근거이시요, 우리가 하나님께 나아갈 수 있는 근거이시며, 하나님과의 교제의 근거이자 모든 현세적이며 사회적인 복의 근거이시며, 우리가 둘러싸여 있는 우리의 영적 원수들, 곧 세상 주관자들과 권세자들로부터의 안전의 근거라는 것을 기억해야만 한다. 사람이 자신의 모든 현세의 기쁨의 근원을 망각할 수 있겠는가? 사람이 자기가 매일 먹고 사는 음식, 자기가 매 순간 마시고 사는 공기, 하늘의 빛과 자기가 살고 활동하고 존재하게 되는 모든 원동력을 망각할 수 있겠는가? 하물며 믿는 자는 그리스도를 결코 잊을 수 없는 것이다.

- 우리는 과거와 현재에 살 뿐 아니라 또한 미래에 산다. 우리는 우리 앞에 영원한 세계를 갖고 있다. 그리스도가 우리를 구원해 주시고 현재에도 우리를 지탱해 주신다^{sustaining}는 의미에서 뿐 아니라 그가 우리에게 ① 영생의 원리와, ② 영생의 목적이 되신다는 의미에서 그는 우리의 생명이시다. 영생의 목적은 그를 알고 그와 함께하는 것이며, 그와 같이 되는 것과 그를 섬기는 것인데, 이러한 것들이 우리의 전 미래를 빛과 영광으로 채워준다.

왜 그리스도를 기억해야 하는가?

우리는 그리스도를 보지 않고는 지난날을 뒤돌아볼 수 없다. 우리는 현재에도 그를 보지 않고는 아래도 위도 온 주위도 볼 수 없다. 그는 우리에 대하여 그 자신으로 온 지평선을 채우시기 때문이다. 우리는 우리의 앞을 내다볼 때마다 그가 우리의 영원한 진로 위에 자체의 광휘를 발산하는 영광이시라는 것을 인정하지 않을 수 없다. 그러므로 그리스도를 기억한다는 것은 우리 모두의 의무이다. 영생은 그를 먹고 살고live on him, 그를 위해 살며, 그와 함께 사는 것이기 때문이다.

43. 영원한 그리스도의 은혜

"주 예수의 은혜가 모든 자들에게 있을지어다 아멘"

요한계시록 22:21

카리스$^{\chi\acute{\alpha}\rho\iota\varsigma}$의 첫째 의미는 "기쁨을 주는 것"이다. 그리고 사랑처럼 기쁨의 근원이 되는 것은 아무것도 없으므로 은혜는 사랑을 의미한다. 그리고 하급자에 대한 상급자의 사랑은 특별한 기쁨을 주므로 그러한 사랑은 역설적으로 말하면 은혜인 것이다. 그리고 사랑스럽지 못한 자, 배은망덕한 자, 죄인과 악인에 대한 사랑이 가장 강하고 유력한 자가 베푸는 형식의 사랑에 속하므로 이러한 것이 성경에서 말하는 은혜의 특별한 개념—받을 자격이 없는 사랑—이다.

이 단어의 둘째 의미는 '선물' '은혜' '받을 자격이 없는 선행,' 그리고 특별히 '거룩한 영향'이다.

그리스도의 은혜와 사랑

여기서 누구의 은혜나 사랑이 기원되는가?

• 거룩한 분의 것

그것은 삼위일체의 제2위의 사랑이다. 그러므로 그것은 거룩한 사랑이다. 하나님의 사랑은 ① 무한한 사랑, ② 불변의 사랑이며, ③ 만복의 충만하고 확실한 근원이다. 만일 우리가 하나님의 이러한 무한하고 불변적이며 공로 없이 베풀어지는 사랑의 특별한 대상들이라면 우리가 그의 뜻을 행하는 한 어린 자녀가 부모의 돌봄과 보호를 받듯이 우리가 필요로 하는 모든 것을 확실히 받는다.

• **그리스도의 이러한 사랑은 인간적인 사랑이다.**

그것은 바로 우리가 갖고 있는 것과 같은 감각에서 인간적인 감정, 인간적인 다정다감함, 인간적인 긍휼과 인간적인 열망을 갖고 계신 분의 사랑이다.

• **그것은 주님의 사랑이다.**

이것은 다음과 같은 것들을 내포한다. ① 소유의 개념. 그것은 우리가 속해 있는 분의 사랑이다. 우리는 그분 외에 누구에게도 속하지 않는다. 그는 우리를 사셨으되 자신의 피로 사신 분으로서 우리에게는 절대적으로 귀중한 분이시며, 우리는 바로 그의 기업, 그의 상급, 그의 영광과 명예를 구성한다. ② 주권은 또한 권위의 개념뿐 아니라 ③ 의로운 능력의 개념과 ④ 실제적인 보호의 개념을 내포한다.

우리 주 예수 그리스도의 은혜는 우리와 같은 성품^{nature}으로 옷 입으신 거룩한 분의 사랑으로 우리로서는 받을 자격이 없는 사랑이며, 이러한 그의 사랑은 죄가 전혀 없는 인간적인 사랑의 모든 요소를 갖고 있다. 또한 이 사랑은 우리를 소유하고 우리에 대하여 절대적인 주권이 주어졌을 뿐 아니라 우리를 지키시고 보호하시는 분으로서의 사랑이다.

우리와 함께하는 이 사랑이 의미하는 것

어떤 사람이 그의 사랑을 다른 사람에게 보낼 때 그것은 그의 사랑에 대한 유일한 보증이 된다. 그러므로 우리가 "그리스도의 사랑이 당신에게 있기를"이라 말할 때 그것이 의미하는 것은 다음과 같은 것들이다. ① "그리스도께서 실제로 당신을 사랑하시기를" "당신은 그의 사랑의 대상이 되기를," ② "당신은 그러한 사랑을 누리고 기뻐할 수 있도록, 그러한 사랑에 대한 보증 얻기를," ③ "당신은 그러한 사랑에 대한 명시를 받게 되기를," ④ 친구 사이의 것과 같은 사랑스러운 교제와 친교, ⑤ 그리스도의 사랑에서 오는 모든 은혜, 곧 내적인 기쁨과 친교와 즐거움뿐 아니라 무한한 주님의 사랑이 보장할 수 있는 우리의 모든 필요, 도우심, 보호, 지지와 최후의 구원을 의미한다.

그것은 그리스도께서 우리와 함께 계신다는 것을 나타낸다.

• 우리는 부재하는 친구와는 그리스도인들이 그리스도와 갖는 것으로 생각되는 것과 같은 교제를 하지 못한다. 즉 우리는 죽은 자들과는 어떠한 교제나 친교를 하지 못한다. 우리는 우리의 생각과 감정 그리고 우리의 요구를 있지도 않은 친구에게 전할 수 없으며, 그들 또한 우리와 교제하거나 우리를 도울 수 없다. 그러나 그리스도께서는 어떤 친구가 지금 우리와 함께 있는 것처럼 우리와 함께 계시며, 우리는 그와 친교할 수 있고 부단히 교제할 수 있다.

• 그것은 그리스도께서 여전히 인성을 취하고 계신 상태에서 우리와 함께 계신다는 의미이다. 존재의 형식에는 다른 종류의 것들이 있다. ① 원거리와는 반대되는 것으로 공간에 있어 국부적인 것, ② 자체는 보이지 않으나 그것의 능력과 영향력에 대한 명시이다.

이러한 의미에서 그리스도의 인성은 현존한다. 즉 그리스도의 사랑은 인간의 속성들을 갖고 계신 분의 것이며, 그러므로 우리와 함께 계신 그의 사랑은 인간적인 사랑이다.

44. 영광과 존귀로 관 쓰신 예수

"오직 우리가 천사들보다 잠시 동안 못하게 하심을 입은 자 곧 죽음의 고난 받으심으로 말미암아 영광과 존귀로 관을 쓰신 예수를 보니 이를 행하심은 하나님의 은혜로 말미암아 모든 사람을 위하여 죽음을 맛보려 하심이라"

히브리서 2:9

성경, 특히 예언들에 대한 해석은 다음과 같은 것들에 의해 결정되어야 한다. ① 사용된 말들의 의미 파악에 의해, ② 성경의 사실들과 역사에 의해, ③ 성경에서 발견되는 권위 있는 해설들에 의해 결정되어야 한다. 인간의 존엄과 지배권에 관한 시편 기자의 선언은 인간이 피조물, 곧 이 지구에 사는 비이성적인 피조물들에 대한 우두머리나 주인이 되어야 한다는 것을 의미하는 것에 지나지 않는 것처럼 보일 것이다. 그러나 우리는 성경과 그리스도께서 높임 받으신 사실로부터 이러한 견해는 그러한 선언의 충분한 의미에 비하면 양동이에 담긴 물 한 방울에 불과하다는 것을 배울 수 있다. 시편 기자의 말은 그리스도께서 높임 받으신 데에서 성취되었다. 본 절은 그리스도께 적용되는 것으로, 고린도전서 15장 27절과 히브리서 2장 8절에서 같은 방식으로 해석되는데, 이것은 바울이 히브리서를 기록했다는 부수적인 증거다.

높임을 받는 주체

높임 받음의 주체는 로고스^{Logos}나 그리스도의 인성이 아니라 신인 양성을 동시에 보유하신 그분 자신이다. 신성과 인성의 연합 자체가 이러한 높임 받음을 필요로 하지는 않았다. 탄생에서 부활에 이르기까지 우리 주께서는 '둘로스δοῦλος,' 즉 '비하의 인간a man of low degree'이셨다. 그의 풍채에는 그의 신성에 대한 인정을 요구하거나 그를 경탄 혹은 경외의 대상으로 삼게 할 만한 것은 아무것도 없었다. 그가 높임 받으셨다는 것은 무엇인가를 제공 받을 것Something given으로 선언되는 것이다. 아버지와 함께 계시던 로고스는 그의 거룩한 탁월함과 복됨을 갖고 계셨다. 그러나 인성을 취하신 로고스는 지금도 그가 지상에 계실 때와 같은 인성을 갖고 계시다.

높임을 받으시는 근거

이러한 높임 받으심의 근거는 이중적이다.

- 신성의 소유

  어떠한 사람도 어떤 직분에 대한 자격 없이는 그 직분에 오르지 못한다는 것이 성경에서의 원리다. 행사되는 권세는 타고난 것으로부터 나온다. 만일 그리스도께서 모든 탁월함에 있어 하나님과 동등하지 못하셨다면 그는 주권과 영광에 있어 하나님과 동등한 수준에 오를 수 없었을 것이다. 하나님께서 그를 하나님의 우편에 앉히셨다는 것은 그가 아버지의 영광의 광채이시며, 만물을 그의 권세의 말씀으로 붙드시는 때문이다.

- 그의 낮아지심과 고난과 죽으심은 히브리서 1장 4절, 2장 9절, 빌립보서 2장 6~11절과 그 외 다른 곳들에서 자주 확인된다.

높임 받으심의 성격

- 그리스도는 만물의 머리 또는 통치자이시다. 모든 신적 권위가 그를 통하여 행사된다. 이전에는 그런 적이 없었다.

- 그는 경모의 대상이시다. 그는 우주의 중심을 이루는 분이시다. 볼 수 없는 하나님이 그에게서 보인다. 그 하나님이 그에게서 더 잘 알려지고,

더 잘 이해된다. 그러므로 그는 사랑을 받으신다.

• 그는 교회의 머리가 되신다. 그의 백성과 그들의 구원과 복됨은 그의 상급의 대부분을 이룬다. 그리스도는 만물, 특히 그의 구속을 받은 자들의 충절과 사랑 그리고 충성이 속하는 직접적인 주권자이시다.

높임 받으심의 영향

첫째, 그리스도 자신의 인성에 대한 영향

• 그것^{높임 받음}은 소멸되지 않았다. 그것은 인성의 본질과 속성을 보유하기를 중단하지 않는다. 그러나 그의 인성은 신적인 완전성을 소유하지 않았다. 그것은 공간에 관련하여 무한하지 않으며, 능력이나 지식에 관련해서도 그렇다.

• 그의 높임 받으심은 그의 인성의 개인성을 소멸하지 않는다. 그는 여전히 예수이시다. 그는 참된 몸과 이성적인 영혼뿐 아니라 그가 지상에서 취하시고 입으셨던 영혼과 몸을 갖고 계신다.

• 그의 높임 받으심은 그의 인성의 표징들을 소멸하지 않는다. 지상에서 그를 알았던 자들은 하늘에서도 그를 안다. 하늘에서의 그의 몸은 지상에서의 그의 고난의 흔적을 갖고 있다. 확인되어야 할 것은 성경이 우리에게 가르치는 것들일 뿐이다. 즉 그의 인간되심^{humanity}은 너무나도 영광스럽기 때문에 그는 이제 유한한 인간들의 눈으로는 보여질 수 없다. 그를 본 자들은 죽은 자들같이 되었다. 그의 몸은 영광스럽고 부패하지 않으며, 강력하고도 영적이다. 인격이 그 로고스의 인성에 내포되어 있다. 다음과 같이 말씀하신 분은 동일한 1인칭이다. "아브라함이 나기 전부터 내가 있느니라." "내가 목마르다." 그의 신성과 인성의 연합에 대한 표현이 아브라함 이후 만물에게 있어 왔다. 그 전에는 그것이 불완전하게 보였으며, 소수의 존재에 의해서만 보였다.

둘째, 다른 피조물들에 대한 그것^{그의 높임 받으심}**의 영향**

- 그것은 그들의 지식을 크게 증가시킨다.
- 그것은 그들의 활동 영역을 확장시킨다.
- 그것은 그들의 복됨을 증가시킨다.

셋째, 그의 백성에 대한 그것의 영향

- 그것은 인간성을 만물보다 존귀케 한다. 시편 기자가 말한 것은 그리스도에 대해서 뿐 아니라 그것은 정도에 있어서는 그의 백성에 대하여도 참되다. 즉 그들은 어떤 면들에 있어서는 천사들보다 뛰어나게 된다.
- 그러므로 그것은 그들로 그리스도의 왕국에 참여케 한다. 그리스도의 높임 받으심의 결과는 우리가 그리스도와 함께 통치한다는 것이다. 우리는 그의 영광에 참여하며 천사들을 판단한다.

우리는 어떻게 살 것인가?

- 우리는 그리스도와 같이 되어야 하므로 우리는 바로 그가 순결하신 것처럼 우리 자신을 순결하게 해야만 한다. 우리는 우리의 이러한 자격에 합당하게 살아야만 한다.
- 우리는 우리의 온 영혼과 생명 그리고 우리의 능력을 그를 섬기는 데 바쳐야 한다.
- 우리는 언제나 만족하고 기뻐해야 한다. 우리가 그리스도와 하나라는 것만으로도 우리는 만족할 수 있다.

45. 그리스도의 오심

"이것들을 증언하신 이가 이르시되 내가 진실로 속히 오리라 하시거늘 아멘 주 예수여 오시옵소서"

■요한계시록 22:20

그리스도의 오심

그리스도는 오셨고 오시며, 또한 오실 것이다.

• 그는 육신으로 오셨다. 아담으로부터 말라기에 이르기까지 예언의 구절들이 오랜 지연과 열렬한 기대 이후 마침내 성취되었다.

• 그는 계속 오시는 중에 계신다. ① 심판을 위해서든 긍휼을 위해서든 그의 존재와 능력에 대한 놀라운 명시로 오신다. ② 그의 백성에 대하여 그 자신의 특별한 명시로 오신다.

• 그는 오실 것이다. ① 인격적이며 가시적으로, ② 능력과 큰 영광으로, ③ 그때에는 의인이든 악인이든 죽었던 자들이 모두 일어날 것이다. ④ 이때에 심판이 집행될 것이다. ⑤ 세상은 멸망당할 것이다. ⑥ 하나님의 나라가 설립될 것이다.

그의 백성들에 대한 그분의 오심의 결과로 다음과 같은 일들이 있을 것이다. ① 그들의 구속, 곧 사망의 권세로부터 그들의 최후의 구원, ② 그리스도의 형상과 그들의 완전한 일치, ③ 창세로부터 그들을 위해 준비된 그 나라를 충족히 누림이 있을 것이다.

재림의 때

- 이것은 계시되지 않았다.
- 그러나 신자는 이를 기대해야만 한다.
- 유대인들의 개종과 이방인들이 주께로 돌아오기까지 그것은 오지 않을 것이다.

사도들은 그리스도가 그들의 시대에 오시는 것으로 기대했는가?

- 그들은 그리스도의 도래를 마치 죽음이 임박해 오는 것처럼이나 긴박감을 갖고 기대했다.
- 그러나 그들은 마침내 그의 도래 이전에 먼저 배도하는 일이 있으리라는 예고를 받았다. 우리는 사도들의 사적인 기대와 그들의 가르침 간을 구별해야만 한다. 후자만이 무오한 것이다.

초림과 재림의 유사점

- 이 두 가지가 모두 오랫동안 예고되었다.
- 두 가지가 모두 오랫동안 갈망하여 기대되었다.
- 사람들은 그의 도래의 때와 양식에 관하여 갖가지 억측에 빠졌다.
- 그들은 초림과 재림에 관하여 몹시 실망했다.

재림 교리가 우리에게 도전하는 것

- 그가 오시리라고 계시된 사실에 대한 확고한 믿음. 이러한 믿음이 오랜 지연에 의해 흔들려서는 안 된다. 아브라함은 보이는 것이 없이도 얼마나 오랫동안 기다리다가 죽었는가?
- 열망Earnest desire. 옛 선민들의 소망은 메시아의 도래에 집중되었다. 이러한 소망이 그들로 그들이 겪어야 할 시련을 인내하며 참게 했다. 그들은 소망을 언제나 미래에 두었으며, 현재에 두지 않았다. 우리도 이와 동일한 결과를 낳아야만 한다.

- 그날이 밤에 오는 도적같이 우리를 엄습하는 일이 없도록 깨어 열망해야 한다. 즉 우리는 등을 예비하여 불을 켜야만 한다. 그리스도께서 오셔서 세상에 빠져 있는 우리를 발견하셔야 한다는 것은 실로 두려운 일이 될 것이다.
- 기도와 기다림. "이스라엘의 위로를 기다리는 자라"^{눅 2:25}
- 다른 사람들로 주의 재림에 대비하고 그의 길을 예비케 하려는 간절한 노력. 주께서는 길이 예비되기까지 개인이나 교회에 오지 않으실 것이다. 이것은 다음과 같은 것들을 내포한다. ① 그가 오실 길에서 장애물들을 제거함, ② 그의 백성을 모으시리라는 약속의 성취를 담고 있다.

PRINCETON SERMONS Outlines of Discourses Doctrinal and Practical

3부

성령과 그의 직무

46. 성령의 약속

"이는 그리스도 예수 안에서 아브라함의 복이 이방인에게 미치게 하고 또 우리로 하여금 믿음으로 말미암아 성령의 약속을 받게 하려 함이라"

갈라디아서 3:14

삼위일체 교리는 어디에서나 기독교 신앙의 기초로 인정된다. 성부 하나님은 선택하시고, 성자 하나님은 구속하시며, 성령 하나님은 성화시키신다.

성자 하나님은 구속에 대한 언약을 실행하기 위해 오셨다. 그는 그 언약의 조건들을 모두 이행하심으로써 그 언약의 약속들에 대한 자격이 그에게 주어졌다. 그 약속들 중 하나가 성령의 은사였다. "하나님이 오른손으로 예수를 높이시매 그가 약속하신 성령을 아버지께 받아서 너희가 보고 듣는 이 것을 부어 주셨느니라"^{행 2:33} 따라서 성령의 은사는 약속되고 예언되었던 메시아에 의한 위대한 복이었다. 또한 사도 요한이 말했듯이 성령이 아직 주어지지 않았던 것은 예수께서 아직 영광을 받지 않으셨기 때문이었으며, 그리스도는 자기가 그의 사람들에게 다른 보혜사를 보내시리라고 약속해 주셨다.

삼위일체 교리의 핵심

• 본 주제에 관해서 첫째로 중요한 진리는 성령은 오직 그리스도의 중재에 의해서만 교회에 대하여 보증된다는 사실이다.

성령께서 보내심을 받은 것은 그리스도의 구속의 역사 때문이다. 성령의 감화와 임재는 그리스도의 죽으심에 의해 확보되는 위대한 복이다. 이러한 사실은 그리스도께서 오시기 이전에 살았던 자들은 성령의 관여자들partak-ers이 아니었다는 것을 의미하지 않는다. 그리스도의 죽으심에 의한 모든 혜택은 처음부터 누려졌기 때문이다. 그러나 그가 이러한 복들을 확보하기 위해 죽으셨다는 것은 사실이다.

• 둘째, 중요한 진리는 그리스도가 성령의 직접적인 부여자시라는 것이다.

그는 그가 기뻐하시는 자들에게 성령을 보내시며, 그가 기뻐하시는 복들을 성령을 통하여 베푸신다. 그러므로 우리는 우리의 중재자이신 그리스도께 특별히 성령을 구해야만 한다.

• 셋째로 중요한 진리는 성부 하나님에 의한 선택과 성자 하나님에 의한 구속은 오직 성령의 역사에 의해서만 유효하다는 사실이다.

성령을 받기까지는 선택받은 자는 선택 받지 못한 자와 다르지 않으며, 구속함을 받은 자는 구속함을 받지 못한 자와 다르지 않다. 그러므로 삼위일체의 세 위person에 대한 우리의 의무는 동일한 것이다. 우리는 우리를 택하여 주신 성부께 우리를 구속해 주신 성자에 대해서 만큼 빚을 지고 있으며, 성령께도 그와 마찬가지의 빚을 지고 있다. 그리고 성부께서 택하신 자들을 구속하심에 있어 성자께서 자발적으로 행하셨듯이 성령께서도 성자에 의해 이루어진 구속을 적용시킴에 있어 자발적이시다.

이러한 사실은 성부께서 성자를 보내셨다는 것과 성자께서 성령을 보내신다는 것과도 일치한다. 그러므로 우리는 성령에 대하여 성부와 성자에 대해서 만큼의 사랑과 감사와 경의 및 복종의 빚을 지고 있다. 우리는 이러한 사실을 자주 망각하기 쉽다.

• 성령의 역사, 곧 그의 내적이며 주관적인 역사

① 죄로 죽어 있는 자들을 새롭게 하시거나 깨어나게 하심.

② 조명 즉 그리스도의 영광, 하나님의 거룩하심, 율법의 공의로움과 그 범위, 죄의 사악성, 심판의 확실성, 그리고 하나님의 말씀의 진리와 권위를 계시해 주심.

③ 회개와 믿음을 불러일으키심. 곧 죄로부터 돌이켜 하나님께로 향하게 하심.

④ 진리와 의무에 대한 지식에로 부단히 인도하심.

⑤ 특별한 의무와 직무의 권한을 주심.

⑥ 성화시키심

⑦ 위로하심

⑧ 영혼과 몸을 성결하게 하심.

우리는 이 모든 역사에 대하여 성령께 빚지고 있다.

• **성령에 대한 개인과 교회의 의존은 절대적인 것이다.**

성령에 의하지 않고는 하나님의 영광에 관한 한 어떠한 것도 경험할 수 없고 어떠한 것도 할 수 없다.

• **선택과 구속과 성화는 불가분으로 관련되어 있다.**

성부께서 택하시고 성자께서 구속하시는 자들을 성령께서 성화시키신다. 따라서 성자께서 구속하지 않으셨고 성부께서 택하지 않은 자들을 성령께서는 성화시키지 않으신다. 그러므로 ① 도덕률 폐기론은 어리석고도 사악한 것이며, ② 구속과 선택에 대한 유일한 증거는 성화이다.

47. 성령에 대한 의존

"만일 너희 속에 하나님의 영이 거하시면 너희가 육신에 있지 아니하고 영에 있나니 누구든지 그리스도의 영이 없으면 그리스도의 사람이 아니라 또 그리스도께서 너희 안에 계시면 몸은 죄로 말미암아 죽은 것이나 영은 의로 말미암아 살아 있는 것이니라 예수를 죽은 자 가운데서 살리신 이의 영이 너희 안에 거하시면 그리스도 예수를 죽은 자 가운데서 살리신 이가 너희 안에 거하시는 그의 영으로 말미암아 너희 죽을 몸도 살리시리라"

■ 로마서 8:9-11

인간의 삶의 세 가지 형태는 감각적인 혹은 육신적인 삶, 지적인 삶, 영적인 삶이다. 첫째와 둘째 형태의 삶은 하나님의 섭리적인 능력에 의해 유지된다. 셋째 형태의 삶은 성령의 역사에 의해 유지된다.

영적인 삶

첫째 형태의 삶은 물리적인 법칙, 곧 물질의 작용을 지배하는 법칙들에 따라 진행된다. 둘째 형태의 삶은 정신의 작용을 결정하는 법칙에 따라 진행된다. 이 두 형태의 삶은 모두 자연적인 삶이다.

그러나 영적인 삶은 초자연적인 삶이다. 이러한 삶은 다음과 같은 것이다.

• 그것은 타락 후 인간의 성향에 속하지 않는다.

• 그것은 우리의 감각적이며 지적인 삶의 경우에서와 같은, 어떤 자연적인 과정에 의해 초래되지 않는다. 물질에 있어 적절한 결합은 언제나

같은 결과를 낳는다. 지적인 삶의 경우에서도 그렇다. 사람들은 어떤 형식의 정신적인 연습에 따라 훈련되거나 교육될 수 있다. 그러나 영적인 삶을 낳거나 영적인 삶의 실행을 유지할 방법이란 존재하지 않는다. 우리는 가능한 힘의 어떤 결합이나 가능한 어떤 능력의 발휘에 의해 믿음과 사랑과 회개와 소망 그리고 기쁨이나 천상의 마음을 낳을 수 없다. 성경의 비유들과 예증들은 이러한 사실을 의심할 여지가 없는 것으로 간주한다. 인간은 다만 성령에 의해 거듭나고 재창조되며, 죽은 자로부터 일으킴을 받는 것으로 언급된다.

- 영적인 삶은 초자연적인 것이다. 그것의 존재는^{적극적으로는} 하나님의 영을 통한 하나님의 직접적인 행위^{agency}에 기인하기 때문이다. 그러한 행위는 모든 자연적인 원인들의 작용과 구별될 뿐만 아니라 은혜의 방편에 의한 모든 영향력과도 구별된다. 진리 자체도, 성례도, 성직 수행도, 영적으로 죽은 자들에게 생명을 줄 수는 없다.

비록 영적인 삶이 자연적인 것이 아니라 하더라도 그것은 부자연스러운 ^{unnatural} 것이 아니다.

- 그것은 우리의 성품에 어울리지 않는 것이 아니다. 우리가 하나님을 사랑하고, 그리스도를 경모하고, 믿음과 회개와 다른 모든 형태의 영적인 삶을 발휘해야 한다는 것은 부자연스러운 것이 아니다. 우리의 성품이 이상적인 상태에서는 이러한 것들을 발휘할 것이며, 우리의 이성적이며, 도의적 정서적인 힘이 이러한 여러 형태의 영적인 삶 속에 들어가 그러한 삶의 기초를 이루게 될 것이다. 짐승이 말한다는 것은 부자연스러운 일이지만, 언어 장애인이^{성령의 초자연적인 능력으로 고침을 받아} 말한다는 것은 부자연스러운 일이 아니다.

- 만일 물로 씻고 기름을 바르거나 성호^{the sign of the cross}를 긋는 것이 거룩함을 낳는 것이라면 그것은 오직 어떤 마법적인 영향력에 의해서만 있을 수 있는 일일 것이다. 그러한 일은 마치 마법사들이 주문이나 부

적이나 마법에 의해 이적들을 행하는 것으로 가장할 때와 같은 것이다. 그러나 영적인 삶의 경우에서는 이러한 류의 것은 전혀 존재하지 않는다. 그것은 이러한 의미에서 부자연스러운 것이 아니다. 이와는 반대로 은혜의 방편들은 그 자체가 사용되는 목적들에 적절한 것이다. 하나님, 그리스도 그리고 우리 자신에 관한 진리는 영적인 삶의 실행을 초래하는 데 적용된다. 이러한 것은 마치 씨가 만일 죽어 있지 않다면 열과 빛과 수분이 그것을 싹트게 하고 자라게 하는 것과도 같다. 또한 적절한 정신적인 훈련에 의해 정신력이 불러일으켜지고 발전하게 되는 것과도 같다.

이러한 것들이 본 주제에 관하여 성경에서 우리에게 가르쳐 주는 두 가지 위대한 진리이다.

첫째, 영적인 삶은 자연적인 것이 아니다.

둘째, 그것은 부자연스러운 것이 아니다.

하나님의 은혜로서의 영적인 삶

이러한 두 진리 중 전자에 대하여는 다음과 같이 결론지어 말할 수 있다.

• 육신적인 생명을 위해서도 하나님께 의존한다. 그러나 육신적이거나 정신적인 생명은 일정한 법칙들에 따라 전해지고 유지되지만, 우리의 영적인 생명은 그렇지 않다^{자연 법칙에 따르지 않는다}. 영적인 생명은 하나님의 직접적인 지도 없이는 우리에게 낳아질 수 없고, 다른 사람들에게 전하여질 수도 없다. 이러한 점에서 영적인 생명은 이적에 유사하다. 우리는 또한 우리 자신의 마음을 변화시키거나 다른 사람들을 개종시키기에 우리로서는 무력하다는 사실을 인정해야만 하며, 그러한 일은 시각 장애인의 시력을 회복시킴과 죽은 자를 일으키는 경우에서와 같이 성령에 의한 것임을 인정해야만 한다. 그리고 이러한 것이 성령께서 사람들로 깨닫게 하시는 진리들 중 하나이다.

성령께서는 사람들이 스스로 개종할 수 없다고 느끼지 않는 한 결코 그들을 개종시키지 않으신다. 또한 성령께서는 그들이 자신들로써는 그러한 일을 할 수 없다는 것과 그들의 논증과 설득과 다루는 법에 있어 그들의 수단이 아무 소용이 없다는 것을 감지하지 못하는 한, 결코 다른 사람들을 개심시키는 도구로 그들을 사용하지 않으신다. 이것은 우리의 모든 노력을 지배해야만 할 의미심장한 진리이다. 우리는 이러한 진리를 인간들, 특히 복음의 사역자들로서 깊이 인식해야만 한다. 성령께서는 우리의 의존에 대한 이러한 진지하고도 마음으로부터의 인정에 의해 영광을 받으셔야만 한다.

- 이러한 사실이나 우리의 의존의 둘째 형식으로부터 내릴 수 있는 둘째 결론은 성령의 영향력은 인간의 어떠한 공적과도 전혀 무관하다는 것이다. 우리는 하나님에게 공의의 문제로든 우리에게 성령님을 보내 주시겠다거나 우리의 수고에 그의 거룩한 영향을 수반시켜 주시겠다는 약속의 문제로든 어떠한 의무도 지울 수 없다. 하나님께서는 전반에 걸치는 약속들을 해 오셨으며, 전반에 걸치는 계획들을 선포해 오셨다.

  따라서 다른 사람들의 회개와 믿음을 구하는 사람은 비록 실패한다 하더라도 불평할 권리가 없다. 왜냐하면 거룩한 영향력은 은혜^{하나님께서 주실} ^{수도 주지 않으실 수도 있는 무상의} 선물이기 때문이다. 집에서나 밖에서 매우 오랫동안 또는 매우 신실하게 복음을 설교하는 사람은 그러한 성공^{복음 설교를 통하} ^{여 다른 사람들로 하나님의 거룩한 영향력인 은혜를 받게 하는 것}이 하나님의 은혜이며, 하나님께서 그에게 진 빚이 아니라는 것을 아는 것으로 족해야만 한다. 이것이 우리가 인정해야만 할 둘째로 중요한 진리이다.

- 내려야 할 또 다른 결론은 이것이다. 곧 하나님의 거룩한 영향력인 이러한 축복은 절대적으로 필수적인 것이지만, 그것이 보류될 수도 있다는 것과 우리는 그것을 열렬하고도 끈질긴 기도로 구해야만 한다는 것이다. 그리스도께서 지상에 계실 때 병자들은 자신들을 치료할 수 없었으며, 그는 그들을 고쳐 줄 의무가 있는 것이 아니었다. 그러므로 그들은

필수적인 것으로서의 은혜인 그의 도우심을 구했다.

이러한 것이 하나님의 은혜의 초자연적인 성격에 대한 교리로부터, 또는 하나님의 은혜는 자연적인 것이 아니라는 사실로부터 내릴 수 있는 결론이다. 따라서 하나님의 은혜는 부자연스러운^{unnatural} 것이 아니라는 교리로부터 내릴 수 있는 결론은 이것이다.

- 우리는 의례나 의식이나 외적인 제도나 관례에 의존해서는 안 된다.
- 우리는 은혜의 방편들을 부지런히 사용함 없이 은혜의 결과들을 기대해서는 안 된다. 이것은 우리 자신들에 대해서도 마찬가지다. 우리가 성령께서 우리를 성화시켜 주실 것을 기도하면서도 은혜의 방편들을 사용하지 않을 땐 성령을 조롱하는 것이 된다. 우리가 은혜의 방편들을 사용하지 않고 다른 사람들의 개종을 위해 기도할 때에도 마찬가지다.

성령 의존에 대한 교리는 다음과 같은 것을 낳는다.

- 겸손 • 감사 • 신뢰

48. 성령에 대한 피조물의 의존

"나를 주 앞에서 쫓아내지 마시며 주의 성령을 내게서 거두지 마소서"

시편 51:11

피조물의 의존

"철학에서 거짓된 것이 신학에서는 참되다"라는 옛 격언은 명백한 의미에서 모순이다. 이것은 결국 진리는 거짓될 수도 있다는 말이 된다. 그럼에도 그러한 격언이 참되다는 의미가 있다. 혹은 때로는 역설적으로 표현되는 진리가 있다. 이러한 진리는 우리가 하나님에 대한 증거와 경험상으로 참된 것으로 아는 것이 거짓된 것으로 나타날 수도 있다거나, 적어도 다른 진리들이나 이지적인 이해와 일치하지 않는다는 것이다.

확신에 대한 두 가지 근거가 있다. 하나는 추론적인 이해이며, 다른 하나는 직관적인 의식이다. 이러한 것들이 언제나 건전하거나 정상적인 정신 상태에서는 서로 일치한다. 그러나 인간성의 현재와 같은 혼란 상태^{disordered} ^{state}에서는 종종 불일치한다. 그러므로 우리는 이 양자 사이에서 하나를 택해야만 한다. 만일 우리가 전자를 따른다면 우리는 회의론자들이 될 것이다. 만일 우리가 후자를 따른다면, 그리고 우리가 하나님의 자녀들이라면 우리는 진리를 알고 믿을 것이다.

창조주에 대한 피조물의 의존보다는 이러한 문제에 대한 이해와 내적인 의식의 갈등이 더욱 빈번히 거론되기 쉽다. 그러나 성경과 경험은 그러한 의존이 존재한다는 것과 그러한 의존은 의심할 여지가 없는 것임을 가르쳐 준다.

피조물의 의존에는 다음과 같은 것들이 있다.
• 하나님에 대한 무생물의 의존.
• 하나님에 대한 감각적인 생물의 의존.
• 하나님에 대한 이성적인 피조물의 의존.
• 영적인 삶의 발휘를 위한 하나님에 대한 영혼의 의존.

성령에 대한 의존

이것이 여기서 고려해야 할 문제다. 이 점에 관해서는 다음과 같은 사실에 주목해야만 한다.

• 하나님에 대한 의존이 타락한 존재들에게는 필수적인 것이다. 동물들이 하나님의 생명이 아닌 그들 자체의 생명을 갖고 있고, 이성적인 피조물도 그러한 생명을 갖고 있듯이 타락하지 않은 거룩한 존재들unfallen holy beings도 그들 자신의 영적인 생명을 갖고 있다고 생각할 수 있다. 그러므로 그들의 영적생활을 위한 하나님에 대한 의존은 그들의 이성적인 삶을 위해 그를 의존하는 것과 유사하다.
• 이러한 의존을 우리가 피조물로서 이성적인 삶을 위해 하나님을 의존하는 것과 혼돈해서는 안 된다. 이러한 의존은 하나님의 영Spirit에 대한 의존이기 때문이다.
• 그러한 의존은 우리가 죽었다는 것과 새로운 종류의 생명이 성령에 의해 낳아지고 그에 의해 유지된다는 것을 나타낸다. 그러므로 성령 없이 우리는 아무것도 할 수 없다.
• 따라서 우리는 영적 지식, 거룩함, 위로, 은혜 가운데서의 인내와 성장을 위해 성령께 의존한다.
• 이러한 의존이 절대적인 것이긴 하지만, 우리가 은혜의 방편들을 사용하는 것과 우리 자신이 노력해야 할 의무를 대신하지는 않는다. 하나님

의 도우심에 대한 그의 약속은 노력하는 신실한 자들을 위해 하신 것이다.

• 이러한 의존에 있어서 개인적인 신자에게 참된 것은 어떠한 믿음의 단체에도 참되며, 그러므로 어떠한 믿음의 기관이나 교회에 대해서도 참되다. 이러한 곳들에서도 우리는 성령께 절대적으로 의존한다. 목회도 그렇고 교회도 그렇다.

우리의 의무

• 성령과의 이러한 관계에 대하여는 내적으로만 아니라 공공연하게 인정해야만 한다.

• 우리는 성령으로부터 분리시키는 경향이 있는 일체의 것을 금해야만 한다. 우리가 삼가해야 할 것들은 첫째로 자기 의존의 정신과, 둘째로 성령을 불쾌하게 하는 모든 것이다.

• 우리는 성령의 도우심을 열망하고 위해 기도해야만 한다.

49. 죄를 깨닫게 하시는 성령

"그가 와서 죄에 대하여, 의에 대하여, 심판에 대하여 세상을 책망하시리라 죄에 대하여라 함은 그들이 나를 믿지 아니함이요"

요한복음 16:8-9

'세상'으로 번역된 '코스모스^{κόσμος}'란 단어는 다음과 같은 것을 의미한다. ① 질서, 곧 적절하고 조화로운 배열, ② 이와 같이 배열된 우주, ③ 세상, ④ 세상의 거민들, 인류, 사람들, ⑤ 교회나 믿는 자들과 반대되는 사악하고 거듭나지 않은 사람들이다. 따라서 여기서 이 단어는 거듭나지 않은 것으로 고려되는 사람들, 곧 모든 사람이 아니라 유죄 선고의 대상이나 그 부류를 의미한다.

죄에 대한 유죄 판결

또 '엘레그크세인^{ἐλέγχειν}'이란 단어는 다음과 같은 것을 의미한다. ① "꾸짖다, 비난하다, 책망하다," ② "유죄를 선언하다, 혹은 입증하다," ③ "명백하게 하다."

이 단어가 여기에서는 후자의 두 가지 의미로 사용되었다. 세인들은 그들 자신의 양심의 심판대에서 죄인들임을 선고받아야 한다. 이러한 행위는 그들 자신의 양심에서 명백하게 되어야만 한다. 그리고 죄는 두 요소, 곧 범죄^{guilt}와 오염^{pollution}을 내포하는 것으로서 전자는 공의에 대한 죄의 관계를 나타내고, 후자는 거룩에 대한 그것의 관계를 나타낸다.

죄에 대한 유죄 판결은 다음과 같은 것을 내포한다.

• 우리의 성격과 행위로 인한 하나님의 진노를 받게 됨에 대한 확신을 내포한다. 이것은 우리는 벌을 받을 만하다는 것과 우리는 벌을 받아야만 한다는 것, 그리고 어떤 방법으로든 우리의 죄가 제하여지지 않는 한 우리는 확실히 벌을 받으리라는 확신을 내포한다.

• 도덕적인 불결이나 오염에 대한 확신을 내포한다. 즉 우리는 실제로 그리고 우리 자신이 보아도 불쾌하고 타락했으며, 분명한 혐오의 대상들이라는 확신을 내포한다.

이러한 두 요소에서 나오는 확신의 결과들은 다음과 같은 것들이다.

① 하나님의 진노에 대한 공포감이나 두려움, ② 자아 정죄, ③ 후회. 이 후회는 벌을 받을 만하다는 의식, 곧 범죄에 대한 슬픔과 만족에 대한 갈망을 내포한다. 이러한 후회는 벌이나 충분한 보상에 의해 진정된다. ④ 자아 혐오, ⑤ 수치로 인한 부끄러움이다.

이 모든 것에는 거룩한 것이란 전혀 없다.

그리스도를 믿지 않는 죄

사람들이 이상에서와 같이 확신해야만 할 죄는 그리스도를 믿지 않음의 죄이다. 이것은 세 가지 사항을 제시한다. ① 그리스도를 믿는다는 것은 무엇인가? ② 그와 같이 믿지 않는 죄에 대한 유죄 판결에는 무엇이 포함되는가? ③ 그리스도에 대한 불신앙이 왜 그처럼 큰 죄인가?

그리스도를 믿는다는 것은 무엇인가? 그것은 다음과 같은 의미를 내포한다.

• 그리스도께서 스스로 자신에 대하여 다음과 같이 주장하셨다. 하나님의 아들이나 육신으로 나타나신 하나님, 메시아, 선지자, 제사장, 그의 백성의 왕이라고 하셨다. 따라서 그가 오로지 인간의 구속자시라 것과 이

206 | 프린스턴 채플 설교 노트

러한 믿음은 그의 모든 가르침의 진실함에 대한 인정과 확신과 고백을 포함한다. 이러한 믿음은 외적인 증거뿐 아니라 성령께서 계시하시고 증거하시는 영향에 근거해야만 한다.

• 그것은 그리스도의 화해와 그의 구원하시고 성화시키시며 보호해 주시는 능력에 대한 신뢰를 포함한다.

• 그것은 자체의 불가 분리적인 종속물과 필연적인 효력으로서 그의 인격에 대한 경모하는 사랑, 그의 영광에 대한 열성, 그를 섬김에 대한 헌신과 그의 뜻에 대한 복종을 내포한다.

따라서 이러한 것들의 결여가 그에 대한 불신앙이다. 그리고 그리스도에 대한 믿음의 결여가 하나님의 진노와 저주를 받을 만할 뿐 아니라 그러한 것이 영혼을 타락시키고 더럽힌다고 확신하게 될 때 사람들은 죄에 대하여 확신하게 된다.

불신앙, 죄 중의 가장 큰 죄

왜 그리스도에 대한 불신앙이나 그에 대한 믿음의 결여가 그처럼 큰 죄가 되며, 모든 죄 중 가장 큰 죄가 되는가? 그것은 요한복음 3장 18절에서 그리스도에 의해 직접 주장된다. "믿지 아니하는 자는 하나님의 독생자의 이름을 믿지 아니하므로 벌써 심판을 받은 것이니라" 다른 곳에서도 명백히 본 절에서와 같은 것을 의미한다. 그것이 매우 큰 죄가 되는 이유는 다음과 같다.

• 그것은 가장 심각한 타락depravity에 대한 명시요 실행이며, 그 결과인 때문이다. 추상적인speculative 진리에 대한 불신은 뒷받침되는 증거를 거부함으로써 도의적 의무를 위반하는 경우 외에는 죄가 되지 않는다. 그러나 도의적인 진리에 대한 거부는 본질적으로 죄악된 것이다. 그것은 도의적인 몽매함과 도의적인 감정의 타락을 의미하기 때문이다. 악을 선이라 하고 선을 악이라 하는 것과 악을 행하는 자들을 찬성하는 것은

단지 죄를 범하는 것보다 더 큰 타락을 의미한다. 도의적인 진리에 대한 불신은 그 진리의 중요성과 그 진리가 수반하는 증거의 양과 종류에 따라 자체의 죄악됨의 정도가 다르다. 사도 바울은 이방인들이 죄악되고 용서받을 수 없는 것은 그들이 자연에 계시된 대로 하나님을 믿지 않기 때문이라고 주장한다. 그러나 이러한 죄는 구약에 계시된 하나님을 거부한 자들의 것에 비하면 가벼운 죄이며, 그들의 죄는 그리스도를 거부한 자들의 것에 비하면 역시 작은 것이다. 그리스도는 일찍이 하나님에 의해 주어진 가장 명료하고도 가장 우리의 마음을 끄는 계시에 의해 나타나신 하나님이시다. 그러므로 그에 대한 거부는 가장 심각한 우매함과 타락을 의미한다. 그러한 거부는 모든 죄 중 가장 큰 죄가 될 뿐만 아니라 사탄에 의한 영적 맹인됨을 의미한다.

- 그것은 존재할 수 있는 가장 큰 배은망덕을 내포하기 때문이다. 또한 그것은 하나님에 대한 거부일 뿐만 아니라 우리에 대한 사랑에 있어서와 우리의 구원을 위해 자신을 낮추시어 사람의 모습으로 나타나시고 죽기까지 복종하시되 십자가에서 죽으시기까지 한 하나님에 대한 거부이다.

- 그것은 선 대신 악에 대한, 곧 하나님의 나라 대신에 사탄과 어둠의 왕국에 대한 선호와 고의적인 선택이기 때문이다.

- 그것은 자신을 위한 영생에 대한 거부이며, 다른 사람들의 멸망을 확실하게 하기 위하여 범할 수 있는 것을 하는 것이기 때문이다.

죄를 깨닫게 하시는 성령의 사역

성령만이 사람들로 이러한 죄를 확신시킬 수 있으시다.

- 인간의 이성이나 우리 자신의 성품이 이러한 죄를 확신시킬 수 없다는 것이 분명하다.

- 혈육이 그러한 일을 할 수 없다.

- 오직 성령만이 그러한 일을 하실 수 있다. 그만이 우리의 눈을 열어 예

수 그리스도의 얼굴에 있는 하나님의 영광을 보게 하실 수 있기 때문
이다.
- 그리스도의 것들을 취하여 그것들을 우리에게 보여주시는 것이 성령의
직무이다.

우리의 의무

- 우리의 첫째이자 가장 큰 의무는 이상에서 진술한 바와 같이 죄를 회개
하고 그리스도를 믿는 것이다.
- 우리의 둘째로 중요한 의무는 세상으로 이러한 죄를 확신시키고^{성령께서}
^{진리를 통하여 이러한 확신을 낳게 한다}, 그들로 하나님의 아들을 영접하고, 인정하고,
사랑하고, 예배하고, 섬기고, 신뢰하도록 노력하는 것이다.

50. 진리를 깨닫게 하시는 성령

"모든 성경은 하나님의 감동으로 된 것으로 교훈과 책망과 바르게 함과 의로 교육하기에 유익하니 이는 하나님의 사람으로 온전하게 하며 모든 선한 일을 행할 능력을 갖추게 하려 함이라"

■디모데후서 3:16-17

진리에 대한 두 가지 지식

믿음과 회개에 대하여는 두 종류의 지식이 있다. 마법사 시몬은 믿음을 가진 후에 고통스러운 경우를 당해서도 믿음을 지켰다. 바울은 믿고 그리스도인이 되었다. 이 두 사람의 경우에는 진리에 대한 확신이 있었다. 시몬은 사도들이 행하는 이적들을 보고 믿었다. 바울은 그리스도가 그에게 계시되었을 때 믿었다. 유다는 그의 배반의 악한 결과들을 보고 뉘우쳤다. 베드로는 자기 행동의 진정한 성격을 보게 되었을 때 회개했다. 따라서 지식에는 진리에 대한 단순한 이지적인 지식과 영적인 지식^{혹은 영적인 분별}이 있다.

이 둘은 서로 어떻게 관련되는가? 즉 그것들은 어떻게 서로 일치하고 어떻게 서로 다른가? ① 알려진 것들은 같은 것들이다. ② 아는 행위도 같다. ③ 그러나 같은 대상에 대한 영적 이해의 탁월성은 한 경우^{단순한 이지적인 지식}에서는 이해되지 않는 데 반하여 다른 경우^{영적인 지식}에서는 이해된다는 데 있다.

성령의 인도하심

이러한 것은 아름다움에 대한 분별의 경우에 의해서도 설명될 수 있다. 성경에 대한 지식에 관련하여 거듭나지 않은 사람이 성령의 어떤 특별한 도움 없이 어떤 성경과 유사한 책에 대한 지식과 동시에 성경에 대한 지식을 습득해서는 안 될 이유란 없다. 그러나 이것은 물론 다음과 같은 조건들 아래에서만 그렇다. ① 그는 주도면밀하게 연구해야만 한다. ② 그는 바른 방법으로, 그리고 바른 방법들을 사용하여 연구해야만 한다. ③ 그는 편견이 없고 정직해야만 한다. 즉 어떤 학설을 세우려고 해서는 안 되며, 단순히 참된 의미들을 확인하려고 해야만 한다.

그러나 이러한 일이 가능하다 해도 성경에 관련해서는 이러한 일이 어렵고 좀처럼 가능한 일이 아니다. 그것은 성경의 교리에 대한 마음의 갈등 때문이며, 사람들의 판단이란 대개 자신들의 감정에 의해 결정되기 때문이다.

그러므로 진리에 대한 이지적인 지식을 얻기 위해서는 성령의 지도가 매우 필요하다. 그 이유는 성령의 지도에 의해 진리에 대한 순응이 초래되고 마음을 어둡게 하는 진리에 대한 반대 세력이 저지되기 때문이다.

영적인 지식에 대해서도 경우는 마찬가지다. 이러한 문제에 관하여 성경은 다음과 같은 것을 가르친다.

• 하나님의 가르침이 절대적으로 필요함을 가르친다. 하나님께 가르침을 받지 않고는 누구도 그리스도께로 오지 못한다. 거듭나지 않은 사람은 하나님의 영의 일들을 받지 않는다. 왜냐하면 그러한 것들이 그에게는 어리석은 것이기 때문이다. 거듭나지 않은 사람은 영의 일들을 알지도 못한다. 그러한 일들은 영적으로만 식별되기 때문이다. 성령에 의하지 않고는 누구도 예수를 주라고 부를 수 없다. 예수 그리스도께서 육신으로 오셨다고 고백하는 자는 하나님께 속한 자다. 이외에도 성경은 이러한 하나님의 가르침을 위한 기도로 가득하다. 그리고 바울은 모든 외적인 가르침은 이러한 가르침 없이는 헛된 것이라고 선언한다.

• 성경은 하나님의 일들에 대한 무지몽매함과 그러한 것들을 알지 못하는 무능력의 원인이 다음과 같은 두 가지 요소에서 기인한다고 말한다. 첫째, 우리의 타락^{depravity}이다. 우리는 자연적이며 육적이며, 영적인 것의 정반대이므로 영적인 것을 도저히 식별할 수 없다. 둘째, 이 세상의 신인 사탄이 인간의 영적인 눈을 어둡게 한다. 그의 영향력은 엄청나며 전반에 걸친다. 사탄은 사람들로 진리를 거부하도록 설득한다. 그는 반론들을 제기케 하고 적개심을 불러일으킨다.

성령의 가르침

그러므로 성령의 인도하심을 받는 자들만이 진리에 대한 지식에 이른다는 것은 엄숙한 사실이다. 이것이 성령의 중요한 직무다. 따라서 우리는 이러한 사실을 인정하고 그의 지도를 구할 뿐 아니라 그의 지도에 복종해야만 한다.

경험이 가르치는 올바른 이론적인 지식과 영적인 지식 사이에는 별 차이가 없다. 이론적인 지식 없이 영적인 지식이 있을 수 없지만, 그러나 영적인 지식 없이 이론적인 지식이 있을 수도 있다. 그러나 정통 신앙은 경건함 없이 지속하지 못할 것이다. 거듭나지 않은 사역자는 진리를 저버린다. 역사는 이 모든 것을 입증한다. 그러므로 본 주제는 대단히 중요하다. 인간의 구원은 주로 진리를 설교하는 목회자에게 달려 있다. 목회자들이 필시 진리를 설교하리라는 것은 그들 자신이 거듭나고 성령에 의해 가르침을 받는 데 달려 있다. 그러므로 여러분이 교회에 복이 되느냐 저주가 되느냐는 여러분이 하나님께 가르침을 받느냐 받지 않느냐에 있다.

51. 성령의 내주하심

"만일 너희 속에 하나님의 영이 거하시면 너희가 육신에 있지 아니하고 영에 있나니 누구든지 그리스도의 영이 없으면 그리스도의 사람이 아니라"

■ 로마서 8:9

성령의 내주하심

이 표현의 의미는 하나님이 거하신다는 것으로 그의 임재를 특별하고도 영속적으로 나타내신다는 것이다. 따라서 하나님께서는 하늘에, 인간 자녀들 중에, 시온에, 그의 백성 중에, 믿는 자들 안에 거하시는 것으로 언급된다.

성령은 그의 교회 안에 거하시는 것으로 언급된다. 그러므로 교회는 하나님의 전이다. 성령은 믿는 자들 각자 안에 거하시는 것으로 언급된다. 그러므로 그들은 하나님의 전이다. 그는 믿는 자들의 몸 안에 거하시는 것으로 언급된다. 그러므로 그 몸 또한 성령의 전이다.

성령께서 거하시는 곳에 그의 임재가 어떤 특별한 결과들로 나타난다. 그러한 결과들은 다음과 같은 것들이다. ① 평범하거나 특별한 재능들, ② 성령의 열매인 각양 은사들, ③ 행동, ④ 인도, ⑤ 위로.

성령의 은사

성령의 열매인 은사들로는 다음과 같은 것들이 있다.

• 지식. 이것은 주께서 그의 제자들에게 성령을 약속하실 때 하셨던 주요

목적들 중 하나다. 이러한 지식은 올바른 지적인 확신들과 영적인 분별을 내포한다. 참된 신앙과 진리에 대한 사랑은 이러한 지식^{성령에 의한 영적인 지식}에서 기인할 뿐만 아니라 어떠한 상황에서도 이러한 지식에 집착한다. 우리는 믿음의 보존뿐 아니라 성도 간 연합에 대해서도 이러한 지식의 혜택을 받는다. 이러한 지식이 회의론의 범주를 넘어 불신에 의해 공격받을 수 없는 확신의 근거이다.

- 모든 형태의 거룩함, 곧 하나님과 그의 말씀, 약속, 은혜에 대한 믿음. 하나님과 그리스도에 대한 사랑, 모든 사람에 대한 형제애, 절제, 온유, 오래참음.

- 소망과 기쁨과 화평. 죄에 대한 확신으로부터든 고난으로부터든 영혼을 모든 슬픔 중에서 붙들어 주시는 성령의 위로.

- 성령의 임재의 또 다른 효력이나 명시는 죄를 저지시키고 선을 도모함에 있어서의 활동이다. 그는 내적이며 영적인 생명의 근원이실 뿐만 아니라 하나님의 뜻에 대한 헌신과 복종을 위한 외적인 행위의 근원이시다.

- 지도. 성령의 지도는 말씀과 마음의 내적인 감동, 곧 마음의 생각을 지도하고 그 생각의 결론을 조성시키며, 바른 감정을 야기시킴으로써 하신다. 이는 일시적인 충동이나 암시 또는 마법적인 방식들로써가 아니다.

우리의 의무

이상의 교리에서 나올 수 있는 우리의 의무는 다음과 같은 것이다.

- 우리가 특별한 의미에서 하나님께 속해 있다는 확신을 갖는 것이다.
- 내주하시는 성령의 권고를 존중하고 소중히 여기며, 복종하는 것이다.
- 우리의 영과 몸을 성령의 전으로서 순결하게 유지하는 것이다.
- 우리에게 베풀어진 형언할 수 없는 복과 하나님의 성전으로서 믿는 모든 자에게 속한 존엄^{dignity}에 대한 겸손하고 감사하는 마음을 갖는 것이다.

52. 영은 살리는 것

"그가 또한 우리를 새 언약의 일꾼 되기에 만족하게 하셨으니 율법 조문으로 하지 아니하고 오직 영으로 함이니 율법 조문은 죽이는 것이요 영은 살리는 것이니라"
고린도후서 3:6

하나님의 영

본 절 자체가 포괄적인 진리를 내포하는 일반적인 명제를 나타낸다. 여기서 '영'은 '하나님의 영'을 의미한다. 이것은 물질에 반대되는 정신이나 형상에 반대되는 생명이 아니다. 이러한 진리는 모든 힘, 곧 모든 생명력은 영혼의 명시이며, 외적인 것과 물질적인 것은 순전히 죽어 있고 무력한 것이라는 철학적인 교리가 아니다. 이것은 하나님의 영이 모든 생명의 원천이라는 성경적인 진리이다.

하나님의 영이 생명의 영이시다. ① 외적인 세계에 대하여, ② 동물의 세계에 대하여, ③ 이성의 세계에 대하여, ④ 영적인 세계에 대하여 그는 생명의 영이시다. 환언하면 그가 영적 생명의 원천이시다.

인간은 영적으로 죽어 있다. 그러한 인간은 하나님의 영에 의해서만 깨어날 수 있다. 그가 생명의 원천으로서 우리 안에 거하셔서 우리 안에서 뜻하시고 행하시기 위해 역사하신다. 그러므로 모든 의로운 생각과 올바른 감정과 거룩한 행실은 모두 그의 선물로서 그에게 돌려져야만 한다.

그러나 이것이 자체의 문맥에 있어 본 절의 참된 의미와는 매우 다르다. 환언하면, 이것이 바울이 여기서 나타내려는 진리가 아니다. 본절의 의미는 첫째로 사도의 강화講和의 흐름에 의해서, 둘째로는 전후의 문맥에 나오는 설명절이나 유사절에 의해 결정되어야만 한다.

율법과 복음

바울은 여기서 율법과 복음, 옛 언약과 새 언약을 대조시키고 있다.

그는 하나님께서 자기를 새 언약의 종으로 삼으셨다고 말한다. 그러므로 그는 계속하여 그러한 직분의 영광스러움을 율법의 직분과 대조시켜 보여 준다. 그는 여기서 "영으로by the spirit"란 표현으로 복음을 의미하고 있음에 틀림없다.

- 이것은 대조법으로부터 분명해진다. "율법 조문으로 하지 아니하고 오직 영으로 함이니" 여기서 "조문"은 돌에 기록되었던 것, 곧 율법인 것으로 설명된다. 돌에 기록되었던 율법은 십계명이었으며, 이 십계명이 모세 율법의 요지 또는 그것의 기초였다. 따라서 이와 반대되는 '영'은 복음을 의미한다.

- 조문은 사망의 직분이라 불리고 영the Spirit은 생명의 직분이라 불린다. 하나는 죽이고 다른 하나는 살린다gives life. 바울은 자신이 영의 일꾼이라고 말함에 있어 자신을 복음의 일꾼이라는 의미로 말한다. 그는 갈라디아서 3장 3절에서도 이와 같은 의미로 말한다. "성령으로 시작하였다가 이제는 육체로 마치겠느냐" 즉 "너희가 복음으로 시작했다가 이제는 율법으로 마치겠느냐?"는 것이다. 율법이 조문이라 불리는 이유는 명백하다.

복음이 영the Spirit이라 불리는 이유는 다음과 같다. ① 그것은 조문에 반대되기 때문이다. ② 복음은 문자적·의식적이며 외적인 것과 반대인 영적인 것이기 때문이다. ③ 복음은 성령의 기관organ이기 때문이다. ④ 성령의 유출과 임재, 그리고 능력이 메시아 시대나 신약의 위대한 특징을 이루기 때문이다. 사도 바울은 자신이 영의 일꾼이라고 말함에 있어 자신을 새 언약의 일꾼이란 의미로 말하는데, 모든 생명의 원천이신 성령은 이 언약 안에, 그리고 이 언약을 통하여 주어진다.

죽이는 조문과 살리는 영

그러므로 바울이 "영은 살린다"는 말에 의해서 우리에게 이해시키려했던 것은 "조문은 죽인다"는 의미에 의해 결정된다.

- 조문이나 율법은 죽음을 선언하므로 그것은 죽이는 것으로 표현된다.
- 죄를 확신시키고 정죄하는 것이 율법이 할 수 있는 모든 것이기 때문에 그것은 우리를 죽인다.
- 율법은 죄의식과 절망적이라는 의식을 불러일으키고 모든 소망을 질식시키기 때문에 그것은 우리를 죽인다.
- 그것은 죄를 야기시킬 뿐, 우리를 의롭게도 성화시키지도 못하기 때문에 그것은 우리를 죽인다.

그러나 영, 곧 복음은 살린다.

- 복음은 생명의 길을 선언해 주기 때문이다. 그것은 우리를 율법으로부터 구출하고 우리를 정죄의 선고로부터 해방시켜 주는 의義를 계시해 준다.
- 복음은 생명의 원천으로써 영이 통하여 전하여지는 것이기 때문이다. 그것은 진리와 의무에 대한 단순한 외적 전시가 되기보다는 마음에 쓰인 법이다. 그것은 생명을 주는 능력이다.
- 복음이 낳는 마음의 상태는 생명과 화평이기 때문이다. 성령이 영생의 원천이다.

바울의 이해

본 주제에 대한 이러한 견해가 바울에게 미쳤던 영향은 다음과 같은 것들이었다.

- 그것은 바울을 그의 소명의 위엄^{dignity}과 영광에 대한 숭고한 의식으로 채워 주었다. 그의 판단으로는 그의 소명이 모든 역사 중 가장 탁월한 것이었다.
- 그것은 그로 그의 부족에 대한 의식에서 겸손하게 했다.
- 그러나 하나님께서 그를 능하게 혹은 역량 있게 하셨기 때문에 담대했다.
- 그것은 그로 하여금 모세가 그의 얼굴을 가리웠듯이 진리를 가리우는 일이 없도록 하기 위하여 가장 쉬운 말을 사용하도록 결심하게 해 주었다.

53. 성령의 증보기도

"이와 같이 성령도 우리의 연약함을 도우시나니 우리는 마땅히 기도할 바를 알지 못하나 오직 성령이 말할 수 없는 탄식으로 우리를 위하여 친히 간구하시느니라"

로마서 8:26

중재하심

구원은 전적으로 은혜에 속한다. 최초의 타락이 우리를 죄악되고 비참한 상태에 빠뜨려 놓았다. 이러한 상태의 우리는 구원받을 만한 가치가 없다. 또한 우리는 이러한 상태에서 우리 자신을 구원할 수도 없다. 그러므로 우리는 구속받아야만 한다. 우리는 구속 역사의 대행자들이 아니라 대상자들이다.

구속 역사에는 뚜렷한 두 역할이 있다. 하나는 그리스도께 속하고 다른 하나는 성령께 속한다. 그리스도는 우리의 선지자와 제사장 그리고 왕으로서 행하신다. 성령은 그리스도에 의해 이루어진 구속을 적용시키신다. 그는 죄에 대하여 확신시키신다. 그는 새롭게 하고 교화시키고 성화시키며, 인도하고 위로하신다. 그는 우리 안에 거하시어 의도하고 행하도록 부단히 역사하신다. 그는 우리 안에서 영적인 생명의 원천 또는 원리가 되신다.

그리스도와 성령께서 "중재하신다"고 말할 때 그 단어는 같지만 그 역사는 각각 다르다. 그리스도께서는 제사장으로써 중재하신다. 그러나 성령께서는 보혜사[advocate]로서 중재하신다. '옹호자'란 단어는 매우 포괄적인 것으로 이것은 그리스도의 역사와 성령의 역사를 표현한다. 그리스도는 우리의 조력자이시다. 성령께서도 그러하시다. 그러나 이 두 조력자께서 베푸시는 도우심은 같은 것이 아니다.

그리스도의 도우심은 방금 언급했듯이 선지자와 제사장과 왕으로서의 도우심이다. 성령의 도우심은 본 절에서 표현되는 것에 따른다면 그의 백성의 입속에 간원하는 말을 넣어 주는 것이 그 직무인 보혜사로서의 도우심이다. 그리스도께서는 그 자신의 공적과 주장들을 표현하시어 우리를 위해 변호하심으로 중재하신다. 성령께서는 탄원하시는 것이 아니라 우리에게 가르쳐 주시고 우리 안에서 우리의 이름으로 탄원하신다. 그러므로 욕망·생각·언어들은 모두 그의 것이다. 즉 그의 제안과 대행에 돌려지며, 우리 자신의 정신 활동에 돌려지지 않는다. 이것이 그리스도의 중재와 성령의 중재 간의 한 가지 다른 점이다.

그리스도의 중재와 성령의 중재

우리가 살펴보았듯 두 분의 중재는 다음과 같은 면들에서 각각 다르다.

• 그리스도는 그 자신의 공적과 주장들을 표현하신다. 그러나 성령께서는 이러한 것은 하지 않으신다.

• 그리스도께서는 친히 구하시고 그의 이름으로 구하신다. 그러나 성령께서는 이러한 것은 하지 않으신다.

• 성령께서는 우리로 하도록 고무시키시는 일을 하신다. 우리는 성령의 지시 하에서 기도한다. 그러므로 그는 그의 기도가 아니라 우리 자신의 기도를 하는 우리 안에 계신다.

성령의 중재에 대해서 말하자면 그것은 다음과 같은 것들에 따른다.

• 그것은 하나님의 뜻에 따른다. 그러므로 성령에 의해 우리의 마음에서 일어나는 욕망과 생각과 우리가 하는 간구는 하나님의 뜻에 일치하게 된다. 또한 성령의 중재는 하나님의 명시적인^{preceptive} 뜻에 일치한다. 그러므로 성령에 의한 우리의 그 같은 간구는 하나님께서 인정하시는

대로의 것들이 되며, 그것은 또한 하나님의 계획에 일치한다. 즉 성령께서 야기시키는 욕망들은 하나님의 계획에 일치하는 것들에 대한 것이다.

• 이러한 성령의 중재는 표현에 있어 종종 신음으로, 혹은 우리로서는 말로 표현할 수 없는 소망들로 나타난다. 명료한 언어로 표현되어야만 한다는 것이 기도의 효력에 필수적인 것은 아니다. 주께서는 성령의 생각, 곧 성령에 의해 낳아진 마음의 상태를 아신다.

• 성령의 중재에 의한 기도는 확실히 효력이 있다. 그리스도에 대하여는 "아버지께서 항상 그를 들으시니라"고 언급된다. 그러므로 그의 중재는 실패할 수 없다. 이러한 사실은 성령에 대해서도 마찬가지다. 성령께서 그의 백성의 마음에 심어주는 소망과 기도들은 확실히 응답을 받는다. 왜냐하면 첫째로 그 반대를 취하는 것은 성령을 손상시키기 때문이며, 둘째로 바울은 마음, 곧 하나님의 뜻과 목적에 따르도록 명하기 때문이다.

• 만일 우리의 마음이 지시하는 소망들 및 탄원과 성령께서 지시하시는 것들 간을 우리가 어떻게 구별할 수 있는가라는 질문이 제기된다면 이에 대하여는 대체로 "우리가 어떤 신앙적인 행사에 있어 그것이 은혜로 운영적인 것인지, 아니면 그렇지 못한지를 어떻게 결정합니까?"란 질문과 유사한 것이라고 답변할 수도 있을 것이다. 죄에 대한 우리의 슬픔, 하나님에 대한 우리의 경외, 그리스도에 대한 우리의 사랑 등이 자연적인 감정인지, 아니면 은혜에 의한 감정인지를 우리는 어떻게 말할 수 있는가에 대해서는 우리가 성령의 감화에 의해서 갖는 어떤 분명한 의식에 의해 결정될 수 없다. 이러한 것에 대하여는 다만 ① 그러한 감정의 대상들, ② 그러한 감정의 성격, ③ 그러한 감정의 결과들을 미루어 보고 말할 수 있다.

성령의 중보기도

성령의 중보에 의한 중보기도에 관련해서도 그렇다. 만일 그러한 기도들이 우리가 정당하고 하나님의 뜻과 일치하는 것으로 알고 있는 목적들을 위한 것이라면, 만일 그러한 기도들이 순수하고 영적이며 그 성격이 이기적이이거나 보수를 위한 것이 아니라면, 그리고 만일 그러한 기도들이 우리에게 화평의 열매들과 복종이나 인종忍從을 낳는다면 우리는 그러한 기도들이 성령으로부터 온 것으로 결론지을 수 있을 것이다.

성령께서 우리에게 하나님의 뜻과 일치하는 것을 직접 계시해 주는 것은 아니므로 우리는 가장 거룩한 열망에서 "내 뜻대로 마옵시고 당신의 뜻대로 되어지리다"라고 말해야만 한다. 성령의 이러한 중보는 확신의 위대한 근거이며, 위로의 원천이 된다.

우리의 의무

- 우리가 성령과의 교제 중에 있는 한, 우리는 근신해야만 한다.
- 우리는 성령에 관련하여 우리의 의존과 의무들을 인식해야만 한다.
- 삼위 하나님의 여러 능력이 우리의 구원을 위해 협력하므로 우리는 삼위 하나님의 역사를 존중해야만 한다.

54. 성령의 인도하심

"무릇 하나님의 영으로 인도함을 받는 사람은 곧 하나님의 아들이라"

로마서 8:14

성령의 인도

여기서 "하나님의 영"은 물론 성령을 의미한다. 성령은 어디에나 계신다. 그는 자연의 모든 동태를 지배하신다. 그는 인간의 마음에 역사하여 그들을 다스리신다. 그는 특별히 하나님의 자녀들의 영혼에서 역사하신다. ① 그들을 새롭게 하심에 있어, ② 그들에게 부단히 새생명을 불어넣어 주심에 있어, ③ 그들의 내적이며 외적인 삶을 결정지어 주심에 있어 항상 그러하시다.

영으로 인도함을 받는다는 것은 무엇을 의미하는가? 그것은 맹목적인 암시나 충동에 의한 것이 아니다. 그것은 시선이 닿는 어떤 성경 본문을 지시하는 따위의 불가사의한miraculous하거나 이상한abnonnal 작용에 의한 것이 아니다. 이에 대한 전반적인 진술은 바로 앞의 주제에서 했던 바이다. 성령은 믿는 자들의 내적이며 외적인 삶의 결정적인 원리principle가 되신다. 그러므로 그들에게 있어 사는 것은 그들이 아니라 그리스도, 곧 그들 안에 사시는 그의 영이시다.

성령의 인도하심은 다음과 같은 것들이다.
• 그것은 우리의 이성적인 성향과 자유 및 책임과 일치한다.

- 그것은 우리가 의식할 수 있는 것이 아니다. 우리는 그러한 감화력을 우리의 의식과 식별할 수 없다.
- 성령의 인도가 언제나 또 필연적으로 저항할 수 없는 것이 아니다.

우리는^{결과적인 면에서} 그 인도하심에 따를 수도 있고 반대할 수도 있다. 그러므로 사람들은 성령에 저항하고 그를 슬프게 하며, 그를 소멸시키는 것으로 언급된다. 그러나 참된 모든 신자에게 있어 성령은 하나님의 약속에 따라 결국엔 모든 반대 세력들을 정복하여 그것들로 복종시키실 것이다. 그럼에도 그들은 그들 자신이 큰 손해와 손실을 입기까지 그에 의해 인도함 받기를 거부할 수도 있다는 것이 사실이다.

인도하심의 목적

성령의 인도하심의 결과, 그가 우리를 인도하시는 목적들은 다음과 같은 것들이다.

- **진리에 대한 지식.** 이것은 계시나 영감에 의한 것이 아니라 조명^{illumination}에 의한 것이다. 성경과 경험에 의해 입증되듯이 말씀에 대한 외적인 가르침과는 별도로 영적인 가르침이 있다.
- **진리에 대한 사랑이나 하나님의 뜻의 표준에 대한 우리 마음의 일치와 애착.** 즉 우리는 하나님과 그리스도와 하나님의 백성을 사랑하고 하나님에 대한 섬김을 사랑하도록 지음 받았다. 우리는 믿음의 모든 올바른 발휘, 회개, 온유, 그리스도인의 모든 은혜와 미덕에로 인도함을 받는다.
- **하나님의 뜻과 우리의 모든 외적인 삶과의 일치.** 이러한 일치는 혀에 대한 다스림, 정욕에 대한 단속과 우리의 모든 삶의 질서를 낳는다. 그것은 삶의 모든 위급한 경우에 있어 우리의 행동을 결정할 바른 견해와 동기를 제공하여 준다. 그러므로 성령은 어떤 사람은 목회직 분야로, 어떤 사람은 다른 어떤 직업으로, 또 어떤 사람은 선교 분야로 인도하신다.

성령의 인도하심을 받는 하나님의 아들들

• 하나님의 아들들이란 무엇을 의미하는가?

① 거듭남으로 하나님의 성품을 공유하는 자들, ② 그의 가족으로 채택되어 그의 부성의 사랑과 돌보심의 대상들, 그의 나라의 상속자들이 되는 자들, ③ 노예적인 정신과 반대인 자녀에게 수반되는[filial] 마음에 의해 지배받고, 하나님의 자녀로서 그를 사랑하고 경모하며, 복종하고 그의 영광을 위해 열성적인 자들을 의미한다.

• 성령에 의해 인도함을 받는 자들이 하나님의 아들들인 이유는 다음의 세 가지가 있다.

① 우리의 내적이며 외적인 모든 삶에 있어 성령께 복종함이 우리가 거듭났음과 양자, 곧 우리가 하나님의 자녀의 신분임에 대한 유일한 증거가 되기 때문이다. ② 성령은 그 성격에 있어 양자의 영이시기 때문이다. 그는 노예적인[servile] 영이 아니시다. 그는 아들[the Son]의 영이시며, 그러므로 그는 아들들인자들에게 보내심을 받는다. 이러한 자녀로서 영에 의해 다스림을 받는 자들만이 하나님의 아들들이다. 즉 그러한 자들만이 그들의 내적인 특성과 성향에 있어 하나님의 자녀들이다. ③ 아들의 신분이나 하나님의 아들됨이 고귀, 위엄, 영광, 지배권 및 능력이나 복됨의 개념을 포함하는 한에서는 성령의 내주하심과 그의 지배력이 이러한 모든 특성들과 탁월함의 직접적인 근원이기 때문이다.

성령의 인도하심을 받기 위한 조건

• 우리는 우리 자신의 지도, 권리, 능력 그리고 우리 자신을 지도하려는 욕망을 포기해야만 한다. 이것은 우리 자신의 이해력과 의지나 욕망에 의한 지도를 포기함을 내포한다.

• 우리는 세상의 지도나 혹은 개인들의 지도, 그리고 교회의 지도, 등 사람들의 지도를 포기해야만 한다.

• 우리는 성령에 대한 의존의식을 가져야 하며, 성령의 직무에 대한 충만한 믿음으로 우리 자신을 그의 지도에 맡기고 그 지도에 복종해야만 한다.

55. 성령의 증언하심

"성령이 친히 우리의 영과 더불어 우리가 하나님의 자녀인 것을 증언하시나니"

로마서 8:16

성령이 증언하시는 것

성령께서 증언하시는 내용은 우리가 "하나님의 자녀들$^{τέκνα Θεοῦ}$"이라는 것이다. '테크논^{τέκνον}'과 '휘오스^{υἱός}' 간에는 '자녀^{child}'와 '아들^{son}'의 차이점이 있다. 전자는 어느 성^{性}에나 적용되며, 좀 더 부드러운 표현이다. 우리는 하나님에게서 태어난다. 즉 그에 의해 낳아진다.

- 이것은 피조물들로서나 이성적인 피조물들로서가 아니라 중생한 자, 곧 거듭난 자들로서 우리에게 관련된다. 그러므로 우리는 하나님의 성품의 관여자들이다.
- 이것은 우리가 다음과 같은 존재들로서 하나님에 대하여 있는 관계를 나타낸다. ① 그의 사랑의 대상들, ② 그를 사랑하는 자들, 곧 그를 아버지로 여기는 자들이다.

  우리 편에서의 이처럼 자녀로서의 정신은 다음과 같은 것들을 내포한다. ① 우리에 대한 그의 사랑의 확신, ② 존경, ③ 그의 영광에 대한 열성, ④ 그를 섬김에 대한 헌신을 포함한다.
- '테크논^{자녀}'이란 단어는 하나님에 대한 이러한 관계에서 오는 특권들을 표현하거나 내포한다. 우리는 하나님의 상속자들, 곧 그가 그의 자녀들을 위해 예비해 놓으신 모든 은혜와 복의 관여자들이다. 우리가 하나님

의 자녀자들임을 증언하심에 있어 성령께서는 우리가 하나님에 의해 낳아졌다는 것과 우리가 그의 부성의 사랑의 대상들이라는 것, 그리고 우리가 성도들의 기업의 상속자들이라는 것을 증언하신다.

성령의 증언의 성격

우리가 하나님의 자녀라는 성령의 증언은 우리의 감정으로 감지할 수 있는 것이 아니다. 성령께서는 그러한 사실을 "우리의 영과 더불어"^{롬 8:16} 증언하는 것으로 언급된다. 그러나 그 증언은 다음과 같다.

- 직접적이거나 즉시적인 것이다. 성령께서는 우리의 마음속에 진리에 대한 확신을 불러일으키시듯이 우리가 하나님의 자녀라는 것을 확신시켜 주신다.
- 성령의 그러한 증언은 그의 다른 역사들이 그러하듯이 불가사의하며 설명할 수 없는 것이다.
- 성령의 증언은 자증self-evidencing이다. 즉 그것은 자체를 하나님의 증인이나 증거로 계시한다. 하나님의 음성이 자체를 천체의 운행에서, 양심에서, 율법에서, 복음과 그의 말씀에서 계시하듯이 성령께서는 그의 증언을 그리스도인의 영혼에 계시하신다.
- 성령의 증언은 확실한 증거로써 확신을 낳는다. 그럼에도 그러한 증언은 의심과 불안을 야기시킬 수도 있다. 왜냐하면 첫째로 그러한 증언은 다소 간헐적이기 때문이며, 둘째로 그것은 최소한으로 거의 들을 수 없는 속삭임에서 가장 분명하고도 명료한 발음에로 변할 수도 있기 때문이다.
- 성령의 증언은 성화시키는 일을 한다. 이것이 그 성격이다. 그것은 불이 타거나 빛이 어둠을 내쫓는 것과 같은 효력을 낳는다. 그러나 그러한 증언 자체가 참되지 않은 곳에서는 결코 그러한 효력이 일어나지 않는다. 그리고 그러한 증언이 참된 곳, 곧 영혼이 거듭나게 되는 곳에서는 의심과 두려움과 불안을 추방시키고 새 생명과 활기를 불어넣어 준

다. 또한 그러한 증언은 평안을 주고 모든 은혜를 초래한다. 하지만 우리는 이러한 문제에 있어 자기 속임을 경계해야만 한다. 무엇보다 우리는 성령이 우리의 영과 더불어 증언하실 수 있도록 그를 소중히 여겨야 한다.

56. 성령의 보증하심

"그가 또한 우리에게 인치시고 보증으로 우리 마음에 성령을 주셨느니라"

고린도후서 1:22

"그 안에서 너희도 진리의 말씀 곧 너희의 구원의 복음을 듣고 그 안에서 또한 믿어 약속의 성령으로 인치심을 받았으니"

에베소서 1:13

"하나님의 성령을 근심하게 하지 말라 그 안에서 너희가 구원의 날까지 인치심을 받았느니라"

에베소서 4:30

"그러나 하나님의 견고한 터는 섰으니 인침이 있어 일렀으되 주께서 자기 백성을 아신다 하며 또 주의 이름을 부르는 자마다 불의에서 떠날지어다 하였느니라"

디모데후서 2:19

인치심의 목적

어떤 것에 인印을 치는 목적은 다음과 같은 것들이다.

• 그것은 사람이 서명하여 어떤 사실을 증명할 때와 같이 그것을 확증하는 것이다. 따라서 요한복음 6장 27절에서 우리 주님은 하나님의 아들로 인치심을 받고 입증되셨다.

• 그것은 편지나 책이 날인될 때와 같이 검열로부터 혹은 침해나 위해危害로부터 보호하기 위한 것이다. 우리 주의 무덤은 침해로부터 자체를 보호하기 위해 밀봉되었다. 성경에서는 어떤 사람이나 물건이 멸망이나

파괴로부터 보호받게 될 때 그것은 가리워지는 것으로 표현된다.

- 그것은 소유권을 표시하기 위한 것이다. "인침이 있어 일렀으되 주께서 자기 백성을 아신다 하며"^{딤후 2:19} 계시록에서도 하나님의 백성은 그에게 속한 것으로 인침을 받거나 표시되는 것으로 언급된다.^{겔 9:4 참조}

그러므로 하나님께서 우리를 인치셨다고 할 때에 그것은 한두 가지 이상의 개념을 내포한다. 이러한 개념들 중 어떤 절들에서는 어느 한 가지 개념이, 다른 절들에서는 또 다른 개념이 가장 두드러지게 표현된다. 그러나 하나님께서 우리를 인치셨다는 말씀에는 그 모든 개념이 내포된다. 하나님께서 인치시는 자들을 그는 그의 백성으로 확증하시고 그들을 멸망으로부터 보호하시며, 그들을 자기의 소유로 삼으신다.

그리고 그들은 그 인^印에 의해 하나님의 것인 것으로 알려진다. 그러므로 하나님의 인침을 받은 자는 누구든지 그것에 의해 하나님의 자녀들 중 한 사람인 것으로 입증된다. 따라서 그는 멸망으로부터 안전하게 되며, 하나님께 속한 자로 표시될 뿐만 아니라 하나님에 의해 그의 소유인 것으로 주장되어 진다.

하나님의 인

하나님의 인은 성령이시다. 영혼에서의 그의 임재가 그 영혼을 하나님에 의해 낳아진 것으로 확증하시고 그것을 변절로부터 보호하시며, 그것을 하나님의 소유, 곧 구속자^{the Redeemer}의 보혈로 팔린 자로 표시하신다. 그러므로 "우리를 인치셨다"와 "우리에게 성령의 보증^{earnest}을 주셨다"란 두 표현은 서로에 대해 설명하는 것으로 각각 다른 하나의 이면일 뿐이다.

그러므로 성령께서 거하시는 자는 누구든지 그것에 의해 하나님의 진정한 자녀임을 알고 그것에 의해 다른 사람들도 그러한 사실을 알게 된다. 왜냐하면 성령의 임재에 의해 초래되는 영성이나 거룩함이 자체의 성격에 있어 하나님과 동질성^{affinity}이기 때문이다. 또한 "하나님의 인"이란 표현의 주요 의미들 중 하나에는 '아들의 신분Sonship'이란 개념이 내포되어 있기 때문이다.

성령께서 내주하시는 자인 그는 궁극적인 구원을 보증받게 된다. 이것은 그가 이러한 점에서 전혀 의심이나 우려하는 바가 없다는 것을 의미하지 않는다. 하지만 그는 얼마간의 확신과 신뢰의 근거들을 갖고 있는 것이다. 성령께서 그가 거하시는 자들의 구원을 보증하시는데, 이는 그러한 자는 구속자, 곧 그리스도의 죽으심에 의해 사신 바 되었기 때문이다.

성령의 계속적인 내주가 은혜 언약에 의해 보증된다. 즉 성경을 통하여 성령께서는 그가 내주하시는 영혼에게 안전의식을 전해 주시는데, 그것은 그가 거하는 자들은 결코 멸망할 수 없다고 가르치시는 것이다. 그것은 또한 성령이 주도자author이시라는 의식이 소망과 기쁨과 하나님의 사랑에 대한 신뢰와 확신을 포함하기 때문이다. 그리고 성령께서는 우리의 영과 함께 우리가 하나님의 자녀들이며, 만일 우리가 자녀들이라면 우리는 그의 후사들이라는 것을 증언하시기 때문이다. 성령께서는 우리의 영과 교제하심으로써 그는 바로 그가 우리에게 겸손과 회개의 감정을 불러일으키시는 것처럼 하나님의 신실하심에 대한 확신을 불러일으켜 주신다.

그리고 사람들 중에서 기사도나 귀족의 각기 다른 준법들이 어떤 기록에 의해 표시되듯이 믿는 자는 성령의 내주하심에 의해서 하나님의 아들들의 신분에 속하는 것으로 표시된다. 그것만으로도 그들은 천사들에 의해 존경받고 시중들어지며, 그것만으로도 그들은 서로를 같은 왕가의 일원들로 알고 기뻐한다.

성령의 보증이 우리에게 주는 의미

본 주제에 관한 교리에 대해 다음과 같이 결론지어 말할 수 있다.

• 영혼에 하나님의 인치신 자국이 뚜렷할수록 그 영혼은 그와 같이 인치심으로부터 오는 은혜와 축복을 그만큼 더 많이 경험할 것이다. 오늘날에도 그러하듯이 고대의 인장들은 종종 어떤 문양으로 되어 있었으며,

때로는 어떤 문장이 새겨지기도 했다. 종종 그 문양이 약간 잘릴 수도 있고, 또는 거의 구별할 수 없을 정도로 이물질로 덮일 수도 있을 것이다. 하나님의 인에 있어 그 무늬는 말하자면 그리스도의 형상이다. 만일 그 형상이 사람의 영혼에 명료하게 찍힌다면 모든 사람이 그것을 알아보게 될 것이다.

그러나 만일 그것이 희미하고 불분명하다면 그는 그것을 조심스럽게 되새겨 보지 않을 수 없게 되며, 자주 그것이 하나님의 인장인지 아닌지 결정하기가 어려울 것이다. 그리고 그에 대하여 다른 사람들도 동일한 미결정 상태에 머물게 될 것이다. 그러므로 만일 우리가 인침의 은혜들을 경험하려면 은혜 가운데서 자라야 하며, 그리스도에 일치되게 성장해야만 한다. 사악한 자들이나 죄의 경계선에 너무나 가까이 살므로 자신들이 어느 왕국에 속해 있는지 가늠할 수 없는 자들에게는 평안이 없다.

• 이러한 교리의 전체적인 경향은 우리로 겸손하게 하고 품위를 높이게 하며, 세상으로부터 끊어지게 하고 우리의 운명으로 만족하게 하며, 우리로 하나님의 자녀들이 되어 살도록 꾀하는 것이다. 사람이 아무리 가난하고 아무리 멸시를 받거나 아무리 고난을 받는다 하더라도 만일 그가 그의 이마에 하나님의 인침을 받았다면 그는 왕이며 제사장인 것이다.

57. 보혜사 성령

"내가 아버지께 구하겠으니 그가 또 다른 보혜사를 너희에게 주사 영원토록 너희와 함께 있게 하리니"

요한복음 14:16

우리의 보혜사로서 성령에 대한 약속이 주어졌던 상황, 곧 이러한 약속의 목적은 사도들을 격려하고 그리스도가 그들과 함께 더는 계시지 않은 상태에서도 그들을 지지해 주기 위함이었다.

이 약속은 특별한 약속이지만, 사도들에게만 관련된 약속은 아니었다. 성령은 그들에 대해 이중적인 일을 하실 것이었다. 즉 그들을 신자들로 생각하는 것과 그들을 사도들로 생각하는 것이었다.

보혜사 약속의 의미

'파라클레토스^{παράκλητος}'란 단어가 형용사로는 '…을 불러오다' '…을 요구하다' '…을 필요로 하다'를 의미하고, 주격으로는 '도움을 위해 방문하는 자', 변호자로서 '다른 사람의 편에 부름받은 자'를 의미한다. 이 단어의 가장 포괄적인 의미는 '조력자^{helper}'이다. 성령은 우리의 조력자이시다.

보혜사의 자격

① 그는 전능하시다. ② 그는 지혜가 무한하시다. ③ 그는 사랑이 무한하시다. ④ 그는 언제라도 접근하기 쉽고 기꺼이 도와주신다. ⑤ 그는 그리스

도와 그의 백성과 연합되어 있으신 그리스도의 영이시며, 어떤 의미에서는 그 양자에게 있어 생명의 원리다.

조력자로 성령은 어떻게 우리에게 역사하시는가?

사도들에 대하여 어떻게 역사하시는가?

- 그들로 모든 것을 생각나게 하신다.
- 그들로 과오가 없게 하신다.
- 그들에게 사도 직무상의 특별한 은사들, 즉 용기와 담대한 언변, 인내, 열심 등을 주신다.
- 그들의 거룩한 사명과 권위를 확증해 주기 위해 이적적으로 그들과 협동하신다.
- 그들의 설교를 효력 있게 하기 위해 그것을 능력으로 지지해 주신다.

믿는 자 각 사람에 대하여 어떻게 역사하시는가?

- 교사로서 그들을 진리에 대한 지식에 인도하신다. ① 중생에 의해 생명과 비전의 능력을 주심으로, ② 조명에 의해, ③ 그들의 정신 활동을 도우심으로, ④ 필요한 것들을 생각나게 하고 상담자로서 행하심으로.
- 능력의 원천으로서 역사하신다. ① 그의 부단한 교통에 의해 생명의 원리를 강화하여 주신다. 즉 우리의 믿음과 사랑 등을 강화하여 주신다. ② 개인적·사회적 직무상의 의무들에 필요한 자격들을 부여해 주신다. ③ 절망과 시련에 처한 우리에게 그것들에서 벗어날 수 있는 능력 주신다.
- 위로자로서 역사하신다. 이것은 사도들이 특별히 필요로 했던 것이며, 일찍이 고난을 받았던 하나님의 백성들처럼 모든 믿는 자들이 필요로 하는 것이므로 특별히 두드러진다. ① 성령은 우리에게 하나님의 사랑에 대하여 확신케 함으로써 위로하신다. ② 우리에게 우리를 위해 예비되어 있는 무한한 영광과 축복을 계시해 주심으로 위로하신다. ③ 우리

를 진정시키고 우리의 마음속에 하나님에 대한 경외심을 충만히 심어 주심으로 위로하신다. ④ 자체들 내에 참된 복을 내포하고 있는 기독교 신앙의 은혜들을 발휘케 하심으로 위로하신다.

- 중재자로서 일하신다. ① 그는 우리를 하나님께로 인도하신다. 즉 우리는 그리스도로 말미암아 성령에 의해 하나님께로 나아간다. ② 그는 우리의 기원하는 것들을 기록하신다[indites]. ③ 그는 형언할 수 없는 열망들을 야기시키지만, 하나님께서는 그러한 열망들을 이해하고 들으신다.
- 그리스도에 대한 계시자로서 일하신다. 그는 그리스도의 것들을 취하여 우리에게 계시해 주신다. ① 그는 우리에게 그리스도의 영광을 계시해 주신다. ② 그는 우리에게 그리스도의 역사와 직무, 그와 우리의 관계를 계시해 주신다. ③ 그는 우리에 대한 그리스도의 사랑을 계시해 주신다.

교회에 대하여 어떻게 역사하시는가?
- 결속의 끈으로써 역사하신다. 교회는 성령을 통하여 한 몸이다.
- 성령은 신자들이 서로를 인정하고 사랑하고 섬기며 돕도록 하신다.
- 말씀과 성례와 설교를 은혜의 방편이 되게 하시며, 개종시키고 교회를 확장시키며 교화시키는 방편이 되게 하신다.
- 목사로 부르시고 직무수행을 위해 각종 은사를 주신다.

보혜사 성령에 대한 우리의 의무
- 성령께 전적으로 의존해야 할 것을 감지하고 인정한다.
- 그의 도우심을 바라고 열렬히 구한다.
- 그가 슬퍼하게 되거나 그의 감화력이 소멸될 만한 일체의 것을 피한다.

58. 성령을 근심하게 하지 말라

"하나님의 성령을 근심하게 하지 말라 그 안에서 너희가 구원의 날까지 인치심을 받 았느니라"

■에베소서 4:30

성경 해석의 원리

• 우리는 우리 자신의 인간성에 속한 불완전한 것들이나 한계들이 하나 님께 속한 것으로 판정해서는 안 된다. 하나님이 사랑하고 분노하고 슬 퍼하시는 것으로 표현될 때 우리는 그가 어떤 흥분에 지배되시는 것으 로 가정해서는 안 되며, 또 그가 어떤 고통스러운 감정에 지배되시는 것으로 가정해서는 더욱 안 된다.

• 그러나 우리는 "성령을 근심되게 말라"는 말씀을 공허하거나 무의미한 것으로 방치해서는 안 된다. 무의식적인 능력이나 원리나 분노하거나 슬퍼하게 되는 법칙에 대하여 말한다는 것은 순전한 의인화가 되거나 무의미한 것이 될 것이다. 그러나 하나님에 대하여 사용될 때의 이러한 말씀은 우리에게 제한된 지식을 주기 위해 의도된 것으로, 이러한 지식 은 신뢰할 만한 것이다. 이 말씀이 필연적으로 의미하는 모든 것은 틀 림없는 사실로 받아들여져야만 한다.

'성령을 근심하게 하지 말라'의 의미

위에서 선포된 주제는 다음과 같은 것들을 의미한다.

- 성령은 인격이시라는 것이다. 따라서 그는 지적이고 자아의식적이시며, 대행자이실 뿐만 아니라 우리의 행위의 대상^{object}이시라는 의미다. 그는 사랑과 복종을 받으실 수도, 불순종을 받으실 수도 있으시며, 그의 시인과 호의는 얻어질 수도 잃어질 수도 있다는 것이다.

- 그것은 성령께서 우리 행동의 대상이 되시는 한, 그는 우리에 대해 친밀한 관계에 계신다는 것을 의미한다. 그는 우리의 행동을 아실 뿐만 아니라 말하자면 우리에 대한 그의 행위나 역사가 어느 정도 우리의 인격과 행위에 의해 결정되는 한에서는 우리의 행위에 영향을 받으신다.

- 이 말씀은 성경의 다른 곳에서 명백히 가르치고 있는 것을 의미한다. 즉 하나님의 영은 온 우주 내의 모든 생명과 활동의 근원이시라는 것을 의미한다. 그리고 그는 특별히 모든 영적 생명의 근원이시다. 그는 정신과 물질 세계에 있어 무소부재하시기 때문에 어디에서나 활동하실 뿐 아니라 생명과 모든 미덕의 근원으로써 개인적으로는 모든 믿는 자 안에, 집단적으로는 교회에 내주하신다. 따라서 우리는 언제나 그의 임재 안에 있으며, 그는 언제나 우리와 함께 계신다. 그는 우리의 모든 생각을 아신다. 그는 우리의 모든 감정을 느끼신다. 그는 우리의 모든 말과 행위와 표정을 아신다.

성령을 근심케 함

성령의 성격과 그가 우리에 대하여 계신 관계가 이러한 이상, 그의 성격과 불일치하거나 우리와 다른 사람들 내에서의 그의 역사에 반대되는 경향이 있는 것은 그 어느 것이든 간에 그를 슬프시게^{근심되게} 함이 틀림없다고 결론지을 수 있다. 곧 그러한 것은 우리에게 있어서 부모나 우리에게 은혜 베푸는 사람들을 슬프게 하는 것과 같은 성격의 무례함이며, 다른 한편으로 그것은 그^{성령}로 하여금 마치 우리에 대하여 기분이 상하고 마음에 상처받은 연인^{戀人}처럼 행하도록 결심시키는 것이다. 그는 그러한 자들에 대하여 자신의 영향력들을 철회하신다. 그는 그러한 자를 그들 자신 그대로 버려두신다. 만일 이러한 유기가 최종적이며 전적인 것이라면 그것은 영원한 멸망이 될 것이다.

성령은 우리에 대한 그의 관계에 있어 진리와 거룩과 사랑과 위로와 영광의 영으로 제시되시므로, 다음과 같이 결론지어 말할 수 있다.

- 진리에 반대되는 것은 진리의 영을 슬프게 한다는 것이다. 그를 슬프게 하는 것들로는 다음과 같은 것들을 들 수 있다. 언행에 있어 진실에 반대되는 것뿐 아니라 특별히 하나님에 의해 계시된 진리^{성경}에 반대되는 것이다. ① 믿음의 결여나 우리의 마음속에서의 진리에 대한 복종의 결여, 모든 불신앙이나 회의, ② 개인들의 마음속에 있는 진리를 곡해하려는 모든 노력, ③ 교회 내의 모든 이단과 거짓 교리.
- 불순하거나 거룩하지 못한 모든 것, 즉 우리 마음속에 불순하거나 거룩하지 못한 감정을 품는 것과 그러한 감정을 다른 사람의 마음속에 불러일으키는 것은 하나님의 전에 대한 모독이며, 그것은 신성 모독^{desecration}으로 표현된다.
- 하나님에 대한 모든 불경스러움이나 배은망덕과 불순종, 동료들에 대한 모든 악의적이거나 불친절한 감정이나 행위, 그리고 가족, 공동체, 교회, 세계의 평화를 방해하려는 경향이 있는 모든 성향과 행위는 화평의 영이시기도 한 사랑의 영에 반대된다.
- 그러므로 비참함과 고통을 초래하는 경향이 있는 모든 것은 보혜사이신 성령에 반대된다.

우리는 성령을 슬프게 해서는 안 된다
- 그는 거룩한 인격이시기 때문이다.
- 우리는 모두 그의 엄청난 채무자들이기 때문이다.
- 그는 우리를 사랑하시며, 우리에 관한 그의 모든 계획과 행위는 우리의 유익^{good}을 위하기 때문이다.

• 우리는 진리와 거룩과 구원에 대하여 그에게 절대적으로 의존되기 때
문이다. 만일 그가 우리로부터 떠나가신다면 우리는 영원히 멸망한다.

PRINCETON SERMONS Outlines of Discourses Doctrinal and Practical

4부

사탄과 그의 영향, 죄

59. 사탄의 영향

"끝으로 너희가 주 안에서와 그 힘의 능력으로 강건하여지고 마귀의 간계를 능히 대적하기 위하여 하나님의 전신 갑주를 입으라 우리의 씨름은 혈과 육을 상대하는 것이 아니요 통치자들과 권세들과 이 어둠의 세상 주관자들과 하늘에 있는 악의 영들을 상대함이라 그러므로 하나님의 전신 갑주를 취하라 이는 악한 날에 너희가 능히 대적하고 모든 일을 행한 후에 서기 위함이라"

■에베소서 6:10-13

실재하는 사탄

성경이 사탄의 존재에 대하여 말하고 어떤 영향력을 그의 것으로 간주한다는 것이 확실하다. 이러한 사실을 세상과 사람들의 마음속에 있는 악의 원리에 대하여 비유 형식으로 말하는 것으로 이해해서는 안 되며, 유대인적인 관념들과 여러 형식의 견해에 대한 적용인 것으로 이해해서도 안 된다. 그 이유는 다음과 같다.

- 우리는 성경을 자체의 역사적인historical 의미에 따라 이해해야만 하기 때문이다.
- 사탄의 교리doctrine와 그의 영향을 부인하는 해석법이 실행된다면 그것은 성경에서 모든 특별한 교리사탄의 존재, 그의 영향력과 그에게서 나오는 교리를 역설하는 교리를 말살시켜 버릴 것이기 때문이다. 지금까지 사탄의 교리는 희생제물, 칭의, 천국과 지옥에 대한 교리들을 교묘히 변명하여 부인하는 데 적용되어 왔다.

• 성경의 기자는 그가 사탄을 인격적인 존재인 것으로 믿었다는 것을 확실시 해주고 있을 만큼 어떤 인격적인 존재의 속성들과 행위들을 사탄의 것으로 보기 때문이다.

성경이 말하는 사탄

성경이 사탄의 능력의 영역에 관하여 가르치는 것은 다음과 같다.

• 성경은 타락한 영들에 대한 큰 권세와 권한을 사탄에게 돌린다.

• 성경은 이 세상 안에서의 권세와 이 세상에 대한 권세를 사탄에게 돌린다. 이것은 다음과 같은 사실을 의미한다. ① 사탄이 이 세상의 사람들을 지배하고 있다는 것, ② 이 세상에 대한 사탄의 목적과 목표와 행위는 그의 왕국을 증진시키려 한다는 것, ③ 사탄에 대한 헌신과 복종이 비록 무심결에 행하여진다 해도 존경의 성격을 갖고 있다는 것이다. 바울은 우상숭배자들은 귀신들을 섬기는 자들이라고 가르친다. 그들이 우상에 희생제물을 바치는 것은 귀신들에게 바치는 것이다.

• 성경은 불순종하는 자녀들을 지배하고 하나님의 자녀들을 괴롭히고 교란시키는 사람들의 영혼에 대한 권세를 사탄에게 돌린다.

• 영들, 곧 세상과 인간의 영혼들을 지배하고 있는 사탄의 모든 권세는 하나님과 그의 나라를 대적하여 발휘된다. 그리고 그것은 악을 조장하고 선을 방해하는 데서 발휘된다. 이와 같은 그의 세력이 개인들에게서는 오류를 촉진시키고 진리에 대하여 정신을 흐리게 하며, 불신을 조장하고 악한 열정을 일으키며, 가룟 유다와 아나니아의 경우에서처럼 범죄하도록 유혹하고 절망에 이르게 함에서 발휘된다.

사탄의 권세

• 성경은 사탄의 권세를 지극히 두려운 것으로 선언한다.

• 그것은 하와에 대한 시험과 그리스도에 대한 시험에서와 같이 고도로 미묘하다. 그는 자신을 빛의 사자로 가장한다.

- 한 영이 다른 영에 대하여 어떻게 영향을 미치는지 우리가 알지 못하는 것처럼 사탄의 행동 양식은 실로 불가사의하다.
- 그러나 사탄의 권세의 성격은 인간의 성격과 일치하는 것임에 틀림없다. ① 사탄의 권세의 성격은 속이고 유혹하고 시험하는 것으로 묘사되기 때문이다. ② 사탄의 권세에 대하여는 저항할 수 있기 때문이다. ③ 그것은 그의 희생자들의 범죄를 감소시키는 것으로는 결코 표현되지 않기 때문이다.
- 사탄의 권세는 피조물의 능력이며, 또한 사탄의 졸개들의 능력이므로 그것은 전능하지 못하며 무소부재하지도 못하다. 우리는 공간과 영들의 관계를 알지 못하며, 그것들의 활동이 어떻게 제한되어 있는지도 알지 못한다. 우리가 아는 것은 오직 사탄은 유한하며, 그러므로 그는 어디에나 존재하지 않는다는 것이다.

사탄의 권세에 대한 저항

사탄의 이러한 권세에 대하여는 저항해야만 한다.

- 우리 자신의 능력으로가 아니라 주의 능력으로 그렇게 해야 한다. 이것은 ① 저항의 능력은 주님으로부터 온다는 것과, ② 그것은 이적들에서 발휘되듯이 우리를 통하여 발휘되는 주님 자신의 전능한 능력이라는 것을 의미한다.
- 사탄에 대한 저항 수단은 우리 자신의 무기가 아니라 하나님의 공격용과 방어용 전신갑주다. ① 의의 흉배와, ② 진리의 허리띠와, ③ 믿음의 방패와, ④ 구원의 투구와, ⑤ 성령의 검 등 이 모든 것이 이용될 수 있으며, 끊임없는 기도에 의해 이러한 것들이 발휘될 수 있다.

사탄과의 접전은 불확실하다. 그리스도께서 그를 우리의 발밑으로 짓밟아 놓으셨기 때문이다. 만일 우리가 주의 능력으로, 그리고 그의 전신갑주를 사용하여 저항한다면 우리는 그를 정복할 것이다. 그러나 만일 우리가 저항하지 않거나 이러한 저항을 우리 자신의 힘이나 우리 자신의 무기들로 한다면 우리는 멸망할 것이다.

60. 시험

"그 때에 예수께서 성령에게 이끌리어 마귀에게 시험을 받으러 광야로 가사 사십 일을 밤낮으로 금식하신 후에 주리신지라 시험하는 자가 예수께 나아와서 이르되 네가 만일 하나님의 아들이어든 명하여 이 돌들로 떡덩이가 되게 하라"

■마태복음 4:1-3

시험의 성격

시험^{Temptation}하는 것은 '해보는 것$^{to\ try}$'이다. 우리가 어떤 사람을 해 보게 할 때 그를 시험하는 것이다. 시험은 다음과 같은 목적에서 행해질 수 있다.

- 사람들이 하나님을 시험할 때와 같이 그가 무엇을 할까를 보기 위해서다. 즉 사람들이 어떤 사람을 시험할 때 그의 인내와 능력과 성실 등을 알아보기 위해서거나 그에게 그가 어떠한 사람인가에 대한 증거를 요구하기 위해서 한다.

- 하나님께서 인간을 시험하실 때처럼 시험받는 사람 안에 무엇이 있는가를 보기 위해서 한다. 이와 같이 하나님은 아브라함을 시험해 보셨다. 따라서 하나님은 그의 백성의 믿음이나 인내를 발휘케 하기 위해, 그리고 그러한 것들이 다른 사람들의 유익이 되도록 하기 위해 그들을 시험하시는 것으로 표현된다.

- 또한 이러한 시험에 의해 사탄이 하와와 그리스도를 시험했고, 악인들을 시험할 때와 같이 자체의 목적이 죄에 빠지게 하는 것일 수 있다. 이러한 류의 시험은 악에 대한 유혹으로써 자행되며, 이에 대해서 언제나

주의해야 한다.

시험의 출처

이러한 것들은 성경에 따르면 세상과 육신 그리고 마귀다.

- **세상.** 이것은 모든 사람과 지구 안에 있는 모든 것을 내포한다. 그리고 세상은 첫째, 우리의 타고난 감정과 욕망의 대상들을 나타낸다. 둘째, 그것은 무절제하거나 거룩하지 못한 애착affections과 욕망을 야기하는 대상들을 나타낸다. 대다수 사람들이 세상의 부富, 명예, 쾌락을 추구하다가 멸망에 이른다. 셋째, 세상은 자체의 유혹에 의해서 만큼이나 자체의 위협에 의해 사람들을 시험한다. 즉 그것은 경멸, 무시, 박해, 증오 등에 의해 시험한다. 넷째, 세상 사람들은 그들의 본보기와 법칙, 그들의 논리와 신조, 그들의 비난과 분노에 의해 유혹한다.

- **육신, 곧 우리의 타락한 성격, 악한 마음, 죄의 잔존물들.** 이것이 죄에 이르게 하는 추진력 가장 가까이에 있는 힘이다. 세상에 관한 한 육신은 스스로 악한 것을 야기시키는 경향이 있는 것 외에는 거의 능력이 없거나 아예 없어 보인다. 육신은 아담과 그리스도에게 있어서도 그러했듯이 거룩한 성품은 시험받지 않을 수 있다는 것을 암시하지 않는다. 그러나 공공연히 죄에 빠지게 하는 것의 능력은 주로 내부에 있는 악에 달려 있다. 모든 사람은 자신의 정욕에 의해 끌려갈 때 시험받고 유혹을 받는다. '정욕'이란 단어는 첫째, 육신의 욕망이나 욕구란 의미를 내포하며, 둘째, 마음의 악한 성향들인 오만, 질투, 악의 공허 등을 내포한다.

- **마귀.** 그는 중대한 시험자다. 그는 우리의 최초의 조상아담과 다윗, 가롯 유다, 그리스도, 아나니아와 삽비라를 시험했다. 그는 불순종의 자녀들과 하나님의 백성을 시험한다. 그들은 마귀의 간계를 경계하도록 주의를 받고 그의 책략에 저항하도록 요구받는다. 사탄의 시험에 관해서는 다음과 같은 사실이 확실하다. 첫째, 그는 모든 사람을 시험한다. 둘

째, 우리는 그가 시험을 어떻게 실행하는지 알 수 없다. 셋째, 우리가 성령의 인도하심과 우리 스스로의 행위 사이를 구별할 수 없는 그 이상으로, 우리는 마귀의 시험들과 우리 자신의 악한 마음의 제의들을 구별할 수 없다. 넷째, 사탄의 시험들은 미묘하며 두려울 정도로 강력하고 엄청나다. 그러므로 우리는 그의 시험들을 결코 얕보아서는 안 된다. 대부분 사람들이 그에 의해 포로가 되어 그의 마음대로 끌려다닌다.

모든 사람에게 공통적인 이러한 전반적인 시험의 출처들 외에도 인생의 특별한 시기, 청년기, 장년기, 노년기, 번영의 때와 역경의 때와 같은 특별한 시기, 특수한 직업 등에 따른 특별한 시험의 출처들이 있다.

시험에 저항하는 방편들

이것들은 미덕을 신장하기 위한 방편을 규정하는 철학적인 교훈이 아니다. 그것들은 전적으로 초자연적인 것들이나 하나님에 의한 것들이다.

- "시험에 들지 않게 깨어 있어 기도하라." 악의 기회들과 발단에 최대한 조심하고 부단히 하나님을 바라보며, 시험받는 것으로부터 자신을 지켜 시험이 올 때 자신을 구원하도록 해야 한다. 우리 주께서는 "우리로 시험에 들지 말게" 항상 기도하도록 분부하셨다.
- 시험에 대처하는 또 다른 방편은 즉각적인 저항이다. 악과 함께하는 일이 없도록 해야 한다. 이것은 모든 종류의 시험에 적용되는 말이다.
- 그리스도에 대한 믿음, 곧 우리의 구주시며 왕으로서 그에게 우리의 모든 영적인 원수들로부터 우리를 지켜주시도록 호소하는 믿음이다.

시험의 사용

- 시험은 우리의 연약함을 가르쳐 주고 우리 안에 있는 타락성에 대해 계시해 준다.
- 시험은 하나님을 의존할 것을 가르쳐 준다.

- 시험은 은혜들을 발휘하고 강화시킨다.
- 시험은 다른 사람들을 긍휼히 여기고 도와줄 자격을 준다.

61. 내재하는 죄 (1)

"마음에서 나오는 것은 악한 생각과 살인과 간음과 음란과 도둑질과 거짓 증언과 비방이니"

■ 마태복음 15:19

죄와 구속

구속^{Redemption}이란 죄로부터의 구원을 말한다. 그러므로 구속론은 죄론에 의해 결정된다. 구속의 실제적인 적용은 죄의 의미에 의해 결정된다. 즉 우리의 신학과 신앙은 죄에 대한 우리의 견해에 의해 결정된다.

이론에 대하여. 만일 죄가 없다면 구속이 존재하지 않는다. 죄가 단지 외적인 행동에 있고 피하기 쉽거나 가능하다면 구속이란 별로 중요한 문제가 되지 못할 것이다. 그러나 만일 죄가 인간 본성의 실로 심각하고 확실하며 전 인류적인, 그리고 정복할 수 없는 불치의 타락이라면 이로부터의 구원은 오직 하나님에 의해서만 성취될 수 있는 역사^{work}다.

실제에 관하여. 모든 사람의 신앙적인 체험은 죄에 대한 자신의 견해에 의해 결정된다는 것이 사실이다. 인간이 하나님께 도움을 구하는 것은 그 인간의 죄의식 때문이며, 또한 인간이 구하고 또 기꺼이 받아들이고자 하는 종류의 도움은 당연히 그 인간의 죄악관에 달려 있다. 모든 참된 신앙 체험은 하나님의 진리가 우리의 확신과 감정에 일치하는 데 있다.

내재하는 죄의 성격

• 성경이 본 주제에 관하여 가르치는 것은 만인 공통적인 인간성의 전적 타락이다.

• 이 선천적이며 타고난 유전적인 타락은 나무를 그 열매들로 알 수 있듯 이 자체를 모든 형태의 실제적인 죄로 나타낸다.

• 중생은 새로운 원리의 창조, 곧 영적인 생명의 배종germ에 있으며, 이러 한 타고난 타락의 전적인 파괴나 제거에 있지 않다.

• 거듭난 자의 마음속에는 서로 상반되며 충돌하는 두 원리, 즉 죄와 은 혜, 죄의 법과 마음의 법이 항존한다. 롬 7:23 참조

• 이 잔존하는 타고난 타락성은 우리의 실제적인 죄에 의해 강화되고 조 절되는 것으로서 내주하는 죄에 의해 드러난다.

내재하는 죄에 대한 증거

• 성경의 명백한 선언. 성경은 여러 곳에서 거듭난 사람들이 실제적인 죄 들에 빠질 뿐 아니라 내재하는 타락성에 의해 시달림받고 더럽혀진다 고 가르친다.

• 우리 자신의 의식과 경험. 이것들은 우리에게 이 잔존하는 악의 존재를 계시해 준다. 즉 양심은 우리의 실제적인 죄뿐 아니라 하나님 앞에서 우리 마음의 지속적인 내적 상태에 대하여 우리 자신을 책망한다.

• 모든 시대의 교회의 경험. 그러므로 우리는 이러한 사실을 부인하는 하 나님의 백성들의 주장을 거부해야만 한다.

내재하는 죄의 사악성

• 이 죄는 본질적으로 단지 외적인 죄 행위들보다 훨씬 간악하다. 자만심 Pride은 오만haughtiness이나 거만한arrogant 행위들보다 더 악한 것이다. 그 러므로 그것은 악의 있는 행위, 하나님에 대한 사랑의 결여, 불신앙, 사 랑과 모든 올바른 감정의 부재보다도 더 악한 것이다. 우리의 영혼을

겸비하게 하고 짓누르고 압박하여 그 영혼으로 하여금 그리스도의 구원을 바라보도록 강권하는 것이 바로 이 끝없이 깊은 사악함이다.

- 내재하는 죄가 실제적인 죄행들의 근원이다.
- 그것은 의지력이 미치지 못하는 것이며, 오직 하나님께서 정해 놓으신 방편들을 통하여 하나님의 은혜에 의해서만 제어될 수 있다.

내재하는 죄를 제어하는 방편

내재하는 죄를 제어하는 방편들은 하나님의 말씀과 성례와 기도이다.

- 이러한 방편들을 부지런히 주도면밀하게 사용함으로써 죄의 원리principle는 약화되고 은혜의 원리는 강화된다.
- 우리의 믿음에 의해, 그리고 우리의 마음속에 내주하시는 것으로 언급되는 그리스도에 대한 믿음의 행위에 의해, 죄의 원리는 약화되고 은혜의 원리는 강화된다.
- 또한 금욕mortification에 의해, 곧 금욕주의가 아니라 악한 것을 기쁘게 하기를 거부하고 육신을 억제함으로써 그렇게 된다.

62. 내재하는 죄 (2)

"그러므로 한 사람으로 말미암아 죄가 세상에 들어오고 죄로 말미암아 사망이 들어왔
나니 이와 같이 모든 사람이 죄를 지었으므로 사망이 모든 사람에게 이르렀느니라"
■ 로마서 5:12

죄에 대한 논쟁

죄에 대한 주제보다 다루기 더 어려운 주제는 없다. 다른 주제에 관해서
는 본 주제에 대해서 만큼 그렇게 많은 논쟁이 있어 오지 않았다. 그리고
다른 주제들에서는 그러한 논쟁들이 그렇게 끈질기게 계속되어 오지는 않
았다.

이러한 주제를 다룸에 있어서 두 가지 방식이 있다. 즉 이러한 주제에 대
한 연구를 위해서는 두 가지 지침이 취해진다. 하나는 철학이나 인간 이성
또는 도덕적인 격언이며, 다른 하나는 언제나 그리스도인의 경험과 일치하
는 성경이다. 종종 사람들은 이해력에 따라 명백하게 보이는 도덕과 철학에
서 어떤 원리를 채택하지만, 그들은 그러한 것이 그들의 경험과 일치하지
않는 것임을 발견한다. 그리고 그러한 것은 성경이 인정하지도 않는다. 그
래서 그들은 전자의 지침이나 후자의 지침을 포기해야만 한다고 느낀다.

의의 표준

성경에 의해 단정되며, 그리스도인들의 경험에 의해 단정되는 죄는 의의
표준에 대한 일치의 결여다. 그 표준은 하나님의 성품nature과 율법이다. 죄

또는 죄악됨은 다음과 같은 것들에 대하여 단정될 수 있다. ① 행위들에 대하여, ② 감정에 대하여, ③ 특별하거나 일반적인 의지^{결의}에 대하여, ④ 성격에 대하여, ⑤ 마음의 천성적^{innate}이며 내적인 상태에 대하여 단정된다.

내재하는 죄는 위의 넷째와 다섯째 부류에 속한다. 내재하는 죄가 의미하는 것은 우리 인간성의 타고난, 본래적이고 유전적인 타락이며, 이러한 자연적 타락의 가감은 개인의 습관들에 의해 초래된다. 이러한 자연적인 타락은 어느 사람에게나 존재하는 것으로서 타고난 타락이라 불릴 수도 있다.

죄에 대한 성경의 가르침

• 모든 사람은 죄를 지을 뿐 아니라, 즉 그들이 죄를 짓고 있음을 확실하게 하는 영향력 아래 있을 뿐 아니라 인간성 자체가 타락하거나 죄악되다는 것이다. 그들의 인간성은 하나님께서 지으셨던 대로의 것이 아닌 것이다. 그것은 하나님의 성품과 율법에 일치하지 않는다. 그것은 본래 대로의 것이 아닌 것이다.

• 중생은 새로운 행위나 새로운 견해, 그리고 새로운 감정과 의도의 산출^{production}에 있는 것이 아니라 타락의 원리와 반대되는 새로운 원리의 산출에 있다는 것이다.

• 중생은, 비록 약화되고 방해받긴 하지만, 여전히 잔존해 있는 악의 원리를 완전히 파괴하지 않는다는 것이다.

• 두 원리, 곧 육신과 성령, 마음의 법과 각 지체들에 있는 법이 부단히 갈등 상태에 있다는 것이다.

• 새로운 원리^{principle}는 대체로 승리적이며, 부단히 힘이 증가하고 새로운 인격을 형성한다는 것이다. 그 편에서는 하나님과 그의 말씀과 그의 영과 이성과 양심과 의지를 갖고 있다. 이에 반대되는 것들로는 세상과 육신과 마귀를 열거할 수 있다.

• 새로운 원리^{혹은 법}가 언제나 특별한 행위에 있어서 우세하지 않으며, 하나님의 뜻과 완전한 일치에 있어서도 결코 유력하지 않다는 것이다.

- 그러나 새로운 원리의 최후의 완전한 승리는 확실하다는 것이다. 그러므로 우리는 의심스럽고 가망 없는 전투에 관여하고 있는 것이 아니다.
- 이러한 승리는 우리들 때문이거나 새로운 원리의 힘 때문이 아니라 우리 안에 역사하여 뜻하시고 행하시는 그리스도에 의한 성령 때문이다.

죄에 대한 승리

이러한 승리는 우리에 대하여 조건부적인 것이다.
- 그것은 우리의 부단한 주의를 필요로 한다.
- 그것은 하나님의 말씀에 의해 지시와 인도를 받는 부단한 노력을 필요로 한다.
- 그것은 우리의 부단한 인내를 필요로 한다.
- 그것은 우리의 부단한 믿음을 필요로 한다.
- 그것은 하나님의 전신갑주를 포함하여 은혜의 방편들을 부단히 사용함을 필요로 한다.

우리가 죽을 병에 감염되어 있다는 것이며, 이 병은 오직 우리의 위대한 의사이신 그리스도의 주도면밀한 치료에 의해서, 그리고 우리가 오직 그의 처방에 신실하게 따름으로써만 저지되고 궁극적으로 근절될 수 있다. 그러므로 우리는 우리의 위대한 의사의 돌보심과 능력과 솜씨에 의해 낙원에 어울리는paradisiacal 건강과 아름다움에로 회복되고, 그리스도의 형상과의 온전한 일치에로 회복되며, 승리의 면류관을 쓰게 된다. 이와 같이 면류관을 쓰게 되는 자들은 틀림없이 그리스도를 위해 큰 환난과 고난을 통과하는 자들이다.

63. 죄의 속임

"뱀이 그 간계로 하와를 미혹한 것 같이 너희 마음이 그리스도를 향하는 진실함과 깨끗함에서 떠나 부패할까 두려워하노라"

■ 고린도후서 11:3

죄와 속임

전자^죄가 후자^{속음, a being deceived; 이것이 죄악된 것이다. 왜냐하면 우리는 이로 인하여 죄를 범하기 때문이다}를 수식하는 것으로 볼 수도 있고, 후자^{속음}가 전자^{속이는 죄, Sin that is deceitful}를 수식하는 것으로 볼 수도 있다. '부^富의 속임' 혹은 '불의의 속임' 또는 '정욕의 속임'이란 표현을 서로 비교해 보라. 본 주제에 관하여는 후자^{'속음'이란 단어가 '죄'란 단어를 수식하는 것으로 보는 것, 즉 '속는 죄'}가 더 분명한 의미를 갖는다. 우리가 여기서 고찰해야 할 주제는 속이는 죄의 특징이다.

죄는 행위가 아니라 내재하는 영속적이며 활동적인 능력이나 원리^{principle}, 또는 타고난 어떤 것이다. 즉 그것은 우리의 가장 위험스러운 종류의 적인데, 그 이유는 그것은 인간의 본성에 내재하여 언제나 방심할 수 없고 강력하며, 실로 믿을 수 없는 것이기 때문이다.

죄는 어떻게 속이는가?

• 그것은 아담의 경우에서처럼 죄악된 것에 관하여 우리를 속인다. 그러므로 그것은 또한 모든 사람들의 경우에서도 그렇게 한다.

• 그것은 죄 자체가 요구하는 것들에 관하여 우리를 속인다. 그것은 우리

에게 제한된 방종으로 만족을 누리게 된다고 약속한다. 그러므로 사람들은 부주의하게 되고 감각적이 되며, 탐욕스러워진다. 그러나 이러한 것들은 죄가 요구하는 첫 단계들이다.

• 그것은 우리를 그것이 약속하는 쾌락에 관하여 속인다. 아담은 하나님 같이 되기를 기대했다.

• 그것은 우리의 행동을 결정하는 참된 동기에 관하여 우리를 속인다. 다른 사람들은 물론 목사와 선교사들도 이러한 면에서 속는다.

• 그것은 자체의 결과들에 관하여, 그리고 그것이 받을 수 있는 무사함의 정도에 관하여 우리를 속인다.

속임 받는 죄의 결과들

• 정상적인 의식과 의지력을 둔감하게 한다. 즉 ① 의지^{will}를 완고하고 경직되게 한다. 따라서 의지는 악에 정착하게 된다. ② 감정을 냉혹하게 한다. 따라서 선한 동기들이 선한 영향을 주기를 중단하고 양심은 경고하고 책망하기를 중단하며, 그 결과는 사악한 마음으로 버림받게 된다.

• 영혼을 죽이고 멸망시킨다. ① 영혼의 감각을 파괴시킴으로, ② 정정 amendment에 대한 욕망과 소망을 파괴시킴으로, ③ 영혼을 완전히 율법의 세력 아래 둠으로써 그렇게 한다.

안전의 방편

이에 대한 예비 조건은 ① 위험에 대한 의식과, ② 약함에 대한 의식이다. 즉 안전의 방편은 다음과 같다.

• 우리 자신을 그리스도와 그의 영이신 성령께 맡기는 것이다. 이것은 그의 지혜로 인도함을 받기 위해서이다. 그리고 그것은 그가 정죄하시는 것은 그 어느 것도 무죄하거나 유해하지 않은 것으로 여기지 않기 위해서다.

• 죄의 발단과 그것의 첫 제의들에 저항하는 것이다.

• 의심스러운 경우들, 곧 악할지도 모르는 것에 대하여 거절하는 것이다.

64. 불신앙의 죄

"그를 믿는 자는 심판을 받지 아니하는 것이요 믿지 아니하는 자는 하나님의 독생자의 이름을 믿지 아니하므로 벌써 심판을 받은 것이니라"

■ 요한복음 3:18

불신앙의 종류

불신앙에는 대체로 세 가지 형식의 것들이 있다.

• 일반적으로는 종교적이며 도덕적인 진리들, 특별히는 하나님에 의한 성경의 기원과 권위를 의심하거나 거부하는 회의론에 의한 불신앙이다. 이러한 자들은 회의론자나 이교도들이라 불린다.

• 하나님과 그의 약속들과 섭리에 대한 믿음과 신뢰의 결여다. 많은 사람들의 경우에 있어 이러한 것이 성경에 대한 사색적인 믿음과 공존할 수도 있으며, 또한 종종 공존하기도 한다.

• 예수 그리스도를 성경에 계시되고 제시되는 대로 주님으로 영접하기를 거부하거나 그렇게 하지 못하는 것이다. 우리 주께서 사람들이 그를 믿지 않기 때문에 성령께서 그들로 죄에 대하여 확신시키시리라고 말씀하셨을 때에도 바로 이러한 죄를 의미하셨다. 비록 각각 악한 마음에 있어 공통되는 그럴 듯한 이유들을 갖고 있긴 하지만, 그럼에도 이러한 여러 형식의 불신앙은 자체의 특별한 원인들과 특별한 형식의 죄를 갖고 있다.

회의론

이것은 다음과 같은 것들로부터 일어난다.

- 지적 오만이다. 이것은 우리의 지력이 미치지 못하는 것을 아는 것으로 가장하고 우리가 이해할 수 없는 것^{초자연적인 것}을 받아들이기를 거부한다. 그리고 그들 자신에 대해 모든 진리를 분별하고 공급할 수 있는 자들로 치켜세운다.
- 우리의 도덕성에 대한 무시와 우리 자신을 사색적인 이성에 내어맡긴다.
- 하나님의 것들에 대한 우리 마음의 적의나 우리의 취미나 감수성, 욕망과 의도에 있어 신앙적인 진리와 요구들에 대하여 적대적이다.
- 헛된 허영심이나 계시자로부터 독립해 있다거나 그와 같은 수준이라고 여김받으려는 욕망이다.

이러한 형식의 불신앙이 죄악된 것이라는 것은 명백하다.

그 이유는 첫째, 자만과 자기 높임은 연약하고 무의미한 피조물인 인간으로서는 죄악되고 비열한 것인 때문이다. 둘째, 거짓을 믿는 것을 가능하게 하는 도덕성의 기질은 도덕적인 타락에 대한 증거인 때문이다. 셋째, 진리에 대한 적대는 진리의 하나님에 대한 적대가 되기 때문이다. 그것은 하나님으로부터의 이탈이며, 모든 죄는 바로 이러한 이탈에 의해 존재한다.

그러므로 불신앙은 총괄적인 형식의 죄인 것이다. 그것은 탈선에 대한 일반적인 표현이며, 하나님의 속성에 대한 타락한 인간성의 적대인 것이다. 그러므로 불신앙은 다른 모든 죄의 근원이 된다.

하나님의 가르침과 약속과 섭리에 대한 신뢰의 결여

이러한 것은 바로 불신자들의 마음속에 존재할 수 있다. 그것은 정도에 있어 차이가 있을 뿐이다. 불신앙은 다음과 같은 것들로부터 일어난다.

- 경건생활의 전적인 부재나 낮은 수준에서 일어난다.
- 우리 자신을 바라보는 습관과 어려운 일을 당할 때마다 하나님보다는

우리 주위를 둘러보는 데에서 일어난다.
- 우리가 볼 수 없는 것에 대해 믿기를 거부하는 데에서 일어난다. 만일 하나님께서 우리에 대한 그의 돌보심을 명시해 주지 않으시고 그의 약속을 즉시 이루어주지 않으시면 우리는 믿음을 포기하는 경향이 있다.

이러한 마음 상태는 다음과 같은 이유들에서 죄악되다는 것이 명백하다.
- 그것은 거룩한 삶의 낮은 수준임을 나타내기 때문이다. 그것은 영적인 연약함과 영적인 질병에 대한 증거이자 그 결과이다.
- 그것은 세상의 친구들과 부모 때문에 하나님 신뢰하기를 거부함으로써 그의 성호를 불명예롭게 하는 것이기 때문이다. 하나님의 위대하심과 인자하심 그리고 그가 그의 신실함과 신뢰할 만하심에 대하여 보여오신 증거들을 고려해 볼 때 그러한 것불신앙은 매우 가증한 죄이다.
- 그것은 공개적인 불신자들에게 존재하는 것과 똑같은 태도를 보여주기 때문이다. 그것은 완전히 통제할 수 없는 마음에서 나온 것이므로 형태상으로 불신앙이라 할 수 있다. 그러나 그 모든 표현들은 하나님이 미워하시는 것이다.

그리스도에 대한 불신앙

이것은 그가 그리스도를 자기에 대하여 주장하시는 존재as being로 인정하고 받아들이기를 거부하는 것이다. 즉 ① 그를 육신으로 나타나신 하나님으로, ② 하나님으로부터 보내심을 받은 사자messenger와 선생으로, ③ 우리의 속죄 희생제물과 제사장으로, ④ 우리에 대한 정당하고도 절대적인 소유권과 권위를 갖고 계신 분으로 인정하고 받아들이기를 거부하는 것이다.

이러한 거부로써의 불신앙은 모든 죄 중 가장 큰 죄다. 그것은 정죄 받는 죄이다. 그것의 극악함heinousness은 다음과 같은 것들에서 분명하다.
- 가장 밝은 빛으로서의 그리스도에 대한 적대감이다. 태양 빛을 볼 수 없

는 자는 눈이 아주 멀었음$^{stone\ blind}$에 틀림없다. 따라서 예수 그리스도에게서 하나님의 영광을 볼 수 없는 자는 사탄에 의해 눈이 멀게 되었음에 틀림없다. 이처럼 눈이 멀었다는 것은 도덕적으로, 그리고 신앙적이며 영적인 죽음이다.

- 그것은 가장 명백한 외적 증거에 대한 거부로써 이러한 거부는 마음의 적대를 나타낸다.
- 그것은 그리스도의 무한한 사랑에 대한 거부이며, 그의 가장 위대한 의무에 대한 무시다.
- 그것은 그리스도의 나라보다 사탄의 왕국—그리스도보다 벨리알—을 의도적으로 더 좋아하는 행위이다.

65. 믿는 자들의 의심

"오직 믿음으로 구하고 조금도 의심하지 말라 의심하는 자는 마치 바람에 밀려 요동하는 바다 물결 같으니"

■야고보서 1:6

의심은 믿음에 있어서의 망설임이다. 그것은 불확실함을 의미한다. 그러므로 그것은 불신앙 및 확신과는 반대된다.

믿은 자들의 합리적 의심

믿는 자들도 다음과 같은 것들에 관하여 종종 그러한 마음 상태에 있다.

• 하나님께서 계시해 오신 진리에 관하여 예를 들면 다음과 같다. ① 성경의 신적 기원이나 하나님의 말씀인 성경이 성령의 영감으로 되었다는 의심이다. ② 성경의 가르침들 중 어떤 것들에 관하여, 곧 예수 그리스도의 신성, 그의 위^{person}의 구성 요소, 그의 역사^{work}의 성격, 성령의 인격과 역사^{work}, 하나님의 섭리 등에 대한 의심이다.

• 그들은 자신들에 관련해서든 다른 사람들에 관련해서든 하나님의 약속들을 신뢰하지 못함으로 종종 의심한다.

• 혹은 그들은 하나님의 섭리를 의심하고 자신들을 그의 돌보심에 맡기기를 두려워한다. 이러한 의심들은 때로는 합리적이며, 때로는 불합리하다.

합당치 않은 의심

그러한 의심들은 의심에 대한 실제적인 근거가 있을 때에는 합리적이다. 믿는 자가 하나님의 화해reconciliation에 대하여 자신이나 다른 사람들에게 거의 아무런 증거도 제시해 주지 않는 상태에 있는 한 그가 의심할 수밖에 없다는 것은 당연할 뿐이다. 그러한 입장에 있으면서도 의심 없이 존재한다는 것은 육신적인 안전일 뿐이다. 그러나 다음과 같은 의심들은 불합당하며 하나님께 무례한 것이다.

- 자기가 의롭다는 정신에서 일어나는 의심들. 즉 우리가 하나님께 받아들여지기 위해서는 우리는 무엇인가를 행하거나 경험할 필요가 있다거나 우리가 과감히 믿기 전에 성취되어야 할 조건으로서 무엇인가가 요구된다는 인상에서 일어나는 의심이다.

- 완전한 무상의 구원에 대한 불신에서 일어나는 의심들. 이것은 이상에서와 같은 이유를 다른 형식으로 진술하는 것일 뿐이다.

- 마치 우리의 죄가 너무나 큰 것이기에 용서받을 수 없다는 듯이 그리스도의 공로에 대해 불신하는 데서 일어나는 의심이다.

- 우리에 대한 하나님의 사랑을 불신함에서 일어나는 의심. 우리는 하나님의 은혜가 주권적이라는 것과 하나님은 다른 사람들, 곧 죄인까지도 사랑하신다는 것을 믿는다. 그럼에도 어떤 경우에 있어 우리는 그가 우리를 사랑하신다는 것을 믿지 못한다. 그러나 그가 분명 죄인들까지도 사랑하신다는 것은 바로 우리가 믿도록 요구받는 증거가 된다.

- 이러한 의심들의 가장 공통되는 원인은 객관적인 진리들에 비교되는 복음의 주관적인 진리들복음에 대한 체험적인 사실들의 불균형적인 영향과 구속론의 교리와 구별되는 인류학적인 교리다.

전자는 개종 전과 개종 후의 인간성에 관계된다. 만일 인간이 그리스도를 바라보는 대신에 자기에게 있는 것을 살펴본다면, 그리고 만일 그가 소망을 그리스도의 역사work에 두기보다는 자기가 자기 마음속에서 볼 수 있는 중생에 대한 증거에 둔다면 그는 당연히 자주 의심에 빠질 것이다. 이것은 개인들에게서뿐 아니라 교회들과 공동체들에서 예증된다.

의심에 대한 처방

- **사색적인 의심들에 관하여.** 이에 대한 처방은 ① 믿음의 참된 근거에 대한 실제적이며 바른 이해에서 찾아야 한다. 만일 사람이 오직 자기가 이해하는 것만을 믿으려 한다면, 그리고 오직 자기가 반론들로부터 변호할 수 있는 것, 자기가 자신의 의지에 따라 해결할 수 있고 참된 것이라 입증할 수 있는 것만을 믿으려 한다면 그는 결코 어떠한 평안도 얻지 못할 것이다. 믿음은 지혜에 있는 것이 아니라 하나님의 능력에 있다. 우리는 단지 하나님의 권위, 곧 그의 말씀과 성령의 증거를 믿는 데 총력을 기울여야만 한다. ② 우리는 믿음이 은혜임을 믿어야만 한다. 즉 그것은 초자연적인 것이며, 우리가 받아들여야만 하고 우리 스스로 성취하는 것이 아닌 무엇임을 믿어야 한다는 것이다. 그러므로 우리는 그것을 받을 만한 자격이 없으며, 오직 은혜로서 구해야만 한다.

- **하나님의 약속들과 섭리에 대한 의심에 관하여.** 이에 대한 유일한 처방은 은혜 가운데 성장함에서 찾아야만 하는데, 그러한 성장이 믿음의 내적 원리에 힘을 공급해 줄 것이다. 그러한 특별한 원리는 하나님의 말씀을 기도하며 연구하는 중에 마음에 간직될 수 있는데, 말씀을 연구하는 중에 우리는 하나님의 신실하심과 돌보심에 대하여 그것이 제공해 주는 풍성한 지혜를 알게 된다. 또한 하나님의 섭리에 대한 불신에 관해서는 그것이 보통 이 세상에서 우리의 위안에 대한 부당한 우려에서 일어나는 것이므로 그러한 불신에 대한 처방은 천상적인 것에서 만족을 얻는 것이다.

- **우리의 개인적인 구원에 대한 의심에 관하여.** 그것은 다음과 같은 것들에서 일어난다. ① 우리는 너무도 불안전하고 너무도 무가치하며, 너무나 냉담하고 무기력할 뿐 아니라 ^{이러한 것들은 슬픔과 겸손을 낳아야만 하며, 의심을 낳아서는 안 된다}, 우리는 의도적으로 죄를 짓고 우리의 양심이 정죄하는 것들을

행하며, 계속하여 그러한 것들을 행한다는 사실에서 그러하다. 경우가 이러하므로 만일 우리가 그러한 죄들을 포기하지 않는 한 합리적이거나 성경적인 어떠한 평안이나 소망도 있을 수 없다. ② 중생의 증거에 대한 잘못된 생각이나 그리스도보다는 우리 자신에게 주의함에서 그러하다. ③ 구원 계획에 대한 모호한 견해에서 그러하다. 그러한 의심에 대한 처방은 이러한 점에 관한 바른 견해를 갖는 데서 찾아야만 한다.

66. 완악한 마음

"내가 잊어버린 바 됨이 죽은 자를 마음에 두지 아니함 같고 깨진 그릇과 같으니이다"
시편 31:12
"다만 네 고집과 회개하지 아니한 마음을 따라 진노의 날 곧 하나님의 의로우신 심판
이 나타나는 그 날에 임할 진노를 네게 쌓는도다"
로마서 2:5

마음

성경은 철학을 가르치지 않지만 철학은 성경을 강조한다. 철학은 우리가
의식할 수 있는 사실들과 그러한 사실들이 계시해 주는 우리의 체질constitu-
tion의 법칙들에 대한 과학적인 해명과 정립이다. 우리의 체질의 조성자에게
서 나온 성경은 그러한 사실들과 일치하며, 그러한 법칙들을 나타낸다. 그
러므로 성경은 마음을 영혼과 같은 것으로 인정한다. 성경은 여러 기능들에
대하여 각각 독점적으로 적용되는 이름을 붙이지 않는다. 따라서 같은 단어
가 이지intellect에 대해서 뿐 아니라 감정의 좌소seat에 대해서도 사용된다.

마음의 생각들, 마음의 무감각은 친밀한 표현들이다. 그러므로 여기서 마
음은 영혼을 말한다. 마음의 완고함obduracy은 하나의 기능의 상태가 아니
라 온 인격의 상태를 나타낸다. 같은 단어가 때로는 "눈을 어둡게 하다blind"
라고 번역되고, 때로는 "완고하게 하다harden"라고 번역된다. 이것은 '포로스
πωρώσει, 돌'와 '포로시스πώρωσις, 무분별, 견고'란 두 단어가 종종 같은 의미로 사용
되는 것과도 같다.막 3:5, 롬 11:25 참조

완악

그러므로 성경이 말하는 '완악hardness'은 다음과 같은 것들을 가리킨다.

• 단지 무감각이나 무의식뿐 아니라

• 마음의 무분별과

• 자신의 의지를 하나님과 진리인 그의 말씀에 반대로 굳혀버리는 것이다.

그것은 또한 다음과 같은 것들을 포함한다. ① 진리에 대한 불순종과 은밀한 적대, ② 그 자체를 결국 모독과 박해로 드러내는 진리에 대한 열렬한 반대와 혐오 등이다. 이러한 완악이 죄악된 상태이다.

• 바로 자체의 성격에 있어 그러하다.

• 자체의 고차원적인 형식에 있어 그것은 잃어버린 자들과 사탄의 상태나 그 성격이다.

• 그것은 스스로 초래한 것이다. ① 그것은 우리의 타락의 자연적인 결과이며, 또한 그 영향이다. ② 그것은 죄에 빠짐의 결과이며, 자연적인 결과이다. 미덕 함양의 자연적인 결과가 미덕이듯이, 또한 친절 함양의 자연적인 결과는 친절이듯이, 그리고 온유tenderness 함양의 자연적인 결과가 온유이듯이, 죄에 빠짐의 자연적인 결과는 죄, 곧 마음이 죄악으로 굳어짐hardness이다.

완악한 마음은 하나님의 심판이며, 유기에 대한 경고이다. 어느 정도로든 마음이 완악하다는 것은 유기를 두려워할 이유가 된다. 완악함의 고차원적인 형식들은 유기에 대한 명백한 증거다.

우리가 행위자의 행위들의 결과들을 행위자 자신에게 돌리듯이 그것완악 화은 사람들의 마음을 완악하게 하시는 것으로 언급되는 하나님에게 돌려진다. 우리는 아버지가 자녀를 망친다고 말한다. 이 말에 의해 우리는 그러한 멸망은 아버지의 행위의 자연적인 결과라는 것을 의미한다.

그러나 하나님의 경우에 있어 다음과 같은 사실들에 주목해야 한다.

- 하나님께서 사람들에게 은혜로 역사하시는 것처럼 그는 죄인들의 마음을 완악하게 하심에 있어 어떠한 능력도 행사하지 않으신다는 것이다.
- 그것은 징벌로써 성령의 간섭을 철회하시는 것이다. 그것은 완고한 것의 불가피한 결과다. 하나님께서는 바로^{Pharaoh}로 하여금 그 홀로 행하도록 결정하셨으며, 결과는 홀로 행하도록 하신 대로의 것이었다.

완악함에 대한 우리의 태도

이러한 완악함은 다음과 같은 특징이 있다.

- 논법이나 훈련 또는 수양에 의해 해결될 수 있는 것이 아니다.
- 그것을 치유하거나 제거하기에는 우리의 능력이 미치지 못한다.

그러므로 우리는 다음과 같은 태도를 가져야 한다.

- 그것은 우리가 매우 두려워해야 할 것이다.
- 그것은 우리가 저항하고 대적해야만 한다.
- 그것은 우리가 그렇게 되지 않도록 기도해야 할 것이다.
- 그것은 성령을 근심하게 하고 소멸시키는 일을 피함으로써 피해야 할 것이다.

67. 교만

"너희는 들을지어다, 귀를 기울일지어다, 교만하지 말지어다, 여호와께서 말씀하셨음이라 그가 어둠을 일으키시기 전, 너희 발이 어두운 산에 거치기 전, 너희 바라는 빛이 사망의 그늘로 변하여 침침한 어둠이 되게 하시기 전에 너희 하나님 여호와께 영광을 돌리라 너희가 이를 듣지 아니하면 나의 심령이 너희 교만으로 말미암아 은밀한 곳에서 울 것이며 여호와의 양 떼가 사로잡힘으로 말미암아 눈물을 흘려 통곡하리라"

■ 예레미야 13:15-17

교만의 일반적인 성격

그것은 우리 자신, 곧 우리 자신의 능력이나 장점과 중요성에 대한 과대평가이다. 그것은 감정 혹은 기분이다. 그것은 외적인 태도가 아니라 마음의 상태를 명시해 준다. 외관과 언어와 품행에 있어 교만은 오만arrogance으로 나타난다. 허영Vanity이 교만과 밀접한 관계가 있지만, 그러나 본질에 있어 교만과는 매우 다르다. 허영은 단지 칭찬에 대한 욕망이며, 그 단어의 어원이 가리키듯이 사소하고 대단치 않은 무엇이다. 허영심이 강한 사람은 종종 호감을 주기도 한다. 그러나 오만한 사람은 악의적이다.

다른 형식의 교만
- 문벌, 직함, 관직, 부와 같은 어떤 외적인 우수성에서 비롯되는 교만이다.
- 실제적이든 가정된 것이든 정신적인 우수성에서 비롯되는 교만이다. 이 것은 지적인 자만으로 하나님을 향하여 드러날 수 있으며, 혹은 인간

이성에 대한 지나친 신뢰와 이성으로는 완전하게 이해할 수 없는 하나님의 계시에 복종하기를 꺼려함에서 나타난다. 사도 바울이 모든 오만한 생각과 높아진 마음은 믿음으로 쳐서 복종시켜져야만 한다고 말했을 때 그는 바로 이러한 교만에 대해 말한 것이다. 그리고 우리 구주께서 우리로 돌이켜 어린아이들과 같이 되어야만 한다고 말씀하셨을 때에도 그는 바로 이러한 교만에 대해 말씀하신 것이다. 이러한 지적인 교만이 헬라인들과 이성론자들 그리고 철학자들의 특징으로서 이것은 성경을 연구하는 모든 신자를 공격하는 큰 해악 중 하나다.

- 우리 자신의 장점에 대한 부당한 평가에서 비롯되는 교만이다. 이러한 것은 정신적인 교만이다. 우리는 이러한 유형을 유대인들, 특히 바리새인들에게서 볼 수 있는데, 그들은 자신들을 다른 사람들보다 압도적으로 선하다고 생각하여 "나는 너보다 거룩하니 곁에 섰거라!"라고 말했다. 이러한 교만은 모든 사람의 마음속에 잠복해 있다. 우리는 우리 자신을 다른 사람들과 비교하여 우리들 자신이 다른 사람들보다 더 선하고, 더 양심적이며, 더 신실하고, 더 거룩하다고 생각하는 경향이 있다. 우리의 가장 신성한 경험들조차도 우쭐하는 자족감이 수반되기 쉬우며, 겸손에서조차 교만의 요소가 잠재해 있고 자기 비하를 자기 높임의 수단으로 삼는다.

교만의 도덕적인 혐오스러움과 유죄성

- 그것은 거짓 행위다. 그것은 허위, 곧 우리 자신에 대한 잘못된 평가다.
- 그것은 본질적으로 비신앙적이다. 그것은 하나님 대신 우리 자신을 높이고 그의 자리에 우리 자신을 대치시키는 행위다.
- 그것은 사탄의 죄였으며, 우리를 사탄과 결연시키는 것이므로 그것은 악마적인diabolical 것이다. 가장 극악한satanic 자들은 교만하고 악의적인 사람들이다.
- 그것은 본질적으로 이기적인 것으로서 자아를 최상의 존재로 여기고

그것을 우리의 동년배와 선배들 이상으로 높이며, 심지어는 하나님보다 높이고 그를 대적하는 것이다.

- 그것은 모든 점에서 본질적으로 하나님 앞에 혐오스러운 것으로서 다음과 같은 사실에서 입증된다. ① 이에 대한 성경에서의 빈번하고도 준엄한 탄핵에 의해, ② 구원에 필수적인 마음 상태와는 정반대임에 의해, ③ 사람들의 자만심을 낮추려고 의도되어진 자체의 규정들과 관리에 있어 구속의 모든 계획에 의해서 입증된다.

교만의 원인들과 치유

- 자만심은 무지와 하나님으로부터의 이탈 그리고 탁월성에 대한 잘못된 표준들에서 일어난다.
- 그것을 치유하기 위한 방법은 다음과 같은 것들이다. ① 우리의 존재의 무의미함과 우리가 전적으로 하나님을 의존하고 살아야 할 존재임에 대한 합당한 의식, ② 우리 자신의 무가치함에 대한 합당한 의식, ③ 하나님의 영광에 대한 바른 이해로 충만하여짐이다.

부수적인 치유법은 다음과 같다. ① 언제나 자신을 낮추라. 결코 높임받음exaltation이나 영예 그리고 칭찬을 구하지 말라. ② 실제적인 것이든 상상에 의한 것이든 자신의 우월성을 생각지 말라. ③ 낮은 신분의 사람들에 대하여 겸손하게 처신하라. ④ 자신으로부터의 것이 아니라 예수 그리스도의 것들을 구하고 다른 사람들에게 유익을 베풀 수 있는 법을 찾으라.

68. 정신적 교만

"또 자기를 의롭다고 믿고 다른 사람을 멸시하는 자들에게 이 비유로 말씀하시되 두 사람이 기도하러 성전에 올라가니 하나는 바리새인이요 하나는 세리라 바리새인은 서서 따로 기도하여 이르되 하나님이여 나는 다른 사람들 곧 토색, 불의, 간음을 하는 자들과 같지 아니하고 이 세리와도 같지 아니함을 감사하나이다 나는 이레에 두 번씩 금식하고 또 소득의 십일조를 드리나이다 하고"

■ 누가복음 18:9-12

정신적인 교만

교만은 어울리지 않는 자평^{自評}이다. 그것은 우리 자신에 대해 우리가 마땅히 생각해야 할 이상으로 높이 생각한다. 허영심은 박수갈채를 구하고 그것을 즐거워하는 성향이다. 전자는 정죄를 초래하고 후자는 경멸을 초래한다.

이 불합당한 자평은 다음과 같은 여러 가지 근거에서 명시되고 마음에 품어질 수 있다. ① 개인적인 우월성, ② 지적인 우수성, ③ 사회적인 지위, ④ 행동이나 견해 그리고 신앙적인 성취의 정확도이다.

이러한 형식의 교만이 정신적 교만이라 불리는 이유는 그것이 자체의 근거를 감각적인 것과 구별되는 정신이나 영혼에 두고 있기 때문이 아니며, 그것이 영혼으로부터 일어나기 때문은 더더욱 아니며, 그것은 정신적인 것들과 관련되어 있기 때문이다.

이러한 악덕에는 두 가지 형식의 것이 있다. 하나는 바리새주의적이며, 다른 하나는 정신적인 달성에 있어서의 우월성에 대한 억측이다. 이러한 두 형식의 교만은 각각 자체의 주체로 하여금 "나는 너보다 거룩하니 곁에 있거라" "나는…이 세리와도 같지 아니함을 감사하나이다"라고 말하게 한다는 데서 일치한다. 그러나 이 두 형식의 교만은 자체의 근거와 특징에 있어 본질적으로 각각 다르다.

바리새인들의 정신적인 교만은 그들의 개인적인 인격과는 관계없이 자신들의 혈통과 신정국 구성원임에 의해서 천상의 총아들이라는 억측에 의거했다. 귀족계급이 존재하는 사회에서 이에 속하는 자들은 사회의 다른 계층들에 대해 우월감을 느끼고 다른 사람들에게서 그러한 자들로 인정되며 우러러보게 되는데, 이는 내적이며 지적이거나 도의적인 그들의 우수성 때문이 아니라 단지 그들이 특권계급, 곧 대중들의 것보다 높은 계급에 속하기 때문이다.

따라서 바리새인들은 자신들이 아브라함의 자손이며 이스라엘 나라의 자녀들인 때문에 자신들은 천상의 총아들이며, 사죄, 높임받음, 지배권과 영생을 확신한다고 주장했다. 그들은 거룩했으며, 다른 사람들은 비속하고 죄인들이며 불경스럽고 아무리 보아도 그들 자신과 동등하게 취급될 가치가 전혀 없었다. 따라서 다른 사람들에게는 그들의 특권이 허락되어서는 안 되었다. 다른 사람들은 유대인들의 상에서 떨어진 부스러기들을 먹는 것으로 만족해야만 할 개들일 뿐이었다.

마찬가지로 로마 가톨릭교도들과 영국 국교^{성공회}도들에 의해 주장되고 있듯이 교회를 하나님의 약속들이 독점적으로 속하는 일정한 조직체로서의 외적인 사회로 생각하는 자들은 교회의 구성원이 되는 것만으로 자신들은 하나님의 총아들이며, 구원의 복들을 독점적이고 확실하게 상속하는 자들인 것으로 간주한다. 그들에게 있어 다른 모든 사람은 언약에 의하지 않는 긍휼에 맡겨지며, 그 교회^{로마 가톨릭교나 영국 국교}에 약속된 복들에 있어 보증된 어떠한 몫도 받지 못하므로 방주 밖에 또는 울타리 밖에 있다는 것이다.

이것이 영국 국교주의high churchism이다.

그러나 우리는 외적인 관계들에 기초되어 있는 우월감은 언제나 개인적인 내적 우월성에 대한 믿음을 야기한다는 것에 주목해야만 한다. 귀족은 언제나 한 인간으로서 자기는 평민보다 높은 계급에 속하는 사람이라고 느낀다. 이와 마찬가지로 바리새인이나 유대인은 개인적으로 자신을 이방인들보다 더 거룩하고 더 선하다고 느꼈다. 그리고 영국 국교도는 비국교도와 종파 분리론자에 대하여 이와 동일한 확신을 갖는다.

정신적인 교만의 근거

또 다른 형식의 정신적인 교만은 그 주체의 외적인 관계들이 아니라 주로 그의 외적인 상태에 근거되어 있다. 이것은 다른 사람들에 대한 정신적인 은혜들에 있어 개인적인 우월성에 대한 억측이다. 이것은 한편으로는 자기만족과 자기 찬성을, 다른 한편으로는 자신들의 동료 그리스도인들이나 일반 동료들에 대한 경시나 낮게 평가함을 수반한다.

이러한 것은 사람이 자신의 죄에 대해서 확신하지 못할 때 자신의 인격과 공적merits에 대해서 갖는 잘못된 평가에 지나지 않는다. 이러한 의미에서 자기의 것보다 더 나은 의에 대한 필요를 느끼지 못하는 사람은 모두 정신적으로 오만하고 독선적인 사람이라 불릴 수 있다.

그러나 '정신적인 교만'이란 단어는 신앙인들, 곧 자신들이 신앙적이라 고백할 뿐 아니라 신앙에 있어 자신들의 향상이 그들의 형제들보다 우월하고, 그들의 정신적인 상태에 비추어 자족감을 가짐에 있어서와 다른 사람들을 낮추어 봄에 있어서 자신들을 정당시하는 사람들과 관련해 더욱 자주 사용된다.

이 모든 형식의 정신적인 교만에는 가장 비열한 죄 중 하나가 내재한다. 그리스도께서는 바리새인들을 세리들과 창기들 이하로 대하셨다. 그들의 죄는 말하자면 고차원에 속한 것이었다. 그것이 그들의 인격에 대한 시금석이었다. 그것이 그들이 천국에 들어감에 있어 더욱 치명적인 장벽이 되었다. 이것은 교만과 악의적인 것으로서 정신적인 죄들은 단지 육신의 죄들보다 더 사악하다는 것을 가르쳐 준다.

교만이 사악한 죄인 이유

교만이 이처럼 사악한 죄가 되는 이유는 다음과 같다.

- 그것은 철저한 거짓^{falsehood}이기 때문이다. 그것은 거짓된 평가이다. 그것은 진실하지 못한 것을 진실한 것으로 가정한다. 그것은 우리가 아닌 것을 우리인 것으로 가정한다.
- 그것은 하나님과 그의 율법 그리고 그것의 요구들에 대한 무지에 근거되어 있기 때문이다.
- 그것은 우리의 참된 인격과 하나님에 대한 우리의 참된 관계가 되는 마음 상태와는 정반대가 되는 것이기 때문이다.
- 그것은 자체의 성격에 있어 불쾌한 것일 뿐만 아니라 자만을 매력적인 것으로, 무력한 것을 유력한 것으로, 악한 것을 선한 것으로, 혐오스러운 것을 아름다운 것이라 주장한다는 것이 지극히 가증하기 때문이다.
- 그것은 악의, 경멸, 잔인함과 불의의 근원이기 때문이다.

69. 야망

"그 때에 세베대의 아들의 어머니가 그 아들들을 데리고 예수께 와서 절하며 무엇을
구하니 예수께서 이르시되 무엇을 원하느냐 이르되 나의 이 두 아들을 주의 나라에
서 하나는 주의 우편에, 하나는 주의 좌편에 앉게 명하소서 너희 중에는 그렇지 않아
야 하나니 너희 중에 누구든지 크고자 하는 자는 너희를 섬기는 자가 되고 너희 중에
누구든지 으뜸이 되고자 하는 자는 너희의 종이 되어야 하리라"

■ 마태복음 20:20-21, 26-27

야망은 탁월함에 대한 욕망과 구별되어야 한다

야망Ambition이 찬동approbation에 대한 욕망과 혼동되어서도 안 된다. 그것
은 칭찬에 대한 단순한 욕망과 같은 성격의 것이 아니다. 그것은 특별히 첫
째가 되려는 욕망, 다른 사람들보다 위에 있고 앞서려는 욕망, 다른 사람들
보다 더 나아지고 더 많이 알고 더 많이 행할 수 있으려는 욕망이며, 그러한
자신의 우월성을 사람들로 알게 하고 인정받으려는 욕망이다. 이것은 다른
사람들이 지식과 능력, 미덕과 지위에 있어 상대적으로 열등해야 한다. 즉
자기 밑에 있어야 한다는 욕망의 다른 형식일 뿐이다.

이러한 행동 원리는 실로 범세계적인 것이다. 이러한 것은 사소한 문제나
중요한 문제들에 있어 사회의 모든 신분, 모든 계층의 사람들에 의해 나타
난다. 사람들은 자신들이 노력하는 목적이 단지 악하지 않다거나 사소한 것
이 아니라고 생각될 때 그들은 그러한 것을 곧잘 신성한Holy 야망이나 숭고
한Noble 야망으로 인식한다. 이러한 보편적인 야망은 자연스러운 것이다. 그

것은 또한 어떤 의미에서는 유익하기도 하다. 그것은 바로 부에 대한 욕망이 근면과 진취적인 정신, 검소함, 극기 등에 이르게 되는 것같이 부수적인 유익들을 낳기도 한다. 그러나 어떤 행동 원리가 자연스럽고 부수적으로 유익할 수 있다하더라도 그것은 다른 한편으로 사악하기도 하다.

야망의 성격은 악한 것이다

그러한 야망은 자체의 성격에 있어 악한 것이며, 그러므로 그것의 영향력은 타락시키는 것이라는 것은 명백하다.

- 그것은 하나님에 대한 피조물로서의 우리의 관계와 불일치하기 때문이다. 우리는 하나님과 비교하여 보면, 그리고 피조물로서의 규모에 있어서조차 철저히 무의미하다. 그러므로 우리가 탁월함pre-eminence에 대한 욕망을 품는다는 것은 엄청난 무지와 스스로 어떠한 존재인가에 대한 우리의 망각을 의미한다. 이러한 면에서 야망이란 실로 우스운ridiculous 일이다. 그것은 우리로 모든 지적인 존재의 경멸의 대상이 되게 한다.

- 그것은 하나님에 대한 죄인들로서의 우리의 관계와 불일치하다. 죄에 대한 진정한 의식, 곧 하나님 앞에서 우리의 유죄성과 타락성에 대한 확신은 필연적으로 자아 비하와 자아 혐오에 이른다. 이러한 형편에서 야망이란 실로 역겨운disgusting 것이다.

- 그리스도께서는 언제나 탁월함excellence에 대한 이러한 욕망을 책망하셨기 때문이다. 그는 언제나 첫째가 되고자 하는 자들은 가장 작은 자가 되어야만 한다고 가르치셨다. 그는 여러 경우에서 이와 같이 가르치셨다. 즉 두 제자 야고보와 요한이 그에게 와서 각각 그의 오른편과 왼편에 앉을 수 있도록 구했을 때와 그의 제자들 중 누가 가장 큰 자이어야만 하는가란 논란이 있었을 때 주께서는 그와 같이 가르쳐 주셨다.

- 야망의 이러한 특성의 어떤 일면도 그리스도에겐 존재하지 않았다. 그는 스스로 자신을 영화롭게 하지 않으셨다. 그리고 우리는 결코 그가 야망의 정신에 의해 고무되셨던 것으로는 생각지 않는다. 그는 모든 면

에서 우리의 표준이시다. 우리는 오직 그의 형상과 같은 모양이 되어야
만 한다. 그는 온유하고 겸손하셨다.

• 우리가 야망이 명시되는 것을 볼 때마다 우리는 언제나 정반대의 기질
을 입증할 수 있어야만 한다. 양심의 본능적인 판단은 인간의 모든 자
기 본위를 정죄한다.

• 야망은 우리가 올바른 동기들과 감정에 의해 지배받는 것과는 다르다.
하나님에 대한 사랑과 그리스도의 영광, 그리고 사람들의 유익이 그리
스도인들을 지배해야만 할 동기들이다. 그리고 우리가 우리의 마음을
지배할 다른 열등하고 자기 본위적인 동기들을 허용하는 것만큼 우리
는 더럽혀지고 타락된다.

야망에 대한 치유법

• 그것은 우리의 무의미함과 무가치함에 대한 의식을 교화시키는 것이다.
우리가 은혜와 우리 자신에 대한 참된 지식에서 성장해 갈수록 우리는
참으로 겸손하게 될 것이다.

• 그것은 우리의 마음을 그리스도로 충만케 하는 것이다. 우리가 그에 대
해 알수록 우리는 그의 탁월하심과 요구들을 더 잘 이해하게 되며, 우
리는 스스로 크게 되기를 덜 바라게 된다.

• 그것은 이 사악한 욕망에 굴복하기를 부단히 거부하고 그러한 욕망을
마음에 품거나 그것의 지시에 따르기를 부단히 거부하는 것이다. 그리
고 사람들로부터 오는 영예 구하기를 끊임없이 피하는 것이다.

70. 가증한 악인의 제물

"악인의 제물은 본래 가증하거든 하물며 악한 뜻으로 드리는 것이랴"

잠언 21:27

악인의 제물

여기서 말하는 제물은 속죄를 위하거나 하나님을 화해시켜 호의를 얻기 위해 그에게 잡아 드려진 희생제물이다. 이때엔 희생제물 외에도 하나님께 소제가 드려지거나 그를 위해 무엇인가가 행하여졌다. 여기서 말하는 것은 가장 신성하고 엄숙하며 요구되어진 것들이라 하더라도 악인들에 의해 드려지거나 행하여질 땐 혐오스러운 것이라는 것이다. 농부가 쟁기로 밭을 갈 때와도 같은 그들의 무관심한 행위들뿐 아니라 그들의 최선의 행위들, 곧 신앙심이나 용서나 호의를 얻으려는 욕망에서 하나님께 복종하여 행하여진 것들도 하나님 앞에 혐오스러운 것이다.

혐오스러움은 역겨움과 심한 불쾌함을 야기시키는 것이다. 또한 그것은 마음의 극도의 불찬성과 급격한 반동을 야기시키는 부도덕한 행위나 인격에 적용된다.

이 단어가 악인들에 대하여는 종종 부도덕한 것을 의미한다. 그러나 이 단어는 본디 범죄들 또는 벌을 받을 만한 것들을 의미한다. 혐오스러움은 의로운 것에 반대된다. 그리고 성경은 모든 사람을 의인과 악인들로 구분하므로 이 중 한 부류에 속하지 않은 자들은 다른 부류에 속하는 자들이다. 악인들, 곧 하나님과 화해하지 못하고 여전히 죄로 인하여 하나님의 진노와 저주 아래 있는 자들은 모두 유죄자들이다.

본 절에는 두 가지 중요한 진리가 내포되어 있다.

하나님이 악인의 제물을 받으시지 않는 이유

명령되어진 어떠한 외적인 의식도 마음이 바르지 못할 땐 하나님께 열납되지 못한다는 것이다. 하나님께서 신령과 진정으로 예배 받으시기를 요구하신다는 법칙은 성경에 특별한 것이다. 이러한 법칙은 이교도나 타락된 형식의 기독교에는 해당되지 않는다.

- 이 법칙은 외적 행위들만이 중시되는 모든 이교도 신앙에 반대된다. 예배와 의식과 규칙은 모두 일련의 외적인 행위들이다. 만일 이러한 것들이 자체를 위해서 열납되는 것으로 가정한다면 이는 마치 누구에 의해 주어지는 것이든, 어떠한 동기에서 주어지는 것이든 선물 자체가 가난한 자를 구제한다는 것과도 같다.

- 이 법칙은 로마 가톨릭교회의 의식적인 예배, 고해성사, 공로 행위, 예배자의 견해와 감정에 관계없이 가치가 있는 것으로 가정되는 모든 것을 제외한다.

- 이 법칙은 모든 형식주의를 정죄한다. 곧 그것은 우리가 하나님께 드리는 예배가 단지 습관에서나 또한 여론을 감안하여 드려질 땐 우리는 하나님을 불쾌하게 하는 것이다. 또한 그러한 것은 단지 입술로만의 예배라고 가르친다.

- 이 법칙은 임종 시에 자비 행위에 의해서 하나님을 자신들과 화해시키려는 죄인들의 소망이 얼마나 헛된 것인가를 보여준다. 그것은 또한 자신들이 어떠한 형식으로든 하나님과 화해시킬 수 있는 수단으로서 자신들의 기도나 자신들의 노력, 그리고 자신의 행위를 의지하면서 생명의 길을 묻거나 구원을 찾고 있는 자들의 소망이 얼마나 헛된 것인가를 보여준다. 부정한 목적과 잘못된 동기에서, 혹은 그릇된 마음에서 드려지는 모든 예배는 하나님께 혐오스러운 것이다.

성경의 주장

본절에 내포되어 있는 또 다른 중요한 진리는 "악인들의 경영은 죄니라"
—그들이 하는 모든 것은 죄에 속하느니라—라고 한 잠언의 유사한 표현이
다. 그들이 하나님의 율법을 어김과 그들의 성품에 있어 부정한 것들뿐 아
니라 그들의 성품에 있어 무관심한 행위들이 죄이며, 하나님께 불쾌한 행위
들이다. 이러한 것들이 성경의 주장이다. 그러므로 의미에 있어 이러한 진
술은 명백하다. 성경의 이러한 주장은 우리에게 다음과 같은 것을 가르쳐
준다.

- 무관심한 행위들은 그 자체 죄가 된다. 즉 행위자가 바른 마음 상태를
  갖고 있지 않은 상태에서 무관심한 행위들을 행하는 것은 곧 죄가 된다
  는 것이다. 배가 고플 때 먹는 것 혹은 밭을 가는 것 자체는 죄가 되지
  않는다. 그러나 만일 사람이 모든 선한 것을 주시는 분인 하나님께 감
  사한 의식을 갖지 않고 먹는다면 그는 먹음에 있어서와 먹고 있는 동안
  죄를 짓는 것이다. 그리고 밭을 가는 것 자체는 죄가 되지 않는다. 그러
  나 하나님께 의존한다는 의식을 갖지 않고 밭을 갈거나 씨를 뿌리는 사
  람은 밭을 갈고 있는 동안 죄를 짓는 것이다.

- 성경의 이러한 주장은 우리에게 하나님의 은혜를 입지 못했거나 그에
  대해 적대적인 사람은 심판을 받으며, 그의 개인적인 행위들이 아니라
  그의 내재하는 인격에 의해 평가를 받게 된다고 가르친다. 탕자나 자기
  의 주권자에 대한 반역자는 그가 먹거나 잠을 자거나 밭을 갈거나 씨를
  뿌리거나 간에 악한 아들이며 악한 신하다. 그들이 그러한 반역이나 불
  순종을 고수하는 한 그들은 곧 비난과 정죄의 대상인 것이다. 그러므로
  죄인이 하나님과 화해될 때까지 그 자신의 행위들이 본질적으로 무관
  심한 것이든 올바른 것이든 그러한 것들이 공의와 자비의 행위든 신앙
  적인 행위든 간에 그가 행하는 모든 것에 있어 죄인인 것이다. 그러한
  것들이 죄인의 행위들이며, 하나님께 있어 불쾌한 것들이다.

이러한 원리가 종종 곡해된다. 사람들은 죄인들이 기도하는 것은 부정하

다고 가르쳐 왔다. 이러한 가르침은 불합리한 것이다. 개종하지 않은 농부가 밭을 갈지 않는 것보다는 밭을 가는 것이 좋다. 밭을 가는 경우보다는 밭을 갈지 않는 경우에 그는 더욱 죄를 짓는 것이 될 것이다. 그러므로 그가 해야 할 것은 바른 정신으로 밭을 가는 것이다. 기도를 함에 있어서도 그렇다.

71. 말에 대한 책임

"내가 너희에게 이르노니 사람이 무슨 무익한 말을 하든지 심판 날에 이에 대하여 심문을 받으리니"

마태복음 12:36

모든 말은 마음에서 나온다

여기서 제시되는 중요한 진리는 사람이 하는 모든 말은 그들의 인격을 나타내며, 그 인격이 결정되어지는 표준^{criterion}을 드러내 주리라는 것이다.

'한가한^{idle, 무익한}'이라 번역된 단어 '아르고스^{ἀργός}'는 '헛된' '무익한'을 의미하며, 암시적으로는 '악한'을 의미한다. 우리 주께서는 그^주를 거스려서 한 말은 용서함을 받을 것이나 성령을 거스려 말한 자는 결코 용서함을 받지 못하리라고 말씀하셨다. 사람마다 하는 말이 그 사람의 인격과 운명을 결정한다. 이것은 좋은 나무가 좋지 못한 열매를 맺는 것과도 같다. 따라서 우리는 우리가 하는 말들에 대하여 심판을 받게 될 것이다. 그러므로 본 절이 가르치려는 진리는 부질없는 행위의 죄가 아니라 먼저는 사람이 하는 모든 말은 속에서 곧 마음에서 나온다는 것과 우리는 우리가 하는 모든 말에 대하여 결산 보고해야만 하며, 그것들에 의해 심판을 받으리라는 것이다.

언어, 인격의 표현

언어가 인격을 나타냄은 그것이 인격에 의해 결정되기 때문이다.

언어와 사고 간의 관계는 우리가 언어를 사용하지 않고 생각한 것을 표현할 수 있을까 의문시해야 할 정도로 상호 불가분인 것이다. 언어는 사고의 표현 수단measure이다. 어떠한 민족이나 개인도 그가 사용하는 언어를 초월할 수는 없다. 자체의 표현 수단에 관한 한 야만인은 야만어를 갖고 있다. 민족마다 자체의 언어를 갖고 있듯이 또한 각 민족의 개인들마다 자기들만이 사용하는 언어가 있다. 언어는 사고를 반영할 뿐 아니라 무엇보다도 감정의 매체이며, 감정에 의해 결정된다.

모독의 말이나 불경한 말, 악의적인 말, 빈정거리는 말이나 경멸의 말, 오만과 자만의 말, 불순한 말, 거짓말과 배신의 말, 어리석은 말과 허튼 말 등이 모든 것은 그가 어떠한 사람인가를 보여준다. 그러한 말들이 그의 인격을 결정한다. 그러한 것들이 그에게는 식물의 잎과 꽃, 향기와 열매와 같은 것이다.

범죄의 증거

사람은 자기가 한 모든 말에 대해 하나님께 보고해야 할 날이 온다. 사람은 유대인들이 생각했듯 자신의 운명을 자신의 나라나 교회에서 출생함에 의해 결정되는 것이 아니다. 사람들은 그들의 행위나 일들에 대해, 또 그것에 의해서만 심판받는 게 아니다. 정죄 받는 것은 주정꾼, 살인자, 도적뿐만 아니며, 옳다 함을 받는 자는 의롭고 호의적인 일들을 행한 자들뿐만 아니다. 언어는 외적인 행위만큼이나 인격의 참된 지표이며, 따라서 그것으로 심판의 바른 근거가 되는 것이다. 본 절을 통하여 주께서는 언어가 사람이 의롭다 함을 받을 근거라는 것을 의미하시는 것은 아니다. 다만 언어가 그의 인격에 대한 증거라는 것을 의미하신다. "네 말로 의롭다 함을 받고 네 말로 정죄함을 받으리라"마 12:37 곧 발설된 말들이 심판의 근거가 아니라 범죄의 증거라는 것이다.

말의 중요성

• 그것은 우리의 인격에 의해 결정되며, 그것은 우리의 인격을 나타내기

때문이다.

- 언어와 인격은 상호 반작용하며, 언어가 인격을 굳히기 때문이다. 그러므로 기도와 찬양에 있어 언어 사용은 실로 주의를 요한다.
- 언어는 우리 동료들에게 선악을 베푸는 신비로운 능력을 옷 입고 있기 때문이다.

우리 자체가 성령의 전이자 그리스도의 전으로 묘사된다. 상대방에 들려지는 우리의 모든 무익한 말은 그것들이 오류의 말이든 악한 생각과 감정을 야기시키는 말이든 간에 하나님의 전을 더럽히는 경향이 있다.

- 선악간 우리가 다른 사람에게 주는 영향의 대부분은 언어에 의한 것이다. 사도 야고보는 "만일 말에 실수가 없는 자라면 곧 온전한 사람이라"^{약 3:2}이라고 했다. 혀는 육체를 지배한다. 혀는 불의의 세계이다. 그것은 온몸을 더럽힌다. 그것은 생의 바퀴를 불사르고^{약 3:6} 지옥불을 지른다.
- 혀는 제어하기가 어렵다. 모든 성인들^{holymen}은 그들의 입술에 파수꾼을 세움으로 혀로 범죄하지 않았다. 우리는 성취해야 할 두 가지 중대한 의무가 있다. ① 악의 원리를 파괴하고, ② 악의의 표현을 저지해야한다.

우리는 나무를 질 좋은 것으로 변화시켜야만 한다. 영적인 일들에 있어 어떤 원리에 대한 명시를 저지시키는 것은 그것을 파괴시키는 경향이 있다. 결코 분노의 말을 하지 않는 사람은 분노의 성벽을 파괴시킨다. 결코 거짓말을 하지 않는 사람은 속이는 성벽을 파괴시킨다. 악의 있는 말이나 비난조의 말 등을 결코 하지 않는 자도 그와 같다.

72. 숨은 허물에서 벗어나게 하소서

"자기 허물을 능히 깨달을 자 누구리요 나를 숨은 허물에서 벗어나게 하소서"

시편 19:12

죄에 대한 성경적 개념

죄에 대한 성경적인 개념은 하나님의 율법에 비추어 인간의 어떠한 행위나 상태 그리고 감정의 일치에 있어 미흡함이다. 이러한 사실은 다음과 같은 것을 나타낸다.

- 심판의 기준은 이성이나 편의도 아니다. 그러나 하나님의 율법과 그 율법은 우리의 지식이나 오해에 있는 그대로가 아니라 본디 존재하는 그대로의 율법이라는 것이다.

- 죄를 짓기 위해 죄를 지으려고 의도할 필요는 없다. 즉 하나님의 뜻에 거스르고 계획할 필요는 없다. 그러한 것들은 모두 주제넘은 죄들이 될 것이기 때문이다.

- 어떤 것의 죄악됨은 그 자체의 성격에 달려 있다. 어떤 것이 참되지 못하거나 거짓된 것은 단지 우리가 그것을 그와 같이 간주하기 때문이다. 그렇다고 자신들을 의롭다고 생각하는 모든 사람이 의로운가? "어떤 행위의 특성은 그 행위가 실행되는 동기에 달려 있다"는 격언은 오직 자체의 성격에 있어 대수롭지 않은 행위들에 대해서만 사실이다. 굶주린 자에게 빵을 주거나 어떤 사람에게 고통을 가하는 것은 동기에 달려 있다. 그러나 하나님을 혐오하고 저주하는 것은 동기에 관계없이 사악

한 것이다.

- 단지 요구된 행위들의 생략이 아니라 요구된 상태의 부재와 하나님의 율법에 대한 일치의 어떠한 결핍도, 곧 열심, 믿음, 감사와 사랑의 결핍이 죄라는 것이다. 그것의 표준은 절대적인 완전이다. 하나님의 율법의 요구에 미치지 못하는 것은 어느 것이든 모든 것이 죄이다. 이것이 이성과 양심의 증언이기도 하거니와 하나님의 말씀의 증언이다.

- 의무의 표준은 능력이 아니라 율법이라는 것이다. 사람이 자기가 할 수 없는 것을 반드시 해야만 하는 것은 아니라는 격언은 대개의 다른 오류들처럼 반쪽 진리half-truth다. 그러한 것이 지적이며 외적인 행위들에 관련해서는 사실이지만, 내적이며 도의적인 행위와 상태들에 관련해서는 참된 것이 아니다.

그러나 죄가 무엇인가에 대해서 두 가지 측면에서 고찰해 볼 수 있다.

- **"죄가 무엇인가?"는 모든 일차적인 개념들에 주어질 수 있는 답변밖에는 인정하지 않는 질문이다.**
  죄는 도의적으로 악한 것이다. 그렇다면 도의적인 악이란 무엇인가? 그것은 도의적인 탁월함에 반대되는 것이다. 옳고 그름은 기쁨과 고통과 같이 단순한 개념들이다. 우리는 스스로 기쁨과 고통, 아름다움과 흉함, 옳고 그름에 대한 감수성을 갖고 있다. 죄는 거룩함, 곧 하나님의 무한한 거룩하심에 반대되는 것이다.

- **무엇이 죄의 범주에 드는가?**
  하나님의 율법과 일치하지 못하거나 그 율법을 어김이다.
  ① 그것의 표준은 하나님의 율법이다.
  ② 율법이 금하는 죄악된 것들을 만들어 내는 데 의지가 필요가 없다.
  ③ 죄를 짓는 데는 지식이 필요하지도 않다.

④ 그것은 단지 선의 부재만으로 악하기 때문이다.

⑤ 그러므로 능력이 우리의 의무의 척도가 아니다.

죄에 대한 견해

복음은 죄로부터의 구원을 위한 계획^{scheme}이므로 구속에 대한 우리의 견해는 죄에 대한 우리의 견해에 의해 결정되어야 한다. 만일 후자의 견해가 불완전하고 결함이 있게 된다면 전자의 견해도 그러할 것임에 틀림없다. 아우구스티누스주의, 펠라기우스주의, 아르미니우스주의 등 이 모든 학파들이 죄에 대한 가지각색의 견해들로 시작했으며, 그러므로 다른 모든 학파들도 죄에 대한 견해를 각각 달리했다. 그러나 그들의 경험과 신앙 형식은 그들의 죄론들과 일치한다.

숨은 죄란?

죄의 성격이 그러한 것이라면 숨은 죄들이란 무엇인가?

- 그것은 단지 다른 사람들에게 은밀한 죄들이 아니다. 많은 사람이 알려지지 않는 죄들에 빠지며 그러한 죄들이 그들의 양심을 괴롭히는데, 이는 그들의 죄가 알려지지 않기 때문이다. 만일 어떤 사람의 은밀한 행위들, 곧 그의 모든 생각과 감정, 그의 내적인 자만과 허영, 자기 동료들에 대한 악의 등이 알려지게 된다면 그는 어떻게 느낄까를 생각토록 해 보라.

- 그것은 우리 자신이 깨닫지 못하는 죄들이다.

첫째, 우리가 오해하고 있는 것들과 우리가 대수롭지 않거나 선하다고 여기는 것들이다. ① 극단적인 열정, ② 편협, ③ 트집 잡기 좋아함, ④ 바리새인들과 같이 신앙심이 깊은 체함, ⑤ 돋보임에 대한 욕망, ⑥ 어떤 직업적이며 업무상의 버릇들이다.

둘째, 우리가 주목하지 못하거나 우리가 죄스러운 것으로 생각지 못하는 것들이다. ① 하나님에 대한 부정, 즉 하나님과 그리스도 그리고 우

리의 동료 그리스도인들과 일반 동료들에 대한 합당한 사랑의 부재, ②
의무를 소홀히 하는 것이다. 즉 우리가 행할 수도 있었을 선을 베풀지
않는 것이다.

숨은 죄에 대한 고찰

• 우리의 이해력은 우리가 범하는 죄들의 사악성을 충분히 깨닫지 못한
다. 누가 자기의 허물들을 제대로 깨달을 수 있는가?
• 자신을 구원할 수 없는 인간의 철저한 무능력.
• 모든 죄로부터 깨끗하게 하는 구속의 필요성.
• 우리에게 있어 교화시키고 성화시키는 성령의 역사의 필요.
• 하나님의 자비하심과 오래 참으심에 대한 우리의 의무.

73. 재타락

"에베소 교회의 사자에게 편지하라 오른손에 있는 일곱 별을 붙잡고 일곱 금 촛대 사이를 거니시는 이가 이르시되 내가 네 행위와 수고와 네 인내를 알고 또 악한 자들을 용납하지 아니한 것과 자칭 사도라 하되 아닌 자들을 시험하여 그의 거짓된 것을 네가 드러낸 것과 또 네가 참고 내 이름을 위하여 견디고 게으르지 아니한 것을 아노라 그러나 너를 책망할 것이 있나니 너의 처음 사랑을 버렸느니라 그러므로 어디서 떨어졌는지를 생각하고 회개하여 처음 행위를 가지라 만일 그리하지 아니하고 회개하지 아니하면 내가 네게 가서 네 촛대를 그 자리에서 옮기리라 직 네게 이것이 있으니 네가 니골라 당의 행위를 미워하는도다 나도 이것을 미워하노라 귀 있는 자는 성령이 교회들에게 하시는 말씀을 들을지어다 이기는 그에게는 내가 하나님의 낙원에 있는 생명나무의 열매를 주어 먹게 하리라"

■ 요한계시록 2:1-7

성경에서의 재타락

성경에서는 두 가지류의 재타락이 언급되는데, ① 신앙 공언자들의 재타락과 ② 하나님의 참된 백성의 재타락이다. 하나님을 섬김과 그의 율법 준수에서 떨어져 나가고, 우상들을 섬김과 이방인들의 관습을 따르는 데 있었던 이스라엘인들의 재타락은 전자에 속한다. 그러한 재타락은 개개인들에 관한 한 대체로 결정적인 것이었으며, 그러므로 그것은 그들의 멸망으로 끝났다.

우리는 기독교 교회들과 공동체들의 재타락이 그와 동일한 부류에 속하는 것으로 보아야만 한다. 로마 가톨릭교회, 영국, 스코틀랜드, 화란, 독일, 스위스 교회 들이 모두 그러한 재타락을 경험해 왔다. 어떤 나라 교회들에는 영속적인 변절이 다른 나라 교회들에서는 일시적인 변절이 존재한다. 신앙고백자들, 곧 신앙의 능력을 다소 경험해 왔고, 자신들을 참된 개심자들로 여겼다. 또 다른 사람들에 의해서도 그러한 자들로 간주되어 왔을 뿐만 아니라 교회의 교제에 동참해 왔으면서도 후에는 세상으로 되돌아가 그들의 신앙고백을 포기하고, 많은 경우들에서는 부도덕하거나 회의적으로 된 자들의 재타락이 그와 동일한 부류에 속한다.

이 경우는 이스라엘인들의 최초의 경우보다 더 악하다. 어떤 경우들에서는 그러한 자들을 다시 회개시키기란 불가능하다. 히브리서 6장 6~10절은 그러한 자들의 신앙 경륜이 얼마나 위대할 수 있고 그들의 신앙적인 체험이 얼마나 깊을 수 있으며, 또한 그러한 자들의 타락이 얼마나 두렵고 절망적일 수도 있는가를 보여준다.[2*]

하나님 백성의 재타락

이것은 전자의 것과 얼핏 구별하지 못할 수도 있다. 하나님의 참된 자녀도 몹시 변절해 버림으로 참된 그리스도인으로 살아오는 동안 경험했던 모든 증거를 잃어버리고, 다른 사람들에게 그러한 증거를 보여주지 못할 수도 있다. 그러나 이 두 경우 사이에는 기절과 죽음 사이의 차이가 있다. 두 경우가 표면상으로는 같다. 그러나 기절에는 잠자는 경우에서처럼 생명의 원리가 있다. 기절은 적절한 방법에 의해 분명히 소생한다. 이에 반하여 죽음에는 생명의 원리가 부재하며 소생할 가능성이 전혀 없다.

하나님 백성의 재타락에는 첫째로 영적 생명의 내적 원리의 능력에 있어서의 쇠퇴, 둘째로 그러한 능력의 모든 정상적인 명시들에 있어서의 쇠퇴가

2* 히브리서 6:1-12는 히브리서의 독자들이 실제로 경험한 것이라기보다는 앞 장들에서 언급한 이스라엘 백성의 불순종한 삶을 요약하면서, 히브리서의 독자들에게 지금까지 잘 해왔고, 현재도 잘하고 있지만, 무엇보다 앞으로도 지치지 말고 신앙의 길을 꾸준히 걸으라는 경계의 말씀으로 읽는 것이 옳다.

존재한다. 즉 다음과 같은 현상들이 지속되어 왔다. ① 하나님과의 교제에 대한 무관심, ② 신앙생활에 있어서의 개인적 의무들에 대한 나태, ③ 마음과 생각을 지키고 말을 조심함에 있어서의 방치 상태, ④ 외적인 의무들에 대한 태만, ⑤ 세상을 따라감, ⑥ 공공연한 죄에 빠짐이 그것이다.

회개할 때든 즐거워할 때든 감정적인 뜨거움의 단순한 타락이 재타락에 대한 증거는 아니다. 우리의 감정은 환경에 따라 변한다. 그것은 한 날의 시간에 따라서와 일기와 계절 그리고 몸의 상태나 인생의 시기에 따라 변한다. 즉 청년들은 감정으로 충만하고 노인들은 온화하다.

사람들은 자신들을 불필요하게 괴롭힌다. 진정한 시금석은 우리의 믿음과 습관 그리고 모든 행위를 결정할 경건의 원리의 능력에서 찾아야만 한다.

재타락의 위험은 다음과 같은 것들로부터 일어난다.
• 방심할 수 없는 자체의 성격에서
• 점차 악화되어 가는 자체의 경향에서
• 큰 죄악인 하나님에 대한 자체의 무례함에서
• 만일 억제하지 않는다면 그 자체 멸망으로 끝날 확실성에서 그러하다. 우리 자신에게나 우리 주위에 있는 그 어느 것—다른 사람들 그리스도인들, 목사들이나 은혜의 방편들^{성례, 말씀, 기도} 자체—에도 재타락의 진행을 저지시킬 수 있는 것이 전혀 없다. 그것은 오직 하나님의 계획에 달려 있다.
• 재타락은 필연적으로 많은 고통과 손실을 초래하며, 그리스도의 이름에 지대한 불명예를 남긴다.

재타락의 치유

자신이 재타락해 있음을 의식하는 자들은 첫째로 회개해야만 하며, 둘째로는 다음과 같은 일들을 해야만 한다. ① 자신의 실상과 그 실상과 관련된 자신의 범죄에 대한 바른 견해, ② 거룩한 대화와 일치하지 못 하는 일체의 것을 포기하려는 결의, ③ 자신들이 범해 온 죄와 행하여 온 악에 의한 수치와 슬퍼함을 가져야 한다.

그들이 첫째로 해야 할 일들은 그들이 최초로 하나님의 은혜를 발견하게 되었던 매체와 방편들에 의해 하나님께로 되돌아가는 것이다.

- 그들은 오랫동안 계속적이며 끈기 있게 눈물과 간구로 하나님의 은혜를 열렬히 구해야만 한다.
- 그들은 그리스도를 통하여, 그리고 그의 보혈을 적용하거나 그^{그리스도}에 대한 믿음을 발휘하여 그것을 구해야만 한다.
- 그들은 은혜의 모든 방편을 부지런히 사용함으로 그것을 구해야만 한다.
- 받을 자격이 없고 상실했던 성령의 도우심을 겸손히 의지함으로 구해야만 한다.

74. 용서받을 수 없는 죄

"또 누구든지 말로 인자를 거역하면 사하심을 얻되 누구든지 말로 성령을 거역하면 이 세상과 오는 세상에서도 사하심을 얻지 못하리라"

■ 마태복음 12:32

성령 하나님에 대한 죄

삼위일체 교리는 교리적인 체계로서 기독교 신앙의 기초를 이룬다. 우리는 삼위일체의 각 위와 특별한 관계에 있다. 성부 하나님은 율법의 근원이시며 구속에 대한 계획의 주창자이시다. 그가 그 계획을 세우셨고, 각 사람을 택하시고 부르신다. 성자 하나님께서는 성부 하나님께서 택하시고 부르신 자들을 구속하신다. 그리고 성령 하나님께서는 성자의 보혈로 사신 구속을 각 사람에게 적용하신다. 그러나 우리는 성부 하나님께 불순종하고 성자 하나님을 불신하며, 성령 하나님에 대하여 저항하고 근심하게 하며 모독한다. 성부 하나님이나 성자 하나님에 대한 모든 죄는 용서함을 받을 수 있지만, 성령 하나님에 대한 죄는 결코 용서받을 수 없다.

용서받을 수 없는 죄의 특징

본 주제에 대하여는 다음과 같은 사실에 주목해 볼 수 있다.

• 용서받을 수 없는 죄가 있다는 것이다.
• 그것은 단지 마음의 죄가 아니라 공공연한 죄다. 즉 신성 모독죄다.
• 그것은 특히 성령을 거스르는 것이며, 성령과 단절하는 것이다. 또한 그

를 모독하거나 멸시하는 데 있다.

용서받을 수 없는 죄의 특별한 특징이 있는데, 다음의 것들을 포함한다.
• 성령을 악하다고 생각하고 선포하는 것이다. 그가 초래하는 영향을 사탄이나 악하고 불결한 영에 돌리는 것이다.
• 그것은 그의 증언을 거짓된 것으로 거부하는 것을 내포한다. 그는 예수께서 하나님의 아들이심을 증언하신다. 그러나 죄인들은 그가 단지 인간일 뿐이라고 선언한다. 성령께서는 예수가 거룩하시다고 증언하신다. 그러나 죄인들은 그가 행악자라고 선언한다. 성령께서는 그의 보혈이 모든 죄로부터 깨끗이 한다고 증언하신다. 그러나 죄인들은 그것이 부정한 것이라고 선언하고 그것을 짓밟는다.
• 그것은 성령에 대한 의식적이며 고의적이고 악의적인 저항과 그^{성령}와 복음에 대한 영혼의 단호한 반대 그리고 혐오함으로 성령과 복음으로부터 외면하는 것을 내포한다.

죄로부터의 구출

이러한 죄로부터의 구출은 다음과 같은 것을 필요로 한다. ① 복음에 대한 지식, ② 복음 진리에 대한 확신, ③ 복음의 능력에 대한 경험을 필요로 한다. 그러한 죄는 성령과 그의 모든 증언과 그의 역사를 악의적이며 거침없는 모독으로 거부하는 것이다.

우리는 마태복음 12장 13절과 마가복음, 누가복음에서의 유사절들을 히브리서 6장 6-10절, 10장 26-29절과 비교해 봄으로써 용서받을 수 없는 죄에 대한 참된 개념을 얻을 수 있다.

죄의 결과는 유기 또는 버림받은 마음이다

이러한 것은 자체를 둔감한 무관심으로 나타낼 수도 있다. 즉 그것은 하나님과 그의 선언들에 대한 철저한 냉담인 것이다. 혹은 그것은 자체를 마음의 공포, 양심의 비난과 질책 그리고 두려움에서 심판을 예상하는 것으로 나타낼 수도 있다. 유기된 자는 하나님의 백성이나 성령께서 여전히 함께 싸우시는 자들이 경험하는 것은 아무것도 경험할 수 없다.

죄에 대한 명확한 견해의 중요성

- 다음과 같은 잘못된 견해들이 성행하기 때문이다. ① 모든 고의적인 죄와, ② 타락한 자들이 그리스도를 부인하는 것과 같은 어떤 특별히 잔혹한 죄와, ③ 세례받은 후의 죄들은 용서받을 수 없다는 것이다.
- 양심이 민감한 사람들은 자주 불필요하게 자신들이 이러한 죄를 범해 왔다는 두려움으로 괴로워하기 때문이다. 그러한 자들은 대체로 병적인 상태에 있음으로 그러한 자들을 다루기란 어렵다.
- 접근하는 것조차 피해야만 하고 두려워해야만 할 죄가 있기 때문이다. 즉 신앙을 무시하는 모든 행위와 진리나 성령의 역사에 거역하여 하는 모든 말, 우리 자신의 마음이나 다른 사람들의 마음에서의 성령의 역사에 대한 모든 저항 행위이다.
- 우리는 우리의 영적인 생명이 의존하는 성령께 특별한 경의를 표해야 하기 때문이다.

PRINCETON SERMONS Outlines of Discourses Doctrinal and Practical

5부

그리스도인의 시작, 회심

75. 은혜에 의한 구원

"그리스도 예수 안에 있는 속량으로 말미암아 하나님의 은혜로 값 없이 의롭다 하심을 얻은 자 되었느니라"

■ 로마서 3:24

은혜에 의한 구원

이성은 거룩한 진리의 근원이 아니며 표준도 아니다. 그러나 모든 참된 신앙적인 진리는 교화되고 성화된 이성, 곧 거룩한 인격들의 이성에 자체를 천거한다. 다시 말하면 성경적인 신앙은 인간의 의식과 일치한다. 거듭나지 않은 사람들은 일반적으로 두 가지 사실, 곧 자신들이 벌을 받을 만함과 절망적임을 인정한다. 그러므로 이러한 사실을 안정하는 죄인들에 적절한 유일한 신앙^{곧 기독교}은 은혜에 의한 구원을 가르쳐야만 한다.

구원은 다음과 같은 것들을 내포한다.
• 용서, 즉 율법의 저주로부터의 구원
• 죄의 지배력으로부터의 구원
• 천상의 복

이러한 구원은 은혜로 얻는다.
• **용서에 관하여**

이것은 전적으로 무상이며, 우리의 공로에 의한 것이 아니다. 이것은 우리가 할 수 있거나 행하여 온 어떤 것에도 근거하지 않는다. 이 구원의 근거는 오직 그리스도의 공로이다.

사람이 용서함을 받는 것은 무상의 은혜에 의한다. 만일 용서함을 받는 것이 무상의 은혜에 의한 것이 아니라면 구원은 무상에 의한 것이 될 수 없을 것이다.

"형제들아 너희를 부르심을 보라 육체를 따라 지혜로운 자가 많지 아니하며 능한 자가 많지 아니하며 문벌 좋은 자가 많지 아니하도다 그러나 하나님께서 세상의 미련한 것들을 택하사 지혜 있는 자들을 부끄럽게 하려 하시고 세상의 약한 것들을 택하사 강한 것들을 부끄럽게 하려 하시며 하나님께서 세상의 천한 것들과 멸시 받는 것들과 없는 것들을 택하사 있는 것들을 폐하려 하시나니 이는 아무 육체도 하나님 앞에서 자랑하지 못하게 하려 하심이라"
고전 1:26-29

• 성화에 관하여

① 성화가 실현되는 능력은 인간의 본성이나 의식rites이 아니라 전적으로 하나님의 영이시다. 거듭나게 함에 있어 모든 것을 성령께서 하신다. 성화시킴에 있어서도 성령께서 역사하시고 도우시며, 방편들을 통하여 효력을 발휘하신다. ② 성령의 은사는 은혜의 문제다. 하나님께서는 그의 영을 우리의 공로에 따라 주시거나 다른 사람의 것보다 특별히 나은 감수성 때문에 주시는 것이 아니라 단지 그 자신의 선하신 기쁨에 따라 주신다.

• 천상의 복에 관하여

이것 또한 전적으로 무상이다. 이것은 우리의 역사가 아니라 그리스도의 역사에 대한 보상이다. 우리의 선행으로 말하자면 그것은 우리의 구원의 일부이며, 하나님의 선물이다. 하나님께서는 현세에서 가장 많이 복을 베푼

자들에게 내세에서도 가장 많은 복을 주신다.

그러므로 구원은 전적으로 은혜에 속한다. ① 구원은 전적으로 하나님께서 예비하신다. ② 그는 어떤 이들은 구원하시고 다른 이들은 구원하지 않으신다. ③ 구원의 적용에 있어 위에서 언급했던 것들, 곧 부르심과 칭의와 성화와 천상의 복 등 이 모든 것은 은혜에 속한다.

결론

- 이러한 특성이 복음의 주도적인 특징이다. 이러한 특성을 손상시키는 것은 복음을 손상시키는 것이다. 그러므로 이러한 특성이 구원론에 대한 시금석이다.
- 진정한 신앙적인 체험은 하나님의 진리와 우리의 경험이 일치하는 것을 말한다. 그러므로 본 주제는 신앙적인 체험에 대한 시금석을 제공해 준다.
- 본 주제'구원은 은혜에 의함'는 구원을 갈망하는 자들에게 유일한 길잡이를 제공해 준다. 따라서 본 주제가 그들이 필요로 하는 진리이며, 이러한 진리를 부인하는 한 그들은 여전히 어두움 속에서 헤매게 된다. 유죄와 절망적임과 무상의 구원, 이 셋은 언제나 병행한다.

76. 영혼의 가치

"몸은 죽여도 영혼은 능히 죽이지 못하는 자들을 두려워하지 말고 오직 몸과 영혼을
능히 지옥에 멸하실 수 있는 이를 두려워하라"

■마태복음 10:28

영혼이란 무엇인가?

"영혼이란 무엇인가?"라는 질문에 대하여는 답변하기 쉽지 않다.

- 정신과 물질 간의 구별을 무시하는 유물론자들의 답변은 육신적이든
  정신적이든 세상의 모든 현상에 관련하여 그 답을 물질의 기능들에 의
  지할 것이다. 그들에게 있어 생명은 조직체의 원인이 아니라 결과일 뿐
  이다. 따라서 사고와 지능은 단지 두뇌의 기능들일 뿐이다. 그러나 이러
  한 교리는 영혼의 개체성^{individuality}과 그 가치를 파괴한다.
- 범신론의 답변은 영혼이 하나님의 형상이라는 것이다. 즉 그것은 하나
  님의 전반에 걸치는 행위가 일정한 유기체와 관련하여 명시되는 양식
  ^{mode}이라는 것이다. 그러나 이러한 주장은 도덕적인 특성과 책임 그리
  고 인격적인 불멸성을 파괴한다. 제2원인들의 모든 작용을 사실상 하
  나님의 직접적인 행위에 돌리는 이러한 교리에 접근하는 것은 실로 위
  험한 일이다. 이러한 교리에 따른다면 불이 타오를 때 타오르게 하시
  는 분이 하나님이시라면 정신이 생각할 때 생각하시는 분이 왜 하나님
  이 아니시겠는가라는 것이다. 물질과 정신 간의 차이점이 독단적으로
  가정될 수는 있지만, 그러나 그것은 이러한 가설에 의해서는 입증될 수

없다.

- 실존론자의 답변은 인간성^{humanity}의 보편적인 원리가 물질적인 유기체와 관련하여 명시된다는 것이다. 실존론과 범신론 간의 차이점으로 말하면 실존론은 인간성이라 불리는 독특한 실체^{substance}의 존재를 가정한다. 그러나 이러한 가정에는 어떠한 증거도 전혀 없다. 만일 이러한 실체가 단일성^{unity}이라면 영혼의 어떠한 개체성도 존재할 수 없으며, 자기^{磁氣 magnetism}나 전기나 식물의 생명 이상의 어떤 것도 존재할 수 없을 것이다. 만일 각기 영혼이 이러한 공통된 인간성의 분리된 일부라고 한다면 인간성과 영혼은 물질이어야만 하며, 구분할 수 있는 것이어야만 한다. 그러나 자신의 손이나 발이 영혼의 일부라거나 그것들이 영혼의 일부를 내포한다고 말할 사람은 아무도 없을 것이다. 이러한 실존론의 교리가 영혼의 개체성이나 인격적인 불멸성과 어떻게 조화될 수 있는가를 이해하기란 쉽지 않다.
- 인간과 성령 및 교회에 대한 일반적인 교리는 영혼은 각각 구별되고 개별적인 실재, 곧 인격을 갖고 있는 존재라는 것이다. 이러한 교리는 성경의 모든 표현들을 중시하며, 유일하게 각 영혼의 개별적인 책임 및 불멸성과 일치한다.

영혼의 가치에 대한 평가

영혼의 가치를 결정함에 있어 우리가 해야 할 것은 다음과 같은 것들이다.

- 그것이 속해 있는 부류의 존재를 결정해야 한다. 존재의 종류에는 유기체적인 것과 무생물, 민감한 것과 둔감한 것, 식물과 동물, 이성적인 것과 이성이 없는 것, 죽을 수밖에 없는 것과 불멸적인 것 등 여러 종류가 있다. 영혼은 전반적으로 가장 숭고한 부류의 존재에 속하는 것으로서 그것은 이성적이고 불멸적인 영들에 속하며, 존재의 등급에 있어 지극히 높은 위치에 있다.
- 비록 영혼이 그러한 부류에서 가장 낮게 될 수도 있으며, 그것의 절대적

인 가치가 가장 고귀한 부류의 영들의 것보다 낮다 하더라도 그것의 타고난 가치는 자체의 능력에 의해서와 그것이 알 수 있고 즐길 수 있거나 경험할 수 있는 것에 의해, 그리고 그것이 성취할 수 있는 것에 의해 결정되는 것으로서 측량할 수 없이 고귀한 것이다. 이러한 표준에 따르면 그것은 모든 비이성적인 피조물보다 더욱 가치가 있다. 비록 동물과 식물의 생명으로 가득한 이 물질적인 지구가 소멸되어야만 한다 해도 그러나 그러한 소멸은 한 영혼이 멸망해야만 하는 것보다 작은 상실이 될 것이다.

• 그러나 영혼의 가치는 단지 자체가 소유하고 있는 능력들에 의해 결정되는 것이 아니라 자체에 속해 있는 끝없는 영속성에 의해 결정된다. 만일 영혼이 이 세상에서 불과 수년간이나 수 세기간이나 금후 수백 년간만 존재해야만 한다면 그것은 실로 무가치하게 될 것이다. 영혼의 본래의 가치를 측량할 수 없다는 것은 그것이 현세에서의 슬픔과 기쁨을 통하여 무제한적으로 발전할 수 있는 능력을 갖고 있는 것으로서 부단히 영구적으로 활동하며 존재해야만 하기 때문이다.

• 영혼은 자체의 도의적이며 신앙적인 성격에 있어 단지 이성적인 성격이나 기쁨과 슬픔에 대한 수용 능력에 속하는 것보다 고차원의 가치를 갖고 있다. 영혼의 가치가 형언할 수 없이 큰 것은 하나님의 성품을 소유할 수 있고 지식과 의로움과 거룩함에 있어 그를 닮을 수 있기 때문이다.

• 피조물의 위대한 목적과 가치는 하나님의 영광을 나타내는 것임으로, 피조물의 어떤 면에서의 가치는 그러한 목적에 대한 자체의 적응에 의해 평가되어야만 한다. 그리고 하나님의 영광이 가장 명백하게 계시되는 것은 이성적이며 거룩하고 불멸적인 존재들을 통해서임으로, 그러한 존재들은 하나님의 작품들 중 형언할 수 없이 가장 가치 있는 작품들이다.

• 영혼의 가치에 대하여 하나님께서 하시는 평가는 그가 영혼의 구원을

위해 해 오신 준비 과정에서 나타난다.

이상에서 진술한 항목들은 영혼의 절대적이며 실제적인 가치에 관한 것이다. 그것들은 영혼의 상대적인 가치에 관한 것이 아니다. 우리는 무한한 것에 대하여 논하거나 평가할 수 없으며, 다만 묵상할 수 있을 뿐이다.

- 만일 우리가 영혼을 그 외의 어떤 것, 곧 세상과 세상이 내포하고 있는 모든 것과 비교해 본다면 우리는 그 두 가지가 비교를 불허한다는 것을 알게 될 것이다^{단지 양적인 면에서라면 전혀 비교가 될 수 없음}. 전자는 후자보다 무한히 작다. 물질적인 우주와 모래 한 알의 관계, 모든 살아 있는 자연 대 한 마리 곤충의 관계, 모든 지적인 피조물 대 갓난아이의 관계, 또는 가장 복된 오랜 세월의 삶 대 일순간의 쾌락의 관계에 의해서는 우리의 영혼의 가치와 그밖의 모든 것들 간의 차이를 전혀 지적할 수 없다^{영혼과 온 우주를 단지 양적인 면으로 비교한다는 것은 전혀 무의미함을 말함}.
- 그러나 영혼을 그 외의 어떤 것과 비교하는 대신에, 만일 영혼의 가치를 그것이 천국에서 누릴 수 있는 것이나 그것이 구원을 받지 못함으로써 지옥에서 받아야만 할 것에 의해 평가해 본다면 우리는 망연자실하게 될 것이다.

우리의 의무
- 여러분 자신의 구원을 이루라.
- 다른 사람들의 구원을 위해 힘쓰라.

77. 바울의 회심

"내가 이전에 유대교에 있을 때에 행한 일을 너희가 들었거니와 하나님의 교회를 심히 박해하여 멸하고 내가 내 동족 중 여러 연갑자보다 유대교를 지나치게 믿어 내 조상의 전통에 대하여 더욱 열심이 있었으나 그러나 내 어머니의 태로부터 나를 택정하시고 그의 은혜로 나를 부르신 이가 그의 아들을 이방에 전하기 위하여 그를 내 속에 나타내시기를 기뻐하셨을 때에 내가 곧 혈육과 의논하지 아니하고 또 나보다 먼저 사도 된 자들을 만나려고 예루살렘으로 가지 아니하고 아라비아로 갔다가 다시 다메섹으로 돌아갔노라"

■갈라디아서 1:13-17

바울의 회심 시의 상황

• 그의 회심에는 어떤 예비적인 준비나 특별한 교육이 없었다.

• 그의 회심에는 인간적인 수단이 없었다.

• 그의 회심에는 천상으로부터 빛의 발산과 들려오는 말씀이 선재했다.

• 이러한 사건들에 의해 그는 육신적으로까지 결정적인 영향을 받게 되었다. 그는 이때에 시력을 잃고 땅 위에 엎드렸다.

바울의 회심의 성격과 과정

그는 예수 그리스도를 보게 되자 갑작스럽고도 전격적으로 변했다. 그는 그전까지 그리스도를 ① 단순한 사람이며, ② 그의 조상들의 종교에 대한 불신적인 악인이며, 이스라엘 백성을 미혹하는 자일 뿐 아니라 ③ 사기꾼,

곧 오랫동안 약속되어 온 메시아인 것으로 가장하는 자로 생각했다.

그는 실제로 이러한 견해들을 갖고 있었으므로, 그리스도를 추종하는 자들을 박해하고 새로운 종교리 발전을 저지시키기 위해 그가 할 수 있는 모든 것을 하는 것이 하나님께 빚진 자로서의 자기의 의무라고 생각했다. 이러한 그의 행위는 실로 사악한 것이었다.

그 이유는 첫째, 그가 성경^{구약}과 메시아에 대한 구약의 예언들에 대하여 가졌던 견해들이 육적인 마음 상태에 따랐기 때문이었다. 둘째, 그리스도의 신적 사명에 대한 증거는 악인 외에는 아무도 거절할 수 없는 것이었기 때문이었다. 그러므로 바울은 자신을 죄인 중의 괴수라고 생각했는데, 이는 그가 그리스도인들을 박해했기 때문이었다. 또 그러한 것이 그에게는 양심의 정직한 확신에 따를 때 용서받을 수 없는 명백한 증거였다.

바울은 그리스도에 대한 지금까지의 잘못된 견해들을 즉시 거부하게 되었다. 그는 첫째로 예수를 주, 곧 거룩하신 분이시자 하나님의 아들로 보았다. 이러한 것은 갈라디아 1장 16절에 명시되어 있다. 둘째로 바울은 예수를 육신으로 나타나신 하나님으로 보았다. 그는 인간 예수가 하나님의 아들이심을 믿었다. 셋째로 바울은 예수를 약속되어 오신 메시아로 보았다. 이것은 그가 그 후 설교했던 진리, 곧 예수가 그리스도시라고 설교했던 진리였다.

바울의 회심이 영향받은 힘

- 그것은 외적인 환경이 아니었다.
- 그것은 환상 중 그가 의식하고 있던 그리스도에 대한 계시가 아니었다. 악인들은 마지막 날에 영광 중에 계신 그리스도를 보고 그로부터 도망할 것이다.
- 그것은 하나님의 직접적인 능력이었다^{갈 1:16}. 우리 주께서 베드로에게 다음과 같이 말씀하신 적이 있다. "이를 네게 알게 한 이는 혈육이 아니요 하늘에 계신 내 아버지시니라"^{마 16:17b}

• 그것은 성령의 특별한 역사였다.

바울의 변화와 결과

• 전적인 복종과 헌신이다. 즉 그는 모든 것을 기꺼이 포기함과 그리스도께서 요구하신 것은 어느 것이라도 친히 하려 했다.

• 이러한 것은 그리스도를 하나님으로 인정함을 전제로 한다. 그러므로 바울에게 있어 그리스도는 경배와 사랑과 열심에 있어 지상 지고의 대상이 되셨다. 그에게 있어서 사는 것은 그리스도셨다. 이러한 것들은 내적인 결과였다. 그는 그리스도를 경멸하고 혐오하고 적대시하던 것으로부터 변하여 그를 온 마음과 영혼을 다하여 경모하고 사랑하게 되었다. 그의 회심이 그의 삶에 미친 결과로 인해 그는 그의 온 힘과 노력을, 자기가 그리스도인이라는 의미에서 다른 사람들로 하여금 그리스도인이 되도록 열렬히 설득하는 데 바쳤다.

• 그의 회심은 그를 사람들 중 가장 위대하고 훌륭하며, 가장 행복한 자로 만들었다.

• 그의 회심은 구속함을 받은 자들 중 가장 영광스러운 지위를 확보해 그에게 주었다.

우리는 본 주제를 통하여 우리의 회심이 자체의 성격과 결과들에 있어 바울의 것과 같은가의 여부를 보기 위해 우리 자신을 살펴볼 수 있어야만 한다.

78. 죄에 대한 확신 (1)

"우리가 율법은 신령한 줄 알거니와 나는 육신에 속하여 죄 아래에 팔렸도다 내가 행하는 것을 내가 알지 못하노니 곧 내가 원하는 것은 행하지 아니하고 도리어 미워하는 것을 행함이라 만일 내가 원하지 아니하는 그것을 행하면 내가 이로써 율법이 선한 것을 시인하노니 이제는 그것을 행하는 자가 내가 아니요 내 속에 거하는 죄니라 내 속 곧 내 육신에 선한 것이 거하지 아니하는 줄을 아노니 원함은 내게 있으나 선을 행하는 것은 없노라 내가 원하는 바 선은 행하지 아니하고 도리어 원하지 아니하는 바 악을 행하는도다 만일 내가 원하지 아니하는 그것을 하면 이를 행하는 자는 내가 아니요 내 속에 거하는 죄니라"

■ 로마서 7:14-20

죄란 무엇인가?

그것은 하나님의 율법과의 불일치나 그것을 어기는 것이다. 하나님의 율법은 올바름rectitude에 대한 영원한 법칙이다. 그것은 무엇이 옳은가에 대한 계시이며, 이성적인 피조물들이 어떠해야만 하고 무엇을 해야만 하는가에 대한 계시이다. 그것은 최고의 탁월함과 최고의 권위를 갖고 있다.

그것은 단지 무엇이 옳고 합리적인가에 대한 계시가 아니라 우리가 반드시 따라야만 하는 것에 대한 계시다. 모든 죄는 하나님께 관계 되어진다. 그것은 그의 뜻에 반대되는 것이며, 그러므로 그것은 죄책guilt과 오염defilement의 개념을 내포한다. 물론 죄는 율법에 관계가 있으므로 죄에 대한 우리의 견해는 율법에 대한 우리의 견해에 의해 결정되어질 것이다. 만일 율법이 이성의 유일한 법이라면 죄는 단순히 비합리적인 것이다. 만일 율법이 제한받는다면 죄도 제한받는다. 만일 율법이 완전하다면 그때는 완전에 대한 모든 결여가 율법과의 일치에 대한 결여가 된다.

죄에 대한 확신

그러므로 죄에 대한 확신은 율법에 일치하지 못함에 대한 확신이다. 죄에 대한 확신은 다음과 같은 것을 내포한다.
- 율법과의 마음의 일치의 결여
- 율법과의 정신적인 의식상태의 결여
- 율법과의 특별한 행위상의 일치의 결여

복음 아래에서의 죄에 대한 확신은 특히 그리스도에 대한 죄인 불신앙에 대한 확신이다. 복음하에서 죄에 대한 확신은 이러한 불신앙에 대하여 죄의식을 갖는 것을 내포한다. 즉 그러한 확신은 이러한 불신앙에 대하여 우리로 하여금 율법의 정죄에 직면케 함을 의식하는 것을 내포한다. 이러한 확신은 우리가 우리의 죄를 결코 속할 수 없다는 것을 내포한다. 우리 자신의 죄에 대한 속죄 행위가 부단히 시도되지만, 그러나 결코 만족을 의식할 만큼 성공을 거두지는 못한다.

다시 말해서 복음 아래에서의 확신은 율법과의 일치에 대한 이러한 결여를 죄로 여길 뿐만 아니라 도덕적으로 불쾌한 오욕, 곧 비난과 가증함과 혐오의 대상으로 여긴다. 그러한 확신은 자족이나 자찬self-approbation과 반대된다. 자족이나 자찬이 아무리 크게 자행된다 하더라도 그러한 것들은 무력한 것으로 끝나고 말 것이다.

구원을 위한 선결 조건

이러한 확신의 필연성은 복음이 죄인들의 구원을 위한 계획이라는 사실에서 비롯된다.

복음은 죄인들을 위해 설정되었다. 만일 우리가 죄인들이 아니라면, 우리는 복음을 필요로 하지 않는다. 만일 우리가 우리 자신들이 죄인들이라는 것을 자각하지 못한다면 우리는 복음의 필요성을 느끼지 못하고 그것을 받아들이지 않을 것이다. 만일 우리가 우리 자신의 죄악됨을 깨닫지 못한다면 우리는 사죄를 위해 그리스도를 바라보지 않을 것이다. 만일 우리가 우리 자신이 부정하다는 것을 깨닫지 못한다면 우리는 정결케 됨을 바라지도 않을 것이다. 그러므로 우리가 구원받기 위해서는 죄에 대하여 확신해야만 한다.

어떠한 확신이 필요한가?

그리고 죄에 대한 진정한 확신의 증거는 무엇인가?

- 모든 사람은 정도의 차이가 있지만 자신의 죄에 대해 어느 정도 확신을 갖는다. 그러나 그런 정도만으로는 대수롭지 않게 여기거나 단지 부주의로 여기는 경우와 다를 바가 없다.
- 어떤 사람들은 자신들의 죄에 대해 크게 괴로워하고 자신들을 구원하기 위해 오랫동안 계속적으로 고통스러운 노력을 기울일 정도로 확신하고 있다.
- 또 다른 이들은 자신들로서는 자신들의 죄를 속할 수 없고, 죄의 오염으로부터 자신들을 구원하거나 거룩하게 할 수도 없다는 것을 전적으로 인정할 만큼 자신들의 죄를 확신한다. 이러한 현상은 바람직한 결과이다.

이러한 확신은 즉시 갖게 될 수도 있거나 오랫동안 지연될 수도 있다. 이러한 확신은 단지 신랄한pungent 느낌이나 깊은 감정이나 양심의 두려움에 의해 결정되지 않는다. 그러한 확신에는 다소간 이 모든 것이 포함될 수 있다. 그러나 중요한 것은 이것이다. ① 우리는 우리 자신, 곧 자기 정당화self-justification나 변명 그리고 자기 의selfrighteousness를 포기하는 데까지 나가야만 한다. ② 우리는 예수의 발 앞에 엎드려 "주여, 주께서 저를 정결케 할 수 있으시다면 저를 구원하소서. 그렇지 않으시면 저는 멸망하나이다"라고 말할 준비가 되어 있어야만 한다.

79. 죄에 대한 확신 (2)

"그러므로 내가 한 법을 깨달았노니 곧 선을 행하기 원하는 나에게 악이 함께 있는 것이로다 내 속사람으로는 하나님의 법을 즐거워하되 내 지체 속에서 한 다른 법이 내 마음의 법과 싸워 내 지체 속에 있는 죄의 법으로 나를 사로잡는 것을 보는도다 오호라 나는 곤고한 사람이로다 이 사망의 몸에서 누가 나를 건져내랴 우리 주 예수 그리스도로 말미암아 하나님께 감사하리로다 그런즉 내 자신이 마음으로는 하나님의 법을 육신으로는 죄의 법을 섬기노라"

■로마서 7:21-25

죄에 대한 확신의 성격

그것은 '엘렝코스$^{\check{\epsilon}\lambda\epsilon\gamma\chi o\varsigma}$'와 '에피그노시스$^{\check{\epsilon}\pi\acute{\iota}\gamma\nu\omega\sigma\iota\varsigma}$'란 두 단어에 의해 잘 표현된다. 그것은 결국 다음과 같은 것들을 내포한다.

• 죄란 무엇인가에 대한 지식

바울은 자신이 율법에 의하지 않고서는 죄를 알지 못했고, 율법이 "너희는 탐심을 품지 말라"고 말하지 않았다면 탐심을 알지 못했다고 말한다. 마찬가지로 우리는 율법에 의해 죄란 무엇인가를 알게 된다. 따라서 율법에 대한 무지가 계속되는 한, 죄에 대한 확신은 존재할 수 없다. 많은 사람이 죄가 무엇인지를 알지 못한 채 죄 중에 살고 있다. 비록 그들의 의식으로는 죄를 알지 못한다 하더라도 실제로 그들이 행하는 것은 여전히 죄다. 바울은 개종하기 전에는 육욕에 빠져 그리스도인들을 박해했다. 이교도들과 세인들의 경우가 대체로 그렇다. 그러므로 첫째로 필요한 것은 마음과 정신이 율법에 의해 교화되어야만 하는 것이다.

• 죄의식

죄에 대한 확신은 죄의식, 곧 우리가 개인적으로 죄에 대하여 비난받아야 한다는 확신을 내포한다. 즉 그것은 유죄 의식이나 형벌에 대한 직면 의식을 내포한다. 그리고 하나님의 의로우신 심판에 대한 불안과 자아 자찬과 자족과는 반대인 우리 자신의 타락과 무가치함에 대한 의식이 다소 그러한 확신에 관계된다. 이러한 죄의식에는 양심의 가책과 자아 혐오가 포함된다.

• 죄에 대한 확신은 절망감을 내포한다

그것은 ① 우리는 우리의 죄를 결코 속할 수 없으며, 우리 자신을 죄로부터 해방시킬 수 없다는 것과, ② 우리는 죄의 오염으로부터 우리 자신을 정결케 할 수 없다는 깊은 확신을 내포한다. 귀머거리와 맹인과 문둥병자는 예수께 구원을 요청하기 전에 자신들의 비참하고 절망적인 상태를 절감했다. 이러한 것들은 모두 자연적인 감정이다. 이러한 것들이 중생에 선행할 수 있으며, 실제로 종종 그러하다. 이러한 것들은 결코 거듭나지 않은 자들이 종종 경험한다. 그리고 이러한 것들은 모든 죄인이 자신의 본성에 의해 다소 경험하는 것들에 지나지 않는다.

회심의 필수 조건

죄에 대한 확신이 회심에 대한 증거는 아니라 하더라도 그것은 회심에 불가결한 것이다. 그 이유는 다음과 같다.

- 자신들의 죄를 깨닫지 못하는 자들에 의해서는 죄인들의 구원을 위해 예비되어 있는 복음이 받아들여질 수 없기 때문이다. 죄에 대한 확신의 정도는 감정의 민감성에 의해서가 아니라 죄의 결과들에 의해 결정되어야만 한다. 그러한 확신은 자기 정당화self-justification에 대한 성향을 파

괴시킬 것임에 틀림없다. 그러한 확신은 성화를 위한 우리 자신의 행위나 양식에 대한 의존을 타파시킬 것임에 틀림없다. 그러한 확신은 우리로 하여금 그리스도의 의 없이는 멸망한다고 확신시킬 것임에 틀림없다.

- 복음이 거룩하지 못한 자들을 성화시키기 위해 예비되어 있어도 죄의 사악성을 감지하지 못하는 자들은 구원의 이 원천에 관심을 갖지 않을 것이기 때문이다. 우리가 성령의 능력에 의해 정결케 될 필요가 있다는 확신은 민감한 후회감이나 자아 혐오감이 아니라 죄에 대한 확신의 결과다.

- 복음이 무력한 자들을 위해 예비되어 있어도 자신들을 스스로 도울 수 있다고 생각하는 자들은 그리스도께로 나오지 않을 뿐만 아니라 그를 영접하지 않을 것이기 때문이다.

확신을 얻음에 대한 방편들

- 죄에 대한 확신은 성령의 역사다. 회심하지 않은 자들에게 있어서도 그것은 일반 은혜의 결과다. 성령은 세상으로 하여금 죄를 확신시키기 위해 보내심을 받는다. 하나님께서 저버린 버림 받은 자들은 죄에 대하여 양심이 마비되어 있다. 그들은 아펠게코테스 ἀπηλγηκότες, "감각 없는 자" 엡 4:19 참조이며, 그러므로 그들은 거리낌없이 죄를 범한다.

- 성령은 우리에게 율법을 통하여 죄를 확신시킨다. 그러므로 우리는 우리 자신을 그러한 표준에 맞추어야 하며, 우리들끼리 서로 판단하거나 우리 자신끼리 비교해서는 안 된다.

- 죄에 대한 확신이 초래되는 것은 특히 하나님의 거룩하심에 대한 계시와 예수 그리스도 안에 있는 하나님의 영광 그리고 그리스도를 통한 하나님의 사랑에 대한 명시에 의해서이다.

죄의 성격에 대한 잘못된 이론과 하나님의 율법에 대한 잘못된 견해, 그리고 인간의 책임에 관한 잘못된 교리와 같은 정신을 흐리게 하는 것은 무엇이든지 죄에 대한 진정한 확신을 저해하는 경향이 있다. 또한 범죄와 자기 변명과 같은 양심을 무디게 하고 마음을 무감각케 하는 경향이 있는 것은 무엇이든지 동일한 결과를 초래한다.

죄에 대한 확신은 지속적이어야만 한다

그것은 단회적이어서는 안 된다. 우리의 모든 경험은 우리의 죄의식에 의해 수정되고 결정된다. 이러한 점에서 그리스도인들마다 또 교회들마다 각각 차이가 있다.

80. 회개

"그들이 이 말을 듣고 마음에 찔려 베드로와 다른 사도들에게 물어 이르되 형제들아 우리가 어찌할꼬 하거늘 베드로가 이르되 너희가 회개하여 각각 예수 그리스도의 이름으로 세례를 받고 죄 사함을 받으라 그리하면 성령의 선물을 받으리니 이 약속은 너희와 너희 자녀와 모든 먼 데 사람 곧 주 우리 하나님이 얼마든지 부르시는 자들에게 하신 것이라 하고"

■ 사도행전 2:37-39

회개의 의미

경건한 의식에 대한 회개는 죄로부터 하나님께로 향한다. 회개가 진정한 것일 때 그것은 중생의 열매이며 성령의 선물이다. '회개'란 단어가 사용되는 광의의 의미에서는 그것이 회심의 전 과정을 내포한다. 즉 회개는 죄를 자체의 대상으로 삼는 영혼의 활동이나 행위 그리고 그리스도를 자체의 목적으로 삼는 영혼의 활동이나 행위를 내포한다. '회개'란 단어가 〈웨스트민스터 소교리문답〉에서 사용되는 것은 이러한 의미에서다. 우리의 교리문답에서는 '회개'란 단어가 '구원하는 은혜'로 정의되는데, 죄인은 이러한 은혜에 의해 자신의 죄를 참으로 의식하고 그리스도를 통한 하나님의 긍휼을 이해하게 되며, 자신의 죄를 슬퍼하고 혐오하게 되어 그 죄에서 돌이켜 새로운 복종에 대한 철저한 결의와 노력으로 하나님께로 향한다. 회개의 본질적인 행위는 죄로부터 하나님께로 향하는 것이다. 이러한 전향은 ① 자체에 수반되는 사실들과, ② 자체의 동기들, ③ 그리고 자체의 결과들에 의해 특징지어진다.

회개의 시작

회개는 다음과 같은 것들로부터 시작된다.

• 죄에 대한 합당한 의식에서 시작된다.

이것은 다음과 같은 것을 내포한다. ① 죄에 대한 지식, ② 우리 자신의 죄악됨에 대한 확신, ③ 우리 자신의 죄와 오염에 대한 올바른 의식이다. 죄에 대한 지식은 하나님의 거룩하심과 공의뿐 아니라 우리의 죄의 사악함과 심각함에 대한 바른 견해를 전제로 한다. 우리 자신의 죄악됨에 대한 확신은 ① 우리가 죄인들이며, ② 우리는 죄로 더럽혀 있다는 것과, ③ 우리는 절망적인 상태에 있다는 것을 의미한다. 따라서 전적으로 하나님의 긍휼하심을 입어야 한다는 확신을 내포한다.

• 그리스도를 통한 하나님의 긍휼에 대한 이해에서 시작된다.

우리가 소망이 없다고 생각하는 한 회개는 불가능하다. 왜냐하면 절망은 회개를 배제시키기 때문이다. 그러나 우리는 다음과 같은 사실을 이해해야만 하는데, 곧 믿어야만 하는 것이다. ① 하나님은 자비로우시다는 것, ② 그는 그의 자비를 변함없이 베풀 수 있으시다는 것, ③ 우리는 그 자비의 대상들이라는 것 또는 그 대상들이 될 수 있다는 것, ④ 그러한 자비는 그리스도를 통하여 베풀어진다는 것이다. 왜냐하면 양심과 성경은 그리스도를 통하지 않고서는 하나님은 소멸하는 불이시라고 가르치기 때문이다.

회개에 수반되는 것

첫째, 회개에 수반되는 것은 죄에 대한 슬픔과 혐오이다. 곧 죄들을 범해 온 것에 대한 진정한 비탄이다. 이러한 비탄은 ① 후회, ② 자아 혐오, ③ 자아 정죄, ④ 수치감을 내포한다. 그리고 이 모든 것은 죄의 사악성에 대한 합당한 의식에서 일어난다.

둘째 죄에 대한 혐오는 불찬동과 역겨움을 내포한다.

회개의 행위 자체

그것은 죄로부터 돌이킴이다. 즉 그것은 죄에 대한 찬동과 그것에 빠짐 그리고 그것의 증진으로부터 돌이킴인데, ① 탁월한 대상이자, ② 향유의 대상으로 하나님께로 향하는 것이다.

회개의 결과

회개의 결과는 새로운 결의와 노력이다. 이 결의는 범사에 하나님께 복종하려는 결단이며, 이때의 노력은 계속하여 성실하고 효과 있게 그렇게 하려는 의지다.

81. 회심

"이르시되 진실로 너희에게 이르노니 너희가 돌이켜 어린 아이들과 같이 되지 아니하면 결단코 천국에 들어가지 못하리라"

마태복음 18:3

욕망에 대한 경고

주께서 이러한 말씀을 하신 것은 제자들이 높아짐^{pre-eminence}에 대한 욕망을 드러내 보였기 때문이었다. 그들의 그러한 욕망은 모든 인간의 보편적이며 강한 욕망으로서 선악 간 큰 위력을 발휘한다. 그것은 대체로 칭찬할 만한 것으로 또는 적어도 정당한 것으로 인정된다.

그럼에도 그것은 악한 것이다. 그것은 다음과 같이 이유에서다.
- 이기적인 것이기 때문이다. 그러한 욕망은 그리스도가 아니라, 자아가 그 목적이다.
- 그것은 하나님의 사랑에 대한 열등한 동기가 되기 때문이다.
- 그리스도께서는 그러한 욕망을 언제나 정죄하시기 때문이다.
- 그러한 욕망은 그리스도에 대한 우리의 생각을 타락시키기 때문이다.
- 우리는 본능적으로 그러한 욕망에서 해방된 자를 그러한 욕망에 의해 지배받는 자보다 높이기 때문이다.

그러나 우리는 그러한 욕망을 ① 탁월함^{excellence}에 대한 욕망이나, ② 영예honor에 대한 욕망과 구별해야만 한다.

회심의 성격

그것은 단지 외적 행위의 변화나 단순한 정신적인 행동 변화가 아니라 인격의 변화, 곧 내적이며 외적인 삶을 지배하는 내적 행동 원리의 변화다. 본문에서는 우리에게 이러한 변화가 필요한 것으로 선언된다.

이러한 변화에 대한 증거는 어린아이의 성향이다. 이러한 성향은 야망을 품은 정신과 반대되는 성향이다. 만일 부자와 가난한 자의 자녀들이나 노예와 자유인의 자녀들을 그들끼리 내버려 둔다면 그들은 동등하게 함께 놀 것이다. 보다 강한 자, 보다 영리한 자, 보다 탁월한 자는 그들의 외적인 특성들과는 무관계한 것들에 의해 인정된다.

- 어린아이들은 겸손하다.
- 어린아이는 신뢰한다. 즉 아이들은 그들의 부모를 신뢰한다.
- 어린아이는 유순하다.

우리는 우리의 이해력과 우리의 환경 그리고 우리의 운명을 하나님 손에 맡겨야만 한다. 어둠 속에서 부모의 손에 의해 인도받는 어린아이는 주저함이나 의심 없이 부모를 따라간다.

회심의 변화가 필요한 이유

어린아이의 성향은 하나님에 대한 우리의 관계와 일치하는 유일한 것이기 때문이다. 이는 우리의 무지, 연약함, 그리고 죄책감과 타락에 대해 적용된다.

회심이 복된 이유

- 그것이 주는 평안 때문이다.
- 그것이 제공하는 안전 때문이다. 하나님께서 우리를 돌보신다.

- 그것이 우리로 하나님에 대한 정상적인 관계에 있게 한다.
- 그것은 우리로 하여금 그리스도가 머리이시며 중심이신 하나님의 나라에 들어감을 얻게 한다.

82. 근심

"하나님의 뜻대로 하는 근심은 후회할 것이 없는 구원에 이르게 하는 회개를 이루는 것이요 세상 근심은 사망을 이루는 것이니라 보라 하나님의 뜻대로 하게 된 이 근심이 너희로 얼마나 간절하게 하며 얼마나 변증하게 하며 얼마나 분하게 하며 얼마나 두렵게 하며 얼마나 사모하게 하며 얼마나 열심 있게 하며 얼마나 벌하게 하였는가 너희가 그 일에 대하여 일체 너희 자신의 깨끗함을 나타내었느니라"

고린도후서 7:10-11

행복은 삶의 요소다

그것은 우리 인간성의 건전한 발전을 위한 조건들 중 하나다. 그것은 교육에 있어 중요한 법칙이며, 동물들을 훈련시킴에 있어서도 그렇다.

세상의 근심은 죽음을 초래한다

• 세상의 근심^{sorrow}은 일상적인 재난으로부터든 자신들의 죄 때문으로든 세속인들이 하는 근심이다.

• 그러한 근심은 죽음을 초래한다. ① 그것은 사람들로 더 낫게 하는 경향이 없다. 그러함에도 이러한 사실이 자주 간과된다. 사람들은 고난을 성화의 수단으로 본다. ② 그것은 사람들을 더 나쁘게 한다. 즉 사람들로 반역적이게 하고 그들을 악화시키며, 그들로 완고하게 한다. 이에 대한 증거는 우리의 경험에 있으며, 타락한 천사들과 잃어진 자들에 대한 성경의 가르침에 있다. 이 세상의 근심이 초래하는 죽음은 영적이며

영원하다. 그것은 사람을 도덕적으로나 육적으로 악화시키고 비참하게
한다.

하나님의 뜻대로 하는 근심은 경건한 근심이다

즉 그것은 경건한^{godly} 마음으로 하는 근심이며, 자체의 원인들과 그 정
도와 발휘에 있어 하나님의 뜻에 일치하는 형식의 근심이다.

이러한 근심의 결과는 ① 회개와 ② 구원을 이룬다. 회개는 죄로부터 하
나님께로 전향함을 의미한다. 구원은 그러한 근심의 결과다. 우리로 하나님
에게 이르게 하는 것이 우리로 구원에 이르게 한다. 왜냐하면 우리의 생명
은 하나님과의 친교인 때문이다.

회개의 결과와 증거

이러한 것들은 개인들에게서와 공동체에 있어 같다. 바울은 여기서 회중
의 한 사람의 범죄와 규율에 대한 자신들의 부주의와 태만에 대한 회중의
회개의 결과들을 묘사하고 있다. 그러나 그가 말하는 것은 모든 회개자의
경험에 적용될 수 있다. 11절은 경건한 회개의 결과들로서 여섯 가지 특성
을 열거하지만, 그것들은 각 경우에 있어 두 가지로 연합되고 세 단위로 축
소된다.

- 회개의 첫째이자 전반적인 결과는 스푸데^{σπουδή}, 곧 거듭나지 않은 자들
  이 나타내는 냉담한 무관심에 반대되는 간절한 관심이다. 죄가 거듭나
  지 않은 자들에게는 전혀 아무런 문제가 되지 않는다. 그러나 회개하는
  자들에게는 그것이 우려와 주의를 환기시키는 문제가 된다. 그러나 이
  것이 전부는 아니다.
- 아폴로기아^{ἀπολογία}와 아가나크테시스^{ἀγανάκτησις}, 곧 변명과 의분이다. 전
  자는 사과나 자기 해명이 아니라 그 자신이 죄과와 그것의 간악함에서
  벗어나려는 노력을 의미한다. 후자는 우리가 우리의 죄들에 대하여 우
  리 자신에 대해 느끼는 분개, 곧 죄의 어리석음과 사악함이 야기시키는

것에 대한 경멸을 의미한다.

- 포보스$^{\varphi\acute{o}\beta o\varsigma}$와 에피포대시스$^{\dot{\epsilon}\pi\iota\pi\acute{o}\theta\eta\sigma\iota\varsigma}$, 즉 두려움과 열망이다. 이 두려움은 하나님께서 불쾌하게 여기시는 것이나 죄에 빠짐에 대한 두려움이다. 열망은 하나님의 임재와 은혜에 대한 것이다.

- 젤로스$^{\zeta\tilde{\eta}\lambda o\varsigma}$와 엑시케시스$^{\dot{\epsilon}\kappa\delta\acute{\iota}\kappa\eta\sigma\iota\varsigma}$, 열심과 보복이다. 우리의 죄에 대한 적의와, 그 죄를 파괴하려는 열망을 뜻한다.

83. 좁은 문으로 들어가라

"좁은 문으로 들어가라 멸망으로 인도하는 문은 크고 그 길이 넓어 그리로 들어가는 자가 많고 생명으로 인도하는 문은 좁고 길이 협착하여 찾는 자가 적음이라"

■ 마태복음 7:13-14

좁은 문

성경 전체를 일관하여 나타나는 명백히 서로 다른 두 가지 대표적인 표현 형식이 있다. 그 하나의 형식으로 말하면 구원에 대한 계획이 단순하게 표현된다는 것이다. 이를테면 "믿으라, 그러면 구원을 받으리라" "만지라, 나음을 얻으리라" "바라보라, 온전하여 지리라" 등의 것들이다.

다른 형식의 것으로 말하면 구원은 매우 어려운 것으로 표현된다. 우리는 좁은 문으로 들어가기를 힘써야만 한다. 우리는 생명을 상으로 받게 되는 경주장을 달려가야만 한다. 우리는 선한 싸움을 싸워야만 한다. 많은 사람들이 구해도 들어가지 못할 것이다. 의로운 자들조차도 거의 구원받지 못한다.

이러한 두 형식의 표현들은 물론 모두 정확한 것이다. 그것들은 각각 다른 것들에 관계된다. 전자는 구원에 대해 공적이 있고 유효한 원인에 관계된다. 우리는 우리 자신의 의를 이루어서는 안 되며, 중생이나 성화의 일을 우리 자신의 힘으로 성취하려고 해서도 안 된다. 우리로 구원받게 할 만한 역사는 이미 모두 성취되었다. 우리는 우리에게 제공되는 의를 받아들이는 것, 즉 그리스도께서 이루어 놓으신 것을 신뢰하는 것 외에는 아무것도 할 것이 없다.

성화에 관해서도 그렇다. 그것은 하나님의 역사다. 우리는 성령에 의해 그의 형상으로 새롭게 된다. 성화는 자연법에 의해 실현되는 자연적인 과정이 아니라 일정한 방식을 사용함에서 수반되는 하나님의 능력에 의해 실현되는 과정이다. 어떤 의미에서 우리는 구원의 수동적인 수혜자들이다. 하지만 다른 한편으로 우리가 마음으로부터 그리스도를 순전하고 계속적이며 전적으로 의지하는 것과 성령을 근심되게 하거나 그에 저항하기를 피하기란 형언할 수 없이 어렵다. 그러므로 구원받기가 어렵다는 점에서 신자들의 경험은 성경과 일치한다.

성경은 주정꾼, 부정한 자, 탐욕스러운 자, 피조물을 그것의 창조자보다 더 사랑하는 자, 육욕에 마음을 빼앗긴 자, 회심하지 않은 자와 어린아이와 같이 되지 않은 자는 누구도 하나님의 나라에 들어갈 수 없다고 명백히 말한다.

우리는 다음과 같은 것들에 의해서 그 같은 부류의 죄악들뿐 아니라 다른 종류의 죄악에 빠지게 된다.

- 우리의 타락한 본성에 의해
- 세상의 유혹물들에 의해
- 악한 동료들의 영향에 의해
- 사탄의 시험에 의해

어떻게 할 것인가?

이러한 것들은 노력하지 않고서는 정복할 수 없는 두려운 적들이다. 정리하자면 다음과 같이 요약할 수 있다.

- 구원은 어려운 일이라는 것을 마음에 두어야 한다. 우리는 표류하여서는 하늘나라에 들어갈 수가 없다.
- 은혜의 방편들을 부단히 사용해야 한다. 다시 말해 은밀하고 친밀한 기도, 공중 예배, 성경 읽기, 성례식 등에 대한 정기적인 참여가 절대적으

로 필요하다.

• 끊임없이 죄를 경계하고 시험을 피해야 한다. 하나님의 백성과의 회합과 교제가 모두 필요하다.

• 타락은 배교에 이른다. 경건의 진보를 위한 부단한 노력이 타락을 피하는 유일한 방도다.

• 모든 죄에 대한 부단한 위험의식과 하나님에 대한 끊임없는 의존이 이 모든 방편과 연합되어야만 한다.

• 그와 동시에 복음의 정신은 두려움에 의한 의존이 아니라 하나님의 참된 자녀로서의 신뢰와 기쁨의 정신이다. 중요한 것은 안전은 오직 활발히 성장하는 경건한 마음 상태에서만 누려질 수 있다는 것을 기억하는 일이다.

84. 그리스도께로 나아감

"수고하고 무거운 짐 진 자들아 다 내게로 오라 내가 너희를 쉬게 하리라"

마 11:28

"너희가 영생을 얻기 위하여 내게 오기를 원하지 아니하는도다"

요 5:40

"아버지께서 내게 주시는 자는 다 내게로 올 것이요"

요 6:37

"나를 보내신 아버지께서 이끌지 아니하시면 아무도 내게 올 수 없으니"

요 6:44

"누구든지 목마르거든 내게로 와서 마시라"

요 7:37

"자기를 힘입어 하나님께 나아가는 자들을 온전히 구원하실 수 있으니"

히 7:25

"목마른 자도 올 것이요"

계 22:17

"하나님께 나아가는 자는 반드시 그가 계신 것과 또한 그가 자기를 찾는 자들에게 상 주시는 이심을 믿어야 할지니라"

히 11:6

그리스도께로 오는 자들에게는 쉼이 약속된다

그리스도께 주어진 자들은 모두 그에게로 올 것이다. 그는 자기에게 오는 자는 아무도 거절하지 않으실 것이다. 그에게 오는 자는 결코 굶주리지 않을 것이다. 그러므로 다음과 같이 결론지어 말할 수 있다.

- 그리스도께로 나아가는 것이 구원에 불가결한 것이다.
- 그것이 죄인들이 하도록 권고 받아야 할 분명하고 유일한 것이다.

그리스도께로 나아간다는 것

이것은 종종 마음을 조이게 하는 질문이다. 그리스도께 나오도록 권고받는 자들은 그리스도께 나온다는 것이 실제로 무엇을 의미하는지를 모른다.

이러한 난점의 이유는 첫째로 자신들이 해야 할 일의 단순성 때문이다. 둘째로 그러한 명령에 내포되는 것을 꺼려하기 때문이다. 그리스도께로 나온다는 것이 무엇인가를 이해하기 위해서는 성경에서 그리스도께로 나왔던 자들, 예를 들어 시각 장애인, 청각 장애인, 나환자 등의 경우를 기억할 필요가 있다. 그들이 했던 것은 무엇이었는가?

부정적인 면에서 첫째로 그들은 그들이 있어 왔던 상태에 더 이상 머물러 있지 않았다. 둘째로 그들은 도움을 위해 더 이상 다른 곳에 호소하지 않았다. 셋째로 그들은 기회가 주어졌을 때 모든 문제에 대하여 그리스도께 나아가기를 지연시키지 않았다.

긍정적인 면에서는 ① 그들은 고침을 받기 위한 목적으로 그리스도에게로 갔다. ② 그들은 고침 받을 것을 기대하며 갔다. ③ 그러므로 그들은 그리스도에게 실제로 도움을 구했다.

이렇게 하기 위해서는 다음과 같이 할 필요가 있었다.

- 자신들이 고침 받을 필요가 있다는 것을 자각하는 것.
- 그들 자신이 자신들을 고칠 수 없으며, 그러한 도움은 다른 데서는 얻어질 수 없다는 것을 인정하는 것.
- 그리스도만이 자신들을 고칠 수 있고 고쳐 주시리라는 것을 믿는 것,
- 그는 그들뿐 아니라 다른 사람들도 고쳐 주시리라는 것과 그들이 도움

을 구할 때마다 응답해 주시리라는 것을 믿는 것.

이러한 것은 우리에게 다음과 같은 사실들을 알려준다.

첫째, 우리의 영혼이 그리스도께로 나아감에 관련하여 우리가 가기 전에 필요한 것이 무엇인가를 가르쳐 준다.

- 결핍에 대한 의식, 즉 우리가 영적인 치료, 죄로부터의 용서와 구원을 필요로 한다는 확신이다.
- 우리가 우리 자신을 구원할 수 없다는 확신이다.
- 그 외에 누구도 우리를 구원할 수 없다는 확신이다.
- 그리스도만이 할 수 있고 해 주시리라는 확신이다.

그리스도께로 나아오는 자는 다음과 같은 사실을 믿어야 한다.

- 그가 하나님이시라는 것이다.
- 그는 그를 부지런히 찾는 자들의 보수자[Rewarder]이시라는 것이다. 그러므로 우리는 또한 다음과 같은 사실을 믿어야만 한다. ① 그리스도는 그가 주장하시는 대로 하나님의 아들이시며, 죄인들의 구주시라는 것이다. ② 그는 그에게 오는 자를 모두 구원해 주시리라는 것이다.

둘째, 그리스도께로 나온다는 것은 무엇을 의미하는가?

- 그것은 그에 의해 죄 용서함을 받고 성화되어짐에 대한 열망과 기대를 갖고 그를 구주로 영접하는 것이다.
- 그것은 그가 구원해 주실 것을 믿고, 그가 자기에게 오는 자는 모두 구원해 주시리라는 그의 확언을 신뢰함으로 그에게 구원을 실제로 구하는 것이다.

그에게 나아감에 대한 증거는 우리가 나아가며 목적한 것을 받게 되는 사실이다. 이 세상에 있는 동안 그리스도께로 나아갔던 자들은 보게 됨과 듣게 됨과 말하게 됨과 건강 등의 선물을 받았다. 그러므로 그에게 나아감으로써 우리는 쉼과 용서와 영생을 얻는다.

누가 그에게 가야만 하는가?

• 전에는 전혀 와 본 일이 없는 죄인들뿐 아니라

• 위급한 경우를 당하는 그의 모든 백성이다.

이 점에 관해서는 두 가지 부가적인 사실이 성경에 의해 계시된다.

• 사람들이 그리스도께 나오기를 꺼려함과 나오지 않음의 죄악됨

• 성령에 의해 인도받아야 할 필요성

성경은 다음과 같은 사실을 가르쳐 준다.

• 모든 사람이 오라는 초대를 받고 있다.

• 모든 피택자는 그에게로 나아온다.

• 그에게 나오는 일이 중요하다.

• 바로 그것이 첫째로 해야 할 일이다.

• 오는 자는 누구도 쫓겨나지 않을 것이다.

• 사람들이 오지 않는 이유는 그들 자신이 원치 않기 때문이다.

• 그리스도께로 나아오는 데에는 성령의 도우심이 필요하다.

85. 그리스도의 초청과 약속

"수고하고 무거운 짐 진 자들아 다 내게로 오라 내가 너희를 쉬게 하리라"

마태복음 11:28

본문의 약속

여기서 말하는 '쉼'은 두 가지 개념을 내포한다. 첫째, 짐스럽고 괴로운 모든 것으로부터의 위안이다. 둘째, 영혼의 휴식이나 완전한 만족인데, 곧 모든 능력이 적절히 발휘되고 모든 욕망과 열망이 충족되며, 영혼의 모든 능력이 완전히 발휘되는 상태다. 이러한 상태에 미치지 못하는 상태는 어떠한 상태도 합리적이고 영원한 쉼을 줄 수 없다.

약속의 대상자들

그것은 모든 사람이다. 이 약속의 대상자들에 관하여는 어떠한 차별이나 제한이 없다. 이것은 유대인들에게만 한 것이 아니며, 이방인들, 젊은이들이나 노인들, 배운 자들이나 배우지 못한 자들, 선인이나 악인 등 어느 한 부류에 대해 한 것이 아니다. 이것은 누구에게나 해당된다. 이러한 것이 성경에서 사용되는 표현 양식이다. 그러므로 이 약속은 세상 끝나는 날까지 모든 계층, 모든 민족과 모든 세대의 사람들에게 한 것이다.

이 약속을 하게 된 대상자들의 부류에 관하여 어떠한 제한이 없는 것처럼 그들이 신음하고 있는 짐의 종류에 관해서도 어떠한 제한이 없다. 그러므로 여기서 말하는 짐은 질병, 가난, 슬픔, 책임, 적대 세력이나 방해 세력과 압제 혹은 모든 종류의 걱정일 수도 있다.

또한 특별히 이 약속은 의심할 바 없이 특히 죄의식과 그 결과로서 일어나는 하나님의 진노에 대한 직면의식으로 괴로워하는 자들, 자신들의 악한 마음의 성향에 대한 자의식으로 짓눌림을 받고 있는 자들, 회의나 그 외 다른 원인으로 인하여 특별한 내적인 시련이나 시험을 받고 있는 자들에 대하여 한 것이다.

약속을 하시는 분

이 약속의 성격과 보편성을 고려해 볼 때 만일 이것이 어떤 피조물에 의해 한 약속이라면 그것은 실로 조소의 대상이 될 것이다. 어떠한 천사나 인간도 용의주도하게 그 같은 말을 할 수 없다. 이 말씀은 오직 모든 시간에 있어서 무소부재하시고 전지전능하시며, 그 능력이 외적인 사건들뿐 아니라 영혼에까지 미치는 하나님의 입에 적합한 말씀이다. 이 말씀은 그 자신 안에 인간의 모든 소원을 충족시키고 그들을 그들의 모든 해악으로부터 구원할 모든 자력을 갖고 계신 자의 말씀이다.

그러나 이 약속을 하시는 분은 성부 하나님이 아니시며, 그 아들로서도 성령도 아니라, 육으로 나타나신 하나님이시며, 신인神人인 그리스도이시다. 이 약속은 하나님의 모든 지력과 속성을 갖고 계시며, 그럼에도 우리와 같은 혈육으로 태어나시고 우리가 당하는 것과 같이 고난을 당하셨을 뿐만 아니라 우리가 져야만 하는 모든 짐과 악한 마음에서 일어나는 것들을 제외한 우리가 참아야만 하는 모든 슬픔을 겪으신 자의 약속이다.

이 약속은 모든 인간을 최초의 타락에 의한 모든 해악으로부터 구원하고 세상의 평안—하나님과의 화목—과 영혼을 위한 내적인 평안—쉼—을 얻게 할 목적을 갖고 세상에 오신 분이 하신 것이다.

이것은 자체를 성취시키는 데 필요한 모든 능력과 그러한 능력에 대한 발휘를 보증하는 모든 사랑과 인자하심을 갖고 계신 자의 약속일 뿐만 아니라 그가 구조하기로 의도하시는 모든 요구의 충족을 위해, 그리고 우리의 칭의와 성화와 완전한 구원을 위해 완전하게 예비해 놓으신 자의 약속이다.

약속의 조건

이 약속에 걸려 있는 조건은 그리스도께로 오는 것이다. 아무런 결핍의식도 갖고 있지 않고 그리스도께서 쉼을 주실 자발성이나 능력을 믿지 않으며, 또 이 모든 것을 인정하면서도 여전히 이러한 약속을 받아들이기를 거부하거나 받아들이지 못하는 자들에게는 이러한 약속이 아무 소용이 없다.

그리스도께로 간다는 것은 바로 그를 믿는 것이다. 그것은 우리에게 하신 그리스도의 말씀을 사색하는 것이 아니라 인격적으로 소유하는 것이다. 그것은 반복될 것이 없는 순간적인 행위이다. 그것은 모든 위급한 경우에 있어 그에 대한 영속적인 신뢰 상태이며, 반복적으로 발휘되는 믿음이다.

86. 네 마음을 내게 주며

"내 아들아 네 마음을 내게 주며 네 눈으로 내 길을 즐거워할지어다"

잠언 23:26

마음의 의미

인간의 지식은 과학에 앞선다. 전기에 대한 사실들 중 많은 것들이 전기가 발견되기 전에 알려졌다. 피의 순환이 생각되기 전에는 마음이 생명의 소재지와 근원으로 알려졌다. 구약에서는 '마음'이란 단어가 오늘날 의미하는 것과 같은 내적인 생명을 가리키는 데 거리낌 없이 사용된다. 우리는 이제 이러한 비유적인 표현의 타당성을 보다 잘 이해할 수 있지만, 그것이 보다 명료한 표현은 아니다. 육신의 혈관이 피를 온몸에 유통시키고 열·생기·활력을 온몸을 통하여 유지시키듯이 생각·감성·감정·욕망과 의지의 흐름 및 내적 생명을 구성하는 모든 것을 운행시키는 능력이 '마음heart'이라 불린다. 그러므로 성경은 마음의 욕망에 대해서 뿐 아니라 그것의 생각과 계획에 대하여 말한다. 이 단어는 내적인 온 생명을 내포한다. 그러므로 마음은 인간의 내적이며 실제적인 자아이며, "네 마음을 내게 달라"는 명령은 온 영혼을 요구하는 명령이다.

마음을 하나님께 드린다는 것

- 그것은 하나님을 우리의 삶의 목적으로 삼는 것을 말한다. 우리가 사는 목적은 자신이나 세상이나 어떠한 형태의 것이든 피조물이 되어서는

안 되며, 그것은 하나님의 영광이어야만 한다. 즉 하나님이 알려지고 경배받으시고 사랑과 복종을 받으셔야만 한다.

- 그것은 하나님의 뜻을 우리의 삶의 법칙으로 삼는 것을 말한다. 즉 우리 자신의 욕망이나 이성이나 양심이 아니라 계시된 그의 뜻을 우리의 삶의 법칙으로 삼는 것이며, 우리 자신의 어떠한 편의나 다른 사람들의 가정된 유익이 아니라 하나님께서 옳고 의무적인 것으로 선언하신 것을 그와 같은 것으로 삼는 것이다.

- 그것은 하나님을 우리의 삶의 기쁨으로 삼는 것이다. 그것은 우리가 우리의 행복을 피조물이 아닌 하나님에게서 찾아야만 한다는 것이며, 하나님의 은혜와 그분과의 교제가 우리의 복임을 확신하는 것이다. 바로 이러한 것이 하나님께서 우리에게 요구하시는 것이다. 이것은 합리적인 요구이다. 그 이유는 ① 그의 무한한 위대하심과 탁월하심 때문이며, ② 우리의 행복과 탁월함은 그러한 것에 달려 있기 때문이다.

만일 우리가 우리의 마음을 우리의 피조물에게 준다면 우리는 그것에 의해 멸망한다.

우리의 마음을 자신의 의지로 지배하기 어렵다

- 이러한 어려움은 이러한 특수한 명령에 대해서만 그러한 것은 아니다. 그것은 성경과 양심의 모든 요구에 대해서도 마찬가지다. 우리가 우리의 마음을 자기의 의지로 지배하기에는 무력하다는 사실은 우리 모두가 의식하고 있는 사실이다.

- 그런데도 이러한 무력함이 우리의 의무를 무효화시키거나 약화시키지 않는다는 것은 우리가 의식하고 있는 사실이다.

- 우리가 우리의 마음을 변화시킬 수 없고 우리 자신의 힘으로 하나님께로 향할 수는 없지만, 우리는 맹인과 귀머거리가 그러했듯이 우리 자신의 무력함을 인정하고 하나님으로부터 도움을 구할 수는 있다.

• 우리가 할 수 있는 것은 많다. 의지에 관한 한 우리는 그것을 결정할 수 있다. 그리고 우리는 우리의 외적인 행위들을 결정할 수 있다. 하나님께서는 이와 같이 끈기 있게 행하는 자들을 그 자신에게로 이끄신다.

87. 하나님께 대한 복종

"그런즉 너희는 하나님께 복종할지어다 마귀를 대적하라 그리하면 너희를 피하리라"
■ 야고보서 4:7

이 세상에는 중대한 두 왕국이 존재한다. 즉 하나님의 나라와 사탄의 나라, 진리의 나라와 거짓의 나라, 빛의 나라와 어둠의 나라, 거룩한 나라와 죄악의 나라가 그것이다. 모든 사람은 이 둘 중 한 나라의 백성들이다. 이 둘 중 중립 상태에 있는 사람은 있을 수 없다. 모든 사람은 이 둘 중 어느 하나에 복종하는 것이다. 사도의 권고는 하나님께 복종하고 마귀에 저항하라는 것이다.

하나님께 대한 복종
- 대체로 말해서 복종은 우리의 주권자로서 우리에 대한 하나님의 정당한 권위를 실제로 인정하는 행위다. 신하들은 군주에게, 아내들은 그들의 남편에게, 자녀들은 부모에게, 종들은 주인에게 복종하도록 요구받는다. 모든 경우에 있어 복종의 성격은 상호 관계의 성격에 의해 결정된다. 하나님에 대한 우리의 관계는 그에 대한 우리의 복종이 무조건적으로, 지체없이 그리고 무제한적으로 절대적이어야 함을 요구한다.
- 하나님에 대한 우리의 복종은 그의 진리에 대해 지적으로 복종해야 함을 내포한다. 하나님께서 그의 말씀을 통하여 하시는 어떠한 계시도 그가 우리의 마음속에 그 자신에 대하여 해 오신 계시와 모순될 수 없다

고 가정할 수 있다. 우리의 심비에 새겨진 믿음의 법들에 대한 복종은 하나님에 대한 유일한 형식의 복종이며, 그러므로 그것은 그의 진리에 대하여 지적으로는 무제한적으로 복종한다. 마음의 직관적인 법칙들 principles은 극히 희소하고 제한되어 있으며, 그러므로 그것은 우리에게 소규모의 진리만을 전해 줄 뿐이다. 그러나 하나님의 말씀은 진리의 거대한 보고寶庫다. 우리는 그 말씀과 그 말씀이 내포하고 있는 모든 것에 복종해야만 한다. 하나님의 말씀은 우리의 속에 심겨진 양심의 법과 불일치하는 것은 전혀 내포하고 있지 않으며, 그렇지 않다면 그것은 그의 말씀일 수 없을 것이다.

그러므로 우리는 그 말씀이 내포하고 있는 모든 것에 지적으로 복종해야만 한다. 이것이 믿음의 복종이며, 어려운 의무이긴 하지만 그럼에도 회피할 수 없는 것이다. 이것이 평안과 확신의 유일한 보증이며 근거다.

- 하나님에 대한 우리의 복종은 특히 구원 계획에 대한 복종을 내포한다. 유대인들은 하나님의 의에 복종하지 않았다롬 10:3. 하나님의 의에 대한 복종은 우리의 구원을 위해 행하여지기를 요구하는 특별한 것이다. 이러한 복종은 하나님의 주권에 대한 복종만을 요구하는 복종에 대한 교리와는 매우 다르다. 그러한 복종—하나님의 주권에 대한 복종만을 요구하는 복종—은 신앙에 대한 잘못된 이론과 혼연일체를 이룰 수 있을 뿐이다.

- 그것은 우리가 어디로 갈 것인가, 무엇을 할 것인가, 그리고 무엇이 될 것인가라는 우리의 의무에 관한 하나님의 뜻에 대한 복종, 곧 우리가 당하는 시련과 고통에 대한 복종을 내포한다.

- 하나님에 대한 복종은 그의 종들이 되는 것을 의미하며, 그럼으로써 하나님이 우리 위에서뿐 아니라 우리 안에서 통치하시고, 우리의 마음과 뜻의 모든 힘, 우리의 타고난 모든 지력, 우리 몸의 모든 지체, 우리의 모든 소유물과 재산이 그에게 드려지고 그의 나라와 영광의 증진을 위해 바쳐질 것이다.

복종에 대한 이유

• 전반적인 복종을 위한 것들로는 ① 우리의 창조자로서 그의 권리, ② 우리의 보호자로서 그의 권리, ③ 그의 무한한 탁월함 등을 들 수 있다.

• 지적인 복종을 위한 것들로는 ① 우리 자신의 지력의 약함, ② 하나님의 무한한 지혜, ③ 하나님의 가르침에 복종하기를 거부함에 있어 오류의 확실성 등을 들 수 있다.

• 하나님의 구원 계획에 복종해야 할 이유는 ① 우리는 우리 자신의 의를 갖고 있지 못하며, ② 그리스도의 의만이 완전히 충분하기 때문이며, ③ 우리의 구원은 그리스도의 그러한 의에 달려 있기 때문이며, ④ 완전한 평안은 이러한 형식의 복종의 결과인 때문이다.

• 하나님의 섭리에 대한 복종은 다음과 같은 것에 근거를 둔다. ① 그가 세상을 통치하신다는 믿음, ② 그의 사랑에 대한 믿음, ③ 그의 지혜에 대한 믿음, ④ 그가 자기에게 선하게 보이는 것을 하셔야만 하는 그의 자발성에 근거를 둔다.

• 그를 섬김에 대한 복종과 헌신은 다음과 같은 것들에 의거한다. ① 우리에 대한 그의 권리, ② 그에 대한 우리의 의무, ③ 이렇게 함으로써만 우리는 우리의 존재 목적을 달성할 수 있다.

88. 두렵고 떨림으로 너희 구원을 이루라 (1)

"그러므로 나의 사랑하는 자들아 너희가 나 있을 때뿐 아니라 더욱 지금 나 없을 때에도 항상 복종하여 두렵고 떨림으로 너희 구원을 이루라"

빌립보서 2:12

우리의 달성해야 할 목표는 구원이다

구원은 사죄, 성화, 영생, 곧 구속의 모든 혜택을 내포한다.

구원은 행위에 의해 달성되어야만 한다

이것은 부정적으로는 다음과 같은 것을 가르친다.

• 그리스도께서 사람들을 구속하기 위해 희생을 치르셨다고 해서 그들이 당연히 구원받는 것은 아니다.

• 구원은 다른 사람들이 우리에게 부여할 수 있는 혜택이 아니다. 우리는 우리 자신의 구원을 이루어야만 하며, 각 사람은 자기의 구원을 성취해야만 한다. 어떠한 제사장도 우리를 구원할 수 없다.

• 구원은 쉬운 역사가 아니다. 카테르가제스데^{κατεργάζεσθε}란 단어는 강한 표현이며, 이러한 역사는 두려움과 떨림, 곧 우리가 끝내 실패하는 일이 없도록 우려^{solicitude}와 염려^{anxiety}로 이루어야만 한다. 이것은 우리가 우리의 최대한의 노력을 요구하는 역사에 관여하고 있음을 보여준다. 이것은 성경에서 여러 가지 방식으로 가르치고 있는 것이기도 하다. 성경은 우리에게 좁은 길로 가기를 힘쓰라고 말한다. 하나님 나라는 침노를

당하여 왔다. 이스라엘인들은 가나안 땅을 얻기 위해서 오랜 기간 맹렬히 싸워야만 했다. 고난 없이는 영광도 없다.

적극적으로는,

- 노력working은 올바른 목표를 위해 발휘되어야만 함을 가르쳐 준다. 우리가 두려움과 떨림으로 우리의 구원을 이루어야만 한다고 할 때의 노력 혹은 행위는 우리의 죄를 속량하기 위한 것이 아니며, 구원을 우리의 선행으로 얻어야만 한다는 것을 의미하지도 않다. 이러한 것들은 모든 거짓된 종교에 있어 두 가지 커다란 오류이다. 사람들은 그들의 구원을 성취하기 위해 애써 노력하지만, 그들은 결코 어떠한 진전도 이룩하지 못한다. 우리의 노력의 목적은 그리스도 안에서 유익을 얻고 우리의 마음과 삶을 하나님의 뜻에 일치시키기 위한 것이다. 이것이 중대한 역사이며 절대적으로 필요한 역사다. 만일 어떤 사람이 그리스도를 믿고 자기 좋은 대로 사는 것으로 충분하다고 생각한다면 그는 하나님의 은혜를 남용하는 것이며, 진노의 날에 대해 하나님의 진노를 쌓는 것이다. 우리는 육신, 곧 우리의 타락한 본성과 세상과 마귀를 부단히 정복해 가야만 한다.
- 우리의 노력은 올바른 목표를 위해 발휘되어야 할 뿐만 아니라 자연 종교나 금욕주의 그리고 광신주의와 일치해서가 아니라 복음에 일치하여 발휘되어야 한다. 즉 만일 하나님께서 사람들을 구원할 계획을 세우시고 계시해 오셨다면 우리의 노력은 우리가 구원받을 수 있는 하나님의 그러한 계획에 부합되게 해야만 한다. 그러므로 우리의 노력은 다음과 같은 것을 인정해야만 한다. ① 선지자와 제사장과 왕으로서의 그리스도의 역사, ② 성령의 역사, ③ 은혜의 모든 방편—이러한 방편 중 어느 것도 무시되어서는 안 된다—의 효력이 그것이다.
- 이러한 노력은 올바른 목표를 위해, 그리고 바른 계획에 따라 발휘되어야만 할 뿐만 아니라 그것은 근면하고 끊임없이 지속되며, 힘써 하는

것이어야만 한다.

격려

구원의 역사는 너무나 크고, 우리는 너무나 약하기 때문에 만일 그것이 우리 자신에게 맡겨진다면 우리는 실패할 수밖에 없고 절망하고 말 것이다. 그러나 하나님은 우리를 위로함이 없이 내버려 두지 않으셨다.

- 본문에서의 격려는 하나님이 우리를 도우실 수 있고 실제로 도우시며, 앞으로도 도우시리라는 것이다.
- 이러한 도우심은 우리에게 방편과 기회를 줄 뿐인, 단지 외적인 것이 아니라 우리에게 뜻과 힘을 주는 것으로써 내적이며 유효한 것이다.
- 그러므로 자연 속에 하나님께서 중풍병자와 절름발이에게 힘을 주셨던 경우들에서 나타나는 그의 역사에 유사한, 약속된 그의 동역co-operation 이 존재한다.
- 이러한 하나님의 동역은 영혼이 느낄 수 있는 것이 아니며, 강압적인 것으로는 느껴지지 않는다 하더라도 그것은 영혼의 성격에 적합한 것이다.
- 하나님의 동역이 우리의 구원에 절대적으로 필요하므로 우리는 그것을 구하고 의지해야만 한다.

89. 두렵고 떨림으로 너희 구원을 이루라 (2)

"사랑하는 친구 여러분, 여러분은 늘 내 말에 순종했습니다. 여러분은 내가 곁에 있을 때만 그리하지도 않았지요. 그러니 내가 여러분 곁에 없는 지금, 더욱 올바른 경외심과 책임감을 품고 하나님이 여러분에게 베푸신 구원을 완성하십시오."

빌립보서 2:12(필립스성경)

가장 위대한 복, 구원

모든 복 중 가장 위대한 복인 구원을 받지 못하면 그 외 모든 것도 잃게 된다. 이 구원은 다음과 같은 의미를 가진다.

- 죄에 대한 벌로부터의 구원이며,
- 죄의 세력으로부터의 구원이며,
- 하나님을 영원히 즐거워하는 것이다.

"너희 구원을 이루라"는 말씀은 다음의 의미이다.

- 우리가 그것을 우리 스스로 받을 수 있다는 것을 의미하지 않는다.
- 우리가 그것을 성취할 수 있다는 것을 의미하지도 않는다.
- 이 말씀은 우리가 그것을 성취하는 데 있어서 중요한 대리 행위agency를 한다는 것을 의미한다.

그러한 대리 행위에 대한 실례로서 우리는 그리스도께서 맹인의 눈에 진흙을 바르고는 그에게 실로암 못에 가서 씻으라고 말씀하셨던 사실을 들 수 있다. 나아만은 요단강에 가서 목욕하라는 명을 받았다. 이때마다 병자들은 자신들의 회복을 확신할 수도 있지만, 그러나 그들은 명령되어진 방법들을 부지런히 사용하도록 권고받는다.

권고받은 자가 해야 할 일은 무엇인가? 그 일을 어떻게 해야만 하는가? 그것은 다음과 같은 것들에 대한 순종이다. ① 복음, ② 규정된 은혜의 방편들, ③ 하나님의 모든 계명에 대한 순종이다.

그러한 일을 어떻게 해야만 하는가? "두려움과 떨림"으로 해야 한다. 그것은 다음과 같은 것들을 의미한다.

• 목적 달성을 위한 한결같이 성실하고 진지한 욕망
• 경시하면 실패하게 된다는 의식
• 수고와 노력을 필요로 한다는 확신.

그것은 다음과 같은 것들과는 반대된다. ① 무관심, ② 안심, ③ 도덕률 폐기론적인 부주의가 그것이다.

구원의 동기

"너희 안에서 행하시는 이는 하나님이시니 자기의 기쁘신 뜻을 위하여 너희로 소원을 두고 행하게 하시나니"빌 2:13 우리는 절망해서는 안 되며 낙담해서도 안 된다. 왜냐하면 구원의 역사는 너무나도 중대하기 때문이다. 우리에게는 전능하신 보혜사an Almighty Helper가 계신다.

• 하나님께서 사람들을 도우신다.
• 그의 도우심은 그가 우리 안에서 행하신다는 데 있다. 또는 그것은 그가 우리 안에 행하심으로 베풀어진다.
• 그는 소원을 두고 행하게 하기 위해 역사하신다. 소원을 두게 한다는 것은 올바른 감정과 결정을 포함한다. 행하게 한다는 것은 바른 행동을 포함한다. 그리고 하나님께서는 우리의 소원과 결심을 실행하도록 힘

을 주신다.

하나님의 이러한 역사에 대하여는 다음과 같이 가르친다. ① 그것은 내적인 것이며, 단지 외적이며 객관적인 것이 아니다. ② 그것은 효력을 발휘한다. ③ 그것은 주권적이며 은혜로운 것이다.

다른 모든 일에서와 마찬가지로 구원 사역에 있어서도 하나님과 인간은 상호 참된 관계를 유지해야만 한다.
• 구원사역에 있어 양자의 관계는 불가결한 것이다.
• 구원사역에 있어 양자의 관계는 완전하게 조화를 이룬다.
• 그러나 구원사역에 있어 인간은 종속적이며 보조적인데 비하여 하나님은 지배적이고 효과적이시다.

90. 중생

"예수께서 대답하여 이르시되 진실로 진실로 네게 이르노니 사람이 거듭나지 아니하면 하나님의 나라를 볼 수 없느니라 니고데모가 이르되 사람이 늙으면 어떻게 날 수 있사옵나이까 두 번째 모태에 들어갔다가 날 수 있사옵나이까 예수께서 대답하시되 진실로 진실로 네게 이르노니 사람이 물과 성령으로 나지 아니하면 하나님의 나라에 들어갈 수 없느니라"

■ 요한복음 3:3-5

인간의 자연적인 상태
- 그것은 영적으로 죽어 있는 상태다.
- 영적인 이해력에 관한 한 그것은 눈먼 상태다.
- 애착심^{affections}이 하나님으로부터 벗어나서 피조물들에 집착된다.
- 그러한 생명이나 활동력은 보이는 것들과 현세적인 것들에 바쳐진다.

중생
이러한 상태에서 영적 생명의 상태에로의 전환이 중생이다. 중생이 성경에서는 "거듭남" "영적 부활" "새로운 창조" "심령의 변화"와 같은 여러 다른 명칭들로 불린다. 이러한 변화에 관련하여 그것은 다음과 같은 특징이 있다.
- 외적인 것이 아니다.
- 그것은 자연적인 것이 아니다.
- 그것은 본질적인 변화나 본질의 변화가 아니다.

- 그것은 자체의 성격과 기원에 있어 초자연적인 것이다.
- 그것은 단지 계획이나 견해, 감정의 변화가 아니다.
- 그것은 새로운 영적 원리의 주입[3*]이다.

중생의 창시자는 하나님이시다. 그것은 하나님의 역사이다. 그것은 그의 능력의 역사다.

중생의 방편은 말씀과 성례다. 어떤 의미에서 그러한 것들이 중생의 방편인가?
- 그러한 것들 없이는 중생의 효력이 발생하지 않는다.
- 그러한 것들 자체가 효력을 나타내지 않는다.
- 그러한 것들이 획일적으로 성공을 거두지는 않는다.
- 하나님께서 변화를 일으키시는 것은 말씀으로, 그리고 말씀에 의해서다. 실례로 나아만의 치료에 있어서와 맹인의 눈에 진흙을 바르시고 실로암 못에 가서 씻으라고 말씀하셨다.

중생의 증거
새 생명의 활동의 성격
거룩한 감정은 자체 내에, 그리고 자체의 성격에 대한 증거를 내포하고 있다. 거룩한 감정이 강하게 될 땐 사람은 자체의 성격에 관하여 어떠한 의심도 갖지 않게 된다.

그러나 이러한 점에서 만족할 만한 결론에 이르는 데에는 큰 어려움이 있다. 그 이유는 다음과 같다.
- 새 생명의 활동이 자주 약화되기 때문이다.
- 은혜로운 감정과 자연적인 감정 사이를 식별하기란 매우 어렵기 때문

[3*] 성령의 내주의 결과로 형성된 하나님을 향한 영혼의 애정(affection) 상태로 이해함이 좋다.

이다. 예를 들면 죄에 대한 슬픔은 두려움에서 올 수도 있고, 그것은 단지 자연적인 후회일 수도 있으며, 혹은 그것이 영적인 우려일 수도 있다. 그러므로 하나님에 대한 우리의 사랑도 단지 자연적인 경의와 감사gratitude일 수도 있다. 하나님에 대한 믿음에 있어서도 그렇다.

• 사람이 시험에 들면 감정은 정상적으로 발동하지 않기 때문이다. 나무 껍질을 벗겨 버리면 그 나무를 현미경으로 관찰한다 해도 사람은 그것이 좋은 나무인지 나쁜 나무인지를 말할 수 없다.

성령의 증거

• 그것은 효성스러운filial, 또는 은혜로운 감정의 발동과는 다르다.
• 그것은 계시의 성격에 속하지는 않다.
• 그것은 성령의 직접적인 역사에 의해 생성되는 확신, 곧 우리 자신을 받아주심에 대한 확신의 산물이다. 성령의 역사의 결과는 기쁨, 평안, 감사, 사랑 그리고 하나님의 영광을 위한 순종과 헌신이다.

성령의 역사에 의해 생성되는 결과들

이러한 결과들에는 세 종류가 있다.

• 중생의 결과이며, 그 증거인 일종의 지식이다. 이러한 지식은 사색적인 것이 아니다. 이러한 지식은 직관적인 것이 아니라 영적인 식별력, 곧 다음과 같은 것들을 내포하는 신성한 조명illumination이다. 첫째, 죄, 우리 자신, 그리스도, 구원에 대한 계획, 도덕률, 보이지 않는 영원한 것에 관한 참된 이해다. 둘째, 하나님께서 인정하시는 모든 것의 탁월성에 대한 이해다. 우리는 그리스도 안에서 하나님의 영광, 거룩한 아름다움, 죄의 사악함, 하나님의 얼굴을 본다.

• 중생의 결과와 증거인 애정affection이 있다. 즉 우리는 우리의 행복을 새로운 대상들에서 찾는다. 우리는 세상보다는 하나님을 섬기는 것을 좋아한다. 우리는 다른 사람들보다 그리스도인들을 좋아한다. 우리는 신

앙적인 의무를 기쁨으로 안다.

- 중생의 결과인 새로운 삶이 있다. 세속적인 삶이 있고 과학적인 삶이 있으며, 자선적인 삶이 있다. 그러나 또한 신앙적인 삶이 있다. 이러한 삶을 사는 자의 삶의 목적은 자신이 아니며, 세상이나 피조물이 아니라 하나님이시다. 그에게 있어 명확히 정해진 삶의 목적은 하나님을 영화롭게 하는 것이다. 그리고 그의 모든 외적인 삶은 하나님을 섬기는 데 헌신되며, 그의 뜻에 의해 통제를 받는다.

91. 중생의 증거

"오직 성령의 열매는 사랑과 희락과 화평과 오래 참음과 자비와 양선과 충성과 온유와 절제니 이같은 것을 금지할 법이 없느니라"

■갈라디아서 5:22-23

중생이란 무엇인가?

- 그것은 어떤 외적인 개혁이 아니다.
- 그것은 어떤 외적인 상태나 관계의 변화가 아니다.
- 그것은 내적인 것이라 하더라도 믿음의 변화가 아니다.
- 그것은 영혼의 본질에 있어서의 어떤 변화가 아니다.
- 그것은 단지 행위나 활동에 있어서의 어떤 변화가 아니다.

그것은 성품의 변화, 곧 내적인 성향이나 영적인 상태의 변화로서 그러한 상태가 자의적이거나 의식적인 모든 활동의 배후에 있으며, 하나님의 일들에 있어 행동을 결정한다. 그것은 영적인 죽음에서 영적인 생명에로의 변화다. 그것은 성령의 역사이며, 그것의 주체의 역사가 아니다. 또한 그것은 이성이나 양심 그리고 감정을 통하여 작용하는 어떤 사람, 곧 다른 사람의 영혼에 미치는 역사가 아니다. 그것은 하나님의 직접적인 전능하심에 기인하며, 그러므로 그것은 초자연적인 사건들의 부류에 속한다.

중생에 대한 의문

우리가 중생했는지 그렇지 않은지의 의문은 우리가 하나님의 자녀인지 마귀의 자식인지, 우리가 영적으로 살아 있는지 혹은 죽어 있는지, 우리가 어둠의 권세의 나라에 속해 있는지 아니면 하나님의 사랑하는 아들의 나라에 속해 있는지, 그리고 우리가 구원받았는지 잃어진 상태에 있는지의 의문이기도 하다. 중생에 있어 변화의 성격이 이러하며, 그러한 변화에 포함된 이해 관계가 이러하므로 다음과 같은 두 가지 사실이 뒤따를 것 같다.

- 자신이 중생했는지 그렇지 않은지에 대한 질문에 대해 누구도 이성적으로 무관심할 수 없다.
- 매우 근본적이며 중대한 변화는 겉으로 나타나야 한다. 사람이 살아 있는지 죽어있는지는 더 이상 의심스러운 문제일 수 없다.

그럼에도 하나님의 참된 많은 자녀가 다음과 같은 두 가지 원인 중 한 이유나 다른 이유에서 의문에 빠져 있다.

- 현세의 생명은 너무나도 약하다. 졸도해 있거나 전신 강직증^{cataleptic} 상태에 있는 사람을 살아 있다고 할 수 있는지 죽어 있다고 할 수 있는지는 종종 의심스럽다.
- 판단에 대한 잘못된 표준을 취하는 것과 그들이 자신들에게서 발견하지 못하는 증거들의 필요성을 주장하는 것 중 어느 것이 더 일반적인 사례인가 하는 점이다.

중생의 증거들은 어떠한 것들인가?

이러한 질문에 대한 부정적인 면은 적어도 명백하다. 즉 우리가 중생하지 못했다는 명백한 증거들로는 다음과 같은 것들을 들 수 있다.

- 불의, 곧 성경의 주요 가르침들에 대한 의도적인 거부
- 그리스도, 그의 성례, 그의 백성들에 대한 혐오
- 우리의 삶을 통하여 실행하는 목적, 곧 율법의 규제에 복종하기를 거부

할 뿐 아니라 우리 자신을 그리스도께 복종시키고 그의 영광을 위해 살기를 거부함으로써 자아를 삶의 목적과 법칙으로 삼음

이러한 질문에 대한 긍정적인 면도 부정적인 면에 못지않게 명백하다.

- 중생은 성령의 역사이므로, 곧 그것은 영혼 속에 들어가 거기서 새로운 생명의 법칙으로 거하는 성령으로 말미암았으므로 다음과 같이 결론지을 수 있다. 즉 성령의 임재는 빛, 사랑, 능력, 거룩함, 화평과 기쁨의 원천으로서 자연스럽고도 필연적인 효력을 발휘한다.

- 그러므로 성령이 거하시는 곳에는 빛이 있을 것이다. 성령이 어떤 영혼에 임하시면 그 영혼은 진리를 진리로, 탁월하고 아름답고^{lovely} 거룩한 것으로 보게 될 것이다. 그때에 영혼은 특히 예수에 관한 기록이 진리라는 것, 곧 그가 하나님의 아들이시며 세상의 구주시라는 것을 이해하게 될 것이다. 따라서 그 영혼은 마침내 하나님, 그리스도, 성경, 교회와 하나님의 백성들을 사랑하게 될 것이다.

- 성령이 임하시면 영혼은 위에서 언급한 것들을 믿고, 세상을 이기고, 죄를 정복하고, 하나님께 복종하고, 그의 뜻을 자신의 삶의 법칙으로 삼으며, 그의 영광을 자신의 삶의 목적으로 삼을 능력을 얻게 될 것이다.

- 그때에 그 영혼에 화평과 기쁨이 있을 것이다. 절망은 신령한 삶과 불일치한다. 의심과 낙담은 그러한 삶에 반대된다. 그러므로 우리가 중생했는지의 여부는 우리의 정서나 감정에 대한 추상적이거나 현미경으로 하는 식의 조사에 의해 결정될 수 없다. 우리는 중생의 성격을 인간적인 의식에 따라 결정할 수 없다. 우리는 그것을 다음과 같은 것들로부터 결정할 수 있다.

① 우리의 마음과 하나님의 마음과의 전반적이며 끊임없는 일치로부터 결정할 수 있다.

② 예수가 하나님의 아들이시라는 부단한 확신으로부터 결정할 수 있다. 이러한 확신은 그가 실제로 우리에게 하나님이심을 보증한다.

③ 모든 죄를 이기고 그리스도를 섬기며, 그의 뜻에 순종하여 살려는 끊임없는 의도와 노력으로부터 결정할 수 있다.

92. 그리스도에 대한 신앙고백

"시몬 베드로가 대답하여 이르되 주는 그리스도시요 살아 계신 하나님의 아들이시니이다"

■ 마태복음 16:16

고백이란?

'고백,' 즉 호몰로게인^{ὁμολογεῖν}은 다음과 같은 것들을 의미한다.

• "동일한 것을 다른 사람들과 함께 말하다" "…에 동의하다"
• "약속하다"
• 어떤 사람이나 사물을 그 또는 그것이 실재하는 것으로 "인정하거나 혹은 공언하다"

그러므로 그리스도를 고백한다는 것은 그가 실제로 어떠한 분이심을 인정하고, 그분 자신이 다음과 같은 분이심을 선언하는 것이다.

• 하나님의 아들
• 육신으로 나타나신 하나님
• 세상의 구주
• 주

고백의 성격

• 그리스도에 대한 확신을 자기 마음속에 갖고 있거나 그러한 확신을 자

기 자신이나 하나님 또는 자기의 견해에 동의하는 친구들에게 고백하는 것만으로는 충분하지 못하다.

- 그것은 공공연하게 사람들이나 친구들뿐 아니라 원수들 앞에서 행해져야만 하며, 호평뿐 아니라 악평을 듣게 되는 경우에서도, 그리고 비난과 위험을 초래할 때에도 행해져야만 한다.

- 그것은 입으로 행해져야만 한다. 사람들이 자기의 행위로부터 자기가 그리스도인인 것으로 추론할 수 있는 것만으로는 충분하지 못하다. 그는 자기의 신앙고백을 다른 사람들이 알아들을 수 있게 말로 해야만 한다.

- 그것은 다음과 같은 것을 통하여 행해져야만 한다. ① 일상적인 교제를 통하여, ② 하나님께서 지정하신 방식, 곧 세례와 성찬식에 의해서다.

- 그것은 진실되게 행해져야만 한다. "주여, 주여"라고 말한다 해서 모두가 천국에 들어가지는 못할 것이다. 외적인 행위가 어떤 가치를 갖게 되는 것은 오직 그것이 마음을 나타내 주는 것일 때 뿐이다.

신앙고백의 유익

- 그것은 신앙을 강화시켜 준다.

- 그러한 신앙고백이 중생에 대한 증거다. 왜냐하면 그것은 예수 그리스도의 얼굴에 있는 하나님의 영광에 대한 이해를 전제로 하기 때문이다.

- 그러한 신앙고백이 구원의 필수 조건이다. 왜 그런가? ① 하나님께서 그것을 요구하시기 때문이다. ② 그리스도에 대하여 신앙을 고백하지 않는 것은 그를 부인하는 것이기 때문이다. ③ 그리스도를 부인하는 것은 그에 대한 믿음의 부재 혹은 그에 대한 헌신의 부재를 의미하기 때문이다.

- 그리스도께서는 자기를 인정하는 자들을 인정하실 것이다. 그는 그러한 인정을 하나님의 사자들 앞에서 그의 입으로 하실 것이며, 그의 그러한 인정을 받는 자들만이 영원한 구원을 얻게 될 것이다.

그리스도에 대한 신앙고백의 의무

• 그러한 고백을 해야 한다는 것은 단지 계명이 아니다.

• 영원한 진리이신 그리스도를 인정한다는 것, 그리고 특히 하나님을 하나님으로 인정한다는 것은 가장 고귀한 도덕적 의무이다.

• 그리스도에 대한 신앙고백은 우리가 그를 존경하고 다른 사람들로 그를 인정하도록 하기 위해 취할 수 있는 가장 직접적인 방법이다.

"누구든지 사람 앞에서 나를 시인하면 나도 하늘에 계신 내 아버지 앞에서 그를 시인할 것이요"마 10:32

"누구든지 사람 앞에서 나를 시인하면 인자도 하나님의 사자들 앞에서 그를 시인할 것이요"눅 12:8

"누구든지 이 음란하고 죄 많은 세대에서 나와 내 말을 부끄러워하면 인자도 아버지의 영광으로 거룩한 천사들과 함께 올 때에 그 사람을 부끄러워하리라"막 8:38

"네가 만일 네 입으로 예수를 주로 시인하며 또 하나님께서 그를 죽은 자 가운데서 살리신 것을 네 마음에 믿으면 구원을 받으리라 사람이 마음으로 믿어 의에 이르고 입으로 시인하여 구원에 이르느니라"롬 10:9, 10

"우리가 주를 부인하면 주도 우리를 부인하실 것이라"딤후 2:12

"예수 그리스도께서 육체로 오신 것을 시인하는 영마다 하나님께 속한 것이요"요일 4:2

"누구든지 예수를 하나님의 아들이라 시인하면 하나님이 그의 안에 거하시고 그도 하나님 안에 거하느니라"요일 4:15

93. 주여, 무엇을 하리이까?

"내가 이르되 주님 무엇을 하리이까 주께서 이르시되 일어나 다메섹으로 들어가라 네가 해야 할 모든 것을 거기서 누가 이르리라 하시거늘"

■ 사도행전 22:10

바울의 회심

- 그것은 있을 법하지 않은 사건이었다.
- 그것은 자체의 상황에 있어 경이로운 사건이었다.
- 그 자체로 복음에 대한 증거다. ① 그의 회심에 대하여는 그가 설명하는 것 외에 어떠한 이성적인 해명으로도 설명할 수 없기 때문이다. 그의 회심은 망상이나 기만이 아니었다. ② 그것은 그리스도의 부활을 증거할 뿐만 아니라 그것에 의해 온 복음이 증거되기 때문이다. ③ 그것은 바울의 가르침을 그리스도로부터 온 초자연적인 계시로 확증하기 때문이다.
- 그의 회심이 자체의 상황에 있어서는 경이로운 것이었지만, 그것의 요소essentials에 있어서는 전형적인 것들이었다. ① 변화의 성격, ② 그것이 초래된 방식, ③ 그것의 진실성에 대한 증거들이다.

기도에 표현된 바울의 마음 상태

- 그것은 전적인 자아 포기를 내포했다. 그는 다음과 같은 것들을 구하지 않았다. ① 자신의 출세advancement, ② 자신의 기쁨enjoyment, ③ 자기 강화his own improvement다.

- 그것은 그리스도의 권위에 대한 전적인 복종을 내포했다. 그것은 다음과 같은 것들을 내포하지 않았다. ① 자신의 뜻, ② 친구들, 통치자들과 세상의 뜻이다. 그에게 있어서는 오직 그리스도만이 그의 진로를 결정하고 지시할 권위를 갖고 계셨다.
- 그것은 그리스도를 섬기는 전적인 헌신을 내포했다. ① 그의 뜻을 기꺼이 행할 준비, ② 그리스도께서 복음 전도의 대상뿐 아니라 일터와 상황을 결정하셔야만 한다는 전적 일임을 내포한다.

바울의 회심이 초래된 방식

그것은 그리스도의 계시였다.

- 그러한 계시의 성격은 다음과 같다. ① 그것은 외적이며 외래적^{adventitious}이었다. 그러나 그것이 전부가 아니었다. 그는 수많은 사람들에게 드러내 보여졌기 때문이다. ② 그의 회심은 그의 이성을 상대로 했던 계시의 결과였다. 그러므로 그것은 이성적인 확신을 내포했다. ③ 그의 회심은 성령에 의해 초래된 영적 계시의 결과였다.
- 그에게 계시된 진리는 그리스도의 신성이었다. ① 그는 그리스도를 "주"라고 불렀기 때문이다. ② 갈라디아 1장 16절에서 그는 "하나님께서 그의 아들을 내게 나타내시기를 기뻐하셨다"고 말하기 때문이다. ③ 다메섹 도상에서의 계시와 변화산 상의 계시 간의 유사성 때문이다. ④ 바울은 회심이 그리스도에 대한 이러한 지식에 있는 것으로 말하기 때문이다. ⑤ 회심의 결과로 그는 자기로부터 완전히 돌아서서 그리스도께 전적으로 복종하고 그에게 전적으로 헌신했기 때문이다.

우리에게 적용

- 우리는 이러한 마음 상태를 갖고 있는가?
- 우리가 이러한 마음 상태를 유지하기 위해서는 우리에게, 그리고 우리 안에 계시된 그리스도를 바울이 소유했던 것처럼 소유해야만 한다.

PRINCETON SERMONS Outlines of Discourses Doctrinal and Practical

6부

그리스도인의 특성과 특권

94. 새로운 피조물

"그런즉 누구든지 그리스도 안에 있으면 새로운 피조물이라 이전 것은 지나갔으니 보라 새 것이 되었도다"

고린도후서 5:17

새로운 피조물로의 변화

바울은 오만하고 독선적이고 악의적이며, 사람들을 박해하고 그리스도와 그리스도인들을 혐오했었다. 그러던 그가 하나님의 은혜로 정반대의 사람이 되었다. 즉 그는 새로운 피조물이 되었다. 그가 새로운 피조물이 되었다는 것이 다음과 같은 의미는 아니다.

- 견해나 믿음의 단순한 변화가 아니다.
- 새로운 양식의 삶도 아니다.
- 그것은 교회와의 새로운 관계도 아니다.

그것은 인격의 내적이며 근본적인 변화, 곧 카이노스^{καινός, "새로운"} 자체가 가리키듯이 그리고 그러한 경우의 성격이 요구하듯이 보다 나은 것을 향한 진로의 변화이다.

본문에서 표현되고 있는 바울의 변화에 있어 두드러진 점들은 다음과 같은 것들이다.

- 그리스도에 대한 그의 견해의 변화다. 그는 한때 그리스도를 육신에 따라 판단했다. 그는 예수를 메시아, 하나님의 아들 또는 그의 구주로 믿

지 않았다. 그는 예수를 선인으로도 존경하지 않았으며, 거룩한^{divine} 분으로는 더더욱 존경하지 않았다. 그는 그에 대해 사랑을 표하지 않았으며, 그의 영광이나 그의 나라의 확장을 위한 열심도 전혀 없었다.

- 그의 삶의 지배적인 동기들과 목적에 있어서의 변화다. 그는 본래 이기적이었다. 그는 자신의 행복과 이익을 첫째이자 가장 소중한 목적으로 여겼다. 그를 지배했던 동기는 그가 속한 국가의 이익과 관련된 그 자신의 이익을 증진시키려는 욕망이었다. 그가 추구했던 대상은 세속적인 것이었다. 그것은 곧 세속적인 교회였으며, 하나님께서 자체의 통치자시며 자체의 안전과 위엄^{grandeur}의 창시자라는 것 외에는 이 세상의 왕국과 전혀 다를 것이 없는 신권 정치의 나라였다.

이러한 마음 상태로부터 바울이 회심함으로써 다음의 결과를 낳았다.
- 그리스도에 대한 그의 견해가 변했다. 바울은 그를 육신으로 나타나신 하나님으로 알게 되었고 그를 최고로 존경하고 사랑하게 되었으며, 다른 무엇보다도 특히 그의 영광과 그의 나라의 확장을 열망하게 되었다.
- 그의 삶의 목적은 이제 자신이 아니었다. 그는 더 이상 자신을 위해 살지 않고 그리스도를 위해 살았다. 그를 지배했던 삶의 동기는 자기 사랑이 아니라 그리스도에 대한 사랑이었으며, 자기가 아니라 우리에 대한 그의 사랑이었다.

이것이 영감받은 한 사람이 자신의 개종에 대하여 했던 묘사다. 그러므로 이러한 묘사는 정확한 것임에 틀림없다. 이러한 묘사는 어느 한 개인에게만 특별한 것이 아니다. 이것은 그리스도인 전체에 공통되는 것으로 선언되며, 모든 그리스도인의 경험이 어떠한 것인가를 표명하기 위해 의도된 것이다. 본문에 포함되어 있는 전환 명제는 틀림없는 진리다.

만일 어떤 사람이 새로운 피조물이 아니라면 그는 그리스도 안에 있지 않은 자이며, 만일 그가 그리스도 안에 있지 않다면 그는 그리스도의 사람이 아닐 뿐만 아니라 그리스도의 구원에 관계없는 자이다.

어떻게 할 것인가?

그렇다면 형제들이여, 우리는 어떻게 해야만 하겠는가? 우리 자신을 속이지 말자. "주여, 주여"라고 말하는 것, 곧 그의 성호와 그의 가르침을 고백하기란 쉽다. 교회의 규율과 사람들의 비방을 피하여 살기는 쉽다. 그러나 그렇게 하는 우리가 새로운 피조물이겠는가? 그리스도의 사랑이 우리를 강권하는가? 우리에게 있어 삶의 지배적인 동기가 그에 대한 사랑이며, 우리가 위해 사는 위대한 목적은 그를 영화롭게 하고 그의 나라를 증진시키는 것인가?

우리는 그리스도인이 되지 않고서도 친절하고 공정하며 호의적이고 예절 바르고 헌신적일 수 있다. 그러나 우리가 그리스도 안에 있음에 대한 유일한 증거는 우리가 우리를 위해 죽으신 그를 위해 사는 것이다. 왜냐하면 그가 먼저 우리를 사랑하셨고 우리를 위해 자신을 주셨기 때문이다.

그리스도 안에 있는 자들에 대해 다음과 같은 위대한 사실들이 언급된다.
- 그들은 하나님과 화해된다. 그들에 대하여는 더 이상 정죄가 없다.
- 그들은 하나님의 자녀들이다.
- 그들은 하나님께 의롭다 하심을 얻는다.
- 하나님이 그들의 지혜, 의, 성화와 구속redemption이시다.
- 그들은 하나님의 생명과 나라와 영광을 함께 누리는 자들이다.
- 그들은 새로운 피조물이다.

그리스도와의 연합

그러므로 그리스도와의 연합은 우리의 객관적인 관계들뿐 아니라 우리의 주관적인 상태를 결정하며, 하나님의 율법과 의에 대한 우리의 관계 및 우리의 외적인 상황뿐 아니라 우리의 내적인 인격과 삶을 결정한다. 이러한 사실은, 그리스도 안에 있다는 것이 단지 형식적이거나 외적인 무엇일 수 없다는 것을 입증해 준다. 그와의 연합은 그 모든 경이롭고도 영광스러운 결과들을 설명해 주는 성격에 속하는 것이어야만 한다.

그렇다면, 그리스도 안에 있다는 것은 무엇을 의미하는 것이겠는가?
- 그것은 언약에 의해 그리스도 안에 있는 것이며, 영원 전부터 그에게 주신 자들의 수에 드는 것이다. 그리스도는 그들을 위하여 우리와 같은 성정을 취하시고 하나님께 복종하여 고난을 받으셨으며, 따라서 그들을 위하여 의의 모든 요구를 충족시키셨다. 그러므로 그들은 의롭게 되고, 그의 나라의 상속자들이 된다.
- 그것은 가지가 포도나무에 붙어 있는 것처럼 그리스도 안에 있는 것이며, 그럼으로써 그들은 그의 생명의 공유자, 곧 모든 생명의 근원이신 성령의 공유자들이 된다.
- 그것은 우리와의 하나님의 언약과 그와의 우리의 영적 연합을 의식함으로써 믿음으로 그리스도 안에 있는 것이다. 우리의 거룩함은 가지가 포도나무에 붙어 있는 것처럼 그와의 결속으로 유지되며, 특히 우리의 기쁨과 평안은 믿음으로 그 안에 있음에서 온다.

구원의 방편
그러므로 구원의 방편은 다음과 같은 의미가 아니다.
- 개혁이 아니다.
- 그것은 단지 하나님께로 향하는 것은 아니다.
- 그것은 자기 사랑에서 전 인류에 대한 사랑에로의 전향도 아니다.
- 그것은 하나님을 우리의 분깃으로 삼는 것도 아니다.

이러한 모든 것은 그리스도를 보이지 않게 한다. 구원은 단지 그리스도를 받아들이는 것이자 그와 연합되는 것이며, 그를 영접하는 것이다. 만일 우리가 참으로 이와 같이 한다면 바로 그것이 우리가 언약에 의해, 그리고 성령의 내주하심에 의해 그리스도 안에 있다는 증거이다.

이뿐만 아니라 우리는 할 수 있는 것을 해야 하는데, 곧 하나님께로 향하고 우리 마음을 새롭게 하는 것이다. 이것이 우리가 할 수 있는 모든 것이다. 우리는 우리 자신을 그리스도의 품 안에 내맡겨야만 한다. 만일 우리가 기꺼이 이와 같이 하지 않는다면 그것은 우리 자신의 허물이다. 그러나 우리가 그와 같이 하기만 한다면 구원을 받을 것이다.

95. 그리스도인의 경주

"그러나 너는 모든 일에 신중하여 고난을 받으며 전도자의 일을 하며 네 직무를 다하라 전제와 같이 내가 벌써 부어지고 나의 떠날 시각이 가까웠도다 나는 선한 싸움을 싸우고 나의 달려갈 길을 마치고 믿음을 지켰으니 이제 후로는 나를 위하여 의의 면류관이 예비되었으므로 주 곧 의로우신 재판장이 그 날에 내게 주실 것이며 내게만 아니라 주의 나타나심을 사모하는 모든 자에게도니라"

■ 디모데후서 4:5-8

성경에서 구원의 성취는 어려운 일이라고 하는 데에는 여러 이유가 있다.

- 성경은 구원을 얻는 자가 거의 없고 구원에 이르는 길은 좁으며, 그 문은 협소하다는 것, 그리고 천국은 침노를 당한다는 것과 의인이 가까스로 구원받는다고 직설적으로 주장한다.
- 우리는 우리 자신의 구원을 성취해야만 한다. 구원을 얻는 데 따르는 노력에 대한 비유로써 우리는 주인이 셈해야만 하는 종들에 비유된다.
- 우리는 수가 압도적으로 많은 막강한 적군과 사투를 벌이는 군인들에 비유되기도 한다.
- 성경은 구원 역사의 어려움과 위험을 암시하는 권고와 경고와 교훈들로 가득하다.
- 우리는 경주하도록 부름받은 사람들에 비유되기도 한다.

이러한 모든 형식의 교훈에 내포된 중요한 사실은 구원을 얻기 위한 우리의 수고와 노력의 필연성이다.

- 만일 어떤 노동자가 게으르게 온종일 앉아만 있다면 그의 일은 실행되지 않을 것이며, 자기의 보수를 받지 못할 것이다.
- 만일 어떤 군인이 경계하기를 게을리하거나 싸우기를 거부한다면 그의 적군이 그를 지배하게 될 것이다.
- 만일 경주하도록 부름받은 사람이 어슬렁어슬렁 따라 걸어갈 뿐 아무런 노력도 발휘하지 않는다면 그는 상을 얻지 못할 것이다. 만일 우리가 신앙생활을 그와 같이 안일하게 하고 아무런 분투적인 노력도 기울이지 않는다면 우리는 분명코 구원을 얻지 못할 것이다.

경주하는 사람 비유에 의해 의도된 특별한 진리들은 다음과 같은 것이다.
- 우리는 우리의 죄들을 포기해야만 한다. 경주하는 사람은 길게 늘어지는 겉옷 같은 모든 거추장스러운 것을 벗어 버려야만 한다. 그는 모든 무거운 것을 내려놓아야만 한다. 그러므로 우리는 장애물이 되며, 쉽사리 우리를 포위하는 죄를 버려야만 한다. 그것이 우리를 방해하기 때문이다. 경주자에게 족쇄fetters가 방해물이 되듯이 그리스도인에게는 죄가 방해물이 된다. 그러므로 죄는 버려야만 한다. 그것은 우리로 불리하게 하고 경주를 더욱 어렵게 할 뿐 아니라 우리로 승리하지 못하게 한다. 우리는 죄를 포기하든가, 경주를 포기하든가 둘 중 하나를 택해야만 한다.
- 자아 부인의 필연성이다. 이것은 죄를 버림보다 훨씬 많은 것을 내포하며, 자아 통제를 포함한다. 어떤 정당한 것에 빠지는 것도 상황에 따라서는 유해한 것일 수 있다. 육신의 욕망과 마음과 감정 및 생활습관을 의무적인 엄한 규율과 위급한 경우에 따라 통제할 필요가 있다. 이것은 사도 바울에 의해 헬라인들의 경기에서 격투자의 규율을 언급할 때 예증된다.
- 끝까지 인내할 필요성이다. 즉 마지막까지 노력을 지속적으로 발휘해야

한다. 사람이 주로走路의 절반이나 3분의 2를 달려 놓고는 포기해 버려야만 한다면 무슨 소용이 있겠는가? 그러한 자의 실패는 그가 아예 출발하지 않았을 경우와 마찬가지로 완전하고도 수치스러운 것이 될 것이다. 이것이 많은 사람들에게서 드러나는 경우다. 사도 바울은 말한다. "너희가 잘 달려가더니, 이제 누가 너희를 방해하더뇨?"

• 목적과 목표를 확정해야 할 필연성이다. 경주자는 목표에서 눈을 떼지 말아야 한다. 그는 그것을 향해 직선으로 가야만 한다. 아무리 매혹적이거나 아무리 중요한 무엇이 있더라도 그는 옆을 보아서는 안 된다. 만일 그가 그렇게 한다면 그는 틀림없이 경주에서 실패할 것이다. 그러므로 형제들이여, 우리는 우리의 경주를 모든 것이 종속되어 있는 우리의 위대한 사업으로써 치뤄야만 한다. 우리는 세상의 유혹물들로부터 시선을 돌려야만 한다. 그러한 것들이 정당하냐 그르냐가 문제가 아니라 그리스도인으로서의 우리의 경주를 촉진시키느냐 방해하느냐. 우리는 예수를 다음과 같은 분으로 바라보아야만 한다. ① 우리의 모범자, ② 능력의 공급자, ③ 그분 자신이 우리의 지극히 위대한 상급이라는 것이다.

격려의 말씀이 경주의 어려움에 비례하여 자주 주어진다. 경주에서 승리하는 자에게 주어지는 상은 무한히 크다. 그러나 경주에서 실패한 자에게 미치는 해악도 무한히 크다. 패배한 격투자는 굴욕감을 느끼고 치욕을 당하며, 불행하게 되어 관중의 눈을 피하여 살며시 도망친다. 그러나 그가 이때에 겪는 고통은 우리가 믿음의 경주에서 실패할 때 견뎌야만 하는 것에 비유될 수 없다. 우리가 경주에서 실패하면 하나님과 그리스도와 모든 거룩한 존재로부터 추방당하여 영원히 바깥 어둠에로 넘겨질 것이다.

96. 믿음에 의한 칭의

"곧 예수 그리스도를 믿음으로 말미암아 모든 믿는 자에게 미치는 하나님의 의니 차별이 없느니라 모든 사람이 죄를 범하였으매 하나님의 영광에 이르지 못하더니 그리스도 예수 안에 있는 속량으로 말미암아 하나님의 은혜로 값 없이 의롭다 하심을 얻은 자 되었느니라"

■로마서 3:22-24

타락한 인간과 하나님의 관계

하나님은 거룩하시지만 인간은 더럽혀져 있다. 하나님은 의로우시지만 인간은 유죄하다. 하나님은 그의 모든 속성에 있어 무한하시다. 그의 피조물들에 관련하여 그의 행위와 모든 자기 계시는 그의 성품에 의해 결정된다. 그는 그의 이성에 상반되게 행할 수 없으신 것처럼 그의 거룩하심과 의로우심에 상반되게 행할 수 없으시다. 그러므로 그는 거룩하지 못한 자들을 거부하시며, 의로운 자로서 그는 죄인들을 정죄하신다. 그의 성품은 그러한 자들의 것과 반대된다. 그러한 자들에 대하여는 그의 성품상 소멸시키는 불이시다. 하나님의 성품에는 그가 죄인들을 구원하셔야만 할 필요가 있게 하는 것은 전혀 아무것도 없다. 그러므로 하나님께서 죄인들을 용서할 수 있으시다는 것, 그가 부정한 자들에게 호의를 베풀 수 있으시다는 것은 우리가 그의 성품에 대하여 갖고 있는 어떤 지식으로도 배울 수 없다. 그것은 우리가 우리 안에 계시된 것으로 아는 어떤 것으로부터도 배울 수 없다.

즉 그가 죄인들을 받아들이고 용서하시리라는 사실은 인간적인 지식으로는 알 수 없으며, 그것은 오직 초자연적인 계시에 의해서만 배울 수 있다.

• 하나님께서 죄인들을 용서할 수 있고 받아들일 수 있으시다는 것은 순전히 계시에 의해 알려졌다.

• 계시된 방법은 ① 하나님의 속성과 일치되는 방식으로, ② 의에 따라 만족시킬 수 있는 방식으로였으며, ③ 그러한 만족은 우리에 의해서가 아니라 우리를 대신하여 실현되어야만 했다.

이 모든 사실은 현재 복음에서 알려지는 것처럼 더욱 명백하게 알려졌다.

• 하나님의 영원하신 아들이 우리의 성정性情을 취하셨다.

• 그가 우리를 대신하셨다.

• 그가 하나님의 공의와 율법을 만족시킴으로 우리를 위하여 모든 의를 성취하셨다.

• 이 의는 이를 받아들이고 신뢰하는 모든 자에게 무상으로 주어진다.

• 이와 같이 믿는 자들은 의롭다 하심을 얻는다. 즉 그들에게 하나님의 의가 충족되고 하나님의 호의에 따라 그와의 관계가 회복됐다고 선언된다.

칭의의 결과

칭의의 결과는 다음과 같은 것들로 선언된다.

• 하나님과의 화평 및 양심의 화평이다.

• 하나님께로 자유로이 나아감을 얻게 된다.

• 그의 은혜와 성령의 은사를 누리며, 칭의가 성화를 보증한다.

• 율법의 고발, 사탄의 권세, 배교와 재앙의 모든 원인으로부터의 안전이다.

• 그리스도의 구속의 모든 혜택에 참여한다. 따라서 그들은 하나님의 아들들이며, 만일 그들이 하나님의 아들들이라면 그의 상속자들인 것이다.

칭의와 성화

그러므로 칭의와 성화는 불가분의 관계다. 이러한 교리가 방종에 이르게 한다는 반론에 대해 바울은 자기모순이라고 선언한다. 그러한 반론은 우리의 칭의가 보장되는 그리스도와 우리의 관계에 대한 전적인 오해에 의거한다. 우리는 오직 그와 연합됨으로써 그의 의로 의롭다하심을 얻는다. 만일 우리가 그와 연합된다면 그의 생명을 함께 누리는 자들이며, 만일 우리가 그의 생명을 함께 누리는 자들이라면 그가 사시는 것처럼 사는 것이다. 그러므로 어떤 부정한 자, 곧 죄에 머물러 살기로 결정한 자, 죄에 대하여 죽고 하나님에 대하여 살기를 노력하지 않는 자가 칭의에 대한 어떤 성경적인 소망을 가진다는 것은 불가능하다. 하나님은 오직 그리스도의 몸의 지체들만 의롭게 하신다. 그들의 성화는 칭의의 근거가 아니라 그것에 대한 증거이자 결과다.

바로 이러한 교리가 모든 시대에 있어 교회의 초석이 되어왔다. 이러한 교리는 다음과 같은 교리들과 반대된다.

- 인간은 자신의 도덕적인 인격에 의해 의롭게 된다는 이성주의적이며 펠라기우스주의적인 교리
- 인간은 성령의 능력으로, 또는 변화된 마음으로 행한 것들에 의해 의롭게 된다는 교리
- 우리가 의무에 대한 보다 낮은 규율로써 복음의 요구들에 순종함으로 의롭다 함을 얻는다는 교리
- 칭의는 인간 자체 내의 주관적인 변화라는 교리

이 모든 견해는 성경과 불일치할 뿐만 아니라 죄인의 소망의 근거를 실제로 파괴하여 윤리와 거룩한 삶에 불리한 영향을 미친다.

97. 나를 믿어 거룩하게 된 무리

"그 눈을 뜨게 하여 어둠에서 빛으로, 사탄의 권세에서 하나님께로 돌아오게 하고 죄 사함과 나를 믿어 거룩하게 된 무리 가운데서 기업을 얻게 하리라 하더이다"
사도행전 26:18

본 절에서 '믿음으로 by faith, 믿어'란 말은 앞 절을 수식하는 것이 아니라 성화된 무리 가운데서 기업을 얻게 될 방편을 가리킨다. 그럼에도 우리는 믿음으로 by faith 성화되며, 바로 이것이 본문을 통해 의도된 주제이며, 본 절에 대하여는 이러한 교리를 가르치는 것으로 보는 것이 가장 좋을 것이다.

• 성화 sanctification란 무엇인가?
• 어떻게 믿음으로 성화되는가?

후자의 질문은 두 가지 사항을 내포한다. 첫째, 여기서 "믿음으로"란 말이 의미하는 것, 둘째 믿음으로 성화되는 법이다.

성화는 도덕적으로 정결함, 곧 죄로부터 깨끗함이다

그리고 죄가 범죄 행위와 불결을 내포하듯 성화도 두 가지를 내포한다. 즉 성화된 자들은 자신의 죄들을 용서함 받고, 그 영혼이 새롭게 된 자들이다. 그러므로 성화는 도덕적인 개혁보다 훨씬 이상의 것을 내포한다. 그것은 속죄에 의한 죄의식의 제거, 공의의 충족과 온 영혼을 하나님의 형상에 따라 새롭게 함을 내포한다. 그것은 옛사람의 죽음 또는 십자가에 못 박음과 지식과 의와 거룩함에 있어 하나님의 형상에 따라 새롭게 되는 새사람을 덧입음을 포함하는 성품의 근본적인 변화다.

여기서 의미하는 믿음은 다음과 같은 것이 아니다.
- 단지 하나님이 존재한다는 믿음이 아니다. 따라서 우리는 그의 피조물이며, 그에게 의존되어 있고 그에 대하여 책임이 있다는 믿음이 아니다.
- 그것은 단지 성경에 대한 믿음도 아니다.
- 예수가 메시아라는 사실에 대한 믿음도 아니다.

여기서 말하는 믿음은 다음과 같은 것이다.
- 그리스도가 자체의 특별한 대상인 믿음이다.
- 이러한 믿음은 하나님이 그의 아들에 대하여 해 오신 기록에 대한 믿음을 포함한다. 즉 그는 성경에서 제시되시는 분, 곧 육신으로 나타나신 하나님, 인간의 구주, 선지자, 자기 백성의 제사장과 왕이시라는 믿음을 포함한다. 그리고 이러한 믿음은 이해력에 의한 단순한 확신이나 사색적이며, 이교적이거나 도덕적 믿음이 아니라 성경의 증거에 기초된 확신이다.
- 그것은 진리에 대한 동의일 뿐 아니라 그리스도에 대한 신뢰, 곧 선생으로서 속죄하는 제사장과 은혜와 진리가 충만한 전능하신 통치자로서 그에 대한 신뢰이다.

이러한 믿음이 성화시킨다

곧 죄로부터의 구원이나 죄로부터 깨끗게 됨을 확보한다. 어떻게 이렇게 되는가는 죄의식에 관한 한 모든 사람에게 잘 알려져 있다. 즉 죄에 대한 용서와 그리스도의 의의 전가가 그를 앞에서 언급한 바와 같이 믿는 모든 사람에게 약속된다. 율법은 완전한 복종과 공의에 대한 충족을 요구한다. 그리스도께서 이러한 율법을 성취하셨다. 그러므로 자신들의 의를 포기하고 그리스도께서 자기들 대신에 율법의 모든 요구를 충족시키셨다는 것을 믿을 뿐 아니라 그가 이루어 놓으신 것을 신용하는 자들은 즉시 모든 유죄로부터 용서함 받고 하나님 보시기에 의로운 자들로 받아들여진다. 따라서 그들은 그리스도를 믿는 믿음에 의해 유죄로부터 정결케 된다.

죄의 존재와 세력으로부터 영혼이 정결케 됨에 대한 믿음의 관계에 관하여 성경은 다음과 같이 가르친다.

- 하나님의 은총favor이 영적 생명의 원천이다. 그러므로 인간이 율법 아래 있으며, 그 결과로 저주 아래 있는 한 그들은 죄의 세력 아래 있을 수밖에 없다.
- 그들이 율법으로부터 구속되어 하나님의 은혜에로 회복될 때 그들은 즉시 그의 사랑과 교제의 대상들이 된다. 인간이 정죄받아 음부dungeon에 갇히게 될 때 그는 어둠과 비참함에 놓이게 된다. 그러나 그가 용서받아 빛으로 이끌림 받을 땐 그는 육신적인 안녕에 필수적인 모든 영향을 받게 된다. 그러므로 구원은 어둠의 나라에서 하나님의 독생자의 나라에로 이전되는 자들과 함께 있는 것이다.
- 믿음의 결과는 그리스도와의 연합이다. 그리스도와의 연합의 결과는 그의 생명과 영spirit에의 참여다. 우리는 가지가 포도나무에 붙어 있는 것처럼 그리스도 안에 있다. 그리고 바로 이것이 거룩의 필수 조건이다. 그리고 그것은 거룩의 원인 또는 근원이 된다.

이것이 본 주제에 관한 일련의 성경적인 표현 중 하나다. 그러나 서로 일치하긴 하지만 매우 다른 또 다른 표현이 있다. 지금까지 언급되어 온 것은 말하자면 믿음의 수동적인 효력, 곧 믿음을 조건으로 하여 우리에게 초래되는 효력들에 관계된다. 만일 우리가 그리스도를 믿는다면 우리는 의롭다 함을 얻고 하나님의 은혜에로 회복되며, 그의 성령을 받게 될 뿐만 아니라 그리스도와 연합되며, 그가 우리 안에 거하신다. 그러나 성경은 또한 본 주제에 관하여 또 다른 견해, 말하자면 믿음의 능동적인 효력, 곧 믿음이 우리의 성화를 증진시킴에 있어 어떻게 역사하는가를 진술한다.

- 믿음은 영적인 지식이다. 혹은 그것은 영적 분별을 내포한다. 영적 분별의 효력은 거룩한 감정^{affections}이다.
- 믿음은 보이지 않는 것들에 대한 증거다. 그것은 우리로 보이지 않고 영원한 것들에 의해 영향을 받게 한다. 그것은 우리를 세상 위로 들어 올려 천상에 살게 하여 하나님과 동행하게 하며, 그러므로 그것은 우리로 신령한 마음을 갖게 한다.
- 그것은 사탄의 맹렬한 창들을 방어하는 우리의 방패다.
- 우리는 믿음에 의해 주 예수와의 부단한 교제를 유지하며, 그의 도우심, 그의 지도와 은혜를 구한다. 이러한 행위들에 의해 우리는 죄를 정복하고 사랑과 인내와 온유와 다른 모든 거룩한 감정을 발휘케 된다.

98. 죄의 지배로부터의 해방

"그리스도 예수의 사람들은 육체와 함께 그 정욕과 탐심을 십자가에 못 박았느니라"
갈라디아서 5:24

그리스도 예수의 사람들

• 그리스도께 속하며, 실제로 그의 소유인 자들로서 그의 구속의 대상인
  자들이다.
• 그의 백성, 그의 양무리, 그의 몸의 지체들인 자들이다.

"육체와 함께 못 박았느니라"

즉 그들은 죄에 대하여 완전히 그러한 것은 아니지만 전적이고 결정적이며, 결과적
으로 죽었다. 그들은 죄를 포기해 왔으며, 그것을 마음에 품거나 그것에 복
종하지 않기로 결심해 왔다. 이것이 단지 열망하거나 고백하거나 소망했을
뿐 아니라 그들이 경험해 온 변화다.

본 장은 인간 속에 있는 악의 원리와 이와는 반대인 영적인 삶의 원리를
다룬다. 즉 본문에서는 육신의 일과 성령의 역사들이 진술된다. 사도 바울
은 그리스도 예수의 사람들, 오직 그들만이 악의 세력으로부터 구출되어 성
령의 지배를 받게 된다고 주장한다. 그러므로 악의 세력으로부터 해방되지
못한 자는 누구도 자신을 그리스도인으로 여길 권리가 없다.

여기서 육신은 우리의 타락한 성품을 의미한다. 그것은 악한 열정과 욕망
이 자체의 열매인 뿌리이다. 성경은 의식적이거나 능동적인 모든 죄 행위의

원인 혹은 근원인 우리의 성품 속에 있는 악의 원리의 존재와 세력을 끊임없이 인정한다.

그리스도와의 연합

본문에서 주장되는 진리는 믿는 자들은 죄의 세력으로부터 해방되어 하나님의 영의 지배를 받는다는 것이다. 그러나 어떻게 이러한 일이 일어나는가? 이러한 진리는 다른 곳에서 더욱 명백하고 충분히 가르쳐지고 있듯이 본문에서도 가르쳐진다.

- 그 이유는 그리스도의 죽으심의 목적이 어둠의 세력의 역사를 파괴시키고, 그의^{그리스도께 택함 받은} 사람들을 그들의 죄로부터 구속하여 그들을 하나님께로 인도하므로 특별한 사람들로서 성화시키는 것이었기 때문이다. 그의 죽으심의 목적이 이러한 것이었으므로 만일 이러한 구원이 그의 사람들에게서 실제로 성취되지 못한다면 그것은 자체의 목적에 대하여 실패하는 것이다.

- 그리스도와 그의 사람들 간의 연합에 의해 그의 죽으심이 그들의 죽음이 되었기 때문이다. 그의 죽으심이 율법의 모든 요구를 충족시키고 그의 사람들을 정죄로부터 해방시켜 그들에게 하나님의 은혜를 회복시켜 주었다. 성경은 율법 아래 있는 자들은 정죄 아래, 곧 하나님의 진노와 저주 아래 있으며, 죄악됨 외에는 아무것도 하지 못한다고 가르친다. 왜냐하면 그리스도의 은혜가 인간 영혼의 생명인 때문이다. 그것은 또한 모든 행복은 물론 모든 거룩함의 원천이다. 그러므로 그리스도 예수의 사람들은 하나님의 은혜와 그와의 친교가 회복되며, 생명을 공급해 주는 그의 영향력을 받게 된다.

- 이러한 것이 그리스도와의 연합의 성격이므로 그리스도 예수의 사람들은 그의 생명에의 참여자들이다. 그리스도와의 연합은 단지 외적이거나 언약적인 연합 또는 느낌과 감정의 연합이 아니라 포도나무 가지들과 원줄기, 몸의 지체들과 머리 사이에 존재하는 것과 같은 연합이다.

그러므로 몸의 각 지체들이 머리의 생명을 같이하고, 그것을 중단하는 순간 각 지체들은 그 몸의 지체들이 기를 중단하듯이 그리스도 예수의 생명을 같이하는 자들이 그의 생명을 같이하기를 중단하는 순간 그의 지체들이기를 중단하는 것이며, 그의 사람들이기를 중단하는 것이다.

성령이 그리스도 안에 있는 모든 자에게 죄로부터의 구원을 이루기 위해 주어진다고 말하는 것은 동일한 사실을 다른 말로 표현하는 것일 뿐이다. 성령은 그리스도로부터 우리에게 내려오시며, 그리스도는 성령에 의해 우리 안에 거하시거나 사신다.

우리의 의무

- 그리스도인이라고 고백하고 그리스도인이기를 소망하는 자들이 죄의 종들이 된다면 그것은 실로 어리석은 것이다. 그러므로 그들은 죄의 지배력에 저항해야만 할 뿐 아니라 그것을 부단히 정복해 가야만 한다.
- 우리에게 남아 있는 의무는 우리가 그리스도와의 관계에 일치되게 사는 것이다. 만일 우리가 성령 안에 산다면 우리는 성령 안에 거해야만 한다.
- 그리스도 예수의 사람이 되는 것은 형언할 수 없는 복이다. 따라서 그들은 그에 대한 사랑과 감사와 헌신의 의무가 있으며, 다른 사람들을 생명을 주시는 분이신 구주께로 인도해 오도록 노력해야 할 의무가 있다.

99. 몸의 행실을 죽이면 살리니

"그러므로 형제들아 우리가 빚진 자로되 육신에게 져서 육신대로 살 것이 아니니라 너희가 육신대로 살면 반드시 죽을 것이로되 영으로써 몸의 행실을 죽이면 살리니 무릇 하나님의 영으로 인도함을 받는 사람은 곧 하나님의 아들이라"

■ 로마서 8:12-14

마음의 법과 죄의 법

자연인^{거듭나지 않은 자}에게는 하나의 생명의 법칙이 있을 뿐이다. 그러나 거듭난 자에게는 두 개의 법칙이 있다. 이 두 법칙이 성경에서는 "육과 영" "마음의 법과 지체 속에 있는 죄의 법" "새사람과 옛사람"이라 불린다.

여기서 법칙^{principle}은 어떤 행위, 어떤 계획이나 의식적인 감정의 상태를 의미한다. 그것은 모든 행위와 계획 또는 감정의 근원인 무엇이며, 이러한 모든 것의 성격을 결정짓는 무엇이다. 그것은 지속적인 세력이란 의미에서 하나의 법칙^{a law}이기도 하다.

자연인은 육신의 지배, 곧 그 자체 타락 이후에 존재하는 그대로의 그의 성격의 지배를 받는다. 그는 그 외엔 어느 것에도 지배를 받을 수 없다. 왜냐하면 그에게는 그 외엔 아무것도 없기 때문이다. 이 말은 합리적이고 사교적이며 도덕적인 법칙들에 반대되는, 감각적인 법칙으로서의 그의 성격을 가리키는 것이 아니라 타락 이후 존재하는 그대로의 모든 것을 포함한다. 중생의 역사는 새로운 성격의 산물이나 생명의 새로운 법칙이며, 이 새로운 법칙은 옛 성격의 배제나 그것의 즉시적인 파괴에 뒤따르는 것이 아니라 옛 성격과 병행하거나 공존한다. 성경에서는 이 새로운 법칙이 때로는 그 자체 하나의 법 혹은 은혜라 불리워질 때와 같이 마음속에 내재하는 무엇으로 표현된다. 때로는 그것이 우리 안에 거하시는 성령이신 것으로 언급된다. 이러한 표현 양식들은 형식에 있어서만 다를 뿐이다. 성령이 이러한 새 생명의 근원이시며 그것의 원천이시다. 그것은 이성적인 피조물의 창조에서와 같이 단지 일시적인 역사에 의해 그러할 뿐 아니라 그의 영속적인 존재가 이러한 새 생명의 법칙의 원인과 조건이 되기 때문이다. 그러므로 그것은 우리가 한 법칙이 다른 법칙과 싸운다고 말하든 반대 세력들, 곧 한편으로는 육신이나 타락한 인간성이 다른 한편으로는 하나님의 영이 계신다고 말하든 간에 전적으로 동일한 것이다.

영과 육의 싸움

이러한 두 법칙이 존재할 땐 상호 절대적이므로 결과는 싸움이다.

- 이 싸움은 필연적이며 불가피하다.
- 그것은 사투적이다. 그 싸움은 둘 중 어느 하나가 완전 파괴되기까지 행해져야만 하기 때문이다.
- 만일 육이 승리한다면 그 결과는 죽음이다. 그러나 성령이 승리한다면 그 결과는 생명이다. 여기서 죽음은 영적이고 영원한 죽음의 범주에 포함되는 모든 것을 의미하며, 생명은 영적이며 영원한 생명의 범주에 포함되는 모든 것을 의미한다.

성경에서 우리는 종종 이러한 싸움의 구경꾼들로 묘사된다. 우리는 투사들이 위해 싸우는 상급이다. 한 투사는 우리를 멸망시키기 위해 싸우고 한 투사는 우리의 구원을 위해 싸운다. 또 이보다 더 빈번하게 우리들 자신도 투사들로 묘사된다. 전쟁터는 우리 주위에 있는 것이 아니라 우리들 내부에 있다. 두 적대 세력은 우리의 옛 성품과 거듭난 성품의 서로 상충되는 법칙들이다.

이 모든 것에는 다음과 같은 사실들이 함축되어 있다.

• 우리가 이러한 싸움의 문제에 깊이 관계되어 있을 뿐 아니라,

• 우리는 이 싸움에 적극적으로 가담해야만 한다.

우리는 두 편 중 어느 한쪽 편을 들어야만 한다. 우리는 중립을 지킬 수 없다. 우리는 무기력하게 방관하고 있을 수 없다. 우리는 한편에서 다른 편으로 이전할 수 없다. 우리의 유일한 안전은 성령의 편을 드는 것이다. 만일 우리가 악한 법칙을 실제로 멸절시키는 데 성공하지 못한다면 우리는 영원히 멸망할 것이다.

이 싸움을 어떻게 치러야 하는가?

그것은 육적인 행실을 억제함으로 가능하다. 법칙 자체는 우리의 손이 미치지 않는다. 우리가 할 수 있는 일은 다만 그 법칙의 행동에 관계하는 것이다. 어떠한 식물도 자라나도록 허용되지 않는 한 살 수 없다. 만일 자체를 지면 위로 드러낼 때마다 절단되어 버린다면 뿌리는 결국 죽고 말 것이다. 유독성 잡초들이 자라날 때마다 수시로 베어 버리지 않는 한 그것들이 자라나는 과정이 더딜지라도 결국은 틀림없이 무성하여질 것이다. 옛사람이나 죄의 법칙도 그렇다. 만일 이러한 법칙의 행동이나 활동들이 예방되거나 파괴된다면 그러한 법칙 자체는 결국 멸하기까지 점차 약화될 것이다.

싸움은 종결되어야만 한다

• 모든 합리적인 방법을 사용함으로, 곧 인간적인 지혜와 경험이 시사하는 방법들에 의해 싸움은 종결될 수 있다. 예를 들면, ① 죄악된 법칙의 어떠한 활동도 마음에 거하지 않게 하려는 결심과, ② 그러한 활동을 불러일으킬 기회를 주의 깊게 피함으로써, ③ 그리고 육신을 억제함으로, 곧 악의 법칙에 대한 모든 자양분을 허락지 않음으로 가능하다. 이러한 것은 육신과 우리의 악한 열정이 원하는 대로 하게 하는 것과는

정반대다.

- 그러나 이러한 방법들은 모두 비효과적이다. 그러한 방법들은 보조적인 수단으로써 필요할 뿐, 그것들 자체만으로는 무력하다. 그러므로 악의 법칙과의 싸움은 성령에 의해 행해져야만 한다. 이것은 다음과 같은 것을 의미한다. ① 성령으로부터 나오는 힘으로 행해져야 한다. ② 성령의 지속적인 내주하심과 우리의 마음속에 있는 연약한 영적인 법칙과의 협력에 의해 행해져야 한다. ③ 성령께서 그의 거룩한 영향력의 통로로서 정해 놓으신 모든 방법, 곧 그리스도에 대한 믿음, 말씀, 성례와 기도에 의해서다.

100. 믿음으로 삶

"복음에는 하나님의 의가 나타나서 믿음으로 믿음에 이르게 하나니 기록된 바 오직 의인은 믿음으로 말미암아 살리라 함과 같으니라"

■로마서 1:17

믿음이란 무엇인가?

이 말에는 적어도 식별하기 편리한 두 가지 의미가 있다. 첫째, 마음의 법칙이나 상태 그리고 행위가 그것이다. '믿음'이란 단어가 "보이지 않는 것들에 대한 증거"로 정의되거나 이 단어가 시각과는 정반대되는 것으로 사용될 땐 이것이 전자를 의미한다. 그러나 우리가 믿으라는 명령을 받을 때 그것은 우리로 행함을 발휘하도록 요구받는 것이다. 이 둘은 서로 하나가 된다. 우리가 어떤 사람이나 무엇을 신뢰할 때 그것은 우리의 행동하는 것이며, 우리가 지속적인 법칙을 발휘하는 것이다. 따라서 우리가 하나님이나 그리스도를 믿을 때 그것은 순간적인 행위가 아니라 지속적인 법칙이다.

믿음으로 삶

삶은 이성적이고 도의적이며 신앙적인 존재로서의 우리의 모든 활동을 내포한다. 믿음에 의한 삶living by faith은 내적이며 외적인 우리의 모든 활동을 지속적이며 특징적으로 믿음에 의해 결정하는 것이다. 우리가 이 말을 "믿음의 대상들로by the objects of faith"를 의미하는 것으로 이해하든, 아니면 "믿음의 법칙으로by the principle of faith"를 의미하는 것으로 이해하든 중요하지 않다. 왜냐하면 그러한 법칙의 의식적인 발휘는 믿음의 대상들에 대한 것이기 때문이다.

우리의 내적이며 외적인 행동에 동기를 부여하고 그것을 조절하고 결정하는 모든 것은 두 부류로 분류될 수 있는데, 곧 시각의 대상들과 믿음의 대상들이다. 전자는 우리가 우리 스스로 아는 모든 것, 곧 우리가 우리 자신의 능력을 발휘하여 얻는 지식과 감각이나 이성에 의거하는 실재와 진리에 대한 확신을 내포한다. 후자는 오직 그 자체에 있어 우리에게 초자연적으로 계시되어 왔기 때문에 우리가 아는 모든 것을 내포하는데, 하나님의 진실하심과 실재에 대한 우리의 확신은 그의 권유에 의거한다.

이러한 두 부류의 대상들이 전적으로 다르지 않다는 것은 사실이다. 그것들은 부분적으로 서로 일치한다. 즉 우리 스스로 아는 어떤 것들이 있다 하더라도 그러한 것들도 하나님께서 계시해 오신 것들인 경우가 있다. 그러므로 같은 대상이 믿음의 대상일 수도 있고 지식의 대상일 수도 있다. 그러나 ① 그러한 것은 오직 믿음의 대상들 중 어떤 것에 대해서만 그러하다. ② 알려지는 것은 계시되는 것에 비교해 보면 단지 불완전하게 알려질 뿐이다. ③ 삶을 지배하는 실제적인 확신은 지식에 의한 것이 아니라 증거에 의한 것이다.

시각의 대상들에는 다음과 같은 것들이 포함된다.
• 감각의 모든 대상, 곧 모든 물질적인 것들
• 과학적인 모든 진리
• 철학적인 모든 진리

이것이 그리스도인들에게 있어서 부정적인 사실은 그들의 삶이 이러한 부류의 대상들에 의해 결정되지 않고 지배되지 않는다는 것이다. 그들에게 있어서 이러한 것들은 그들의 주의나 욕망이나 추구에 있어서 지고의 대상들이 아니다.

믿음의 대상들에는 초자연적으로 계시되어 온 모든 진리가 포함된다. 그러한 것들이 성경에서는 "보이지 않는 것들" "하나님께 속한 것들" "성령의 일들"이라 불린다. 믿음의 대상들은 성경에서 표현되는 신학, 인류학, 구속론과 종말론의 모든 중요한 진리들을 포함하며, 성령에 대한 우리의 지식과 확신은 하나님의 증거에 의거한다. 이러한 증거는 단지 객관적이거나 영감받은 인간의 입술에 의한 것과 같거나 이 적들에 의한 것과 같이 외적인 것일 뿐 아니라 초자연적인 진리들의 실재와 성격을 계시해 주는 성령에 의한 내적인 것이다. 그러므로 이러한 진리들이 신자의 삶을 지배하며, 또한 마땅히 그래야만 한다. 그러한 진리들이 신자에 대하여 지배적인 능력을 행사한다. 그러한 진리들이 신자들의 주의와 사랑affections을 명령하며, 신자들의 수고와 노력을 격려한다.

이것이 믿음으로 사는 것에 대한 포괄적인 의미다. 그와 같이 살라는 명령을 받는 우리가 그와 같이 살기 위해서는 다음을 주의해야 한다.

- 시각적인 것들에 대한 모든 지나치고도 비정상적인 애착을 버려야 한다. 우리는 부차적으로는 중요하다 할지라도 필요 이상으로, 또는 그 자체에 대하여 온당한 이상으로 그러한 것들에 전념해서는 안 된다.
- 우리는 우리의 마음과 정신을 믿음의 대상들인 보이지 않는 것들과 친근하게 함으로, 그러한 것들이 우리에 대하여 자체의 영향력을 발휘할 수 있도록 해야만 한다.
- 기도와 모든 지정된 은혜의 방편들을 사용하여 하나님의 영의 도우심과 그와의 교제를 구해야만 한다.

그러나 성경은 믿음에 의한 삶에 대하여 다른 의미로 말한다. 즉 우리는 하나님의 아들에 대한 믿음으로 살라는 말을 듣는다. 이것은 우리의 온 신앙생활이 주 예수에 대한 믿음에 의해 유지되고 지도받으며, 지배됨을 의미한다. 즉 성경이 계시한 다음과 같은 사실에 관하여 믿는 것이다.

- 주 예수의 인격을 믿는 것이다.
- 우리에 대한 그의 관계를 믿는 것이다.
- 우리를 위한 그의 역사를 믿는 것이다. 이것은 더욱 전반적인 믿음의 삶이 유지되는 형식과 방법이다.

만일 우리가 그리스도에 대한 믿음에 있어 이러한 구체적인 삶을 살지 않는다면 일반적인 의미에서 신앙적이라는 것, 곧 성경의 전체적인 진리를 믿는다는 것만으로는 공허할 뿐이다. 그리스도가 곧 우리의 생명이기 때문이다.

맹인이 다른 사람의 손에 의해 인도함을 받을 때 그는 시각이 아닌 믿음에 의해 걸음을 떼어 놓는다. 이 걸음이 비록 덜 안전한 형태는 아니고 또 덜 확신에 찬 걸음은 아니라 하더라도 그것은 맹인이 남의 도움을 받아야 하는 걸음일 수밖에 없는 것이다. 이처럼 인간은 낯선 땅으로 인도받아 들어간다. 그러므로 신자는 하나님의 손길에 인도함을 입어 진리에 관한 지식, 의무의 길, 인생의 여정, 그리고 천성을 향한 길을 걷는 사람이라 할 수 있는 것이다. 신자는 보지 못하고 인도함 받는 것을 감수해야만 한다.

101. 하나님과의 동행

"여호와는 나의 목자시니 내게 부족함이 없으리로다 그가 나를 푸른 풀밭에 누이시
며 쉴 만한 물 가로 인도하시는도다 내 영혼을 소생시키시고 자기 이름을 위하여 의
의 길로 인도하시는도다 내가 사망의 음침한 골짜기로 다닐지라도 해를 두려워하지
않을 것은 주께서 나와 함께 하심이라 주의 지팡이와 막대기가 나를 안위하시나이다
주께서 내 원수의 목전에서 내게 상을 차려 주시고 기름을 내 머리에 부으셨으니 내
잔이 넘치나이다 내 평생에 선하심과 인자하심이 반드시 나를 따르리니 내가 여호와
의 집에 영원히 살리로다"

■ 시편 23:1-6

동행이란 무엇인가?

어떤 사람과 동행한다는 것^{walking with}은 친교나 교제를 가리키는 성경의
친근한 표현이다. 그러므로 하나님과의 동행은 그와의 습관적인 교제를 가
리킨다. 그것은 다음과 같은 것을 내포한다.

- 그의 존재에 대한 의식을 포함한다. 그가 살아 계시다는 믿음과 그가 우
  리를 주시하시며, 우리의 상태와 제 행위를 알고 계시다는 믿음이다.
- 그의 은혜에 대한 의식을 내포한다. 그가 우리와 화해되어 계시며, 그가
  우리를 사랑하신다는 확신이다.
- 우리의 내적이며 외적인 행위에 있어 그에 대한 부단한 관계를 내포한
  다. 기도·감사·사랑·경의와 신뢰를 통하여 그에게 마음과 생각을 구체
  적으로 나타내는 것^{outgoing}이다. 그 결과, 우리 자신을 그의 뜻에 적응시

키고, 그를 기쁘시게 하려는 당위적인 열망과 노력을 하게 된다.

- 우리에 대한 그의 전언을 믿음으로 받아들임을 내포한다. 하나님은 그의 백성과 함께 거하신다. 그는 자신을 불신자들에게 나타내지 않으시고 그의 백성에게 나타내신다. 즉 그는 그의 영광을 그의 백성들에게 나타내신다. 그는 그들의 마음속에 자기의 사랑을 후히 부어 주신다. 그는 그의 영에 의해서 그들의 마음에 그의 말씀과 약속들을 전해 주시며, 자신과 그가 내주하시는 영혼들 간에 부단한 교제를 유지하신다.

하나님과의 동행에 필요한 조건

- 무엇보다도 그리스도의 보혈을 통한 화해가 필요하다. 인간은 하나님의 진노와 저주 아래 있다. 그들이 하나님과 화해되기까지는 그와의 어떠한 친교도 이루어질 수 없다. 그리고 그리스도의 보혈을 통하지 않고서는 어떠한 화해도 성사될 수 없다.
- 중생과 성령의 내주가 필요하다. 거룩함이 없이는 어떠한 인간도 하나님을 볼 수 없고 그와 친교할 수도 없다. 그러므로 만일 우리가 우리의 마음의 성향에 있어 새롭게 되지 않는다면 우리는 하나님을 바라고 기뻐하기 위해 그와 어떠한 친교도 가질 수 없다.
- 죄의식으로부터 해방됨과 부정함에서 마음을 지켜야 한다. 하나님은 의도적으로 부정한 감정을 품고 있는 마음에는 들어가지 않으실 것이다. 만일 우리가 하나님과 동행하려면 자만·악의·시기·질투와 모든 부정함이 추방되고 성령의 은혜들로 충만해야 한다.

하나님과의 동행의 유익

- 그것은 영혼을 순결하고 고결하게 한다. 그것은 은혜의 모든 원리를 강화시키는 경향이 있다. 그것은 우리로 하나님의 형상을 닮게 한다.
- 그것은 화평의 근원이자 영혼의 생명이요, 영혼의 가장 숭고한 형식의 활동이며, 영원한 복의 원천이다. 그것은 모든 외적인 환경과 관계없다.

즉 그것은 홀로 누려질 수 있고 병이나 가난 중에서도 누려질 수 있다.
그것은 영혼을 만족케 하고 충족시키며, 복되게 하여 줌으로 더 이상
다른 행복을 바라지 않게 된다. "하늘에서는 주 외에 누가 내게 있으리
요 땅에서는 주 밖에 내가 사모할 이 없나이다" 시73:25

• 그것은 시험에 저항하여 시련과 고난을 견딜 힘을 준다. 그것은 우리의
동료들에 대하여 도움을 베풀 능력을 그 외의 어떤 것보다도 크게 우리
에게 준다. 시체가 따뜻해질 수 없는 것처럼 그것은 모방되거나 가장되
거나 꾸며질 수 없다. 능력은 실재에서 오며 모방semblance에서 오지 않
는다. 그려 놓은 불꽃은 아무런 열도 발산하지 못한다.

적용하기

• 하나님과의 동행은 외적인 의무이행과 다르지 않다. 그것은 수도사적
은둔을 요구하지 않는다.

• 외적인 의무들과 신앙적인 의무이행이 단지 열의 없는 형식이나 세속
적인 것으로 전락하는 일이 없도록 하기 위해서는 하나님과의 동행이
절대적으로 필요하다. 사람은 선교 사업을 상업적인 사업을 경영하듯
이 관리할 수도 있다.

102. 죄에 대하여 죽고 의에 대하여 삶

"친히 나무에 달려 그 몸으로 우리 죄를 담당하셨으니 이는 우리로 죄에 대하여 죽고 의에 대하여 살게 하려 하심이라 그가 채찍에 맞음으로 너희는 나음을 얻었나니"

■ 베드로전서 2:24

우리가 알고 있는 한 인간의 구속^{redemption}, 곧 인간을 죄와 그것의 세력으로부터 구하여 내는 것이 온 우주의 역사상 가장 위대한 역사이며, 하나님의 영광에 대한 명시 중 가장 위대한 명시다.

또한 그것은 모든 어려운 문제 중에서도 가장 극복하기 어려운 문제다. 모든 난제는 외적인 것과 내적인 것, 곧 인간 밖의 문제들과 구속의 문제, 그리고 인간의 자연적인 상태에서 일어나는 문제들이다.

- 외적 문제—하나님의 공의, 거룩함과 긍휼에 의해 해결될 수 있는 문제
- 내적 문제—악한 법을 파괴하는 일과, 선한 법으로 지배케 하는 일

성경은 이에 대하여 다음과 같이 가르친다.

- 그것은 계속적인 과정이며, 칭의와 같이 순간적인 것이 아니다.
- 그것은 어려운 과정이다. 그것은 장기적이고 고통스러운 과정이요, 투쟁이며 경주다. 열병이나 폐병에 걸려 있는 사람은 매달 매일 점차 죽어간다. 이처럼 신자는 죄에 대하여 매달 매년 죽어간다. 즉 자신들의 무덤 속에 있는 자들이 세상에 대하여 죽은 것처럼 죄의 세력으로부터 점차 해방되어 간다.

- 그것은 우리가 해야 할 일이다. 즉 우리는 회개하고 그리스도 예수를 믿어야만 한다. 세상과 육신 그리고 마귀와의 관계를 끊어야만 하는 것 등은 우리가 해야 한다. 누구도 노력하지 않고는 전쟁이나 경주에서 승리할 수 없으며, 줄곧 앉아서는 적에 대하여 승리할 수 없다. 인간이 구원을 성취함에 있어 자기가 해야 할 부분이 있다.

- 그것은 초자연적인 역사다. 이것은 다음과 같은 것을 의미한다. ① 그것은 도덕적인 교화의 과정이 아니다. ② 그것은 성취를 위한 힘과 능력이 위에서 오는 역사다. ③ 그것은 에베소서 6장에서 가르치고 있듯이 초자연적인 방법에 의해 성취되는 역사다.

- 그것은 믿음에 의해 성취되는 역사다. 우리는 믿음에 의해 성화되는데, 그러면 어떻게 믿어야 할까? ① 그리스도를 우리로 하나님과 화해시키는 분으로 받아들여야 한다. ② 하나님의 사랑을 믿어야 한다. ③ 우리의 힘을 하나님으로부터 제공받아야 한다. ④ 끊임없이 그를 바라보아야 한다.

- 그것은 절대적으로 필요한 역사다.

103. 그리스도의 부활과 산 소망

"우리 주 예수 그리스도의 아버지 하나님을 찬송하리로다 그의 많으신 긍휼대로 예수 그리스도를 죽은 자 가운데서 부활하게 하심으로 말미암아 우리를 거듭나게 하사 산 소망이 있게 하시며"

베드로전서 1:3

부활의 의미

사도들의 처지와 우리의 처지를 세세히 비교해 본다는 것은 쉽지 않다. 그러나 유대인들로서 미래의 상태에 대한 그들의 지식은 불완전했다. 그리스도의 나라^{Kingdom}에 대한 그들의 개념은 세속적인 것이었다. 그들의 소망은 거의 전적으로 이 세상에 계시던 메시아에 대하여 기대해야만 했던 것에 국한되었다. 그러므로 그리스도의 죽음은 그들을 실망시키고 당황케 했다. 그러나 그의 부활이 새로운 시대를 시작했다.

- 그것은 천상에서의 미래의 나라의 실재를 입증했을 뿐 아니라 성경이나 이성이 전에 계시해 왔던 것보다 훨씬 더 명백하게 입증하였다.
- 그의 부활은 그 나라, 곧 그리스도의 나라의 성격을 계시해 주었다. 그것은 그의 나라가 이 세상에 속하지 않는다는 것을 입증해 주었다. 또한 그것은 그의 나라가 보다 나은 이 세상의 것들로 이루어지는 것이 아니라는 것을 입증해 주었다. 그의 나라는 미래며 보이지 않는 세계였다. 그것은 부패하지 않고 더럽혀지지 않으며, 쇠하지 않는 천상에서 예비되는 나라인 것으로 밝혀졌다.

- 그의 부활은 천상의 나라의 성격을 계시해 주었을 뿐만 아니라 그 나라에 이르려는 소망을 불러일으켰다. 그것은 그의 나라가 우리를 위해 천상에서 예비된다는 확신을 갖게 했다. 그 이유는 ① 그의 부활은 그 나라의 존재에 대한 실제적이며 매우 뚜렷한 증거였기 때문이었다. ② 그것은 그리스도가 하나님의 아들이심을 입증해 주었을 뿐 아니라 그의 모든 주장과 가르침이 진실된 것임을 확증해 주었기 때문이다. ③ 그것은 하나님의 편에서 그의 중재 사역이 받아들여졌다는 것과 그의 희생이 완전했다는 것, 그러므로 하나님께서 화해되셨다는 것을 공개적으로 인정해 주는 것이었기 때문이다. 우리의 빚은 갚아졌고 우리의 속전은 받아들여졌다. 기업에 대한 값이 치루어졌다.

부활에 대한 확신

사도들은 이 부활의 사실을 의심할 수 없었으며, 그러므로 그들은 그리스도의 모든 말씀이 진리임을 입증하는 데에 의심할 수 없었다.

- 그들은 부활을 의심할 수 없었다. 그들은 하나님의 아들이 죽은 자로부터 살아나신 후 그를 직접 보고 만져 보았기 때문이다. 그들은 부활하신 그리스도를 반복하여 그것도 기만의 개념을 허용치 않는 상황에서 보았다.
- 지금 그들이 직접 그리스도를 보게 되었듯이 그리스도 스스로 자신의 부활을 예언하셨기 때문이다.
- 그리스도의 부활은 그들이 전에는 이해할 수 없었던 것을 설명해 주었기 때문이다.
- 하나님께서 부활의 사실에 대하여 성령의 은사와 감화력에 의해, 그리고 사도들 자신이 행할 수 있었던 표적과 기사와 이적들에 의해 계속하여 증거해 주셨기 때문이다.

산 소망

그러므로 부활에 기초된 천상에 대한 소망은 활기에 넘치는 소망, 곧 엘피스 엑소사*ἐλπίδα ζῶσαν 산 소망*이었다. 이것은 다음과 같은 것을 의미한다.

- 이성이나 구약의 불명료한 계시에 의해 생기는 것과 같은, 희미하고 생기 없는, 무기력하고 미심쩍어하는 기대가 아니라 생기 있고 활력 있는 소망이다.
- 의심과 우려로 인해 일정치 않은 소망과는 반대인 영속적인 소망이다.

부활이 우리에게 주는 의미

그리고 그 부활이 사도들에게 그러했던 것처럼 우리에게도 그렇다.

- 부활 사건에 대한 증거는 감소되지 않고 오히려 증가되어 왔다. 그것은 사도들에게 그러했던 만큼이나 우리에게도 확실하게 되었다.
- 그 부활은 그들에게 입증했던 것을 우리에게도 입증한다.
- 그러므로 그것이 그들에게 소망을 낳았으며, 그것은 또한 우리에게도 그러해야만 한다.

산 소망의 결과

이 소망이 우리에게 초래해야만 할 결과는 이것이다.

- 현세의 모든 시련에 대한 끊임없는 인내와 만족하고 행복한 마음과 정신이다.
- 이러한 구원이 있게 될 그리스도의 도래에 대한 진지한 열망과 동경이다.
- 천상의 마음을 유지하는 것이다. 소극적으로는 속된 마음에서의 자유와 적극적으로는 순결하고 숭고하며, 신령한 기분spiritual frame을 말한다.

104. 영적 은사

"그런즉 믿음, 소망, 사랑, 이 세 가지는 항상 있을 것인데 그 중의 제일은 사랑이라"

고린도전서 13:13

은사의 분류

본 주제의 목적은 은사^{gifts}에 대한 은혜^{graces}의 우월성, 곧 단지 인간의 능력을 증진시켜 주는 것과 내적인 인격을 결정지어 주고 그것을 하나님의 것에 동화시켜 주는 것과의 관계 사이의 우월성을 보여주는 것이다. 사도는 여기서 사람이 가장 높은 지적인 능력과 가장 풍부한 학식 그리고 가장 많은 능력을 갖고 있으면서도 하나님에게 버림받은 자일 수도 있다고 가르친다. 그러므로 내적인 경건 없이는 진리에 대한 지식과 이것을 나타내고 역설하는 능력이 우리에게 아무 소용이 없을 것이다. 고린도인들이 방언의 은사와 이적을 행하는 은사와 같은, 사람들의 경탄을 가장 많이 자아내는 은사들을 선망했던 것처럼 오늘날 우리는 대중의 경탄을 자아내고 호감^{favor}을 받는 수사법과 지적인 능력이나 지식을 선망하기 쉽다. 바울은 고린도인들에게 가르쳤던 것을 우리에게도 가르쳐 준다. 그는 우리에게 다음과 같이 가르친다.

- 모든 은사는 그 자체가 아무리 크고 가치 있는 것이라 하더라도 사랑이 없으면 아무 소용이 없다. 그러한 것들이 우리의 영혼을 성화시켜 주거나 구원하지 못할 것이다.
- 우리는 우리 자신이나 우리 자신의 높임을 구해서는 안 되며, 그러한 결

과에 이르는 은사들을 갈망해서도 안 되며, 다른 사람들의 유익과 우리가 피차간에 덕을 끼칠 수 있는 은사들을 구해야만 한다.

사도 바울은 영적인 은사들을 서로 다른 세 가지 원리에 따라 분류한다.
• 우리 자신의 내적인 인격에 미치는 그것들의 관계다. 그는 도의적이며 신앙적인 탁월함을 내포하는 것들이 지적인 우월함과 능력을 의미하는 것들보다 측량할 수 없이 뛰어나다고 가르친다.
• 영구적인 것들이 일시적인 것들보다 더욱 중요하다.
• 이러한 관점에서 유익한 것들이 더 중요한 것이다.

바꿔 말하면 그는 그러한 은사들을 다음과 같은 것들에 따라 분류한다.
• **인격에 미치는 영향**. 어떤 사람들은 방언과 이적과 예언의 은사가 있으면서도 다른 사람들을 보다 낫게 하는 데 아무런 영향도 주지 못한다. 따라서 사람이 이러한 은사들을 갖고 있으면서도 사랑이 없으면 아무 것도 아니지만, 그러나 사랑은 자체 내에 도의적으로나 영적으로 유익한 모든 것을 갖고 있다.
• **영구성**. 어떤 이들은 방언, 이적, 예언^{혹은 지식}과 같은 오직 현세적인 것들에만 관계한다. 그러나 또 다른 이들은 믿음, 소망, 사랑과 같은 영구적인 것들에 관계한다. 이러한 것들은 이적을 행하는 은사들이 곧 그쳐야만 했던데 비하여 기독교 교회의 온 시대를 통하여 계속될 뿐만 아니라 영원히 존속한다.
• **상대적인 유익**. 예언하는 것은 방언으로 말하는 것보다 낫다. 그리고 사랑은 믿음이나 소망보다 낫다. 후자는 우리 자신에게 관계되고 전자는 다른 사람들에게 관계된다. 방언으로 말하는 자는 자신을 교화했지만 예언하는 자는 다른 사람들을 교화했다. 그러므로 바울은 방언으로 말하는 자보다 예언하는 자가 더 낫다고 말한다. 마찬가지로 다른 사람들을 유익되게 하는 경향이 있는 사랑은 자체의 효력에 있어 순전히 주관

적이며 개인적인 믿음과 소망보다 낫다.

세 부류의 은사는 다음과 같다.
- 경건한 인격을 결정지어 주는 것들과 그렇지 않은 것들이 구별된다. 즉 방언, 예언, 이적을 행하는 은사들은 후자에 속하고 사랑은 전자에 속한다.
- 현세에 속하는 것들과 영구적인 것들이다.
- 우리 자신을 교화시키는 것들과 다른 사람들을 교화시키는 것들이다.

위에서 말한 첫째 원리로 판단해 볼 때 사랑이 지적인 은사들보다 측량할 수 없이 낫다. 둘째 원리로 판단해 볼 때에도 결과는 같다. 셋째 원리로 판단해 볼 때 사랑이 믿음과 소망보다 낫다.

고린도 교인들은 자신들을 찬양하는exalt 것들을 구했다. 바울은 그들에게 다음과 같이 가르친다.
- 모든 지적인 은사는 사랑이 없으면 무가치하다.
- 여러분은 여러분 자신을 구할 것이 아니라 다른 사람들의 유익도 구해야만 한다.

영적 은사
성경 각 권의 역사적인 특징을 상기해 보라. 그러므로 우리는 그러한 것을 이해하도록 권유받았던 자들의 입장에서 보아야만 한다. 사도 시대에는 영적인 은사들이 다양하고도 많이 성행했다. 그러한 은사들이 교회의 직분 자들에게만 국한되지 않았다. 그러한 것들이 명성을 얻으려는 자들의 경쟁의 대상이 되었다. 바울은 영적인 은사들을 다음과 같은 세 가지 원리에 따라 분류한다.
- 자체의 본래의 특성
- 자체의 영구성

• 자체의 유익성

첫째, 어떤 은사들은 사람을 성화시키지 못한다.

둘째, 어떤 은사들은 영구적이지 못하다.

셋째, 영구적인 것 중에도 다른 사람에게 유익을 주지 못하는 것이 있다.

사도 바울은 고린도 교인들에게 다음과 같이 가르쳤다.

• 단지 지식과 능력을 의미하는 모든 은사를 받고도 버림받을 수도 있다.

• 자신들이 아니라 다른 사람들을 존중해야 하며, 교회를 교화시킬 은사
  들을 선망해야 한다.

105. 신자들의 불신앙과 의심

"오늘 있다가 내일 아궁이에 던져지는 들풀도 하나님이 이렇게 입히시거든 하물며 너희일까보냐 믿음이 작은 자들아"

마태복음 6:30

"그들이 믿지 않음을 이상히 여기셨더라 이에 모든 촌에 두루 다니시며 가르치시더라"

마가복음 6:6

불신의 성격

불신은 물론 믿음의 반대다. 믿음은 성령의 증언에 기초된 하나님의 말씀에 내포되어 있는 진리에 대한 확신이다. 이러한 믿음은 하나님의 말씀의 교리나 약속들에 관계될 수도 있다. 만일 그것이 후자에 관계된 것이라면 그것은 그 약속들에 대한 우리의 관심에 관계된 것일 수도 있다.

믿음은 본질적으로 거룩한 발휘^{a holy exercise}다. 그것은 거룩함을 전제로 할 뿐만 아니라 그 자체가 거룩하다. 믿음과 반대인 불신은 ^{거듭난 자에게서도 발견되는 것으로서의} 믿음의 부재 또는 의심에 쌓인 믿음 또는 의심과 교체되어 나타나는 믿음이다. 그것은 거룩하지 못하다. 그리스도인의 경험에 있어 신자는 불신과 싸워야만 한다는 것이 사실이다. 그들은 종종 하나님의 말씀이나 그것의 교리 중 어떤 것들 또는 약속들에 있어 자신의 이익의 진실성에 관한 의심으로 인해 괴로워한다.

의심의 원인

• 의심의 원인은 대체로 악한 마음이다.

거듭나지 않은 자에게 있어서는 이러한 마음이 믿음을 방해한다. 그리고 그리스도인이라 하더라도 불완전하게 성화되어 있을 땐 그의 마음의 악함이 불신을 낳는다. 만일 완전하게 거룩하여진다면 우리는 어떠한 의심도 갖지 않을 것임에 틀림없다. 이러한 사실이 우리에게 인상지워져야만 한다. 그렇게 될 때 우리는 우리의 죄악성을 깨닫고 겸손의 표시로써 더 이상 의심을 품지 않게 될 것이다. 거룩함이 의심을 제외시키는 이유나 그것에 주의하는 이유는 우선 진리에 대한 증거가 풍부하기 때문이며, 그러한 증거는 영적인 이해력에 전해진다. 그러므로 만일 그러한 증거가 명백하게 된다면 우리의 이해도 명백하게 될 것이며, 우리의 확신은 강하고 지속적인 것이 될 것이다.

의심의 더욱 구체적인 원인은 다음과 같은 것들이다.

• 부정한 류의 증거들을 바라보고 신뢰하기 때문이다.

'지혜' 곧 '증언^{testimony}' 대신에 이성에 전달되는 '증거^{proof}'를 바라거나 요구하는 자들은 언제나 의심의 상태에 있게 될 것이다. 어떤 이들은 자신들의 능력을 부당하게 의존함으로 말미암아 의심을 한다. 그들은 그들 자신을 이해력에 의지하며, 자신들에게는 너무 벅찬 저자들과 논증하고 논쟁한다. 의심은 종종 그것들에 관한 우리의 이해 관계의 잘못된 증거를 바라는 데에서 일어난다. 우리는 만일 우리가 올바르게 느낄 수만 있다면 믿을 자격이 있다는 생각을 갖고 있다. 그러나 올바른 감정은 믿음에서 나온다.

• 성령을 근심케 하기 때문이다.

모든 참된 믿음은 성령의 증언에 기초되어 있음으로 성령을 근심되게 하는 경향이 있는 것은 무엇이든지 진리와 우리의 영혼에 관한 그의 증언에 대하여 미결정적인 자세나 거부에 이른다. 그러므로 하나님께서는 사악한 자를 거짓을 믿도록 넘겨 주시는 것으로 표현된다.

이러한 의심들 특히 실망케 하는 의심들은 자체의 원인이 때로는 육신적인 성미temperament나 육신의 상태에 있다. 이러한 사실은 사람들과 특히 영혼을 돌보는 자들 모두에게 알려져야만 한다.

불신의 영향력

• 그것은 대체로 진리의 능력을 파괴한다. 그 결과 진리가 어둡게 되고 영혼에 충만한 효력을 발휘하지 못한다.

• 그러므로 불신앙은 죄를 낳는다. 또한 악에서 일어나는 것은 악을 낳는다. 그것은 하나님으로부터의 분리와 소외에 이른다. 그러나 하나님의 진리는 그의 형상이며, 우리는 그것을 통하여 하나님과 친교를 갖는다. 그러므로 바울은 죄가 배교에 이른다고 말한다. 죄가 진리, 곧 하나님의 약속과 아무리 관계를 갖는다 하더라도 그것은 하나님으로부터 소외되고 그와의 교제를 방해하며, 결국 영적인 죽음에 이르게 한다.

• 죄는 물론 마음의 화평을 파괴한다. 화평이 의심과 갈등으로부터의 해방, 또 진리에 대한 순종에서 오는 마음의 평온이든, 아니면 하나님의 은혜에 대한 확신에서 오는 형언할 수 없는 화평이든 그것은 믿음의 열매다.

• 죄는 모든 의무에 대하여 우리를 약화시키고 영적인 모든 위로의 원천을 고갈시킨다.

불신앙과 의심에 대한 치유

자기의 환자들을 치료함에 있어 의사의 기술 중 많은 것들이 그들에게 하지 말아야 할 것을 말해 주는 데에서 입증된다. 그러므로 여기서 불신앙에 대한 치유를 위한 처방의 부정적인 면은 긍정적인 면 못지않게 중요하다.

- 하나님의 영, 곧 성령을 근심되게 말라.
- 믿음을 위하여 우리 자신의 이해력에 의지하지 말라.
- 불필요하게 회의론적인 저서들과 고투하지 말라.
- 복음의 은혜를 간과함으로써 구원의 계획에 대한 잘못된 견해를 취하지 말라.

긍정적인 면에서는 다음과 같은 것을 행해야 한다.
- 믿음을 위해 하나님을 바라보라.
- 은혜의 방편들을 사용하므로 하나님과 교통하며 살라.
- 진리인 하나님의 말씀을 자주 읽고 묵상함으로써 그것으로 우리 안에서 자유롭고 충분히 역사하게 하라.
- 하나님에게 예배드림에 있어 적극적으로 하라. 순종이 믿음을 낳는다.

106. 자족

"그러나 자족하는 마음이 있으면 경건은 큰 이익이 되느니라"

디모데전서 6:6

자족의 성격

자족은 불만의 반대다. 그러므로 그것은 우리 자신에 관련하여 섭리적인 할당the allotments of providence에 묵묵히 순종하는 것이다. 그것은 우리의 상태에 관련하여, 그리고 우리에게 일어나는 것에 관련하여 자만이나 자부 혹은 냉담한 무관심을 의미하지 않을 수도 있다. 그러나 그것은 여기서 우리의 상태나 우리가 할 수 있는 것에 관련된 것이 아니라 하나님께서 행하시는 것에 관련된 것이다. 그것은 곧 하나님이 우리에게 할당해 주시는 이익의 몫share에 묵묵히 우리가 순종하는 것이다.

그러한 몫은 다음과 같은 것들이다.

- **우리의 부와 외적인 재산.** 어떤 이들은 부하고 어떤 이들은 가난하며, 이 양자 간에도 빈부의 차가 각각 다르다.
- **사회적인 지위.** 지위에도 여러 등급이 있다. 어떤 이들은 우리보다 위에 있고, 어떤 이들은 우리보다 아래에 있다. 다른 나라들에서는 이러한 상대적인 지위가 혈통과 국가의 법률에 의해 결정된다. 우리의 사회적 지위에 대한 불만보다 가련한 것은 없다. 그러한 것은 시기, 비굴, 방종, 가난한 자들에 대한 경멸과 모든 무자비함에 이른다.
- 그것은 각 개인의 건강과 힘, 정신적인 재능이나 교육 수준일 수 있다.

- 혹은 하나님께서 우리에게 할당해 주신 것이 적합하다고 보실 만한 현세에서의 성공이나 명예 그리고 유용함의 정도일 수도 있다.

자족하는 마음의 근거

그리스도인에게 있어 그것은 성령의 열매 중 하나다. 그의 능력 없이는 누구도 향락과 탁월함pre-eminence에 대한 우리의 타고난 욕망을 억제할 수 없고, 대수롭지 않은 가난이나 고난에 기꺼이 묵종할 수도 없다.

자족하는 마음은 다음과 같은 것에서 비롯된다.

- 우리 자신의 죄, 미천함과 타락을 깊이 지속적으로 의식할 수 있는 마음 상태에서 비롯된다. 만일 우리가 이러한 의식이 충분히 강하다면 우리는 철저히 정죄 받지 않고 있는 것만으로도 그것은 주의 크신 긍휼임을 의식하기를 결코 중단하지 않을 것이다.
- 하나님의 우주적인 섭리에 대한 믿음에서 비롯된다. 즉 모든 것은 그의 능력과 지혜에 의해 정해지고, 모든 환경은 그의 뜻에 의해 결정된다는 확신이다.
- 하나님과 우리와의 화해에 대한 확신과 우리의 환경이 그의 지혜에 의해서 뿐 아니라 그의 사랑에 의해 결정된다는 확신에서 비롯된다. 만일 우리가 더 부하고, 더 행복하고, 더 유명하거나 더욱 유력한 권세가 필요한 것이라면 하나님은 우리로 그렇게 하실 것이다. 그러나 하나님께서 거부하시는 형태의 이익을 우리가 갈망하는 것은 독약을 애걸하는 아이의 철없는 행위가 될 것이다.
- 우리의 유익뿐 아니라 하나님의 영광은 현재의 우리의 몫lot에 의해 최대한 실현되고 있다는 확신에서 비롯된다.
- 기독교 신앙의 특징은 이러한 진리들을 숙고하는 데 있다. 그때마다 우리는 섭리의 하나님이시며 우리의 거주의 경계들을 정하시는 분이 우리의 주이시며 구주이심을 기억한다.
- 자족의 위대한 근거는 하나님이 우리의 분깃Portion이시라는 것이다. 사

도는 유세베이아$^{ευσέβεια, 경건}$라는 단어를 아우타르케이아$^{αὐταρκείας, 자족}$와 함께 사용한다. 왜냐하면 이 두 단어는 서로 매우 밀접하게 관련되어 있기 때문이다. 하나가 다른 하나에서 기인한다. 경건과 자족이 결합되어 있는 이러한 마음의 복합 상태는 하늘과 땅의 연합과도 같은 것이다. 이러한 연합은 하늘이 지평선과 융화될 때와도 같은 것이며, 혹은 잔잔한 호수가 평온한 하늘을 반영할 때와도 같은 것이다. 그러한 호수 안에서 우리는 지면의 평온함과 하늘의 숭고함이 연합되어 있음을 본다. 그러므로 그것은 큰 유익이다. 그것은 부나 명예보다 나으며, 보다 확실한 행복의 근원일 뿐만 아니라 행복의 보다 숭고한 방편이다.

107. 복종

"여호와의 인자하심은 자기를 경외하는 자에게 영원부터 영원까지 이르며 그의 의는 자손의 자손에게 이르리니 곧 그의 언약을 지키고 그의 법도를 기억하여 행하는 자에게로다"

■ 시편 103:17-18

복종이란?

복종은 일반적으로 다른 사람의 가르침과 뜻, 행동에 대한 복종^{acquies-cence}이다. 하나님에 대한 복종은 다음과 같은 의미다.

• 그의 권위에 대한 복종이다. 그가 우리에게 뜻하시는 바를 행하실 권리에 대한 충심으로부터의 인정이다. 그것은 하나님의 섭리에 따른 모든 조처, 곧 세상에서의 우리의 위치와 재능과 건강과 부와 행복의 방편을 할당해 주심에 있어 명시되는 것처럼 그의 권위에 대한 무저항적인 복종이다.

그것은 다음과 같은 것들에 반대된다. ① 불만, ② 다른 사람들의 행복에 대한 시기나 불평, ③ 더 나아가서 하나님의 뜻에 대한 공공연한 불평과 반역에 반대된다.

그러나 복종은 또한 세상과 교회 내의 모든 경우를 설정하심에 관련하여 하나님의 섭리적인 관리와 조처에 대한 복종을 의미한다. 우리는 국가나 교회에서 일어나는 사태의 추세에 대해 종종 교착 상태에 빠지기 쉬우며, 그러한 사태에 대해 바른 지시를 하기 위해 우리가 할 수 있는 것을 하는 것이 우리의 의무다. 그러나 만일 그러한 사태가 우리가 선택하는 것과 다른 경로로 유도된다면 우리는 불평이나 실망할 것 없이 하나님의 뜻에 복종해야만 한다.

• 복종은 하나님의 뜻에 대한 우리의 의지의 복종뿐 아니라 그의 교훈에 대한 우리의 이성의 복종을 내포한다. 즉 우리는 그가 그의 권위를 구실로 하여 계시해 오신 것은 무엇이든지 진리로 받아들여야만 한다. 즉 우리는 회심하여 어린아이와 같이 되어야만 한다.

이러한 것은 다음과 같은 것들과는 반대된다. ① 하나님의 계시를 무시함, ② 그가 계시해 오신 것을 우리의 선입관과 상충된다 하여 받아들이기를 거부함, ③ 우리가 믿도록 요구받는 것은 무엇이든지 우리가 이해해야만 한다는 지론과 반대된다.

• 구원의 방식에 관한 한 복종은 하나님의 영광을 위해 기꺼이 비난 받는 것—이러한 것은 모순이며, 있을 수 없는 일이다—이거나 그의 권위에 대한 단순한 복종이 아니라 그가 계시해 오신 구원 방식에 대한 복종이다.

이러한 복종은 다음과 같은 것을 내포한다. ① 우리 자신의 의에 대한 거부와 하나님의 의에 따름, ② 우리 자신의 무력함과 의존 상태에 관한 그의 말씀의 가르침에 충심으로부터의 복종과 그가 그의 영광을 위해 규정해 오신 방식으로 구원받기를 기꺼이 원함을 내포한다.

복종의 근거

• 하나님의 무한한 탁월하심이다. 그가 지혜와 능력과 선하심에 있어 무한하시다는 사실이 그의 뜻에 복종해야만 하고, 그의 가르침을 받아들여야만 하며, 구원에 대한 그의 계획을 어떠한 논쟁이나 반론없이 받아들이고 복종해야만 할 충분한 이유다.

• 하나님의 뜻에 대한 우리의 뜻의 반대와 그의 이지intellect에 대한 우리의 이지의 반대, 그리고 구원을 얻는 그의 방식에 대한 우리의 방식에

의한 반대는 우리가 멸망으로 끝날 수 있을 뿐이다. 만일 우리가 우리의 외적인 환경에 관하여 우리의 뜻을 그의 뜻에 대립시킨다면 그러한 것이 우리의 상태를 어떻게 바꾸어 놓겠는가? 그러한 것이 우리에게 건강이나 부나 행복을 초래하겠는가? 만일 우리가 우리의 이지를 그의 이지에 대립시킨다면 그러한 것이 우리로 진리에 대한 지식에 이르게 하겠는가? 일찍이 어떤 체계적인 철학이 시간의 시험에 합격해 왔는가? 혹은 우리가 성경에 계시된 것보다는 어떤 다른 방식으로 구원받기를 주장한다면 우리의 구원이 그러한 주장에 의해 확실하게 되겠는가? 우리가 하나님의 의에 복종하기를 거절함으로써 의를 얻겠는가? 우리가 하나님이 그의 성령의 은사에 있어 주권자이심을 인정하기를 거부함으로써, 또는 회심되고 성화되거나 구원받을 우리의 권리를 주장함으로써 은혜를 얻겠는가?

• 우리의 온전한 행복과 안녕은 우리가 하나님께 복종하는 데 달려 있다. 만일 우리가 하나님과 그의 뜻과 계획에 조화를 이루고 그로 그의 계획을 실행하게 하며, 그의 주권적인 뜻을 기뻐한다면 모든 것이 합력하여 우리에 대하여 선을 이룰 것이며, 하나님의 무한한 지혜와 사랑이 모든 것을 관리하는 결과는 우리에게 영원한 지고의 복이 될 것이다. 만일 우리가 우리의 이성을 그의 가르침에 복종시킨다면 우리는 모든 치명적이며 유해한 오류로부터 보전될 것이며, 권리에 대한 지식에로 더욱 더 인도받게 될 것이다. 그리고 만일 우리가 구원에 대한 그의 계획에 기꺼이 복종한다면 그것은 우리에게 구원에로 초대할 것이다.

108. 부자와 나사로의 비유

"아브라함이 이르되 얘 너는 살았을 때에 좋은 것을 받았고 나사로는 고난을 받았으니 이것을 기억하라 이제 그는 여기서 위로를 받고 너는 괴로움을 받느니라"
■ 누가복음 16:25

부자와 나사로 비유가 가르쳐 주는 것

본 비유는 화려한 옷을 입고 사치하게 지내는 부자와 그의 저택 출입구에 앉아서 거의 굶주리며 온몸에 부스럼이 나 있는 한 가난한 자에 대한 묘사를 나타낸다. 한 사람은 비록 선망의 대상은 아닐지라도 존경의 대상으로 묘사되며, 또 한 사람은 동정과 멸시의 대상으로 묘사된다. 그러나 일순간에 장면이 바뀐다. 가난했던 자가 아브라함의 품 안에 있음을 보이고 부자는 지옥에 있음을 보인다.

본 비유는 무엇을 가르치기 위해 의도된 것인가?

• 이것은 부자는 부자였기에 지옥에 가고 가난한 자는 가난했기에 천국에 간다는 것이 아니다. 그러한 해석은 외적인 환경이 아니라 인격 char-acter이 하나님 앞에서 우리의 운명을 결정한다는 위대한 원리에 저촉될 것이다. 즉 그러한 해석은 성경에 기록된 사실들, 곧 요셉, 다윗, 아브라함, 이삭, 야곱과 같은 많은 부자들이 하나님의 자녀들이었으며, 또한 많은 가난했던 자들이 사악했었다는 사실과 모순된 것이다. 또한 그것은 우리의 일상적인 경험에도 모순될 것이다. 그러한 해석은 우리로 하

여금 부자는 모두 불신하게 하고 사악하고 가난한 자에 대하여는 그들이 현세에서 당하는 고난에 대한 보상으로서 천국을 요구하도록 하게할 것이다.

- 본 비유는 우리에게 부^{riches}의 위험을 가르치기 위해 의도된 것도 아니다. 부자가 천국에 들어가기란 어렵다. 하지만 가난한 자가 천국에 들어가는 것도 어렵다. 신분이 구원에 대한 가장 큰 장애물이라고 할 수 없다.
- 본 비유가 우리에게 부의 남용이 필연적으로 이르는 목적지를 가르쳐 주기 위해 의도되었는지도 의문이다.

분명한 것은 본 비유가 우리에게 다음의 사실을 가르쳐 준다는 것이다.

- 사람들 중에서 높이 평가받는 것이 하나님 앞에서는 혐오의 대상이 된다는 것이다. 본 비유는 하나님께서는 사람의 마음을 아시고 심판하신다는 것과 그의 평가와 심판은 의관이나 외적인 환경이 아니라 내적인 상태에 근거된다는 것을 가르쳐 주기 위해서 의도된 것이다. 그러므로 ① 우리는 이와 동일한 법칙을 적용해야 하며, 사람들을 부나 지위가 아니라 그들의 탁월성^{excellence}에 따라 존경해야 한다. ② 우리는 이와 동일한 심판의 법칙이 우리 자신에게도 적용되리라는 것을 기억해야만 한다.
- 본 비유가 가르치고 있는 또 다른 중요한 교훈은 하나님의 섭리적인 복들은 그것을 받는 자들의 공로에 따라 주어지는 것이 아니라는 것이다. 하나님은 그가 멸하기로 뜻하는 자들에게 때로는 부와 지위와 명예를 주고, 그가 구원하기로 뜻하는 자들에게는 때로 가난과 슬픔을 허락하신다. 그러므로 우리는 형통하는 자들을 질투하거나 고난을 당하게 될 때에 불평해서는 안 된다.
- 본 비유에서는 영혼의 영원한 상태가 죽음 직후에 결정된다는 사실이 부수적으로 가르쳐지고 있다. 영혼에는 잠이 없다. 천국과 지옥 간의 중

간 상태란 존재하지 않는다. 영혼의 유예 상태나 정화 상태라는 것도 존재하지 않는다.

- 사후의 영혼의 상태는 영원히 변경될 수 없다. 천국과 지옥 간에는 건널 수 없는 무한히 깊고 거대한 벼랑이 있다.
- 잃어진 자들이 당하게 될 고통은 영원히 극한적이며, 영원히 경감되지 않는다. 그러한 고통의 상태란 물 한 방울만이라도 갈망하게 될 상태이다. 의인들에 대한 보상이나 그들이 누릴 기쁨 또한 현세의 모든 개념을 무한히 초월한다.
- 최후의 멸망을 피하기 위해서는 회개가 필수적이다.
- 증거에 대한 부족이 사람들이 회개하지 않고 믿지 못하는 이유가 되지 못한다.

이것은 다음과 같은 두 가지 사실을 내포한다.

첫째, 외적인 많은 증거가 회개를 낳을 수 없다. 이것은 ① 회개는 그러한 증거가 낳을 수 없는 마음의 변화를 내포하기 때문이라는 것을 입증했다. 그러한 증거의 유일한 효력은 사색적인 확신이지만, 그러나 사색적인 확신은 주에 대한 경모affections에 대해 아무런 능력도 발휘하지 못한다. ② 이스라엘인들의 실패가 동일한 사실을 입증한다. ③ 그리스도께서 행하신 많은 이적을 보았던 자들의 경우도 그렇다. 많은 이적의 부재로 인하여 믿지 못하고 회개하지 못한다는 주장에 대해 우리는 입을 다물고 있어야만 한다. 사람들의 회개하지 않음과 불신앙은 증거의 부족보다 더 심각한 다른 원인을 갖고 있기 때문이다.

둘째, 성경이 회개에 적용될 수 있는 최선의 방편임으로 성경의 영향권 아래에서는 회개하지 않고 거룩한 삶을 살지 않는 자들은이적을 포함하여 그 외 다른 모든 방편에 대하여도 저항하리라는 것이다. 회개는 다음과 같은 것을 함축한다. ① 죄에 대한 지식, ② 죄에 대한 확신, ③ 슬픔과 혐오감으로 죄에서 돌이켜 하나님께로 향함을 보여준다.

비유의 적용

따라서 성경은 다음과 같은 일을 위해 적용된다.

• 우리에게 그러한 지식을 주고 확신을 낳도록 하기 위해 적용된다.

• 성경은 다음과 같은 것들에 의해서 우리를 하나님께로 향하도록 하기 위해 적용될 수 있다. ① 성경이 하나님의 속성과 사랑에 대하여 해주는 명시에 의해, ② 우리에게 예수 그리스도를 통하여 하나님께로 돌아갈 방법을 계시해 줌으로, ③ 이성적인 존재에 영향을 미칠 수 있는 회개에 대한 모든 동기를 제시해 줌으로써 적용된다.

본 비유를 통하여 우리는 우리의 운명lot에 만족할 수 있어야만 한다. 우리는 부하면서도 멸망할 수 있고, 가난하지만 구원받을 수도 있다.

• 본 비유가 우리에게 가르쳐 주는 것은 우리는 매 순간 자칫하면 천국에 있을 수도, 지옥에 있을 수도 있다는 것과, 그러므로 우리는 두려움과 떨림으로 살아야만 한다는 것, 그리고 다른 사람들도 동일한 곤경에 있다는 것이다. 그러므로 우리는 그들로 자신들의 위험을 의식하도록 영적으로 깨어나게 하는 데 노력해야만 한다는 것이다.

• 본 비유가 우리에게 가르쳐 주는 또 한 가지는 지금이 구원받을 날이며, 우리는 구원의 방법을 알고 있으므로 만일 우리가 멸망한다면 그 원인은 전적으로 우리 자신에게 있다는 것이다.

109. 은혜 안에서의 성장 (1)

"그들을 진리로 거룩하게 하옵소서 아버지의 말씀은 진리니이다"
■ 요한복음 17:17

은혜의 의미

• 내적인 성향이다.

• 호의, 특히 거룩한 영향이다.

• 그리스도인의 은혜는 그러한 영향에 의한 내적인 효력이다. 이러한 효력은 성령의 선물이며, 거듭난 마음의 열매, 곧 그 자체가 은혜이며 선물인 영적인 생명의 영속적인 법칙의 열매다.

은혜의 성장

이것은 영혼에 있어 경건한 능력의 증가를 다른 형식으로 표현한 것이다. 그것은 그러한 법칙 자체의 증가와 그러한 법칙의 모든 명시, 곧 믿음, 사랑, 복종, 인내, 온유, 열심, 근면 등의 증가다. 그러한 증가는 우리의 주이시며 구주이신 예수 그리스도에 대한 지식에 있어서의 증가와 관련되어 있다.

그리스도를 안다는 것

지식은 사색적인 것과 경험에 의한 것이 있다. 이 두 가지 형식의 지식은 결합되어야만 한다. 이러한 지식의 대상은 우리의 주와 구주로서 그리스도이시다.

우리의 주^{Lord}로서 그에 대한 지식은 그의 신성과 성육신을 포함한다. 그는 우리가 주로 인정하는 신인神人이시다. 이러한 지식에 있어서의 증가는 다음과 같은 것을 내포한다.

- 그의 영광에 대한 보다 명료한 이해
- 그의 높임 받으심과 주권에 대한 보다 명료한 이해
- 우리 안에서 지배하시고 우리 위에서 통치하시며, 그와 우리의 모든 원수를 정복하시는 우리의 주로서 그에 대하여 우리가 유지하는 관계에 속한 내적 감정에 있어서의 증가를 포함한다.

우리의 구주로서 그리스도를 안다는 것은 무엇인가?

그것은 ① 구주로서 그가 우리를 위해 행하시는 것에 대한 지식과, ② 우리의 영혼을 위한 그의 구원 사역에 대한 내적인 경험을 내포한다.

은혜 안에서의 성장의 방편

모든 생물의 성장에 있어 불가결한 조건은 빛, 그리고 영양분과 활동이다.

빛과 열

이것은 영적인 생명에 관한 한 하나님의 은혜와 이에 대한 확신과 경험이다. 우리는 우리의 영혼으로 부단히 하나님의 사랑의 영향을 받게 해야만 한다. 이렇게 하면 할수록 우리는 더욱 풍성한 생명을 누릴 것이다. 그러나 이러한 일은 복음이 규정하는 방식으로 해야만 한다. 하나님의 은혜에 대한 확신은 복음적이어야만 한다. 만일 그러한 확신이 근거가 없는 것이라면 그러한 것은 악을 증진시킬 뿐일 것이다.

영혼의 양식인 진리

- 이 양식은 순수해야만 하며, 성경적인 것이어야만 한다.
- 이 양식은 매일 섭취해야만 한다.

- 이 양식은 사유私有되고 적용되어야만 한다.

은혜의 활동

이것은 다음과 같은 것을 포함한다.

- 모든 예배 행위
- 믿음과 사랑 등에 의한 모든 활동
- 모든 외적인 의무에 있어 하나님께 순종하고 그의 이름 드높임을 증진 시키기 위해 수행하는 것.

은혜 안에서의 성장에 대한 증거는 다음과 같다.

- 열정ferver of feeling이 아니다.
- 즐거움도 아니다.
- 그것은 다음과 같은 것들에 있어서의 증가다. ① 진리에 대한 순종, ② 그리스도와의 우리의 일치, ③ 죄에 저항하고 하나님의 뜻을 행하며 지지하는 우리의 능력이 그것이다.

110. 은혜 안에서의 성장 (2)

"나는 포도나무요 너희는 가지라 그가 내 안에, 내가 그 안에 거하면 사람이 열매를 많이 맺나니 나를 떠나서는 너희가 아무 것도 할 수 없음이라"

■ 요한복음 15:5

성장

성장은 생명에 수반하는 것이다. 생명은 자체의 모든 형식에 있어 자체의 목적이나 완성이 달성되기까지 점진적이다. 만일 신장伸張의 능력에 끝이 없다면 성장에도 끝이 없다. 다른 형식들의 생명에 참된 것이 거룩한 생명에 대하여도 참되다. 그러나 성장의 성격은 다르다.

- 식물과 동물에 있어서의 성장은 자연적이며 무의식적인 전진이다. 그러한 성장은 노력 없이 자연적인 성장법에 따라 진행한다. 이러한 성장은 인간의 몸의 성장에 있어서도 그렇다. 성장에 필요한 모든 것은 자양물과 열, 빛과 공기의 적절한 공급이며, 그로 인해 성장은 무의식적이며 필연적으로 진행된다.

- 지적인 삶에 있어서는 이것이 부분적으로만 사실이다. 즉 의식적인 노력 없이는 지식이나 지적인 능력에 있어서의 성장이란 불가능하다. 사람들은 지적인 활동의 기회들과 불가피성들에 의해 너무나도 에워싸여 있기 때문에 유년으로부터 노년에 이르기까지 필연적이며 거의 무의식적인 지적 성장이 있다는 것이 사실이다. 그러나 이러한 한계를 넘어 더 이상의 지적 성장을 확보하기 위해서는 노력이 있어야만 한다.

거룩한^{divine} 삶에 있어서는 경우가 다르다. 거룩한 삶은 자체의 존재나 존속을 어떤 자연법에서 혜택을 받지 않으며, 하물며 자체의 성장에 있어서는 더욱더 그렇지 않다. 거룩한 삶은 식물이나 동물처럼 저절로 성장하지는 않을 것이다. 그러므로 거룩한 삶을 위해 필요한 권고는 은혜 가운데 성장하라는 것이다. 우리는 어린 동물에게 성장하도록 권고할 수는 없다. 만일 우리의 신앙을 방치해 둔다면 그것으로 소멸하고 말 것이라는 사실이 우리의 마음에 새겨져야만 할 예비적인 진리이며 확신이다. 즉 만일 주어진 방편들을 사용하지 않는다면 우리의 신앙은 성장이 멈추게 되어 시들어 죽을 것이다.

성장의 방편

• 은혜 가운데서의 성장은 어떤 독단적인 과정이나 의지 행위^{an act of the will}, 혹은 단순한 욕망에 의해서나 지정되지 않은 방법을 사용함으로 확보될 수 없다. 그것은 자체의 성격과 기원에 관한 한 거룩한 삶이며, 자체의 유지와 증진에 있어서도 그렇다. 그것은 오직 하나님께서 정하신 방편들을 사용함에서만 유지되고 증진될 수 있다.

성장하기 위해서는 두 가지가 필요하다. ① 생명력^{vital force}의 증대, ② 그러한 힘의 발휘와 발전을 위한 필요 조건들이다. 우리들은 죽은 나무에 대해서도 어떤 일들을 수행할 수 있을 것이다. 즉 죽은 나무 주위를 비옥한 흙으로 덮어주거나 그것을 강가에 심어 햇볕을 받게 하고 가장 깨끗한 대기를 마실 수 있게 할 수도 있을 것이다. 그러나 그 나무는 여전히 죽은 상태로 있을 것이다. 마찬가지로 가장 적합하고 풍부한 음식이 병자나 죽은 자에게 제공될 수도 있지만, 그러나 그러한 것이 생명을 소생케 하거나 악화된 병세를 호전시킬 수 있다고 보장하지는 못한다. 거기에는 이미 생명력에 절대 필요한 예비 조건을 상실하고 있다. 거룩한 삶^{divine life}에 있어서도 그렇다. 가장 풍부한 빛, 자체의 양육에 적용될 수 있는 모든 것이 가장 풍족히 제공될 수는 있지만, 그러나 내적인 원리 없이는 어떠한 성장도 있을 수 없다. 거룩한 삶에 있어 이 내적인 원리란 하나님이나 그리스도의 영^{Spirit}이다. 그러나 이 원리는 오직 말씀과 성례와 기도에 의해서만 전달되고 유지되며, 능력에 있어 증가된다. 우리는 우리가 원하는 바를 할 수도 있을 것이다. 즉 우리는 설교할 수도, 권고할 수도, 부지런히 선행을 할 수도 있지만, 모든 것은 아무런 효력도 나타내지 못한다. 그러한 일들은 내적인 원리가 약화되고 쇠하고 고갈되어 버린 경우에 원기를 돋구기 위한 운동과도 같다.

• 그러나 내적인 교제가 허용된다면 필연적으로 그러한 내적 원리의 부단한 발휘, 곧 믿음, 사랑, 온유, 겸손과 다른 사람들의 영적인 안녕을 촉진시킴에 있어서의 인자함의 부단한 발휘가 있게 될 것이다. 또 다른 잘못은 이것이다. 곧 은혜 가운데서의 성장은 은둔생활이나 금욕주의에 의해 촉진되지 않는다.

성장에 대한 증거

• 그것은 열정이 아니다. 청년은 노년보다 더 많은 열정을 갖고 있다.
• 그것은 지식의 증가다.
• 그것은 행하고 견딜 힘의 증가다.
• 그것은 목표의 확고함과 일정함과 단일함에 있어서의 불변이다.

111. 심령이 가난한 자는 복이 있나니

"심령이 가난한 자는 복이 있나니 천국이 그들의 것임이요"

■마태복음 5:3

멜론타 아가다

그리스도께서 지상에 계실 때 받으셨던 질문은 "천국은 누구에게 속하는가? 누가 그곳의 특권들과 복들을 누리게 되는가"였다. 여기서 천국은 그리스도께서 세우기 위해 오셨던 메시아 왕국을 의미한다. 천국의 복들은 부와 명예나 권세에 있는 것과 같은 이 세상에 속한 것이 아니며, 따라서 일시적인 것이 아니라 칭의, 양자됨, 성화, 영생이다. 이러한 것들은 그리스도께서 확보하여 베풀기 위해 오셨던 멜론타 아가다$^{μέλλοντα\ ἀγαθά,\ 장래의\ 좋은\ 것들}$였다. 이러한 것 들은 누구에게 속하였고, 누가 이러한 것들을 받게 되는가?

- 그들은 유대인 중 유대인이 아니다. 또 아브라함의 모든 자손이 아니다.
- 그들은 계급으로서의 부자와 번영자, 지혜로운 자와 귀족들이 아니다.
- 그들은 가난하기 때문에 가난한 자가 아니다. 가난이 천국 시민의 조건이 될 수 없다. 천국의 복은 가난의 해악에 대한 보상으로 주어지는 것이 아니다.
- 그들은 의도적으로 가난한 자들도 아니다. 로마 가톨릭교도들은 본 절을 수도사의 서약을 지지하여 그와 같이 해석할지도 모른다.
- 그들은 이 세상의 물질에 있어 부하긴 하지만, 자신들을 가난하다고 느끼는 자들이 아니다. 즉 많은 것을 사고도 소유하지 않는 자들이나 부

를 자신들의 몫과 신뢰의 대상으로 삼지 않는 자들도 아니다.

심령이 가난한 자

본문에서 의미하는 가난은 심령에 관한 가난이다. 이 가난에 대하여 어떤 가치상의 저급한 상태로 이해해서는 안 된다. 가난한 심령이란 말은^{우리의 타고} ^{난 성향에 대하여는} 치욕적인 말이다. 그것은 남자다운 미덕, 용기, 확신과 의지의 힘의 부재를 의미하는 것으로 들리기 때문이다.

그러나 여기서 심령이 가난한 자들이란 자신들의 영적인 가난을 의식하는 자들이다. 이들은 자신들이 부자라고 거짓되이 자랑하고 주장하며, 자신들이 불행하고 비참할 뿐만 아니라 가난하고 눈 멀고 벌거벗었음을 알지 못하는 자들과 반대된다. 그러므로 심령의 가난은 다음과 같은 것을 내포한다.

- 자신의 무지에 대한 의식과 기꺼이 가르침을 받으려는 의지를 내포한다. 그것은 지적인 자만이나 우리 자신이이 이해하고 있는 것들의 결론에 대한 확신과는 반대된다. 이러한 마음 상태가 주도적인 곳에서는 지적인 무분별이 지속된다. 자신들을 지혜로운 자로 자칭하는 자들은 어리석은 자들이 된다. 심령이 가난한 자들은 참된 진리에 대한 자신들의 무지와 그것을 발견하는 데 있어 자신들의 무능함을 깨닫고 회심하여 어린아이같이 되며, 모든 참된 지식의 근원이시며 하나님 나라의 위대한 복들 중 하나이신 성령을 소유하는 자들이다.

- 심령의 가난은 자기 의^{self-righteousness}의 정신에 반대되는 것으로, 자신의 무가치함에 대한 의식이다. 그것은 하나님 앞에서 자신의 모든 죄와 악덕을 깨닫고 "하나님이여! 죄인인 저에게 긍휼을 베풀어 주옵소서!"라고 부르짖는 심령이다. 어떤 사람이 하나님의 율법은 자신이 결코 죽음에 처할 만한 것은 어느 것도 범한 일이 없다는 확신을 갖고 있는 자를 정죄하지 않는다고 생각하는 한 그는 자신의 망상에 빠져 있게 된다. 그러나 어떤 사람이 자신의 죄의 사악함을 깨닫게 될 때, 그리고 그

가 하나님의 진노에 떨고 자신의 의를 포기할 때 그리스도의 의를 받아들임으로 진정한 의미에서 부하게 된다.

• 그것은 자족이나 우리 자신의 탁월함을 칭찬하고 우리 자신이 다른 사람들 보기에 매력적이라고 생각하는 성향과는 반대인, 우리 자신의 타락성을 깨닫는 심령이다. 우리로 우리 자신에 대하여 혐오감을 갖게 하고 하나님 앞에 입이 땅에 닿도록 꿇어 엎드리게 하는 우리 자신의 수치스러움에 대한 의식은 그러한 성향에 반대된다. 심령이 이와 같이 가난한 자들에게 성령은 오셔서 그들을 그의 모든 천상의 은혜로 입혀 주신다.

• 그것은 우리 자신의 무력함을 깨닫는 심령이다. 이러한 심령은 우리의 마음을 변화시키고 죄를 정복하며, 우리의 마음과 삶의 거룩함을 확보할 수 있다는 우리 자신의 능력의 자만과는 반대된다. 하나님께서는 그러한 자만심을 갖고 있는 자들을 그들 자신의 수단에 맡겨 두심으로써 스스로의 미혹으로 멸망하거나 그들로 자신의 철저한 무력함을 확신케 하신다. 왜냐하면 그때에 그들은 비로소 위로부터 능력을 덧입게 되기 때문이다.

그러므로 그들이 스스로 교회에서 어떤 선한 역사를 이룰 능력을 갖고 있다고 생각할 때 하나님께서는 그들로 그렇게 해보도록 내버려 두신다. 하나님께서 도우시는 자는 오직 심령이 가난한 자들이다.

• 심령이 가난한 자신의 비참함과 영혼의 욕망을 충족시킴에 있어 세상의 철저한 무력함을 깨닫는 것이다. 행복을 위해 이 세상의 자원들을 소유하고 있기 때문에 자신들을 부자라고 생각하여 더 이상 아무것도 바라지 않는 자들을 하나님께서는 그들의 만족에 버려두신다. 그러나 자신들의 가난을 깨닫고 하나님을 열망하고 갈망하는 자들을 하나님께서는 그 자신으로 채워 주신다.

112. 양심

"(율법 없는 이방인이 본성으로 율법의 일을 행할 때에는 이 사람은 율법이 없어도 자기가 자기에게 율법이 되나니 이런 이들은 그 양심이 증거가 되어 그 생각들이 서로 혹은 고발하며 혹은 변명하여 그 마음에 새긴 율법의 행위를 나타내느니라)"

■ 로마서 2:14-15

양심에 대한 사실들

• 우리는 옳고 그름 간의 차이를 분별한다.

• 우리는 선한 법과 악한 법에 대해서와 같이 전자에 대하여는 찬성하고 후자에 대하여는 불찬성한다.

• 우리는 우리의 상태와 행위에 있어 양심이 불찬성하는 것에 대하여 우리 자신을 정죄한다.

• 우리는 양심에 의해 옳은 것은 하도록 촉구되며, 그릇된 것은 못하도록 강권된다. 그러므로 양심은 단순한 기능이 아니다. 그것은 선과 악에 관계되는 우리의 이성적인 성품의 제반 활동에 대한 집합 용어다. 그것은 인식을 내포한다. 그것은 찬성과 불찬성에 대한 판단력을 내포하는 것으로써 결의와 감정을 포함하는 마음의 복합 상태다. 그리고 그것은 욕망과 감정이 그러하듯 순간력impulse이다. 그것은 진리에 관한 단순한 결의가 아니다.

양심의 특징

이러한 불가사의한 능력의 명백한 특징은 다음과 같은 것들이다.

• 양심은 이해력 및 의지와는 독립되어 있다. 누구도 자신으로 하여금 억지로 자신이 그릇된 것으로 보는 것에 대해 찬성하게 할 수는 없다. 마찬가지로 양심은 이해력의 단순한 궤변에 의해 곡해될 수 없다. 만일 사람이 그릇된 것을 정직하게 바른 것이라고 생각한다면 그의 양심은 그가 그것을 행하는 것에 찬성할 것이다. 그러나 누구도 자신의 양심을 그것^{양심}의 확신을 벗어나서 설복시킬 수는 없다. 양심이 확신하는 것은 침묵시켜질 수 없다. 그러한 확신은 우리가 할 수 있는 모든 것을 동원한다 해도 여전히 마음속에서 들려지게 되어 있다.

• 양심은 권위가 있다. 그것은 우리의 마음과 삶을 통치하고 지배할 권리를 주장한다. 그리고 우리는 그것의 권위를 부인할 수 없다. 우리는 그것을 무시하고 그것에 거역할 수도 있을 것이다. 그러나 우리는 그것이 정당하다는 것을 인정해야만 한다.

• 양심은 그 자체로 말하지 않는다. 즉 발휘되는 권위는 자체의 것이 아니다. 그것이 위협하는 보복은 자체의 불쾌함이 아니다. 그것은 하나님의 대행자다. 그것이 영혼으로 하여금 하나님의 심판대 앞에 이르게 한다.

• 양심은 보복적이며, 하나님에 의해 그렇게 행하여진다. 후회는 양심에 의해 낳아진 마음 상태이다. 후회는 자아 정죄, 자아 혐오, 슬픔과 진노에 대한 각성을 포함한다. 양심은 오직 공의를 충족시키는 것에 의해서만 저지될 수 있다.

양심에 관한 우리의 의무

• 양심을 교화시키는 것이다. 양심은 자체의 판단에 있어 전혀 틀림없는 것이 아니다. 이러한 점에서 그것은 이성과 같은 수준에 있다. 왜냐하면 그것은 실제로 이성의 기능일 뿐이기 때문이다. 그러므로 우리는 사람들이 광범위에 걸쳐 옳고 그름에 관하여 견해를 각각 달리하고 있음을

발견한다. 타락한 양심이나 화인 맞은 양심에 반대되는 교화된 양심을 갖는다는 것은 매우 중요하다.

• 그것에 복종하는 것이다. 어떠한 사람도 자신의 양심 이상으로 훌륭하 지는 못하다. 어떠한 사람도 자신의 양심 이상으로 선하지는 못하다. 비 록 사람이 자칫하면 실수하기 쉽다 하더라도 그는 자기 양심의 판결들 이 보다 높은 율법에 저촉되지 않는 한, 모든 경우에서 자신의 양심에 복종해야만 한다.

• 특별한 경우들에서 양심에 복종할 뿐 아니라 일정하고 주도적인 목적 을 갖고 양심으로 지배하게 하는 것이다. 우리는 우리 자신으로 하여금 중요한 문제들에서 뿐 아니라 사소한 문제들에서도 기분이 좋거나 나 쁜 것에 의해 결의하게 함으로써 충동이나 이기심 그리고 단순한 감정 이나 기호에 따라 행동하지는 않을 것이다. 가장 작은 일에 진실한 자 는 큰일에서도 진실할 것이다.

양심에 복종해야 할 이러한 의무의 근거는 다음과 같다.

• 그것이 그 성호^{name}로 말하는 하나님의 권위다. 그러므로 우리가 양심 에 거역할 때 우리는 하나님께 거역하고 불순종하는 것이다. 이에 대하 여는 앞에서 언급한 사항들과 함께 이해해야만 한다.

• 이성적이며 도의적인 존재로서 우리 자신의 위엄^{dignity}에 대한 존중이 다. 자아 비하와 자기 파멸은 불순종의 결과이며, 불순종에 대한 습관 이다.

• 가장 큰 행복은 만족해하는 양심으로부터 오며, 가장 큰 불행은 상한 양심에서 온다.

113. 양심적임

"우리를 위하여 기도하라 우리가 모든 일에 선하게 행하려 하므로 우리에게 선한 양심이 있는 줄을 확신하노니"

■ 히브리서 13:18

양심적임

그것은 편의를 고려하여 행하거나 방종과는 반대되는 것으로서 정의감에 따라 행하는 것이다. 양심과 관련해 세 부류의 사람들이 존재한다.

• 언제나 "무엇이 옳은가?"라고 묻는 양심적인 사람들
• 마음에 들거나, 자신의 이익을 증진시키는 것을 하는 사람들
• 중요한 문제들에 있어서는 양심적이지만, 사소한 문제들에 있어서는 그렇지 못한 사람들

양심적이 되는 데 따르는 어려움에는 다음과 같은 것들이 있다.

• 마음속에 있는 강한 반대 세력
• 외부로부터의 반대 영향 곧 친구들, 단체의 영향
• 양심이 요구하는 도의적인 용기와 인격의 확고함

우리의 의무

• 골방에서의 신앙적인 의무수행에 있어서와 마음을 지킴에 있어 양심적이어야 한다.

- 연구실 등에서의 특별한 의무수행에 있어 그러해야 한다.
- 설교를 준비하고 교인들을 심방하고 청소년들을 돌봄에 있어 목회상의 의무수행에서 그러해야 한다.
- 교회당 내에서 그러해야 한다.

양심적이 됨에 있어 도움이 되는 것들
- 확고한 목적과 의지력이 중요하다.
- 하나님을 가까이하는 삶
- 습관
- 기도

양심적임의 유익
- 모든 일을 바르게 할 수 있다.
- 마음을 순화시켜 준다.
- 그것은 좋은 영향과 존경을 받게 하기 때문에 힘을 제공해 준다.

114. 병든 양심

"깨끗한 자들에게는 모든 것이 깨끗하나 더럽고 믿지 아니하는 자들에게는 아무 것
도 깨끗한 것이 없고 오직 그들의 마음과 양심이 더러운지라 그들이 하나님을 시인
하나 행위로는 부인하니 가증한 자요 복종하지 아니하는 자요 모든 선한 일을 버리
는 자니라"

■ 디도서 1:15-16

도덕성

모든 사람이 의식하고 있는 우리의 도덕성에는 어떤 현상들이 존재한다.

- 도덕적인 차이점에 대한 인식
- 도덕적인 의무감
- 다른 사람들의 행위에 대한 ^{칭찬과 경멸과는 전적으로 다른} 찬성과 불찬성의 감정
  또는 자기 시인과 자기 정죄의 감정

이러한 활동들이 인식의 기능들에 속하는지, 만일 속한다면 어느 정도까
지 속하는지, 그리고 그러한 활동들이 감수성^{이성과 감정}에 속하는지, 만일 속
한다면 어느 정도까지 속하는지를 결정하기란 어렵거니와 이러한 것을 결
정한다는 것은 어쩌면 무익하기도 하다. 그러한 활동들이 합리성^{a rational na-}
^{ture}을 전제로 하고 이성의 활동을 포함하는 한에서는 합리적이다. 그러나
자체의 대상이 도의적이거나 심미적인 것일 때의 모든 인식은 순수 이성의
활동이 아니라 지식은 물론 감정을 포함하고 있는 이성적인 영혼의 활동이

다. 우리에게 있어 모든 인식은 아름다움에 대한 지각과 감각에 있어서와 같이 짐승에게 있는 것과는 다르다. 이러한 모든 요소들을 우리의 감각과 감정 그리고 도의적인 판단력으로 구별하기란 어려운 것이다.

도덕적인 감각이나 양심의 특성
• 그것은 만인 공통적인 것이다.
• 그것은 타고난 것이다.
• 그것은 대리적인 것이다.
• 그것은 독립적인 것이다.
• 그것은 권위가 있다.
• 그것은 불멸적인 것이다.

건강한 양심의 조건
• **빛의 역할을 하는 지식**. 바로 이성이 지식을 필요로 하거나 감식력taste 이 정확한 법칙들을 필요로 하듯 양심은 지식을 필요로 한다. 일부 지식은 독창적이고 직관적이며 어떤 지식은 습득되어진다.
• **적당한 감수성**. 이러한 점에서는 사람마다 매우 다르다. 감수성이 사람에 따라서는 과도하거나 불충분한 것일 수도 있지만, 그러나 건강한 양심을 위해서는 적당한 감수성이 필연적인 것이다.
• **복종을 강요할 힘**. 건전하고 건강한 양심은 병약한 감상과는 매우 다르다.

병든 양심
• **타락**. 이것은 부정한 행동 원리들이나 선입관과 열정 때문이다. 이에 대한 치유책은 객관적이며 주관적인 지식에서 찾아야만 한다.
• **외고집**. 이것의 원인은 무지와 죄악이다. 이에 대한 치유는 지식과 충성과 성화다.

- **지나친 세심함.** 이것의 원인은 확신의 약함이거나 과도한 민감이지만, 이러한 것은 실제로 도덕적인 민감이 아니라 잘못된 수치감이나 수줍어함 등과 유사한 과민성이다. 치유책으로는 힘이 성장하는 것이다. "믿음으로 강건하여라."
- **상한 양심.** 이것의 유일한 치유법은 ① 그리스도의 보혈, ② 신앙고백, ③ 회복, ④ 개선이다.

본 주제의 큰 중요성은 다음과 같은 것들에 있다. ① 우리의 탁월함^{excelle-nee}, ② 우리의 행복, ③ 우리의 유익함이다.

115. 신령한 마음

"육신을 따르는 자는 육신의 일을, 영을 따르는 자는 영의 일을 생각하나니 육신의 생각은 사망이요 영의 생각은 생명과 평안이니라 육신의 생각은 하나님과 원수가 되나니 이는 하나님의 법에 굴복하지 아니할 뿐 아니라 할 수도 없음이라 육신에 있는 자들은 하나님을 기쁘시게 할 수 없느니라 만일 너희 속에 하나님의 영이 거하시면 너희가 육신에 있지 아니하고 영에 있나니 누구든지 그리스도의 영이 없으면 그리스도의 사람이 아니라"

■ 로마서 8:5-9

신령한 마음의 성격

프로네인$^{φρονεῖν, \,생각하다}$이란 단어는 모든 내적인 행위, 곧 사고와 의지와 감정에 대하여 사용된다. 그리스도 예수 안에도 있었던 이 마음을 품으라. 여러분의 애착심을 위의 것들에 두라. 육신의 것들에 조심하라. 프로네마 ^{φρόνημα}는 마음의 상태, 생각, 감정이나 의지에 대해 사용된다. 그러므로 육신의 것들에 주의를 기울이는 것은 그러한 것들을 생각하고, 그것을 욕망과 추구의 대상으로 삼는 것이다. 그리고 육신의 것들은 우리의 본성에 적응하여 타락한 것으로 간주되는 우리의 성질에 적용되는 것들이다.

성령의 것들은 성령께서 생각과 욕망과 추구의 바른 대상들로 계시하시는 것들이다. 그리고 성령의 것들에 주의를 기울이는 것은 그러한 것들을 우리의 묵상과 욕망과 추구의 대상으로 삼는 것이다. 또한 프로네마 테스 사르코스$^{φρόνημα \,τῆς \,σαρκὸς \,육신의 \,생각}$는 내적이며 육신적인 성향이나 육신이 그 대상인 실제적인 추구와 욕망과 생각이다. 그리고 프로네마 토우 퓨마토 σφρόνημα τοῦ πνεύματος, 영의 생각란 구절 역시 내적이며 영적인 성향이나 영이 그 대상인 실제적인 추구와 욕망과 생각이다. 그러므로 신령한 마음은 성령의 것들을 생각하고 그것을 욕망과 추구의 중요한 대상으로 삼음에 있어 자체를 명시하는 마음 상태. 성령의 것들은 하나요, 그리스도와 진리와 거룩함 그리고 그리스도의 나라와 천상에 대한 관심들이다.

마음이 신령한 자들에게는 이러한 대상들이 다음의 의미를 가진다.

- 그들의 사상의 중요한 주제들이다. 그들의 마음은 그러한 대상들로 점유되어 있다. 그들은 그러한 것들을 묵상하고 연구한다. 그들은 길에서나 밤에 안 자고 있을 때에도 항상 그러한 것을 생각한다.
- 또한 그들에게는 그러한 것들이 소망과 애착의 중요한 대상들이다. 그들의 마음은 그러한 것들에 집중되어 있으며, 그러한 것들이 그들의 특별한 즐거움의 원천이다.
- 그들은 그러한 대상들을 즐거워하고 선전하는 데 전심한다. 이러한 일은 물론 다음과 같은 사실을 전제로 한다.

① 마음이 신령한 자들에게는 그러한 대상들이 참된 것들로 생각된다는 것이다. 그러한 것들은 시각이나 지식의 대상들이 아니라 믿음의 대상들이다. 그러나 그러한 것들이 그들의 이해에 있어서는 실재며 참된 것들이다.

② 그들에게는 그러한 것들이 가장 아름답고 탁월하다는 것이다. 신령한 마음의 상태는 성령의 것들의 영광스러움에 대한 안식에서, 곧 영적인 식별에서 일어난다.

③ 그들에게는 그러한 것들이 무한히 중요한 것으로 보인다는 것이다. 보이는 것들은 잠시적인 것이지만, 보이지 않는 것은 영원한 것이다.

신령한 마음의 효력

육적인 마음이 되는 것은 죽음이다. 그러한 마음은 죽음에 이를 뿐만 아니라 그 자체가 죽음이다. 즉 죽음이란 육적인 마음에 포함되어 있는 타락과 부패와 비참함이다. 그러나 신령한 마음이 되는 것은 생명과 평안이다. 즉 영혼의 생명과 복됨은 신령한 마음이 되는 것에 포함되어 있는 고귀함과 거룩함과 행복에 있다.

이와 같이 되는 이유는 하나님은 영혼의 참된 생명이시며, 생명의 근원과 목적이시기 때문이다. 육적인 마음의 상태는 하나님으로부터의 분리이며, 신령한 마음의 상태는 그와의 친교와 교제를 내포한다. 죄는 하나님으로부터의 분리이며, 그러므로 그것은 죽음이다. 거룩은 하나님과의 연합이며, 그러므로 그것은 생명이다. 죽음과 생명은 각각 바로 그러한 상태에서 시작된다. 그 후부터 그것들은 각각 완전한 죽음과 완전한 생명에 이를 것이다.

신령한 마음을 얻는 방법

- 그리스도를 통한 하나님과의 화해다. 이것이 하나님과 연합할 수 있는 첫째 조건이다.
- 그리스도의 선물로써 성령의 관여Participation이다.
- 은혜의 방편들을 부단히 사용하고 생각과 감정과 외적인 삶으로 확장하는 분투적인 자아 훈련이다.

신령한 마음의 결과는 무엇인가?

그것은 탁월함excellence과 행복과 유익함이다.

116. 육적인 마음과 영적인 마음

"육신을 따르는 자는 육신의 일을, 영을 따르는 자는 영의 일을 생각하나니 육신의 생각은 사망이요 영의 생각은 생명과 평안이니라"

■ 로마서 8:5-6

육신과 영혼의 죽음

물질과 마음 간의 유사함이 너무나 크고 명백하기 때문에 전자의 상태와 활동을 표현하는 말들이 후자의 상태와 활동을 표현하는 때도 사용된다. 이 것은 모든 언어가 구성되는 원리다. '보다' '자각하다' '이해하다'란 단어들은 모두 육신적인 활동을 표현하지만, 그러한 단어들은 또한 마음의 활동을 표현하기도 한다. 이것은 독단이 아니다. 우리가 어떤 사물을 볼 때 우리는 그것이 존재한다는 것과 그것이 무엇인가를 알 때에도 마음은 그것을 보고 이해하는 것으로 표현된다. 하나님의 불가견적인 것들이 가견적인 것들로 표현된다. 이러한 용법이 영혼에도 적용된다.

육신에 관련하여 죽음은 다음과 같은 것들을 의미한다.
• 전적인 무지나 감각의 대상들을 자각할 능력의 결여를 의미한다. 육신의 죽음은 아무것도 보지 못하고 듣지도 느끼지도 못한다.
• 그것은 모든 즐거움으로부터 닫혀 있다.
• 그것은 부패하고 불쾌하게 된다.
• 그것은 전적으로 무력하다.

우리가 영혼의 죽음에 대하여 말할 때에도 이 모든 것이 내포된다.

- 영적인 죽음은 하나님의 것들에 대한 무지다.
- 그것은 하나님의 것들을 즐길 수 없다.
- 그것은 타락하고 불쾌하다.
- 그것은 완전히 무력하다.

생명

다른 한편으로 생명은 이 모든 것의 반대이다. 육신의 생명은 주위에 있는 사물들을 이해하고 즐길 능력, 부패의 부재와 활력의 소유 등을 전제로 한다. 성경적인 용어로 영혼의 생명은 다음과 같은 것들을 내포한다.

- 하나님의 것들에 대한 지식이나 바른 이해
- 그러한 것들을 즐김
- 거룩함이나 순결
- 영적인 세계에서의 활력과 능력

신령한 마음

사도 바울이 주장하는 것은 육적인 마음은 이상에서 진술한 의미에서 죽음이며 신령한 마음은 생명이다. 프로네마 테스 사르코스$^{φρόνημα\ τῆς\ σαρκὸς,\ 육신}$$^{의\ 생각}$는 우리의 배교^{apostacy}의 결과, 또는 우리의 타락한 성품의 결과인 마음 상태를 의미한다. 바꿔 말하면 우리의 타락한 성품은 다음과 같은 것들에서 자체를 나타낸다.

- 영적인 무지
- 하나님으로부터의 소외, 하나님의 것들에 대한 혐오, 그러한 것들을 즐길 능력의 결여
- 도덕적인 타락이나 모든 불경한 사고와 감정의 발동
- 이러한 마음 상태를 바꾸어 놓을 철저한 무능력

이에 반하여 성령에 의해 생성된 마음의 상태인 프로네마 토우 프튜마토스*φρόνημα τοῦ πνεύματος, 영의 생각*는 다음과 같은 것을 내포한다. ① 하나님의 것들에의 지식, ② 사랑과 행복, ③ 거룩, ④ 영적인 활력과 능력이 그것이다.

- 이것이 본문에서 가르치고 있는 명백하고도 포괄적인 진리다. 본문에서 암시되는 단평은 사람들은 확실한 응보로써의 상벌, 곧 외부로부터 부과되거나 제공되는 어떤 것에 관하여 너무나도 오해하고 있다는 것이다. 성경이 죄의 삯이라 말하는 죽음은 주로 주관적인 상태다. 죄인이 자신에게 맡겨진 상태에서 나올 수 있는 것보다 더 큰 불행은 존재 불가능하거나 생각할 수도 없다. 그러한 죄인의 내적인 상태는 불행의 모든 요소를 내포한다. 이것은 바로 밀턴이 사탄으로 하여금 "나 자신이 지옥이다"라고 말하게 했던 것과도 같다.

  의인들의 환경과 동료 및 주위 상황이 그들의 복됨blessedness에 이바지한다는 것은 사실이다. 그러므로 회개하지 않은 자들에 있어서는 그들의 환경과 동료 및 주위 상황이 자신들에게 그와는 정반대의 영향을 미칠 것이다.

- 사악한 자들, 곧 마음이 육적인 자들은 잃어진 자들이다. 그들이 현재 멸망 상태에 있다 하더라도 아직은 이 세상에서 가망이 없거나 최종적인 것은 아니다. 그들 자신에게 맡겨져 있는 것도 아니지만, 그러나 만일 그들이 여전히 근본적으로 변하지 않는다면 그들은 영원한 죽음으로 끝날 상태에 있다. 다른 한편으로 영적인신령한 자들인 믿는 자들은 구원을 받는다. 그들은 영생을 갖고 있다. 그들 안에 계신 성령께서 영적이며 영원한 생명의 원천이시다.

- 이 두 부류의 사람들 중 우리는 어느 부류에 속해 있는가에 대한 결정은 어떤 외적인 것에 의한 것이 아니다. 곧 우리가 교회 안에 있는 지의 여부, 우리가 이런저런 믿음을 고백하는 것, 우리의 외적인 행위, 우리가 세상에서 얻은 평판에 의해서가 아니라 단지 우리의 내적인 상태에 의해서 결정된다. 만일 육신의 것들, 곧 우리의 감각적이거나 육신적이

거나 타락한 성향에 따라 채택되는 것들―요컨대 만일 보이는 것들과 일시적인 것들이 우리의 생각을 몰두시키고 우리의 욕망을 집중시키며 우리의 마음을 채우는 것들―이라면 우리는 영적으로 죽은 상태에 있는 것이다. 이러한 상태로부터는 죽은 자를 일으킬 수 있으신 자의 능력 외에는 어떠한 것도 우리를 구원할 수 없다. 다른 한편으로 만일 성령의 것들―하나님, 그리스도, 구속자의 나라인 천국, 사람들의 영적인 유익―이 우리의 마음을 채운다면 우리의 마음은 영적인 마음이다. 이러한 문제에 대해 우리 자신을 속이려는 것은 헛된 일이다. 우리는 죽음을 생명으로 바꾸어 놓을 수 없다.

• 이상에서 진술한 것으로부터 마음이 아직도 육적인 자들과 성령을 소유하기를 소망하는 자들의 의무가 모두 어떠한 것이어야만 하는가가 나타날 것이다.

117. 영적 분별

"신령한 자는 모든 것을 판단하나 자기는 아무에게도 판단을 받지 아니하느니라"

고린도전서 2:15

신령한 자

프뉴마티코스πνευματικός, 신령한 자란 별칭은 가장 의미심장하고도 함축적인 별칭들 중 하나다. 그것은 감각적인 자와 반대되는 이성적인 자를 의미하는 것이 아니라 성령의 감화를 받는 자에게 적용된다. 그것은 믿는 자에게 특성을 부여하는 성령의 내주하심이다. 성령은 조명하는 능력을 갖고 계심으로 신자의 영혼에 새로운 분별력이 주어진다. 이러한 분별력은 대상 위에 비추어지는 빛으로가 아니라 마음에 미친 효력으로부터 일어난다. 이때에 믿는 자의 영적 시력의 기능이 회복되고 영적인 눈이 열린다. 믿기 전에는 그의 영적인 눈이 자체의 논리적인 관계들에 있어 진리를 인식하지 못할 만큼 이성적으로 맹인이었던 것도 아니고, 도덕적인 차이점을 감지하지 못할 만큼 도덕적으로 맹인이었던 것이 아니라, 영적으로 맹인이었으므로 그것은 성령의 일들을 분별할 수 없었다.

그리스도에 관한 자신들의 판단에 있어 유대인들의 경우가 그러한 한 예이다. 그들은 그리스도를 한 현인으로 보았다. 그들은 그의 말씀을 이해했었고, 그가 의로우시고 자비로우시며 친절하시다는 것을 보았다. 그러나 그들은 그리스도의 특성에 대하여 하나님의 영광이 그분에게서 빛날 때 그것을 볼 수 있을 정도의 분별력은 갖고 있지 못했다. 그러므로 성령에 의해 믿는 자의 마음에 조성되는 효력은 성령의 일들을 분별하는 능력이다.

영적 분별

그러므로 첫째, 믿는 자와 하나님 간에는 판단의 일치가 존재한다. 믿는 자는 하나님께서 참된 것으로 선언하시는 것을 참된 것으로 본다. 그는 죄, 구원의 방법, 그리스도의 위(位), 은혜의 교리, 영원한 것들의 실재와 중요성에 관한 하나님의 판단에 복종한다. 또한 그는 인간들에 대한 하나님의 판단에 대하여도 그러하다. 그는 하나님께서 찬성하시는 것들을 찬성한다.

그러므로 하나님의 판단은 다음과 같은 것들의 근거가 된다.

- 믿는 자들에게 있어 믿음의 단일성
- 친교의 단일성. 그러므로 모든 그리스도인은 서로를 인정한다.
- 그것은 또한 교사로서 교회의 권위와 전통의 유일 합법적인 권위의 근거이다.
- 그것은 분열이 죄가 되는 근거나 이유다.

그러므로 둘째, 하나님과 믿는 자들 간에는 사실에 관하여 판단의 일치뿐 아니라 감정의 일치가 존재한다. 즉 신령한 자들은 하나님께서 사랑하는 것을 사랑하고 그가 혐오하시는 것을 혐오한다. 그들은 하나님께서 사랑하시는 이들을 사랑하고 인격에 관한 한 하나님께서 혐오하시는 자들을 혐오한다. 하나님의 친구들이 그들의 친구들이다. 이것이 그리스도인들 간에 갖는 교제의 단일성의 근거다. 이것이 그들이 공통된 경험을 하는 이유이며, 그들이 형제들로서 서로 사랑하는 이유다.

셋째, 믿는 자의 삶에는 하나님의 뜻과의 일치가 존재한다. 그는 성령의 의도(mind)와 일치하는 것을 한다. 이것이 공동 예배의 근거다. 공동 예배자들은 모두가 같은 규칙에 따라 행한다. 그들은 모두 같은 하나님과 같은 구주께 예배드린다.

넷째, 모든 신자는 연합되어 하나님의 전과 그리스도의 신부인 한몸을 이룬다. 그들은 프뉴마티코이$^{πνευματικοί, \, 신령한 \, 자들}$인 때문에 그리스도와 연합되며, 그의 형상에 일치될 뿐만 아니라 영광스럽고도 복된 자들이 된다. 성령은 하나님의 것들에 대한 지식과 거룩함의 원천이실 뿐만 아니라 위로와 영광의 원천이시다.

만일 우리가 참된 그리스도인들이라면 ① 우리는 '프뉴마티코이'이다. ② 우리는 진리인 하나님의 말씀을 믿는다. ③ 우리는 성경과 우리의 동료 그리스도인들에 동의한다. ④ 우리는 그들과 사랑으로 연합된다. ⑤ 우리는 형제들을 사랑한다. ⑥ 우리는 그들과 천상에서 영원히 연합될 것이다.

118. 영적 위로

"내가 아버지께 구하겠으니 그가 또 다른 보혜사를 너희에게 주사 영원토록 너희와 함께 있게 하리니 그는 진리의 영이라 세상은 능히 그를 받지 못하나니 이는 그를 보지도 못하고 알지도 못함이라 그러나 너희는 그를 아나니 그는 너희와 함께 거하심이요 또 너희 속에 계시겠음이라"

■ 요한복음 14:16-17

인간의 슬픔

인간은 슬픔의 자손ᵃ child of sorrow이다. 즐거움의 소재를 아무리 많이 소유하고 행복을 아무리 많이 누리고 있다 하더라도 슬픔의 잔을 마시지 않아야 할 인간은 존재하지 않는다. 슬픔의 출처는 무수하다.

- 육신의 고통과 질환
- 외적 환경의 압박, 가난, 낙담, 신망의 상실, 친구들로부터의 신뢰 상실
- 사별
- 우리 자신과도 어느 정도 관계되는 다른 사람들에게 있는 죄
- 우리 자신에게 있는 죄. 양심에 미치는 그것의 영향력과 믿음과 소망에 미치는 그것의 영향력. 따라서 의기소침과 버림받음에 대한 두려움이나 최후 심판에 대한 두려움이다.

인간은 대체로 슬픔의 세 가지 출처들로부터 다소간 영향을 받는다.

- 세상

- 주정꾼이 모든 슬픔을 술로 달래듯 자기의 자식들을 거짓된 소망과 불신앙 그리고 죄악된 쾌락으로 위로하는 사탄
- 성령. 그가 성경에서는 '위로자^{보혜사}'로 소개된다.

위로자 성령

'파라클레토스^{παράκλητος}'란 단어는 실제로 '위로자' 이상을 의미하지만, 그러나 '위로자'의 개념도 내포하고 있다. 그리스도께서 그의 제자들에게 성령을 보내시기로 약속하신 것은 그들의 슬픔에 대하여 말씀하고 계실 때였다.

- 성령의 위로가 필요함은 첫째, 인간 스스로의 힘으로는 불충분하기 때문이다. 인간은 영원한 것들에 대한 지식과 거룩함과 행복에 적합한 자원을 자신 속에 갖고 있지 않다. 그는 이 모든 복을 얻기 위해서 자신 밖으로 나가야만 한다. 둘째, 피조물로는 불충분하기 때문이다. 세상은 결코 인간이 필요로 하는 참된 만족을 줄 수 없다. 하나님을 위해 지음 받은 인간의 영혼은 오직 하나님과의 교제로만 거룩해지거나 행복할 수 있다.
- 그러므로 성령께서 우리의 위로자로서 행하시는 방법은 다음과 같다.
  ① 우리를 만복의 근원이신 하나님께로 인도하는 것이다. 그리스도께서 그 길을 여셨지만, 우리는 오직 성령을 통해서나 그에 의해서만 하나님께 나아갈 수 있다. 이것이 성령의 첫째로 위대한 역사이다.
  ② 그리스도의 것들을 취하여 우리에게 보여주시는 것이다. 즉 우리에게 하나님의 아들의 영광을 계시해 주시는 것이다. 따라서 그는 우리의 영혼을 새로운 감동^{affection}으로 채워주시고, 우리의 영혼으로 하여금 그리스도로 인하여 모든 슬픔이 기쁨의 대양에서 사라지는 것과도 같은 경탄과 기쁨으로 넘쳐나게 하신다. 이것은 매일 경험할 수 있는 일이다. 불행에 대한 생각으로 몹시 고통당하는 사람이 그보다 훨씬 기쁜 일이 일어날 때 슬픔을 잊게 되는 것과도 같다.

③ 진리를 우리의 마음과 양심에 계시하고 적용시키시며, 우리에게 믿음을 주시어 진리를 받아들이고 사유^{私有}케 하시는 것이다. 따라서 그러한 진리를 확신하는 죄인은 비로소 그리스도를 희생제물과 제사장으로 봄으로써, 또 그를 받아들이도록 주어지는 믿음을 가짐으로써 위로를 받는다. 즉 이때에 그의 영혼은 죄의 세력에 의해 괴롭힘을 받고 낙담하게 되지만, "내 은혜가 네게 족하니라"란 약속에 의해 위로를 받는다. 즉 성령은 외적인 고난에 의해 압박당하는 자들에게 그러한 고난이 훨씬 더 절대적이며 영원한 영광을 성취하리라는 것을 볼 수 있게 하여 그들을 위로한다. 이러한 위로는 끊임없이 유지됨으로 믿는 자들은 그들의 약한 것들을 자랑한다. 그러한 위로는 너무나도 크므로 화형주^{火刑柱} 자체는 더 이상 두려움의 대상이 되지 않는다.

④ 영혼에게 세상의 모든 것들은 더 이상 대단치 않다는 것을 볼 수 있도록 천상에 대한 식견을 주시는 것이다.

⑤ 우리의 마음속에 하나님의 사랑을 충만히 나타내 주시고 우리의 영과 더불어 우리가 하나님의 자녀들임을 증거하시는 것이다. 그리스도께서는 그의 백성을 그의 영에 의해 다정다감한 어머니가 자기의 유아를 양육하고 보호하듯이 대하신다^{엡5:29}.

위로를 누리는 법

• 우리는 위로를 다른 데서 찾아서는 안 된다. 만일 우리가 세상으로 향한다면 하나님께서는 우리를 세상에 버려두실 것이다. 우리가 성령의 위로를 누릴 수 있는 것은 오직 성령을 기대함으로써만 가능하다.

• 우리는 우리가 구속의 날까지 우리에게 인쳐지는 성령을 근심 되게 하는 일이 없도록 조심해야만 한다.

119. 양자의 영

"너희는 다시 무서워하는 종의 영을 받지 아니하고 양자의 영을 받았으므로 우리가 아빠 아버지라고 부르짖느니라"

로마서 8:15

양자의 영의 의미

• 우리로 하나님에 의해 아들들의 관계에 있게 하시는 영, 곧 성령이다.

• 양자의 영은 자식으로서의[filial] 영, 곧 아들들에게 있는 영을 의미할 수도 있다. 이 영은 우리로 하나님에 대해 자녀들이 아버지에 대해 느끼는 것처럼 느끼게 한다. 성령은 두 가지 이유에서 양자의 영이시다. ① 우리로 하나님에 대해 자녀들의 관계에 있게 하시기 때문이다. ② 우리 안에 그러한 관계에 적합한 감정, 곧 자식으로서의 영을 낳으시기 때문이다.

그러한 관계는 무엇이며, 하나님의 자녀가 된다는 것은 무엇인가?

• 아들됨[sonship]의 일반적인 개념은 성품의 공유다. 이러한 의미에서 그리스도는 하나님의 아들이시다. 이러한 의미에서 아담과 모든 인간은 하나님의 자녀들이다. 그리고 이러한 의미에서 하나님의 성품의 참여자들이 되도록 인도함을 받는 중생한 자들은 특별히 그의 자녀들이다. 그들은 지식과 의로움과 거룩함에 있어 하나님의 형상에 따라 새롭게 된다. 하나님의 성품을 이와 같이 함께 나누는 것[partaking]은 물론 그의 형

상과 같이 되는 것이다. 이것이 나머지 모든 것을 결정짓는 근본적인 사실이다.

- 특별한 은혜의 대상들이 되는 것이다. 이러한 의미에서 이스라엘인들은 하나님의 자녀들이었다. 즉 하나님께서 사랑하시고 그가 아버지로서 행하시는 자들은 그의 자녀들이다.
- 아들됨은 상속권이 있는 자 됨이다. 하나^{상속권}가 다른 하나^{아들됨}에 내포되어 있다. 아브라함의 아들들은 아브라함의 상속자들이며, 하나님의 아들들은 하나님의 상속인들이다.

아들로서의 영인 양자의 영은 이러한 관계에 적합한 하나님께로 향한 영이나 성향^{disposition}을 의미한다.

- 그것은 경의를 표하는 사랑과 경탄과 감사와 기쁨의 영이다.
- 그것은 이러한 관계와 하나님의 사랑과 돌보심에 대한 확신에 근거되어 있는 신뢰의 영이다.
- 그것은 그의 영광을 위한 열정, 그의 영예를 위한 질투, 그리고 그의 영예가 촉진되는 것을 보려는 욕망의 영이다.
- 그것은 복종과 인종의 영이다. 즉 우리 자신의 뜻이 아니라 하나님의 뜻을 기꺼이 행하려는 영이다.

하나님과의 아들로서의 관계에 어울리고 양자의 영^{a filial spirit}의 효력인 외적 행위는 다음을 의미한다.

- 그의 계명들에 의해 규제받고 그를 섬기는 데 헌신하는 삶, 곧 거룩한 삶^{a life of holiness}이다.
- 궁극적인 소망을 천상에 두고, 세상의 쾌락에 빠지거나 그것의 소유물에 전념하지 않는 삶, 즉 자체의 목적과 절정을 천상에 두는 삶이다.
- 하나님과의 내적인 교제와 친교의 삶이다.
- 우리가 그를 그가 계신 그대로 볼 때, 그리고 하나님의 아들들이 나타날

때에 대한 기쁘고 즐거운 기대의 삶이다.

바울은 갈라디아서에서 율법 아래 있는 믿는 자들의 상태를 네피오이 νήπιοι, 유아들의 것에 현재 믿는 자들의 상태를 휘오이 υἱοί, 아들들의 것에 비유한다. 그러므로 우리는 우리의 현재 상태를 유아들의 것에, 그리고 그리스도의 재림 후의 믿는 자들의 상태를 아들들의 것에 비유할 수 있다. 그때가 되어서야 하나님의 아들들이 된다는 것이 무엇지 알려질 것이다.

우리에게 주는 의미

- 하나님의 아들들의 외적인 특권들을 그들의 내적인 특성과 구별하는 도덕률 폐기론의 죄와 어리석음은 지대한 것이다. 어떤 누구도 성품을 공유한다는 의미에서 아들이 아닌 자는 상속자가 된다는 의미에서 하나님의 아들이 아닌 것이다.
- 그리스도에 대한 우리의 막중한 의무를 의미한다. 왜냐하면 우리는 오직 그리스도 안에서, 그리고 오직 그에 대한 믿음에 의해서만 하나님의 아들들이기 때문이다.
- 어떻게 우리가 하나님의 아들들이 되는가? 이러한 질문에 대하여는 위에서 답변이 된다. 즉 그것은 하나님의 아들에 대한 믿음에 의해서다. 그는 자기를 믿는 자마다 하나님의 아들들이 되는 권세를 주셨다. 하나님의 아들들이 되는 방법은 또한 성령의 내주하심에 의해서다. 우리가 하나님의 아들들이기 때문에 하나님은 그의 아들의 영을 우리의 마음 속에 보내시어 "아빠 아버지"라 부를 수 있게 하신다.

120. 성령의 인도함을 받는 자

"무릇 하나님의 영으로 인도함을 받는 사람은 곧 하나님의 아들이라"

로마서 8:14

신령한 자들

세상에는 두 부류의 사람들, 곧 프쉬키코이$^{\psi\nu\chi\iota\kappa\omicron\acute{\iota}, \text{육에 속한 자들}}$와 프뉴마티코이$^{\pi\nu\epsilon\nu\mu\alpha\tau\iota\kappa\omicron\acute{\iota}, \text{영에 속한 자들}}$이 있다. 즉 자신들의 성품에 의해 지배되는 자들과 하나님의 영에 의해 지배되는 자들이 있다. 전자는 자신들의 사상, 견해, 감정과 외적인 삶에 있어 현 상태의 인성^{人性}의 원리에 지배되는 자들이다. 이러한 원리는 무수한데, 어떤 것들은 악하고 어떤 것들은 선하다. 이성, 양심, 자신들의 이해 관계에 대한 관심, 하나님에 대한 자연스러운 경외 등은 공공연하게 사악하지 않은 대다수의 사람들의 내적이며 외적인 삶을 지배하는 원리들에 속한다. 그러한 자들은 결코 자연적인 원리들의 영역 이상으로 오르지 못한다. 그들은 잠시적인 것들만을 볼 수 있을 뿐이다. 그들은 현세를 위해 산다.

신령한 자들은 하나님의 영이 내주하고 통치하시는 자들이다. 성경은 하나님이 이 세상에 무소부재하시고 모든 물질적인 원인들을 보존하고 지배하시며, 구성을 이루는 모든 유기체의 직접적 창조자라고 가르친다. 이와 같은 방식으로 하나님의 영은 믿는 자들의 영들에 편재한다. 하나님께서 자연의 작용들을 지배하시는 것처럼 그들의 정신과 마음의 작용을 지배한다. 그리고 하나님이 자연법을 침해하지 않으시는 것처럼 성령은 우리의 합리적이며 도덕적인 체제들을 침해하지 않으시고 무시하지도 않으신다. 그는 "비가 올지어다" "눈이 올지어다" "수확물이 있을지어다"라고 말하지 않고 자연의 원리들이 그러한 결과를 낳도록 지배하신다. 그는 그의 백성을 맹목적인 충동에 따라 지배하지도 않으신다. 그들 안에서 역사하여 그들로 뜻하고 행하게 하신다.

성령은 이처럼 행하심에 있어 다음과 같은 적합한 방법을 사용하신다.

- 성령께서는 그들을 자신의 뜻과 일치되게 인도하시며, 그러므로 그들은 성령께서 참된 것으로 계시하시는 것을 참된 것으로 받아들이고 이해하고 그가 찬성하시는 것을 찬성한다.
- 성령께서는 그들의 감정을 지배하시므로 그들은 성령께서 사랑의 올바른 대상들로 제시하시는 것, 곧 하나님과 그리스도를 사랑한다. 그는 그들로 그들의 애착을 위의 것들에 두도록 인도하신다.
- 성령께서는 그들의 마음속에 있는 모든 악을 정복하고 겸손하며, 오래 참고 자비하며, 그들 자신보다는 다른 사람들을 위해 살도록 하신다.

성령의 인도함을 받는 자

성령에 의해 인도함을 받는 자들은 그들의 판단과 감정에 있어 성령과 일치하며, 그들의 삶의 양식에 있어서도 그의 뜻과 일치한다.

우리가 타고난 그대로의 사람인가 영적인 자들인가는 신앙고백이나 믿음의 문제가 아니라 사실[fact]의 문제다. 만일 우리가 성령에 의해 인도함을 받는다면 우리는 하나님의 아들들이다. 만일 우리가 그에 의해 인도함을 받지 않는다면 우리는 하나님의 아들들이 아니다. 만일 우리가 하나님의 아들들이라면 다음과 같이 정의할 수 있을 것이다.

- 우리는 하나님의 성품을 갖고 있는 자들이다.
- 우리는 그의 특별한 돌보심과 사랑의 대상들이다.
- 우리는 그의 나라의 상속인들이다.

121. 그리스도에 의한 자유

"너희가 죄의 종이 되었을 때에는 의에 대하여 자유로웠느니라 너희가 그 때에 무슨 열매를 얻었느냐 이제는 너희가 그 일을 부끄러워하나니 이는 그 마지막이 사망임이라 그러나 이제는 너희가 죄로부터 해방되고 하나님께 종이 되어 거룩함에 이르는 열매를 맺었으니 그 마지막은 영생이라"

■로마서 6:20-22

구원받게 된 속박

이러한 자유의 성격은 우리가 구원받게 된 속박의 성격에 의해 결정된다. 우리가 구원받게 된 속박은 첫째, 율법과 구원의 조건으로서 그것의 모든 교훈을 성취할 의무들로 인한 속박이었다. 둘째, 그것은 율법의 형벌을 충족시키고 율법을 어김에 대한 공의의 요구들을 충족시킬 외부로부터의 속박이었다. 셋째, 그것은 율법에 대한 이러한 상태와 관계로부터 헤어날 수 없는 정신적인 속박이었다.

우리가 구원받게 된 속박은 죄에 의한 속박이었다. 그것은 우리의 지체들 내에 있는 죄의 세력에 의한 속박이었다.

- 죄의 세력이 존재한다. 그것은 성격과 행위를 결정하는 실제적이며 지배적인 영향이다.
- 죄의 세력은 우리 자신의 노력에 의해 파괴되거나 타파될 수 없다. 그것은 실제적이며 두려운 속박이다.

- 그것은 어떤 인간이나 어떤 피조물의 힘에 의해 타파되거나 파괴될 수 없다. 오직 그리스도께서 우리를 그러한 노예 상태로부터 구속하신다.

우리가 구원받게 된 속박은 사탄에 의한 속박이었다.
- 이러한 종속은 실제적인 것이다. 사탄이 사람들을 지배한다. 사람들은 그의 포로들이다. 사탄은 하나님께서 허용하시는 한 사람들의 의지를 지배한다.
- 사람들은 자신들을 그의 지배로부터 해방시킬 수 없다. 그들은 그의 상대가 되지 못하며, 사탄은 그들의 약점을 안다.
- 사탄의 지배는 악의 지배이기도 하며, 결국은 영원한 멸망으로 끝난다. 그리스도께서는 자신의 죽으심으로 사탄의 세력을 파괴시키심으로써 우리를 그러한 지배로부터 해방시켜 놓으셨다.

우리가 구원받게 된 속박은 인간적인 권위에 의한 이성과 양심의 속박이라고 할 수 있다.
- 인간은 사실상 무엇인가를 믿어야만 하고 행하여야만 한다는 사실은 언제나 성직자나 대중적 여론에 의하여 주장되어 왔다.
- 사람들은 이러한 종속으로부터 자신들을 구출할 수 없다.
- 그것은 타락시키고 멸망시키는 종속이다.

그리스도에 의한 자유

그리스도께서는 그러한 종속으로부터 우리에게 다음과 같이 행함으로 해방시키셨다. ① 우리는 우리가 구원받기 위해 믿고 해야만 하는 것을 알수 있다는 의식적意識的인 종속의 근거들을 파괴시킴으로써, ② 그리스도께서 불법적인 모든 것에 대해 자신의 권위를 대치시키심으로써 우리가 무엇을 믿고 해야만 하는가를 그의 말씀과 영Spirit에 의해 우리를 가르치신다.

그것은 인간 독재의 속박이었다.

• 복음이 통치하는 곳 외에는 실제적인 어떠한 자유도 존재하지 않는다.

• 복음의 통치는 통치자들의 세력을 합법적인 범위 내로 제지시킴에 의해서 뿐 아니라 사람들로 인간보다는 하나님께 복종해야만 한다는 원리에 따라 행하게 함으로써 사회적이며 신앙적인 자유를 보장한다.

그리스도께서 우리를 자유케 하신 자유는 모든 불법적인 권위로부터의 자유로 이루어질 뿐 아니라 진리와 이성과 하나님께로의 종속 및 모든 피조물의 최후의 구원으로 이루어진다.

122. 주께 속한 자유자

"주 안에서 부르심을 받은 자는 종이라도 주께 속한 자유인이요 또 그와 같이 자유인
으로 있을 때에 부르심을 받은 자는 그리스도의 종이니라"
고린도전서 7:22

자유와 노예

자유와 노예 상태의 개념은 정반대다. 그래서 두 개념은 서로를 설명해
준다. 우리가 속박을 이해하기까지 여기서 말하는 자유를 이해할 수 없고,
여기서 말하는 자유를 이해하기까지 속박의 성격도 이해할 수 없다.

여기서 말하는 자유는 억제나 권위로부터의 해방이 아니다. 모든 이성적
인 존재는 이성과 공의의 권위 아래 있다. 그리고 그들은 오직 하나님 안에
있을 경우에만 무한한 완전함 중에 있게 됨으로써 모든 피조물은 그에 대하
여 절대적인 종속 관계에 있다. 그리고 이러한 종속이 가장 고귀한 자유인
것이다. 하나님에 대한 종속관계를 포기하는 데서 인간은 참된 의미의 자유
를 잃었다. 그 결과 인간은 다음과 같은 존재가 되었다.

- **죄의 노예.** 이러한 사실을 그리스도께서 선언하신다. 죄에 대한 종속이
  진정한 속박이다. ① 죄는 인간을 지배할 권리가 전혀 없기 때문이다.
  그것은 우리의 정상적인 상태에 속하지 않을 뿐 아니라 우리의 존재의
  목적과도 일치하지 않는다. ② 죄는 인간의 의지에서 독립하여 있기 때
  문이다. 그럼에도 우리는 그것을 떨쳐 버릴 수 없다. 이것은 우리가 의
  식하고 실제로 경험하고 있는 문제이다.

- **율법의 노예**. 인간은 율법의 요구들을 충족시킬 의무 아래 있거나 아니면 그것의 요구들을 충족시키지 못한 데 대한 형벌을 받을 의무 아래 있다. ① 이러한 의무는 냉혹하다. ② 그것은 자체를 인간의 양심에 계시해 준다. ③ 그것은 가장 견딜 수 없는 속박을 낳는다. ④ 그것은 노예 정신을 낳는다. ⑤ 그것은 심판에 대한 두려움과 근심되는 예견을 낳는다.
- 죄와 율법에 대한 이러한 종속은 사탄에 대한 종속을 내포한다. 예수 그리스도를 불신하는 한 모든 인간은 사탄의 왕국^{Kingdom} 내에 있다. 그들은 그의 권세 아래 있으며, 그의 지배 아래 있다.
- 죄와 율법에 대한 이러한 종속은 여러 가지 면에서 인간들에 대한 종속에 이른다. 그것은 영혼의 균형과 능력을 파괴한다. 하나님께 종속되어 있지 않고 자체를 관리할 수 없는 영혼은 세상과 여론과 다른 형식의 권위에 복종한다. 그리고 특히 사제^{priesthood}와 교회에 대한 종속에 이른다.

그리스도의 구속

그러나 그리스도께서 구속자이시며, 그가 노예들에게 해방을 전파하기 위해, 곧 희년을 선포하기 위해 오셨다. 그가 우리의 자유의 주창자이실 뿐만 아니라 오직 그 아들이 자유케하는 자들만이 참으로 자유하게 되기 때문에 그는 그의 백성을 이상에서 언급한 모든 형태의 속박으로부터 틀림없이 구원하신다. 그는 이러한 일을 다음과 같은 방법과 순서로 하신다.

- 그는 우리를 정죄^{condemnation}로부터 해방시키신다. 이것이 이행되기까지는 아무것도 행되지 않는다. 사형을 언도받고 감옥에 갇혀 있는 사람은 죽음으로부터 해방되어야만 하며, 그렇지 않으면 그는 다른 해악들로부터 구출될 수 없다. 그리스도께서는 우리를 우리가 아는 정죄로부터 해방시키신다.
- 그는 우리를 율법이나 그것의 요구들을 충족시킬 의무로부터 해방시키신다. 이러한 일이 어떻게 행하여지는가를 우리는 안다.

- 그는 우리를 사탄의 권세와 세력으로부터 해방시키신다. 우리가 이를 아는 것은 히브리서 2장 14-15절을 통해서다.
- 그는 우리를 죄의 지배 세력으로부터 해방시키신다.
- 그는 우리를 노예 정신으로부터 해방시키신다.
- 그는 우리를 인간들에 대한 모든 불합당한 종속으로부터 해방시키신다.

① 우리는 우리의 이성을 진리인 하나님의 말씀에 종속시킴으로써 잘못된 교리에 관한 그들의 권위특히 로마 가톨릭교 사제들의 권위로부터 해방된다.

② 우리는 오직 그리스도께만 종속되어 있으므로 양심에 관한 한 우리는 도덕적으로 무엇이 옳고 그른가를 결정함에 있어 다른 어떠한 권위에도 종속될 수 없다.

③ 우리는 그리스도를 통하여 정죄로부터 구원함을 받고 하나님께 받아들여지므로 로마 가톨릭교의 사제들로부터 자유하다.

④ 우리가 행하는 것은 모두가 그리스도께 복종하여 행하여지는 것들임으로 인간들에 대한 복종subjection은 우리의 자유의 일부이다.

그러므로 종이라도 참으로, 그리고 완전히 자유할 수 있다. 즉 그리스도를 믿는 종은 그를 통하여 정죄와 죽음과 사탄으로부터 자유인이 된다. 이것이 바울이 종들로 그들이 육신적으로 받고 있는 속박을 사소한 것으로 여기도록 권고하는 이유다. 우리가 하나님에 대한 배교에 의해 이르렀던 두려운 노예 상태에서는 누구도 우리의 구속자이신 그리스도에 대한 우리의 의무들을 말할 수 없다.

123. 또 나를 믿으라

"너희는 마음에 근심하지 말라 하나님을 믿으니 또 나를 믿으라"

■ 요한복음 14:1

그리스도의 본 강화는 모든 신자를 위해 의도되었으며, 간접적으로는 그들 각 사람에게 하신 것이다. 본 강화는 사도들이 이제 막 큰 시련을 당하고 위대한 의무를 수행하려 할 때 그들에게 직접 하신 것이다. 그러므로 이것은 그들을 위로하고 격려하기 위해 의도된 것이다.

여기에 우리로 고려해 보도록 하기 위한 세 가지가 제시되어 있다. 첫째, '나^{그리스도}'이다. 둘째, 우리가 믿어야만 하는 그리스도에 관한 진리들이다. 셋째, 믿으라고 명하여지는 의무다.

믿는다는 것

믿음은 두 가지, 곧 동의^{assent}와 신뢰^{trust}를 내포한다. 그러므로 그것은 첫째로 그리스도께서 계시하신 모든 것에 대한 이성의 복종, 둘째로 그가 약속하신 모든 것에 대한 신뢰를 내포한다. 이 두 가지는 실행하기 어려운 의무들이다. 하나님의 증언에 관하여 우리가 이해할 수 없는 것을 진리로 받아들인다는 것은 비합리적인 것으로 선언된다. 그러나 여기에서는 첫째로 믿음은 합리적이라는 것과 둘째로 하나님의 증언은 유익하다는 사실에 주목해야만 한다. 이러한 일은 우리에게 빛을 던져 준다.

신뢰한다는 것 또한 쉽지 않다. 우리가 하나님에 의해 용서함을 받고 구원받으며, 보호받으리라는 것을 신뢰하기란 우리의 불신앙적인 마음으로는 어려운 것이다.

믿음의 대상 그리스도

즉 우리가 동의해야만 하는 것들은 그리스도에 관한 사실들이며, 우리가 신뢰해야만 하는 것들은 그리스도의 약속들이다. 그리스도는 여기서 하나님과 구별된다. 즉 사도들이 발휘하도록 요구받았던 믿음은 그리스도에 대한 믿음이었다. 이것이 우리가 하나님에 대하여 믿음을 발휘할 수 있는 유일한 형식이다. 만일 우리가 보이는 하나님^{육신을 입고 오신 그리스도}을 믿지 않는다면 어떻게 우리가 보이지 않는 그를 믿을 수 있겠는가?

무엇을 믿을 것인가?

우리가 그리스도에 관하여 무엇을 믿어야만 하며, 우리가 신뢰해야만 하는 약속들은 무엇인가?

첫째, 우리는 그리스도가 길이시라는 것, 곧 그가 우리를 하나님께로 인도하신다는 것을 믿어야만 한다. 우리는 다음과 같은 세 가지 의미에서 하나님을 떠나 있거나 그로부터 분리되어 있다.

- **우리의 무지에 의해.** 그리스도는 우리를 지식의 대상으로서 하나님께로 근접시키신다. 그는 로고스나 계시자이시며, 하나님이시다. 즉 그는 우리의 성정을 취하시고 인간의 육신을 입으신 하나님이시다.
- **우리의 유죄**^{guilt}**에 의해.** 그리스도는 그의 보혈에 의한 화해를 통하여 우리를 하나님께 근접시키신다. 그는 우리의 죄를 속죄하신다. 그러므로 우리는 열납에 대한 소망을 갖고 하나님께 가까이 나아갈 수 있다.
- **우리의 타락이나 적의에 의해.** 그리스도는 하나님에 대한 지식을 계시하시고 우리를 그와 화해시키심으로써 우리의 적의를 제거하신다. "내가 길"이라는 것과 "내 안에 계신 하나님이 너희에게 계시되고 너희를 가까이하게 되신다"는 것, "그는 나를 통하여 너희와 화해되시고, 너희

는 나를 통하여 그를 사랑하게 된다"는 것을 믿으라.

둘째, 우리는 그리스도가 진리시라는 것을 믿어야 한다. 이것은 다음과 같은 사실을 의미한다.

- 그는 진실하시며, 참 하나님이시라는 것이다. 그는 참된 선지자이시며, 제사장과 왕이시라는 것이다.
- 그 안에 신앙적·도덕적이며, 과학적인 모든 진리가 존재한다는 것이다.
- 그 안에 모든 탁월함이 있다는 것이다. 왜냐하면 진리는 선한 것이기 때문이다. 그리스도는 지선이시며, 무한한 탁월함과 영광이시다.

셋째, 그리스도는 생명이시라는 것이다.

- 그는 세상의 모든 생명의 근원이시다.
- 그는 지적인 생명의 근원이시다.
- 그는 영적이며 영원한 생명의 근원이시다. 사는 것은 우리가 아니라 우리 안에 사시는 그리스도이시다.

우리가 신뢰해야 할 약속들은 성령에 대한 약속들이다.

- 우리는 성령의 임재는 영속적이며 내적이라는 것을 믿어야 한다.
- 우리는 그가 그리스도를 계시하시리라는 것을 믿어야 한다.
- 우리는 그가 우리의 위로자가 되시리라는 것을 믿어야만 한다.

124. 그리스도의 구속

"너희는 값으로 사신 것이니 사람들의 종이 되지 말라"

고린도전서 7:23

하나님과의 관계

우리는 다른 사람들과 함께 하나님과 다음과 같은 관계들을 유지한다.

- **우리의 창조자로서.** 우리는 자신의 존재와 모든 기능에 있어 그에게 은혜를 입고 있으며, 우리는 그에 의해서 양육된다.
- **우리의 아버지로서.** 즉 우리는 자신을 그의 돌보심과 은혜의 대상들로 본다. 그는 우리가 소유할 수 있는 모든 것을 주시며, 만복의 근원이시다.
- **우리의 도덕적인 통치자로서.** 우리는 자신의 모든 행위에 대하여 심판을 받게 되며, 그는 우리의 모든 행위에 따라 보상하시거나 벌하실 것이다.

이러한 것들이 모든 사람에게 공통되는 하나님에 대한 관계들이다. 그러한 관계들이 이성적인 존재로서 모든 인간에게 속하며, 특별히 그리스도인들에게만 속하지 않는다. 하나님에 대한 그리스도인들로써 우리의 특별한 관계는 우리가 그의 구속함을 받은 자들이라는 것이다.

이러한 구속은 다른 사람들로부터 구별될 뿐만 아니라 다른 모든 피조물로부터 구별되는 그리스도인들에게만 특별한 것이다. 어떠한 천사들이나 어떠한 계열의 존재도 구속의 대상이 되지 못한다.

구속

그것은 포로나 노예 또는 죽음으로부터 값 주고 사신 것에 의한 구출이다.

- 우리는 사탄에게 포로 상태에 있었다. 그는 우리에 대하여 그가 원하는 것을 할 수 있었다. 우리는 그의 권세 아래 있었고, 그의 지배 아래에서 절망적이며 전전으로 무력했다.
- 우리는 죄와 그것의 세력에 의해 노예 상태에 있었다. 우리 자신이나 어떠한 피조물의 어떠한 능력도 그러한 세력에서 우리를 현재나 영원히 구출할 수 없었다. 그러므로 영원히 죄인이 되는 것만이 우리가 우리 자신에 대하여 기대할 수 있는 모든 것이었다.
- 우리는 율법에 속박되어 있었고, 그것의 요구들과 영원한 죽음인 그것의 형벌에 예속되어 있었다. 이러한 형벌을 피할 수 있는 가능성이란 우리에게 전혀 없었다. 구속함을 받는다는 것은 사탄에 의한 포로 상태와 죄와 정죄의 속박으로부터 속전에 의해 석방되는 것을 말한다. 그것은 석방에 대한 제의를 받아들이는 것이거나 석방을 가능하게 하는 것이 아니라 그것은 실제적인 석방이다.

구속자

하나님의 피택자들의 유일한 구속자redeemer는 주 예수 그리스도이시다. 그는 하나님의 영원한 아들로서 인간이 되셨고, 구별되는 두 성natures을 보유하고 계시면서도 한 인격인 신인神人이셨으며, 영원히 계속하여 그러하시다. 그러므로 언제나 우리의 시선은 어떤 천사나 하나님의 보좌가 아니라 성육하신 아들에게 가 있다. 그가 천사들의 구속redemption을 맡지 않으셨던 것처럼 그는 그들의 본성nature을 취하지도 않으셨다.

우리는 하나님에 대하여 피조물, 자녀들, 종들subjects의 관계에 있지만, 그리스도에 대하여는 구속함을 받은 자들로서 피조물, 자녀들, 종들의 관계에 있다. 우리는 그리스도의 소유다. 우리는 그에게 속한다. 우리는 '그리스도의 종들'이다. 이것이 우리의 특출한 특성이다. 그것은 두 가지 사실을 내포한다. ① 우리의 절대적인 관계는 그리스도에 대한 것이라는 것과, ② 그러한 관계는 구속에 의해, 곧 값으로 사는 것에 의해 맺어진다는 것이다. 그러므로 우리는 그의 것이며, 그의 뜻을 우리의 모든 행위의 법칙으로 삼고 그를 섬기는 것을 우리 인생의 사업으로 삼을 의무가 있다. 구속함을 받은 자들은 모두가 이를 행해야만 하며, 또한 행할 것이다.

구속의 값은 그 자신이셨다. 그는 우리를 위해 자신을 바치셨다. 이것은 다음과 같은 것을 내포한다.
- 그의 성육신이다.
- 모든 의를 성취하기 위한, 율법에 대한 그의 복종이다.
- 현세에서 겪을 수 있는 모든 비참함, 즉 십자가의 고통스러운 죽음과 하나님의 진노를 포함하여 율법의 저주를 대신 받으심이다.

구속의 목적
구속의 제1차적 목적은 우리의 거룩함과 행복^{happiness}이다. 우리는 하나님의 것인 우리의 몸과 영으로 그를 영화롭게 해야 한다. 즉 우리의 몸, 모든 지체와 모든 능력, 그리고 우리 영혼의 모든 자질을 그의 영광을 위해 사용해야만 하며, 그로 영광을 받으시도록 해야 한다. 이러한 일은 우리 자신이 그에게 경의를 표현하고 다른 사람들로도 그에게 이같이 영광돌리게 하여야만 한다. 우리가 그에게 예배를 드리고 사랑하고 섬길 때, 다른 사람들도 그와 같은 것들을 행하게 할 때 그를 영화롭게 하는 것이다.

125. 하나님의 섭리

"너희는 말세에 나타내기로 예비하신 구원을 얻기 위하여 믿음으로 말미암아 하나님의 능력으로 보호하심을 받았느니라"

베드로전서 1:5

거듭난 자들의 구원

거듭난 자들의 구원은 하나님의 능력에 의해, 그리고 믿음으로 확보된다.

• 여기서 언급된 이들은 복종과 예수 그리스도의 피 뿌림을 받기 위해 피택된다.
• 그들은 새롭게 된다.
• 그들에게는 산 소망이 있다.
• 그들에게는 썩지 않고 더럽혀지지 않으며, 쇠하지 않는 기업이 있다.
• 그들은 하나님의 능력으로 보호를 받는다.

구원을 얻기란 어렵다. 그 원인은 다음과 같다.

• 우리 자신의 타락
• 세상의 유혹
• 사탄의 권세와 악의

그럼에도 구원은 확실하다.

• 그들은 피택되었기 때문이다.

- 그들은 새롭게 되기 때문이다.
- 그들은 하나님의 능력으로 보호를 받기 때문이다.

믿는 자들에 대한 보호

믿는 자들은 어떻게 하나님의 능력으로 보호함을 받는가? 하나님의 능력 자체를 나타내는 형식에는 두 가지가 있다. 즉 그의 섭리와 은혜가 그것이다. 전자는 외적인 것이며, 후자는 내적인 것이다. 섭리^{Providence}는 하나님께서 그의 백성에 대하여 발휘하시는 모든 감시^{oversight}와 보호^{guarding}를 내포한다.

- 그들의 환경을 정하심에 있어서 내포한다.
- 그들을 그들의 원수와 박해자들로부터 보호하심에 있어 내포한다.
- 사탄을 저지하고 정복하심에 있어 내포한다.

은혜^{grace}는 성령의 모든 내적 활동을 내포한다.
- 진리를 가르치고 계시하심에 있어 내포한다.
- 성화시키고 위로하심에 있어 내포한다.
- 시험을 참게 하고 배교로부터 보호하심에 있어 내포한다.

믿는 자들은 어떻게 믿음으로 보호받는가? '믿음'이란 단어는 두 가지 의미로 사용된다. 혹은 이 단어에는 두 종류의 발휘가 내포된다.
- 진리에 대한 신용^{credence} 행위를 내포한다. 하나님의 진리에 대한 지속적인 확신과 복음의 진리와 그것이 계시하는 모든 것에 대한 확신이다.
- 그리스도에 대한 신뢰^{confidence} 행위를 내포한다. ① 그에 대하여 선언되어지는 대로의 그에 대한 신뢰, ② 그의 보호하심에 대한 신뢰, ③ 그의 공로와 그의 중재의 유효함에 대한 신뢰가 그것이다.

영혼은 자체가 요새 내에 있는 것과 같이 보호받는다고 확신할 때 안식하고 쉴 수 있다. 이러한 보호는 끝까지 계속되어야만 한다. 현세에서 시작된 믿는 자들의 구원은 죽음에까지 계속되며, 주의 재림 때에 완성된다. 그때에 그들의 육신이 살아나게 되고 구속함을 받은 자들 모두가 연합된다.

하나님의 섭리에 대한 우리의 의무

• 온갖 시련 중에서도 인내해야 할 의무
• 언제나 소망에 차 있어야 할 의무
• 하나님이 거룩하심같이 거룩해야 할 의무
• 형제 사랑에 대한 의무

126. 믿는 자들의 보증

"그리스도의 말씀이 너희 속에 풍성히 거하여 모든 지혜로 피차 가르치며 권면하고 시와 찬송과 신령한 노래를 부르며 감사하는 마음으로 하나님을 찬양하고 또 무엇을 하든지 말에나 일에나 다 주 예수의 이름으로 하고 그를 힘입어 하나님 아버지께 감사하라"

■ 골로새서 3:16-17

성도의 보증에 대한 의미

이는 ① 율법의 정죄로부터, ② 시험의 세력으로부터, ③ 사탄의 지배로부터, ④ 영원한 죽음으로부터 보증을 의미한다.

보증의 근거

• **부정적인 면**. ① 믿는 자들의 보증의 근거는 그들 자신의 의로움이 아니다. ② 그것은 그들 자신의 능력이 아니다. ③ 그것은 그들 자신의 지혜가 아니다. ④ 그것은 그들 자신의 충성됨이 아니다. ⑤ 그것은 은혜의 방법들의 효력이 아니다. ⑥ 그것은 도피성^{asylum}, 곧 그들이 의지하는 교회의 보증이 아니다.

• **긍정적인 면**. ① 그것은 구속에 대한 언약이다. ② 그것은 그리스도의 역사^{work}다. ③ 그것은 성령의 내주하심이다. ④ 그것은 하나님의 진실하심이다.

믿는 자들의 보증

- 주 예수를 믿어 구원받는다 해도 여전히 죄 가운데 산다면 우리는 구원 받을 수 없다. 믿는 자들의 보증은 무엇보다도 죄로부터의 보증이기 때문이다. 이것이 견인에 대한 교리와 도덕률 폐기론 간의 중요한 차이점이다. 하나님께서 잃어진 자들을 구원하신다고 말하는 것은 하나의 모순이듯 그가 죄에 빠지는 자들을 보호하신다고 말하는 것도 하나의 모순이다.

- 우리는 은혜의 방편들을 경시해서는 안 된다. 본문에서 약속된 보증은 이러한 경시로부터의 보증을 어떤 다른 해악으로부터의 보증만큼이나 중요시하기 때문이다. 하나님의 약속은 그의 백성을 죄로부터 구원하고 그 자신을 위해 성화시켜 그들로 선한 일에 열심을 갖는 특별한 백성이 되게 하며, 그들로 모든 의무수행에 있어 부지런하고 진실하게 하는 것이다.

- 이러한 진리는 우리의 마음을 하나님에 대한 넘치는 감사와 사랑으로 채우는 데 적용된다. 믿는 자들이 은혜로부터 떨어져 나가 멸망할 수도 있다는 교리는 복음에 대한 전적으로 다른 학설을 전제로 한다. 그러한 교리는 그리스도께서 구원을 가능하게 하신다는 것과 사람이 구원을 받는가 못받는가는 ① 그가 믿기로 결정하는가의 여부에 달려 있으며, ② 그가 그의 믿음을 지속하는가의 여부에 달려 있다는 것을 전제로 한다.

  모두가 자신에게 달려 있는 것이다. 그러나 다른 학설은 그리스도의 역사가 그의 백성의 구원을 확실하게 한다는 것과 믿음은 하나님의 선물이라는 것, 그리고 믿음의 지속은 단지 하나님의 진실하심에 달려 있다는 것을 전제로 한다. 전자의 학설은 하나님이 우리를 사랑하심은 우리가 그를 사랑하기 때문이며, 우리를 사랑하신다는 것을 전제로 한다. 후자의 학설은 그의 사랑은 무상이며 무한하다는 것, 우리가 그를 사랑함은 그가 우리를 사랑하셨기 때문이라는 것과 우리가 원수인 때에 우리를 사랑해 오신 그는 우리를 계속 친구로서 사랑하시리라는 것을 전제로 한다. 그러므로 이러한 교리의 실제적인 효력은 거룩함을 촉진시키는 데 있다.

- 이러한 진리는 평안과 자식으로서의 정신ª filial spirit을 낳게 하는 데 적용된다. 율법적인 제도 아래 있고 하나님에 대하여 노예의 관계에 있으며, 자신의 입장이 자신의 선행에 달려 있다고 느끼는 사람은 필연적으로 노예 정신을 갖는다. 이에 반하여 은혜 아래 있고 하나님의 자녀이며, 하나님의 사랑은 자신의 선행 외의 다른 것에 근거된다고 인식할 뿐만 아니라 그가 우리를 사랑하심은 우리가 그의 자녀들이기 때문이라는 것과 거룩은 우리를 양자로 삼아주심adoption의 결과이며, 그것의 근거가 아니라고 느끼는 사람 역시 필연적으로 자식으로서의 정신을 갖게 되는데, 이러한 정신은 기쁨에 넘치는 신뢰적이며 평안한 정신이다. 자신의 영혼이 자신의 관리 아래 있다는 것과 하나님의 약속이 자기 영혼의 보증을 보증하지 않는다고 생각하는 사람은 계속하여 불안과 의심 가운데 있게 될 것임에 틀림없다.

- 이러한 교리의 셋째 효력은 하나님을 섬김과 우리 자신의 구원을 성취함에 있어 민첩성을 낳는 데 있다. 성공에 대한 의심이 클수록 분발의 동기는 약해진다. 만일 소망이 없다면 노력도 없을 것이다. 이와 반대로 소망이 클수록 유쾌함과 근면함도 강화될 것이다. 여러분이 어떤 사람에게 한 방법을 가르쳐 주면서 그것을 진실하고 부지런히 사용하면 부자가 되거나 위대하게 된다고 확신시킨다면 그는 진실하고 근면해질 것이다. 그러나 만일 여러분이 그에게 그가 그러한 방법을 사용하든 사용하지 않든 간에 부자가 될 것이라고 말하거나, 성공에 대한 가능성이 거의 없다고 말해 준다면 여러분은 그에게 있어 분발에 대한 동기를 엄청나게 파괴시키는 것이 될 것이다. 교회의 경우도 이러한 개인적인 신자의 경우와 유사하다. 만일 우리가 구속자의 궁극적인 승리에 대하여 확신을 갖지 않는다면 복음을 본국에서 설교하거나 해외에서 전파함에

있어 어떠한 동기로 하게 될 것인가?

어떻게 보증을 확신할 수 있는가?

성경은, 하나님께서는 그가 예정하시는 자들을 부르신다고 가르치므로 선택에 대한 유일한 증거는 소명^{사명감, vocation}이며, 소명에 대한 유일한 증거는 거룩이다. 이외 모든 것은 망상이며 광신^{fanaticism}이다. 우리가 하나님의 은혜에 대한 현재적인 의식과 구원에 대한 확신을 가질 수 있는 것은 오직 하나님께 대한 사랑으로 우리 자신을 지킴으로써만 가능하다.

127. 제사장으로서의 성도 (1)

"그러나 너희는 택하신 족속이요 왕 같은 제사장들이요 거룩한 나라요 그의 소유가
된 백성이니 이는 너희를 어두운 데서 불러 내어 그의 기이한 빛에 들어가게 하신 이
의 아름다운 덕을 선포하게 하려 하심이라"

■ 베드로전서 2:9

제사장 직분

제사장과 왕은 백성 중에서 가장 높은 두 부류의 직분자다. 예로, 모세와
아론, 다윗과 대제사장, 로마 가톨릭교도 중 최고위 성직자 *Pontifex Maximus* 가
있다. 신자들이 제사장과 왕들이라고 말하는 것은 그들의 위엄과 존귀함을
선언하는 것으로서 비유적인 표현일 수 있다. 그러나 그것은 그 이상을 의
미한다.

제사장직의 성격

그것은 정확히 다음과 같은 것을 내포한다.

• 하나님께 나아갈 권리
• 속죄 제물을 드릴 의무

그러므로 엄밀한 의미에서 신약시대에는 그리스도 외에 다른 제사장이
존재하지 않는다. 이것이 로마 가톨릭과 개신교 간의 가장 중대한 차이점
중 하나이며, 복음에 대해 근본적으로 각각 다른 이론을 전제로 한다.

모든 신자는 제사장이라는 의미는 다음과 같다.

- 그들은 모두 하나님께 나아갈 자유가 있다는 것이며, 이것은 중요한 개념이다. 이것은 그 말^{만인 제사장}에 의해서 표현되도록 의도된 위대한 특성과 복됨이다.

- 그들은 하나님께 상한 심령의 제물, 기도의 향, 찬양의 감사제^{thank offering}를 드린다는 것이다. 그들은 하나님을 섬기며, 이러한 의미에서 제사장들이다.

- 그들은 다른 사람들을 위해 중재한다.

제사장직에 대한 자격

- 누구도 제사장직을 스스로 맡지 않는다. 이것은 직분상의 제사장과 신자들로서의 만인 제사장에 있어서도 사실이다. 제사장은 하나님에 의해 뽑혀 임명되어야만 한다.

- 이러한 임명은 알려지고 공인되어야만 한다. 외적인 형식들에 의한 외적인 제사장직과 내적인 기름 부음에 의한 영적인 제사장직이 공인되어야 한다.

- 제사장은 하나님께 바칠 무엇인가가 있어야만 한다. 제물 없는 제사장은 무엇이겠는가? 마찬가지로 죄를 회개하는 정신 없는 우리는 하나님 앞에 무엇이겠는가? 믿고 감사하는 마음이 없이는 우리의 제사장직은 유명무실한 것이 된다. 외적인 제사장직은 자체의 외적인 위엄과 보수와 특혜들이 있었다. 그러나 영적인 제사장직은 영적인 유익만을 소유한다. 성령의 것들이 육신의 것들보다 고귀하듯 실로 영적인 제사장직이 외적인 제사장직보다 고귀하다. 그러나 영적인 은사들의 결여는 외적인 제사장직보다 영적인 제사장직에 있어 더욱 치명적이다.

- 제사장은 자신을 위해서뿐 아니라 다른 사람들을 위해 행동하므로 그는 그들을 긍휼히 여겨야만 한다. 이것은 구약의 제사장들과 우리 주에 관련하여 가르쳐지는데, 우리에 관련해서도 마찬가지로 진리다.

• 제사장은 두 가지 의미에서 거룩해야만 한다.

① 그의 인격에 있어 거룩해야 한다. 구약시대의 제사장은 몸의 모든 지체가 무흠하고 지력에 있어서도 결함이 없어야 할 것이 요구되었다. 신약시대의 우리는 마음이 청결하지 못하면 하나님께 가까이 나아갈 수 없다. 구약의 제사장들은 외적인 것들과의 모든 부정한 접촉을 금하도록 요구받았다. 우리는 세상에 있는 모든 부정한 것을 금해야만 한다. 구약의 제사장들은 만일 그들이 의식상 청결하지 못하다면 하나님께 가까이 나아갈 수 없었다. 오늘날 우리가 내적으로 성화되어 있지 못하다면 하나님께 가까이 나아갈 수 없다.

② 둘째로 제사장은 '신성한sacred'이란 의미에서 거룩해야만 했다. 즉 구별되어야 했다. 혹은 성화되어야만 했다. 구약의 제사장들은 일반 백성과 구별되는 독특한 계급이었다. 그들은 일반 직업에 종사할 수 없었으며, 통상적인 방법으로 생활비를 구할 수도 없었다. 제단에서 섬기는 자들은 제단의 것들을 함께 나누었다. 이와 마찬가지로 그리스도인들은 세상으로부터 구별되어 하나님께 바쳐진 사람들이다. 그들은 세상에 속할 수 없으며, 세상의 것들을 구하거나 세상의 쾌락을 즐겨서도 안 된다.

• 제사장은 신실해야만 한다. 이것은 다음과 같은 것을 내포한다.

① 태만과 반대인 근면한 의무수행

② 신뢰할 수 있어야 한다. 사람들은 제사장들을 그들제사장들이 고백하는 대로의 신앙인들로 신뢰할 수 있고, 그들의 직분에 대한 자격을 실제로 갖고 있는 자들로 신뢰할 수 있어야만 한다. 그러므로 하나님을 가까이함에 있어 제사장들로서 우리는 제사를 드리고 중재를 함에 있어 신실해야만 하며, 모든 사람이 우리에 대하여 하나님의 진실한 제사장들인 것으로 신뢰할 이유를 가질 수 있게 되어야만 한다.

제사장직의 특혜와 특권

- **하나님께 나아감**. 이것이 구속의 목적이다. 이것이 구속의 모든 복됨을 내포한다. 대제사장이 지성소에 들어가는 것을 보았을 때 백성들은 그가 모든 인간 중에서 가장 영예로운 자임을 감지했다.
- **하나님의 은혜**. 제사장은 특별히^{highly} 구별되었다.
- **하나님의 능력**. 제사장의 권세는 왕들의 것보다 높은 것으로 여겨져 왔다. 신자들은 하나님으로부터 능력을 받는다. 그들의 기도가 세상을 지배한다.

128. 제사장으로서의 성도 (2)

"그러나 여러분은 택하심을 받은 족속이요, 왕과 같은 제사장들이요, 거룩한 민족이요, 하나님의 소유가 된 백성입니다. 그래서 여러분을 어둠에서 불러내어 자기의 놀라운 빛 가운데로 인도하신 분의 업적을, 여러분이 선포하는 것입니다."

■ 베드로전서 2:9 (새번역)

제사장의 지위

높임 받음Exaltation과 명예는 다음과 같은 때엔 사람들로 더 나쁘게 만드는 경향이 있다.

- 하나의 권리로 취하여질 때
- 이기적인 목적으로 찾고 누려질 때
- 외적인 특권과 이익을 위한 것으로 알 때

그러나 그러한 것들이 다음과 같은 때엔 반대 경향을 나타낸다.

- 자신은 그러한 것을 받을 자격이 없다고 느낄 때
- 그러한 것들은 하나님의 영광과 다른 사람들의 유익을 위해 계획된 것으로 여길 때
- 외적인 것은 단지 내적인 탁월함에 부수적인 것이 될 때

성경에서 약속된 모든 영예와 영광은 이러한 조건들을 전제로 하며, 그러므로 그러한 것들은 사람을 겸손하게 하고 순화시키는 경향이 있다. 믿는

자들은 제사장으로 대표된다.

제사장들은 백성 중에서 구별된 계층의 사람들이었다.

백성들은 대체로 제사장들이 아니었으며, 누구도 자신의 뜻에 따라 제사장이 될 수 없었다. 그는 하나님에 의해 부르심을 받아야만 한다. 이러한 점에서 신자들은 그들과 같다. 신자들은 사람들 중에서 구별된 부류의 사람들이다. 즉 그들은 하나님에 의해 택함을 받고 부르심을 받은 자들이다.

제사장들은 높임받고 존경받는 계층의 사람들이었다.

왕과 제사장들이 사람들 중 가장 높은 계급의 사람들이었다. 전자는 육신을 다스렸고 후자는 영혼을 주관했다. 전자는 세상과 현세의 것들에 관계했고 후자는 영원한 것들에 관계했다. 후자의 신분이 더 높으며, 실제적인 능력에 있어서도 더 위대했다. 이 두 직분이 멜기세덱, 그리스도 그리고 신자들 안에서 연합되었다. 신자들이 제사장들이라고 말할 때 그것은 그들이 영적으로 높은 계층의 사람들이라는 것, 곧 품위를 높이고 고귀하게 하는 모든 것에 있어 불신자들 이상으로 높임 받는다는 것을 의미한다.

제사장들은 신성한 계층의 사람들이었다.

• 그들은 특별한 의식을 통하여 하나님께 바쳐졌다. 즉 그들은 몸을 씻고, 기름을 바르고, 정결한 외투로 입혀졌다. 그리고 속죄와 봉헌식 희생제물이 그들을 위해 드려졌다.

• 그들은 개인적으로 거룩하기를 요구받았다. ① 그들은 육신적으로 결함이 없어야만 했다. ② 그들은 모든 악덕에서 해방되어야만 했다. ③ 의식적儀式的인 직무수행에 있어 부정한 것이 없어야만 했다. ④ 다른 사람들에게는 허락되는 많은 것들이 그들에게는 허락되지 않았다.

• 그들은 그들의 직무를 위해 성별되어야만 했다. 즉 그들은 세속적인 직업에 종사해서는 안 되며, 거룩한 일에 헌신해야만 했다. 이와 마찬가지

로 신자들은 공동사회에서 신성한 부류의 사람들이다. 그들은 세례를 통하여 하나님께 바쳐졌다. 그들은 물로 씻고 성령과 속죄의 보혈로 정결하게 된다. 그들은 세상으로부터 더럽혀지지 않아야만 하며, 세상을 위해서가 아니라 하나님을 위해 살아야만 한다.

제사장들은 공동체의 게으르고 무익하거나 장식적인 계급의 사람들이 아니었다. 그들은 수행해야 할 가장 중요한 직무를 맡은 자들이었다.

- 그들은 백성들을 대신하여 하나님께 나아갔다. 그들을 통하지 않고서는 하나님께 나아갈 수 없었고, 용서받을 수도, 제사가 열납될 수도, 하나님의 은혜를 누릴 수도 없었다. 이것이 제사장직의 독특한 취지다. 제사장들은 다른 사람들을 위하여 하나님께 나아가는 부류의 사람들이다. 신자들도 하나님께 나아갈 수 있으며, 다른 사람들은 나아갈 수 없었다. 그러므로 신자들은 제사장들이다.

- 제사장들은 경배의 희생제물, 속죄제, 감사제를 드렸다. 믿는 자들은 참된 경배를 드리며, 오직 그들만이 그러한 경배를 드릴 수 있었다. 그들은 하나님 앞에 나아가 그들 자신과 회심하지 않은 자들을 위하여 그리스도의 희생을 내세워 간원한다. 그들은 부단히 감사제를 드리고 찬양의 향을 피워 올린다. 그들은 이 세상의 제사장들이다. 유대인 제사장들이 유대인들을 위하여 했던 것을 신자들은 세상을 위하여 한다. 유대인들에게 있어 제사장들이 없었던들 그들은 어떠한 자들이 되어왔겠는가? 그리고 신자들이 없는 한 세상은 어떻게 되겠는가? 신자들이 없이는 이 세상에서 하나님께 열납될 수 있는 어떠한 예배도 땅에서 하늘로 올라가지 못할 것이며, 그들 없이는 어떠한 복도 하늘에서 땅으로 내려오지 않을 것이다.

- 제사장들은 백성의 교사들이었다. 그들의 입술은 지식을 지켰다. 교리와 교훈적인 면에서 율법을 가르치는 것이 그들의 임무였다. 그들이 무지하거나 변절할 때 백성들은 멸망한다. 그러므로 신자들은 세상을 위

한 진리의 수탁자들이다. 그들은 그것을 세상에 나타내고 전해 줄 중대한 특권을 갖고 있다. 교회는 진리의 기둥이며 기초이다.

제사장들은 의존적인 계층의 사람들이었다.

- 그들은 지상에 분깃이 없었다. 그들은 백성의 헌물에 의존했다.
- 그들의 봉사는 그들 자신을 위한 것이 아니었다. 그들의 봉사의 목적은 다른 데 있었다.
- 그들은 하나님에 대한 지식과 그의 영광을 증진시키도록 세움을 받았다. 그러므로 신자들은 자신을 위해 살지 않는다. 그들은 자신들을 영화롭게 하도록 하기 위해서가 아니라 하나님을 영화롭게 하고 그들의 동료들을 이롭게 하도록 구원을 받고 이러한 위엄^{제사장직}에까지 높임을 받았다. 신자들의 왕 같은 제사장직에는 위대한 영예와 존엄 그리고 위대한 책임이 내포된다.

129. 세상을 이기는 자

"예수께서 하나님의 아들이심을 믿는 자가 아니면 세상을 이기는 자가 누구냐"

요한일서 5:5

믿는 자 외에 누가 승리자인가?

성경에서 '세상'이란 단어는 다음과 같은 것들을 의미한다. ① 물질적인 우주, ② 우리가 살고 있는 지구, ③ 그것이 내포하고 있는 모든 것, ④ 그곳에 거하는 인류, ⑤ 교회에 반대하는 악인들, ⑥ 세상을 특징짓는 것, 곧 사람들, 육신의 정욕, 안목의 정욕과 현세에 대한 자랑, ⑦ 보이는 것과 일시적인 것들, 지나가는 모든 것과 유행이다.

세상을 이김

그러므로 '세상을 이김^{overcoming}'이란 매우 포괄적인 역사다. 그것은 다음과 같은 것을 내포한다.

- 세상의 것들의 영향, 곧 죄에 대한 유혹물들로서 세상의 부와 쾌락과 명예에 대한 성공적인 저항을 내포한다.
- 우리 자신을 보이는 것과 일시적인 것들의 영향권 위로 높여 보이지 않고 영원한 것들의 영향을 받으며 삶을 내포한다.
- '세상'이란 단어를 사람들, 특히 불신자들을 의미하는 것으로 이해할 경우에 세상을 이긴다는 것은 그들의 견해와 행위의 부정하고 유해한 모든 영향을 부단히 압도해 가는 것을 의미한다. 여론과 열정의 세력은

우리의 힘으로는 거의 저항할 수 없는 것이다. 철학과 세상의 격언들과 관습들의 지배적인 영향은 모든 것 중 정복하기 가장 어려운 것이다.

- 세상은 흑암의 왕국^{kingdom}이다. 그것은 사탄의 왕국이다. 세상을 이긴다는 것은 모든 형식의 오류·무지·악덕과 죄악을 이기는 것을 의미한다. 그러므로 그것은 중차대한 일이다. 고독한 영혼을 생각해 보라.—그리고 어떤 의미에서는 모든 영혼은 고독하다. 그것은 자체의 생명과 의식과 특징을 갖고 있으면서 고립되어 있다.—세상, 곧 악한 세계 내에 있음으로 모든 감각적인 것, 다른 모든 영혼들에 의해 영향을 받는 그러한 영혼과 자체의 타락, 자체의 원수들과의 관련에 의한 자체의 성질을 생각해 보라. 그러면 세상을 이긴다는 것은 실로 인간의 모든 능력을 초월하는 일임을 알게 될 것이다.

세상을 이긴다는 것

① 그것은 고행에 의해서가 아니다. ② 철학에 의해서가 아니다. ③ 이성, 양심 혹은 의지력에 의해서가 아니다. ④ 유신론^{Theism}에 의해서가 아니다. ⑤ 대체로 하나님의 말씀에 대한 믿음에 의해서가 아니다. ⑥ 교회, 그것의 의식들, 그것의 봉사나 그것의 예배에 의해서가 아니다.

그것은 예수가 하나님의 아들이시라는 믿음에 의해서다. 이것은 무엇을 의미하며, 왜 이러한 믿음이 우리에게 세상에 대한 승리를 보증하는가?

예수가 하나님의 아들이시라고 믿는다는 것은 무엇인가?

- 그것은 인간 예수, 곧 이러한 이름으로 나타나시고 인정되셨던 분이 하나님의 영원한 아들이시며, 그가 육신으로 나타나신 하나님이셨다는 것을 믿는 것이다. 이것은 그의 신성과 성육신에 대한 믿음을 내포한다.
- 본 절에서 뜻하는 믿음은 그리스도의 인격뿐 아니라 그의 역사에 대한 믿음이다. 우리에 대한 그의 관계는 예수^{구원자}란 이름에 의해 표현되며, 하나님에 대한 그의 관계는 하나님의 아들이란 그의 칭호에 의해 표현

된다. 그가 우리에 관해서는 구주이시며, 하나님에 관해서는 그와 동등자이시다. 따라서 우리가 믿는 진리는 우리에게는 거룩한divine 구주, 곧 전능하시고, 전적으로 충족하all-sufficient시며, 무소부재하시는 구주가 계시다는 것이다.

믿음과 승리

이러한 교리에 대한 믿음이 어떻게 세상을 이기는가?

• 단지 우리가 믿는 진리의 도덕적인 힘에 의해서가 아니다. 그것은 단지 성육신에 대한 교리가 하나님에 대한 교리보다 더 숭고하고 능력 있는 교리이기 때문이 아니다. 그것은 육신으로 나타나신 하나님이 무한하신 영으로써 하나님보다 더 알기 쉽고 더 접근하기 쉬우며, 더 사랑스럽고 더 친근감이 있기 때문도 아니다. 이 모든 것은 사실이다. 그러나 이러한 사실은 세상의 노예들slaves인 수많은 사람 뿐 아니라 마귀들도 알고 있다.

• 그것은 다음과 같은 이유 때문이다.

① 이러한 교리를 믿는 자들은 하나님과 화해되기 때문이다. 이것이 첫 단계다. 사람이 버림받은 자인 한, 곧 하나님의 공의의 감옥에 투옥된 용서받지 못한 범죄자로서 그의 불쾌함displeasure의 대상인 한, 그는 세상에 속해 있는 자이며, 어둠의 왕국의 일원인 것이다. 그가 자신이 에워싸여 있고 철저히 동화되어 있는 영향들에 저항하거나 압도하기에 가능한 것은 오직 하나님의 저주로부터 구출되고 그리스도에 대한 믿음에 의해 하나님과 화해될 때 뿐이다.

② 그러나 예수가 하나님의 아들이시라고 믿는 자들은 하나님에게서 낳은 자들이다. 그들은 새 생명의 참여자들이며, 그리스도의 생명이 그들에게 전하여진다. 세상에 대하여 적대적인 그들 내에 있는 원리는 더 이상 연약하고 어두운 이성, 겁에 질린 의식과 타락하고 반역적인 의지가 아니라 내주하시는 하나님, 곧 성령이시다. 그러므로 그들에게 전하

여길 뿐만 아니라 그들을 세상 위로 들어올림으로써 그들 속에 자체를 명시하는 것은 전능하고 불멸적이며 영속적인 능력이다. "내가 살아 있고 너희도 살아 있겠음이라"^{요 14:19b}고 그리스도께서 말씀하신다.

③ 우리가 세상을 이기는 가장 손쉬운 방법은 예수가 하나님의 아들이시라는 진리의 정신적인 힘이 아니라, 성령에 의한 영적인 방법이다.

• 예수 그리스도의 얼굴에서 하나님의 영광이 너무나 명백하게 나타남으로 우리는 그것에 의해 황홀하게 되고 집중되며, 죄와 세상에 대한 사랑으로부터 구원된다.

• 이 성육하신 하나님에 대한 사랑의 압도적인 영향이 우리로 그를 위하여 모든 것을 포기하게 한다.

• 그의 영광과 그의 나라의 진척을 위한 열정이 영혼에 불이 붙고 행동에 대한 다른 모든 동기를 제압한다. 본 절에서 가르치는 위대한 교훈은 우리가 이 악한 세상으로부터 구원받을 수 있는 것은 우리 자신에 의해서라거나 인간적인 방법에 의해서가 아니라 오직 성경이 그리스도에 관하여 가르치는 것을 믿음으로써라는 것이다.

130. 너희는 그리스도의 것이요

"너희는 그리스도의 것이요 그리스도는 하나님의 것이니라"

고린도전서 3:23

의존과 소유

본 절에서는 의존과 소유의 두 개념이 표현된다. "우리는 그리스도의 것이라"는 말은 우리는 그에게 의존하고 그에게 속한다는 것을 의미한다. 21절에서 사도는 "만물이 다 너희 것임이라"고 말한다. 즉 만물은 너희 복지를 증진시키기 위해 계획되고 지배되며, 모든 것은 너희가 받도록 예정되어 있는 통치^{dominion}나 그 나라^{kingdom} 안에서 이해해야 한다는 것이다. "너희가 아무것도 아니로되, 너희는 그리스도께 속하느니라^{Still you are nothing, you belong to Christ}"

이 말씀에는 다음과 같은 것이 내포되어 있다.
- 우리는 우리 자신의 것이 아니라는 것이다. 우리 자신의 이익이 우리가 추구해야 할 정당한 목적일 수 없다는 의미에서나 우리 자신의 의지가 우리 행위의 정당한 법칙일 수 없다는 의미에서 우리는 우리 자신에게 속하지 않는다.
- 우리는 부모, 친구들, 국가, 인류의 이익이 우리가 추구할 정당한 목적일 수 없으며, 그들의 의지가 우리 행위의 정당한 법칙일 수 없다는 의미에서 그들에게 속하지 않는다.

- 우리는 교회에 속하지도 않는다. 우리가 교회에 속한다는 생각이 사도 바울의 마음에 들어가 있을 수 없었다. 그러나 시간이 지나면서 그러한 생각이 그리스도로부터 변절되는 일반적인 형식이 되었으며, 그것은 오늘날에도 그렇다. 사람들은 자신들이 교회에 속하고 그것을 위해 살며, 그것에 의해 지배받는다고 느낄 뿐, 더 이상의 숭고한 목적이나 의무에 대한 법칙을 알지 못한다.

- 그러한 선언이 적극적으로는 그리스도의 영광이 우리가 추구해야 할 유일한 목적이라는 것과 그의 뜻이 우리 인생의 법칙이라는 의미에서 우리는 그의 것이라는 것을 내포한다. 그리고 그만이 우리를 지배할 권리가 있다. 그에게, 그리고 오직 그에게만 전적인 헌신과 복종이 합당하다.

그리스도의 소유권

우리에 대한 그의 소유권은 다음과 같은 것에 근거되어 있다.

- 우리는 피조물이라는 것이다. 우리는 피조물로서 삼위일체 하나님께 속하기 때문이다.

- 그것은 은혜^{gift}에 근거되어 있다. 우리는 영원 전부터의 계획에 따라 그에게 주어졌다. 무수한 종류의 피조물들, 수백만 종족의 사람들 중 그리스도의 사람들은 소유물로서, 그리고 그의 기업의 백성[신 14:2]으로서 그에게 주어졌으며, 이러한 사실에서 그는 우리에 대하여 특별하고도 독점적인 소유권을 가지셔야만 했다. 우리에 대한 소유권의 이러한 근거는 절대적인 것이다. 우주의 주권자로서 하나님은 그가 기뻐하시는 것을 그가 기뻐하시는 자에게 주실 수 있다. 그리고 그의 이러한 뜻이 소유나 소유권에 대한 유일하게 실제적이며 영구적인 근거다.

- 그것은 매입^{purchase}에 근거되어 있다. 매입은 ① 정당성에 기초된 소유권을 준다. ② 무한한 해악으로부터의 구속을 포함하는 이 매입은 보다 숭고하고 더욱 주의를 요하는 감사의 의무를 부여한다. ③ 그리고 이

매입을 위해 지불된 값은 그 자신의 보혈이었으므로, 그것은 모든 의무 중 가장 귀중한 의무인 사랑의 의무를 부과한다.

- 그것은 획득^{conquest}의 권리에 근거되어 있다. 우리는 사탄의 포로들이 었다. 그리스도께서 그의 권세를 파괴하고 그에 의해 그의 마음 내키는 대로 끌려다니던 우리를 구출하셨다.

소유에 대한 이러한 전반적인 개념은 성경에서 여러 면으로 예증된다.

- 우리는 그리스도의 둘로이^{δοῦλοι종들}이다. 이것은 정당성에 기초된 관계 를 나타낸다. 우리는 그의 종들로서 그를 위해 살며, 그에게 복종하지 않을 수 없다. 이러한 헌신이나 복종에 있어 실패하는 것은 어떠한 것 도 그의 종들이나 노예들로서 그에 대한 우리의 관계를 파기하는 것이 된다.
- 우리, 곧 교회는 그의 신부^{νύμφη}다. 이것은 다음과 같은 것을 내포한다. ① 독점적인 소유의 개념, ② 편애와 특별한 사랑의 개념, ③ 관심에 있 어 완전한 일치의 개념을 내포한다.
- 우리는 서로의 사랑과 신뢰에 의해 그와 결속된 필로이^{φίλοι, 친구들}이다.
- 우리는 그의 몸이며, 그의 몸의 지체들이다. 인간에게 있어 자기의 몸과 의 관계만큼 친밀한 것은 아무것도 없다. 몸은 그와 공동 생명을 누린 다. 또한 그것은 그와 공동 의식을 갖는다. 즉 몸 자체의 고통과 기쁨이 그 자신의 고통과 기쁨이 된다. 따라서 몸은 그 자신과 공동 관심과 운 명을 유지한다. 그러므로 만일 우리가 그리스도의 몸이라면 우리는 이 모든 면에 있어 그와 결속되어 있다. 몸은 둘로이^{δοῦλοι, 종들}, 필로이^{φίλοι, 친} ^{구들}, 뉨페^{νύμφη, 신부}보다 더 친밀하고 더 귀중^{higher}하다.

우리에게 주어진 복

- 보증이다. 만일 우리가 그리스도의 종들, 친구들, 신부와 몸이라면 우리 는 현세와 내세에서, 곧 시간 세계와 영원한 세계에서 보증된다.

- 영과 몸이 그리스도의 탁월하심과 그의 행복 그리고 그의 영광과 주권을 함께 누린다.

우리의 의무

- 우리는 언제나 이러한 관계에 어울리게 행동해야만 한다. 우리는 우리 자신이나 세상이 아니라 오직 주께 속한다는 것을 기억해야만 한다.
- 만족해야 한다. 만일 우리가 그리스도의 것이라면 우리는 참으로 만족하게 될 것이다. 만일 우리가 그의 것이라면 모든 것은 우리의 것이기 때문이다.
- 우리는 단지 만족할 뿐 아니라 그리스도의 재림과 영광을 기쁨으로 기대해야만 한다.

131. 주 여호와는 나의 힘이시라

"주 여호와는 나의 힘이시라 나의 발을 사슴과 같게 하사 나를 나의 높은 곳으로 다니게 하시리로다 이 노래는 지휘하는 사람을 위하여 내 수금에 맞춘 것이니라"

■ 하박국 3:19

주 여호와

모든 신앙은 하나님의 인격에 근거되어 있다. 인격만이 신앙적인 연모$^{af-fection}$와 경모^{adoration}와 사랑과 신뢰의 대상이 될 수 있다. 이 인격과는 오직 기도를 통해서만 함께 대화할 수 있다. 따라서 우리가 함께 친교나 교제를 할 수 있는 것은 오직 인격이다. 우리에 대하여 이러한 관계에 계신 분은 누구인가?

'주^{Lord}'라는 단어는 호칭이다. 이 세상에는 많은 주가 있다. 여기서 관사 ^{the}는 이 단어를 제한시킨다. 사람들에 대하여 주^{Lord}의 관계에 계신 것으로 널리 인정되시는 분이 여기서 말하는 주$^{the\ Lord}$이시다. 이것은 '여호와'란 고유명사에 대한 대용어다. 그러므로 여기서 이 단어를 통하여 지시되는 분은 여호와이시다. 그러나 구약의 주는 그 주^{여호와}와 신약에서의 우리의 주와 동일한 분이시다. 그러므로 신약에서 '주'라 칭하여지는 분은 삼위일체의 제2위이신 '로고스', 곧 하나님의 성육하신 아들이시다. 그러므로 여기서 지시되는 관계는 단지 피조물이 창조자에 대하여 갖고 있는, 곧 사람들이 하나님에 대하여 갖고 있는 관계일 뿐 아니라 더욱 명백하게는 우리가 우리의 구속 사역을 떠맡으시고 육신으로 나타나신 하나님에 대하여 갖고 있는 관계다.

주 여호와는 나의 힘이시라

따라서 "주 여호와는 나의 힘이시라"는 의미는 다음과 같다.

- 모든 힘은 하나님으로부터 기인된다는 보편적인 의미다. 그는 그의 피조물들 중 어느 것이 어느 정도의 힘을 소유하게 되는 그 힘의 공급자이시다. 피조물의 모든 힘은 이어받는 것이며, 선천적인 것이 아니다.

- 피조물의 이러한 힘은 자립적인 것이 아니다. 그것은 존재하고 행동하고, 자체에 대한 하나님의 목적들을 성취하며, 그^{하나님}에 대하여 독립되어 있는 능력이 아니라 그것은 하나님께서 부단히 유지시켜 주는 능력이다. 우리가 살고 활동하고 존재하는 것은 그^{him} 안에서다.

- 이와 같이 유지되는 피조물의 보편적인 능력뿐 아니라 위급한 경우가 요구하는 대로 유효하게 행할 능력, 곧 어떤 특별한 일이나 경우에 대하여 요구되는 육신적이며 지적이거나 도의적인 힘은 하나님에 의해 주어진다. 그리고 그러한 힘은 개인들에 따라 각기 다른 정도로 주어지며, 같은 개인에 대하여도 경우들에 따라 각각 다른 정도로 주어진다.

- 이 모든 것은 자연인이나 사람들이 하나님에 대하여 갖는 자연적인 관계에 속한다. 그리고 이 모든 것은 신자들이 그리스도에 대하여 갖는 관계에 포함된다. 그는 힘의 공급자시며 그것의 유지자로서, 그리고 우리가 때때로 필요로 하는 모든 도움의 근원으로서 우리의 힘이시다. 그러나 이 이상으로, 특히 거룩한 삶과 이와 관련된 의무들에 관련하여 그리스도는 우리의 힘이시다. 그는 그러한 삶이 기인되는 근원이시다. 그러한 삶은 그에 의해 유지되며, 우리의 일상의 의무들에 필요한 합당한 도움들이 그로부터 온다. 믿는 힘, 이해하는 힘, 복종하는 힘, 시험에 저항하는 힘, 고난을 참는 힘은 오직 그리스도로부터 온다. 바울은 자기 스스로는 아무것도 할 수 없고 자기를 강하게 하시는 그리스도를 통하여 모든 것을 할 수 있다고 말한다. 이러한 신성한 힘에 대하여는 어

떠한 한계도 정하여질 수 없다. 역사는 지력과 성격이 약하고 추진력이 약하지만, 그리스도의 능력에 의해 영웅들로 변화되어 온 많은 사람들의 실례로 가득하다. 그들은 나라들을 정복하고 사자들의 입을 막으며, 외국 군대들을 패주시켰다.

여기서 우리가 배우고 마음에 두어야 할 것 세 가지가 있다.

- 우리 자신에게는 아무런 힘이 없다. 따라서 그 자신, 곧 자신의 지력과 자신의 의지력 그리고 자신의 능력을 의지하는 사람은 거룩한 삶을 살거나 다른 사람들을 이롭게 함에 있어 실효를 거두게 될지의 여부를 불문하고 실패하리라는 것이다.

- 주는 우리의 힘이시며, 그 안에는 이 모든 목적을 성취할 무한한 힘, 곧 지식을 얻고 거룩하게 되며, 선을 행하고 주 예수 그리스도 안에서 우리의 모든 시련을 참는 데 필요로 하는 무한한 힘의 원천이 있다. 따라서 우리는 주 안에서만 강하여질 수 있다. 그리스도를 통하여 우리는 모든 것을 할 수 있다.

- 우리가 이러한 힘을 공급받는 자들이 되는 조건은 첫째, 우리 자신을 포기하는 것이다. 둘째, 그가 정해 놓으신 방법으로, 곧 그를 믿고 항상 그를 바라봄으로 그의 힘을 구하는 것이다.

132. 은혜에 의한 소망

"소망의 하나님이 모든 기쁨과 평강을 믿음 안에서 너희에게 충만하게 하사 성령의 능력으로 소망이 넘치게 하시기를 원하노라"

■ 로마서 15:13

소망의 성격

타락 이후엔 어떠한 인간이나 어떠한 피조물도 현 상태에 만족할 수 없다. 여기에 언제나 우리에게 밀려오는 어떤 해악$^{some\ evil}$, 성취되지 않은 향락에 대한 욕망이나 우리가 소유한 것의 영존, 곧 현재를 넘어 미래의 세계에까지 이르는 영속에 대한 어떤 욕망이 존재한다. 미래의 행복$^{future\ good}$에 대한 기대와 욕망이 소망이다. 그러나 이러한 소망의 대상은 보이지 않는 것$^{the\ unseen}$이다.

미래의 행복에 대한 욕망과 기대는 다음과 같은 것이다.

• 모든 행동의 원동력

• 율법의 선고 아래 있는 죄인들에 관련해서, 또 영원한 세계를 내다봄에 있어서는 그러한 욕망과 기대가 어떤 합리적인 평안에 불가결한 것이다.

복된 소망

이것은 올바른 기초에 근거되어 있는 소망이다. 그것은 참으로 복된 것을 지향하는 소망이다.

• 어떤 이들은 자신들의 미래의 운명에 관하여 무관심하거나 냉담하다.

이러한 마음 상태는 ① 비합리적이고, ② 만족스럽지 못하며, ③ 불안정하고, ④ 멸망적인 것이다.

- 다른 이들은 소망을 갖고는 있지만, 그 자체 복되지 못하다. 그들의 소망은 다음과 같은 것들에 근거되어 있다. ① 하나님의 일반적인 자비, ② 교회에 대한 그들의 관계, ③ 모든 사람이 구원받으리라는 가정, ④ 거짓된 계시, ⑤ 잘못된 신앙적인 체험, ⑥ 우리 자신의 선행에 대한 억측이 그 근거다.

그러므로 잘못된 소망의 전반적인 기초는 오신error이다. 그러한 오신은 죄에 대한 벌에 관련하여 하나님의 뜻에 관한 것일 수도, 죄로부터의 면제가 약속된 조건들에 관한 것일 수도, 혹은 그러한 조건들을 우리가 충족시키거나 성취할 수 있다는 것일 수도 있다.

그러므로 복된 소망은 다음과 같은 것이다.

- 진리, 곧 하나님의 약속과 그리스도의 구속사에 근거되어 있는 소망.
- 성령의 참된 열매로서 우리가 마음에 간직할 권리가 있는 소망, 즉 우리 편에서의 독단적인 예상이 아니라 믿음과 불가분의 예상anticipation.
- 구속의 무한한 복들, 때로는 그리스도의 도래, 때로는 부활, 때로는 하나님의 영광을 자체의 대상으로 삼는 소망이다.

모든 피조물은 이러한 것을 열렬한 기대를 갖고 기다린다.

은혜에 의한 소망

이것은 하나님께서 은혜로 주시는, 곧 그의 은혜를 발휘하여 주시는 소망이다. 하나님께서 우리에게 이러한 소망을 주심은 ① 그가 우리의 소망의 대상인 복들을 우리에게 약속하셨다는 데 있으며, ② 그가 우리의 마음속에 우리의 소망을 발휘시키기 때문이다.

이러한 소망이 복된 것이라는 증거는 다음과 같다.

- 그것은 성경적인 근거를 갖고 있기 때문이다. 즉 그것은 명백하게 하나님의 말씀에 계시되어 있는 그의 약속에 근거를 둔다.
- 그것은 성경적인 복들을 자체의 대상으로 삼기 때문이다. 즉 그것은 세속적인 행복이나 천 년 동안의 번영이 아니라 그리스도와의 일치conformity와 그를 영원히 즐거워함을 자체의 대상으로 삼기 때문이다.
- 이러한 소망은 우리의 영혼을 만족시켜 주고 바로 그가 순결하심같이 우리를 순결하게 해 주기 때문이다.
- 그것은 올바른 증거에 의해서 참되다는 것이 입증되는 믿음의 열매인 때문이다.

은혜에 의한 소망에 대해 정리해 보자.
① 투구이다. ② 닻이다. ③ 영혼에게는 독수리의 날개와도 같은 것이다. 그것은 영혼을 세상 위로 드높여 준다. 그것은 우리를 천상에로 높여 주며, 우리를 자체의 정신으로 채워 준다.

133. 확신

"만일 너희가 믿음에 거하고 터 위에 굳게 서서 너희 들은 바 복음의 소망에서 흔들리지 아니하면 그리하리라 이 복음은 천하 만민에게 전파된 바요 나 바울은 이 복음의 일꾼이 되었노라"

■골로새서 1:23

확신의 본질

확신Assurance은 대체로 우리는 하나님의 자녀들이며, 영생의 상속자들이라는 확신이다.

- 그러나 그러한 확신이 도덕률 폐기론적일 수있는데, 택함 받은 자들은 그들의 이력에 관계없이 영생을 확신할 수 있다고 주장하거나 사람은 자신의 피택을 마음과 생활의 거룩함에 의한 것보다는 다른 증거에 의해 알 수 있다고 가정하는 구원 계획에 대한 잘못된 견해에 근거를 둘 때 그러하다. 그러므로 그러한 확신은 개신교 교회 내의 도덕률 폐기론적인 것일 수 있다. 그러므로 개신교 교회 내의 도덕률 폐기론자들은 율법은 철폐되었고, 그리스도가 그들의 성화sanctification라고 주장한다. 그들은 은혜에 의한 구원 교리를 곡해한다. 그러므로 로마 가톨릭교도들과 바리새인들은 모두 도덕률 폐기론자들Antinomians이다.
- 구원에 이르는 믿음은 다른 형식으로는 존재할 수 없다고 가정하는 형식의 확신이 있다. 이러한 확신은 다음과 같이 주장한다. ① 믿음의 대상은 하나님이 우리와 화해되신다는 것이다. ② 믿음의 대상에 대하여

는 일단 믿기만 하면 동요 없이 믿어진다는 것이다. 또 요구되는 유일한 믿음은 단순한 동의이며, 이에 대하여는 어떠한 의심도 있을 수 없다는 것이다.

- 확신^{assurance}을 거의 저버리거나 그것을 진기하고 거의 얻을 수 없는 선물로 생각하는 또 다른 견해가 있다. 이러한 견해는 소망을 합리적인 방식에 의한 약속들에서 기인되는 결론으로 본다. 하나님께서는 거듭난 자들에게 영생을 약속하신다. 나는 내 자신 안에서 중생에 대한 증거를 발견한다. 그러므로 나는 영생에 대한 자격을 갖고 있다. 여기서 모든 것은 중생에 대한 증거들의 명백함에 달려 있다. 그러나 그러한 견해를 갖고 있는 자들에게 있어서는 그러한 증거들이 모든 의심을 제거시킬 정도로 명백할 수 없듯이 그러한 증거들이 좀처럼 구원에 대한 성경적인 어떠한 확신도 낳지 못한다.

- 일반적인 형식의 이러한 교리는 다음과 같다. ① 그리스도는 우리를 대신하여 율법을 완전히 성취하셨으며, 그러므로 우리는 구원 받을 만한 어떠한 것도 하기를 요구받지 않는다. ② 그리스도는 복음을 듣는 자는 누구에게나 공로가 없을 뿐 아니라 바로 현재 있는 그대로의 사람들 곧 예비함이나 거룩함이 없는 자들에게도 무상으로 주어진다. ③ 그를 영접하고 그를 의지하는 자는 모두 구원을 받을 것이다. 바꿔 말하면 그가 하나님의 아들이시라는 것과 그가 우리를 사랑하셨고 우리를 대신하여 죽으셨다는 것을 믿는 자는 모두 영생을 얻을 것이다. ④ 우리가 그리스도를 소유해야 할 권리는 우리의 내적인 상태나 경험이 아니라 하나님의 약속에 있다. 그러므로 우리는 성화에 대한 증거를 기다림 없이도 믿을 수 있다.

그러므로 확신의 근거는 이것이다.
- 완전히 무상이며, 무조건적인 하나님의 약속이다.
- 우리가 믿고 있다는 의식이다. 곧 우리가 거듭났다는 것이 아니라 우리

가 믿는다는 의식이다.

- 성령의 증거나 마음에 부어주신 하나님에 대한 사랑이다.

확신의 효력

- 평안
- 기쁨과 감사
- 하나님의 영광에 대한 사랑과 열성

그러나 확신이 위조적인 것일 때의 결과는 다음과 같은 것이다.

- 자기 의
- 의무에 대한 태만과 죄에 빠짐
- 거짓된 안심

134. 하나님의 사랑의 결과

"소망이 우리를 부끄럽게 하지 아니함은 우리에게 주신 성령으로 말미암아 하나님의 사랑이 우리 마음에 부은 바 됨이니"

로마서 5:5

소망

칭의의 효력이나 결과는 이것이다.

• 하나님과의 화평

• 그의 은혜를 누림

• 영광에 대한 소망

죄인으로서 인간은 정죄 아래 있는 하나님의 진노의 대상이며, 칭의나 성화나 영생을 얻을 수 없다. 이러한 것들은 인간의 본성이 필요로 하는 것들이다. 그러나 이러한 것들을 행위로는 얻을 수 없다. 우리가 그리스도의 의와 그의 생명에 대한 동참에 관심을 갖게 되는 것은, 우리가 의롭다 함을 얻고 의롭다 함을 얻음으로써 평안을 누리고 소망을 갖는 것은 오직 우리가 믿음에 의해 그와 연합될 때뿐이다. 이러한 소망은 틀림없고 우리를 결코 실망시키지 않는다. 이는 하나님의 사랑이 우리의 마음속에 부어지기 때문이다.

하나님의 사랑

하나님의 사랑은 우리에 대한 그의 사랑이다. 우리가 하나님의 모든 피조물을 포함하는 사랑의 대상이라는 사실이 소망의 근거가 되지는 않을 것이다. 그러나 우리에 대한 하나님의 사랑은 다음과 같은 것이다.

- 특별한 사랑, 곧 진노에 반대되는 사랑이다. 그것은 화해나 하나님의 호의를 내포한다. 하나님의 사랑에 대하여 확신한다는 것은 그가 우리에 대하여 호의적이시라는 것과 그의 진노가 우리로부터 돌이켜졌다는 것, 그리고 그의 공의가 더 이상 우리의 정죄를 요구하지 않는다는 것을 확신하는 것이다. 그것은 구속의 모든 혜택을 보증하는 사랑이다.
- 그것은 무한히 위대한 사랑이다.
- 그것은 무상의 사랑이다. 그것은 우리의 인격에 근거되지 않는다. 그것은 우리가 죄인으로 있을 때에 우리에게 베풀어졌다.
- 그러므로 그것은 불변적이다. 만일 그 사랑이 우리에게 있는 어떤 것에 근거를 둔다면 그것은 우리의 매력이 지속되는 것보다 더 오래 지속되지는 않을 것이다. 그러나 만일 그것이 신성의 불가사의한 충만함으로부터 흘러나오는 것으로 전적으로 무상이라면 그것은 변할 수 없다.

우리 마음에 부은 바 된 하나님의 사랑

즉 우리는 우리가 그러한 사랑의 대상이라는 전적인 확신을 갖는다. 하나님은 사랑이시라는 것과 어떤 이들에 대한 그의 사랑은 무한히 크다는 것, 그리고 그의 사랑은 무상이며 불변적이라는 것을 확신하면서도 우리는 여전히 흑암과도 같은 절망 중에 있을 수도 있다. 우리가 지속적이고 복되게 되는 소망을 갖는 것은 우리가 그러한 사랑의 대상들이라는 것을 확신할 때뿐이다.

그러나 우리가 그러한 사랑의 대상들이라는 것을 우리가 어떻게 아는가?

- 그것은 하나님은 만인에 대하여 이러한 사랑을 갖고 계시며, 그러므로

그는 우리에 대해서도 이러한 사랑을 갖고 계시기 때문일 수는 없다. 그러한 것은 참된 것일 수 없다.

- 그것은 우리가 우리 자신 내에서 중생에 대한 효력들이나 거룩에 대한 증거를 보기 때문이 아니다. 왜냐하면 ① 그러한 사랑은 중생에 선재했으며, ② 거룩은 하나님의 사랑에 대한 확신의 결과인 때문이다.

- 하나님의 사랑에 대한 지식은 성령에 의해 낳아진다. 성령은 우리가 하나님으로 우리의 구원을 위해 자기 아들을 주게 하셨던 그의 사랑의 대상들이라는 확신을 우리의 마음속에 심어 주시는데, 그러한 사랑은 무상이며 불변적일 뿐만 아니라 다른 모든 은사를 보증한다. 그러나 성령께서 어떻게 이러한 확신을 일으키시는가에 대해 우리는 말할 수 없으며, 그와 같이 묻는다는 것은 비합리적이다. 우리는 또한 그가 어떻게 믿음과 화평과 기쁨 또는 이 외에 어떤 다른 은혜를 낳는지 물을 수도 있을 것이다. 그러나 이러한 질문에 대하여는 다음과 같은 부정적인 답변으로 충분하다. 그것은 ① 하나님에 대하여 우리의 사랑을 야기시킴으로써가 아니다. 우리는 하나님에 대한 우리의 사랑에서 우리에 대한 그의 사랑을 추론한다. 그러나 진정한 순서는 그 반대다. 그것은 ② 단지 우리의 눈을 열어 구속의 역사에서 하나님의 사랑이 얼마나 놀랍게 전시되는가를 보게 함으로써가 아니다. 왜냐하면 비록 우리가 그러한 것을 보게 된다 하더라도 그러한 사랑에서 우리 자신이 제외된다고 가정할 수 있기 때문이다.

하나님의 사랑의 결과

우리가 이러한 문제로 미혹되지 않는다는 증거는 하나님의 사랑에 대한 확신의 결과들에서 발견해야만 한다.

우리가 하나님의 총애를 받는 자들이나 그의 특별한 사랑의 대상들이라는 확신의 영향들이, 유대인들과 로마 가톨릭교도들과 도덕률 폐기론자들에게서도 나타나 보인다. 그러나 그들에게 있어 그러한 확신은 사실 무근한

것이다. 그들에게 있어 그러한 확신의 영향들은 다음과 같은 것들이다. ①
자만, ② 악의, ③ 부도덕, 즉 도덕과 신앙의 분리다.

이와 반대로 하나님의 사랑에 대한 확신이 성령에 의해 낳아질 때 그 결
과는 다음과 같은 것들이다.

- 겸손. 받을 자격이 없는 사랑에 대한 의식만큼 사람으로 머리를 숙이게
  하는 것은 아무것도 없다.
- 그와 같은 은혜를 받지 못하는 이들에 대한 가장 동정 어린 관심과 그
  들도 우리가 받는 복을 함께 누릴 수 있기를 바라는 열망이다.
- 하나님에 대한 사랑. 사랑은 사랑을 낳는다. 그리고 하나님에 대한 우리
  의 사랑은 경이, 경탄, 감사와 그의 영광에 대한 열정을 낳는다.
- 복종. 우리가 이방인들로 있었고 율법 아래 있었을 땐 우리는 사망에 이
  른 열매를 맺었지만, 이제는 거룩에 이르는 열매를 맺는다. 6장과 7장
  은 이러한 것들이 하나님의 사랑에 대한 확신의 결과들임을 보여주기
  위해 의도되었다.

135. 믿음이 낳는 사랑과 기쁨

"예수를 너희가 보지 못하였으나 사랑하는도다 이제도 보지 못하나 믿고 말할 수 없는 영광스러운 즐거움으로 기뻐하니"

베드로전서 1:8

사랑의 결과, 기쁨

그리스도인의 세 가지 위대한 은혜는 믿음과 소망과 사랑이다. 혹은 베드로의 말에 의하면 그것은 믿음과 사랑과 기쁨이다. 이러한 은혜들에 관하여 성경은 우리에게 다음과 같이 가르친다.

- 이 세 가지 은혜는 불가분이라는 것이다. 이 셋은 다른 것들 없이 각각 단독으로 나오지 않는다.
- 이 셋은 원인과 결과로써 서로에 대하여 확실한 관계에 있다. 곧 믿음은 사랑의 원인이며, 사랑은 기쁨의 원인이다.

이 셋 중에서 첫째는 말할 필요도 없이 기쁨이다. 그 이유는 다음과 같다.

- 그것의 대상들이 무한하기 때문이다.
- 어떠한 말로도 그것의 가치나 복됨을 표현할 수 없기 때문이다. 그 가치나 복됨은 이 세상의 어떠한 것과도 비교할 수 없다. 부와 학식, 명예와 같은 것들은 그 가치에 대하여 측량할 수 있다. 그러나 이러한 기쁨은 가치에 있어 그 어느 것과도 비교될 수 없다. 그러므로 우리는 이러한 기쁨을 위해서는 모든 것을 포기할 수 있다. 둘째로 그것은 영혼을 승

화시키고 정화시키며 영광스럽게 하기 때문에, 그리고 영광에 대한 기대를 수반하기 때문에 영광스러움으로 가득하다.

기쁨이 사랑의 결과인 이유는 다음과 같은 사실들로부터 명백하다.

- 사랑 자체가 기쁨에 넘친 감정이라는 사실로부터 그것은 자체의 성질에 있어 행복한 것이다. 사랑은 부수적으로는 염려와 슬픔의 원인일 수도 있지만, 그러나 그것은 자체에 있어 복된 것^{blessedness}이다. 모든 복된 자들은 사랑하며, 그리고 그들은 사랑하기 때문에 복되다.
- 자체^{사랑}의 대상의 성질로부터 그러하다. 아름다운 아이, 특별히 가치 있고 우수한 어떤 것에 대한 극진한 사랑의 감정은 경험의 문제이다. 그리고 그리스도는 그리스도인의 사랑의 대상이시며, 그의 영광이나 가치에는 끝이 없음으로 그에 대한 사랑에 관련된 기쁨은 형언할 수 없으며 영광스러움으로 충만하다.

믿음이 사랑을 낳는 이유

사랑에는 불가사의한 무엇이 존재한다는 것, 곧 우리는 그것의 기원을 설명할 수 없으며, 우리가 왜 사랑하는지에 대해 우리는 언제든지 말할 수 없다는 점이 인정될 수 있을 것이다. 자기 백성에 대한 하나님의 사랑도 이와 마찬가지로 불가사의한 것이다. 아무도 그가 왜 우리를 사랑하셨는지 말할 수 없다. 그러나 인간에게 있어서의 사랑은 그것이 직감적인 것이 아닌 한 합리적인 근거를 갖고 있다. 그 근거는 다음과 같은 것들이다.

- 자체^{사랑}의 대상의 아름다움과 탁월함
- 동질성 또는 공감. 서로의 관심과 기쁨의 감정. 혜택의 상호 교환이나 적어도 은택과 보은의 마음의 교환.
- 정당성. 대상이 우리의 것이라는 의식. 이것은 결코 배타적이 아니며, 그리고 이것은 물론 경우에 따라서는 다른 것이다.

그리스도에 대한 믿음이 그에 대한 사랑의 원천이다. 그것은 그의 아름다우심과 탁월하심을 인식하기 때문이다. 그리스도는 최상으로 영광스럽고 아름다우시다. ① 모든 신성한 완전함을 소유하신 분으로서, ② 인간적인 모든 탁월함과 사랑스러움을 소유하신 분으로서, ③ 이 모든 것이 그의 인격 안에 연합되어 있음으로 그는 우주의 중심이시며, 빛과 그 영광이시다. 그는 모든 지성^{intelligences}에 대하여 태양이 온 우주에 미치는 것과 같은 영향을 미친다. 그에 대한 믿음은 그에 관하여 이 모든 것을 식별한다.

- 눈이 온몸에 영향을 미치는 것과 같이 믿음은 영혼에 영향을 미친다.
- 그것은 인식^{cognition}이며 영적인 이해다. 그것은 단지 빛일 뿐 아니라 식별이다. 그것은 단지 대상만을 보지 않고 그것의 탁월함을 본다.
- 그것은 동질성을 낳는다.
- 그것은 대상을 전유專有한다.

136. 하나님에 대한 사랑

"예수께서 이르시되 네 마음을 다하고 목숨을 다하고 뜻을 다하여 주 너의 하나님을 사랑하라 하셨으니"

■ 마태복음 22:37

하나님에 대한 사랑

'사랑'이란 단어는 어떤 대상에 대한 어떠한 형식의 만족이나 기쁨에 대하여 사용된다. 그러므로 그것의 성격은 그것의 대상의 성격에 달려 있다. 인간은 인간뿐 아니라 사물을 사랑하며, 사물뿐 아니라 이상과 추상적인 개념들도 사랑한다. 그러나 여기서 이 단어가 정확하게는 오직 인격만이 그 대상일 수 있는 감정을 표현한다. 이러한 사랑은 다음과 같은 것을 내포한다. ① 연합과 친교에 대한 욕망, ② 만족, ③ 인정benevolence이다.

이러한 것은 인격들에 대하여 표시되는 모든 형식의 사랑에 대하여도 마찬가지다. 그러므로 그러한 사랑은 다음과 같은 것들을 전제로 한다. ① 공통된 성질이나 유사성, ② 탁월함이나 자체의 대상에 있어 그와 같은 것으로 간주되는 것, ③ 어떠한 형식에 의한 섬김의 가능성이다.

하나님은 무한하고 영원하신 영이시며, 그의 존재·지혜·능력·거룩·의·선하심과 진실하심에 있어 불멸적이시다. 그러므로 그는 사랑의 합당한 대상이시다.

• 그는 인격이시기 때문이다. 그는 영이시며, 교통·친교·교제가 가능한

존재이시다. 우리는 그에 대하여 "나의 아버지!"라고 말할 수 있으며, 그리고 그는 우리에 대하여 "나의 자녀들!"이라 말할 수 있으시다. 중력이나 인력^{attraction}의 법칙과 같은 법칙을 사랑하기란 불가능하다. 그는 우리 영혼의 아버지이시다. 그는 우리를 사랑하신다.

- 그는 그의 탁월하심·지혜·거룩·의·선하심과 진실하심에 있어 무한하시다. 이러한 것들이 우리의 만족의 대상들이다. 그러한 것들이 우리에 대하여 다음과 같은 것들을 야기시킨다. ① 경탄, 경의, 경모. ② 찬동^{Approbation}. 이러한 것들이 이성과 양심의 완전한 동의를 야기시킨다. ③ 신뢰. 사람들이 주를 신뢰하는 것은 그가 참으로 거룩하고 의롭고 선하시기 때문이다.

- 영으로서 그는 호의의 올바른 대상, 곧 기쁘게 할 욕망의 올바른 대상이시기 때문이다. 그에 대한 사랑은 다음과 같은 것들에서 그러한 욕망을 나타낸다. ① 그의 가르침들에 대한 복종, ② 그의 섭리에 대한 복종, ③ 그의 율법에 대한 복종, 곧 순종이다. 이러한 것들이 그에 대한 사랑의 성격이다.

하나님에 대한 사랑의 증거들

이러한 것들은 이중적이다.

- 우리 자신의 인식
- 그에 대한 사랑의 결과들

　① 그의 진리에 대한 묵종

　② 그가 행하시는 것에 대한 묵종

　③ 그를 섬김에 대한 헌신

　④ 그의 영광을 위한 열정

사람들은 자신들의 감정을 너무나 세밀하게 분석함으로써 자신들을 괴롭히거나 다른 사람들을 당황케 하기 쉽다. 그들은 그들의 사랑이 청렴한지의 여부를 결정하려고 한다. 그들은 다른 경우들에서는 그와 같이 행동하지 않는다. 어떠한 아들도 자기의 부모에 관련하여 마음속으로 이러한 질문을 하지 않으며, 어떠한 부모도 자기 자녀에 관련하여 그렇게 질문하지 않는다. 왜냐하면 형이상학적인 신학은 형이상학적인 신앙을 낳기 쉽기 때문이다. 우리는 하나님을 경외하고 기뻐하며, 그에 복종하고 그를 영화롭게 하기를 바라는 것으로 충분하다.

사랑의 탁월성

- 하나님에 대한 사랑이 탁월함은 그러한 사랑이 다른 모든 탁월함을 내포하기 때문이다. 즉 그것은 자체 내에 선한 모든 것에 대한 사랑과 악한 모든 것에 대한 혐오를 내포한다.
- 하나님에 대한 사랑은 필연적으로 선하거나 올바른 모든 것, 곧 하나님에 대한 순종, 우리의 동료 인간들에 대한 우리의 모든 의무에 대한 신실한 이행, 하나님의 영광과 그의 피조물의 행복을 증진시키려는 모든 올바른 노력을 야기시킨다.
- 그것은 우리로 무한한 하나님과의 교제에 이르게 함으로써 우리의 성품을 고양시켜 준다. 다시 말해 그것은 우리를 모든 피조물의 서열에 있어 우리의 본래의 상태에로 복귀시켜 준다.
- 그것은 우리로 최상으로 복되게 한다. 그것은 즐거움에 대한 우리의 모든 수용량을 채워 준다. 사람들은 그들의 모든 것을 그들의 사랑의 대상에 투자한다. 만일 그들이 세상을 사랑한다면 그들은 오직 세상이 주는 행복만을 누릴 수 있다. 만일 그들이 하나님을 사랑한다면 그들은 그러한 사랑이 줄 수 있는 모든 행복을 누리게 된다. "하늘에서는 주 외에 누가 내게 있으리요 땅에서는 주 밖에 내가 사모할 이 없나이다" 그러므로 하나님에 대한 사랑이 첫째 되는 계명이다.

하나님에 대한 사랑을 키우는 방법

하나님에 대한 사랑은 강요될 수 없다. 그것은 의지에 의한 어떤 노력에 의해 낳아질 수 없다. 그것은 하나님의 영의 선물이다. 우리는 하나님에 대한 사랑에 있어 육신의 부모에 대한 사랑을 양성하던 때와 같이 해야만 한다.

• 우리는 그를 불쾌하게 하는 일을 금해야만 한다.

• 모든 일에 있어 그의 뜻을 행하려고 노력해야 한다.

• 묵상, 성경 읽기, 기도, 공적이며 사적인 예배와 그 외 다른 모든 방법을 통하여 그와의 친교를 교화시켜야만 한다.

137. 그리스도에 대한 사랑

"예수를 너희가 보지 못하였으나 사랑하는도다 이제도 보지 못하나 믿고 말할 수 없는 영광스러운 즐거움으로 기뻐하니"

베드로전서 1:8

성경은 사람들을 두 부류, 곧 선인과 악인, 의인과 불의한 자, 세상에 속한 자들과 하나님의 자녀들, 육적인 자들과 영적인 자들로 분류한다. 물론 전반적인 각 구분 아래 포함된 이들 중에는 특성에 있어 커다란 차이점이 있다. 세상의 모든 사람이 도덕적으로 똑같은 인격에 속하지는 않는다. 그러나 중대한 점에 관해서는 차이가 없다. 하나님의 모든 자녀는 악한 자의 자식들이 아니다. 빛의 나라에 속하지 않은 자는 모두가 어둠의 나라에 속한다. 하나님 앞에서의 모든 사람의 상태를 결정하고 자신의 운명을 영원히 결정짓는 결정이 복음 아래에서는 그가 주 예수 그리스도를 사랑하는가 사랑하지 않는가, 또는 그가 그리스도를 위해 사는가 아니면 세상을 위해 사는가에 따라 단행된다.

우리 주 예수 그리스도를 사랑하는 모든 자에 대하여는 진정한 복이 선언되기도 한다. 그러나 "만일 누구든지 주를 사랑하지 아니하면 저주를 받을지어다"^{고전16:22}라고 선언되기도 한다. 이와 같이 선언함에는 어떤 이유가 있어야만 한다. 즉 그리스도를 사랑하는 자들에 대하여는 복을 선언하고 그를 사랑하지 않는 자들에 대하여는 하나님의 저주를 선언하는 것에 대하여는 어떤 충분한 이유가 있어야만 한다. 그 이유는 그리스도를 사랑하지 않는 것이 모든 죄 중 가장 큰 죄이며, 그를 사랑하는 것은 우리가 누릴 수 있는 모든 탁월함을 내포하기 때문이다.

사랑이란 무엇인가?

우리가 사용하는 단어들을 설명함에 있어 '사랑'이란 단어보다 더 포괄적이고 어려운 단어는 없다. 대개의 경우들에 있어 그러하듯이 모든 참된 지식은 경험에서 온다. 우리가 무엇에 대하여 느끼기까지는 그것을 알 수 없다. 무생물이나 비이성적인 대상들에 관련하여 사용될 때 이 단어에 대한 부적절한 적용은 제쳐 놓고, 여기에서는 다음과 같은 사실에 주목해야만 한다.

- 성경적인 의미의 사랑은 기쁨, 두려움, 노여움 그리고 감정의 격발과 같은 열정emotion이다.
- 그것은 단지 의식적인 마음 상태에서의 호의affection가 아니다. 사랑은 의식적意識的인 발휘가 없는 때에도 있을 수 있다. 자녀는 자기 부모를, 부모는 자녀를, 누이동생은 오빠를—그들의 마음이 다른 대상들에 속박되어 있고, 그들의 감정이 다른 방향으로 집중되어 있는 때에도—사랑한다.
- 사랑은 물질이나 정신처럼 정의될 수 없다. 우리는 단지 무엇이 사랑이 아닌가를, 사랑의 명시가 어떠한 것인가를 말할 수 있을 뿐이다. 그 누가 모성애란 무엇인가를 말할 수 있겠는가? 그것은 흥분이 아니다. 그것은 감정이 아니다. 그것은 감동이 아니다. 그것은 이 모든 것 배후에 있는 무엇이며, 본능이나 법칙이다. 그것은 어머니로 하여금 자기의 아이를 기쁘게 하고 그녀로 그 아이의 행복을 구하게 하며, 그를 위해 살게 하고 그를 위해 수고하게 하며, 어떤 보답에 대한 기대없이 이 모든 것을 기쁨으로 하게 하는 것이다.

이와 마찬가지로 그리스도에 대한 사랑도 흥분이나 단순한 감정이 아니다. 그것은 영혼으로 그리스도를 기뻐하게 하고 그것으로 다른 모든 것보다 그의 영광과 유익을 택하게 하며, 우리로 그를 위해 살고 수고하고 고난받으며, 기쁨으로 죽게 하는 것이다.

그리스도에 대한 사랑의 동기
- 대상의 탁월함
- 우리의 필요성에 적합함
- 우리와의 관계

그리스도에 대한 사랑의 결과
- 형언할 수 없는 기쁨
- 세상에 대한 우위 superiority
- 거룩

138. 신앙적인 기쁨

"주 안에서 항상 기뻐하라 내가 다시 말하노니 기뻐하라 너희 관용을 모든 사람에게
알게 하라 주께서 가까우시니라 아무 것도 염려하지 말고 다만 모든 일에 기도와 간
구로, 너희 구할 것을 감사함으로 하나님께 아뢰라 그리하면 모든 지각에 뛰어난 하
나님의 평강이 그리스도 예수 안에서 너희 마음과 생각을 지키시리라"

■ 빌립보서 4:4-7

기쁨이란?

기쁨은 일시적인 흥분이거나 영속적이며 유쾌하고 행복한 기분이다. 소
망은 언제나 기쁨을 수반하므로 기쁨은 소망의 성격에 속한다. 그러나 기쁨
은 소망과는 다르다. 소망의 대상은 미래이며, 기쁨의 대상은 현재이기 때
문이다. 세속적인 기쁨은 세속적인 이익의 향유와 이에 대한 기대에서 일어
나는 것이다. 그러나 신앙적인 기쁨은 영적인 유익에 대한 기대나 향유에서
일어나는 것이다. 슬픔과 낙담은 기쁨과 소망이 서로 관계가 있는 것과 동
일한 관계가 있다. 즉 슬픔은 현재의 해악의 경험에서 야기되고 낙담은 미
래의 해악에 대한 예상에서 일어난다. 기쁨이 소망의 성격에 속하는 것처럼
슬픔은 낙담의 성격에 속한다.

기쁨과 낙담의 원인

• 타고난 기질

① 이러한 점에 있어 사람들 간에는 체질상의 차이점이 있다는 것이 부

인할 수 없는 사실이다. 어떤 기질들은 마음을 밝게 한다. 다른 기질들은 슬픈 듯하거나 낙담적이다. 어떤 이들은 희망적인 경향이 있고 다른 이들은 언제나 해악을 예상한다. 어떤 이들은 명상적이고 다른 이들은 활동적이다. 또 어떤 이들은 호감을 주고 다른 이들은 침울하다.

② 타고난 기질은 중생에 의해서도 변하지 않는다. 회심 전의 사람을 특징지었던 자연인으로 있을 때와 동일한 기질이 중생 후 그의 신앙적인 활동에 다소 영향을 미친다. 만일 하나님의 은혜가 회심자의 마음속에 새로운 성격을 주입시켜 줄 만큼 크지 못하다면 중생 전의 기질과 그 후의 기질 간에는 본질적인 차이가 없다.

• 또 다른 원인은 육신의 상태다.

① 영혼의 상태는 자체의 정감emotion에 있어 육신의 상태와 밀접하게 관련되어 있다는 것은 부인할 수 없는 사실이다.

② 이러한 일반적인 사실 외에도 경험은 신앙적인 기쁨과 낙담에 관련하여 영혼과 육신 간의 관계 역시 밀접하다는 것을 가르쳐 준다. 이러한 것은 육신적인 치료가 종종 신앙적인 기쁨을 낳거나 신앙적인 낙담을 해소시켜 준다는 사실에 의해 입증된다. 즉 사람들은 육신적인 원인 없이도 지금까지의 어떤 상태에서 다른 상태로 무리없이 지나쳐 버린다는 사실에 의해 입증된다.

• 이러한 감정적인 기분frames의 또 다른 원인은 행복의 향유나 해악의 경험 또는 해악에 대한 두려움이다.

기쁨에 관하여

① 그것은 성령의 열매다. ② 그것은 믿음의 결과다. ③ 그것은 섭리와 구속의 복blessings을 자체의 근원과 대상으로 삼는다. ④ 그것은 하나님의 은혜와 그의 임재와 보호에 대한 확신을 자체의 근원으로 삼는다. ⑤ 그것은 그리스도의 인격과 영광을 자체의 대상으로 삼는다. ⑥ 그것은 천상의 영광과 복을 자체의 대상으로 삼는다.

슬픔과 낙담에 관하여

슬픔은 우리의 죄에 대한 의식 아래에서는 자연스럽고도 합당한 것이다. 그러나 낙담은 일종의 불신앙이며, 그것이 타고난 기질이나 육신적인 상태의 결과가 아닌 것인 한 그것은 언제나 죄악된 것이다.

신앙적인 기쁨

우리는 다음과 같은 사실에 주목해야 한다.

- 기쁨은 영적인 건강의 불가결한 조건들 중 하나다. 행복은 정신적 · 육신적인 발전에 필수적인 것이다. 기쁨이 이와 같이 필수적이라는 것은 다음과 같은 사실에 의해 입증된다. ① 그것은 거룩함에서 기인하기 때문이며, 그것은 완전한 자^{하나님} 안에서 완전하다. ② 그것은 성경에서 명하여지고 있기 때문이다. ③ 그것은 경건한 사람들의 모든 경험을 특징짓는 것이기 때문이다. ④ 그것은 천상의 분위기인 때문이다.

- 그러므로 기쁨은 계발되고 낙담은 추방되어야만 한다. 행동의 양식은 원인들에 의해 결정된다. 자연적이며 육신적인 원인은 그러한 것의 성격에 따라, 영적인 원인은 영적인 것들의 성격에 따라 다루어져야만 한다.

139. 순전한 마음

"날마다 마음을 같이하여 성전에 모이기를 힘쓰고 집에서 떡을 떼며 기쁨과 순전한 마음으로 음식을 먹고"

사도행전 2:46

초대교회 그리스도인

사람의 청년기, 그리스도인의 청년기, 교회의 청년기 간에는 유사한 점이 있다. 청년기의 상태는 다음과 같은 것들에 의해 특징지어진다.

- 동물적인 정신^{animal spirit}과 감정적인 생활이 지배적이다.
- 비판력과 교화된 양심의 지시보다는 감정에 의해 지배되는 경향이 있다.
- 경솔함이나 방종과 극단으로 치우친다.
- 명랑하고 순진한 마음이 있다. 주의와 감정을 하나의 목적에 몰두시킨다.

이러한 것들은 또한 청년 그리스도인의 특징들이기도 하다. 우리는 이러한 특성들이 충분히 발휘되는 부흥 집회에서 감정에 의해 지배되는 성향과 극단으로 흐르는 경향, 그리고 청년 회심자들이 그들의 마음을 사로잡는 한 가지 위대한 대상을 즐거워하고 몰두하는 것을 본다.

우리는 사도행전에서의 초대교회에 대한 묘사에서 이러한 모든 특징을 본다. 성경이 초기 그리스도인들의 경험과 행위를 묘사할 때 우리는 그것을 어떻게 이해해야만 하는가?

- 그것은 진정한 신앙적인 경험에 대한 묘사다.
- 그것은 사실들에 근거한 묘사다. 초기 그리스도인들은 그들이 사도행전에서 묘사되는 것처럼 느끼고 행했다.
- 이러한 경험은 실제적이었던 것으로서 이상적이거나 전형적인 것은 아니다. 그것은 물론 그들의 특수한 환경에 의해, 그리고 지식과 경험과 감정에 있어 그들의 불완전함에 의해 조절되었다. 따라서 초기 그리스도인들의 경험이 우리에게 권위가 있는 본보기는 아니다.

그들이 날마다 성전에 모였다는 것, 그들이 일상의 식사와 관련하여 매일 성찬식을 가졌다는 것, 그들의 모든 재산을 공용했다는 것은 실제로 있었던 일이며, 진정으로 신앙적인 감정의 결과였다 해도 그러한 것들이 그 당시에 정상적^{right}이었다거나 오늘날에 와서 의무적인 것이라고는 단정할 수 없다. 그러한 것들은 젊음에 넘치는 무절제였으며, 후에 경험과 성령의 가르침이 그러한 것들을 완화시켰다.

초대교회 그리스도인들의 삶은 젊음에 넘치는 삶이었으며, 바울과 베드로와 요한의 것과는 매우 달랐다. 그들의 삶은 다음과 같았다.
- 오로지 신앙적인 행사^{devotional exercise}에만 주력했다.
- 성찬식 집례 등과 같은 신앙적인 의무들을 일상생활에 포함시켰으며, 그 결과, 필연적으로 자체에 어울리는 형식적인 봉사에 이르렀고, 자신들의 진지한 신앙 인격을 파괴시켰다.
- 매일 성전에서 예배를 드렸다.
- 재산을 공용했다. 이러한 일은 만일 다른 일들과 적절한 비율로 유지되었다면 올바른 것이 되었을 것이다. 호혜적인^{benevolent} 감정이 절제의 성향과 업무에 있어서의 근면보다 훨씬 강했다. 그것은 그들에게 자멸적인 것이 되었으며, 그것이 온전한^{perfect} 사람들 중에서 발휘되지 못한다면 지금도 자멸적인 것이 될 것이다.
- 환희^{joyful exultation}와 순전한 마음^{singleness of heart}을 가졌다. 이에 해당되

는 헬라어는 아펠로테스$^{\dot{\alpha}\varphi\epsilon\lambda\acute{o}\tau\eta\varsigma,\ \text{엡 }6:5}$와 아플로테스$^{\dot{\alpha}\pi\lambda\acute{o}\tau\eta\varsigma,\ \text{골 }3:22}$가 있다. 이러한 단어들은 용법에 있어서 일치하지만, 의미에 있어서는 다르다.

순전한 마음

마음의 특징이나 이 단어^{아펠로테스}가 표현하는 초기 그리스도인들의 신앙 생활에 있어서의 특징은 이상에서 언급한 젊음의 특징, 곧 하나의 추세에 있어 다른 어떤 대상에 대한 주의에 의해 방해받지 않는, 순조롭고도 한결같은 흐름일 것이다. 그들은 하나에만 열중했다. 그들은^{유대인들로서의} 자신의 행복과 축복 외에는 어느 것도 생각지 않고 마음 쓰지도 않았다. 그들의 행위에는 어떤 아름다움이 있긴 하지만, 그것이 이 외 다른 성경 구절에서 "순전한 마음"이란 단어가 의미하는 것은 아니다. "순전한 마음"이란 감정의 일시적인 상태가 아니라 인격의 영속적 특성이다. 순전함은 외관상으로는 하나이면서 표리가 부동한 것, 우리 자신이 아닌 것으로 가장함, 욕망의 다른 대상들 간의 갈등에서 일어나는 마음의 산란함, 또는 행동의 서로 다른 원리들과는 반대된다. 순전한 마음은 추구에 대해 하나의 대상과 하나의 행동 원리를 갖는 데 있다.

그리스도의 종들에 대하여 명해진 것은 그리스도만 바라보아야 한다는 것이었다. 그의 뜻을 실현하는 것만이 그들의 유일한 목적이어야만 하며, 그를 기쁘시게 하려는 욕망이 지배적인 동기여야 한다. 그들의 욕망이 부분적이라 하더라도 형벌에 대한 두려움이나 상급에 대한 소망, 자신의 출세^{advancement}이어서는 안 되며, 오로지 그리스도의 뜻을 실현하는 것이어야만 한다.

그의 뜻을 실현하는 것은 매우 숭고한 성취다. 그것은 성취 가능한 것이다. 그것은 삶의 일관성과 힘과 평안을 준다.

140. 거룩의 아름다움

"그러므로 우리가 화평의 일과 서로 덕을 세우는 일을 힘쓰나니 음식으로 말미암아 하나님의 사업을 무너지게 하지 말라 만물이 다 깨끗하되 거리낌으로 먹는 사람에게는 악한 것이라 고기도 먹지 아니하고 포도주도 마시지 아니하고 무엇이든지 네 형제로 거리끼게 하는 일을 아니함이 아름다우니라"

■로마서 14:19-21

아름다움

우리는 우리에게 가장 친밀한 단어들이 때로는 정의하기가 가장 어렵다는 것을 발견한다. 우리 모두는 아름다움이 어떠한 것인가를 알고 있다. 아니, 우리 모두는 아름다움에 대한 인식이 낳는 마음 상태를 잘 알고 있다. 하지만 아름다움 자체를 정의함에 있어 성공해 온 사람은 아직 아무도 없다. 이에 대한 철학자들의 지론이 숱하게 많지만, 만족할 만한 것은 하나도 없다. "토 칼론τὸ καλῶς, 아름다움"이란 단어는 여전히 하나의 신비로 남아 있다. 이에 대하여는 다음과 같이 아는 것으로 충분하다.

- 아름다움은 마음속에 특별한 기쁨을 일으키는 대상의 특성이며, 우리가 의식하는 기쁨은 감각적인 것이거나 도덕적인 것, 곧 의식의 찬동이 아니라 심미적인aesthetical 것이다. 이러한 기쁨은 우리에 대한 그것의 관계는 별 문제로 하고 대상 자체에 대한 만족할 만한 즐거움이다.
- 그러므로 아름다움은 전적으로 비이기적이다. 그것은 사유私有될 수 없다. 그것은 공동의 행복a common good이다. 누구도 자연의 아름다움을 독

점할 수 없으며, 비록 자신들이 그것을 독점할 수 있다 하더라도 그렇게 할 사람은 아무도 없을 것이다. 그것은 수백만에 의해 즐겨질 수 있기 때문에 독점하지 않는다 해서 그것이 누구에게도 더 못한 편이 아닌 것이다.

- 아름다움에는 숱한 종류의 것들이 있다. 자연적인 대상들로는 꽃들, 동물, 경치, 잔잔한 대양, 구름 한 점 없는 밤하늘에 떠 있는 달 등을 들 수 있다. 예술품으로는 빌딩, 조각품, 그림 등을 들 수 있다. 이 모든 경우들에 있어 대상에 대한 기쁨이 실용성에 대한 인식과는 전적으로 독립되어 있다. 인간의 용모로 말하면 어린이, 젊은이, 성년 남성과 여성의 얼굴, 그리고 여성에 있어서도 누나나 어머니의 얼굴은 각각 그 자체로 독특한 기쁨을 야기시킨다. 그것은 지적인 존재의 아름다움이며, 그러므로 그것은 지적인 아름다움의 성격을 보유한다.

- 자체를 이해력에 전하는 아름다움도 있다. 즉 인식될 때의 이지의 대상은 감각적으로 아름다운 대상에 의해 생성되는 것에 유사한 기쁨을 야기시킨다. 그것은 표현법의 아름다움으로써 단순한 운율이 아니라 자체를 이지에 전하는 적절함과 명쾌함 그리고 속성[attributes] 등이다. 그러므로 논증과 논법에도 아름다움이 존재한다. 곧 논리적인 수사법이 그것이다.

- 또한 도덕적인 아름다움이 있다. 이것은 도의적인 찬동과는 다르다. 선행, 도덕적인 인격, 고결한 양식樣式에 대한 관조는 단순한 찬동뿐 아니라 특별한 종류의 기쁨과 만족스러운 즐거움을 야기시킨다.

- 그러나 보다 더 고귀한 아름다움과 거룩함의 아름다움이 있다. 시각과 청각에 전하는 아름다움이 있고 이지에 전하는 아름다움이 있으며, 자체를 도덕성에 전하는 아름다움이 있듯 거듭남을 통해 불어넣는 것보다 고귀한 생명에 전하는 또 다른 종류의 아름다움이 있다. 즉 거룩함에도 아름다움이 있다. 다시 말하지만 거룩함은 아름다운 것이다.

거룩

거룩함은 다음과 같은 것을 의미한다. ① 순결, ② 모든 악에 대한 적대, ③ 적극적으로 도덕적인 모든 탁월함이다.

이 거룩함이 인간에게는 불완전하게 존재하며, 제한적이긴 하지만 천사들에겐 완전하게, 그리고 하나님에게서는 완전하고도 무제한적으로 존재한다. 거룩함에 대하여 아름답다고 말할 때 그것은 단지 아름다움이 찬동, 존경, 경의와 경외의 대상이라는 것을 의미할 뿐 아니라 만족할 만한 즐거움의 대상이라는 것을 의미한다. 즉 그것은 특별한 기쁨을 주는 것으로서 그러한 기쁨은 유추^{analogy}에 의해 아름다움이라 불리는 가장 고귀한 종류의 아름다움이다. 이러한 아름다움은 주 예수 그리스도에게서 가장 명료하게 계시된다. 그는 성경에서 가장 아름다우신 분으로 표현된다. 성경은 예수 그리스도 안에서 명시되는 거룩함의 아름다움에 대한 묘사들로 가득하다. 교회는 그의 아름다우심에 의해 황홀하게 되는 것으로 묘사된다.

아름다움은 어떻게 얻어지는가?

모든 아름다움은 선물이다. 그것은 결코 스스로 가질 수 없다. 그것은 하나님에 대한 특별한 형식의 명시다. 우리 안에 있는 거룩함의 아름다움은 우리 안에 계신 하나님에 대한 명시다. 우리 안에 계신 하나님의 영은 영광의 영이시다. 그러므로 아름다움을 얻는 것은 다음과 같다.

- 우리는 우리의 모든 죄를 그리스도의 보혈로 씻어 버려야만 한다.
- 우리는 그리스도의 영으로 우리 안에 거하시게 해야만 한다.
- 우리는 말씀과 성례와 기도를 통하여 순결하고 아름다우신 성령과 교제해야만 한다.

141. 그리스도와의 연합

"너희가 내 안에 거하고 내 말이 너희 안에 거하면 무엇이든지 원하는 대로 구하라 그리하면 이루리라 너희가 열매를 많이 맺으면 내 아버지께서 영광을 받으실 것이요 너희는 내 제자가 되리라 아버지께서 나를 사랑하신 것 같이 나도 너희를 사랑하였으니 나의 사랑 안에 거하라"

■요한복음 15:7-9

"그리스도 안에 거한다"는 성경의 표현은 자주 나오는 표현 중 하나다. 그것은 물론 우리의 구원의 공로가 돌려지는 그와의 연합을 가리킨다. 그리스도와의 연합이라는 구(句)에 대한 가장 수준 낮은 해석은 그것을 느낌과 감정에 의한 연합을 표현하는 것에 지나지 않는 것으로 보는 것이다. 그러나 성경이 가르치는 것은 이것이다.

그리스도와의 연합

• 그리스도와의 연합은 행위 언약에 있어 아담과 그의 후손 간의 연합에 유사한 언약에 의한 연합이다. 이러한 연합은 그리스도를 그의 백성의 머리와 대행자로 선정한다. ① 그러므로 그는 순종과 고난을 통하여 그들의 대리인으로 행하신다. ② 따라서 그의 의가 그들의 것이 되며, 그것이 그들의 칭의의 근거를 이룬다. ③ 이러한 연합은 영원 전부터 시작되었다. 우리는 세상이 있기 전에 그리스도 안에서 피택되었으며, 이러한 연합이 그리스도께서 위하여 행하시는 자들에게 구속의 은혜를

보증한다. ④ 그러한 연합이 하나님의 계획 아래 영원 전부터 존재하고 구속의 은혜를 보증한다 하더라도 그것은 때가 되어서야 믿음에 의해 완전하게 된다. 그러므로 구속의 잠재적인 은혜의 혜택은 우리가 믿기까지는 실현되지 않는다. 그리스도와의 연합은 우리에게 우리의 성화와 관련된 믿음의 성격과 기능을 가르쳐 준다.

• 그리스도와의 연합은 언약에 의한 것일 뿐 아니라 성령의 내주하심으로 초래되는 영적인 연합이거니와 우리는 성령에 의해 그리스도의 생명의 참여자들이 된다. 그러므로 그가 우리 안에 거하시고 우리 안에 사시며, 그의 생명이 우리의 생명을 보증하는 것으로 언급된다. 그리고 그와의 연합은 포도나무와 그 가지들 간의 것, 머리와 몸의 지체들 간의 것에 유사한 것으로 언급된다. 그와의 언약에 의한 연합이 우리의 칭의와 승귀^{엡 1:20}의 근거이듯이 이러한 불가결한 연합이 우리의 성화의 근거가 된다.

연합의 결과와 그 증거

• 현세의 삶에 관해서는 다음과 같은 것들이다. ① 양심의 평안, ② 하나님의 사랑에 대한 확신, ③ 은혜의 증가, ④ 그러한 은혜 가운데서의 견인이다. 이 모든 것은 그리스도와의 우리의 언약 관계의 결과들이다. 그의 생명에 대한 참여의 직접적인 결과와 그 증거들은 다음과 같은 것들이다. ① 그의 형상에의 일치, ② 그의 인격에 대한 사랑, ③ 그를 섬김에 대한 헌신이 그 증거들이다.

• 내세의 삶에 관해서는 다음과 같은 것들이다. ① 그의 영광에의 참여와, ② 그의 주권에 대한 참여다.

우리의 의무

우리가 바랄 필요가 있는 유일한 것은 그리스도 안에 거하는 것이다.

• 우리가 그리스도 밖에서 행하는 모든 것을 그의 안에 거하는 것과 비교

해 본다면 그 모든 것은 실패에 불과한 것임을 충분히 생각해 볼 수 있을 것이다.

- 우리가 언제나 그리스도 안에 거한다는 믿음에 대해 주의해야 할 의무가 있다.
- 그리스도와의 관계의 위엄과 복됨에 일치되게 행하려는 욕망을 가져야 한다.

142. 그리스도를 아는 지식

"또한 모든 것을 해로 여김은 내 주 그리스도 예수를 아는 지식이 가장 고상하기 때문이라 내가 그를 위하여 모든 것을 잃어버리고 배설물로 여김은 그리스도를 얻고"

빌립보서 3:8

그리스도에 대한 지식

우리의 내적인 기능들을 인식력, 감수성, 의지력, 감정과 결단력 등으로 분해하는 것이 우리의 자연적인 현상들을 이해하고 분류하는 데는 중요할지 모르나 그러한 기능들은 각각 독립되어 있거나 구분되어 있지 않다. 한 기능의 발휘는 다른 기능의 발휘를 내포한다. 사고에는 언제나 감성의 발휘가 있다. 성경은 철학적인 사색이 아니라 인간의 상식에 기초된 말을 사용한다. 성경에서의 지식은 단지 이지적인 이해뿐이 아니다. 그것은 그러한 이해뿐 아니라 그 이상의 것을 내포한다. 성경에서의 지식은 대상뿐 아니라 대상의 특성들에 대한 올바른 이해를 내포한다. 그리고 만일 그러한 특성들이 심미적이거나 도덕적인 것이라면 그것은 그러한 특성들에 대한 합당한 이해와, 그러한 특성들에 부합되는 느낌의 상태를 내포한다.

그러므로 그리스도에 대한 지식은 단지 이지력에 의해 그가 어떠한 분인가에 대한 이해뿐 아니라 우리의 육신을 입으신 거룩한 인격으로서 그의 영광에 대한 합당한 이해이며, 그러한 지식은 단지 자체의 결과로서뿐 아니라 자체의 요소들 중 하나로서의 경모와 기쁨과 만족에 일치하는 느낌을 내포한다. 그러므로 그러한 지식은 다음과 같은 것을 내포한다.

- 하나님과 인간으로써 그의 인격에 대한 지식
- 인간을 위한 그의 구속 역사에 대한 지식
- 우리에 대한 그의 관계와 우리가 그로 인하여 받는 은혜들, 곧 칭의, 성화, 양자됨과 영생에 대한 지식

그리스도에 대한 이러한 지식은 다음과 같은 이유에서 최상으로 탁월하다.
- 그분 자신이 지식의 완전한 대상이시기 때문이다.
- 영생과 영혼의 소망이 그러한 지식에 있기 때문이다. 즉 그러한 지식의 소유가 지력을 교화시키고 증강시키며, 마음을 정화시키고 완전히 복되게 하기 때문이다.
- 이러한 지식 없이는 우리는 하나님에 대해서 뿐 아니라 구원의 방법에 대하여 알 수 없기 때문이다. 그리고 그러한 지식 없이는 우리는 칭의와 성화의 방법에 대해서도 알지 못한다.

그리스도를 아는 지식의 중요성

그 결과로 우리는 필연적으로 이러한 복들을 얻기 위하여 비효과적인 다른 방법들을 찾고 신뢰하게 된다.
- 모든 참된 신앙은 한 가지, 곧 그리스도를 아는 것에 의해 결정된다. 혹은 국한된다. 우리는 우리의 모든 주의와 노력을 이러한 지식에 집중시켜야만 한다. 그리스도를 아는 것 외에 다른 방식으로 하나님 또는 그의 은혜에 대한 지식을 구하거나 거룩함이나 평안을 얻으려고 노력하는 것은 헛된 일이다.
- 그리스도인의 인격에 대한 유일한 시금석은 그리스도를 아는 지식에서 찾아야만 한다. 사람들은 자비롭고 어떤 의미에서는 경건할지도 모르지만, 그러나 그들이 그리스도를 알지 못하고 그들의 영적인 생명을 그를 아는 지식에서 찾지 않는다면 그들은 그리스도인들일 수 없다. 우리의 경험은 신약에 기록된 사도들과 그 외의 신자들의 것과 일치해야만

한다.

- 인간을 구원하는 유일한 방법이 자연 종교의 교리를 설교하거나 어떤 법칙을 명시하거나 성경의 인류학적인 교리들을 상술함으로써가 아니다. 그러한 것들이 그러한 것들의 위치에서는 중요하지만, 그러나 그것들은 그리스도를 설교하는 데 종속적인 것들일 뿐이다. 즉 지식의 중요한 대상으로써의 그리스도의 인격, 그의 역사 그리고 우리에 대한 그의 관계에 관련하여 그를 명시하고, 사랑의 위대한 대상과 신뢰의 유일한 근거, 유일하고도 전적으로 충족시켜 주는 우리의 분깃으로서 그를 명시하는 데 종속적인 것들일 뿐이다.

사람들이 회심하게 되고 세상이 구원받게 되는 것은 오직 그리스도에 대한 지식에 도달함으로써만 가능하다.

143. 믿는 자들의 소유권

"너희 몸은 너희가 하나님께로부터 받은 바 너희 가운데 계신 성령의 전인 줄을 알지
못하느냐 너희는 너희 자신의 것이 아니라 값으로 산 것이 되었으니 그런즉 너희 몸
으로 하나님께 영광을 돌리라"

고린도전서 6:19-20

신자에 대한 소유권

주의 성찬식은 구속에 대한 기념식이다. 구속은 값 주고 사신 구원이다.
그러므로 구속함을 받은 자들은 구속자의 소유가 된다. "너희는 너희 자신
의 것이 아니라 값으로 산 것이 되었으니"

믿는 자들은 그들 자신의 것이 아니라는 의미

• 우리에 대한 소유권은 우리들 자신이 아니라 그리스도에게 있다. 인간
은 그의 동료들에 관한 한 그 자신이 소유권을 가질 수 있다는 의미가
있다. 그의 몸은 그 자신의 것이다. 그의 시간과 재능들은 그의 것이며,
다른 사람들의 것이 아니다. 그는 그러한 것들을 자기의 재량에 따라
자신의 유익을 위해 사용할 수 있다. 이것이 바로 사도가 여기서 신자
들에 대하여 부정하는 것이다. 신자들은 그들 자신의 것이 아니다. 그
들은 그들의 육신과 시간이나 재능을 그들 자신을 위해 그들의 재량에
따라, 그리고 그들 자신의 유익을 위해for their own advantage 사용할 권리
가 없다. 그들은 종이 그의 주인에게 속한다는 의미에서 그리스도께 속

한다.

- 이러한 소유권과 지배권은 육신뿐 아니라 영혼에까지 미친다. 그리스도의 보혈로 사신 바 된 것은 영혼이다. 그러므로 우리의 영혼은 우리 자신의 것이 아니다. 우리의 이성, 우리의 양심, 우리의 마음, 우리의 이성적이며 불멸의 성품은 그리스도께 속한다. 우리가 무엇을 생각하고 무엇을 믿으며, 무엇을 찬성하고 무엇을 정죄하며, 무엇을 사랑하고 무엇을 혐오해야만 하는가를 그가 결정하신다. 우리 안에 있는 영$^{\pi\nu\epsilon\tilde{\upsilon}\mu\alpha}$은 인간들의 영$^{\pi\nu\epsilon\tilde{\upsilon}\mu\alpha\ \tau\tilde{\omega}\nu\ \dot{\alpha}\nu\theta\rho\dot{\omega}\pi\omega\nu}$이 아니라 하나님의 영$^{\pi\nu\epsilon\tilde{\upsilon}\mu\alpha\ \tau o\tilde{\upsilon}\ \theta\epsilon o\tilde{\upsilon}}$이시다. 이것이 사도 바울이 본질에 관련하여 말하는 것이다.

- 우리의 영과 몸에 미치는 그의 소유권은 그의 것인 우리의 몸과 영으로 하나님을 영화롭게 할 의무를 갖고 있다. 우리는 우리의 존재의 유일하고 정당한 목적이 하나님의 영광이란 의미에서 그의 것이다. 비록 우리가 우리 자신을 위해 산다 해도 우리의 생명은 여전히 그리스도께 속한다.

그러므로 우리는 그리스도를 위해 살아야만 한다. 사도 바울이 가르치는 것은 이것이다. ① 우리 자신에 대한 소유권은 우리 자신이 아니라 하나님께 있다. ② 그러한 소유권과 지배권은 육신뿐 아니라 영혼에까지 미친다. ③ 그러한 소유권은 그의 영광을 위해 살아야 할 의무를 내포한다.

구속에 따른 소유권

우리에 대한 이러한 특별한 관계의 근거는 창조나 보호가 아니라 구속이다. 이러한 구속에 정당한 소유권이 주어지는 것은 치러진 값이 적절했기 때문이다. 그 값은 어린 양의 피, 곧 하나님의 영원하신 아들의 보혈이었다.

이러한 소유권은 그리스도께 속한다. 즉 그것은 하나님으로서의 하나님이 아니라 그리스도 안에 계신 하나님께 속한다. 그리스도가 우리의 구속자시며, 그러므로 그가 우리의 소유자이시다. 하나님과 그리스도는 하나이심으로 여기에는 아무런 불일치가 없으며, 하나님에 대한 우리의 충성과 그리스도에 대한 우리의 복종 간에 불일치하는 것은 아무것도 없다. 이러한 표현이 가능한 이유들이 성경에 가득 차 있으며, 그러한 것들이 경건의 건전한 발휘에 불가결한 것이다.

많은 그리스도인들이 하나님에 대한 그들의 자연적인 관계에서 살려고 노력한다. 다른 이들은 그리스도를 경건한 사랑과 충성의 직접적인 대상으로가 아니라 단지 우리가 하나님을 섬길 수 있는 길을 열어 놓으신 분으로만 생각한다. 이러한 생각은 그리스도의 품성을 떨어뜨리고 은혜 대신 자연을, 복음 대신에 이성을 따르는 행위가 된다. 그러나 성경의 참된 가르침은 우리가 그리스도께 속하며, 그러므로 그에 대한 복종의 특별한 동기는 그에 대한 사랑이라는 것, 그리고 우리가 특별히 추구해야 할 대상은 그리스도의 영광이며, 우리의 행동의 법칙은 그리스도의 뜻이라는 것이다. 우리가 하나님을 사랑하는 것은 오직 그리스도를 사랑하는 데 있고, 우리가 하나님을 영화롭게 할 수 있는 것은 그리스도를 섬기는 데 있다.

우리는 구속함을 받았는가?

만일 우리가 우리 자신을 우리 자신의 것으로 생각한다면, 만일 우리가 우리의 몸과 시간과 재능이 우리 자신에게 속한 것으로 사용한다면, 그리고 만일 우리가 우리 자신의 영광을 구하고 우리가 우리 자신의 뜻에 복종하여 행한다면 우리는 구속함을 받은 것이 아니다. 그러나 만일 우리가 그리스도를 우리의 소유자로 간주하고, 그에 대한 사랑이 우리로 그의 영광을 위해 살지 않을 수 없고, 그의 뜻을 우리의 행위의 법칙으로 삼지 않을 수 없게 한다면 우리는 마귀와 지옥으로부터 구속함을 받는다.

144. 인생의 목적

"그런즉 너희가 먹든지 마시든지 무엇을 하든지 다 하나님의 영광을 위하여 하라"

고린도전서 10:31

하나님에 대한 개념

〈웨스트민스터 교리문답〉에 제시되어 있는 하나님에 대한 개념은 절대 비교할 수 없는 분이시다.

- 그는 '집합적인 영'이 아니라 '한 인격적인 영'이시다. 즉 그는 우리가 그 반영체들인 우주적인 영이시거나 우리가 그 물방울들인 대양大洋과도 같으신 분이 아니라 한 인격적인 영이시다. 그는 우리가 우리 자신을 나타낼 수 있고 우리 자신과 구별할 수 있으며, 우리가 말할 수 있는 분이시다. 즉 그는 우리의 아버지이시다.

- 한 인격적인 영이시라는 데 있어 그는 영의 모든 속성, 곧 양심, 이지, 의지와 힘을 갖고 계시며, 총괄적인 의미에서 그는 우리 자신의 것과 같은 성정nature을 갖고 계신 분이다. 인격적인 존재로서 그는 우리와 아무런 공감도 갖지 않으실 만큼, 또는 우리가 그와 아무런 동질성도 갖고 있지 않을 만큼 이질성에 의해 우리로부터 격리되어 계시지 않다.

그러나 그는 무한하시고 영원하며 불변의 영이시다. 우리는 우리가 차지하는 장소, 우리가 소유하는 능력, 우리가 도달할 수 있는 탁월함과 우리가 누릴 수 있는 복에 관련하여 모든 면에서 유한하고 제한을 받는다. 그러나 하나님은 무한하시다. 그의 존재, 그의 이지와 지식, 그의 거룩한 선하심과 능력에는 아무런 제한이 없다. 그는 시작도, 끝도, 변함도 없이 영원하다. 그리고 그는 그의 존재와 완전하심에 있어 불변하신다. 모든 유한한 것은 무한한 자에 비하면 아무것도 아닌 것과 같다.

- 모든 유한한 존재는 무한한 존재에 비하면 아무것도 아니다.
- 모든 유한한 이지는 무한한 이지에 비하면 아무것도 아니다.
- 모든 유한한 능력은 무한한 능력에 비하면 아무것도 아니다.
- 모든 유한한 탁월성은 무한한 탁월성에 비하면 아무것도 아니다.
- 모든 유한한 복은 하나님의 무한한 복됨에 비하면 아무것도 아니다.

그러므로 온 우주는 하나님에 비하면 아무것도 아닌 것과 같다.

하나님의 영광을 위하여

성경과 상식common sense이 가르치는 것은 이러한 무한한 존재의 영광이 만물의 유일 적절한 존재 목적이라는 것이다. 만물은 그의 영광을 위하여 창조되었고 그것을 위해 존재한다. 성경과 상식은 또한 하나님의 영광이 모든 지적인 피조물의 행위에 있어 숙고되어야 할 유일하고 정당한 목적이라고 가르친다. 여기서 하나님의 영광은 그로 경탄과 경모의 대상이 되게 하는 그의 거룩한 완전하심과 본질적이며 무한한 탁월하심을 의미한다. 하나님의 영광을 위해 행한다는 것은 반드시 그의 영광이 명시되고 보이고 인정되며, 경탄되도록 행하는 것이다. 그러므로 "모든 것을 하나님의 영광을 위하여 하라"는 권고는 다음과 같이 하라는 권고이다.

- 하나님의 영광을 우리의 모든 행위에 있어 지고의 당당한commanding 목적으로 삼으라는 것이다. 즉 우리는 그것을 우리의 주된 목적으로 인정하고 그것을 촉진시키기로 결정해야만 한다. 어떤 이들은 그들 자신의 행복을 그들의 존재와 삶의 목적으로 삼는다. 다른 이들은 그들의 친구들을, 또 다른 이들은 그들의 나라를, 또 다른 이들은 인류를, 그리고 또 다른 이들은 모든 것을 그들의 존재와 삶의 목적으로 삼는다. 그러나

이 모든 것은 잘못된 목적들이다. 이러한 목적들 중 어느 것을 택하더라도 그것은 신앙을 타락시키고 파괴시킨다. 그러한 것은 하나님에 대한 경외 외의 것을 행동의 동기로, 그리고 하나님 외의 것을 행동의 목적으로 삼는다. 즉 그것은 행동의 동기로서 하나님에 대한 신앙 대신 다른 무엇을 택한다.

• 본 절에 내포된 둘째 권고는 우리의 행동의 목적뿐 아니라 법칙이 하나님의 영광이어야만 한다는 것이다. 우리는 지적 존재인 인간과 천사들이 하나님을 영화롭게 하도록 행동해야만 한다. 어떤 것에 대하여 그것을 해야만 하는지 하지 말아야 하는지를 결정해야 할 때 이에 대한 법칙은 ① 그것이 우리 자신의 마음에 드는가 마음에 들지 않는가가 아니다. ② 그것이 다른 사람들, 곧 대중의 마음에 드는가 마음에 들지 않는가가 아니다! ③ 그것이 편리한 것일까 편리하지 않은 것일까도 아니다. ④ 그것이 하나님의 영광을 위한 것일까 위한 것이 아닐까, 곧 그것이 사람들로 하나님을 경탄케 하고 경배케 하는 경향이 있는 것일까 그러한 경향이 없는 것일까이다.

이것이 크고 작은 모든 일에 적용되는 법칙이다. ① 직업의 선택에 있어 이러한 문제에 대하여는 "내가 사람들로 하나님께 영광을 돌리게 함에 있어 어떻게 해야 최대한의 것을 성취할 수 있을까?"라는 질문에 적용된다. ② 우리가 어디에서 일해야만 하는가를 결정함에 있어 적용된다. ③ 우리의 시간을 분배하고 할당하는 것을 결정함에 있어 적용된다. ④ 다른 사람들과 세상에 대한 우리의 외적 행동을 결정함에 있어 적용된다. ⑤ 우리가 취할 사상, 감정, 계획, 기분과 마음의 성향을 결정함에 있어 적용된다. ⑥ 우리가 비난, 멸시, 경시, 모욕 등을 참는 방식에 있어 적용된다. 요컨대 그것이 단순하고 포괄적이며, 광범위에 미치는 법칙이다.

하나님의 영광을 위하여 사는 이유

• 하나님의 영광이 가장 고귀한 목적이기 때문이다.

• 하나님께서 그의 영광을 창조와 섭리와 구속의 목적이 되게 해 오셨기 때문이다.

• 주 예수 그리스도께서 그것을 그의 목적으로 삼으셨기 때문이다.

• 모든 성도와 천사들이 그와 동일한 것을 하기 때문이다.

• 그것이 우주의 질서와 행복에 불가결하기 때문이다. 만일 태양으로 우주의 중심이 되게 하는 대신에 어떤 작은 위성을 띄우거나 그와 같은 것으로 채워진다면 어떤 결과가 일어날 것인가? 그것이 어떻게 우주의 질서나 조화를 유지할 것인가?

• 하나님의 영광보다 어떤 다른 것을 우리의 존재와 삶의 목적으로 삼는 것이 우상 숭배의 본질이다. 그것이 모든 범죄와 해악을 초래한다.

• 하나님의 영광을 우리의 삶의 유일한 목적으로 삼는 것이 내적이며 외적인 모든 삶을 온전히 조화시킨다. 그것이 거룩함과 행복과 유익함을 촉진시킨다.

• 그것이 우리의 구원에 의해서든, 멸망^{perdition}에 의해서든 우리가 증진시켜야만 할 목적이다.

145. 그리스도인의 유일한 자랑

"그러나 내게는 우리 주 예수 그리스도의 십자가 외에 결코 자랑할 것이 없으니 그리스도로 말미암아 세상이 나를 대하여 십자가에 못 박히고 내가 또한 세상을 대하여 그러하니라"

갈라디아서 6:14

자랑

- 그것은 행복의 원천으로써 어떤 것을 기뻐하는 것이다.
- 특히 영예의 근거로써 자랑^{Glorying}하는 것이다. 사람들은 그들 자신, 율법, 육신, 사람, 하나님, 고난^{afflictions}, 다른 사람들 수고를 자랑하는 것으로 언급된다.

그리스도의 십자가

- 그것은 루터가 말하는 것처럼 그리스도 때문에 받는 고난이 아니다.
- 고린도전서 2장 2절에서 말해 주듯이 그리스도는 십자가에 못 박히셨다. 따라서 십자가를 자랑한다는 것은 ① 구원의 유일한 근거로서 십자가나 십자가에 못 박히신 그리스도를 기뻐하는 것이다. ② 그것을 신뢰의 유일한 근거로 삼는 것이다. ③ 다른 출처에서 영광을 구하지 않는 것이다. ④ 설교를 함에 있어 그것을 성공의 유일한 방편으로 삼는 것이다.

세상

- 보이는 것과 일시적인 모든 것
- 교회와 구별되는 인류

세상에 대하여 못 박힌다는 것

- 이에 대하여 루터는 다음과 같이 말한다.
  "세상이 나를 정죄하듯이 세상을 정죄하는 것이다. 세상은 내가 죽어 마땅
  하다고 판단하며, 나는 세상이 죽어 마땅하다고 판단한다."
- 그것은 세상에 대하여 죽는 것, 포기하는 것, 무관심한 것, 그리고 그것
  의 세력으로부터 자유로운 것이다. 세상은 나에 대하여 자체의 능력을,
  그리고 나에 대하여 자체의 매력을 잃는 것이다. 그것은 세상으로부터
  의 분리가 효과적이면서도 고통스러운 것임을 의미한다.

못 박힘은 어떻게 행하여지는가?

그것은 어느 것이나 누구에 의해 행하여지는가? 여기에서는 후자가 더
나은 표현이다. 즉 그리스도께서 나를 세상으로부터 해방시키신다.

- 나를 그것의 정죄로부터 구하여 내심으로써
- 나를 그것의 생명으로부터 구하여 내시고 내 속에 그의 생명을 넣어 주
  심으로써
- 십자가에서 나타나신 사랑을 계시하시고 의무감을 일깨워 주심으로써
- 십자가를 영원한 것들에 대한 계시와 관련시키심으로써

146. 그리스도의 사랑

"그리스도의 사랑이 우리를 강권하시는도다 우리가 생각하건대 한 사람이 모든 사람을 대신하여 죽었은즉 모든 사람이 죽은 것이라"
고린도후서 5:14

조화^{Unity}는 하나님의 모든 역사에 속한다. 이것은 태양계와 우주에서 드러나고 인체에서도 드러난다. 다양성이 통일성에 이르게 되고, 인격에 있어서도 마찬가지다. 한 가지 목적과 한 가지 강권적인 동기를 갖지 않은 자는 누구도 위대하게 되거나 성공하지 못한다. 그리스도인에게 있어서도 그렇다. 그리스도인으로서의 인격에 통일되는 무엇인가가 존재하며, 또 존재해야만 한다. 그것은 강권적인 동기이자 그리스도에 대한 사랑이며, 한 가지 목적으로서 그리스도의 영광이다. 바로 이것이 그리스도인에게 순수한 힘과 일관성을 준다. 이러한 것이 결여될 때 우리는 온갖 종류의 세파와 바람에 의해 요동하게 된다.

선을 행하고 지식과 신앙과 사람들의 행복을 촉진시키며, 이러저러한 동기에 의해 지배받기를 기대하는 것만으로는 충분하지 못하다. 그러한 것은 모든 것을 막연하게 하고 불분명하게 한다. 우리는 명확한 한 가지 목적과 한 가지 강권적인 동기를 가져야만 한다. 여기에서는 두 가지가 표현된다.

그리스도의 사랑

"그리스도의 사랑"은 우리에 대한 사랑이다. ① 이것은 모든 그리스도인이 인정하고 있는 진리이기 때문이다. ② 그의 사랑은 우리를 위해 죽으심으로 실증된 사랑인 때문이다. ③ 그는 자주 우리를 사랑하시는 것으로 언급되기 때문이다.

"우리를 강권하시는도다"라는 구절은 자기 힘으로 우리를 "억제시키다" "구속하다"를 의미한다. 그리스도의 사랑이 우리를, 곧 우리의 모든 기능과 우리의 모든 생각과 감정 그리고 힘을 점유한다. 그것이 우리를 지배하고 통제한다. 그리스도의 사랑에 점유된 자들의 복됨은 실로 형언할 수 없다. 그것이 그들을 존귀하게 한다. 그것이 그들에게 용기와 인내 그리고 능력으로 채워 준다. 만일 우리가 그리스도의 사랑을 받는다면 우리는 우리의 행복이나 유익을 위하여 그 외에 아무것도 필요로 하지 않게 된다.

그리스도의 이러한 사랑은 다음과 같은 것이다.
- 그것은 그리스도, 곧 육신으로 나타나신 하나님의 사랑이다. 하나님으로 우리를 가까이 하시게 한다는 것은 매우 중요하다.
- 그것은 일반적인 자비나 박애가 아니다. 그것은 특별한 사람들[persons]에 대한 한 분[a person]의 사랑이다. 사도 바울은 "그[He]가 나를 사랑하셨다"고 말했다. 일반적인 자비와 개별적인 사랑 사이에는 태양으로부터 발산되는 광선들과 한 초점으로 집중되는 광선들 만큼이나 다른 점이 있다.
- 그것은 우리의 공로에 근거되지 않는 주권적인 사랑이다. 그는 우리가 원수들이며 사악한 자들이었을 때에 우리를 사랑하셨다.
- 그것은 무한히 위대한 사랑이다. 그것이 하나님의 영원하신 아들로 우리를 대신하여 죽으시게 했다.
- 그것은 불멸의 사랑이다. 여인이 자기의 자식을 잊을 수는 있어도 그리스도의 사랑은 결코 끝나지 않는다.
- 그 사랑은 무한히 다정다감하고 동정심이 많으며, 자체의 대상들을 기르고 양육한다.

여러분은 이러한 사랑의 대상들이라는 확신으로 행동하라. 이 사랑으로 여러분에게 그 영향력을 충분히 발휘케 하라.

그리스도의 사랑의 능력

이 사랑이 왜 그러한 능력을 갖고 있는가?

• 그리스도의 죽으심은 우리의 죽음이기 때문이다. 그의 사랑이 우리를 강권하는 것은 그가 죽으셨을 때 우리 모두가 죽었다는 확신을 갖게 되기 때문이다. 그리고 우리가 그의 사랑의 대상들이라는 확신의 효력이 우리로 그의 죽으심이 우리의 죽음이라는 것을 의식하게 한다. 이것이 사실이라는 데에는 두 가지 의미가 있다.

첫째로, 그의 죽으심은 우리 모두의 죽음이 성취할 수 있었을 목적에 효력이 있다. 그것이 하나님의 공의를 만족시키고 우리를 율법의 형벌로부터 해방시키며, 하나님을 영화롭게 하고 우주의 행복을 진척시킨다. 어떤 사람으로 이러한 사실을 감지하게 해 보라. 그러면 우리를 대신하여 죽으심에 있어 그리스도의 사랑의 효력을 감지할 것이다.

둘째로, 그러나 우리는 그리스도와 함께 죽었다. 그가 죄에 대하여 죽으신 것처럼 우리도 죄에 대하여 그렇다. 우리는 죄를 포기하고 그것의 세력으로부터 자유하게 된다. 이것이 그리스도의 사랑에 능력이 있음의 첫째 이유다. 우리를 대신하여 죽으심으로써 그의 죽으심은 죄에 대한 우리의 죽음을 확실하게 한다.

• 우리는 우리를 위해서가 아니라 우리를 대신하여 죽으시고 다시 살아나신 그를 위해 살기 때문이다. 그리스도인이 위해 사는 목적은 ① 자신이 아니고 자기가 행복하기 위해서도 아니며, 자기가 다른 사람들의 행복과 번영을 증진시키기 위해서도 아닐 뿐더러, ② 오직 그리스도를 영화롭게 하기 위해서다.

그리스도의 사랑을 누리기 위해

이러한 일은 어떻게 실행되어야만 하는가?

- 그의 영광을 우리의 삶의 명백한 목적으로 삼음으로써 가능하다.

- 그의 뜻에 전적으로 복종함으로써 가능하다.

- 그의 진리^{말씀}에 집착함으로써 가능하다.

- 그를 헌신하여 섬김으로써, 곧 사람들로 그리스도를 알고, 사랑하고, 그
  에게 예배를 드리고, 그에게 복종하도록 노력함으로써 가능하다.

우리가 이러한 목적을 성취하는 한, 우리는 다른 모든 선한 목적을 성취
할 수 있다.

여러분에게 있어 다음과 같은 두 가지가 언제 어디서나, 그리고 이 세상
에서의 마지막 날까지 실행되어야 한다.

- 그리스도의 사랑에 대한 확신, 곧 그의 사랑과 그것의 위대함과 무상에
  대한 의식이 여러분을 채우고 지배해야만 한다.

- 우리의 삶의 유일한 목적은 그로 영광을 받으시도록 하는 것이다. 이를
  행하라. 그리하면 여러분은 복을 받을 것이며, 여러분이 어디로 가든지,
  그리고 여러분이 어떠한 일을 당하든지 여러분에게 복이 있을 것이다.

147. 세상을 이기는 믿음

"무릇 하나님께로부터 난 자마다 세상을 이기느니라 세상을 이기는 승리는 이것이니 우리의 믿음이니라"

요한일서 5:4

세상을 이긴다는 것

우리는 불가피한 투쟁에 직면해 있다. 이 투쟁에 대하여는 도주나 항복이나 저항 거부로 피할 수 없다. 이 투쟁은 가정이나 국가를 위한 것이거나 자유나 안전을 위한 것이 아니라 생사를 위한 것이며, 육신의 투쟁이 아니라 영혼의 투쟁이며, 일시적인 투쟁이 아니라 영속적인 투쟁이다. 적은 때로 사탄과 어둠의 권세로, 때로는 세상으로, 때로는 우리 자신의 사악한 마음이나 우리 자신으로 지칭된다. 이 모든 것이 ^{우리가 싸워야 할 대상으로서} 하나를 구성한다. 그러한 것들이 어둠의 나라의 각기 다른 세력들이다. 사탄은 이 세상의 신이다. 세상은 그에게 종속해 있으며, 그의 군대는 하나의 큰 군단을 구성한다. 그리고 육신, 곧 우리의 타락한 성품은 그의 동류^{ally}이다.

이 세상은 무엇을 의미하며, 세상을 이긴다는 것은 무엇인가?

• '세상'이란 단어는 종종 보이는 것과 일시적인 것들에 대한 집합명사로 쓰인다.

• 그것이 때로는 인류에 대한 집합명사로 쓰이기도 한다.

그러면 "영혼을 지배하는 것은 무엇인가, 하나님인가 아니면 세상인가?"

라는 질문은 어떤 의미를 내포하고 있는가?

- 무엇이 우리의 확신을 지배하거나 결정하는가? 우리는 우리가 하는 확신들이 외적인 것, 본성, 보이는 것, 사람들의 권위에 의해 결정되도록 허락하는 가장 강력한 유혹을 받고 있다. 무엇이 참되고 무엇이 옳은가에 관한 우리의 확신은 많은 경우에 있어 우리가 보는 것^{우리는 보이지 않는 영원한 것들은 믿을 수 없다} 이나 우리가 속해 있는 공동체의 견해들에 의해 지배받는다. 우리의 생명은 세상의 모든 생명에 있어 미립자에 지나지 않는다. 우리는 우리의 판단에 있어 세상에 의해 지배를 받는다. 자기의 세대와 민족 그리고 자기의 교회를 초월해 있는 사람이 어디 있겠는가? 혹은 만일 어떤 사람이 자신의 독립을 주장한다면 그것은 피조물로서 자신의 관념상의 독립일 뿐, 그것은 마귀에 대한 다른 형식의 종속일 뿐이다.

- 그러나 위험으로 말하면 우리의 잘못된 애착이 더 위험하다. 세상과 하나님, 보이는 것과 보이지 않는 것, 현세적인 것과 영원한 것, 이것들 중 전자는 우리의 타고난 법칙인 오감에 끊임없이 영향을 준다. 결과는 대다수 사람들에게는 보이는 것이 모든 것이라는 사실이다. 그들 자신들의 마음, 소망, 두려움과 모든 것을 현세적인 것에 둔다. 그들은 행복의 모든 원천을 현세의 것들에서 찾고, 삶은 보이는 것과 일시적인 것에 집중한다.

- 우리의 확신들을 결정하고 우리의 애착을 집중시키는 것이 우리의 모든 행동을 지배하리라는 것은 명백한 사실이다. 결국 우리의 정력은 현세적인 영향력을 갖고 있는 것들에 바쳐질 것이며, 우리의 모든 외적인 삶은 그러한 것들에 관계할 것이다.

세상을 이기는 믿음

이제 문제는, "무엇이 우리로 세상을 이길 수 있게 할까?"이다.

무엇이 우리로 우리 자신을 세상의 지배로부터 해방시키고, 우리로 하나님과 그의 말씀의 지배적인 영향 아래 살 수 있게 할까? 무엇이 우리로 우리의 지력과 감정과 외적인 삶을 하나님과 거룩한 것들에 대한 사상들로 채울 수 있게 할까? 무엇이 우리로 우리의 마음을 그의 사랑으로 채울 수 있게 하며, 그를 섬기는 데 헌신하고 그의 뜻에 의해 통제받도록 하며, 무엇이 우리의 삶으로 그의 지배를 받을 수 있게 할까?

- 그것은 우리 자신에게 있는 어떤 능력이 아니다. 그러한 일을 우리 자신의 능력으로 하려 한다는 것은 마치 나이아가라 폭포의 강력한 물줄기가 세차게 흘러내리는 동안 단 하나의 물방울이 그것을 거슬러 올라가려는 것과도 같은 것이다.
- 그것은 세상으로부터 은둔함으로써가 아니다. 우리는 세상 밖으로 벗어날 수는 없기 때문에 그러한 것은 불가능하다. 우리는 세상의 일부이며, 그것의 미립자다.
- 그것은 우리로 인하여 행하여질 수는 없다. 교회가 우리를 구원할 수 없다. 교회의 힘이나 그것의 지침들도 이러한 경우에는 아무 소용이 없다.
- 사도 바울은 우리에게 믿음이 세상에 대한 승리^{victory}라고 말한다.

이것은 매우 다른 두 가지를 내포한다.

첫째, "믿음은 바라는 것들의 실상이요 보이지 않는 것들에 대한 증거"로서 우리의 성격 속으로 도입된 새로운 원리와 힘이다. 그것은 거룩하며 초자연적인 선물이다. 그것이 세상을 이긴다. 그 이유는 ① 그것이 우리로 영원한 것들을 보게 하기 때문이다. 그것이 우리의 눈에서 비늘을 제거하고 우리로 하여금 하나님과 보이지 않는 것들, 그리고 천국과 지옥 등의 실재와 중요성을 볼 수 있게 한다. 이러한 것들과 비교해 보면 그 외 모든 것은 사소한 것들로 보인다. ② 진리가 믿음의 유일한 대상은 아니다. 오히려 그것은 믿는 것들의 탁월함을 분별케 하며, 진리는 마음을 믿는 것들에 대한 사랑과 동경으로 채운다. 그것은 천상의 것들에 대한 새롭고 무한히 고귀한 애착심을 마음에 도입시킴으로써 그곳으로부터 세상을 퇴치시켜 버린다.

둘째, 이 모든 것은 사실이다. 그러나 이것이 사도 바울이 가르치려고 의도했던 진리는 아니다. 그가 말하는 믿음은 그리스도를 자체의 대상으로 삼는다. 예수가 그리스도이심을 믿는 자가 아니면 세상을 이기는 자가 누구뇨? 예수가 그리스도이심을 믿는다는 것은 무엇인가? 그리고 그러한 믿음이 어떻게 세상을 이기는가?

예수가 그리스도이심을 믿는다는 것은 다음과 같이 믿는 것이다. ① 그가 하나님의 영원하신 아들이시라는 것, ② 그가 우리와 같은 육신으로 나타나신 하나님이시라는 것, ③ 그가 메시아라는 것, ④ 그리고 성경이 메시아의 역사^{work}인 것으로 예고했던 모든 것이 그^{him} 안에서 성취되어 왔고 성취되며, 성취되리라는 것이다.

이러한 믿음이 어떻게 세상을 이기는가? ① 그것이 우리로 하나님과 화해시키고 우리를 사탄의 왕국^{kingdom}으로부터 구출하기 때문이다. 그러한 믿음이 우리로 이 세상에 속하지 않는다는 것과 이 세상이 우리의 집이나 기업이 아니라는 것을 깨닫게 한다. ② 그것이 우리에게 새로운 삶의 원리로서 성령의 은사를 보증하기 때문이다. ③ 그것은 우리에게 다른 모든 것을 몰아내고 무용지물이 되게 하는 새로운 애착심의 대상을 명시하기 때문이다.

우리에게 있어 사는 것은 그리스도이시다. 우리는 그리스도 외엔 아무것도 바라지 않는다. 그가 우리의 모든 수용량^{capacities}과 욕망을 충족시키신다. "하늘에서는 주 외에 누가 내게 있으리요 땅에서는 주 밖에 내가 사모할 이 없나이다"

148. 신앙의 주체인 그리스도

"그의 아들을 이방에 전하기 위하여 그를 내 속에 나타내시기를 기뻐하셨을 때에 내가 곧 혈육과 의논하지 아니하고"

갈라디아서 1:16

바울의 회심

"나타내다^{계시하다}"는 "폭로하다" "전에 숨겨 있던 것을 보게 하다" "알게 하다"의 뜻이 있다. 그의 아들을 나타낸다는 것은 우리로 그의 아들을 알게 하는 것이다. 그러므로 이 지식은 예수를 박해하고 십자가에 못 박았던 많은 사람들이 갖고 있던 것과 같은 외적인 지식이 아니다. 역사적 사실들에 대하여 익히 아는 것도 아니다. 또 그리스도에 관하여 계시된 모든 진리에 대한 사색적인 지식도 아니다. 그것은 영적인 지식, 곧 인식을 의미하며, 적절한 애착을 수반하는 지식이다. 그러한 지식의 대상은 하나님의 아들이다.

바울은 예수가 하나님의 아들이심을 알게 되었다. 예수는 역사적인 분이셨다. 그분이 삼위일체의 제2위이시며, 우리와 같은 성정을 입으신 하나님의 아들이셨다. 즉 그는 육신으로 나타나신 하나님이시다. 바로 이러한 사실을 바울이 알게 된 것인데, 전에는 이러한 사실을 믿지 않았다. 그는 예수 그리스도의 얼굴에 있는 하나님의 영광에 대하여 맹인이었다. 그러나 그가 이러한 사실을 알게 되는 순간 새사람이 되었다. 이때부터 그는 주 예수, 곧 그 자신이 너무나 은혜로우시고 우리의 구원을 위하여 우리의 성정을 입으셨으며, 고난받으시고 십자가 위에서 죽으신 하나님의 아들에 대하여 경모하는 경의와 사랑과 헌신으로 충만했다. 이것이 바울의 회심의 성격이었으며, 그 결과였다.

이러한 것이 또한 모든 경우에 있어 진정한 회심의 성격이어야만 한다. 그 이유는 다음과 같다.

• 성경은 하나님에 대한 지식이 참된 신앙에 필수적이라는 사실을 명백하게 역설하기 때문이다. 신앙은 하나님에 대한 지식과 올바른 감정과 행위에 있다. 그러므로 신앙은 세 가지, 곧 ① 영적인 인식, ② 올바른 감정, ③ 이 두 가지에 부합되는 행위를 내포한다. 이러한 성격상 신앙의 대상인 하나님에 대한 지식 없이는 어떠한 신앙도 존재할 수 없다.

• 그리스도를 통하지 않고는 하나님에 대한 참된 지식이 존재할 수 없기 때문이다. 이러한 사실을 성경이 가르치고 있다. 아들을 부인하는 자마다 아버지를 모시지 않는다고 말하기 때문이다. 그가 길이시며, 그를 통하지 않고는 아버지께로 갈 자가 아무도 없다. 또한 하나님의 영광이 그리스도의 인격에서 나타나기 때문이다. 이러한 영광을 보지 못하고 인지하지 못하며, 인정하지 않는 것은 하나님을 하나님으로 인정하기를 거부하는 것이다. 자연과 구약 그리고 그리스도에서 계시되는 하나님은 같은 하나님이시다. 구름으로 가려 있는 태양을 믿고 경탄하면서도 구름이 걷혔을 때에 그렇게 하기를 거부하는 것은 불합리하다. 또한 멀리 계신 우리 아버지를 인정하면서도 그가 가까이 계실 때 그를 인정하지 않는 것도 그렇다. 그러므로 아들에 대한 지식 없이는 하나님에 대한 참된 지식이 존재할 수 없다.

• 참된 그리스도인의 신앙은 자체의 형식에 있어 그리스도에 대한 경배와 사랑과 복종을 내포하기 때문이다. 그리스도에 대한 사랑과 경의와 복종의 결여는 어떠한 사람도 그리스도인이 아니라는 것을 입증한다. 그러나 처음부터 나타난 그리스도인의 경험은 그리스도에 대한 경배와 사랑과 섬김에 있다. 그리스도인들의 모든 예배와 기도와 찬양은 이러

한 것들에 의해 특징지어지며, 이러한 것 없이는 기독교 신앙도 존재하지 않는다.

- 전체로서 교회의 경험뿐 아니라 모든 신자의 개인적인 경험도 이를 입증한다. 그리스도를 믿고 그를 하나님의 아들로 영접하고, 그를 주로 고백하고, 그에게 경배하고, 그에게 경의를 표하며, 그를 우리의 분깃으로 삼는 것이 회심이 성경에서 묘사되고 그리스도인들에게서 발휘되는 모든 형식이다. 사탄은 우리의 마음을 어둡게 하여 예수가 하나님의 아들이시고 그가 우리를 사랑하신다는 것, 그가 우리를 위해 죽으셨으며, 그가 우리를 구원하실 수 있고 기꺼이 구원하신다는 것을 우리로 깨닫지 못하게 한다. 그러나 우리가 이 모든 사실을 알게 될 때 결과는 어떠하겠는가? 그것은 단지 우리가 그리스도를 신뢰한다는 것이 아니다. 믿음은 단지 신뢰가 아니다. 그것은 그리스도를 우리의 선지자와 제사장과 왕으로 영접하는 것이다. 그의 신성에 대한 인정^{recognition} 없이 어떻게 이러한 일이 가능하겠는가? 불가능한 일이다.

회심의 의의

이것은 우리에게 다음과 같은 것을 제공해 준다.

- 우리가 그리스도인인지 아닌지를 결정하는 법칙
- 다른 사람들의 회심에 영향을 미치는 데 있어서 우리의 노력을 관리하는 법칙
- 교리와 설교를 결정할 법칙
- 우리에게 설교하는 법을 안내하는 법칙

149. 겸손 (1)

"예수께서 한 어린 아이를 불러 그들 가운데 세우시고 이르시되 진실로 너희에게 이르노니 너희가 돌이켜 어린 아이들과 같이 되지 아니하면 결단코 천국에 들어가지 못하리라 그러므로 누구든지 이 어린 아이와 같이 자기를 낮추는 사람이 천국에서 큰 자니라"

■ 마태복음 18:2-4

겸손의 본질

모든 기독교 신앙의 은혜는 진리의 소산이다. 그러므로 겸손은 우리의 인격과 상호 관계들에 관한 진리가 낳아야만 할 마음 상태다. 그것은 다음과 같은 것을 내포한다.

- 우리 자신의 미천함^{insignificance}에 대한 의식. 우리는 절대적인 의미에서 상대적인 의미에서 모두 미천하기 때문이다. 우리는 하나님 앞에서 무^{nothing}와 같다. 우리는 온 우주 안에서도 무^無와 같다. 우리는 수십억의 인류 중에서도 무와 같다. 우리 앞서 있었던 수천만 사람들과 현재 지구상에 있는 수십억 인들에 비교해 보면 우리는 능력, 학식, 영향력과 힘에 있어서도 무와 같다. 겸손은 이러한 무가치함에 대한 의식일 뿐 아니라 그것에 대한 인식과 인정이며, 그것에 대한 묵종^{Acquiescence}이다. 자만은 이러한 사실에 대한 부인이나 망각이며, 우리 자신의 하잘것없음을 인정하기를 꺼려함과 우리 자신의 중요성에 대한 주장과 다른 사람들에 의해 그러한 중요성을 인정받으려는 욕구이다.

- 이러한 형태의 겸손은 우리 자신의 약함에 대한 의식과 관련되어 있다. 그것은 자기 신뢰를 내포하는 자만, 특히 합리주의에 있든, 하나님의 가르침에 대한 복종을 거부함에 있든, 혹은 다른 사람들에 대한 우월감에 있든 간에 지적인 자만에 반대된다. 이러한 의미에서 겸손하지 않고서는 어떠한 사람도 그리스도인일 수 없다. 하나님의 나라에 들어가기 위해서는 누구든지 회심하여 어린아이와 같이 되어야만 한다. 이러한 형태의 겸손은 인간 지력의 약함과 우리 자신의 인격적인 열등함에 관한 진리의 소산이다.

- 셋째 형태의 겸손은 죄의식과 관련되어 있다. 그것은 자기 의에 반대된다. 그것은 죄에 대한 확신의 결과이며, 그러한 확신이 우리가 하나님의 존전에서 모든 미덕이 부족하다는 의식을 낳는다. 성경은 이러한 형태의 겸손이 얼마나 중요한 것인가를 도처에서 가르친다. 바리새인과 세리가 대조적으로 묘사되는데, 전자는 하나님 보시기에 불쾌한 자로, 후자는 받아들여질 만한 자로 묘사된다. 자신의 훌륭한 미덕에 대한 의식으로 부풀어 있는 도덕적인 사람은 죄의식으로 머리를 숙이고 있는 부도덕한 사람보다 더욱 더럽다offensive.

- 이상의 것과 거의 관련되어 있는 넷째 형태의 겸손은 타락에 대한 의식, 곧 우리는 모든 거룩한 존재들이 보기에 비열하고 혐오스러우며, 불쾌하다는 의식으로서의 겸손이다. 사람들은 그들의 동료들이 보기에 자신들이 돋보일 만한 자격들을 소유하고 있다는 득의의 마음으로 가득하다. 그러나 일단 자신들이 더 이상 마음에 들지 않고disagreeable, 또는 불쾌offensive하기까지 하다는 확신을 갖지 않을 수 없게 된다면 그들은 굴욕감을 느끼게 되고 겸손하게 된다. 사실 우리는 하나님 보시기에 지극히 비열하다. 성경은 바로 이러한 사실을 제시하기 위해 다양한 어귀와 비유를 가능한 모두 사용하여 우리의 마음에 적절한 인상을 남긴다. 성경에서 우리는 모두 부정하고 상처투성이며, 어그러지고 맹인들이며, 벌거벗은 자들로 묘사된다. 그리고 우리의 마음은 부정한 짐승들의 우

리^{cage}에 비유된다. 이러한 주제에 관한 진리에 대하여는 겸손에 대한 강한 표현인 자아 혐오 없이는 믿을 수 없다. 사람들은 자신들의 모든 행위가 다른 사람들의 것과 반대되는 것을 입증할 땐 자신들이 종종 겸손하다고 생각한다.

① 그들은 자신들의 우월함을 주장하고 싶어 한다.

② 그들은 다른 사람들이 그것을 인정해 주기를 바란다.

③ 그들은 그러한 인정에 대한 모든 결여를 모욕으로 생각하여 분개한다.

④ 그리고 그들은 다른 사람들로 하여금 그들의 열등함을 고통스럽게 의식하게 하는 데서 즐거워한다. 이러한 것들이 인격에 있어서 매우 비열한 특성들이다.

은혜의 중요성

겸손의 은혜의 중요성은 다음과 같은 것들에서 나타난다.

• 그것의 성격에서 나타난다. 겸손의 결여는 무지를 의미한다. 또는 우리의 참된 인격에 관한 진리에 대한 불신을 의미한다.

• 하나님은 교만한 자를 물리치시고 겸손한 자에게 은혜를 베푸신다는 것과 자기를 높이는 자는 낮아지고 자기를 낮추는 자는 높임을 받으리라는 것, 그리고 먼저 된 자는 나중이 되고 나중된 자가 먼저 되리라는 성경의 빈번한 선언에서 나타난다.

• 구속의 모든 경륜^{economy}과의 관계에서 나타난다. 구원에 대한 하나님의 계획은 겸손한 자를 위해 예정된다. 만일 우리가 겸손하지 못하다면 우리는 그러한 계획을 받아들일 수 없다. 혹은 그것의 혜택을 누릴 수 없다. 인간들이 천국에 들어가려면 몸을 굽혀야만 한다.

• 우리의 동료들에 대한 그것의 영향에서 나타난다. 교만같이 불쾌한 것은 아무것도 없듯이 겸손같이 융화적인 것은 아무것도 없다. 그것은 적의를 없애고 호의를 얻으며, 접근하기 쉬움과 감화력을 준다. 사람들은 오만한 자에 의해 제시되는 진리는 거부하지만, 겸손한 자의 설득에는

굴복한다.

- 우리 자신에 대한 그것의 영향에서 나타난다. 교만은 바람처럼 사납게 휘몰아친다. 그것은 갯벌과 진창을 솟구쳐내는 격동하는 바다와도 같다. 그러나 겸손은 잔잔하고 평온한 호수와 같다. 영혼은 그 자체 올바른 위치에 있고 자체의 참된 관계들에 묵종하는 때 외에는 결코 휴식이 없다. 겸손한 자는 언제나 화평하다.

이렇게 겸손하라

- 마음으로부터 항상 진리에 지배받아 가라.
- 특히 하나님의 존전에서 살아가라.
- 결코 오만한 자의 충동에 따라 행동하지 말라.
- 여러분 자신을 낮추라.
- 성령의 내주하심과 그리스도의 도우심을 구하라.

150. 겸손 (2)

"젊은 자들아 이와 같이 장로들에게 순종하고 다 서로 겸손으로 허리를 동이라 하나님은 교만한 자를 대적하시되 겸손한 자들에게는 은혜를 주시느니라"
베드로전서 5:5

겸손과 은혜

이교도에게는 신앙적 의미에서 '겸손한'에 해당되는 단어가 없다. 히브리어 동사 '아나ענה'는 '참다' '견디다'를 의미하며, 명사 '나차트נחת'는 '고난' '고통'을, 그리고 형용사 '찬ענו'은 '가난한' '겸손한'을 의미한다.

기독교 신앙의 은혜들은 서로 불가분이다. 한 가지 은혜는 다른 은혜 없이 존재할 수 없다. 즉 소망 없이 믿음이 존재할 수 없고 사랑 없이 회개가 존재할 수 없으며, 혹은 온유함 없이 사랑이 존재할 수 없다. 육신의 생명에도 이와 유사한 점이 있다. 호흡, 동맥의 활동, 소화력은 서로 독립하여서는 신체에 도움을 줄 수 없다. 이것이 사실이지만, 그럼에도 어느 한 가지 은혜가 다른 은혜들보다 더 탁월할 수 있다.

모든 은혜는 그 자체로 독특하다. 곧 그러한 은혜들이 나타내는 마음 상태는 단순하지만, 그러나 복합적이며 여러 가지 은혜가 마음 상태를 구성한다. 따라서 소망은 믿음과 욕망과 사랑을 내포하고 믿음은 사랑을 내포하며, 사랑은 믿음을, 회개는 믿음과 사랑 등을 내포한다.

겸손은 독립된 은혜가 아니다. 그것은 우리 자신에 관련하여 진리에 대한 바른 이해에서 일어나는 마음 상태이다.

- 피조물로서 우리의 무가치함에 대한 합당한 인식이다. 이러한 의미에서 겸손은 자기 중심$^{self\text{-}importance}$, 자기 신뢰, 지적 자만에 반대된다.
- 죄와 타락에 대한 의식을 포함하는 죄인들로서 우리 자신에 대한 합당한 인식이다. 그러므로 겸손은 자기 의와 자기만족에 반대된다.
- 우리의 약함에 대한 합당한 인식이다. 그러므로 겸손은 회심, 성화, 유익함에 있어 자신의 무력함에 대한 의식이다.

겸손의 표현

- 다른 사람들의 진가를 인정하거나 우리 주위에 있는 사람들을 경멸하지 않는 성향
- 영예나 찬사를 구하지 않음
- 모욕을 당할 때에 참아냄
- 천한 자들과 교제하기를 거부하지 않음
- 가장 작은 자이기를, 또는 복종하기를 마지못해 하지 않음

겸손의 유익들

겸손이 없이는 참된 신앙, 하나님과의 교제, 내적인 평안과 외적인 능력이 존재할 수 없다.

겸손의 방법

- 우리 자신을 하나님 및 그의 율법과 비교하는 것이다.
- 우리의 죄와 타락과 무익함에 대한 숙고하는 것이다.

151. 하나님의 참된 백성

"하나님의 성령으로 봉사하며 그리스도 예수로 자랑하고 육체를 신뢰하지 아니하는 우리가 곧 할례파라"

빌립보서 3:3

우리가 곧 할례파라

모든 세대와 시대, 곧 모세의 율법 시대와 사도 시대와 교회 시대에는 두 가지 상반되는 원리들이 역사해 왔으며, 하나님의 신앙고백자들 중에도 두 부류, 곧 육적인 자들과 영적인 자들, 외적인 것들에 의존하는 자들과 내적인 것들에 의존하는 자들, 신앙을 외적인 의식들과 외적인 관계들에 기반하는 자들과 모든 것을 마음의 상태에 기반하는 자들, 육신에 따르는 이스라엘과 영에 따르는 이스라엘이 있어 왔다. 이러한 두 부류 간에 있어 중요한 의문은 "누가 할례파인가?" 곧 "누가 하나님의 참된 백성인가?"였으며, 지금도 그렇다.

"우리가 할례파라"는 말은 무엇을 의미하는가? 구약에서 할례는 두 가지 면으로 표현된다. 첫째, 그것은 중생, 곧 마음의 내적 순결에 대한 상징이었다. 둘째, 그것은 언약에 대한 표시와 인증이었다. 그것은 하나님의 백성인 자들을 표시하고 확증했다. 그것은 그들을 다른 사람들로부터 구별했으며, 그들에게 언약의 복들에 대한 그들의 혜택을 확신시켰다. 그러므로 "누가 할례파인가?" 란 질문은 하나님의 영적인 자녀들이 되며, 그의 나라의 상속자들이 된다는 의미에서 "누가 그의 백성인가?"란 질문에 상당한다. 유대인들과 유대교화한 자들은 자신들이 하나님의 백성이라고 말했다. 그러나 바울은 자기와 함께 그리스도를 믿는 자들이 하나님의 백성이라고 말했다.

하나님의 참된 백성의 특징

혹은 본 절에서 표현된 것처럼 참된 할례파는 다음과 같다.

- 그들은 하나님을 영으로 섬긴다는 것이다. 본 절에 대한 본문의 독법은 "하나님의 영으로 섬기는 자들$^{οἱ\ πνεύματι\ θεοῦ\ λατρεύοντες}$"이다. 의미는 같다. 즉 그들은 하나님을 성령의 감화와 인도하심에 따라 섬기거나 예배하는 자들이다. 이것은 두 가지를 내포한다.

 첫째, 예배나 섬김의 내적 원리는 두려움이든 자연적인 경의나 감정이든 간에 단지 자연의 원리가 아니라 성령께서 그 조성자이신 사랑과 헌신^{devotion}이라는 것을 내포한다.

 둘째, 예배나 섬김의 양식은 성령께서 명하여 오신 것임을 내포한다. 그것은 단지 인간의 뜻을 중심으로 하는 예배가 아니며, 예배 문제에서든 생활 문제에서든 하나님께서 명하지 않으신 것들을 부지런히 수행하는 것이 아니다. 그러므로 영으로 하나님을 섬긴다는 것은 다음과 같은 것들에 반대된다. ① 불성실하고 위선적인 섬김, ② 단지 외적이며 의식적이거나 의례적인 섬김, ③ 거듭나지 않은 자들, 곧 영적이지 못한 자들이 하거나 할 수 있는 모든 섬김에 반대된다. 이러한 것이 대체로 유대인들의 섬김이었으며, 또한 사도 바울 당시의 유대교화한 자들의 섬김이었다. 그리고 그러한 것이 로마 가톨릭교도든 영국 국교도든 오늘날의 의식주의자들의 섬김의 특징을 나타내며, 또한 가톨릭교도든 개신교도든 모든 형식주의자들의 섬김의 특징을 나타낸다.

- 진정한 할례파나 하나님의 백성의 둘째 특징은 그들이 그리스도 예수를 자랑하는 자들^{καυχώμενοι}이라는 것이다. 즉 그들은 그리스도 예수를 자랑한다. 이것은 다음과 같은 것을 의미한다. ① 우리에게 있어 그를

신뢰의 근거로 인정하고, ② 영예의 근원으로 인정하며, ③ 자랑의 대상으로 인정하는 것을 의미한다. 그는 우리가 우리의 모든 구원과 우리의 모든 욕망으로서 자랑하는 대상이다. 이러한 정신은 율법, 신권 정치, 아브라함에 의한 자신들의 혈통을 자랑했던 유대교들의 것과는 실로 정반대를 이룬다. 이러한 정신은 또한 자신들의 피난소와 구원의 근원으로서 교회를 자랑하고 자신들은 교회의 일원들이기 때문에 하나님의 자녀들이라고 자랑하는 자들의 정신과도 실로 매우 다르다.

• 그들은 육신을 신뢰하지 않는다. 여기서 '육신'은 두 가지를 내포한다. 첫째, 아브라함의 혈통과 할례와 율법에 대한 외적인 복종이든 신앙적인 의례와 의식이나 세례와 참된 교회의 일원이든 간에 외적인 것을 내포한다. 이것은 이 단어의 의미에 대한 멋대로의 부연이 아니다. 이것은 본문의 다음 절들에서 명시되고 있듯 바울 자신의 해석이다.
둘째, '육신'은 '영'에 반대된다. 육신은 자연을 의미한다. 그러므로 육신을 신뢰하지 않는다는 것은 우리 자신, 곧 우리 자신의 의와 우리 자신에게 있는 어떤 것과 우리 자신의 힘을 신뢰하지 않는 것을 의미한다. 이 또한 바울의 부연에 내포되어 있다.

육신을 신뢰하지 않는 자들은 그들 자신의 의를 포기하고 하나님의 의, 곧 그리스도에 대한 믿음에 의해 존재하는 의를 받아들이는 자들이다. 우리가 우리 자신을 판단해야만 하고, 신앙과 교회의 참된 형식을 결정해야만 하는 것은 바로 이러한 표준들에 의해서다.

152. 구원의 소망의 투구

"우리는 낮에 속하였으니 정신을 차리고 믿음과 사랑의 호심경을 붙이고 구원의 소
망의 투구를 쓰자"

데살로니가전서 5:8

하나님의 영광

소망은 주관적으로 고려해 볼 때 미래의 행복에 대한 욕망과 기대이다.
그리스도인의 소망은 그리스도의 복음에서 약속된 복들에 대한 열망과 기
대 그리고 기쁨에 넘치는 기대이다. 그러한 복들은 "하나님의 영광" 곧 "하
나님이 창시자이신 영광"이란 표현으로 요약된다. 그러한 영광은 다음과
같은 것들을 내포한다.

- 하나님의 형상에로의 영혼의 회복을 의미하는, 우리의 성품의 가장 고
  귀한 성화와 완전함이다. 우리는 하나님과 같이 될 것이며, 그의 아들의
  형상과 같이 될 것이다. 이러한 형상은 영혼의 내적인 거룩함과 우리의
  몸의 변형transformation을 내포하며, 우리의 몸은 그의 영광스러운 몸과
  같이 될 것이다.
- 우리가 할 수 있는 모든 능력과 우리가 수용할 수 있는 모든 능력의 확
  대에서 발생하는 존재의 차원에서의 높아짐Exaltation이다.
- 통치권이나 탁월함과 능력은 물론 위엄에 있어 높아짐이다. 현재 우리
  로서는 이러한 것이 어떠한 것이며, 얼마나 위대한 것인가는 알지 못한
  다. 또한 우리는 하나님께서 그를 사랑하는 자들을 위해 무엇을 예비해

놓으시는지 알지 못한다.

- 약속되거나 소망하는 복은 이러한 인격적인 우월성과 탁월함뿐 아니라 하나님, 특히 그리스도 안에서의 하나님의 현현과 그의 성취를 내포한다. 만일 우리가 이러한 소망에 대하여 갖는 근거가 없었다면 흙으로 지음받은 연약하고 죄악된 벌레 같은 인간들이 그러한 기대들을 마음에 품는다는 것은 실로 가장 주제넘고 어리석은 것이 될 것이다.

그러나 우리가 그러한 소망에 대하여 갖는 근거는 다음과 같은 것들이다. ① 하나님의 약속. 성경에서 미래에 대하여 언급되어 온 것 중 하나님께서 그의 말씀으로 명백하게 약속해 오지 않으신 것은 아무것도 없다. ② 하나님의 아들의 무한한 공로. 부자나 왕이 극빈자에게 큰 저택을 아낌없이 줄지는 모르지만, 그러나 이러한 은혜들은 충동적이며 무정견적으로나 정당한 이유 없이 주어지지 않는다. 그러나 하나님의 아들이 그의 백성을 위해 이러한 기업을 받을 만하게 하셨다. 그가 그러한 기업을 그들을 위해 사셨다. 그것이 그들에게는 파기될 수 없는 언약에 의해 보증된다.

- 하나님의 사랑은 무한히 위대하며 전적으로 무상이다. 그러므로 우리는 첫째, 그러한 사랑이 베풀어 줄 준비가 되어 있지 않은 은혜는 없다. 둘째, 그러한 은혜의 소유나 은혜의 성취가 우리에게 달려 있지 않다고 결론지을 수 있다. 만일 우리가 원수들로 있는 동안 그리스도께서 우리를 위해 죽으셨다면 우리는 실로 더더욱 그의 생명으로 구원함을 얻을 것이다.

- 우리의 영과 더불어 하나님의 영이 우리는 하나님의 자녀들이라고 증언하신다. 소망이 '구원의 투구'이다.

첫째, 그것은 신자의 가장 중요한 부분을 원수들의 공격으로부터 방어하기 때문이다. 고대인들의 백병전에서는 머리가 최악의 상태로 노출되었다. 그러한 경우엔 머리를 보호하는 것이 가장 중요한 일이었다. 그러므로 투구는 방패만큼이나 필수적이었다. 어떠한 군인도 투구 없이

감히 전쟁에 참전할 수 없었다. 그러므로 그리스도인에게 있어 구원에 대한 소망은 치러야 할 전쟁에 대비케 하는 데 필요하다. ① 그것은 안전을 보장한다. ② 그러므로 그것은 확신과 용기와 인내를 제공한다.

소망은 다음과 같은 것들로부터 안전을 보장한다. ① 하나님에 대한 우리의 신뢰와 믿음에 대한 사탄의 공격과 영원한 것들을 소홀히 하는 우리의 성향으로부터 보호한다. ② 그것은 세상의 매력적인 것들과 유혹물들로부터 영혼을 안전하게 한다. ③ 우리 자신의 타락한 마음으로부터 안전하게 보호한다.

둘째, 이와 같이 보호해 줌에 있어 소망은 용기와 즐거움^{cheerfulness}과 절조^{節操}를 유지케 한다. 그 투구는 보호 역할을 했을 뿐만 아니라 또한 장식품이기도 했다. 그것은 전사의 장비 중에서도 가장 매력적인 것이었다. 그러므로 그리스도인에게 있어서 소망도 그렇다. 그것은 그를 장식해 주고 머리를 곧게 들고 다닐 수 있게 해 준다.

우리의 의무

• 그러므로 우리는 이 소망을 마음에 품고 불합리한 의기소침에 굴하지 말아야 할 의무가 있다.

• 그러므로 우리는 소망을 갖고 있는 자들답게 살아야 할 의무가 있다.

153. 그리스도에 대한 사랑의 절대성

"우리 주 예수 그리스도를 변함 없이 사랑하는 모든 자에게 은혜가 있을지어다"

에베소서 6:24

"만일 누구든지 주를 사랑하지 아니하면 저주를 받을지어다"

고전 16:22

예수 그리스도에 대한 사랑

본 절들은 서로 다른 것 같지만 실은 동일한 진리, 곧 주 예수 그리스도에 대한 사랑이 구원의 필수 조건이라는 것을 가르친다. 구원의 조건들은 불변하다. 그것은 모든 시대의 모든 사람에 대하여 동일하다. 우리는 우리나 다른 사람들에 대하여 그러한 조건들을 변경할 수 없다.

그리스도에 대한 사랑이 왜 그처럼 불가결한가? 이에 대하여는 어떤 실제적인 필연성이 존재하는 것임에 틀림없다. 그것은 임의로 변경될 수도 있는 독단적인 조건이 아니다. 그것은 절대 필수적인 것이며, 하나님이 변할 수 없으신 것처럼 결코 변경될 수 없다. 그렇다면 왜 그것이 그러한가?

• 그리스도는 하나님이시기 때문이다. 그는 가장 명백한 형상으로 나타나는 하나님이시다. 그리스도를 사랑함이 없이 자연이나 구약을 통하여 계시되는 하나님을 사랑하기란 불가능하다. 자연이나 구약을 통하여 계시되는 하나님을 사랑하면서도 그가 인간의 형상으로 나타나실 땐 사랑하지 않는 것은 마치 불완전하게 알려지는 하나님은 사랑하면서도

그가 더욱 명백하게 알려지실 땐 사랑하지 않는다는 것과도 같은 것이다. 그러므로 그리스도는 그 안에 하나님으로서의 모든 완전함을 내포하고 계신다. 즉 하나님에게 있어 사랑을 요구하는 모든 것이 그리스도 안에 있다.

• 그리스도는 우리의 성정nature을 입으신 하나님이시다. 따라서 그는 특별한 매력들attractions을 갖고 계신다. ① 그는 다른 종류의 탁월함을 소유하고 계시기 때문이다. ② 그는 우리에 대하여 새롭고도 특별한 관계, 곧 그가 다른 종류의 존재들에 대해서는 유지하고 계시지 않는 관계를 수립하셨기 때문이다.

• 그는 우리를 사랑하시고 우리를 위해 자신을 주셨기 때문이다. 그는 우리를 사랑하시되 자신을 낮추시고 사람의 모양으로 나타나시어 죽기까지 복종하심으로 십자가에서 저주의 죽음을 죽으셨다. 이러한 사랑과 탁월하심에 대하여 무감각하다는 것은 실로 가장 심각한 도덕적인 타락과 비행을 나타낸다. 심판에 대한 하나님의 표준은 우리의 것과 다르다. 자신들에 대하여 좋게 생각하고 다른 사람들에 의해 칭찬받는 많은 사람들이 하나님에 의해서는 심한 미움을 받고 거부당할 것이다.

• 그는 우리를 그의 사랑과 죽음에 의해 형언할 수 없는 타락과 비참함으로부터 구원하시고 영원한 생명과 영광에 이르는 길을 열어놓으셨기 때문이다.

• 우리는 그리스도가 아니면 사탄을 사랑할 필연성에 갇혀 있기 때문이다. 우리에게 두 주권자가 있을 뿐이며, 우리는 양자 중 하나를 택해야만 한다. 그리스도를 택하지 않는 것은 곧 사탄을 택하는 것이다. 여기에 그리스도가 계시고 저기에 사탄이 있다. 여러분은 어느 쪽을 택하겠는가?

그리스도를 사랑한다는 것

그리스도를 사랑한다는 것은 무엇이며, 그를 사랑하는지 사랑하지 않는지를 어떻게 말할 수 있는가?

　이러한 질문들에 대하여는 구별할 필요가 없다. 이 중 한 질문에 대한 답변이 다른 질문에 대한 답변을 내포하기 때문이다. 이러한 질문에 수반하는 어려움은 '사랑한다'란 단어의 포괄성과 그것의 명시에 대한 다양성에서 야기된다. 우리는 아기를 사랑하고, 또한 하나님을 사랑하라는 명령을 받았다. 그러나 이 단어에 의해 표현되는 마음의 상태들은 서로 얼마나 다른가! 여러분이 아버지에 대하여 갖는 사랑을 검토해 보고 그러한 감정이 자체를 어떻게 명시하는가를 보라. 거기에는 여러분으로 하여금 그를 무시나 경멸로 대하지 못하게 하고 그와의 교제를 기분 좋게 하는 존경과 만족감이 있다. 그리스도에 대한 사랑은 그의 인격에 대한 이러한 감정과 경의를 내포한다. 그가 그를 사랑하는 모든 사람에게는 경모의 대상이 되신다. 경모는 사랑의 표현이다. 그는 또한 그를 사랑하는 자들의 만족의 대상이 되시기도 한다. 우리는 그의 탁월하심과 사랑을 매우 기뻐하고 그의 은혜들에 대하여 감사한다. 그러므로 그와의 교제는 짐이 아니라 기쁨이다. 그리고 하늘을 바라봄에 있어 우리의 욕망은 그리스도와 함께 있는 것이며, 그의 영광을 보는 것이다.

- 아버지에 대한 사랑은 그의 영광에 대한 열의를 내포한다. 그리고 그에 대해서 나타내는 어떠한 불경함도 우리에게는 고통스러운 것이 되며, 그의 영광을 도모하는 것은 어느 것이든 우리에게 기쁨의 근원이 된다. 우리는 그를 사랑하고 그에 대하여 경의를 표하는 자들을 사랑하며, 그를 무시하는 자들을 피한다. 만일 우리가 그리스도를 사랑한다면 우리는 그에 대하여 이상에서와 유사한 감정을 갖게 될 것이다. 즉 우리는 그의 영광을 위해 열의를 갖게 될 것이며, 그에 대한 어떠한 무시나 불경한 말도 우리의 마음에 상처를 줄 것이다. 그러나 그리스도에 대하여 표하는 경의는 어떠한 것도 우리에게 기쁨이 될 것이다. 우리는 그를 사랑하고 그에 대하여 경의를 표하는 자들을 사랑하며, 그를 무시하고 악평하는 자들을 피할 것이다.

• 자기의 아버지를 사랑하는 아들은 언제 어디에서나 그를 기쁘게 하고 그의 뜻에 따르며, 그의 명령에 순종하고 그의 권고에 따르기를 원한다. 이와 마찬가지로 그리스도를 사랑하는 자들은 그의 계명들을 지킨다. 이것이 그에 대한 사랑의 시금석이다. 즉 그에 대한 사랑의 시금석은 감정이나 감격이 아니라 복종이다.

여러분에게 있어서는 어떠한가? 여러분은 그리스도를 사랑할 마음이 있는가? 만일 여러분이 그것으로 인하여 부단한 노력으로 그의 뜻을 행하고 그의 백성들과 교제한다면 그것이 그에 대한 사랑이다.

154. 내주하시는 그리스도

"믿음으로 말미암아 그리스도께서 너희 마음에 계시게 하시옵고 너희가 사랑 가운데서 뿌리가 박히고 터가 굳어져서"

에베소서 3:17

그리스도에 대한 명칭

그리스도에 대한 명칭들은 다음과 같은 것들에 대하여 사용된다. ① 그의 직분, ② 그의 신인 위격^{his whole theanthropic person}, ③ 그의 인성, ④ 그의 신성 또는 로고스에 사용된다. 그에 대하여 어떤 칭호가 붙든 그것에 대한 의미는 성경의 전후 문맥과 유비^{analogy}에 의해 결정된다.

그리스도란 명칭은 무엇을 의미하는가?

- 본 절에서는 직함으로 사용되고 있지 않다.
- 그의 인성을 가리키지 않는다.
- 실재론적 신비주의자들이 가르치듯이 그의 신인 위격을 나타내지도 않는다.
- 여기에서는 로고스, 곧 삼위일체의 제2위를 나타낸다.

그러나 성경은 하나님의 영이 계신 곳에 하나님이 거하신다고 말한다. 그러므로 성령은 성자에 대하여 성부에 대해서와 동일한 관계를 갖고 계시며, 그가 아들의 영, 곧 그리스도의 영이라 불리듯이 그리스도의 영이 우리 안에 거하신다는 것과 그리스도가 우리 안에 거하신다는 것은 같은 것을 의미한다. 하나님과 그 아들은 그리스도의 사람들과 함께 계시며, 그들과 함께 사신다.

우리 안에 계신다

하나님은 어디에나 존재하시지만, 그는 그가 특별히 그리고 영속적으로 그의 존재를 나타내시는 곳에 계시는^{dwell} 것으로 언급된다. 따라서 이것은 그가 모든 때의 그의 모든 역사에서 그 자신에 대하여 하시는 일반적인 명시와는 구별되며, '시내' '마므레'와 그 외의 곳에서와 같은 일시적인 명시와도 구별된다. 그가 우리 안에 계심은 다음과 같은 것을 내포한다.

- 그의 임재를 의식하게 될 때와 같은 명시, 곧 그가 가까이 계시다는 느낌이다. 이러한 느낌은 영혼을 경외와 경의와 화평과 신뢰감으로 채운다.

- 그의 능력에 대한 명시이다. 자연에 있어 그의 존재는 그의 능력에 의해 계시되듯이 영혼에 있어 그의 임재는 그것의 생각과 느낌과 의도들에 대한 그의 지배에 의해 명시된다.

- 성부의 임재^{presence}는 성자와 성령의 임재를 취하고 성부와 성자는 성령 안에 계시지만, 그럼에도 우리 안에 계시는 하나님과 우리 안에 계시는 그리스도 간에는 차이가 있다. 우리가 삼위일체의 여러 위에 대해서 서로 다른 관계들에 있음을 의식하듯이 한 위의 내주하심은 다른 위들의 것과 구별할 수 있다. 그리스도께서 우리 안에 계시는 것으로 언급될 때 그것은 자기 아들의 인격 안에 계신 하나님, 곧 우리 안에 계신 아들이 우리에 대하여 유지하시는 특별한 관계로 계신 하나님이시다. 이것이 우리를 사랑하시고 자신을 우리를 대신하여 바치셨으며, 우리 가까이 계신 우리의 구속자로서 그리스도의 존재의 의미이다. 그리고 우리 안에 초래되는 영향들은 하나님을 자체의 대상으로 삼는 마음 상태뿐 아니라 그리스도 혹은 그리스도 안에 계신 하나님이 그 대상이신 마음 상태이다.

• 발휘되는 지배력 혹은 능력은 우리 밖에서 우리를 위하여, 그리고 우리 안에서 우리의 선지자와 제사장과 왕으로서 그리스도에 의해 발휘되는 것이다.

우리 안에 계신 그리스도

그리스도는 우리의 마음, 곧 영혼에 계신다. 즉 그는 성전으로써 몸에 계신 것이 아니다. 몸에 계신 것도 사실이긴 하지만, 단지 이해력에 계실 뿐 아니라 영혼에, 그리고 특히 감정과 생명의 처소로 간주되는 마음에 계신다.

그리스도는 믿음에 의해 우리 안에 계신다. 이것은 다음과 같은 것을 가르쳐 준다.

• 믿음이 없는 곳에는 그리스도께서 계시지 않다는 것이다.
• 믿음에 의해 나타내어지는 마음의 상태가 그리스도께서 내주하시는 필수조건이라는 것이다.

우리는 ① 하나님께서 그의 아들의 인격과 역사^{work}에 관하여와 그^{아들}에 대해 해 오신 기록을 믿어야만 한다. ② 우리는 그를 하나님이자 우리의 구주와 구속자^{Redeemer}로 사유^{私有}해야 한다. 혹은 영접해야 한다. ③ 우리는 그에 대하여 믿음의 열매와 명시들인 사랑, 경의, 신뢰와 헌신을 부단히 발휘해야만 한다. 그가 그 자신을 계시하시는 것은 영혼의 눈에 하시는 것과도 같은 것으로서 믿음에 대해서다. 그리고 그가 우리 안에 계심에 의해 의도되고 나타내어지는 것으로서 우리에 대하여 부단한 영향력을 발휘하시는 것은 믿음을 통해서다.

• 우리는 우리 자신을 존중해야만 한다. 하나님의 성전은 거룩하였다. 그것을 더럽히고 형벌을 면할 수는 없었다. 만일 우리가 그리스도의 성전이라면 우리는 우리의 마음을 과오^{error}나 의심이나 죄의 모든 오염으로부터 순결하게 지켜야만 한다.
• 우리는 하나님의 성전을 존중함 같이 가장 높은 자로부터 가장 낮은 자

에 이르기까지 우리의 동료 그리스도인들을 존중해야만 한다. 우리는 과실이나 해악에 의해 그들의 마음을 더럽히는 것을 두려워해야만 한다. 하나님께서는 그의 전을 더럽히는 자들을 멸하실 것이다.

155. 성도의 교제

"그들이 사도의 가르침을 받아 서로 교제하고 떡을 떼며 오로지 기도하기를 힘쓰니라"
■사도행전 2:42

성도의 교제

사람들은 개인들로 존재한다. 그러나 그들은 다음과 같은 공동 유대^{com-mon bonds}에 의해 연합된다. ① 인간으로서의 형제애, ② 이성적인^{rational} 관계, ③ 부족이나 종족, 곧 유대인들에게서와 같은 공동 가계^{家系}, ④ 가계에 있어서와 같은 혈통이 그것이다.

그러나 성도의 교제, 곧 성도로서 그리고 자신들이 성도이기 때문에 결속되는 공동체가 있다. 여기에는 두 가지 개념이 있다. ① 성도와 ② 교제다.

이와 같이 연합되는 자들이 성도다. 이러한 연합은 어떤 외적인 것에서 비롯될 수 없다는 것이 그것의 성격으로 볼 때 명백해진다. 성도의 연합은 교회의 지도자^{ecclesiastical head}에 종속하지 않으며, 동일한 지도적 집단, 동일한 조직이나 사색에 의해 채택된 동일한 신조에 종속하지 않는다. 성도는 외적으로 헌신된 자들이거나 단지 신앙고백자들이 아니라 참으로 성화된 자들이다. 그들을 결속시키는 연합은 그들이 거듭나 참으로 하나님의 자녀들이 되는 데에서 성립된다. 그러므로 성도의 교제란 진정한 신자들의 교제다.

코이노니아

교제란 단어는 코이노네오^{κοινωνέω, 어떤 것들을 "공동으로 소유하다"}에서 나온 코이노
니아^{κοινωνία, 어떤 것들을 "공동으로 소유함"}이다. 그러므로 성도의 교제는 다음과 같은
것을 공동으로 소유한다는 사실에서 진행되거나 그러한 사실에서 성립
한다.

- 그들은 그리스도에 대하여 공통된 관계를 유지한다. 그들은 모두 그리
  스도를 함께 소유한다. 그들은 그리스도의 몸으로써의 지체들이며, 그
  의 가족, 그의 양무리, 그의 나라의 일원들이다. 그들은 모두 그의 구속
  의 은혜를 함께 누린다. 그들은 모두 그의 사랑의 대상들이다. 그리스도
  와의 연합이 친밀하면 친밀할수록 성도의 교제는 그만큼 더욱 친밀하
  게 된다. 우리가 그리스도와의 연합을 의식하면 할수록 우리는 그의 백
  성과의 우리의 교제를 그만큼 더욱 의식하게 될 것이다. 그리스도와 그
  의 백성 간의 연합은 절대적으로 필수적이며, 그 외 어느 연합보다도
  더욱 친밀한 연합인 것과 마찬가지로 성도들을 연합시키는 유대는 모
  든 유대 중 가장 친밀한 것이다.

- 그들은 성령을 공동으로 소유하고 있다. 그들 모두가 성령의 공유자들
  이다. 성령께서 그들 모든 사람 안에 거하신다. 그들은 같은 생명의 공
  동 참여자들이다. 그러므로 ① 그들은 공통된 믿음을 갖고 있다. ② 그
  들은 공통된 경험을 한다. 한 그리스도인의 신앙체험은 그 외 모든 그
  리스도인의 것과 같다. 그러므로 그들 사이에는 공감과 동질성이 존재
  한다. ③ 그들은 사랑과 충성에 있어 같은 대상을 갖고 있다. 그들은 모
  두 같은 주를 사랑하고 섬기며, 같은 대의명분에 헌신한다. ④ 그들은
  현세와 내세에서 공통된 운명을 갖고 있다.

- 이러한 교제는 다음과 같은 것들에서 나타나거나 명시된다. ① 서로의
  사랑, ② 서로 그리스도인으로 인정함, ③ 예배와 성찬식에서의 연합,
  ④ 공감이나 상호 이해, 만일 한 일원이 즐거워한다면 모든 일원이 그
  와 함께 즐거워한다. ⑤ 마지막으로 재산의 공유다. 이것은 물론 세상의

현 상태에서 최선이 되는 경우에서다. 즉 개인의 노력에 대한 동기를 파괴하지 않고 자본금의 저축과, 사람들의 현 상태에 최적합한 노동 분할과 일치하는 한에서다.

성도의 교제에 대한 고찰

• 성경에서 역설하는 성도의 교제의 중요성은 무엇인가?

• 성도의 교제에 있어 교회들뿐 아니라 각 그리스도인들의 통탄할 만한 결함은 무엇인가? 그들은 마땅히 해야 할 대로 서로 동정하지 않고 돕지 않으며, 오히려 그들의 동료 그리스도인들에 대하여 그들이 바로 불신자들에 대해서 하듯 느끼고 행동한다.

• 성경은 그리스도인의 교제를 불가결한 것으로 명시한다. 만일 우리가 믿는 자들과의 연합을 느끼지 못하고 그들을 동정하지 않는다면 우리는 그리스도와 연합되어 있는 것이 아니다.

PRINCETON SERMONS Outlines of Discourses Doctrinal and Practical

7부

그리스도인의 책임과 의무

156. 신자의 선행 (1)

"하나님 아버지 앞에서 정결하고 더러움이 없는 경건은 곧 고아와 과부를 그 환난중에 돌보고 또 자기를 지켜 세속에 물들지 아니하는 그것이니라"

야고보서 1:27

성도의 사회적 의무

교회 내에서 두 가지 오류가 지금까지 광범위에 걸쳐 만연되어왔다.

• 신앙은 전적으로 하나님께 예배드리고, 그와 친교하는 데 있다는 것.
• 모든 신앙은 우리의 사회적 의무들을 수행하는 데 있다는 것.

전자는 우리의 모든 의무가 하나님에 대한 우리의 관계에 관련된다고 가정한다. 후자는 우리의 모든 의무는 우리의 동료 인간들에 대한 우리의 관계에 있다고 가정한다. 전자는 로마 가톨릭교회에서 성행되어 왔다. 비록 그들 교회는 자선을 높이 평가하고 그 같은 시설과 의식들로 돋보였지만, 그럼에도 첫째, 세상으로부터 격리되어 온 그들 교회의 가장 주도적인 성도들은 모든 사회적인 의무들을 등한시해 왔기 때문이다. 둘째, 그들은 만일 사람이 교리들을 받아들이고 권위들에 복종하며, 교회의 의식들을 준수하기만 한다면 도의적인 행위가 어떠하든 안전하다고 가정하기 때문이다. 또 다른 극단은 교리에 있어 자유주의자들 중에서 더욱 성행해 왔다. 그들은 교리와 경건한 예배를 경시하고 인간의 신조는 옳지 않다고 말하며, 모든 미덕과 신앙을 자선과 그것의 실행으로 바꾸어 놓는다.

그러나 성경은 다음과 같이 가르친다.

- 우리는 하나님에 대하여 경외, 사랑, 헌신, 예배, 부단한 복종 등과 같은 특별한 의무들을 지고 있다.

- 우리는 우리의 동포, 부모, 자녀, 시민, 이웃과 인류에 대해서도 의무를 지고 있다.

- 이러한 의무들은 서로 일치할 뿐만 아니라 모두가 똑같이 불가결하다. 그러므로 이러한 의무들 중 어떤 의무를 무시하거나 어느 한 의무수행 만을 주장하는 자는 자기 기만자요 위선자다.

- 우리가 하나님에 대하여 의무를 지는 것은 더욱 숭고하고 더욱 중요할 뿐만 아니라 다른 의무들의 기초가 된다. 누구도 자신의 사회적 의무들을 성취함이 없이 하나님에 대한 자신의 의무들을 올바르게 성취할 수 없다.

- 도덕을 신앙으로부터 분리시키려는 시도는 자체의 타고난 성향 때문에 도덕의 파괴에 이른다. 보다 숭고한 의무들에 대한 불이행은 그렇지 못한 의무들에 대한 헌신과 공존할 수 없다. 혹은 후자는 전자 없이 지속될 수 없다. 이 외에도 도덕적인 의무들에 대한 중요하고 유효한 동기들은 신앙에서 기인된다. 그리고 하나님께서 만복의 근원이시므로 그로부터 떠나 사는 자들에게서는 어떠한 선도 지속될 수 없다. 하나님은 불신자들을 심판에 걸맞게 부도덕에 버려두시기 때문이다.

- 다음으로 중요한 진리는 하나님에 대한 복종, 곧 경건한 정신에서 그의 계명들에 복종하는 것은 우리가 그에게 드릴 수 있는 예배 중 가장 열납될 만한 예배라는 것이다. 야고보는 당시의 형식주의적인 관행과 싸우고 있었다. 유대인들 중에서는 만일 사람이 의식적인 율법과 장로들의 전통을 준수하기만 하면, 그는 뛰어나게 신앙적이며, 하나님께 참으로 예배하는 자라는 가변적인 생각이 성행했다. 기독교로 개종한 자들 중에도 이 같은 오류에 빠진 자들이 있었다. 그들은 행위 없는 믿음을 고수했다. 그들은 만일 사람이 올바르게 믿고 성전에서 기도하고 예배

드리기만 하면 그는 그가 될 필요가 있는 모든 것^{all that he need be}이 되었다고 믿었다.

행함이 있는 믿음

그러나 야고보는 "행위 없는 믿음은 죽었다"고 말했다. 즉 만일 우리가 계명들에 복종하고 말씀을 들을 뿐 아니라 행하는 자들이 되지 않는다면 외적인 신앙고백과 신앙적인 의식들을 준수하는 것 자체만으로는 아무 소용이 없다는 것과 하나님께 가장 열납될 만한 형식의 섬김은 우리의 사회적인 의무들을 올바르게 수행하는 것이라는 것이다. 이것이 하나님께서 참으로 기뻐하셨던 제사였다. 우리 주께서 "나는 자비를 원하고 제사를 원치 않노라"고 말씀하셨을 때에도 이와 동일한 의미로 말씀하셨다. 즉 도덕적인 행위가 의식을 준수하는 것보다 더 중요하다는 것이다. 선지자 이사야가 여호와의 이름으로 다음과 같이 말했을 때에도 동일한 교리를 가르쳤다.

"너희의 무수한 제물이 내게 무엇이 유익하뇨 나는 숫양의 번제와 살진 짐승의 기름에 배불렀고…헛된 제물을 다시 가져오지 말라 분향은 내가 가증히 여기는 바요…너희는 스스로 씻으며 스스로 깨끗하게 하여 내 목전에서 너희 악한 행실을 버리며 행악을 그치고 선행을 배우며…"^{사 1:11-17}

하나님께서 열납하실 만한 그에 대한 예배 혹은 섬김은 고난 중에 있는 고아와 과부들을 돌보고 우리 자신을 지켜 세속에 더럽혀지지 않는 것이다. 여기에는 두 가지가 내포되어 있다.

• 구제헌금뿐 아니라 친절한 봉사를 통하여 가난한 자와 고난 받는 자들을 돌봄.
• 세상의 오염으로부터의 분리

하나님께 참으로 예배드리기를 바라는 자들은 세상의 환락과 음모와 책략과 더욱이 악덕에 빠지지 않아야 한다. 그들은 거룩하고 특별한[peculiar] 사람들이어야만 하며, 자선에 대한 모든 의무수행에 있어 적극적이어야만 한다. 그러나 만일 이러한 일이 드러내기 위한 것이거나 사람들의 신망을 얻기 위해 행하여진다면 그것은 전혀 아무것도 아닌 것이 된다. 만일 그러한 일이 우리 자신의 의를 이루기 위해서거나 죄를 속하기 위해 행하여진다면 그것은 전혀 아무것도 아닌 것이 된다. 만일 그것이 순전한 친절함과 인간적인 동정에서 행하여지고 그와 같은 것으로 계속되는 한, 그것은 선한 것이긴 하지만, 그러나 그러한 것 자체가 예배이거나 신앙은 아니다.

어떤 사람이 가난한 자를 부양하기 위해 자기의 재산을 모두 주고 자기 몸을 불사르도록 내어준다 해도 그에게 사랑이 없다면 그는 전혀 아무것도 아닌 자이다. 이러한 봉사는 기독교 신앙의 동기에서 행해져야만 한다. 그 이유는 첫째, 우리는 그와 같이 함으로써 그리스도를 영화롭게 해야만 하기 때문이다. 둘째, 가난한 자들이 그의 형제들이기 때문이다. "너희가 여기 내 형제 중에 지극히 작은 자 하나에게 한 것이 곧 내게 한 것이니라"

157. 신자의 선행 (2)

"사람이 하나님의 뜻을 행하려 하면 이 교훈이 하나님께로부터 왔는지 내가 스스로 말함인지 알리라"

요한복음 7:17

"하나님께 속한 자는 하나님의 말씀을 듣나니 너희가 듣지 아니함은 하나님께 속하지 아니하였음이로다"

요한복음 8:47

여기서 우리 주께서 주장하시는 것은 이것이다. 첫째, 만일 사람이 올바른 마음 상태에 있다면 그는 진리를 알고 믿으리라는 것이다. 둘째, 부정한 마음 상태에 있는 자들은 진리를 거부한다는 것이다. 이것은 믿음의 원인 또는 사람이 믿는 이유는 그의 도덕적으로 올바른 마음 상태에서 찾아야만 하며, 부정한 믿음과 불신의 원인은 도덕적으로 부정한 마음 상태에서 찾아야 한다는 것을 말해 주고 있다. 하나의 주제로 축소 되어지는 이것은 신앙적인 믿음에 관한 한 사람의 믿음은 도덕적인 마음 상태에 달려 있음을 말해 주고 있다.

사람의 믿음은 마음 상태에 달려 있다

• 우리 주^{Lord}의 이러한^{본 절의} 선언 자체가 본 주제의 진리에 대한 충분한 증거다. "사람이 하나님의 뜻을 행하려 하면"과 "하나님께 속한 자"란 표현이 동일한 것을 나타낸다는 것은 명백하다. 전자는 "만일 어떤 사

람이 진정으로 하나님을 기쁘시게 하기 원한다면"을 의미하고, 후자는 "만일 어떤 사람이 경건하다면," 곧 "하나님과 같은 마음에 속한다면" 이나 "하나님과 같은 정신에 속한다면"을 의미한다. 주께서는 하나님의 진리에 대한 믿음은 확실히 하나님과의 이러한 동질성congeniality에서 나온다는 것과 다른 한편으로 불신앙은 하나님과의 이러한 동질성의 결여 때문이며, 그러므로 불신앙은 그러한 결여에 대한 증거라고 말씀하신다. 이것이 이상의 주제의 진리에 대한 직접적인 진술이다.

- 그것은 우리 주Lord와 성경 기자들의 다른 많은 선언들에 의해 입증된다. 그리스도는 "하나님이 너희 아버지였으면 너희가 나를 사랑하였으리니"라고 말씀하신다. 그는 유대인들의 불신앙과 그에 대한 그들의 거부를 한결같이 그들의 사악함의 탓으로 돌리신다. 그들이 그를 거부하고 혐오했던 것은 그들이 그들의 아비 마귀에 속했기 때문이었다.

사도 요한은 "하나님을 아는 자는 우리의 말을 듣는다"는 것과 믿는 자들은 그들 안에 진리에 대한 증언 혹은 증거를 갖고 있다고 주장한다. 성령이나 거룩하신 자the Holy One로부터의 기름 부음은 하나님의 모든 백성에게 주어지며, 이에 의해서 그들은 진리를 안다. 바울은 자연인이나 거듭나지 않은 사람은 성령의 일들을 이해하지 못한다는 것과 영적인spiritual, 신령한 모든 사람은 모든 것을 이해한다perceives고 말한다. 또 다른 곳에서 그는 "만일 우리의 복음이 숨기우면 그것은 잃어진 자들에게 숨겨진다"고 말한다. 이것이 성경의 한결같은 교리이다.

- 그것은 또한 경험의 교훈이기도 하다. 선한 자들은 한결같이 진리를 믿지만, 사악한 자들은 그것을 불신하고 무시한다. 여러분이 교회의 역사를 추적해 본다면 한편으로는 진리와 경건이 연합되어 있고, 다른 한편으로는 오류와 불신앙이 결부되어 있음을 쉽게 발견할 것이다. 오류가 심각하면 심각한 것일수록 그것을 받아들이는 자들의 죄악됨에 대한 증거는 그만큼 더욱 명백하다. 이것은 가장 낮은 수준에서 가장 높은 수준에 이르기까지, 중요하지 않은 교리들에 대한 부인에서 불신앙

에 이르기까지, 모든 경우의 오류에 대해서도 사실이다.

여러분이 세계를 여행해 보면 도처에서 동일한 사건이 일어나고 있음을 발견할 것이다. 영국과 프랑스와 독일의 이교도들이 한결같이 불경하며 전반적으로 부도덕하다. 결코 여러분은 그들에게서 경건에 대한 증거, 곧 신앙적인 경험과 관련되는 모든 진리에 대한 확고한 믿음을 발견하지 못할 것이다. 그러므로 경험은 성경과 일치한다. 신앙적인 진리에 관한 한 인간의 믿음은 그의 마음의 상태에 달려 있다.

• 본 주제에 관한 요지는 유추analogy에 의한 것이다. 진리에는 다른 종류의 것들이 있다. 이러한 진리들을 구별하기 위해 이지에 전달되는 것으로서 수학적인 진리와 과학적인 진리 그리고 역사적인 진리 등에 대하여 우리는 사색적인 진리들이라 부를 수 있다. 미각이나 아름다운 것들에 대한 감각에 전달되는 어떤 진리들은 심미적인 것들이다.

아름다움에 대한 표준이 있다. 자연과 미술과 문학에 있어 어떤 것들은 기쁨을 주고 어떤 것들은 역겨움을 야기시킨다. 이것은 필자의 독단이 아니다. 어떤 것들은 도덕적인 것들이어서 그러한 것들에 대한 이해를 위해서는 도덕적인 감각을 전제로 한다. 어떤 것들은 신앙적이거나 영적인 것들로서 그것들에 대한 적절한 이해를 위해서는 신앙적이거나 영적인 마음 상태를 필요 조건으로 한다.

이러한 부류의 진리들 중 어떤 것에 대한 증거는 자체의 성격에 어울린다. 사색적인 진리들에 대한 증거는 이해력에 전달될 뿐만 아니라 그것들을 이해하고 받아들일 지적인 능력을 요구한다. 그리고 그러한 진리들은 지적인 동의를 강요한다. 심미적인 진리에 대한 증거는 교화와 순화를 전제로 한다. 만일 어떤 사람이 상당한 교육을 받고 고도로 교화된 사람들이 아름답다고 선언하는 것의 그 아름다움을 부인한다면 그것은 그의 감식력의 결여에 대한 명백한 증거다. 사람의 감식력이 정당하게 판단받게 되는 표준은 아름다운 것을 진정으로 기뻐하는 것이다.

도덕적인 진리들에 대해서도 그렇다. 선한 사람은 도덕적으로 올바르고 선한 것에 대하여 필연적으로 찬성한다. 만일 어떤 사람이 십계명을 악하다 거나 산상보훈을 부도덕하다고 선언한다면 그것은 그 자신이 부도덕하다는 명백한 증거이다.

결론

• 사람은 자신의 믿음에 대하여 책임이 없다는 견해의 어리석음. 이러한 것은 한 영역에 있어 참된 공리를, 그것이 참될 수 없는 다른 영역에 전하고 있는 것과도 같은 것이다. 우리의 인격은 우리의 믿음에 의해 결정된다. 왜냐하면 우리의 믿음은 우리의 인격에 좌우되기 때문이다.

• 그러므로 우리는 우리의 불신앙을 이유로 하여 겸손해야만 한다. 따라서 불신앙을 둔감하고 나태한 마음에 대한 증거로 보아야만 한다.

• 우리는 우리의 믿음의 힘을 강화시키는 참된 법을 알고 있다. 따라서 우리는 거룩함에 있어 성장해야만 한다.

• 신자의 위로와 안전. 어떠한 사색적인 반론도 도덕적이거나 신앙적인 증거에 기초되어 있는 믿음을 파괴시킬 수 없다. 과학은 십계명의 그릇됨을 결코 증명할 수 없다.

158. 신자의 거룩

"너희는 이 세대를 본받지 말고 오직 마음을 새롭게 함으로 변화를 받아 하나님의 선하시고 기뻐하시고 온전하신 뜻이 무엇인지 분별하도록 하라"

로마서 12:2

세상

'세상'에 해당되는 헬라어 단어로는 코스모스^{κόσμος}와 아이온^{αἰών}이 있다. 이 두 단어는 의미에 있어서 매우 다르지만, 그러나 종종 같은 뜻으로 사용된다. "너희는 세상에 속하지 아니했고" "내가 세상에 속하지 아니함 같이" "세상을 사랑치 말라" "세상이 너희를 미워하느니라" 등과 같은 문맥에서는 "세상"이란 단어가 교회나 하나님의 백성과 구별되는, 거듭나지 않은 다수의 사람들을 의미한다. 이러한 의미에서 세상은 사탄에 속해 있으며, 그것은 그의 왕국이다. 세상은 통치하는 영을 갖고 있으며, 그것은 자체의 법칙과 공리들을 갖고 있다. 세상의 방법들과 관습들은 세상을 통치하는 영에 의해 결정된다. 세상은 욕망과 추구의 대상을 갖고 있다. 그리고 그것의 완성이 있으니 곧 멸망이다.

세상을 본받는다는 것

• 그것은 우리의 삶의 지배적인 법칙에 있어 내적으로 세인들과 같이 되는 것이다. 즉 그것은 세속적인 정신과 세속적인 것들로 점유되고, 그러한 것들에 관심을 갖는 정신, 돈을 목적으로 하고 이기적이며, 속세^{earth-}

^{ly}의 정신을 갖는 것을 의미한다.

- 그것은 우리 자신이 세상의 공리들과 방법들에 의해 지배받는 것이며, 따라서 우리가 "무엇이 옳고 그른가? 무엇이 하나님의 뜻에 일치하는가?"를 사려깊게 문제 삼는 것이 아니라 "사람들은 어떻게 하는가? 사회의 관습은 무엇인가?" 또는 "여론은 무엇을 요구하는가?"를 문제 삼는 것이다. 이에 대하여 허다한 사람들과 자신들을 그리스도인이라 부르는 많은 사람들이 가장 노예적이며, 멸망을 초래하는 복종을 한다.

- 그것은 우리 자신이 세상에 의해 끌려다니므로 우리의 삶의 양식에 있어 우리가 구하는 대상들과, 우리의 오락과, 우리의 전체 행위에 있어 세인들과 구별할 수 없게 되는 것이다.

세상을 본받음의 결과들

- 생각과 행위에 있어 세상과 같이하는 자들, 곧 정신과 추구하는 대상과 행동 법칙과 전체 삶의 양식에 있어 세상과 구별할 수 없는 자들은 의심할 바 없이 세상과 함께 멸망할 것이다. 만일 현세에서 세상과 구별되어 살지 않는다면 그들은 내세에서도 구별되지 않을 것이다 $^{함께 멸망할}$ $_{것이다}$.

- 세상을 본받는 것은 교회와 세상 간의 모든 구별을 말살시킨다. 그것은 선^{good}을 위한 교회의 능력을 파괴한다. 그것은 교인들의 신앙고백이 거짓임을 드러낸다. 그들은 세상과 육신과 마귀를 포기한다고 고백한다. 그러나 기독교 신앙을 고백하는 자들이 불신자들처럼 부를 추구하는 데 열렬하고 사소한 오락에 몰두하며, 직무수행에 있어 무절조^{無節操}할 땐 그러한 신앙고백은 한결같이 모순된다.

- 세상을 본받는 것은 영성에 대하여 파괴적이다. 세상을 본받으면서 하나님을 가까이하여 산다는 것은 불가능한 일이다. 그것은 그리스도인으로 숱한 위험과 시험에 이르게 한다. 그것은 성령을 슬프게 하며, 그로 그의 감화력을 철회케 한다.

본받음의 결정

우리는 무엇이 세상에 대한 죄악된 본받음이며, 무엇이 그러한 본받음이 아닌가를 어떠한 법칙에 의해 결정해야만 하는가? 이러한 질문은 실제적인 난제라기보다 이론적인 난제다.

- 실제로 그리스도의 영으로 충만하고 그를 섬기는 데 헌신하는 사람은 무엇이 세상에 대한 죄악된 본받음이며, 무엇이 그러한 본받음이 아닌지를 결정함에 있어 많은 어려움을 발견하지는 않을 것이다.

- 세상^{거듭나지 않은 자들}이 행하는 것들이 많이 있으며, 그 자체가 본질적으로 죄악될 뿐만 아니라 물론 그리스도인들이 피해야만 할 것들이 많이 있다.

- 그다지 중요하지 않은 것들에 관련하여 성경이 진술하는 법칙은 사람은 다른 사람을 판단해서는 안 된다는 것과 무엇이 자신의 영적인 유익에 해가 되고 무엇이 해가 되지 않는지 스스로 결정해야만 한다는 것이다.

- 또 다른 법칙은 우리는 그 자체 비록 우리 자신에게는 해가 되지 않는다 하더라도 다른 사람들에게 해가 되는 것들은 피해야만 하다는 것이다.

- 또 다른 법칙은 도박, 춤, 영화 등과 같이 육적으로는 무해하다 하더라도 실제로 혹은 사람들의 마음에 있어서 해악과 관련되어 있는 것들을 피해야만 한다는 것이다.

- 세부적인 복장과 삶의 양식에 관한 일정한 법칙이 모든 사람과 모든 지역에 적용되지는 않았다. 그러한 법칙은 관습, 지위나 다른 우연적인 환경에 좌우된다. 사소한 양식들에 얽매일 땐 바리새인적이 되며, 신앙을 외적인 것들에 있게 할 큰 위험이 있다.

세상을 본받음을 예방하기 위해 노력함에 있어 목회자들은 어떻게 행동해야만 하는가?

- 그들 자신과 자신들의 가족을 통하여 훌륭한 본을 보여주어야만 한다.
- 그들은 헌신적인 경건한 정신을 함양하고 그들의 신자들로 선한 일에 관심을 갖게 하여 바쁘게 해야만 한다.
- 그들은 그들의 신자들의 양심을 교화시키고 강요보다는 동기에 의해 관리하도록 노력해야만 한다.
- 그들은 하나님의 말씀에서 금하지 않는 어떤 것에 대해서 결코 교회의 규칙에 호소해서는 안 된다. 징계의 유일한 근거는 범죄다.

159. 신자의 고난

"또 자기 십자가를 지고 나를 따르지 않는 자도 내게 합당하지 아니하니라"

마태복음 10:38

믿는 자로 산다는 것

성경 전체를 통하여 구원의 방법과 조건에 관한 두 가지 표현법이 있는데, 하나는 영생을 얻는 것을 쉬운 것으로 묘사하고, 다른 하나는 그것을 어려운 것으로 묘사한다. 우리는 "믿고 세례를 받는 사람은 구원을 얻을 것"이라는 것과 "누구든지 사람 앞에서 나를 시인하면 나도 하늘에 계신 내 아버지 앞에서 저를 시인할 것"이라는 말을 읽어볼 수 있다. 우리는 천국에 올라가라거나 지옥으로 내려가라는 말을 듣게 되는 것이 아니라 단지 하나님께서 예수를 죽은 자로부터 일으키셨다는 것을 "마음으로 믿고 입으로 시인"하라는 말을 듣게 된다.

"누구든지 주의 이름을 부르는 자는 구원을 받으리라." 이것은 우편 십자가에서 죽어가던 강도의 경우 외에도 숱한 경우들에 의해 예증된다. 이 말씀은 매우 중요하다. 우리는 어떤 의미에서는 우리로서 할 것이 아무것도 없는 구원의 방법을 필요로 한다. 우리는 우리의 죄를 속할 수 없다. 우리는 영생을 기대할 만하지도 않다. 우리는 우리 자신의 마음을 변화시킬 수 없다. 그러나 우리에게는 모든 것을 우리를 대신하여 행하신 구주가 계시다. 이러한 견해로 볼 때 우리에게 요구되는 것은 우리는 기꺼이 구원받게 되어야만 한다는 것이다. 우리는 구원을 받아들이는 자들^{recipients}이자 그 대상자들이지, 구원의 대행자들·agents이 아니다.

그러나 다른 한편으로 우리는 구원받는 의인이 거의 없다는 말을 읽어볼 수 있다. 우리는 "두렵고 떨림으로 너희 구원을 이루라"는 것과 "좁은 문으로 들어가기를 힘쓰라"는 것, "많은 사람이 천국에 들어가기를 힘쓰되 들어가지 못하리라"는 것을 읽어볼 수 있다. 우리는 육신을 십자가에 못 박고 세상을 이기며, 사탄의 계교에 저항해야만 한다. 우리는 영적으로 노동자, 군인, 씨름하는 자들이며, 예상할 수 없는 경주에 있어서의 경주자들이다.

이상과 같은 두 가지 형식의 표현은 물론 서로 일치한다. 전자의 표현들은 그리스도의 역사와 이it에 대한 우리의 사유私有에 관계되고, 후자의 표현들은 우리가 하나님과 맺게 되는 새로운 관계에 일치하여 행하는 것에 관계된다. 어떤 가족에로의 양자 결연을 받아들이기란 쉬울 수 있어도, 그 가족에 어울리게 살기란 어렵다. 두 눈을 뜨게 함을 받고 마른 팔을 회복되게 함을 받기란 쉬울 수는 있어도 그러한 회복된 지체들을 하나님의 뜻에 일치되게 사용하기란 어렵다. 믿는다는 것이 어떤 의미에서는 쉽다. 그러나 믿는 자로서의 삶을 살기란 곧 우리의 믿음이 진정한 것임이 입증되도록 살기란 어려운 일일 수 있다.

- 구원의 조건들 중 하나, 곧 우리가 참으로 그리스도를 믿고 그에게 속한다는 것을 입증하기 위해 우리가 해야만 할 뿐만 아니라 믿는 모든 사람이 노력해야 할 것 중 하나는 거룩한 삶을 사는 것이다. 즉 우리는 모든 죄를 피하고 하나님과 우리의 동료 인간들에 대하여 모든 올바른 감정affections을 발휘하며, 그의 영광과 섬김을 위해 헌신해야만 한다.
- 우리가 해야 할 또 한 가지는 그리스도를 위해 기꺼이 고난받는 것이다. 십자가는 고난의 상징이다. 십자가를 진다는 것은 고난을 견디는 것이다. 본문은 이것이 주께서 의미하고 계신 것임을 보여준다.
- 우리가 해야 할 또 한 가지는 우리가 그리스도를 그 어떤 대상보다도, 곧 우리의 생명보다도 더욱 사랑해야만 하는 것이다. 그러므로 만일 그

리스도를 섬기기 위해 세속적인 모든 속박을 단절할 필요가 있다면 우리는 그러한 희생에 즉시 복종해야만 한다.

그리스도인의 고난

이러한 것들은 성취하기에 어려운 조건들이지만, 그러나 그러한 것들은 필수적이며, 합리적이다. 우리가 기쁨으로 기꺼이 수행해야만 할 것들 외에는 어떠한 것도 요구되지 않는다. 어려움은 그러한 일의 성격에서보다는 우리 자신의 상태에서 일어난다. 만일 우리가 마땅히 되어 있어야 할 상태로 있다면, 곧 만일 우리가 그리스도에 대한 믿음과 사랑으로 충만해 있다면 우리는 그러한 모든 일이 쉬운 것임을 발견할 것이다. 초대 그리스도인들은 그들의 재산 빼앗김에 대한 감수를 어려운 것으로 알지 않았으며, 그러한 일을 기쁨으로 참았다. 바울은 심한 박해와 위험 중에서도 복음을 전하고, 복음을 위해 수고하고 고난받는 것을 어려운 것으로 알지 않았다. 그는 그리스도의 대의명분을 위해 수행하고 겪도록 부름받았던 모든 일에 즐거워했다.

더욱이 이러한 일은 순교자와 신앙고백자 그리고 선교사들을 포함하여 교회의 전 역사에 의해 실증되고 확증된다. 그들은 지상에서 가장 행복한 자들이었다.

그러므로 우리는 다음과 같은 것을 명심해야만 한다.
- 우리는 그리스도를 위해 기꺼이 고난받고 그를 위해 모든 것을 기꺼이 포기해야만 한다.
- 그러한 일을 하는 자들은 그러한 일을 함에 있어 지지받는다. 그들은 현세에서도 백 배로 보상받는다. 곧 그리스도의 가장 무거운 짐이 가볍게 된다.
- 그리스도를 위해 우리가 받는 가벼운 고난들은 앞으로 우리에게 나타날 영광과 족히 비교될 수 없다.

• 그리스도를 위해 고난받기를 거부하고 그리스도보다는 부모나 형제자매, 집이나 땅을 택하는 것은 현세와 내세에서 받을 수 있는 모든 상을 잃는 것을 내포한다.

자기 십자가

각 사람은 자기가 져야 할 십자가가 있다. 그것이 어떤 사람에게는 본문에서 의미하는 형식의 시련일 수 있고, 다른 이에게는 질병이나 신체의 약함일 수 있다. 그리고 그것이 또 다른 사람에게 있어서는 가난과 실패 또 다른 이들에게는 비난받음과 미약함 등일 수 있다. 그러나 어느 경우에서든 우리는 우리의 모범이시며 우리의 조력자와 상급이신 그리스도를 바라봄으로써 그 모든 것을 기쁨으로 견뎌야만 한다.

160. 신자의 헌신

"너희 안에 이 마음을 품으라 곧 그리스도 예수의 마음이니 그는 근본 하나님의 본체시나 하나님과 동등됨을 취할 것으로 여기지 아니하시고 오히려 자기를 비워 종의 형체를 가지사 사람들과 같이 되셨고 사람의 모양으로 나타나사 자기를 낮추시고 죽기까지 복종하셨으니 곧 십자가에 죽으심이라 이러므로 하나님이 그를 지극히 높여 모든 이름 위에 뛰어난 이름을 주사 하늘에 있는 자들과 땅에 있는 자들과 땅 아래에 있는 자들로 모든 무릎을 예수의 이름에 꿇게 하시고 모든 입으로 예수 그리스도를 주라 시인하여 하나님 아버지께 영광을 돌리게 하셨느니라"

빌립보서 2:5-11

묵상

아이작 뉴턴 경은 만일 자신이 다른 사람들과 다른 점이 있다면 주의력 the power of attention에 있다고 했다. 만일 이것이 사실이라면 주관적으로는 뉴턴 자신의 정신적인 발전에 있어서뿐 아니라 그것이 도달한 발견들에 있어 한 번의 주의력이 발휘한 역사는 실로 놀라운 것이다. 이것이 뉴턴에 있어 정확한 것이든 아니든 간에 그리스도인과 비그리스도인 간의 차이점은 하나님의 말씀이 효력을 얻기까지 충분히 오랫동안 묵상하는 능력이나 습관에 있다.

모든 위대한 작품들은 이지가 그것들을 충분히 소화할 시간을 요구한다. 예술 작품과 자연적인 작품, 곧 나이아가라 폭포, 알프스산맥이나 천체에 있어서도 그렇다. 하물며 성경의 중요한 교리들에 대하여는 한결같이 확고하게, 그리고 오랫동안 응시하며 묵상해야만 한다. 그리고 다른 유사한 경우들과 같이 본 절에서도 요구되는 것은 피동^{passivity}이다. 즉 여기서 필요로 하는 것은 능동적이고 활발한 사색이 아니라 명료하고 확실한 통찰이다. 이러한 통찰은 제시된 본 구절 외 다른 성경 구절들에 대해서도 필수적이다. 이 놀라운 빌립보서 2장 5-11절은 성경 전체를 통하여 비교될 만한 것이 거의 없는 번뜩이는 진리들이다. 만일 하나님께서 우리에게 은혜를 베풀어 주시기만 한다면 우리는 우리가 변화되어 승천되기까지 본 구절 앞에 앉아서 그 과정의 부단히 발전해 가는 경이로움과 영광스러움들을 주시해 볼 수 있을 것이다. 그러나 현재로서는 그러한 것이 우리의 의무는 아니다. 우리는 사도 바울의 권고와 그가 그것을 역설하기 위해 표현하는 동기를 숙고해 보아야만 한다.

그리스도인의 헌신

그가 우리에게 권고하는 의무는 전적인 자아 부인과 다른 사람들의 유익과 하나님의 영광을 위한 헌신이다. 이것은 그리스도의 실례에 의해 강조되는데, 그의 실례는 자아 부인과 헌신에 대하여 온 우주의 역사^{history}가 제공하는 가장 엄청난 실례를 제공한다.

- 그리스도가 누구였던가를 숙고해 보라. 그는 하나님의 형상으로 하나님과 동등하게 영원 전부터 존재하셨다. 어떤 것의 형상은 그 자체가 어떤 일정한 표현 양식이다. 하나님의 형상으로 존재한다는 것은 하나님께서 존재하시는 것처럼 존재하는 것이다. 그것은 하나님과의 동등함을 내포한다. 그러므로 그것은 그리스도는 하나님의 본체인 분이셨다는 것과 같은 의미의 표현이다. 본 절은 히브리서 1장 3절과 골로새서 1장 15절과 같은 의미의 것이다.

- 그가 하셨던 것을 숙고해 보라. ① 그는 자기를 드러내지 않으셨으며, 종의 형상을 취하시고 사람의 모양으로 나타나셨다. ② 그는 자신을 비우시고 그의 거룩한 위엄을 포기하셨다. ③ 그는 지상에 하나님으로서

나타나시는 대신에 일시적인 사람의 모양으로가 아니라 실제로 인간으로 나타나셨다. ④ 그는 인간이 되시어 우리와 같은 연약함과 슬픔들을 겪으셨다. 그러나 그는 그러한 것들에 의해 하나님이시기를 중단하지 않으셨다. 그는 인간의 형상을 입은 하나님이셨다. 그는 육신으로 지상에 태어나 살고, 고난받고 죽으신 하나님이다.

• 그러므로 그에 대하여 다음과 같이 부언된다. 즉 하나님과 동등이셨던 그가 자신을 낮추시어 사람들과 같이 되었고, 죽기까지 복종하시되 행악자처럼 십자가 위에서 죽기를 거절하지 않으실 정도로 복종하셨다. 본 주제가 전체 문맥을 통하여 변하지 않는다는 것에 주목해야만 한다. 하나님과 동등이셨던 그가 자신을 비우고 사람이 되시어 자신을 낮추시되 십자가에서 죽기까지 하셨다.

• 그가 왜 그렇게 하셨던가를 숙고해 보라. 그가 그렇게 하신 직접적인 목적은 다른 방식으로는 결코 성취될 수 없는 우리의 구속이었다. 그가 그렇게 하셨던 동기는 우리에 대한 사랑이었다.

사도 바울이 여기서 내리는 결론은 여기에 제시된 진리를 믿음으로 이해할 때 우리가 다음과 같은 일에 있어 그리스도처럼 헌신하리라는 것이다.

• 부정적으로는 우리 자신을 구하지 않음에 있어 헌신할 것이다.

• 다른 사람들의 유익과 하나님의 영광을 위하여 기꺼이 우리 자신을 낮춤에 있어 헌신할 것이다.

• 실제로 우리는 그리스도께서 하셨던 것처럼 모든 자기 본위를 포기하고 다른 사람들의 유익과 그리스도의 영광을 위해 헌신할 것이다. 만일 우리가 이와 같이 하지 않는다면 우리는 사도 바울이 그리스도에 관하여 기록해 온 것을 믿지 않는다는 것이 분명하다.

161. 그리스도를 위한 삶

"이는 기업의 상을 주께 받을 줄 아나니 너희는 주 그리스도를 섬기느니라"

골로새서 3:24

"그가 모든 사람을 대신하여 죽으심은 살아 있는 자들로 하여금 다시는 그들 자신을 위하여 살지 않고 오직 그들을 대신하여 죽었다가 다시 살아나신 이를 위하여 살게 하려 함이라"

고린도후서 5:15

목적의 불변이 필요하다

• 인격의 발전을 위하여 필요하다.

• 성공적인 삶을 위하여 필요하다. 하나님의 영광, 의무, 자선 등은 일관성과 힘을 제공하는 데 반하여 어떠한 지배적인 법칙도 없는 사람은 약하게 된다. 성공에 관해서 말하자면 위대한 결과를 얻게 되는 것은 한 가지 목적을 주도적인 것이 되게 하여 그 목적을 끝까지 추구함으로써다.

그리스도인의 삶의 원리

그리스도인의 삶에 일관성을 부여하는 것은 그리스도이시다.

• 그는 기독교 신학의 통일성의 원리the unifying principle이시다.

• 그는 그리스도인의 내적인 삶이나 그의 신앙의 원리이시다.

• 그는 그리스도인의 외적이며 실제적인 삶의 원리이시다. 우리는 바울에

게서와 그의 신학 그리고 그의 신앙 체험과 그의 외적인 삶에서 이 모든 것에 대한 실례를 본다. 그는 부정적으로는, 그의 주된 목적으로든 종속적인 목적으로든 자기의 부나 영예를 구하지 않았다. 그는 오직 그리스도의 영광만을 구했다. 우리가 해야 할 것은 바로 이것이다. 이것이 특히 현재 그리스도로부터 멀어져 가는 자들이 하기를 기대하는 것이다.

- 이것 ^{그리스도의 영광만을 구하는 것}이 우리의 의무이기 때문이다. 이것이 우리가 할 수 있는 가장 고귀한 일이기 때문이다. 이것 외에 우리가 무엇을 하든 그 모든 것은 결국 아무것도 아닌 것으로 간주될 것이다.

- 우리 자신의 내적인 거룩함과 행복은 그것에 의해 최선으로 진척될 것이기 때문이다.

- 우리는 오직 그것에 의해서만 실제로 유익하게 될 수 있기 때문이다. 또한 우리는 오직 그것에 의해서만 우리 자신을 성도들과 천사들과 연합시킬 수 있다. 그리스도의 나라 확장이야 말로 우리가 위해서 살 가치가 있는 유일한 것이다.

- 그리스도께서 우리를 위해 죽으셨기 때문이다. 따라서 사도 바울은 "만일 한 사람이 모든 사람을 위해 죽었다면 모든 사람이 그를 위해 살아야만 한다"고 결론지어 말했다.

162. 신자의 거룩함

"그런즉 사랑하는 자들아 이 약속을 가진 우리는 하나님을 두려워하는 가운데서 거룩함을 온전히 이루어 육과 영의 온갖 더러운 것에서 자신을 깨끗하게 하자"

고린도후서 7:1

고린도후서 6장 후반부에서 언급된 약속들은 이것이다.

"내가 그들 가운데 거하며 두루 행하여 나는 그들의 하나님이 되고 그들은 나의 백성이 되리라"고후6:16b

"너희에게 아버지가 되고 너희는 내게 자녀가 되리라 전능하신 주의 말씀이니라"고후6:18

정결

우리의 의무는 우리 자신을 죄로부터 깨끗케 하는 것이다.

• 이러한 죄들은 두 종류, 곧 육신의 죄와 영의 죄이다.

• 그러한 죄로부터 자신을 깨끗케 하는 것은 완전히 거룩하게 됨이다.

• 그것이 신앙의 형식이며, 그것은 하나님을 경외함에서 행해져야만 한다. 죄는 더러움a defilement이다. 그것은 불쾌할 뿐만 아니라 하나님의 작품으로써 인간의 내적 아름다움을 훼손시키고 손상시키는 무엇이다.

• 이것은 육신의 죄에 대해서도 진리다. 모든 거짓 종교에서는 이러한 부류의 죄가 죄악된 것으로는 부인되거나 가볍게 보여진다. 그러나 성경에 의하면 육신의 죄는 인간을 타락시킨다. ① 인간의 탁월함은 그의

복합적인 품성의 조화에 있으며, 우리의 성향에 있어 보다 하위에 있는 요소가 보다 고귀한 요소에로 적절하게 종속하는 데 있기 때문이다. ② 육신의 죄에 의해 이러한 조화와 종속 관계가 파괴되고, 세속적인 요소가 강화된다. 만일 육신이 완전한 주도권을 갖게 되면 인간은 야수가 된다. ③ 몸은 그리스도에게 속하며 구속의 대상이자 성령의 전이다. 즉 우리의 지체들을 불의의 도구로 삼는 것은 신성 모독이 된다. ④ 그러한 죄들은 성령을 슬프게 한다. 그러한 죄들은 유기reprobation에 대한 증거이자 결과다. ⑤ 그러한 죄들은 특히 자신의 탁월함과 사회의 안녕에 대해 파괴적이다.

- 불신앙, 회개하지 않음, 배은망덕 등과 함께 자만, 시기, 악의, 허영, 이기적임, 나태와 같은 영적인 죄들도 육신의 죄들과 마찬가지로 더러움이다. 그러한 죄들이 우리를 거룩한 존재들이 보기에 불쾌하게 한다.

우리는 자신을 그러한 죄들로부터 깨끗케 해야만 한다.
- 그리스도의 보혈로 씻음으로 깨끗케 해야 한다.
- 성령의 역사에 의해 깨끗케 해야 한다.
- 은혜의 방법들을 사용함으로 깨끗케 해야 한다.
- 해악을 피하고 거룩함을 성취함으로 깨끗케 해야 한다. 즉 하나님께서 거룩하신 것처럼 거룩하게 되기를 노력함으로 깨끗케 해야 한다.
- 하나님을 경외하여 행함으로 깨끗케 해야 한다.

우리는 신앙적으로 됨으로써만 도덕적일 수 있다. 사람들은 도덕을 포함하여 다음과 같은 것들에 대해서 다른 이론들을 제안한다.
- 우주의 행복에 관하여
- 우리 자신의 행복에 관하여
- 사물의 성격이나 정오正誤에 대한 본질적인 구별에 관하여
- 자존, 우리 자신의 영혼의 위엄에 관하여

그러나 그들의 모든 이론은 비신앙적이다. 그들은 하나님을 문제시하지 않는다. 하지만 신앙은 분명 도덕의 기초이다.

하나님의 약속

- 위대한 능력에 대한 하나님의 약속들이 성경에 기인한다. 그 약속들에 의해 우리는 하나님의 성품의 공유자들이 된다.
- 하나님의 약속이 그와 같이 능력이 있는 것은 우리로 하나님께 가까이 나아가게 하여 생명의 근원이신 그분과 교제할 수 있게 하기 때문이다.
- 본문에서 언급된 특별한 약속들은 거룩에 이르는 중대한 방법과 유도를 위한 것이다. 그 약속들은 ① 하나님의 임재 혹은 내주하심이다. ② 그의 사랑—"나는 그들의 하나님이 되고 그들은 나의 백성이 되리라" 또는 "너희에게 아버지가 되고 너희는 내게 자녀가 되리라"—이다. 이 약속은 우리가 영원히 누릴 모든 복을 내포한다.

만일 우리가 하나님에 대하여 이러한 친밀한 관계에 있게 되려면 우리는 거룩해야만 한다.

- 그렇지 않으면 그는 우리를 버리실 것이기 때문이다.
- 그렇지 않으면 우리는 그의 임재를 감지할 수 없을 것이기 때문이다. 또는 그의 사랑을 즐길 수 없을 것이기 때문이다.

우리는 죄와 하나님 중 하나를 택해야만 한다. 만일 우리가 죄를 마음에 품거나 죄에 빠진다면 우리는 하나님을 포기하는 것이다. 만일 우리가 하나님을 우리의 분깃으로 취한다면 우리는 죄를 포기하는 것이다.

163. 거룩한 신자의 의무

"너희는 열매 없는 어둠의 일에 참여하지 말고 도리어 책망하라"

에베소서 5:11

악한 자들과의 교제

빛과 어두움은 지식과 무지에 대한 친근한 비유다. 지식은 지적인 빛이며, 무지는 지적인 어두움이다. 그리고 우리가 알고 있듯이 성경에서는 지식과 거룩, 무지와 죄가 언제나 관계되어 있다. 하나님과 거룩한 것들에 대한 지식이 있는 자들은 거룩하며, 그리고 오직 그들만이 거룩하다. 그리고 성령의 일들을 모르는 자들은 거듭나지 않은 자들이다. 이것은 독단적인 용어가 아니다. 지식은 거룩함을 낳고 무지는 죄를 낳는다. 어두움의 일들은 하나님에 대한 무지에서, 곧 교화되지 않고 거듭나지 않았으며, 더러워진 인간의 영혼으로부터 기인하는 역사들이다. 그러므로 무지는 이교도들이 범하며, 거듭나지 않은 자들이 어디에서나 범하는 것들과 같은 모든 사악한 일들을 내포한다. 그러한 일들이 "무익한" 또는 "열매 없는"이라 표현되는데, 이는 그러한 일들은 거룩한 효력을 내지 못하고 유해하고 파괴적일 뿐이기 때문이다.

그러한 일들에 관한 한 우리의 첫째 의무는 그러한 자들과는 어떠한 교제도 갖지 않는 것이며, 혹은 어두움의 일들에 있어 불순종의 자녀들과 어떠한 친교나 교제도 갖지 않는 것이다.

여기서 금하여지는 것은 다음과 같은 것들을 내포한다.

• 사악함과의 동질성 또는 사악함을 만족해함.

• 사악함을 행하는 자들과의 교제나 친교. 우리는 죄를 즐거워하는 자들의 마음 상태를 공유해서는 안 되며, 죄를 범함에 있어 그들의 편을 들어서도 안 된다. 여기서 의미하는 사악은 단지 ① 심각한 부도덕한 행위를 내포할 뿐 아니라 ② 비록 이 세상에서는 사악한 것으로 간주되지 않는다 하더라도 하나님께서 보시기에 사악한 모든 행위를 내포한다. ③ 모든 불신자들의 특징을 이루는 전 과정의 행위와 오락^{amusement}이다.

사악함과의 친교는 다음과 같은 것일 수 있다.

• 내적인 것으로, 그것은 우리가 읽거나 주시하는 것에 의해 마음에 품어질 수 있다.

• 그것은 우리가 실제로 부정한 것에 관계하든 우리가 부정한 것을 묵인하거나 어떠한 방식으로든 그것을 지지할 때와 같이 외적인 것일 수도 있다. 이러한 외적인 사악은 다음과 같은 것들에 의해 행하여질 수 있다. ① 우리가 사용하는 말, ② 우리가 쓰는 글, ③ 그리고 우리의 행위이다. 신앙을 고백하는 상당수의 그리스도인들이 그들이 옹호하는 견해들에 의해, 그리고 그들이 행하는 행동의 과정에 의해 사악함과 친교한다. 그들은 사악함과 동질성을 나타내며, 그것을 증진시키기 위해 많은 것을 자행한다.

그리스도인의 의무

그러나 우리는 그러한 자들을 책망해야만 한다.

책망한다는 것은 ① 확신시키는 것이며, ② 꾸짖는 것이다. 그러므로 우리에게 과하여진 의무는 이것이다.

• 사악함을 직면하여 침묵하지 않는 것과 그것을 간과하지 말 것.

- 그것이 사악한 것임을 보여 줄 것. 사악함을 옹호하거나 행하는 자들에게 그것의 진정한 특성을 확신시켜 주어야 한다.
- 꾸짖는 것. 곧 사악함을 행하는 자들은 하나님을 노엽게 하고 자신을 결과적으로 하나님의 불쾌함의 대상들이 되게 한다는 것을 선언해 줄 것.

거룩한 신자의 의무는 다음과 같이 정리할 수 있다.
- 실행하기 어려운 것이다.
- 겸손, 지혜로움, 온유함, 율법 및 하나님의 영광에 대한 열정은 물론 자비로운 정신으로 수행해야만 한다.
- 그것은 설교단에서든 설교단 밖에서든 목회자들에 의해 공적으로 수행되어야만 하며, 기회가 그것을 요구할 땐 그리스도인들에 의해 사적으로 행하여질 수도 있다. 그러나 그것이 무익하거나 악화되리라는 것이 명백할 땐 하지 말아야 한다. 왜냐하면 우리는 진주를 돼지 앞에 던져서는 안 되기 때문이다.
- 그것은 공적으로보다는 사적으로 할 때 종종 더 잘 수행될 수 있다.

중요한 것은 거룩하게 되는 것이며, 성령에 의해 조명을 받는 것과 세상에서 빛으로써 빛을 발하는 것이다. 그렇게 함으로써 우리의 정신과 견해 그리고 행동은 사악함에 대하여 부단한 책망^{rebuke}이 될 것이다. 이러한 것은 우리가 세속에 더럽혀지지 않도록 우리 자신을 지킬 것과 하나님과 진리인 그의 말씀 및 그의 백성들과의 친교를 유지해야 할 것을 요구한다.

164. 하나님의 율법을 즐거워함

"오직 여호와의 율법을 즐거워하여 그의 율법을 주야로 묵상하는도다"

시편 1:2

율법의 다른 의미들

- 속박하는 것. 그것은 성경에서 계시되는 것이든 마음에 계시되는 것이든 생활 법칙으로서 하나님의 법이다.
- 예언서와 구별되는 율법이다.
- 복음과 구별되는 율법이다.
- 성경에 내포된 하나님의 모든 계시. 이것이 율법이란 단어가 시편에서 자주 사용될 때의 의미이며, 우리가 여기서 이 단어에 대하여 이해해야만 할 의미이기도 하다.

율법을 즐거워함

'즐거워하다'는 대체로 활기에 넘치는 만족과 기쁨으로 존중하는 것이다. 그러나 이러한 표현이 실제로 의미하는 것은 대상의 성격에 따라 좌우된다. 우리가 경치를 즐거워한다고 할 때 그것은 우리가 어떤 친구를 기뻐한다고 할 때 표현되는 것과는 매우 다른 마음 상태를 나타낸다. 또는 우리가 어떤 시poem를 즐거워할 때에도 그 마음 상태는 우리가 하나님의 율법을 즐거워할 때의 그것과는 매우 다르다. 즐거움에는 다음과 같은 것들이 있다.

- 성경에 대한 심미적인aesthetic 즐거움. 로버트 로우스Robert Lowth 주교가

히브리어 시에 관한 그의 작품에서 매우 강하게 표현했던 것은 이러한 즐거움이었다. 많은 사람들이 성경에 나오는 역사 이야기와 예언적인 계시, 그리고 인물 묘사 등에 대하여 매우 경탄해마지 않는다.

- 율법의 지혜와 성경의 규례들에 대한 지적인 즐거움. 그것의 법률과 정치의 원리들은 정치가와 법률 제정자들의 경탄을 받아왔으며, 현대 국가들의 모형이 되어왔다.

- 율법의 교훈의 순수함에 대한 단순한 기쁨. 이러한 기쁨은 율법의 신적 기원origin을 부인하는 자들에 의해 나타난다. 이러한 기쁨은 하나님의 율법을 즐거워한다는 말에 의해 성경이 의미하는 것과는 매우 다르다.

이러한 점에 관하여 성경은 다음과 같이 가르친다.
- 자연인이나 거듭나지 않은 사람은 하나님의 율법을 즐거워하지 않는다. 그는 그것을 즐거워하지 않을 뿐만 아니라 그것을 즐거워할 수도 없다. 이는 그가 성령의 일들을 알지 못하기 때문이다.

- 주의 율법에 대한 이러한 기쁨은 영적인 사람에게 있어 특별한 것이며, 성령의 감화에 의한 것이다. 이러한 감화는 이중적이거나 이중적인 효력을 낳는다.

첫째, 성령의 감화는 맹인의 눈을 뜨게 하는 것에 유사한 것으로서 마음 상태에 있어서의 주관적인 변화다. 이러한 변화는 영적인 시력, 곧 하나님의 일들의 영적인 탁월함에 대한 통찰력을 부여하는 변화다. 그러나 이것만으로는 충분하지 못하다. 어떤 사람은 어두운 곳에서도 시력을 발휘할 수 있다.

둘째, 성령의 감화는 진리를 계시해 준다. 즉 진리의 참된 성격을 제시해 준다. 이러한 것은 성령의 특별한 역사다. 이러한 역사는 어떤 때엔 다른 때보다 더욱 풍부하게 경험되어진다. 성령의 이러한 역사의 효력은 하나님의 율법을 즐거워하는 것으로, 이때의 즐거움은 다음과 같은 것들을 내포한다.

① 율법의 참됨에 대한 이해와 그것의 신적 기원에 대한 확신.

② 그것의 탁월함, 그것의 순결함, 그것의 공명정대함과 선함에 대한 이해. 하나님의 율법이 성령의 역사에 의해 이롭고도 도덕적으로 영광스러운 것으로 보인다.

③ 우리로 구원에 이르기까지 모든 거룩한 것들의 복됨을 확신시키고, 성화시키고, 위로하고, 지도하며, 지혜롭게 하는 그것의 능력에 대한 경험이 우리의 필요에 적절함을 경험하게 된다. 율법은 성령에 의해 이성적이며 도덕적인 존재들, 곧 죄인들로서 우리의 본성에 적절한 것으로 보이게 된다.

④ 하나님의 성품, 의무에 대한 법칙, 구원에 대한 계획, 그리스도의 인격과 역사, 미래의 상태 등을 계시해 주는 것으로 율법에 대한 묵종과 기쁨. 성경은 진리의 보고treasury, 약속의 보고, 영적 양식의 곡창granary, 불변의 생수의 강이다.

율법을 즐거워한다는 것

- 모든 시대 하나님의 백성들이 그의 법을 즐거워한다는 것은 사실이다.
- 만일 우리가 그의 백성이라면 우리에게 있어서도 어느 정도in a measure 그것이 사실이어야만 한다.
- 우리가 하나님의 법을 즐거워하면 할수록 우리는 그것에 그만큼 더욱 잘 순응하게 될 것이며, 그것을 그만큼 더욱 잘 가르치고 설교할 수 있을 것이다.

165. 하나님에 대한 충실함

"예수께서 이르시되 네 마음을 다하고 목숨을 다하고 뜻을 다하여 주 너의 하나님을 사랑하라 하셨으니"

■ 마태복음 22:37

충실함의 요구

충실함은 우리의 모든 의무에 있어 세심하고 정밀한^{혹은, 주의 깊고 면밀한} 수행을 확실하게 하는 정신적인 성향과 의도다. 신실한^{faithful} 부모, 신실한 공무원, 신실한 종, 신실한 그리스도인과 목사는 각기 모든 의무를 자기의 독특한 관계들을 고려하여 수행하기를 바라고 노력한다.

충실함은 자신의 모든 의무에 대한 지식을 요구한다. 그러므로 신실하기를 바라는 자들은 자신들이 해야만 하는 것에 대한 명백하고 정확한 지식들을 얻기 위해 노력할 것이다.

충실함은 모든 의무의 근거들에 대한 교화된 견해를 요구한다. 충실함이 없이는 그러한 의무들을 수행할 합리적인 어떠한 욕망이나 어떠한 확고한 결의도 존재할 수 없다.

충실함은 상충되는 모든 경향에 대한 우수성을 요구한다. 사람은 자신의 의무를 행할 욕망을 지닐 수 있으며, 그것을 수행할 전반적인 결의를 갖출 수 있다. 그러나 그러한 것들이 시험에 견디기에는 너무 약할 수도 있다. 자녀나 시민이나 목회자는 신실하려는 욕망을 가질 수 있고 자신의 의무를 수행할 전반적인 결의를 갖출 수 있다. 하지만 나태함과 쾌락에 대한 사랑과 어떤 종류의 이익에 대한 욕망 등이 그를 유혹하여 그의 가장 신성한 의무들을 경시하거나 게을리하게 할 수도 있다. 그러므로 하나님을 섬김에 있어서의 충실함은 다음과 같은 것을 요구한다.

- 인간들로서, 그리고 그리스도인들이나 목회자들로서 우리의 모든 삶에 관련하여 하나님께서 우리로 행하게 하실 것에 대한 지식.
- 우리 안에 그리스도의 뜻을 행할 욕망을 불러일으키고 우리가 모든 경우에서 하나님의 뜻을 수행하기 위해 노력할 계획을 우리로 세우게 할, 그에 대한 우리의 관계와 그에 대한 우리의 의무들에 대한 지식들.
- 실제로 그러한 욕망과 계획으로 우리의 모든 내적이며 외적인 삶을 지배케 할 정도의 그러한 욕망의 열렬함과 그러한 계획의 확고함.

충실함의 의미

그러한 의무에 대한 진술로부터 다음과 같은 사실이 명백하여진다.

- 충실함은 매우 쉬운 것이라는 것이다. 충실함에 대하여는 어떤 궤변적인 난제를 제기할 만한 것이 없다. 충실함은 그리스도께서 요구하시는 것을 행하고 그의 뜻을 실행하려는 욕망과 결의다.
- 충실함은 매우 광범위에 미치는 의무라는 것 또한 명백하다. 그것은 실로 다른 모든 미덕을 내포한다. 어떤 종이 신실하다고 할 때 그것은 그가 부지런하고 정직하다는 것, 요컨대 그는 자신의 모든 의무를 종으로써 수행한다는 것과 같다. 어떤 그리스도인이 신실하다고 할 때 그것은 그가 진리인 하나님의 말씀을 받아들이고, 그가 그의 신앙적이며 사회적인 모든 의무에 있어 근면하다는 것과 같다. 목회자에 대해서도 그렇다. 그가 신실하다고 할 때 그것은 그가 하나님의 말씀을 연구함에 있어 부지런하다는 것과, 그가 진리를 전하고 진리 외에는 아무것도 전하지 않는다는 것, 그는 언제나 그 같은 일을 수행한다는 것, 곧 그는 무식한 자, 사악한 자, 병자, 고통받는 자, 청년과 노인에 대한 목회자로서의 그의 모든 의무를 양심적으로 수행한다는 것과 같다. 그것은 또한 그가

자신의 사역에 헌신한다는 것, 곧 그는 자신을 그의 사역에 온전히 바친다는 것과 그는 결코 하나님과 재물, 그리스도와 벨리알[Belial], 자신과 그의 주인을 겸하여 섬기지 않으며, 그의 시선은 언제나 한 곳에 집중해 있고 그의 생명은 결코 나뉘지 않는다는 것과 같다.

- 충실해야 할 의무는 순전하고 광범위에 미칠 뿐만 아니라 항구적인 의무에 속한다는 것 또한 명백하다. 그것은 갚아지고 망각될 빚이 아니다. 그것은 특별한 때나 장소에서 시행될 봉사가 아니라 우리가 살아 있는 한 계속되어야 할 의무다. 우리는 죽을 때까지 신실해야만 한다. 만일 어떤 사람이 수년 동안만 신실할 수 있고 그 후에는 불신실하게 된다면 그의 이전의 충실함은 아무것도 아닌 것이 될 것이다.

- 이러한 의무는 순전하고 광범위에 미칠 뿐만 아니라 영속적인 것임으로 분명 지극히 어려운 의무다. 그것은 우리 자신과 세상에 대한 포기를 전제로 한다. 그것은 우리의 타고난 성품의 모든 악한 성향, 우리의 게으름과 열정, 세상 사랑, 인간에 대한 두려움, 부와 박수갈채의 욕망에 대한 정복을 전제로 한다. 그것은 우리가 봉헌 예물을 드릴 때와 같은 순간적인 행위로서가 아니라 그리스도께 우리의 전 존재를 바치는 것으로서 완전한 헌신을 전제로 한다.

- 이러한 의무는 우리가 다음과 같은 것들을 얻지 못하는 한 시행될 수 없다. ① 그리스도의 거룩한 위엄과 영광에 대한 가장 명백한 이해 및 그것에 대한 가장 강력한 믿음, ② 그가 우리의 구원을 위해 행하신 것의 가치와 그것의 절대적 필요성에 대한 가장 확고한 확신, ③ 우리는 그의 사랑의 대상들이며, 그를 통하여 하나님과 화해된다는 성경적인 소망과 확신이 그것이다.

- 우리가 언제든지 성령으로 충만하지 못하는 한 우리는 신실할 수 없으며, 단순하지만 고귀한 이러한 의무를 수행할 수 없다는 것이 그 무엇보다 더욱 명백하다. 우리가 그리스도 안에 살 수 있는 것은 오직 그가 우리 안에 사실 때뿐이다. 신실한 바울은 '나의 나 됨은' 그 자신의 노력

이 아니라 그와 함께하신 '하나님의 은혜'라고 말한다.

• 충성에 대한 격려의 말씀이 성경 전체를 통하여 충만하다.

166. 견고함

"그러므로 내 사랑하는 형제들아 견실하며 흔들리지 말고 항상 주의 일에 더욱 힘쓰는 자들이 되라 이는 너희 수고가 주 안에서 헛되지 않은 줄 앎이라"

고린도전서 15:58

본 절에는 두 가지 의무와 순종의 동기가 제시되어 있다. 첫째 의무는 견고함이다.

진리 안에서의 견고함

여기서 바울이 특별히 의중에 두고 있는 것은 이러한 견고함이다. 즉 그의 시대의 그리스도인들은 유대교와 그릇된 철학으로부터 큰 시험에 직면해 있었다. 우리들 또한 이러한 시험에 직면한다. 우리는 너무나도 진리로부터 떨어져 나가기 쉽기 때문이다. 이러한 위험이 얼마나 큰가는 교회의 역사에 의해 명시된다. 시대마다 교회는 그러한 시험에 의해 변절되어 왔고, 오늘날에도 그것은 모든 나라에서 다소간 외면되고 있다.

견고함의 방법

- 위험에 대한 의식이다.
- 진리의 근원에 관한 다음과 같은 일정한 원리를 숙지하는 것이 필요하다. ① 진리는 이성으로부터 기인하는 것이 아니라 계시에 기인한다. ② 그것은 성경에서 계시된다. ③ 성경은 개혁신학의 일정한 법칙에 의해

해석되어야만 한다. ④ 신학자의 임무는 단지 하나님의 말씀이 가르치는 진리를 확인하고 정리하여 그것을 옹호하는 것이다.

- 명료하고 확고한 확신에 이르기를 힘써야 한다.
- 하나님의 은혜에 의존함과 잘못된 믿음으로부터 보존되기 위한 부단한 기도가 필요하다.

믿음과 결의의 견고함

- 그리스도인이 되려는 확고한 결의를 가져야 한다.
- 성직의 사역에 전념하고, 그 외의 다른 어느 것을 위해서도 그것을 포기하지 않아야 한다.
- 하나님께서 우리를 부르시는 사역에 힘씀에 있어 견고해야 한다.

주의 일에 힘쓰라

둘째 의무는 주의 일에 힘쓰는 것이다. 힘쓰는 것은 게으름과 이기적임에 반대되는 것으로서 수고함에 있어 풍성하여지는 것^{to be abundant}이다. 그것은 우리의 시간과 재능 그리고 기회들을 부단히 활용함에 있어 적극적이고 부지런한 것이다.

주의 역사는 주께서 하시는 일, 곧 사람들을 가르치고 바로잡으며, 구원하는 일이다. 그것은 우리가 종사하는 어떤 세속적이거나 이 세상의 일이 아니라 주께서 성취하기 위해 하늘에서 내려오셨던 일이며, 그는 지금도 그의 역사를 그의 섭리와 천사들의 활동과 교회에 의해서 수행하시는데, 이러한 역사는 천국에서 완성될 것이다. 우리는 하나님과 그리스도와 성령의 동역자들이다. 그리스도의 역사는 위대하고도 영광스러운 역사로서 이에 비하면 그 외의 모든 것은 무가치하다.

순종해야 할 동기는 우리의 수고가 주 안에서 헛되지 않다는 것이다. 이것은 긍정적인 진술을 의미하는 부정적인 진술이다.

- 우리의 수고는 비효과적인 것이 아니다. 그 일은 비록 어려운 것이긴 하지만 절망적인 것이 아니라 확실히 성공적인 것이다.
- 그러한 수고는 우리에 관하여 헛되지 않다. 하나님께서 우리에게 승리를 보장해 주시기 때문이다.

167. 하나님과의 동행

"너희가 내 안에 거하고 내 말이 너희 안에 거하면 무엇이든지 원하는 대로 구하라 그리하면 이루리라 너희가 열매를 많이 맺으면 내 아버지께서 영광을 받으실 것이요 너희는 내 제자가 되리라 아버지께서 나를 사랑하신 것 같이 나도 너희를 사랑하였으니 나의 사랑 안에 거하라"

■ 요한복음 15:7-9

하나님과 동행한다는 것

"행하다^{walk}"는 "육신에 따라 행한다" "성령에 따라 행한다" "세상 방식에 따라 행하다" 등과 같이 삶의 특별한 양식을 나타내기 위해 성경에서 비유적인 의미로 자주 사용되는 단어다. 어떤 사람과 동행한다는 것은 그와의 한결같고 친밀한 친교나 교제를 나타낸다. 성경이 우리가 하나님과 동행함에 대하여 말할 때 이 단어는 바로 그러한 의미를 갖는다.

하나님과 동행한다는 것은 다음과 같은 의미다.

첫째, 하나님이 한 인격이심을 전제로 한다. 인격이 없다면 그와의 인격적인 교제는 불가능할 것이다. 그러므로 우리는 습관적으로 하나님에 대하여 이러한 면으로 생각해야만 한다는 것이 중요하다. 이것은 그의 무한하고 불멸적이며, 영원한 존재와 모순되지 않는다.

둘째, 그와 동행한다는 것은 그의 인격이 우리에게 접근할 수 있고 우리의 말을 들을 수 있으며, 우리와 교제할 수 있다는 것을 전제로 한다. 우리는 가브리엘 천사의 인격을 믿을 수는 있지만, 우리가 그와 동행할 수는 없다.

우리는 이미 세상을 떠난 성도들과 친구들의 계속적인 인격의 존재를 믿을 수는 있지만, 그러나 우리가 그들과 동행할 수는 없다. 우리는 그들에 대하여 회상할 수 있고 우리의 마음은 자주 과거의 그들을 연상해 볼 수는 있지만, 그러나 이러한 것은 감정의 문제일 뿐 실제적인 교제는 아니다.

셋째, 하나님과의 동행은 화해를 전제로 한다. "두 사람이 화합되지 않고서야 어떻게 그들이 동행할 수 있는가?" 하나님과의 동행에 대한 필수조건인 그와의 화해는 칭의와 성화를 내포한다. 그는 우리에 대하여 그의 율법의 선고하에 있는 것으로 여기기를 중단하셔야만 하며, 우리는 그와의 동질적인 마음을 가져야만 한다. 이 모든 예비 조건이나 선행 조건들이 갖추어지고 인정된다 하더라도 하나님과 우리는 여전히 실로 서로 낯선 존재들일 수 있다. 성경에서 말하는 하나님과의 동행은 일시적이며 이따금씩 교제 이상의 것을 의미하는 것으로서 진귀하고도 고귀한 도달^{attainment}이다. 보통 그리스도인들의 하나님과의 교제와 그와의 습관적인 동행 간에는 각각 차이가 있다. 즉 아무리 기분 좋은 것이라 하더라도 우리가 가끔 만나는 사람과의 이따금 갖는 교제와 친구나 우리의 가족 중 하나와의 일상적인 교제 사이에는 차이가 있다.

습관적인 교제

그러므로 하나님과의 동행은 그와의 한결같고 습관적인 교제를 의미한다. 즉 그와의 동행은 다음과 같은 것들을 내포한다.

- 그의 존재에 대한 지속적인 의식
- 그의 은혜^{favor}에 대한 부단한 의식
- 우리의 생각과 감정이 부단히 그를 향하여 나아감
- 인도와 도움과 위로를 위해 우리의 소원을 부단히 그에게 아룀
- 그의 응답에 대한 기대와 경험

교제는 일방적인 것일 수 없다. 여기에는 대화^{conversation}, 곧 제언^{address}

과 응답answer이 있어야만 한다. 하나님은 우리와 이러한 식으로 교제하신다. 그는 세상불신자들에 대하여는 하지 않으시는 것으로 그 자신을 그의 백성에게 계시하신다. 하나님은 그들에게 자신의 사랑을 확신시킨다. 그는 그들 안에 그의 약속들에 대한 확신을 불러일으키신다. 그는 그들의 마음에 그의 약속들을 상기시키고 그 약속들에 대하여 응답의 능력을 베푸신다. 그의 약속들이 그들의 요구들에 대한 그의 응답들이 된다. 이때에 하나님의 백성들은 하나님에 대한 믿음과 사랑 그리고 열심 등의 회복을 경험하는데, 그러한 회복이 영혼에 그의 임재를 알려준다.

하나님과의 동행은 상상에 의한 것이 아니다. 그것은 실제적인 것이며, 열광이 아니다. 그것은 어떤 이적적인 것을 전제로 하거나 음성에 의한 어떤 응답이나 비지성적인unintelligent 어떤 충동을 필요 조건으로 하지 않으며, 우리의 영혼과 함께하는 무한하신 성령의 임재에 대한 의식과 하나님께서 우리의 기도를 들으시고 응답해 주신다는 확신을 전제로 한다. 우리 모두는 하나님과의 이러한 동행에 대한 본보기들, 곧 그리스도를 통하여 하나님과의 습관적인 교제에서 살았던 사람들을 보아 왔을 것이다.

동행의 결과

하나님과의 이러한 동행의 결과는 다음과 같은 것들이다.

• 우리의 영혼과 마음을 어지럽히는 열정과 죄악들 그리고 세상의 염려와 근심들을 넘어 보다 높은 영역에로 이끌어 올려준다.

• 은혜 가운데서의 영혼의 급속한 성장을 이끌어준다.

• 모든 이해력을 초월하는 마음의 평안을 준다.

• 그것은 사람을 명백하고도 효능 있는 거룩한 후광으로 입혀 준다.

• 그것은 그로 모든 봉사와 시련에 적합하게 하고 대응케 한다.

어떻게 동행할 것인가?

• 앞서 언급했듯이 우리는 그리스도를 믿음으로 칭의를 얻고 하나님과

화해되어야만 한다.

- 우리는 알려진 모든 죄를 피해야만 한다.
- 우리는 골방에서 하나님과 친교를 가질 뿐 아니라 날마다 그를 우리 앞에 끊임없이 모셔야만 한다.
- 우리는 그의 인도와 도우심을 구하고 모든 것을 그에게 아룀으로써 부단히 그에게 말을 걸어야[address]만 한다.

168. 지혜로운 삶

"외인에게 대해서는 지혜로 행하여 세월을 아끼라"

골로새서 4:5

지혜

'지혜'란 단어가 성경에서는 포괄적인 단어다. 바울은 이 단어를 여러 학파의 철학, 인간의 이성과 그것의 가르침에 대하여 자주 사용하며, 때로는 신중함과 사려분별에 대하여, 때로는 하나님의 일들에 대한 지식과 이해 그리고 주관적인 의미에서의 신앙과 진리의 절정이며, 가장 고귀한 형식의 진리인 복음에 대하여 사용한다. 이 단어가 자주 주관적인 의미와 객관적인 의미로 사용된다. 이것은 "지식" "의" "소망" 등에 대하여도 사용된다.

이 지혜는 체계적이고 거룩한 진리이거나 그러한 진리를 진지하게 받아들이는 데서 야기되는 마음의 상태이다. 이 단어가 여기에서는 야고보서 3장 17절에서와 같이 후자의 의미로 사용된다. 우리의 행위는 바로 이러한 지혜에 의해서 특징지을 수 있다.

- 이 지혜는 위로부터 온다. 그것은 하나님의 선물이며, 우리 자신에 의한 미덕이 아니다. 그것은 초자연적이며 거룩한 것이다.
- 성결하다. 하그네^(αγνη)는 새로 세탁한 옷이나 목욕한 사람에 대하여 사용된다. 그것은 점이나 어떠한 종류의 더러움도 없는 상태이며, 성도들이 천상에서 입는 흰옷과도 같다.
- 화평하다. 부정적인 면에서 불화나 분쟁, 다툼을 일으키지 않는다. 그래

서 허물 들추기를 좋아하지 않고 논쟁적이지 않다. 또 긍정적인 면에서 화평을 증진시키고 불화를 화해시키며, 원한을 해소하고 분노를 진정 시킨다.

- 관용하다. 에피에이케스^{ἐπιεικής}는 "정중한" "예의 바른" 그리고 특별한 경우의 상황들에 각기 "어울리는" "맞는"을 의미한다.
- 양순하다. 유페이데스^{εὐπειθής}는 "순종적인" "도리에 따르는" 그리고 권고나 질책에 곧잘 "귀를 기울이는"을 의미한다.
- 긍휼과 선한 열매가 가득하다. 곧 친절한 감정이 충만하고 경건과 자선행위가 풍성하다.
- 편벽이 없다. 명백하고 오해의 여지가 없다. 여기서 편벽^{partiality}은 "…인 것으로 보이는 것" "…인 체하는 것"이다. 그러므로 이것은 다음 단어와 연관되어 있다.
- 거짓이 없다. 거짓은 언제나 "…인 체하는 것"이다. 이상의 것들이 우리가 이 세상에서 유지해야만 할 품행들이다.

세월을 아끼라

"외인"은 교회 밖에 있는 자들이며, "세월을 아끼라"는 모든 기회를 활용하여 선을 행하거나 그것을 해악으로부터 구하라는 의미이다.

- 그러한 삶의 탁월함이다.
- 그러한 삶이 우리의 신앙과 구주께 영예로운 것이다.
- 그러한 삶이 본질적으로 복된 삶이며 천상의 삶이다.
- 그러한 삶이 은혜의 삶이다. 만일 모든 그리스도인이 이와 같이 살기만 한다면 세상은 해하거나 상하게 할 것이 전혀 없는 하나님의 거룩한 산과 같이 될 것이다. 그리고 만일 교회가 그와 같이 행하기만 한다면 그곳은 천상의 안식처가 될 것이다.

169. 하나님을 향한 열심

"사랑에는 거짓이 없나니 악을 미워하고 선에 속하라 형제를 사랑하여 서로 우애하고 존경하기를 서로 먼저 하며 부지런하여 게으르지 말고 열심을 품고 주를 섬기라"
■ 로마서 12:9-11

하나님은 그의 존재, 지혜, 거룩, 의, 선하심과 진실하심에 있어 무한하고 영원하며, 불변하는 영이신 것으로 정의된다.

모든 피조물은 그의 광대하심 앞에서 무의미하게 되어 버린다. 모든 것은 그의 탁월하심 앞에서 무가치하게 되어 버린다. 그의 능력 앞에서 그 외 모든 것은 언약한 것들일 뿐이며, 그의 지혜로우심 앞에서 그 외 모든 것은 어리석은 것들일 뿐이다. 그는 만물보다 무한히 뛰어나심으로 만물은 그와 비교하면 아무것도 아닌 것과 같다. 그러므로 그의 영광과 그의 뜻과 그의 복되심이 만물에 대하여 생각할 수 있는 가장 숭고한 목적이다. 어느 것이든 이러한 목적과 비교하거나 경쟁시킨다는 것은 가장 어리석고 사악한 것이다.

그러나 하나님은 우리의 구속과 필요성들을 위하여 자신을 무한히 낮추시고 인간의 성정을 취하셨다. 즉 그는 인간의 모양으로 나타나셨다. 그는 율법 아래로 들어오셔서 그것의 저주를 담당했다. 그는 우리의 죄로 인하여 대신 죽으시고 우리의 칭의를 위해 살아나셨다. 아들의 위person로 계신 그는 만물보다 뛰어나시며 교회의 머리가 되신다. 그러므로 우리는 성육하신 하나님, 곧 창조자 하나님으로서뿐 아니라 구속자 하나님으로서, 그리고 우리와 공통된 성정에 의한 유대와 성령의 내주하심에 의해 우리와 연합되신 그에게 헌신하고 충성해야만 한다. 이분이 우리가 섬기도록 요청받는 하나님이시다. 그리스도를 섬기는 것이 하나님을 섬기는 것이다. 그리스도를 섬기지 않고 다른 방식으로는 하나님을 섬길 수 없다.

섬긴다는 것

첫째, 그것은 우리의 마음과 정신이 그의 뜻에 대한 계시에 내적으로 복종하는 것이다. 그것은 그의 선언적인 말씀에 대하여 신뢰하는 견해를 갖고 묵종하는 것이다. 그것은 그의 뜻과 우리의 모든 애착affection의 일치다. 우리는 그가 우리로 사랑하게 하는 것, 곧 그 자신의 백성과 온 인류를 사랑한다. 우리는 그가 혐오하는 것, 곧 죄, 사악한 열정, 무절제한 욕망, 세속적이거나 이기적인 정신을 혐오하고 피한다. 그리스도가 우리의 육신 혹은 외적인 삶뿐 아니라 영혼과 그것의 상태와 활동의 주이심으로 그를 섬긴다는 것은 우리의 모든 상상력과 생각을 그의 가르침에 복종시킴에 있을 뿐만 아니라 내적이며 영적인 삶에 있다.

둘째, 그리스도에 대한 섬김은 우리의 외적인 삶을 그의 뜻에 복종시킴에 있어서의 단속을 내포한다. 그것은 우리 행위에 있어 그의 종들과 자녀들로서 거룩하지 못하고 의롭지 못하며, 순결하지 않거나 어울리지 않는 것은 모두 피하는 데 있다. 그것은 우리의 개인적·사회적인 모든 의무, 곧 우리의 가족, 친구, 이웃, 교회와 국가에 대한 의무를 신실히 수행하는 것이다. 이 모든 것이 그에 대한 섬김이고 복종이다. 곧 그의 명령에 따라 그의 권위에 대한 존중에서 그를 기쁘시게 하고 영광을 높이기 위해 행해지기 때문이다.

셋째로, 그것은 그리스도께서 관계하시는 일을 성취하는 데 헌신함을 내포한다. 그는 인간을 구원하시고 세상을 구속하시며, 인간들로 진리에 대한 지식과 순종에 이르게 하시며, 모든 민족들로 하나님의 아들을 사랑하고 경배하며 복종하도록 하기 위해 오셨다. 그러므로 그리스도에 대한 섬김이 모든 일을 통하여 지향해야 할 목적이며, 교회가 구별된 목적이다. 그것이 또한 교회의 가장 숭고한 목적이다. 그것은 인류의 가장 고귀한 행복과 탁월함, 지적인 세계의 지선, 구속자의 최상의 영광을 내포한다.

섬김에서의 열심

우리는 이러한 섬김에 있어 열심히 하도록 요청받는다.

열심earnestness은 두 가지, 곧 목적의 확고함과 노력함에 있어서의 활력을 내포한다. 열심에 있어 감정은 그다지 문제되지 않는다. 어떤 사람은 열심에 있어 매우 열렬하면서도 침착할 수 있다. 대체로 흥분하거나 당황하는 사람은 거의 유익을 얻지 못한다. 그러므로 우리가 필요로 하는 것은 이것이다.

- 목적의 확고함. 이것은 우리가 여기서 고려 중인 목적과 우리에게 주어진 의무들의 위대함, 신성함과 중요함에 대한 확고한 의식이다. 그 결과, 부정적으로는 우리가 우리 자신 그리고 세상이나 사탄을 섬기지 않고 긍정적으로는 우리가 그리스도 안에서 하나님을 섬기며, 우리의 내적이며 외적인 삶을 그의 뜻에 따라 조정하고 우리의 시간과 노력 그리고 재능을 그의 나라의 진척을 위해 바치는 것이 우리의 존재 목적이 될 것이다.
- 그러한 목적을 수행함에 있어서의 활력. 우리가 겪는 것은 목적의 다양성에서 야기되는 산만함이다. 우리는 그리스도를 주된 목적으로 구하려고 결심하지만, 그러나 부수적인 삶의 목적들이 너무나도 많고 우리가 추구하는 것들이 그것 외에도 너무나 많기 때문에 우리의 삶에 있어 모든 일관성과 힘을 잃는다. 시냇물이 많은 수로로 나뉠 때 각각 가늘고 약하게 흐른다. 물의 흐름이 강하게 되는 것은 모든 물을 한 수로에로 흘러가게 함으로써만 가능하다. 우리의 삶도 그렇다. 만일 여러분이 그리스도를 열심히 섬기려면 여러분은 오직 그만을 섬겨야 한다.

170. 자아에 대한 지식

"내 속사람으로는 하나님의 법을 즐거워하되 내 지체 속에서 한 다른 법이 내 마음의
법과 싸워 내 지체 속에 있는 죄의 법으로 나를 사로잡는 것을 보는도다 오호라 나는
곤고한 사람이로다 이 사망의 몸에서 누가 나를 건져내랴 우리 주 예수 그리스도로
말미암아 하나님께 감사하리로다 그런즉 내 자신이 마음으로는 하나님의 법을 육신
으로는 죄의 법을 섬기노라"

■ 로마서 7:22-25

지식의 본질

지식의 모든 대상은 우리 자신과 우리 자신이 아닌 것, 나와 내가 아닌 것
의 두 제하에 내포된다. 이 두 구분은 광범위하긴 하지만 균등하지는 않다.
철학적으로 고려되는 자아에 대한 지식은 우리의 성정과 하나님과 세상에
대한 그것의 관계를 포함하여 인류학, 철학, 생물학, 정신분석학과 윤리학에
속한다. 여기에 인간 지식에 대한 가장 광범위하고도 가장 어려운 네 분야
가 있는데, 모두는 우리 자신에 대한 지식의 제하에 포함된다.

실제적으로 고려해 볼 때 자아에 대한 지식은 다음과 같은 것을 내포한
다. ① 지적인 존재로서의 우리 자신에 대한 정확한 이해, ② 우리의 특수한
성향과 성격의 특징들에 대한 정확한 견해, ③ 우리의 신앙적이거나 영적인
상태에 대한 정확한 지식을 내포한다.

지적인 존재로서 우리 자신에 대한 지식

• 우리의 특별한 지적 은사들에 대한 정확한 견해. 모든 사람은 제각기 다르다. 어떤 이들은 이러한 것에 재능이 있고 어떤 이들은 저런 것에 재능이 있으며, 어떤 이들은 인생에 있어 이런 것을 추구하고 어떤 이들은 저런 것을 추구한다. 그러한 것이 배워서 그렇게 된다는 것은 사실이 아니다. 이러한 점에서 우리 자신을 안다는 것은 매우 중요하다. 첫째, 우리의 직업을 결정함에 있어 알아야 한다. 둘째, 우리가 일할 분야를 결정함에 있어 알아야 한다. 따라서 잘못된 직업이나 일터를 택함으로 종종 중대한 오류들이 범하여진다.

• 우리의 상대적인 능력에 대한 정확한 견해. 첫째, 어떤 이들은 자신들을 낮게 평가한다. 둘째, 또 다른 이들과 대개의 사람들은 자신들의 재능을 과대평가한다. 따라서 전자는 의기소침에 빠지고, 후자는 자만과 허영 그리고 종종 엄청난 오류에 빠진다.

성격에 대한 지식

• 우리의 타고난 성향에 대한 지식

• 자만, 허영, 성내기를 잘함, 이기주의, 트집 잡기 좋아함, 까다로움, 완고함 같은 우리의 성격상의 특징들에 대한 지식

우리의 영적 상태에 대한 지식

• 우리의 회심의 실상에 대한 지식

• 우리의 절대적이고 상대적인 신앙 상태에 대한 지식

　이러한 문제들에 있어 자아에 대한 무지는 매우 일반적이다. 예를 들면 바리새인들과 가톨릭 교도들과 박해자들 그리고 대체로 모든 종류의 광신자들의 경우에도 그러하다. 참된 그리스도인들도 종종 망상에 사로잡힌다.

왜 자아에 대한 바른 지식을 얻기 어려운가?

자아에 대한 지식을 얻기가 어려운 이유들은 다음과 같은 것들에 있다.

• 본 주제, 곧 영혼의 성격

• 자기 사랑과 죄에 대한 잘못된 보도기관^{medium}

• 적절한 주의의 결여

• 지식과 인격 그리고 신앙에 관한 판단의 잘못된 규범

자아에 대한 바른 지식을 얻으려면?

• 자아 성찰과 부단한 주의를 기울여야 한다.

• 하나님의 말씀을 빛과 법칙으로 삼아야 한다.

• 성령의 조명을 구해야 한다.

• 동료들과의 접촉을 통해 얻을 수 있다.

• 우리에게 우리가 어떠한 존재인가를 계시해 주는 섭리적인 시련들을
  통해 얻을 수 있다.

171. 자아 성찰 (1)

"여호와여 내가 깊은 곳에서 주께 부르짖었나이다 주여 내 소리를 들으시며 나의 부르짖는 소리에 귀를 기울이소서 여호와여 주께서 죄악을 지켜보실진대 주여 누가 서리이까 그러나 사유하심이 주께 있음은 주를 경외하게 하심이니이다 나 곧 내 영혼은 여호와를 기다리며 나는 주의 말씀을 바라는도다."

■ 시편 130:1-5

자아

자아[self]같이 중요하고 불가사의한 것은 없다. 그렇다면 자아란 무엇인가? 자아의 정체는 어디에 존재하는가? 그것은 실재하는 어떤 것인가, 아니면 단지 현상적인 것인가? 혹자들에 의하면 "자아란 단지 한 번의 파도가 바다의 한 형식이듯이 무한의 일시적인 한 형식일 뿐이다. 따라서 자아란 별 가치가 없다"고 한다. 다른 이들에 의하면 "우리가 자아라고 부르는 것은 단지 육신의 성정[affection]일 뿐이며, 그러므로 그것은 육신이 분해되어 소멸할 때 중단된다"고 한다. 성경과 사람들의 공통된 판단에 의하면, 자아는 독립된 실체[substance]와 실제[subsistence]로서 어떤 본질적인 고유의 성질 혹은 속성들, 곧 감정과 의지와 더불어 도덕성을 갖고 있는데, 도덕성이라 할 수 있는 것은 그것이 이성적인 특성을 갖고 있기 때문이다. 만일 이러한 본질적인 속성들 중 어느 하나가 결여된다면 자아, 곧 인간성은 존재하지 않는다.

이 자아는 불멸하며, 그러므로 그것의 가치는 무한하다. 그것의 미래의 운명은 그것의 특성^{character}에 달려 있다. 그러므로 그것의 진정한 특성을 안다는 것은 형언할 수 없이 중요하며, 자아 성찰 또한 그와 같이 중요하다.

이러한 일에 있어서는 자아가 주체요 비판자이며 증인이다. 그러나 자아가 우리의 법칙이나 표준은 되지 못한다. 이러한 것들은 정하여지고 불변적인 것으로서, 그것들은 우리들 밖에 있으며, 우리들보다 높은 권위에 의해 정해진다. 그 표준은 바로 하나님의 말씀인데, 이것에 의해 사람들이 어떠하며 어떠해야만 하는가를, 그리고 그리스도인이란 어떠하며, 무엇이 그리스도인의 인격과 일치하며 일치하지 않는가를 가르쳐 준다.

자아 성찰의 이유

자아 성찰에 의해 세 가지 목표가 이루어져야만 한다.

첫째, 회개와 그리스도에 대한 믿음에 필요한 것으로서 죄에 대한 확신이다. 죄인이 자신의 유죄를 확신하게 되고 자신이 하나님의 진노의 대상임을 깨닫게 되는 것, 자신의 타락상을 확신하게 되고 자신을 혐오하게 되는 것, 자신의 무력함을 깨닫고 그리스도를 믿을 준비를 하게 되며, 구원을 위해 그를 바라보게 되는 것은 자신을 성찰하고 자신을 율법과 비교해 봄으로써이다.

둘째, 성경은 우리에게 그리스도인이란 어떠한 사람인가를 가르쳐 주고, 따라서 우리가 그리스도인인지 아닌지를 결정할 수 있게 해 준다.

그리스도인은 다음과 같은 사실을 믿는 사람이다.

• 예수는 하나님의 아들이시다.

• 그는 선지자 혹은 결코 잘못될 수 없는 선생이시다.

• 그는 우리의 죄 때문에 자신을 제물로 드림으로 우리로 하나님과 화해 시키신 대제사장이시다.

• 그는 우리의 신실하고 절대적인 주권자이시다.

그러므로 우리는 그의 뜻에 복종하지 않을 수 없고 우리는 보호를 위해 그를 신뢰해야만 하며, 그를 섬기는 데 헌신해야만 한다. 따라서 그리스도인은 이러한 진리들이 그의 내적·외적인 삶에 대하여 지배적인 영향력을 발휘하는 사람이다.

그렇다면 예수가 우리의 하나님이신가? 우리는 그를 그와 같은 분으로 사랑하고 경배하는가? 우리는 그의 모든 가르침을 받아들이는가? 우리는 그의 희생과 중재를 신뢰하는가? 우리는 그를 우리의 왕으로서 복종하고 신뢰하며 섬기는가? 만일 그렇다면 우리는 그리스도인들이다. 이러한 질문들은 우리의 경험들을 살펴봄으로써보다는 우리의 삶의 법칙들과 목적 그리고 삶의 양식을 고찰함에 의해서 해결되어야만 한다.

자아 성찰의 셋째 목표는 그리스도인으로서 우리 자신을 아는 것이다. 곧 우리의 행위가 일관되어 있고 그러한 행위의 동기들이 순수하며, 거룩한 삶에 있어 우리의 발전이 마땅히 전진해 있어야 할 위치에 와 있는지를 확인하는 것이다. 이러한 자아 성찰은 매일 행해져야만 한다. 우리는 매일 자성함으로써 우리가 어디서 실패했던가를 알아야만 한다.

172. 자아 성찰 (2)

"우리가 알거니와 우리의 옛 사람이 예수와 함께 십자가에 못 박힌 것은 죄의 몸이 죽어 다시는 우리가 죄에게 종 노릇 하지 아니하려 함이니 이는 죽은 자가 죄에서 벗어나 의롭다 하심을 얻었음이라"

■ 로마서 6:6-7

자아 성찰

자아 성찰과 자아에 대한 지식의 목적은 다음의 내용을 확인하는 데 있다.
- 우리가 어떠한 사람인가, 곧 우리가 하나님의 자녀들인지의 여부
- 우리가 거룩한 삶에 있어 성장하고 있는지의 여부, 곧 우리의 전체 행위가 일관되어 있는지의 여부
- 어떤 경우에 있어 우리가 복음에 일치되게 행동해 왔는지의 여부

자아 성찰은 다음과 같은 것을 요구한다.
- 판단의 바른 척도는 하나님의 말씀이다. ① 그것은 우리의 상태나 행위에 관련하여 종종 법칙이 되고 있는 다른 사람들의 경험이나 행동이 아니다. ② 그것은 여론이 아니며, 우리가 속한 어떤 부류의 표준도 아니다. 상인, 법률가, 목회자, 여러 교회의 신앙고백자들은 보통 그러한 척도^{하나님의 말씀}를 채택한다. 우리가 우리 자신을 판단해야만 할 유일한 말씀인데, 하나님께서 최후의 날에 우리를 이 말씀으로 판단하실 것이다.

그러므로 우리가 어떠한 자들이며, 어떤 경우에 무엇이 옳은가를 결정하기 위해 인격과 행위의 법칙으로서 성경을 익히 아는 것이 첫째로 중요하다.

• 자아 성찰은 편벽되지 않고 신실하며, 주의 깊은 판단을 요구한다. 법칙이 아무리 정확하다 하더라도 만일 우리가 편벽되고 신실하지 못하며, 그러한 법칙을 적용함에 있어 무관심하다면 우리는 오류를 범할 것이다.

• 그것은 시간을 요구한다. 자아 성찰을 위한 날이 있어야만 한다. 이를 위해 특별히 적절한 시간들을 정해 놓을 수 있다. 자아 성찰을 위한 일정한 시간을 갖지 않음으로 해서 그러한 일을 소홀히 한다는 것은 커다란 영적 재난이다.

자아 성찰의 어려움

• 그러한 일은 내적인 성찰로서 지루하기도 하다. 우리의 감정의 특성을 사정查証하기란 어렵다. 인간의 마음은 헤아리기 어렵고 변하기 쉬우며, 기만적이다.

• 그것은 지루한 일일 뿐만 아니라 우리는 다음과 같은 것들로부터 잘못된 영향들을 받기 쉽다. ① 자기 사랑, ② 여론, ③ 우리에 대한 다른 사람들의 견해가 그것이다.

• 자아 성찰에 있어 또 다른 어려움은 다른 신앙적인 의무수행들을 소홀히 하는 게으름에서 온다.

자아 성찰의 유익과 의무

• 그것은 성경에서 명하여진 것이다.

• 그것은 절대 필요한indispensable 일이다. 그것은 부단히 수행되어야만 하며, 참된 그리스도인들에게서는 부단히 수행될 것이다. 우리는 우리 자신을 판단하는 일에 실패해서는 안 된다. 유일한 문제는 그러한 판단이

조급하고 편견적이며 잘못된 것인지, 아니면 신중하고 질서정연하게 올바른 표준에 의거할 뿐만 아니라 신뢰할 만한 것인가 하는 것이다.

- 그것은 잘못된 소망들에 대한 대비책으로서 필요하다.
- 그것은 우리에게 하나님의 영광에 대한 소망을 즐거워할 수 있는 합리적이며 성경적인 근거들을 제공해 주는 것으로서 필요하다.
- 그것은 우리의 잘못된 점들을 정정하고 죄를 피하는 방법으로 필요하다.

173. 진지함

"우리는 보고 들은 것을 말하지 아니할 수 없다 하니"

■사도행전 4:20

외양이 내면을 나타낸다는 것이 인간성의 법칙이다. 누가 어떠한 사람인가는 필연적으로 그의 행위에 의해 드러날 것이다. 실례로 오만한 자, 이기적인 자, 경솔한 자, 진지한 자, 관대한 자, 경건한 자 등은 각각 자기 행위에 의해 자기가 그러한 자임을 나타낸다.

예외가 있다. 어떤 사람은 자기가 실제로 믿지 않는 것을 고백할 수도 있다. 그는 은밀한 죄들을 행할지도 모른다. 신앙에 대한 평판은 신앙고백과 관련되어 있는 외적인 단정에 의해 확신될 수도 있기 때문에 그는 그리스도인이 아닌데도 그리스도인으로 간주될 수도 있다.

그러므로 사람이 선하게 보이는 유일한 방법은 선하여지는 것이며, 진지하게 보이는 유일한 방법은 진지하여지는 것이다. 바꿔 말하면 자신들이 바라는 외적인 행위를 확보할 유일한 방법은 그러한 행위가 자연스러운 표현이 되는 내적인 성향을 교화시키는 것이다.

진지함

이러한 미덕이 하나의 속성으로 표현되는 단어는 '셈노스$^{\sigma\varepsilon\mu\nu\acute{o}\varsigma}$'와 '소프론$^{\sigma\acute{\omega}\phi\rho\omega\nu}$'이 있는데, 전자는 내적인 특성을 나타내고 후자는 그것의 외적인 표현을 나타낸다. 이러한 미덕이 어떤 의미에서 비난이나 경멸을 야기시키는 마음 상태의 반대인 존경을 받는 마음 상태다. 미덕에 대한 또 다른 헬라어 단어는 '셈노테스σεμνότης, 진지함, 위엄'다. 또 다른 의미에서는 그것이 우리의 참된 인격과 처지circumstances 및 운명destiny과 일치하는 마음 상태와 외적 행위다.

우리는 불멸할 사람들본성에 있어서는 여전히, 죄인들, 곧 구속받는 죄인들로서뿐 아니라 하나님의 종들로서 느끼고 행동해야만 한다. 즉 우리는 언제나 이러한 여러 관계들에 부합하는 마음 상태와 행위를 유지해야만 한다. 이러한 것은 쾌활함cheerfulness, 자연스러우며 활달한 행위에 반대되지 않는다. 그러나 그것은 경솔함, 침울함, 경건한 체험과는 반대된다.

진지함의 유익

진지함의 유익에는 두 종류의 것이 있다.

• 우리 자신에게 미치는 유익으로 우리의 처지에 부합되는 마음 상태다. 즉 우리의 마음에 대하여 진리에 대한 바른 영향을 받게 하는 데 가장 적절한 미덕이다.

• 다른 사람들에게 미치는 영향이다. 다른 사람들에게 미치는 한 사람의 능력의 대부분은 그의 인격이나 탁월함에 있다. 우리의 탁월함을 증가시키는 모든 것은 우리의 능력을 증가시키며, 다른 사람들이 우리에 대해 존경과 신뢰를 증가시키는 모든 것은 우리의 영향력을 영구히 증가시킨다. 이것은 성직자의 미덕으로 그들의 의무를 수행하는 데 필수적인 것이다.

은혜를 증진시키는 방법

• 그것은 성경의 위대한 진리들과의 교통을 촉진시키는 것이다. 그러한 진리들로 여러분에게 자체의 특유의 영향력을 발휘케 하라.

• 중차대 한 일important and serious work에 종사하라.

174. 금식

"나는 그들이 병 들었을 때에 굵은 베 옷을 입으며 금식하여 내 영혼을 괴롭게 하였더
니 내 기도가 내 품으로 돌아왔도다"

■ 시편 35:13

금식의 목적

신앙적인 의미에서의 금식은 신앙적인 목적을 위해 음식을 자의적으로
금하는 것이다. 그것은 슬픔에 대한 자연스러운 표현이다. 왜냐하면 슬픔은
음식에 대한 욕망과 그것을 소화할 힘을 잃게 하기 때문이다. 그러므로 모
든 시대에 있어 금식은 굴욕과 고난의 때에 신앙적인 헌신과 관련되어 왔
다. 그것은 율법 시대에 필요에 따라 권하여졌고, 선인들에 의해 자의적으
로 실행되었으며, 신약에서도 인정되어 왔다. 이러한 금욕은 전적으로나 부
분적으로 행하여지며, 하루 동안이나 장기간 행하여진다.

금식의 의무

금식은 성경 어디에도 명하여지지 않는다. 그러므로 그것은 의무적인 것
이 될 수 없다. 그것이 국가나 교회의 권위에 의해 권하여질 땐 이에 반대할
만한 정당한 이유들이 있게 되는 경우 외에는 준수해야만 한다. 정기적인
금식은 바람직한 것이 못 된다. 그러한 금식은 사람을 속박하는 것으로 간
주되기 쉽기 때문이다.

금식의 유익

- 금식이 구약에서 명하여졌고, 그것이 인간들의 종교적인 의식에서 준수되어 왔다는 사실이 금식에 대한 실제적인 근거가 존재한다는 것을 그럴 법하게 해 준다.

- 금식에 대한 정신적·육신적 근거는 영혼과 육신 간의 관계이며, 이러한 문제에 관한 한 그러한 관계는 다음과 같은 것을 보여준다. ① 금식은 슬픔의 자연스러운 결과라는 것, ② 육신이 음식으로 충만할 땐 정신의 활동이 불능케 된다는 것, ③ 육신이 영혼을 동정하듯 영혼은 육신을 동정한다는 것이다.

- 도덕적이거나 신앙적인 근거. ① 자아 부인의 모든 행위, 곧 그 자체가 자연스럽고도 타당한 것임에도 육신의 욕망을 채우기를 거부하는 것은 육신에 대한 영혼의 지상권적인 주장이며, 자체의 권위를 강화시키는 경향이 있다. ② 외적인 면은 내적인 면과 조화되어야만 한다는 것이 우리의 성정^{nature}의 보편적인 법칙이다. 자신의 육신적인 상태와 행동이 일치하지 않는 한, 사람은 어떠한 바람직한 정신적인 상태도 유지할 수 없다. 즉 사람은 웃고 있는 중에 슬퍼할 수는 없다. 이러한 원리가 경건한 자세와 복장의 단정함, 곧 공적인 예배에 있어서의 태도에 대한 근거이다. 이러한 원리는 모든 분야에서 널리 적용되어야만 한다. 그러므로 금식에는 성경적이며 정신적인, 그리고 도덕적이며 신앙적인 근거가 존재한다.

- 하나님의 백성의 경험과 본보기에서 그 이상의 근거가 존재한다. 모든 경건한 사람들은 이러한 영적 문화 양식에 어느 정도 중독되어 왔다. ① 그러므로 그것은 진실해야 한다. 바리새인들과 가톨릭교도들의 위선적인 금식은 생각만 해도 혐오스럽고 유해하다. ② 그것은 단지 방법이어야 하며, 목적이 되어서는 안 된다. ③ 그것은 자유롭게 행해져야만 한다.

175. 신자의 특혜

"다섯 달란트 받았던 자는 다섯 달란트를 더 가지고 와서 이르되 주인이여 내게 다섯 달란트를 주셨는데 보소서 내가 또 다섯 달란트를 남겼나이다 그 주인이 이르되 잘 하였도다 착하고 충성된 종아 네가 적은 일에 충성하였으매 내가 많은 것을 네게 맡기리니 네 주인의 즐거움에 참여할지어다 하고"

■마태복음 25:20-21

우리에게 주어진 특혜

성경은 이런 의무가 있음을 가르친다. 우리 구주는 "무릇 많이 받은 자에게는 많이 요구할 것이요"^{눅 12:48}라고 말씀하셨다. 열 달란트 비유도 동일하게 가르친다. 또 가버나움과 벳새다에 대한 심판도 같은 것을 가르친다. 사도 바울은 하나님이 "모든 자, 곧 첫째는 유대인에게와 또한 이방인들에게 각각 자기의 행한 대로 갚으시리라"고 말했다. 이러한 법칙은 공의의 법칙이다. 우리가 해야만 하는 것은 법칙의 정확함에 있지 않고 실제적인 적용에 있다.

개인적 신앙에 관해 다음 사람들과 비교할 때 우리의 특혜는 무엇인가?
• 이교도
• 하나님의 옛^{구약시대의} 백성
• 대다수의 타 기독교 국민
• 우리나라^{필자의 나라} 대다수인들

우리는 신앙에 있어 가장 훌륭한 사람들 중에 있어야만 한다. 우리는 우리의 유리한 점들advantages을 상당한 정도로 올바르게 발휘해 왔는가? 우리는 확실히 우리의 그러한 점들에 따라 심판을 받게 될 것이다. 우리가 게으르고 무익한 자들로서 주에 의해 거부당하는 것을 무엇이 막아줄 수 있겠는가? "…주는 또한 우리를 길거리에서 가르치셨나이다"[눅 13:26]란 말이 막아주지는 못한다. "하나님은 자비로우시니이다"란 말도 막아줄 수 없다. 비록 우리가 구원은 받는다 해도 그것은 마치 불 가운데서 받는 것과 같은 것이 될 것이다.

지식 확보와 유익한 능력에 있어 우리의 특혜

다른 나라[필자의 나라 미국 외의] 사람들이 소유하고 있는 것들과 비교해 보라. 그 누가 중고등학생 시절과 대학 시절 그리고 신학교 시절을 보낸 후에도 이렇다 할 상태에 이르지 못했다면 깊은 수치감과 슬픔을 느끼지 않고 자신의 인생을 되돌아볼 수 있겠는가? 최선을 다하지 않은 자는 없지만, 그럼에도 자신의 양심이 언제라도 만족할 만큼 일을 한 사람은 참으로 드물다. 하물며 우리의 양심보다 무한히 위대하신 하나님께서 우리의 행적을 보실 때에야 어떠하겠는가? 따라서 우리에게, 우리가 게으른 종들로서 하나님에 의해 거부당하리라고 두려워할 이유가 왜 없겠는가?

선행을 위한 기회들에 있어 우리의 특혜

- 우리 동료들의 가난을 구제하여 줌에 있어
- 그들의 고통을 덜어 줌에 있어
- 그들의 구원을 촉진시켜 줌에 있어

우리는 그들을 위해 시간과 노력을 얼마나 바쳐왔으며, 염려와 기도를 얼마나 해 왔는가? 심판의 법칙은 우리가 행한 것들의 결과가 아니라 우리의 열의와 수고라는 것을 기억하라. 많은 사람이 주를 위해 많이 수고하고도 거의 아무것도 성취하지 못한다. 그런가 하면 또 다른 많은 사람은 수고는 거의 하지 않고도 많은 것을 성취한다. 그러나 전자가 훨씬 더 복된 자들이다. 어떤 사람은 자기에게 거의 아무런 수고도 요하지 않는 책을 집필할 수 있으며, 그럼에도 그것이 많은 이들에게 상당한 유익의 수단이 될 수도 있다. 이러한 것은 그의 힘에 의하지 않는다. 그는 자기가 성취한 결과에 따라서가 아니라 그것이 자기에게 희생시킨 수고와 자아 부인에 따라 보상을 받는다. 과부의 동전 한 닢의 가치는 그것으로 굶주린 자를 위해 살 수 있는 음식의 양에 달려 있지 않았다.

여기서 우리는 다시금 우리처럼 특혜를 받아온 자는 거의 없음을 알아야 하겠다. 우리가 행하여 온 것이 실제로 무엇인가? 우리는 다른 사람들의 유익을 위해 얼마나 수고해 왔으며, 얼마나 우리 자신을 부인해 왔는가? 우리에게 부끄러움으로 얼굴을 가릴 이유가 얼마나 많겠는가? 얼마나 많은 사람들이 심판의 날에 일어나 우리를 정죄하겠는가?

우리의 의무

우리는 어떻게 해야만 하겠는가? 즉 이러한 주제를 고찰함에 있어 우리는 어떠한 도전을 받아야만 하겠는가?

- 우리는 하나님 앞에 깊은 수치감을 갖고 회개해야만 한다.
- 우리 자신을 다른 사람들보다 낫다고 생각하거나, 우리의 유리한 점들 때문에 우리 자신을 소중히 여기는 모든 성향이 파괴되어야만 한다.
- 우리는 그리스도의 보혈을 통하여 과거에 대한 용서를 구해야만 한다.
- 날이 거의 다 갔고 아무도 일할 수 없는 밤이 가까웠음을 알고, 우리는 시간을 아끼되 앞으로 우리에게 남은 짧고 불확실한 미래를 최대한으로 선용하려는 결심을 해야만 한다.

176. 진리의 분별

"또 이르시되 너희가 무엇을 듣는가 스스로 삼가라 너희의 헤아리는 그 헤아림으로 너희가 헤아림을 받을 것이며 더 받으리니"

마가복음 4:24

"그러므로 너희가 어떻게 들을까 스스로 삼가라 누구든지 있는 자는 받겠고 없는 자는 그 있는 줄로 아는 것까지도 빼앗기리라 하시니라"

누가복음 8:18

여기서 '듣는다'는 것은 다음과 같은 것을 의미한다. ① 귀로 인식하는 것, ② 이해하는 것, ③ 답변하거나 반응하는 것이나 복종하는 것이다.

믿음은 들음에서 온다

이것이 의미하는 것은 첫째, 믿음은 지식에서 온다는 것이다. 곧 지식 없이는 어떠한 믿음도 존재할 수 없다. "듣지 못한 자를 어찌 믿겠느뇨?" 이에 대하여는 어떠한 논박도 있을 수 없다.

그러나 둘째, 그것이 의미하는 것은 책들의 단순한 가르침에 반대되는, 살아 있는 설교자가 믿음을 낳게 하는 중요한 방법이라는 것이다.

- 하나님은 믿음과 거룩함을 낳게 하심에 있어 그의 기록된 말씀과 그의 진리에 대한 기록된 해석들을 사용하지 않으신다는 것을 의미하지 않는다.
- 그것은 복음에 대한 선포나 보통 '설교'라 불리는 것이 사람들에게 복

음이 들려지게 하고, 따라서 믿음을 낳게 하는 유일한 방법이라는 것을 의미하지도 않는다.

- 그것은 살아 있는 설교자로부터 오는, 귀로 들을 수 있게 하는 가르침이 구원의 보통 방법이라는 것을 의미한다.

성경과 경험으로부터의 증거

- 성경으로부터의 증거. "전하고^{설교하고} 가르치라"는 명령이 가리키는 것은 이것이다. "하나님은 전도^{설교}의 어리석음으로 믿는 자들을 구원하기를 기뻐하셨도다" "전하는 자가 없으니 그들이 어떻게 들으리요?" 그리스도께서는 "어떤 사람은 사도로, 어떤 사람은 선지자로, 어떤 사람은 복음 전하는 자로, 어떤 사람은 목사와 교사"로 주셨다^{엡 4:11}.

- 경험으로부터의 증거. 활기 있는 설교자 없이는 어떠한 민족도 전혀 회심되지 않고 어떠한 교회도 전혀 부흥되지 않으며, 어떠한 교회도 전혀 유지되지 않는다. 설교자의 중재 없이는 회심하는 자가 거의 없다.

들음의 필요성

왜 ^{복음에 대한} 들음, 혹은 살아 있는 설교자가 필요한가? 왜 성경과 성경에 관한 책들만으로는 사람들의 회심을 책임지지 못하는가?

- 이에 대한 충분한 답변은 하나님께서 그렇게 정해 놓으셨기 때문이라는 것이다. 만일 하나님께서 우리로서는 알 수 없는 지혜로운 이유들에서 하나님만의 일정한 방식으로 그의 나라를 확장시키기로 결정해 놓으셨다면 다른 방법으로 성공할 수는 없다.

- 우리의 성정의 구조상 주의를 환기시키고 확신을 낳게 하며, 감동을 일으킴에 있어서 시각에 전달되는 것보다 청각에 전달되는 것이 더 큰 효력을 발휘하기 때문이다. 이것은 일반적으로 인정되고 있는 사실이다. 그러므로 들려지는 설교는 대개의 경우에 있어 읽혀지는 설교보다 갑절의 능력이 있다. 예를 들면 휘트필드^{George Whitefield}의 설교

들이 그렇다.

- 그러나 이상의 것보다 더 의미깊은 이유가 있을 수 있고 또 필시 있을 것이다. 식물과 동물의 생명 번식에 유사한 것으로서 거룩한 생명 전가의 법칙이 있다. 식물 세계의 여러 번식은 새롭거나 독자적인 것이 아니다. 기원 식물parent plant의 생명이 자체의 씨앗에 전해진다. 또한 어미 동물의 생명은 그 새끼에 전하여진다. 교회에 있어서도 영적인 생명이 살아 있는 교인들을 통하여, 그리고 그들에 의해서 전하여진다는 것이 일반적인 법칙이다. 우리는 또한 성령께서 기록된 말씀 없이는 역사하지 않으시는 것처럼 왜 그는 살아 있는 설교자 없이는 거의 역사하지 않으시는지 물어볼 수도 있다. 그러나 이 두 경우에 대하여 우리는 다음과 같이 말할 수 있을 뿐이다. "그것이 하나님 보시기에 좋게 보이기 때문이다."

이러한 사실로부터 다음과 같은 두 가지 결론이 나온다.

첫째, 우리는 어느 경우에서든 살아 있는 성경 교사를 무시할 정도로 성경에 관한 책들로만 만족하지 말고, 우리 자신이 복음을 들어야 할 뿐만 아니라 다른 사람들로 그것을 듣게 해야만 한다는 것이다.

둘째, 우리는 우리가 무엇을 듣고 어떻게 듣는가 스스로 삼가야만 한다는 것이다.

만일 구원이 들음과 관련되어 있다면 "너희가 무엇을 듣는가 스스로 삼가라"막 4:24와 "너희가 어떻게 들을까 스스로 삼가라"눅 8:18란 두 권고에 대하여는 충분한 이유가 있게 된다. 마가복음 4장 24절에서의 권고는 "너희가 무엇을 듣는가에 주의하라"와 같은 의미의 말씀이다. 그러므로 그것은 매우 중요하다. 그러나 그것은 또한 우리가 듣는 것에 대하여 조심하라는 권고를 포함하는 것으로도 이해할 수 있다. 구원은 잘못된 것error을 들음으로 말미암지 않는다. 그러므로 우리가 듣는 것에 주의한다는 것은 극히 중요하다. 잘못 가르치는 곳에는 결코 가지 말아야 한다. 그러한 곳에 가는 것은 어느 경우에서든 긍휼을 베풀기 위한 용건에서가 아니라면 유흥업소와 퇴폐업소 또는 불경스러운 곳이나 유해한 장소에 가는 것만큼이나 어리석다. 호기심이나 유희를 위해 그러한 곳에 간다면 그러한 경우에도 결과에 있어 전자의 경우에서 만큼이나 확실히 유해한 것이 될 것이다.

"너희가 어떻게 듣는가에 주의하라"도 두 권고의 이유다.
• 우리는 듣는 목적, 곧 구원과 영적 교화에 유의해야 한다. 그리고 이러한 것들이 들음에 있어 우리의 지배적인 동기가 되어야만 하며, 오락이나 비판의 동기가 되어서는 안 된다.
• 진리를 받아들이기 위해서는 마음을 준비해야 한다. 성경은 그 방법을 말해 준다. "그러므로 모든 악독과 모든 기만과 외식과 시기와 모든 비방하는 말을 버리고 갓난 아기들 같이 순전하고 신령한 젖을 사모하라 이는 그로 말미암아 너희로 구원에 이르도록 자라게 하려 함이라"벧전 2:1-2 "그러므로 모든 더러운 것과 넘치는 악을 내버리고 너희 영혼을 능히 구원할 바 마음에 심어진 말씀을 온유함으로 받으라"약 1:21. 이러한 절들은 다음과 같은 것을 가르친다.
첫째, 진리에 적대적인 것은 모두 정신과 마음으로부터 제거되어야만 한다는 것이다. 그 외의 것들에 대한 모든 염려와 생각 그리고 의심과 불신앙은 정신으로부터 추방되고 모든 악한 감정은 마음으로부터, 조잡스러운 모든 감정은 삶으로부터 추방되어야만 한다.
둘째, 우리는 갓난아이들같이 되어야만 한다는 것이다. 즉 신령한 젖을 사모하고 그것에 복종하며 신뢰해야만 한다. 기도와 함께 이러한 것은 들음에 대한 우리의 의무를 포함한다. 진리를 우리의 마음에 축적시켜 그것을 우리의 삶을 통하여 실행하는 것이 이러한 것과 관련될 것이다.

177. 형제애

"형제를 사랑하여 서로 우애하고 존경하기를 서로 먼저 하며"

■ 로마서 12:10

사랑이라는 단어

'사랑'이란 단어보다 더 폭넓은 의미를 갖고 있는 단어는 거의 없다. 그것의 대상은 어떤 무생물, 곧 집, 나무, 가정, 우리가 태어난 국토일 수 있으며, 어떤 비이성적인 동물일 수도 있다. 자기 소유의 말이나 충직한 개에 대한 사람의 사랑과 자기 양무리에 대한 목자의 사랑은 강하고 지속적인 감정이다. 또한 사랑의 대상은 이성적인^{rational} 존재일 수 있으며, 이러한 경우에 있어 동정적인 사랑은 대상의 인격에 관계없이 자연적인 관계에 의한 것이다. 사랑의 대상은 동료와 친구일 수도 있으며, 이러한 경우에 있어 그 기초는 성격의 동질성과 타고난 훌륭한 재능일 수 있다. 또한 사랑의 대상은 웃사람일 수도 있으며, 이러한 경우에 있어 그 감정은 그의 인격과 그에게 주어진 은택에 대한 존경에 기초되어 있다. 또는 그것의 대상은 하나님 자신일 수도 있다.

이 모든 경우에 있어 '사랑'이란 단어가 각각 아주 다른 마음 상태를 나타내긴 하지만, 그 감정은 역시 사랑이다. 사랑은 자체에 대한 모든 수식에 있어 다음과 같은 것을 내포한다.

- 그 대상에 대한 기쁨
- 그것의 안녕에 대한 욕망

• 그것의 소유와 즐김에 대한 욕망

형제애

형제애는 인간의 우애 관계에서 일어나는 사랑이다. 온 인류 가운데는 다음과 같은 것들에 기초되어 있는 일반적인 형제애^{brotherhood}가 있다.

• 하나님을 공동의 아버지로 삼음
• 모두가 인류 공동의 조상의 후예들로서 자연 공동체
• 공통된 필연성과 공명共鳴 그리고 공통된 감정과 운명

그러므로 자기 동포를 사랑하지 않고 인간으로서 그들의 행복을 바라지 않으며, 그들과의 올바른 교제를 구하지 않은 사람은 하나님을 경외하는 것에 버금가는 모든 의무 중 첫째 의무를 위반하는 자이다. 우리에게 주어진 첫째 계명은 "너희는 주 너희 하나님을 사랑하라"이며, 둘째 계명은 "네 이웃" 곧 "네 동포를 사랑하라"이다. 인간의 이러한 광범위한 형제애에는 더욱 친밀한 유대관계들이 있다. 같은 인종·민족·종족이나 한 가계의 사람들은 특별한 인연에 의해 결속되며, 제한된 사랑의 일반적인 의무를 가질 뿐만 아니라 그러한 의무는 그러한 특별한 관계들에 의해 강화된다.

이러한 관계들에 대한 기독교 신앙적인 의미에서의 형제애는 그리스도 안에 있는 형제들인 그리스도인들 사이에 있어야만 할 사랑이다. 이러한 사랑은 다음과 같은 것들에 기초되어 있다.

• **그리스도에 대한 그들의 공통된 관계**. 그들은 모두 그리스도와 연합되어 있으며, 그러므로 그들 모두는 서로 연합되어 있다. 그들은 그의 나라, 그의 양무리, 그의 가족, 그의 몸을 구성한다. 그리스도는 그들 공동의 주시요 구주시며, 그들 공동의 분깃이시요, 그들 각자에게 있어 지고의 사랑의 대상이시다. 즉 그는 그들 사이에 있어 연합의 끈 역할을 하신다.

- **성령의 내주하심**. 그러므로 그들은 같은 믿음, 같은 소망, 같은 경험을 포함하는 공통된 영적 생명을 갖고 있다.
- **성정이나 감정의 동질성**. 그들은 좋아하는 것과 싫어하는 것, 그들의 목표, 그들의 독자적인 추구에 대하여 서로 공감한다.

사랑은 의무적이지 않다

그것은 신자들이 서로를 대하는 관계의 필연적인 결과다. 그러므로 만일 그들 사이에 이러한 사랑이 존재하지 않는다면 그러한 관계도 존재하지 않는다. 만일 어떤 그리스도인이 자기의 그리스도인 형제들을 사랑하지 않는다면 그리스도를 사랑하지 않는 자이며 그의 사람이 아니다.

이러한 사랑은 다음과 같은 것들에서 나타난다.
- 그리스도인들을 인정하는 성향
- 그들의 세계를 즐거워함
- 그들의 행복과 번영을 증진시키려는 욕망
- 그들의 기쁨과 슬픔, 그들의 시련과 갈등, 그들의 대의를 지지함에 있어 그들과 공감함
- 참음
- 관대한 비판

이러한 사랑은 다음과 같은 것들에 반대된다.
- 혐오
- 타락시키거나 손해를 주거나 감정을 상하게 하려는 것
- 그들이 존경받거나 발전하는 것을 시기하거나 질투하거나 유감으로 생각하는 것
- 악평하고 트집 잡음
- 정신이나 태도에 의한 경멸이나 가혹함

사랑은 사람들로 스스로 일정한 낮은 수준에 처하게 한다. 기독교 신앙의 사랑에 의해 행동하는 사람은 그리스도인 신사다. 그의 혈통이나 그의 교양, 그리고 사회적인 지위가 어떠하든 간에 그는 인격과 행위에 있어 신사일 것이다. 다른 한편으로 사랑의 지배 아래 있지 않은 사람은 그의 혈통이나 사회적인 지위가 어떠하든 간에 신사가 아니며, 신사일 수도 없다. 이러한 사랑이 교회와 지상에 있는 모든 사회의 기반이요 생명이며 축복이다. 이러한 사랑이 완성되는 곳이 천국이다. 개인이나 공동체에 있어 이러한 사랑이 결여되어 있는데 비례하여 그들은 잃어진 자의 특성과 상태에 근접해 있는 것이다.

178. 형제를 위한 배려

"고기도 먹지 아니하고 포도주도 마시지 아니하고 무엇이든지 네 형제로 거리끼게 하는 일을 아니함이 아름다우니라"

로마서 14:21

금지된 것

어떤 것들은 그 자체로 부정^{unlawful}하며, 결코 정당할 수 없다. 다른 것들은 적극 금하여지기 때문에 부정하고, 어떤 것들은 금령이 계속되는 한에서만 부정하며, 특별히 금령이 내려진 자들에게만 부정하다. 또 어떤 것들은 방편에 의거하여 부정하며, 그러므로 때로는 부정하고 때로는 정당하다. 이러한 종류들을 구별하기란 언제나 쉽지 않다. 그러나 우리가 무엇이 자체의 특성에 있어 부정하고 무엇이 무관한가를 구별할 수 있는 일정한 표준들이 있다.

- 이러한 표준 중 하나는 우리의 도덕성에서 찾아야만 한다. 우리는 악의와 자만 등이 자체의 특성에 있어 부정하다는 것을 직관적으로 알 수 있다. 그것들이 사악한 것은 그 자체로 금지되기 때문이라거나 유해한 성향 때문이 아니라 그러한 것들 자체가 본질적으로 사악하기 때문이다.

- 성경은 그러한 것들은 자체의 특성에 있어 어떤 사람들에게 한정되거나 제한된 기간 동안이 아니라 모든 시대의 모든 사람에게 사악한 것으로 정죄한다.

자체의 특성에 관련하여 무관한 것들에 관하여 성경은 다음과 같은 규칙들을 세운다.

- 만일 어떤 특별한 이유로 금하여진 것들이라면 그러한 것들은 금령이 계속되는 동안 부정하다.
- 금령이 해제될 땐 그러한 것들은 상황에 따라 정당할 수도 부당할 수도 있으며, 어느 때 어느 곳에서는 부정하나 다른 때 다른 곳에서는 정당할 수도 있다. 곧 첫째, 그러한 것들의 사용이나 즐김이 다른 사람들에게 해가 되는 것일 땐 부정하다. 둘째, 그 자체 악한 것들로 이해되지 않을 땐 정당하다. 셋째, 그러한 법칙이 결코 편의에 희생되어서는 안 된다. 어떤 것을 하거나 하지 않는 것이 중요한 진리에 대한 부인을 의미하는 것일 땐 그 자체 부정하다.

이 모든 법칙은 초대 교회를 괴롭혔던 세 가지 문제들에 관련하여 사도 바울의 행위와 가르침에 의해 예증된다. 그 세 가지 문제는 할례와 유대인들의 성일 준수와 모세의 율법이 금하는 고기나 우상에 바쳐졌던 고기를 먹는 문제였다. 이러한 문제들에 관련하여 바울은 다음과 같이 가르친다.

- 그러한 것들을 하거나 무시함에도 어떠한 해도 없다는 것이다. 그에게 있어 할례는 아무것도 아니었다. 만일 어떤 사람이 자기 아들에게 할례 행하기로 결정한다면 그는 자유로이 그렇게 해도 되었다. 만일 어떤 사람이 어떤 성일을 준수하기로 결심한다면 그는 그렇게 해도 되었다. 만일 어떤 사람이 우상에 바쳐졌던 고기를 금하기로 결심한다면 그는 그렇게 할 수 있었다.
- 누구도 자신의 판단을 다른 사람들에 대한 의무적인 법칙으로 삼아서는 안 된다는 것이다. 누구도 자신과 다르게 생각하고 행동하는 자들을 정죄해서는 안 된다.
- 그러나 그러한 것들 중 어느 것이 해악의 원인이 되고 약한 자들로 실족케 한다면 사랑의 법은 우리가 그러한 것들에 빠지거나 그리스도인

으로서의 자유를 사용하는 것을 금한다.

- 그러나 비록 그러한 것들 중 어느 것이 의무적인 것이거나 구원의 조건으로 주장된다 하더라도 실제로는 무관한 것들을 필수적인 것으로 삼는 것은 죄가 되었다. 그러므로 바울은 비록 그가 디모데에게 할례를 행했지만, 디도가 할례받게 되는 것을 거부했다. 다른 사람들의 선입관들을 추종하는 것이 옳은지 그른지를 결정하기란 어렵다. 우리 주께서는 안식일에 관련하여 유대인들의 선입관을 무시했다. 그러나 다른 경우들에서는 사람들로 실족케 하는 것을 피하기 위하여 그것에 동의하셨다.

형제를 위한 배려

행동 지침으로서 다음과 같은 중요한 원리들이 있다.

- 성경에서 명하지도 금하지도 않은 것은 어느 것도 정당하지도 부정하지도 않다.
- 우리는 그리스도께서 우리로 자유케 하신 자유를 악용해서는 안 되며, 의무에 대한 어떠한 법칙도^{성경 해석상 잘못된 자들로} 우리에게 부과하게 해서는 안 된다.
- 이러한 자유를 사용함에 있어, 그리고 그것을 주장하고 유지함에 있어 우리는 그것을 우리의 이웃들에게 해가 되게 사용해서는 안 된다.
- 무관한 것은 어느 것도 교회 규칙의 타당한 기초나 교회에서의 친교의 조건이 될 수 없다.

179. 그리스도인의 인내

"오직 모든 일에 하나님의 일꾼으로 자천하여 많이 견디는 것과 환난과 궁핍과 고난과 매 맞음과 갇힘과 난동과 수고로움과 자지 못함과 먹지 못함 가운데서도 깨끗함과 지식과 오래 참음과 자비함과 성령의 감화와 거짓이 없는 사랑과 진리의 말씀과 하나님의 능력으로 의의 무기를 좌우에 가지고 영광과 욕됨으로 그러했으며 악한 이름과 아름다운 이름으로 그러했느니라 우리는 속이는 자 같으나 참되고"

■ 고린도후서 6:4-8

인내

모든 세부적인 것은 전체적인 것에 대한 표현이기도 하다. 모든 은혜는 전반적으로 같은 원리에 의한 경건의 한 형식이다. 따라서 거룩한divine 삶은 다음과 같은 것들을 통하여 자체를 명시한다.

- 진리에 대한 지적인 이해와 믿음이다. 여기서 말하는 진리는 다른 것들에 대한 배척이나 무시에 입각한 진리가 아니라 계시된 모든 진리다.
- 거룩한 삶은 그 자체를 하나님과 그리스도 그리고 우리의 동료 그리스도인들에 대한 사랑을 통하여 명시한다.
- 사회적인 미덕의 발휘를 통하여 명시한다.

이 모든 경우에 있어 그러한 효력들이 명시되는 정도는 삶의 법칙의 활력에 달려 있다. 이것은 나무의 경우에 있어서 유사하다. 좋은 결실이 보장되는 것은 열매에 주의하는 것이 아니라 열매를 맺는 나무의 건강에 주의함으로써 가능하다. 이것은 같은 류의 모든 문제에 적용될 수 있는 일반적인 원리다.

인내^{forbearance}는 어떤 행동을 삼가함을 의미한다. 도덕적인 의미에서 그것은 모욕이나 무례함을 촉발시키는 감정을 품거나 발휘하기를 삼가는 것이다. 그러한 행위^{즉 모욕과 무례함}는 원한과 보복을 초래하는 데 적합하다. 인내는 그러한 원한을 나타내고 보복하려는 것을 삼가는 것이다. 그리스도인의 인내는 그리스도인다운 동기에서 발휘되는 참음이다. 사람이 모욕을 당하거나 감정적으로 상처를 입게 될 때 단지 이해관계나 심사숙고에서나 자존심에서나 시인하려는 의도에서 참을 수도 있다. 그러나 그러한 경우에는 행위상의 아무런 신앙도 존재하지 않는다. 그리스도인의 인내가 기독교 신앙에 의한 은혜라는 것은 그것이 기독교 신앙의 동기에서 발휘될 때뿐이다.

그렇다면 무엇이 우리의 인내에 은혜로운 특성을 제공하는 기독교 신앙의 동기들인가?

- **우리 자신의 악덕, 곧 비열함과 무가치함에 대한 의식.** 그러므로 만일 우리가 참으로 겸손하다면 만일 우리가 하나님 앞에서 실제로 우리 자신의 비열함과 무가치함을 의식한다면 우리는 다른 사람들이 우리에 대하여 존경이나 친절한 감정의 결여를 보일 때에라도 거의 기분 상하게 되지는 않을 것이다. 즉 우리는 다른 사람들의 존경이나 호의^{affection}를 거의 받을 가치가 없다는 것을 마음으로부터 알 것이다. 우리는 이러한 문제에 있어 자주 우리 자신을 속인다. 즉 우리는 우리 자신을 가리켜 "죄인 중에 괴수"라고 부르면서도 만일 다른 사람들이 우리에 대하여 그렇게 생각하는 것처럼 보일 땐 몹시 불쾌하게 느낀다.
- **죄의식.** 이것은 그 어떤 사람이 우리에 대하여 죄인일 수 있는 것보다 우리는 하나님에 대하여 더 큰 죄인들이라는 의식이다. 우리 안에 우리가 나타내기 원하는 감정을 일으키기 위해 어쩔 수 없이 극단적인 사례들을 들게 되는 것이 우리의 도덕적인 우둔함이다. 따라서 부친 살해

범이나 더욱 사악한 경우로 모친 살해범을 가정해 보라. 그리고 자기의 그러한 죄를 의식하게 된 자를 가정해 보라. 그러한 자에 대하여 가하여질 수 있는 숱한 비난에 대하여 그가 자신의 마음속에 분개하는 감정을 품는다는 것이 가능하겠는가? 그는 자기가 그 모든 비난을 받아 마땅하다고 느끼지 않겠는가?

그리스도인의 인내

그러면 우리는 어떤가? 우리는 적어도 우리가 자기 아버지를 살해한 패륜아처럼 사악하다고는 말하지 않을 것이다. 그러나 아버지를 살해한 패륜아도 일찍이 우리가 마땅히 우리 자신을 혐오해야 할 만큼의 반도 자신을 혐오하지 않았다는 것이다. 우리는 갈보리 산상의 십자가를 바라보고도, 곧 우리 자신이 그의 피에 대하여 유죄자들임을 느끼지 않고 왜 예수가 죽으셨는가라고 물을 수 있겠는가? 이것을 여러분 자신에게 적용시켜 보라. 만일 어떤 백성의 행위가 너무나도 반역적인 것이어서 그들의 왕자가 그들을 대신하여 죽지 않는다면 그들이 용서받기란 불가능하다면 그들은 왕자의 죽음에 대하여 유죄한 장본인들이라고 느끼지 않겠는가?

그들이 회개하고 그리스도의 사랑에 대한 명시에 의해 순종하게 되는 대신에 그를 무시하고 계속하여 반역했다고 가정해 보라. 만일 그러한 자들이 일단 올바른 마음 상태에 이르게 된다면 그들은 자신들에 대하여 어떻게 생각하겠는가?

우리가 하나님 앞에서 우리의 죄를 과장하기란 불가능하다. 우리는 우리가 일찍이 우리 자신에 대하여 생각해 온 것보다, 또는 우리 자신이라고 생각할 수 있는 것보다 더 큰 유죄자다. 우리가 이러한 사실을 믿는다면, 그리고 우리가 이러한 사실을 정직하고 진실하게 느낄수록 우리는 우리를 무시하거나 우리의 감정을 상하게 하는 자들에 대하여 그만큼 잘 참게 될 것이다.

• 그리스도께서 우리에 대하여 오래 참고 계시다는 사실이 그의 참된 제자들로 다른 사람들에 대하여 참게 할 것이다. 그리스도께서는 우리의

비열함과 죄에도 불구하고 우리가 마치 순결하고 무죄한 것처럼 우리를 대하신다. 곧 그는 그러한 우리를 사랑하고 그의 호의로 받아들이신다. 그는 우리가 동료들에게서 경험할 수 있는 그 어느 죄보다도 무한히 크고 더 무수한 우리의 죄들을 용서하실 뿐만 아니라 우리가 그의 인내를 극도로 시험하고 있는 동안에도 계속하여 우리에게 은혜를 베푸신다. 만일 그가 우리에게 10억 원을 탕감해 주신다면 우리는 우리의 동료에게 1백만 원을 탕감해 주어야만 하지 않겠는가? 자신이 많은 탕감 받았다고 느끼는 사람은 다른 사람에게 많이 탕감해 줄 마음이 일어날 것이다.

• 또 다른 기독교 신앙의 동기는 믿는 자들이 서로에 대하여 누리는 특별한 관계다. 그들 모두는 같은 아버지의 자녀들이요, 같은 가족의 일원들이며, 같은 구주와 연합되어 있고 같은 유업의 상속자들이며, 같은 성령의 참여자들이다. 바울은 믿는 자들에게 거짓말을 하지 말도록 권하는데, 그 이유는 진리에 대한 의무나 거짓말의 해악 때문이 아니라 그들은 서로 같은 몸의 지체들인 때문이다. 만일 믿는 사람이 다른 믿는 자에 대하여 분개하거나 저주한다면 그것은 마치 손이 눈의 불완전함에 대하여 분개하거나 머리가 발의 넘어짐을 저주하는 것과도 같은 것이 될 것이다.

180. 비판에 대한 특명

"비판을 받지 아니하려거든 비판하지 말라"

마태복음 7:1

시내 산에서의 모세와 팔레스타인 산에서의 그리스도

• 전자는 두렵고 후자는 매력적^{attractive}이다.

• 전자는 율법주의적이요 의식적이며, 후자는 영적이며 복음주의적이다.

• 전자는 성직자적이며, 후자는 권위적이다.

• 형식에 있어 전자는 세상적이며, 후자는 천상적이다.

이러한 개요는 다음과 같은 것들에 의해 구별된다. ① 그것의 천상적인 특성, ② 그것의 가르침의 포괄성과 영성, ③ 그것의 보편성^{catholicity}이다.

비판하지 말라

• '크리네인^{κρίνειν, 판단하다}'은 사람의 행위나 인격이 율법에 일치하지 않는지에 관하여 의견을 말하는 것을 의미한다. 이것은 첫째, 공식적이며 권위로 행하여질 수도 있다. 둘째, 그것은 비공식적으로 행하여질 수도 있는데, 이는 우리가 어떤 사람에 대해서나 그의 행위에 관하여 칭찬이나 비난받을 만하다는 어떤 확신을 나타낼 때와 같은 것이다. 셋째, 공식적인 비판과 찬성이나 불찬성에 대한 단순한 표현 사이의 중간에 속하는 것으로서 우리의 형제들에 대한 단호한 정죄나 그들에 대하여 하나님

앞에서 유죄한 자들로 선포하는 것이다. 전자는 우리 자신의 비판에 대한 표현이며, 후자는 하나님의 심판이 무엇인가에 대한 선언이다. 첫째 의미에서는 비판에 있어 물론 아무런 죄가 없다. 또한 셋째 의미에 관하여서는 우리에게 속하지 않는다.

• 하나님의 심판이 계시되는 한 그것이 어떠한 것인가를 선언하고 그리스도를 부인하거나 그가 자기 죄로 인하여 저주받았다고 말하는 자는 누구도 하나님께 속하지 않는다는 것과 부정하거나 불의한 자, 살인자와 주정꾼은 누구도 하나님의 나라에서 아무런 분깃도 없다고 선언할 권리와 의무가 우리에게 있다.

• 그러나 우리는 이 이상 더 나아갈 권리가 없다.

첫째, 우리는 하나님께서 선언하지 않으신 죄—고기를 먹거나 절기를 지키는 것 등—를 선포할 권리가 없다. 둘째, 우리는 다른 사람의 마음을 판단하거나 다른 사람의 행동의 동기에 대하여 정죄할 권리가 없다. 바울은 고린도인들에 의해서 이와 같이 판단 받기를 거부했다.

① 우리는 이러한 일에 전적으로 부적당하다.

② 지금은 판단할 때가 아니다.

③ 우리는 다른 사람을 판단할 권리가 없다. 판단은 그리스도께 속한 일이다. 그러므로 그것이 우리 편에서는 권리 침해가 된다.

둘째 종류의 판단은 찬성이나 불찬성에 대한 표현이다.

이러한 판단이 다음과 같은 때에는 정당하다. ① 충분한 지식으로 행하여질 때, ② 적절한 기회에 행하여질 때, ③ 올바른 동기와 목적에서 행하여질 때, ④ 순전한 온유함으로 행하여질 때이다.

다른 한편으로 그러한 판단이 다음과 같은 때에 행하여질 경우엔 부당하다. 그리고 그러한 판단이 여기서 정죄되고 있다.

• 가혹함으로 행하여질 때

- 어떤 행위를 정죄하거나 최악의 의미로 해석하거나 우리가 하도록 요청받지 않았음에도 혹평하려는 의향으로 행하여질 때
- 우리가 올바른 판단을 하기에 적임이 아닌 경우임에도 다른 사람을 정죄하는 것은 정당하지 못하다.
- 동기가 부정한 경우에, 곧 악의를 만족시키고 다른 사람의 감정을 상하게 하거나 단순히 다른 사람들에게 즐거움을 주기 위해서 행하여질 때

비판을 하지 말아야 할 이유
- 우리 자신이 현세와 내세에서 심판을 받을 것이기 때문이다.
- 우리 자신이 어리석음의 죄를 범하기 때문이다.
- 우리 자신이 악한 감정을 품기 때문이다.
- 우리 자신이 다른 사람들에 대해 그러한 감정을 불러일으키기 때문이다.

181. 선을 이루는 책망

"그러므로 주 안에서 갇힌 내가 너희를 권하노니 너희가 부르심을 받은 일에 합당하게 행하여 모든 겸손과 온유로 하고 오래 참음으로 사랑 가운데서 서로 용납하고 평안의 매는 줄로 성령이 하나 되게 하신 것을 힘써 지키라 몸이 하나요 성령도 한 분이시니 이와 같이 너희가 부르심의 한 소망 안에서 부르심을 받았느니라"

■에베소서 4:1-4

교회

성경은 교회에 대하여 이중적으로 묘사한다. 개교회들에 대하여는 전체로서 묘사하고 신자들에 대하여는 개별적인 사람들로 묘사한다. 전자의 묘사는 전^全 교회 및 회중과 신자의 개념을 나타내고 후자의 묘사는 그 모든 것을 우리에게 그것들이 실제로 존재하는 그대로 나타낸다. 전체로서 교회는 그리스도 자신의 몸으로서 그의 양무리, 그의 나라, 그의 가족, 그의 성전으로 묘사된다. 그 모든 것은 그의 거처, 그의 소유, 그의 기쁨의 대상, 그의 영^{Spirit}과 임재로 가득한 것들로서 그리스도에 대한 그것들의 관계를 나타내기 위해 의도된 것들이다.

그리스도와의 이러한 관계로 인하여 교회는 다음의 특징을 드러낸다.

• 믿음·경험·교제·친교에 있어 하나다. 그러므로 만일 한 사람이 괴로워하면 모든 사람이 그와 함께 괴로워한다. 그들은 상호 종속되어 있으며, 훈련^{discipline}과 예배에 있어 연합되어 있다.

• 교회는 거룩하고 신성하고 세상으로부터 구별되고 더럽혀지지 않으며, 그리스도의 뜻에 따르고 그에 헌신하여 섬기며, 이단과 죄의 오염으로부터 깨끗하다.

교회의 특권

교회는 그리스도의 영으로 채워진 한 몸으로서 그에 의해 가르침을 받고 지배되는 것으로 묘사되므로, 그것은 다음과 같은 특권을 갖고 있다.

• 다른 사람들을 가르침
• 상한 자의 상처를 싸매어 주고, 억눌린 자를 풀어주며, 죄인들을 받아들이되, 자체의 교제로부터 거절할 권리
• 권고는 물론 훈계하고 책망함

모든 사람이 소우주microcosm이듯이 모든 신자는 교회의 축소된 견본epitome이다. 전체로서 교회에 대하여 참된 것이 믿는 모든 자에 대하여도 참되다.

• 모든 신자가 그리스도에 대하여 누리는 관계는 전체로서 교회가 그에 대하여 누리는 관계다. 만일 그리스도가 교회의 주인, 머리, 목자, 선지자, 제사장과 남편이시라면 그는 모든 믿는 자의 각 영혼에 대하여도 그러하시다. 만일 교회가 성령에 의해 채워지고 그에 의해 교화되며, 성화되고 인도함을 받는다면 각 믿는 자도 그러하다.
• 그러므로 믿는 자의 속성은 본질적으로 교회의 속성이다. 그는 거룩하고 세상으로부터 구별되며, 죄로부터 순결하다. 그는 이단과 오염으로부터 자유하다.
• 따라서 믿는 자의 특권들은 그의 영역과 한도에 있어 교회의 특권들과 동일하다. ① 믿는 자는 가르칠 권리가 있다. ② 그는 상한 자를 싸매어 주고 억눌린 자를 풀어줄 권리가 있다. ③ 그는 오래 참음으로 다른 사람들을 권고하고 책망할 권리가 있다.

교회와 신자

문제에 대한 이러한 견해가 암시하는 것은 다음과 같다.

첫째, 그리스도에 대한 교회와 믿는 자의 관계는 외적인 것이 아니라 내적이며 생명을 유지하는 데 필요한 것이라는 것이다. 그러한 관계가 완전하게 되거나 유지되는 것은 외적인 신앙고백이나 의식들이 아니라 산 믿음과 성령의 내주하심에 의한다. 따라서 그리스도와의 이러한 실제적인 연합에 대한 증거를 보여주지 못하는 한 어떠한 개인이나 집단도 보편적인 교회의 일부로 간주되거나 취급되거나 복종 받을 권리가 없다.

둘째, 교회와 신자가 각각 가르치고 친교를 갖거나 억제하고 다른 사람을 권고하거나 책망할 특권은 그리스도와의 이러한 관계에 근거 되어 있으며, 그러한 관계에서 기인하는 속성이나 특성, 곧 거룩·믿음·사랑·온유 등의 소유에 따라 결정된다. 우리는 주 안에 있지 않은 자들에 대하여는 주 안에서 복종해서는 안 된다. 개신교도들이 로마 가톨릭교회의 권위에 저항한 것은 옳았다. 스코틀랜드 장로교 회원들이 그렇게 한 것도 옳았으며, 영국의 청교도들이 그들에 대하여 교회의 권세를 주장했던 자들에 대해 저항한 것도 옳았다. 그러므로 가르치고 권고하고 훈계할 권리는 그리스도의 몸의 지체들이며, 그의 영에 의해 지배받는 자에게 속한다. 즉 그러한 권리는 이러한 사실이 실제로 그들에 관하여 참된 것인 한에서는 그들에게 속한다.

셋째, 지금까지 언급해온 것으로부터 가르치고 훈계하는 것이 교회와 신자의 특권이며 의무라는 결론이 따른다. 신자는 무지와 죄를 제거하기 위해 그가 할 수 있는 것을 하지 않는 한, 그는 그러한 것들^{무지와 죄}을 이해할 수 없다.

넷째, 만일 이러한 것이 믿는 자와 교회의 특권과 의무라면 가르침과 책망을 겸손하고 복종하는 마음으로 받아들이는 것은 다른 사람들의 의무이다. 다른 일들에서와 같이 이러한 일을 통해서도 우리는 사람들을 섬기는 것이 아니라 하나님을 섬긴다. 우리는 하나님이나 성령이 사용하시기에 적합하게 보시는 그의 매체들 중 가장 겸손한 자의 정신으로 그의 권위에 복종해야 한다.

책망

현실의 교회가 이상적인 교회와 일치하는 것과는 거리가 멀 듯이, 또 현실의 그리스도인이 이상적인 신자와 일치하는 것과는 거리가 멀듯이 전체로서 그러한 교회나 그러한 교회의 일원들 중 누구도 실제로 성경의 표준에 일치하지는 않는다. 그러한 교회나 그러한 교회의 일원들 중 누구도 자신들이 그리스도에 대하여 유지하고 있는 관계에 합당하게 살지 못하며, 그러한 관계로부터 기인하는 내적인 특성이나 속성들을 충분히 보유하고 있지 못하므로 다음과 같은 결론이 따른다.

첫째, 그러한 교회와 그러한 교회의 일원들 중 누구도 그리스도와의 관계와 그 결과에 근거되어 있는 특권들을 자진하여 주장해서는 안 된다. 교회의 속성들을 가장 적게 보유한 집단들이 교회의 특권들을 주장함에 있어서는 가장 열심인 경우가 있어 왔다. 로마 가톨릭교도들은 지상의 교회가 이상적인 교회라는 원리, 곧 가견적인 몸^{그리스도의 몸으로서의 지상의 교회}이 성경에서 실제적이며 완전하게 구속받은 몸이라고 말하는 몸과 완전히 일치한다는 원리에 따라 행한다. 공교롭게도 그리스도의 영을 지극히 미미하게 보유한 그리스도인들이 자신의 능력을 가장 발휘하고 싶어 한다. 따라서 그런 경우 남의 허물 들추기를 좋아하는 일들이 일어난다.

둘째, 책망은 성령의 내주하심으로부터 나오므로, 그리고 그리스도인은 자신의 이름으로 행하는 것이 아니므로 다음과 같은 결론이 따른다. ① 자신의 판단의 법칙은 성령의 계시된 뜻이어야만 한다. ② 책망의 동기는 위반자의 유익이 되어야만 한다. ③ 책망의 자세와 어조는 성령께서 지시하는 대로의 것이어야만 한다.

셋째, 책망은 이를 받아들이는 자들에게 관계되므로 지금까지 언급해 온 것으로부터 다음과 같은 결론이 따른다. ① 책망을 받아들이는 자들은 그들의 형제들이 그들에 대하여 책망할 권리와 의무가 있음을 인정해야만 한다.

② 그들은 그러한 책망을 주께로부터 오는 것으로 받아들여야만 한다. ③ 교회나 책망자이든 책망을 받는 자이든 신자는 완전하지 못하므로 책망자의 인격이나 그의 자세와 정신에 있어서 불완전하다. 그렇다고 해서 그러한 책망에 대하여 분개하거나 저항하는 것은 정당한 이유가 되지 못할 것이다. 교회는 하나다. 우리는 서로 짐을 져 주고 서로의 슬픔에 대하여 동정하며, 서로 허물을 바로잡아 주는 데 노력해야만 한다.

182. 범죄에 대한 용서

"누가 누구에게 불만이 있거든 서로 용납하여 피차 용서하되 주께서 너희를 용서하신 것 같이 너희도 그리하고 이 모든 것 위에 사랑을 더하라 이는 온전하게 매는 띠니라"
■ 골로새서 3:13-14

사적인 범죄

사적 범죄는 우리의 감정과 평판, 인격이나 재산에 있어 개인적으로 피해를 입게 되는 어떤 것이다. 한편 공적 범죄는 교회나 공동체가 자체의 이해 관계의 어떤 것에 있어 피해를 입게 되는 것이다.

사적인 범죄에 관련하여 우리의 의무는 어떠한가?
• 우리는 우리에게 피해를 입히는 자들에 대하여 어떤 악의적이거나 복수심에 불타는 감정을 품어서는 안 된다.
• 우리는 우리에게 피해를 입힌 자들에게 복수하거나 원한을 품어서는 안 된다. 범죄가 사회나 교회의 이해 관계상 처벌을 요구하는 성격이라면 우리에게는 그러한 벌을 바랄 권리가 있다.
• 우리는 우리의 감정을 상하게 하는 자들에 대하여 그들이 어떤 손해를 당하기를 바라는 것을 금하는 인자함으로 그들을 대함으로써 친절한 감정을 가져야만 한다.
• 우리는 그들에 대한 우리의 외적인 행위에 있어 악을 선으로 갚고, 마치 그들이 우리의 감정을 상하게 한 일이 없는 것처럼 행함으로써 친절함

으로 대해야만 한다.

용서

우리는 언제 용서해야만 하는가? 이러한 문제에 관련된 두 종류의 성경 구절이 있다.

- "너희는 스스로 조심하라 만일 네 형제가 죄를 범하거든 경고하고 회개 하거든 용서하라"눅 17:3
- 이러한 조건이 전혀 제시되어 있지 않은 절들도 있다.

"너희가 사람의 잘못을 용서하면 너희 하늘 아버지께서도 너희 잘못을 용 서하시려니와 "마 6:14

"형제가 내게 죄를 범하면 몇 번이나 용서하여 주리이까…일곱 번을 일흔 번까지라도 할지니라 "마 18:21-22

"너희 원수를 사랑하며 너희를 박해하는 자를 위하여 기도하라"마 5:44

"이같이 한즉 하늘에 계신 너희 아버지의 아들이 되리니 이는 하나님이 그 해를 악인과 선인에게 비추시며 비를 의로운 자와 불의한 자에게 내려주심 이라 "마 5:45

따라서 그리스도께서는 자기를 십자가에 못 박는 자들을 위해 기도하 셨으며, 스데반은 자기를 돌로 치는 자들을 위해 기도했다. 하나님께서 도 우리를 대하심에 있어 그러하신다.

이상의 구절들은 서로 상충되지 않는다. 본질들에서는 '용서'란 단어가 보다 넓은 의미나 보다 엄밀한 의미로 사용된다. 보다 광의의 의미에서 그 것은 부정적으로는 보복의 정신을 갖지 않음과 긍정적으로는 친절과 사랑 의 정신을 발휘함, 그리고 모든 적절한 외적인 행위에 의해 그러한 정신을 명시함을 내포한다. 이러한 것이 모든 경우에 있어 그리스도인의 의무로서 용서다. 보다 제한된 의미에서 그것은 범죄에 마땅한 형벌의 면제다. 이러한 것은 교회에 대한 범죄의 경우에서 예증된다. 즉 보다 광의적인 의미에서의 용서의 조건이 아니라 형벌의 면제에 대한 유일한 조건은 회개다. 공적인 범죄는 물론 사적인 범죄에 합당한 형벌들이 있다.

용서의 근거

- 하나님의 명령
- 하나님의 본보기
- 우리 자신이 용서받아야 할 필요. 하나님에 대한 우리의 죄는 헤아릴 수 없이 많고 형언할 수 없이 크다.
- 만일 우리가 다른 사람들을 용서하지 않는다면 우리가 용서받지 못하리라는 경고
- 그것은 그리스도인의 사랑의 명령dictate이다.

183. 진리에 대한 적용

"그러므로 너희의 선한 것이 비방을 받지 않게 하라"

로마서 14:16

신앙의 적용

- 성경은 거룩함의 아름다움에 대하여 많은 것을 말한다. 성경은 주 예수를 만인 중의 주^{chief}로, 전적으로 아름다운 자, 곧 인간의 자녀들보다 아름다우신 자로 묘사한다. 그는 거룩하게 아름다우시다. 그의 아름다움은 그의 완전한 탁월하심, 그의 전 인격의 절대적인 지혜와 조화에 있다.

- 그리스도를 믿는 자들은 그의 편지이자 증인이다. 그들은 사람들 가운데에서 그를 대표한다. 그가 어떠한 분이신가와 그에 대한 신앙이 어떠한가에 대해 세상 앞에 아름답게 묘사하는 것이 그들의 엄숙한 의무다. 이러한 생각이 구약에 종종 표현되며, 하나님의 백성들은 하나님의 이름이 그들로 인해 이방인들 가운데서 모독을 받았으므로 자주 비난을 받았다.

- 그리스도인들이 그리스도의 이름을 더럽히고 그와 그에 대한 신앙에 대해 잘못 나타내는 경우에는 두 가지가 있다.

  ① 그들이 법을 어길 때 사람들로 하여금 그리스도께서 그러한 위반을 허락하거나 승인한다고 이해하게 한다.

  ② 그들이 선한 것이 비방을 받게 할 때, 곧 그들이 올바른 법칙들에 따

라 행하되 그러한 법칙들에 대하여 사람들의 부정한 인식을 불러일으키도록 행하거나 그들 자신이 복음의 참된 성격에 대하여 다른 사람들로 오해하도록 행할 때가 그것이다.

신앙의 잘못된 적용

그리스도와 그에 대한 신앙을 잘못 나타내는 경우는 또 있다.

• 그리스도인들이 그들의 자유를 그들의 형제들의 감정을 상하도록 사용할 때 달과 날들 간, 정한 고기와 부정한 고기 간의 구별은 철폐되어 왔었다. 이러한 사실에 대하여 주장하고 가르쳐야만 했던 것은 옳았다. 즉 그리스도인들이 그러한 구별이 철폐되어진 상태에서의 자유에 따라 행해야 한다는 것은 옳았다. 그러나 만일 그들이 그러한 자유를 그들 형제들의 이해관계에 대하여는 조금도 고려하지 않고 그들로 실족케 할 정도로 사용한 것이 되었다면 그들은 그리스도에 대하여 범죄한 것이었다. 즉 그들은 선한 것이 비방을 받는 것이 되게 했다. 그러므로 오늘날에도 금기에 관련하여 사람들이 말씀을 적용하고 참된 법칙에 따라 행하는 데에서도 다른 사람들에게 큰 해를 끼치게 될 수도 있다.

• 그것은 사소한 것들을 지나치게 강조할 때 나타난다. 사도 바울은 신앙이 먹고 마심에 있지 않으며, 그럼에도 마치 신앙이 그러한 것에 있는 것처럼 행한다면 그것은 복음으로 비방을 받게 하는 것이라고 말한다. 필수적이지 않은 것을 필수라고 주장하는 자들은 모두 이런 문제에 있어 죄를 범하게 된다. 그러한 자들은 다른 사람들로 복음을 오해케 한다. 이러한 점에서는 가톨릭교도와 고교회파High Churchmen, 교리와 의식을 중요시하는 영국국교회의 일파가 그렇다. 그리고 분리주의자the seceders, 1733년 스코틀랜드 국교에서 분리한 교인들와 온갖 종류의 광신자들도 그러하다. 그들은 문신을 한 뉴질랜드인들과 몸에 페인트칠을 한 인디언들 그리고 얼굴에 색칠한 힌두인들이 모두 신성한 인간의 얼굴을 잘못 나타내듯 신앙을 잘못 나타낸다.

- 또한 신앙이 깊은 체하는 자들에 의해서도 자행되는데, 그들은 신앙을 가장하고 사람들 앞에 우스꽝스럽게 나타냄으로써 비방을 받게 한다.
- 그것은 중요치 않은 것들을 지나치게 강조할 뿐 아니라 자신들의 주^{Mas-ter}의 정신을 잘못 전하는 트집 잡기 좋아하는 자들에 의해서도 자행된다. 그렇지만 그리스도에 대한 신앙은 그들의 조악한 비판을 정당화하지 않는다.
- 그것은 정당한 법칙들을 극단적으로 적용하는 자들에 의해서도 자행된다. 첫째, 안식일 예배에 있어 사소한 문제들과 신앙적인 절기 준수에 관련하여 청교도들에 의해 자행되었다. 둘째, 복장과 세상에 대한 순응주의에 관련하여 퀘이커교도들에 의해서도 자행되었다. 셋째, 자체의 조직 내에서 교회의 어떠한 자유도 부정하는 자들에 의해서도 자행되었다.

이러한 모든 경우에서 인간적인 것들이 거룩한 것들을 타락시킨다. 무관한 것들이 필수적인 것들이 되고 필수적인 것들이 무관한 것들로 전락된다. 그러므로 "너희의 선한 것이 비방을 받지 않게 하라."
- 그리스도인의 자유를 악용함으로
- 사소한 것들을 절대적으로 중요한 것들이라 가르침으로
- 신성한 체함으로
- 트집 잡기 좋아함으로
- 청교도와 분리주의자 그리고 퀘이커교도가 그러했듯 정당한 법칙들을 극단적으로 강조함으로

우리의 의무
그러므로 복음을 공명정대하게 전하기 위해 다음과 같이 해야 한다.
- 그리스도와 그의 사역^{work}을 연구하라.
- 성령으로 충만하라.

184. 하나님을 기다림

"그뿐 아니라 또한 우리 곧 성령의 처음 익은 열매를 받은 우리까지도 속으로 탄식하여 양자 될 것 곧 우리 몸의 속량을 기다리느니라 우리가 소망으로 구원을 얻었으매 보이는 소망이 소망이 아니니 보는 것을 누가 바라리요 만일 우리가 보지 못하는 것을 바라면 참음으로 기다릴지니라"

■ 로마서 8:23-25

기다림

육신적인 삶에 필수적인 두 가지 조건은 휴식과 활동이다.

영적인 삶에 있어서도 건강을 위한 두 가지 조건은 수동성passivity과 발휘exercise이다. 전자는 기다린다는 것에 의해 표현되며, 기다림은 다음과 같은 것을 의미한다.

- 수동성. 이것은 우리가 받아들이는 자들로 있는 상태인데, 이러한 상태에서 우리가 할 것은 아무것도 없다. 단지 무엇인가가 행하여지기를 조용히 기대할 뿐이다. 이러한 의미에서 사람들은 아침을 기다리고 하나님의 구원과 그의 약속의 성취와 주의 도래를 기다린다.
- 그것은 하나님에 대한 신뢰와 그가 그 자신을 나타내시리라는 확신, 곧 그가 그의 말씀을 성취하시리라는 확신을 의미한다.
- 그것은 간절한 바람desire과 기대를 의미한다. 아침을 기다리는 자들은 그것을 기대하고 열망한다. 그리고 하나님과 그의 구원과 도래를 기다리는 자들은 하나님과 그러한 것들을 기대하고 열망한다.

- 그것은 인내와 유순함^{submission}을 의미한다. 우리가 인내해야 할 이유는 우리가 기다리는 하나님의 약속의 성취가 하나님의 때가 되기 전에는 허락되지 않으리라는 것을 알기 때문이며, 우리가 유순해야 할 이유는 그러한 성취를 허락하거나 철회하는 것은 하나님의 능력에 있다는 것 과 우리의 유일한 소망은 그에게 있다는 것을 우리가 알기 때문이다.

그러므로 기다림이 비록 수동성을 의미한다 해도 그것은 다음과 같은 것들과는 반대된다. ① 무관심, ② 절망, ③ 반역적인 불만과는 반대된다.

기다림의 유익

주를 기다리는 자들은 그들의 힘을 새롭게 한다.
- 하나님께서 영혼에 임하셔서 넉넉한 생명을 제공해 주시기 때문이다.
- 하나님께서는 그를 신뢰하고 열망하는 자들을 인정하고 복을 내려 주시기 때문이다.

우리가 기다려야 할 때

- 사적이며 공적인 헌신의 때이다.
- 병들 때와 슬플 때이다.
- 영적인 기근의 때이다.
- 우리가 이 세상에 존속해 있는 모든 때가 하나님의 구원을 기다릴 때인 것이다.

185. 믿음의 선한 싸움

"믿음의 선한 싸움을 싸우라 영생을 취하라 이를 위하여 네가 부르심을 받았고 많은 증인 앞에서 선한 증언을 하였도다"

디모데전서 6:12

영생에 이르는 것은 위대하고도 어려운 역사다. 우리는 막대한 수고를 하지 않고는 그것에 이룰 수 없다.

- 그것은 죄에 대한 승리와 우리 자신을 하나님께 복종시키고 그의 형상에 일치되게 하는 것을 의미하기 때문이다.
- 우리가 가야 할 길에 서 있는 대적들이 너무나도 많기 때문이다. 이러한 사실은 성경에서 다양하게 표현된다. 즉 이러한 사실은 "좁은 문으로 들어가기를 힘쓰라"는 우리 구주의 권고와 우리의 "구원을 두려움과 떨림으로 이루라"는 사도의 명령 그리고 그리스도인의 삶을 경주와 전투에 비유함 등에 의해 표현된다. 후자가 본 절에서 사용되고 있는 비유이다.

믿음의 싸움

- 그리스도인의 삶은 싸움^{fight}으로 간주된다.
- 그것이 믿음의 싸움이라 불리는 이유는 그것이 신조를 위한 투쟁이 아니라 믿음 자체가 싸우는 원리^{the contending principle}이기 때문이다. 그리스도인의 삶은 싸움이며, 이 싸움에서는 믿음이 전투원^{combatant}이다. 이러

한 싸움이 믿음의 삶이며, 이것은 디모데후서 4장 7절에서 다음과 같이 설명된다. "나는 선한 싸움을 싸우고…믿음을 지켰으니" 이것은 주관적인 의미에서의 믿음이다. 사도 바울은 그의 믿음을 잃지 않고 그것을 끝까지 지켰다.

구원은 믿음에 달려 있다. "만일 우리가 우리의 처음 확신한 것을 끝까지 견고히 잡으면" 우리는 그리스도와 함께하는 자들이 된다. 그러므로 우리가 견뎌야만 할 싸움은 영혼의 내적인 생명을 보호하기 위한 싸움이며, 이러한 싸움은 믿음에 있다.

왜 '싸움'이라 부르는가?

• 그것은 선한 것, 곧 부나 명예나 권세가 아니라 거룩함을 위한 싸움이기 때문이다.

• 그것은 영원히 영광스러운 승리로 끝나는 충돌이기 때문이다.

선한 싸움의 성격

여기서 말하는 믿음은 다음과 같은 성격을 가지고 있다.

• 단지 하나님의 존재, 완전하심과 통치에 대한 믿음뿐이 아니다. 우리를 에워싸는 의심과 난제들의 모든 근원을 고려해 본다면 이러한 믿음을 유지하는 것은 중차대한 일이다.

• 그러나 그것은 또한 복음, 곧 그리스도와 그의 신성, 성육신, 속죄와 중재 등에 대한 믿음이기도 하다.

• 그리고 그것은 그의 구속에 있어 우리의 이해관계에 대한 믿음과 더 나아가 우리 자신이 복음의 약속들을 사유私有하는 것으로 간주될 뿐만 아니라 그 결과, 우리의 영혼이 하나님과 연합되는 것으로 간주되는 믿음이다.

믿음의 대적들은 다음과 같은 것들이다.

- **회의 정신**. ① 이러한 해악의 근원들, ② 이러한 정신에 대한 치유.

- **좌절 정신**. ① 죄와 이것의 세력에 의한, ② 유죄 의식에 의한.

- **의심하고 우울한 정신**. ① 현세와 내세에서 우리의 운명에 관하여, ② 우리의 유용성에 관하여.

- **세속 정신**. 현세의 것들을 찾고 두려워하고 그것들에 복종하는 성향.

믿음을 유지하는 방법

- 하나님을 가까이함과 그에 대한 의존의식

- 은혜의 방편들을 사용함

- 우리의 믿음을 발휘함

186. 항상 기뻐하라

"주 안에서 항상 기뻐하라 내가 다시 말하노니 기뻐하라"
■ 빌립보서 4:4

기쁨은 행복에 대한 기대나 누림에 의해 낳아지는 일시적인 감정이거나 안전과 행복에 대한 의식에서 일어나는 마음의 지속적인 상태, 곧 언제나 기쁘고 즐거운 정신 상태이다. 이 명령은 다음과 같은 것이다.

기뻐하라

이 명령은 즐거워하라는 것이다. 이것은 우리의 죄를 슬퍼할 의무에 어긋나지 않는다. 또한 우는 자들과 함께 울며 그들의 슬픔에 대하여 동정할 의무나 현세에서의 시련과 고통에 의해 당연하고도 자연적으로 영향받는 것에 어긋나지 않으며, 하나님께서는 겸손하여 회개하는 마음으로 그의 말씀에 대하여 떠는 자들을 특별한 호의로 보신다는 선언에도 어긋나지 않는다. 슬픔 중에서도 기쁨이 있을 수 있다.

기뻐하라는 명령은 다음과 같은 의미다.
• 슬퍼하고 낙담하며, 불만스러운 마음 상태에 대한 정죄이기도 하다. 이 명령은 첫째, 그러한 슬픔이나 낙담이 본질적으로 바람직하거나 유리한 상태라는 교리, 곧 그러한 상태가 거룩함에 도달한다거나 그리스도인의 적절한 상태라는 교리에 대한 정죄다. 둘째로 이 명령은 그리스도

인들이 그러한 감정을 항상 품고 습관화되어야 한다는 교리에 대한 정죄다. 이러한 교리들이 일반적으로 잘못된 교리다. 이러한 교리들을 그럴 듯한 것으로 인식시키는 것들이 많이 있다. 즉 우리의 운명이 결정되기까지는 다소 의심스러울 수밖에 없는 내세에 대한 우려, 우리의 마음속에 있는 숱한 사악함, 세상에 편만해져 있는 해악, 우리에게 소중한 것들의 훗날의 상태, 저수준에 있는 교회, 인류의 너무나 많은 수의 사람들의 멸망, 우리가 개인적으로 당면하는 슬픔과 난제 등은 자신들이 에워싸여 있는 현실에 대하여 과장된 견해를 갖고 있는 자들의 마음으로부터 모든 행복을 추방시키기에 충분한 것으로 보일 것이다.

그럼에도 슬픔이 아닌 기쁨이 그리스도인의 정상적인 상태이며, 영혼의 의기소침한 상태는 그 자체로 좋지 못할 뿐만 아니라 거룩함을 위해 바람직하고 생산적인 것으로 품고 있어야 할 마음 상태는 아니다.

• 그러나 이 명령은 습관적인 슬픔에 대한 정죄일 뿐만 아니라 ① 그 반대의 상태가 우리가 습관적으로 누려야 할 상태임을 가르쳐 준다. ② 그 반대의 상태가 우리가 습관적으로 품고 있어야 할 상태라는 것을 가르쳐 준다. 그리고 우리는 두 가지 이유에서 기뻐해야 한다.

첫째, 그리스도인은 습관적으로 기뻐할 숱한 이유가 있다. 그것은 믿음을 갖고 충분히 이해하고 나면 기쁨을 낳을 수밖에 없는 이유들이다. 그러므로 신령한 기쁨이 믿음의 열매와 증거이듯 슬픔은 불신앙의 열매와 그 증거다. 그리스도인에게 있어서는 다음과 같은 사실들이 기쁨의 합리적인 원인들이다.

① 그리스도인은 용서함을 받는다.

② 그들은 하나님과 화해되었으며, 그의 사랑의 대상이다.

③ 그들은 그리스도와 연합되어 있다.

④ 하나님의 말씀, 곧 무한히 위대하고 귀중한 모든 약속이 그^{그리스도인}의 것이다.

⑤ 그리스도께서 그^{그리스도인}의 사랑과 경모와 기쁨의 대상으로서 그 앞

에 계신다.

⑥ 천국이 그의 영원한 기업^{inheritance}이다.

⑦ 모든 능력이 그리스도의 손안에 있고, 모든 것이 합력하여 선을 이룰 것이며, 최후의 완성은 이 세상에 있는 무한한 해악에서 무한한 유익을 초래하는 것으로 끝날 것이다.

기뻐해야 할 이러한 모든 이유를 갖고 있는 자들이 습관적으로 슬퍼하고 낙담하는 것은 부자연스럽고 부정하며 불신앙적일 뿐만 아니라 배은망덕한 것이다. 한 아버지가 자신을 행복하게 하는 데 필요한 모든 것으로 둘러싸여 있으면서도 습관적이며 이유 없이 비참한 모습을 하고 있는 자기 자녀를 보는 것보다 더 참기 어려운 것은 아무것도 없다.

우리가 주님으로부터 기뻐하라는 명령을 받는 둘째 이유는 그러한 마음 상태가 신앙적으로 건강하기 때문이다. 기뻐하는 것이 거룩함에 이른다. 태양 빛이 자연에 가장 큰 영향을 미치듯 성령의 은혜 중에서도 그리스도인의 마음에 미치는 가장 큰 영향력은 기쁨이다. 기쁨은 마음을 더욱 건강하고 활기 있고 아름답게 한다. 기쁨^{happiness}은 천국에 속하고 비참함은 지옥에 속한다.

주 안에서

그러나 기뻐하라는 이 명령은 단순히 기뻐하라는 명령이 아니라 '주 안에서' 기뻐하라는 명령이다.

• 이것은 행복을 세상에서 찾는 것에 대한 금령이다. 그러나 이것이 세상에서 우리를 에워싸고 있는 즐거운 감흥의 출처들^{하나님의 작품으로서의 우주 만물}에 대하여 우리의 마음을 열어 놓는 것에 대한 금령은 아니다. 이것은 우리의 행복을 그러한 출처들에서 찾거나 그러한 출처들을 단지 세속적으로 누리는 것에 대한 금령이다. 우리는 그러한 출처들을 경건하게 수용하고 누려야만 한다. 이 명령은 모든 세속적인 즐거움을 완화하고

조절하며 단속한다.

- 이것은 우리의 행복을 하나님과 하나님의 것들에서 찾으라는 명령이다. 우리는 선택해야만 한다. 만일 우리가 생수의 근원되시는 분에게로 간다면 우리는 새롭게 될 뿐만 아니라 세속적인 행복을 더욱 잘 누릴 수 있고, 비록 우리가 그러한 행복을 우리의 분깃으로 삼아 왔다 하더라도 더욱 안전할 수 있다.

기쁨, 성령의 열매

이러한 기쁨이 어떠한 의미에서 성령의 열매인가?

- 성령은 기쁨이 일어나는 은혜로운 마음 상태의 조성자이시다.
- 성령은 우리가 하나님의 자녀들이며, 그는 우리의 기업에 대한 보증이시라는 것을 우리의 영과 함께 증언하신다.
- 성령은 우리의 마음속에 하나님의 사랑을 부으시고 직접 특별한 기쁨의 은혜를 주입시킨다.

기뻐하라는 명령의 이유

- 기쁨은 자체의 모든 자연스러운 영향과 경향에 있어 건강한 것이다. 고통과 슬픔은 그 반대다. 기쁨은 거룩의 불가분의 짝^{companion} 또는 그것의 결과다. 고통과 슬픔은 죄로부터 불가분인 것이다. 그러므로 전자는 거룩함을 낳고 후자의 것들은 죄를 낳는다. 고통과 슬픔은 음식으로서가 아니라 약으로서 유용한 것일 수도 있다. 그러므로 기쁨은 영혼의 자연스러운 분위기이며, 영혼은 그러한 분위기 밖에서는 살 수 없다. 또는 기쁨은 공기에 있어 산소와 같은 것이며, 기쁨은 영혼의 불가결한 원리다. 천국에서 기쁨이 제하여진다고 생각해 보라. 그것은 무엇이 되겠는가? 기쁨이 없는 천국은 마치 공기에서 산소를 제거한 것과 같은 것이 될 것이다. 공기에서 산소를 제거한다면 살아 있는 모든 것은 곧 죽을 것이다. 그러므로 우리는 우리 자신의 유익^{good}을 위하여 기뻐해

야만 한다.

- 이러한 기쁨은 거룩한 발휘^{exercise}이다. 첫째, 우리의 기쁨의 대상들은 거룩하고 순결하며 영적인 것들이기 때문이다. 둘째, 이러한 기쁨은 자체의 성격에 있어 거룩한 감정의 발휘이기 때문이다.
- 그것은 하나님의 은혜이며 성령의 열매이다.

  "내가 이것을 너희에게 이름은 내 기쁨이 너희 안에 있어 너희 기쁨을 충만하게 하려 함이라" ^{요 15:11}
  "지금 내가 아버지께로 가오니 내가 세상에서 이 말을 하옵는 것은 그들로 내 기쁨을 그들 안에 충만히 가지게 하려 함이니이다" ^{요 17:13}
  "하나님의 나라는 먹는 것과 마시는 것이 아니요 오직 성령 안에 있는 의와 평강과 희락이라" ^{롬 14:17}
  "오직 성령의 열매는 사랑과 희락과 화평과 …" ^{갈 5:22}
  "능히 너희를 보호하사 거침이 없게 하시고 너희로 그 영광 앞에 흠이 없이 기쁨으로 서게 하실 이 곧 우리 구주 홀로 하나이신 하나님께 우리 주 예수 그리스도로 말미암아 영광과 위엄과 권력과 권세가 영원 전부터 이제와 영원토록 있을지어다 아멘" ^{유 1:24-25}

  실로 그리스도의 은혜요 성령의 열매이며, 천국의 모습인 기쁨은 거룩한 것일 뿐만 아니라 마음속 깊이 품고 있을 가치 있는 것임에 틀림없다.

- 그것은 그리스도인의 인격을 아름답게 하고 장식해 주며, 매력적이게 한다. 침울한 그리스도인은 자신에게 짐이 될 뿐만 아니라 자기 주위에 있는 사람들에게 불행과 해악의 원인이 된다. 그러므로 우리는 하나님께 경의를 표하고 우리의 동료 인간들에게 유익하게 되는 방법으로서 항상 기뻐하지 않을 수 없다.
- 모든 사람 중에서도 우리에게는 실로 기뻐해야 할 이유가 많이 있다. 자

기가 그리스도와 연합되어 있으므로 그의 의의 참여자요, 그의 영^{Spirit}의 전^{temple}이며, 하나님의 자녀와 천국의 상속자라는 것을 믿는 사람이 어떻게 기뻐하지 않을 수 있겠는가? 만일 우리가 세속적인 큰 유익을 얻게 된다면 우리는 기쁨으로 충만하게 되지 않을 수 없을 것이다. 하물며 우리가 우리 자신이 그리스도의 영광의 참여자들이라는 것을 믿고도 어떻게 기뻐하지 않을 수 있겠는가?

187. 열심

"부지런하여 게으르지 말고 열심을 품고 주를 섬기라"

■로마서 12:11

열심이란?

열심은 열렬함^{fervor}이다. '젤로스^{Ζῆλος}'는 '제오^{ζέω, 끓다}'에서 왔다. 이것은 다음과 같은 것들에 반대된다. ① 반대함, ② 무관심이나 미온적임이다. 그것의 대상은 선한 것이거나 악한 것, 사람이거나 사물, 진리이거나 비진리일 수 있다. 유대인들과 바울은 율법과 그들 조상의 전통에 대하여 열성적이었다. 바울은 한때 열심 때문에 교회를 박해했다.

참된 열심과 부정한 열심

- 이러한 것들의 특성은 자체의 대상에 의해 결정되지 않는다. 죄나 오류에 대한 거룩한 열심이란 실로 있을 수 없다. 그러나 하나님과 진리에 대한 부정한^{unholy} 열심은 있을 수 있다. 유대인들이 바로 그 예였다.
- 참된 열심이나 부정한 열심은 자체의 정력이나 자기 부인과 노력에 의해 결정되지 않는다. 많은 부정한 이들이 그들의 열심에 있어 몹시 뜨거울 뿐만 아니라 그들의 목적을 위해 가장 큰 희생을 치른다.

열심은 첫째, 그것의 출처에 의해 결정된다. 따라서 부정한^{false} 열심의 출처는 ① 유대인들, 고교회파 교인^{high churchman}과 로마 가톨릭교도의 경우에

서와 같이 어떤 이기적인 이해 관계, ② 당파심이나 민족주의 정신, ③ 잘못
된 교리와 진리에 대한 혐오 등이다.

참된 열심, 곧 그리스도인의 은혜로써의 열심의 출처는 다음과 같다.

• 모든 선의 주체자로서 성령이다.
• 자체의 대상이 하나님이나 진리나 교회든 간에 그 대상의 위엄과 탁월
  함에 대한 신령한 이해이다.

둘째, 그것은 자체에 수반하는 것들과 그것의 결과들에 의해 결정된다.

• 부정한 열심은 악의적이며, 참된 열심은 호의적이고 친절하다. 전자는
  거듭나지 않은 자의 열렬함이며, 후자는 거듭난 자의 열렬함이다. 이에
  대한 실례로는 유대인들과 주 예수를 들 수 있다.
• 부정한 열심은 오만하고 참된 열심은 겸손하다. 전자는 종종 자체가 옹
  호하고 주장하려는 우월감에서 일어난다. 후자는 겸손을 낳는 경향이
  있는, 하나님과 신령한 것들에 대한 견해에서 일어난다.
• 하나는 불경하고 다른 하나는 경건하다. 주를 경외하는 것이 지혜의 시
  작이다. 이러한 속성의 결여가 신앙으로 통하는 모든 것을 더럽히거나
  그 모든 것이 가짜임을 입증한다.
• 참된 열심은 거룩한 삶과 연관되어 있다. 하나님과 교회 그리고^{자신들이 간}
  ^{주하는 바로는} 건전한 교리에 대한 가장 열렬한 열광자들이 그들의 삶에 있
  어 얼마나 자주 불경하고 부도덕하기까지 해 왔는가는 놀랄 만하다.

열심의 의무

• 이러한 마음 상태는 무한히 중요한 다음과 같은 관심사들에 의해 결정
  된다. 하나님의 영광, 구속자^{the Redeemer}의 나라, 진리의 전달, 사람들의
  구원 등 이러한 것들에 대하여 무관심한 것이 가장 큰 죄와 해악이다.
• 그러므로 하나님께서는 냉담함과 미지근함^{lukewarm}에 대하여 특별한 혐
  오를 선포하신다.

- 하나님과 그리스도에 대한 우리의 관계와 의무들은 열심을 요구한다. 자녀는 자기 아버지에 대하여, 신하는 자기의 군주에 대하여, 군인은 자기의 지휘관에 대하여, 노예는 그의 주인에 대하여 열성적이다. 우리의 열심은 우리의 의무들에 비례해야만 한다.

- 열심은 영적인 능력의 주된 근원이나 주된 근원 중 하나다. 하나님께서는 영혼이 살아 있는 자들을 사용하시어 생명을 전하신다. 시대마다 열성적인 사람들이 위대한 결과들을 낳아왔다. 다른 자격은 없더라도 이 조건만 있다면 놀라운 일들을 이룰 수 있다.

열심을 북돋우는 방법

- 모든 허영이나 겉치레 그리고 여러분이 느끼는 이상의 감흥에 대한 모든 표현을 피하라.

- 하나님과의 지속적인 교제에 의해 온기warmth를 모으고 성령의 감화를 마음에 품으라.

- 여러분의 마음을 여러분이 열성적이어야만 할 주제들로 채우고 그러한 것들에 주의를 집중시켜라.

- 열심은 성령의 은사라는 것, 성령을 근심되게 하는 것은 무엇이든지 우리의 열심을 식어지게 한다는 것과 우리가 성령으로 충만하여질수록 우리는 경건한 열심으로 그만큼 충만하게 된다는 것을 기억하라.

PRINCETON SERMONS Outlines of Discourses Doctrinal and Practical

8부

은혜의 방편

188. 은혜의 방편

"그러므로 너희는 가서 모든 민족을 제자로 삼아 아버지와 아들과 성령의 이름으로 세례를 베풀고 내가 너희에게 분부한 모든 것을 가르쳐 지키게 하라 볼지어다 내가 세상 끝날까지 너희와 항상 함께 있으리라 하시니라"

■마태복음 28:19-20

은혜의 방편은 어떤 의미인가?

• 은혜는 선량함과 사랑 그리고 신성한 영향을 의미한다.

• 은혜의 방편은 사람들로 구원의 혜택을 받도록 함에 있어 지정되어 사용되는 수단이다. 이러한 방편은 말씀과 성례와 기도이다. 혹은 더 정확하게 말하자면 그것은 말씀과 성례이다.

잘못된 견해

첫째, 그것의 중요성과 필요성을 경시하는 것이다. 이러한 경시는 다음과 같은 자들에 의해 자행된다.

• 인간의 이성과 본성이 영혼을 성화시키고 구원하기에 충분한 진리를 내포하고 있다거나 발견할 수도 있다고 가르치는 자들에 의해 자행된다. 이러한 견해는 성경과 경험에 의해 그것의 그릇됨이 증명된다.

• 성령이 진리의 계시자로서 모든 사람에게 주어진다고 가르치는 자들에 의해 자행된다. 이러한 견해 역시 다음과 같은 것들에 의해 그 그릇됨이 증명된다. ① 기록된 말씀이나 설교되어지는 말씀의 필요성을 도처

에서 가르치는 성경, ② 기록된 말씀을 저버리고 내적인 조명을 신뢰하는 곳에서는 어디에서나 그 결과는 어리석음과 이단이라는 것을 보여주는 경험이다.

둘째, 어떤 선천적인 능력을 은혜의 방편에 돌리고 다음과 같이 가르치는 교리이다.
- 은혜의 방편이 거룩한 감화와 구원하는 은혜의 유일한 매체라는 것이다.
- 그러한 방편은 언제나 유효하다는 것이다.
- 그러한 방편의 효력은 받는 사람의 상태와 외부로부터의 성령의 능력과 무관하다는 것이다.

참된 교리
- 은혜의 방편인 성경과 성례는 유아들을 제외하고 절대적으로 필요하다.
- 그것의 효력은 성령에 수반하는 능력에 기안한다.
- 이러한 능력은 하나님께서 적절하다고 보시는 때에 적절하다고 보시는 자에게 주어진다. 이러한 거룩한 감화는 은혜의 방편에 독립하여 주어지지 않으며, 우리가 은혜 중에 성장하는 것은 이러한 방편을 올바르게 사용하는 데 달려 있다.

올바른 사용
이러한 방편을 올바르게 사용하는 것은 다음과 같은 것을 내포한다.
- 그것의 성격과 중요성에 대한 올바른 이해를 내포한다. 만일 우리가 성경과 성례의 성격에 대하여 그릇된 견해를 가지고, 마치 그것들이 단지 인간적인 것처럼 너무나 저수준의 견해로 접근하거나, 마치 그것들 자체가 마법적인 능력을 갖고 있는 양 미신적인 견해로 접근한다면 우리는 실패할 것이다.

- 그러한 방편이 효력 있는 것이 되도록 하기 위한 것으로서 거룩한 감화의 필요성에 대한 깊은 확신을 내포한다.
- 그러한 방편을 사용하기 전 합당한 마음의 준비를 내포한다. 이러한 준비는 ① 그 외 다른 모든 것, 특히 죄를 버림으로써, ② 영적인 자양분에 대한 욕망을 일깨움으로써 확보된다.
- 그러한 방편을 실제 사용함에 있어 ① 주의력은 물론 믿음의 발휘, ② 자아 적용의 발휘, ③ 전달되는 진리와 일치되게 믿고 행할 결의의 발휘를 내포한다.
- 기도와 하나님과의 교제를 내포한다.

189. 은혜의 방편으로서의 말씀

"오직 이것을 기록함은 너희로 예수께서 하나님의 아들 그리스도이심을 믿게 하려

함이요 또 너희로 믿고 그 이름을 힘입어 생명을 얻게 하려 함이니라"

■요한복음 20:31

은혜의 방편

"은혜의 방편means of grace"이란 구의 의미는 무엇인가?

• 여기서 은혜의 방편은 로마 가톨릭교에서의 방법, 곧 은혜를 전하는 능

력을 갖고 있다는 의식들rites이 아니다.

• 그것은 유익의 방법이 될 수도 있는 어떤 봉사나 일thing이 아니며, 언제

나 유익하긴 하지만 인간의 제도적인 형식이나 의식들도 아니다.

• 그것은 은혜를 전할 목적으로 하나님께서 정하시고 그가 자신의 거룩

한 감화에 의해 임재하기로 약속하신 것이다. 이것은 하나님이 방편을

통해 역사하신다는 것을 전제로 한다. 그는 다음의 것들을 통해 역사하

신다.

① 물질의 무감각한 법칙이 아니라 그 법칙을 지적인 목적에 따라 유지

하고 지도함에 있어 하나님의 지속적 역사의 지배를 받는 물질 세계.

② 지적인 세계, 곧 인간의 정신과 인격의 발전과 발휘. 그것의 발휘를

유지하고 조절하고 억제하며, 지도하심을 통해 그것들은 완전히 자유

롭게 자체의 기쁨을 성취하면서도 하나님의 선하신 목적을 성취한다.

③ 은혜의 세계the world of grace를 통해. 여기에서도 성령의 은혜의 발전

과 영생에 이름에 있어 하나님의 행위가 계속 인간의 행위와 협력한다.

이러한 단평으로부터 다음과 같은 결론이 따른다.

- 은혜의 방편은 목적을 위해 적용된다. 물질의 법칙들은 물질적인 결과들을 얻기 위해 사용되어야만 한다. 그리고 정신적인 법칙이나 인간 본성의 법칙들은 지적이며 도덕적인 결과들을 낳기 위해 사용되어야만 한다.
- 모든 경우에서 이런 방편들은 하나님에 의해 지정되고 결정된다. 우리는 이런 방편들 대신 다른 것들을 대용할 수 없다. 하나님이 지정해 놓으신 방편들을 사용해야 하며, 그렇지 않은 것들은 사용해서는 안 된다.
- 이런 방편들은 절대적으로 필요하며, 어느 부문에서든 똑같이 필요하다.
- 그러나 이러한 방편도 모든 경우에 있어 하나님께서 함께해 주시지 않으면 아무런 효력이 없다. 하나님께서는 자연 법칙들에 생명과 능력을 제공하시며, 은혜의 방편에 대하여는 은혜의 나라^{the kingdom of grace}의 법칙에 따라 효력을 부여하신다.

무엇이 은혜의 방편인가?

그것은 하나님의 말씀과 성례와 기도다. 이 외의 다른 방편은 존재하지 않는다. 그러나 본 주제는 은혜의 방편으로서의 말씀^{the Word}이다.

- 우리는 말씀^{the Word}이란 것에 의해서 성경과 그 내용들, 곧 성경에 계시되어 있는 모든 체계적인 사실, 교리, 약속과 원리들을 깨닫는다.
- 이것이 은혜의 방편, 곧 하나님께서 정해 놓으셨을 뿐 아니라 우리가 우리 자신과 다른 사람들 안에 은혜의 역사의 증진을 위해 사용하도록 명령받는 방편이다.

첫째, 우리 자신에게 있어 다음과 같은 의무가 있다.

- 우리는 하나님의 말씀을 이해해야만 한다. 그것이 우리의 지식의 대상

이 되어야만 한다. 그것이 우리에 대하여 어떤 능력을 발휘하는 것은 오직 우리가 그것을 이해할 때뿐이다. 이러한 지식은 ① 성경이 말하는 것에 친숙함, ② 그것이 말하는 것의 의미에 대한 이해를 전제로 한다. 만일 우리가 성경의 언어에 잘못된 의미를 부여한다면 그것은 성경이 내포하고 있는 진리가 아니라 어떠한 약속도 주어져 있지 않은 인간적인 형식의 사상일 뿐이다.

• 우리는 그것을 영적으로 깨달아야만 한다. 즉 그것은 자체의 논리적인 전후 관계들에 있어 이지적인 지력과 마음에 전달되는 것임으로 우리는 그것의 영적인 탁월성을 이해해야만 한다. 지적 이해는 영적 이해 없이도 있을 수 있을 만큼 그 양자는 서로 멀리 떨어져 있다. 그러나 영적 이해는 지적 이해 없이는 존재할 수 없다. 사람은 어떤 사물을 그것의 아름다움을 보지 못하고도 볼 수 있다. 그러나 그가 사물 자체를 보지 않고는 그것의 아름다움을 볼 수 없다.

• 우리는 하나님의 말씀을 두 가지 목적에서, 곧 그것이 가르치는 것을 알고 그것의 영적인 능력을 이해하기 위해 연구해야만 한다. 이러한 점에 관하여 필자는 다음과 같이 말할 수 있다. ① 그 두 가지는 완전히 별개의 것이다. 그 두 가지가 목적하는 것은 각각 다르며, 그것에 사용되는 방법도 다르고 마음 자세도 다르다. ② 이와 같이 각각 다르기 때문에 한 가지가 다른 한 가지를 대신할 수 없다. 즉 비판적인 일독이 경건한 일독이나 경건한 일독이 비판적인 일독에 대신될 수 없다. ③ 그러나 그 둘은 겸하여질 수 있다. 마음은 한 자세에서 다른 한 자세에로 즉시 전향할 수 있으며, 혹은 자체의 내적 시선을 숙고하고 있는 진리의 한 면에서 다른 면으로 즉시 돌릴 수 있다. 이는 마치 천문학자가 천체에 대한 연구에 있어서나 과학자가 물질의 법칙들을 연구함에 있어서나 의사가 인간 신체의 구조를 연구함에 있어서나 법률가가 인간의 공의의 법칙들을 연구함에 있어 그러한 것과도 같다.

• 말씀은 우리가 은혜받을 수 있는 위대한 방편이므로 우리는 그것을 이

러한 목적을 위해 부지런히 사용해야만 한다. 첫째, 그것은 올바른 감정을 야기하도록 의도되고 적용된 것이므로 우리는 그것을 자주 오랫동안 숙고하고 그것의 영적인 특성을 명상해야 한다. 즉 우리는 항상 충분한 시간을 내어 진리인 하나님의 말씀을 경건하게 읽고 묵상해야 한다. 둘째, 우리는 그것을 항상 몰두해 읽어야 한다. 우리는 하나님과의 교제의 방법으로서 말씀을 마치 하나님이 우리에게 말씀하고 계신 것처럼 읽어야만 하며, 감사·경의·믿음·기쁨이나 경외함으로 화답해야 한다. 셋째, 우리의 마음은 진리인 성경의 말씀들로 축적되어야 한다. 넷째, 우리는 다음과 같은 것을 위해 하나님의 말씀을 부단히 상기하는 습관을 신장해야 한다. ① 사고의 내용이나 주제, ② 하나님으로부터의 지도, ③ 하나님으로부터의 지지. ④ 하나님으로부터의 위로가 그것이다.

• 은혜의 방편으로서 말씀이 비록 하나님에 의해 정해지고 거룩하게 하는 데 효과적인 것이긴 하지만 그 자체에 능력이 있는 것이 아니므로 우리는 언제나 성령께 기도하고 그의 약속된 도우심을 의지해야 한다. 그러한 도움 없이는 말씀은 우리에게 '사망의 냄새ᵃ savor of death'가 될 뿐이다.

둘째, 다른 사람들에게 있어 다음과 같은 의무가 있다.
• 진리인 하나님의 말씀이 그들이 은혜받을 수 있는 유일하고 절대적으로 불가결한 방법이다.
• 그러므로 우리는 그들로 그 진리를 알도록 노력해야 한다.
• 우리는 그들로 그것을 하나님이 정해 놓으신 방편으로 사용하도록 해야 한다.

190. 성경을 탐구하라

"그리스도의 말씀이 너희 속에 풍성히 거하여 모든 지혜로 피차 가르치며 권면하고
시와 찬송과 신령한 노래를 부르며 감사하는 마음으로 하나님을 찬양하고"
■ 골로새서 3:16

성경은 무엇인가?

구약과 신약에 내포되어 있는 거룩한 기사들^{writings}은 다음과 같다.

- 하나님의 말씀이다. 한 개인 하는 일이 그의 말이며 그의 사고와 의지
  그리고 목적들을 드러낸다는 의미에서 성경은 하나님의 말씀이다. 즉
  하나님이 성경의 저자이시다. 따라서 그 내용들은 그의 권위에 의거한
  다. 성경은 단지 경건한 사람들에 의해 기록된 그들의 진리가 아니고 거
  룩한 진리를 인간적인 형식으로 기록한 것이 아니며, 진리에 대한 하나
  님 자신의 명시^{exhibition}다. 이러한 견해는 자연신교와 합리론자의 견해
  그리고 퀘이커교도의 견해에 반대된다.
- 이 단평에서 다음의 결론을 얻을 수 있다. ① 성경은 무오하다. ② 성경
  은 거룩하다. ③ 성경은 능력이 있다. ④ 성경은 내용 면에서 전후 관계
  가 일관되어 있다. ⑤ 성경은 구원의 정해진 방식이다. 즉 우리는 진리
  인 하나님의 말씀에 의해 거듭나게 되고 교화되며, 성화되고 구원함을
  받는다.
- 성경은 하나님의 현존하는^{extant} 모든 계시를 내포하고 있는 것으로서
  완전하다.

• 그것은 의미가 분명하기에 누구나 혼자서 하나님이 말씀하시는 것을 배울 수 있다. 그것은 세상의 빛이요 생명의 샘이며, 거룩한 보고^{treasury}다.

성경을 탐구하는 이유

우리는 무엇을 위해 성경을 탐구하는지 알아야만 한다. 우리는 다음과 같은 것을 위해 성경을 탐구해야 한다.

• 하나님과 그리스도 그리고 진리와 의무에 대한 지식, 이러한 지식은 이론적일 뿐만 아니라 영적이다.
• 위로
• 거룩함

어떻게 탐구할 것인가?

• 우리는 그것이 확언하는 모든 진리를 믿을 확고한 결의를 갖고, 그것을 경건하고 복종하는 마음으로 탐구해야만 한다. 성경이 명하는 것은 모두 옳으며, 그것이 정죄하는 것은 모두 부정하다. 우리는 성경을 비판해서는 안 된다.
• 우리는 그것을 ① 전체적이며, ② 연속적으로 공부하고, ③ 그것이 특별한 주제에 관하여 가르치는 것을 연구하며, ④ (그것을 공부함에 있어) 모든 보조 수단을 사용하여 정성으로 탐구해야 한다.
• 우리는 그것을 신뢰함으로 탐구해야 한다. 즉 성령의 지도함 없이는 우리는 어떠한 이론적인 지식도 얻지 못하고, 어떠한 올바른 영적 견해도 얻지 못한다는 확신에서 탐구해야 한다.
• 그러므로 우리는 그것을 먼저 기도함으로, 그리고 계속 기도하면서 탐구해야 한다.
• 우리 자신과 결부시켜 탐구해야만 한다.

191. 성경에 능통한 자

"알렉산드리아에서 난 아볼로라 하는 유대인이 에베소에 이르니 이 사람은 언변이 좋고 성경에 능통한 자라"

사도행전 18:24

성경의 넓이

성경은 끝없이 넓고 깊은 대양과 같다. 어떠한 사람도 이 대양 속에 매장되어 있는 지적 보화들을 고갈시킬 수 없다. 우리는 성경을 각각 다른 면들에 입각하여 일생 동안 연구해 볼 수도 있다.

- 우리는 성경과 관련된 각기 다른 지역과 지형과 관련해 고찰해 볼 수 있다. 즉 아시아와 아메리카 간, 아메리카와 유럽과 아프리카 간, 아프리카와 인도 간에 펼쳐져 있는 광활한 지역, 만입indentations, 만gulfs과 내포bays 등과 관련하여, 그리고 그러한 지역이 기후, 바람, 비, 비옥함과 이에 따르는 무역과 인류의 운명에 대해 미치는 영향들과 관련하여 고찰해 볼 수 있다.
- 우리는 성경을 그것과 관련된 분지basin, 산과 계곡들, 그것이 의거하는 지역의 지형, 저지대 지면의 특성 등에 관련하여 고찰해 볼 수 있다.
- 우리는 성경을 그것이 주어졌던 지역의 동물들, 곧 고래로부터 미세한 동물에 이르기까지 그 지역에 편만해 있는 무수한 종류의 생물들과 수백만 곤충들이 서식하여 활동하고 있음으로 인하여 초래되는 변화들에 관련하여 연구해 볼 수 있다.

- 우리는 성경을 그 지역의 조수와 간만, 해류와 풍세에 관련하여 연구해 볼 수 있다.
- 그 지역의 화학적 성질에 관련해서 연구해 볼 수 있다.
- 그러나 성경에 관한 이 모든 종류의 지식 외에도 또 다른 지식이 있는데, 그것은 우리가 성경을 매일의 양식으로 먹을 때만 얻을 수 있는 지식이며, 그것을 사용하는 법과 그것의 능력과 영적 자원을 활용하는 법에 대한 지식이다. 사람이 성경에 관하여 전자와 같은 외적인 지식은 실로 풍부하게 갖고 있으면서도 이 마지막 항목의 지식은 거의 갖고 있지 못하다는 것이 사실이다.

성경 연구

우리는 이상의 모든 방법을 성경에 적용할 수 있다. 즉 우리는 성경을 각기 다른 측면에서 연구해 볼 수 있으며, 각기 다른 측면에서의 연구는 무궁무진한 지식을 제공해 줄 것이다.

- 우리는 성경의 기록 자체를 족보 시대, 대홍수 이전 시대, 족장 시대, 유대인 시대, 그리스도의 생애와 사도 시대를 포함해 창세기로부터 오늘날에 이르는 역사history로서 고찰해 볼 수 있다. 어떤 사람이 성경의 사실들에 대한 명백한 지식과 인류학, 세계의 문명, 모든 민족의 운명과 인간의 모든 종교에 관한 명백한 지식을 얻는 데 일생을 보낼 수도 있다.
- 우리는 성경을 그것의 유기적 관계들, 곧 아담 시대와 아브라함 시대, 모세 시대와 선지자 시대, 그리고 선지자 시대와 신약시대와의 관계에서 연구해 볼 수 있다.
- 우리는 성경을 그것의 교리들에 관하여 연구해 볼 수 있다. 즉 하나님의 속성과 완전하심, 물질세계와 영적 세계에 대한 하나님의 관계, 삼위일체에 있어 위位의 구별, 그리스도의 인격과 사역 그리고 성령의 역사에 대하여 성경이 무엇이라 가르치는지, 그리고 인간과 그의 타락, 타락 후 그의 도덕적인 상태, 그의 능력과 책임에 대하여 성경이 무엇이라 가르

치는지와 하나님의 구원 계획, 그리스도에 의해 이루어진 구속의 적용, 사후 인간의 운명에 대해 성경이 무엇이라 가르치는지 연구해 볼 수 있다.

- 성경의 도덕률은 우리의 신앙적이며 사회적 · 정치적인 의무와 교회와 국가에 있어 인간적인 권위의 한계들을 포함하는 것으로 또 다른 광범위한 분야다.
- 성경에 대하여는 특별하며 일반적인 개론으로 제시되는 지식이 있다.
- 그리스도의 몸으로서의 교회 그리고 아담 시대로부터 오늘날에 이르기까지의 가견적인 공동체로서의 교회, 그것의 조직과 직분자들, 특권들, 속성과 훈련 등에 관하여 연구해 볼 수 있다.
- 하나님의 말씀의 의미에 대한 영적인 이해, 보다 깊은 통찰, 그리고 그 진리에 대하여 그 어떤 다른 자료에서 이끌어낼 수 있는 것보다 더욱 확고한 확신을 포함하는 성령의 조명에서 기인하는 지식이 있다.
- 이러한 모든 종류의 지식 외에도 성경의 언어에 정통함과 기억 속에 남아 있는 지식이 있는데, 이러한 지식은 필요에 따라 즉시 인용하여 적용할 수 있다. 그리고 이러한 지식이야말로 위대한 은사이거나 획득이다.

그러나 항해에 대한 실제적인 기술 없이도 대양에 대한 과학적인 지식을 얻을 수 있듯이 사람은 성경의 역사history, 성경 각 권의 상호 관계, 그것의 교리와 도덕률, 그것의 문학성과 분해, 그리고 거기에 계시되어 있는 교회론에 대한 지식은 그러한 기술 없이도 얻을 수 있다. 그는 성경에서 영적인 지식을 얻을 수도 있고 그의 기억 속에 성경의 언어를 축적시켜 놓을 수도 있지만, 그럼에도 그는 성경에 능하지 못할 수도 있다. 그러한 것들은 능력의 필수적인 조건들이나 능력이 사용하는 자료이며, 이러한 자료 없이는 아무것도 성취할 수 없지만, 여기서 말하는 능력은 그러한 지식을 효과적으로 활용하는 수완ability이다. 이러한 능력은 세 가지를 내포한다.

- 정신적인 수완, 곧 그 진리 자체에 대한 확신이든, 양심의 순종이든, 의지의 복종이든 간에 성경의 진리와 사실들을 바람직한 결과를 낳도록 소화시키는 이지적인 명석함과 능력.
- 성경이 가르치는 것의 진실함과 중요성에 대한 충심에서의 강한 확신이 있으며, 그것은 인정받고 복종받아야 한다는 열망, 힘, 능력이 있다.
- 또한 발표력과 설득력, 확신시키고 납득시키는 능력과 격려하는 힘이다.

성경에 능한 은사의 성격에는 그것의 중요성이 따른다. 이에 관하여는 인간 혹은 그리스도인^{평신도}이 아니라 목회자로서의 모든 능력은 성경에 있어서의 능함$^{a\ power}$이라 말할 수 있다. 이러한 능력은 그 정도에 있어 목회자마다 각각 다르긴 하지만, 그러나 어떠한 목회자이든 많든 적든 이러한 능력을 갖고 있다. 즉 이러한 능력이 목회 사역을 준비함에 있어 구해야 할 한 가지 대상이며, 이러한 능력 없는 목회자는 이 외에 어떠한 지식이나 재능을 갖고 있다 해도 양들에게 아무런 유익을 주지 못하고 막대한 해를 끼칠 뿐이다.

성경에 능통해야 할 이유

- 이상에서 언급한 성경에 관한 모든 지식을 습득하되, 그것을 풍부하고 올바르며 적절하게 인용할 수 있도록 기억해 두는 것이 우리의 의무다.
- 그러한 지식을 사용할 능력^{ability}을 얻어야 한다. 이러한 능력은 부분적으로는 정신적인 훈련이며, 부분적으로는 영적인 훈련이며, 그리고 부분적으로는 기술―효과적인 연설 기술―을 통해 얻어진다.

192. 은혜의 방편으로서의 기도

"그 날에는 너희가 아무 것도 내게 묻지 아니하리라 내가 진실로 진실로 너희에게 이르노니 너희가 무엇이든지 아버지께 구하는 것을 내 이름으로 주시리라 지금까지는 너희가 내 이름으로 아무 것도 구하지 아니하였으나 구하라 그리하면 받으리니 너희 기쁨이 충만하리라"

■ 요한복음 16:23-24

기도란 무엇인가?

그것은 단순한 기원이 아니라 하나님과의 대화이며, 그러므로 그것은 다음과 같은 것을 내포한다.

- 우리의 감정을 그의 위대하심과 영광을 감안하여 표현하는 것이다. 즉 그에 대한 경모다.
- 우리의 감정을 그의 인자하심을 감안하여 표현하는 것이다. 즉 그에 대한 감사다.
- 우리의 감정을 우리의 죄와 사악함을 감안하여 표현함이다. 즉 고백이다.
- 우리의 감정을 우리의 가난함을 감안하여 표현함이다. 즉 간구다.

하나님과의 이러한 대화는 물론 다음과 같은 것들일 수 있다. 첫째, 골방이나 가정 그리고 교회에서 정해진 시간에 분명한 말을 사용하는 진지하고 질서정연한 대화이다. 둘째, 때로는 큰소리로 생수의 샘이 솟구쳐 나오는 것과 같은 계속적인 대화다. 셋째, 불꽃이 하늘로 계속하여 타오르는 것과 같은 하나님에 대한 영혼의 무언의 열망과 동경에서의 대화다.

기도가 곧 은혜의 방편이다

기도 혹은 하나님과의 이러한 대화가 은혜의 방편이다.

- 그것은 영적 개선의 방법이나 거룩한 복을 얻는 방편일 뿐 아니라 하나님과의 영혼의 초자연적이며 거룩한 교제를 위해 정해진 방편 중하나다.
- 그러므로 기도는 자연법^{우리는 이에 따라서 우리가 대화하는 자들과 동화된다}에 의거하는 것이 아니라 하나님께서는 우리의 기도를 통하여 자신의 뜻을 전하고 우리의 영혼에 그의 영광과 사랑을 나타내신다는 사실에 의거한다.
- 성령은 다음과 같은 의미들에서 기도의 영^{the Spirt of prayer}이시다. ① 그는 영적인 연모를 불러일으키는 대상들, 곧 하나님의 영광과 사랑, 그리스도의 영광과 사랑, 하나님의 무궁무진한 약속들뿐 아니라 우리 자신의 죄악됨과 궁핍함을 계시하신다. ② 그는 그러한 대상들을 명시하실 뿐 아니라 우리의 적절한 감정을 야기시키신다. ③ 그는 우리를 감화시켜 그러한 감정, 곧 경모하고 회개하고 감사하거나 갈망하는 감정을 적절한 말이나 때로 말로 할 수 없는 신음으로 표현하게 하신다. 따라서 그는 우리를 위해 중재하신다. 즉 그는 우리의 변호자^{παράκλητος, 파라클레토스}시다.

성령의 감화에 따라 드려지는 기도는 언제나 어떤 방식으로든 최선의 방식으로 응답을 받게 될 뿐만 아니라 그것이 은혜의 방편이다. 그것이 영혼 속에 하나님의 생명을 새롭게 주입시키는 기회이며 채널이다. 그러므로 그러한 기도는 단순한 발설로서의 기도가 아니며, 사람이 자신의 생명이나 자기가 사랑하는 사람들의 생명을 위해 드릴 때와 같은 타고난 감정적인 욕망의 발설로서의 기도가 아니라 그것은 성령, 곧 진리를 계시하고 올바른 감정을 불러일으키며, 적절한 말로 표현하게 하시는 성령에 의한 하나님과의 영혼의 실제적인 교제로서의 기도이다.

우리의 의무

- 하나님과의 이러한 교제는 우리의 자유의지에 달려 있다는 것을 기억해 두는 것이다. 그러나 우리는 그가 우리를 인정하기를 기뻐하실 때에만 그에게 접근할 수 있다.
- 그러한 교제가 영혼의 생명이므로, 우리는 그것을 가장 열렬히 바라고 가장 부지런히 실행해야만 한다.
- 그러나 우리는 그러한 교제를 하나님께서 정해 놓으신 방법으로, 곧 그리스도와 성령을 통하여 실행해야만 한다.
- 우리는 그것을 하나님께서 늘 허락하시는 때에 골방에서와 가정에서, 그리고 교회에서 실행해야만 한다.
- 우리가 기도의 영께서 기도하신다고 느낄 때에만 기도하려는 것처럼 우리는 그러한 교제를 일방적으로 기다려서는 안 된다.

193. 기도

"우리가 마음에 뿌림을 받아 악한 양심으로부터 벗어나고 몸은 맑은 물로 씻음을 받았으니 참 마음과 온전한 믿음으로 하나님께 나아가자"

■ 히브리서 10:22

기도의 개념

- 기도는 하나님과 그리고 그에게 하는 대화다. 그것은 간구·고백·감사·경모일 뿐만 아니라 말에 의한 하나님과 영혼과의 교제이다. 그것은 발언에 의한 것으로 묵상이나 명상과 구별된다. 이러한 발언은 다음과 같은 것이다. ① 언어에 의한 것이나 정신적인 것, ② 종종 혹은 항상 하는 것, ③ 말씀의 훌륭한 의미에 따라 격식을 갖추거나 부르짖는 것이다.

- 그러므로 심장의 고동이 자연적인 생명에 필연적이듯 기도는 영적인 생명에 필연적이므로 그것은 영적인 활동의 한 형식이다. ① 기도는 영적인 생명의 증거이며 발휘이기 때문이다. ② 그것은 영적인 생명의 지속이기 때문이다. 그러므로 기도하지 않는 그리스도인과 심장이 고동하지 않는 사람은 다같이 가망이 없는impossible 사람이다. 심장의 고동이 육신의 건강의 중요한 기준이나 지표이듯 기도는 영혼의 건강에 있어서 그와 같다.

하나님이 들으시는 기도

이러한 것들은 성령에 의해 낳아진 마음 상태에서 나오는 것이다. 우리가 하나님께 접근하는 것은 성령에 의해서 하듯 성령은 모든 참된 기도의 주체이시다. 성령께서 불러일으키시어 기도로 표현하는 감정은 다음과 같다.

- 찬양하고 경모하게 하는 경탄^{admiration}과 경의의 감정이다.
- 죄를 고백하게 하는 회개의 감정이다.
- 다음과 같은 대상들에 대한 믿음의 감정이다. ① 기도를 들으시는 하나님, ② 우리의 중재자시며 중보자이신 그리스도, ③ 우리의 기도를 기꺼이 들어주시는 하나님의 능력, ④ 우리의 기도를 들어 주실 그의 실제적인 약속들이다.
- 감사케 하는 사의^{gratitude}의 감정이다.
- 영적인 복과 우리 자신과 다른 사람들에게 필요한 그 외의 것들을 갈망하는 감정이다.
- 인내와 겸손이 끈질기게 간구함에서 명시되는 견인과 복종의 감정이다.

기도의 효력

- 우리 자신에 관하여 성령의 모든 은혜를 발휘케 하고 강화시킨다.
- 그것은 어떤 목적을 위해 정하여진 방법이며, 하나님의 정신적인 통치에 있어 다른 제2의 원인들이 자체의 결과들에 대하여 갖고 있는 것과 동일한 관계를 갖고 있다. 기도는 신자가 무엇보다도 우선해야 할 필요불가결의 것^{sine qua non}이다. 하나님은 우리가 기도하는 복을 주시거나 주시지 않기를 이미 결정해 버리셨고, 그의 계획은 우리의 기도에 의해 변경될 수 없다는 반론은 방법이 목적과 관련되어 있는 다른 어떤 경우에서보다도 더욱 설득력이 없다. 비록 하나님을 찬양하고 그에게 감사한다는 것이 정당하다 해도 그를 우리의 찬양과 감사로 기쁘시게 하려는 것은 그의 위엄을 떨어뜨린다는 반론은 아무런 설득력이 없다. 하나님은 정당한 것을 기뻐하신다. 그러한 반론은 하나님을 인간과 혼동하는 것이다.

기도의 은사와 습관을 훈련해야 하는 이유

이러한 은사를 신장시키기 위해서는 다음의 것들이 필요하다.

• 올바른 감정feelings을 품을 필요가 있으며, 그러지 못할 때 모든 기도는 불쾌한 것이 된다.

• 공적인 기도를 위해서는 지력mind, 곧 지적인 훈련을 신장시킬 필요가 있다. 이러한 것은 기도에 있어 우리에게 설교에서 만큼이나 의무적인 것이다. 특히 다른 사람들이 우리와 함께할 땐 더욱 그렇다. 우리는 그들을 인도하는 위치에 있으므로 그들은 우리가 말하는 것을 닮게 된다. 그러므로 우리는 그들로 하나님께 불쾌감을 갖게 하거나 부적절한 것을 말하게 해서는 안 된다.

• 성경을 주의 깊고 경건하게 읽는 것과 마음에 성경의 표현들을 축적해 두는 것이 필요하다. 성령은 성경의 표현들을 통해 우리가 표현하기를 바라는 생각과 감정을 표명해 오셨다.

• 기도할 때에도 설교를 준비할 때 만큼 미리 숙고하는 것이 필요하다. 그렇게 하는 목적은 ① 우리의 생각들을 모아 정리하기 위함이다. ② 올바른 감정을 발휘하기 위함이다. ③ 우리가 당면한 경우를 고려하여 우리의 기도를 조절하기 위함이다. 이러한 조절의 결여는 심각한 해악이 된다.

• 경건한 기도의 구성은 많은 경건한 사람들에 의해 실행되는 또 다른 방법이다. 이들은 공동예배와 공예배의 기도에서 중요한 위치를 차지한다. 우리 자신의 진보와 교회의 교화와 영광에 관해서 말하자면 기도는 실로 중요한 것이다.

194. 믿음의 기도

"내가 진실로 너희에게 이르노니 누구든지 이 산더러 들리어 바다에 던져지라 하며 그 말하는 것이 이루어질 줄 믿고 마음에 의심하지 아니하면 그대로 되리라"

마가복음 11:23

"또 기도할 때에 이방인과 같이 중언부언하지 말라 그들은 말을 많이 하여야 들으실 줄 생각하느니라"

마태복음 6:7

"너희가 내 이름으로 무엇을 구하든지 내가 행하리니 이는 아버지로 하여금 아들로 말미암아 영광을 받으시게 하려 함이라 내 이름으로 무엇이든지 내게 구하면 내가 행하리라"

요한복음 14:13-14

"너희가 내 안에 거하고 내 말이 너희 안에 거하면 무엇이든지 원하는 대로 구하라 그리하면 이루리라"

요한복음 15:7

"그 날에는 너희가 아무 것도 내게 묻지 아니하리라 내가 진실로 진실로 너희에게 이르노니 너희가 무엇이든지 아버지께 구하는 것을 내 이름으로 주시리라"

요한복음 16:23

"너희 중에 누구든지 지혜가 부족하거든 모든 사람에게 후히 주시고 꾸짖지 아니하시는 하나님께 구하라 그리하면 주시리라 오직 믿음으로 구하고 조금도 의심하지 말라 의심하는 자는 마치 바람에 밀려 요동하는 바다 물결 같으니"

야고보서 1:5-6

본 주제에 관한 절들은 위와 같다.

이상의 절들은 세 부류로 분류될 수 있다. ① 이적에 대한 믿음, ② 오직 이적의 은사를 받은 자들에게만 관련되는 절들, ③ 교회 직분자들의 의무수행에 있어 그들에 관련되는 절들이다.

잘못된 교리

본 절들로부터 다음과 같은 잘못된 교리가 도출되어 왔다. 즉 기도가 허락될 것을 확신하면서 모든 구체적인 요구는 허락되리라는 것이다. 이러한 견해는 참된 것일 수 없다.

- 그러한 교리는 하나님의 통치를 인간의 잘못된 지혜에 따르게 하는 것이 될 것이기 때문이다.
- 그렇게 한다는 것은 바람직하지 못하거나 비참한 결과에 이를 것이기 때문이다. 즉 사람들은 자신들이나 다른 사람들의 멸망이 될 것들을 위해 기도할 수도 있다.
- 그러한 교리는 우리의 모든 신앙 경험과 반대된다.
- 모든 그리스도인이 자신의 뜻보다는 하나님의 뜻이 이루어지기를 바라므로 그러한 교리는 모든 경건한 마음의 욕망에 반대된다.
- 그러한 교리는 하나님의 약속들에 대한 해석의 잘못된 원리에 의거한 것이다. 그러한 약속들에 대한 해석을 결정해야 할 원리들은 다음과 같은 것이다. ① 성경의 다른 절들로부터의 추론, ② 성경에서 실제로 약속된 것들의 성격, ③ 하나님의 실제적인 경륜이다. 우리는 그가 모든 기도에 대하여 언제나 응답하지는 않으신다는 것을 발견한다. 이러한 모든 것은 그러한 약속들이 절대적으로 해석될 수 없다는 것을 입증한다.

다음과 같은 일반적인 의미의 절들은 하나님의 통치의 일반적인 원리를 선언한다. "부지런한 자의 손은 부하게 하느니라" "아이는 마땅히 갈 길로 가르치면 그가 늙어서도 그것을 떠나지 않으리라" "의인의 자손은 걸식하지 않으리라" 등 이러한 절들은 모든 경우에 적용되지는 않지만, 그것은 섭리의 보편적인 흐름을 주장한다. 그리고 이것만으로도 격려하고 지도하기에 충분하다.

이러한 종류의 모든 약속은 조건부다. 경건한 자의 자녀들에 대한 은혜의 약속은 전자의 성실함 등을 조건으로 한다. 이러한 약속들은 물론 다음과 같은 가정을 조건으로 한다. ① 요구하는 것이 정당하다는 것과, ② 그것이 하나님의 영광과 요구하는 자들의 유익이 되리라는 것이다. 모든 참된 기도는 성령의 열매이며, 성령은 오직 하나님의 뜻에 일치하는 것들만 요구할 수 있으시다.

믿음의 기도

믿음의 기도에 관한 참된 교리는 어떤 호의적인 응답에 대한 약속이 주어지는 유일한 종류의 기도는 믿음으로 드려진다는 것이다. 이러한 믿음은 다음과 같은 것을 내포한다.

- 하나님은 살아 계신다는 믿음이다.
- 하나님은 기도를 들으시는 분이시라는 것이다. 기도는 미신적·광신적이거나 효력이 없는 것이 아니라 하나님이 정하신 것이요, 바라는 목적의 달성과 관계되어 있는 방편이다.
- 그리스도에 대한 믿음과 그의 이름으로 기도하는 것이다. 이것은 다음과 같은 것을 내포한다. ① 그리스도를 하나님께 접근할 수 있는 중보자로서 신뢰함, ② 우리의 기도를 들어 주시기를 바라는 근거로서 그의 공로와 중재에 대한 우리의 신뢰가 그것이다.
- 우리가 구하는 것—만일 그것이 최선을 위한 것이라면—을 받으리라는 우리의 믿음이다. 이것은 자녀가 자기 아버지의 능력과 사랑과 지혜를 전적으로 신뢰하고 그에게 가는 데에서 명시되는 자녀로서의 신뢰를 의미한다. 그러한 모든 자녀는 만약 자기의 요구가 그의 아버지의

동의를 얻기만 한다면 응답받으리라는 것을 안다.

믿음은 불신[distrust], 곧 하나님의 능력, 그의 사랑, 그리스도의 능력이나 그가 실제로 우리를 위해 중재하신다는 것에 대한 불신과 우리가 구하는 것을 허락하시는 하나님의 성향에 대한 불신에 반대된다. 이러한 것은 자신들의 부모에 대한 신뢰가 결여되어 있는 자녀들의 경향에서 종종 실증된다.

믿음의 기도에 관한 교리의 중요성

• 앞의 '잘못된 교리'에서 언급된 잘못되고 터무니없는 생각에 대한 교정 효과로서 중요하다.

• 위로와 확신의 근거로서 중요하다. 우리의 모든 기도가 하늘에 계신 우리 아버지의 뜻에 일치할 땐 그 모든 것을 들어주기로 약속하신 하나님께 나아가 기도할 수 있다는 것은 우리에게 있어 가능한 가장 위대한 위로의 근거다.

• 이러한 교리는 우리로 하여금 그리스도인의 생명의 요소와 하나님에 의한 능력의 원천으로서 우리의 믿음을 신장시키도록 할 것임에 틀림없다.

195. 중보 기도

"모든 기도와 간구를 하되 항상 성령 안에서 기도하고 이를 위하여 깨어 구하기를 항상 힘쓰며 여러 성도를 위하여 구하라"

■ 에베소서 6:18

중재

성경에서 '중재하다 To intercede'라는 말은 다른 사람을 대신하여 어떤 사람에게 접근하는 것을 말한다. 이러한 의미에서 그리스도는 그의 백성을 위해 중재하시며, 우리는 서로를 위해 중재한다. 우리의 중재는 다른 사람들을 위하여 기도로 하나님께 접근하는 것이다.

- 이러한 중보중재 기도는 우리에게 명하여진 의무다. "그러므로 내가 첫째로 권하노니 모든 사람을 위하여 간구와 기도와 도고중재와 감사를 하되"딤전 2:1 야고보는 "서로 기도하라"약 5:16고 말한다. 주님은 우리에게 우리의 원수를 위해 기도하고 우리를 저주하는 자들을 축복하라고 명하신다.

- 중보 기도가 성경에서 자주 예증된다. 아브라함은 소돔과 고모라 백성을 위해 중재했고, 모세는 그의 백성을 위해, 엘리야는 당대의 이스라엘을 위해, 다니엘과 느헤미야는 그 시대의 사람들을 위해 중재했다.

- 공인되어지고 명하여진 그러한 기도는 위에서 언급한 경우들처럼 특별히 효력이 있다. 예레미야 15장 1절에서 하나님은 "모세와 사무엘이 내 앞에 섰다 할지라도 내 마음은 이 백성을 향할 수 없나니"라고 말씀하

신다. 바울은 믿는 자들의 기도가 응답받기를 기대했다. 야고보는 중재 기도에 대하여 믿음의 기도는 많은 효력이 있다고 말하고 그것의 효력을 엘리야의 경우를 들어 예증한다.

제사장의 직무

그것은 제사장의 직무 수행이다.

• 믿는 자들은 그리스도와 연합되어 있으며, 그의 직무를 함께 수행한다.

• 그러므로 믿는 자들은 선지자들이다. 그리스도의 영은 예언의 영이시다. 즉 성령이 내주하시는 자들은 선지자들이나 대언자들이 된다. 그러므로 그들은 그리스도의 증인이라 불리며, 그들의 말을 듣는 자들은 그리스도를 듣는 것이다. 교회는 모든 민족을 가르치고 그들에 대하여 선지자의 역할을 할 그리스도의 사자다. 그리스도가 우리에게 하나님의 뜻을 계시해 주심으로 선지자의 직무를 수행하시듯 우리는 그러한 계시를 그의 이름과 권위로 우리의 동료들에게 알려 주고 그러한 역할을 수행한다.

• 믿는 자들은 왕으로, 그리스도의 권위를 공유한다. 즉 ① 그들에게 천국의 열쇠가 맡겨졌다. ② 그들은 온 세상을 정복해야만 한다. "나라와 권세와 온 천하 나라들의 위세가 지극히 높으신 이의 거룩한 백성에게"^{단 7:27} 주어진 것이다. 성도들이 세상을 심판할 것이다. ③ 내세에서 그들은 그리스도와 함께 그의 보좌에 앉을 것이다.

• 믿는 자들은 제사장이다. 제사장은 다른 사람들을 위해 하나님께 나아갈 권한을 받은 자다. 로마 가톨릭교도들은 이러한 권한을 성직자나 천상에서 하나님께 나아갈 자유를 얻은 자들^{천사들과 성인으로 추앙받는 자들}에게 제한시킨다. 믿는 자들의 제사장직은 다음과 같은 것에 있다. ① 그들이 하나님께 가까이 나아갈 허락을 받음, ② 그들이 그에게 기도와 찬양을 드림, ③ 다른 사람들을 위해 중보 기도하는 것이다. 이것이 특별히 제사장의 기능이다. 대제사장은 유대인들을 위해 중재했다. 그리스도는

그의 백성을 위해 중재했다. 우리는 서로 중재한다. 그러므로 중보 기도는 ① 명하여진 것이다, ② 자주 예증된다, ③ 유효하거나 효력이 있다.

이것은 위대한 의무요 위대한 특권일 뿐만 아니라 위대한 위로의 원천이다. 그럼에도 그것은 너무나 자주 소홀히 되고 경시된다.

196. 공동체를 위한 기도

"이러므로 우리도 항상 너희를 위하여 기도함은 우리 하나님이 너희를 그 부르심에 합당한 자로 여기시고 모든 선을 기뻐함과 믿음의 역사를 능력으로 이루게 하시고 우리 하나님과 주 예수 그리스도의 은혜대로 우리 주 예수의 이름이 너희 가운데서 영광을 받으시고 너희도 그 안에서 영광을 받게 하려 함이라"

■ 데살로니가후서 1:11-12

공동체를 위한 기도

집단을 위한 기도회는 하나님의 말씀이 명하는 것이다. 그러한 모임을 갖도록 하기 위한 숱한 권고와 명령이 율법서와 선지서에서 발견된다. 우리의 본성은 하나님의 말씀이 명하는sanctions 것을 명한다dictates. 공동의 필요가 절박하거나 공동의 요구가 추진될 때 사람들은 연합할 것이다. 부모들은 자녀들을 위해 연합할 것이며, 가족·집단·교회·믿음의 모든 단체가 각각 공동의 필요에 따라 연합할 것이다. 인간의 사회적인 본성의 법이 다른 것들에서와 같이 신앙에 있어서도 친교를 요구한다. 하나님의 말씀의 명령과 우리의 본성의 명령은 물론, 하나님의 경륜dispensations의 명령은 특별한 기도를 위한 모임의 가치를 말해 준다.

그러나 공동체를 위한 기도 모임이 남용될 수도 있다. 만일 그러한 모임이 유익을 낳지 못한다면 반대로 해를 낳을 것이다. 우리는 우리가 입술로만 하나님을 가까이할 때 그러한 것이 하나님 앞에 어떠한 것인가를 알며,

우리가 실제로 하나님의 존전에 나아가는 것이 허락받게 될 때 그것이 무엇을 의미하는지를 안다고 필자는 믿는다. 우리가 하나님의 영광을 볼 때 우리는 그의 사랑을 확신하게 되고 성령의 전언을 받게 되며, 우리의 힘이 새롭게 되고 지력이 교화되며, 마음의 폭이 넓어지고 믿음과 모든 은혜가 고도로 향상되며, 이 세상이 제공할 수 없는 거룩한 평안과 고귀함이 우리의 심령을 채운다. 이러한 것들이 모두 주관적인 효력들이긴 하지만, 그러한 것들이 기도 없이는 결코 오지 않는다. 만일 하나님이 그의 백성을 영적으로 소생시키신다면 그것은 하나님이 그들을 통하여 다른 사람들에게 생명을 전하기 위해서다. 그러므로 우리가 효과적인 방법으로 하나님께 실제로 가까이 나아가야만 한다는 것은 우리 자신이나 다른 사람들을 위해 매우 중요한 것이다.

어떻게 하나님께 나아갈 것인가?

우리는 하나님께 어떻게 나아가야만 하는가? 우리가 그에게 나아가는 데 필수적인 것들은 무엇인가?

• 그것은 겸손이다. 만일 우리가 우리 자신을 완전히 비우지 않는다면 우리는 하나님으로 채워질 수 없다. 우리는 우리의 죄와 무가치함에 대한 확신과 우리의 무력함에 대한 확신을 갖고, 하나님을 완전히 전적으로 의존함으로 나아가야만 한다. 더 나아가서 우리가 그에게 나아가는 것을 거부하거나 우리의 요구들을 받아주시는 것은 전적으로 그에게 있다는 확신을 갖고 나아가야만 한다.

• 그것은 믿음이다. 이것은 매우 많은 것을 내포한다. ① 기도의 효력에 대한 믿음인데, 사람들이 이를 의심하는 이유는 다양하다. 그러나 우리는 그것의 경험에서 얻는다. ② 하나님께서 우리와 화해하시고 우리의 기도를 기꺼이 들으심에 대한 믿음이다. ③ 우리가 그의 뜻에 일치되게 구하는 것, 곧 정당하고 그의 영광과 우리의 유익이 되는 것을 주시리라는 그의 약속에 대한 믿음이다. ④ 그리스도를 하나님의 아들이자 대

제사장으로 믿고 하나님의 우편에 앉아 계셔서 우리를 위해 효과적으로 중보기도 하고 계신 것으로 믿음이다.

- 우리가 구하는 복들에 대한 열의이다. 이것은 ① 그러한 것들의 중요한 의미를 내포하며, ② 끈질기게 조르고 계속적으로 구하는 그것들에 대한 열망─이러한 열망은 결코 거부당하지 않는다─을 내포 한다.

여기서 의미하는 복들은 우리의 젊은이들의 회심과 유용하게 쓰임 받기 위한 그들의 준비다. 다음과 같은 것들이 하나님 앞에서는 이러한 회심에 달려 있다. ① 개인들로서 그들의 구원, ② 그들이 관계되어 있는 기관들의 유익, ③ 교회의 유익, ④ 세상의 유익, 즉 구속사의 성취다.

- 우리의 기도에 일치되게 살려는 의도다. 즉 우리가 구하는 복들의 중요성을 우리가 느끼고 있는 것처럼 살려는 의도다. 그러므로 우리는 그러한 복들을 위해 계속하여 기도하고 그러한 것들을 위해 계속하여 수고할 것이다.

197. 은혜의 방편으로서의 묵상

"주의 말씀의 맛이 내게 어찌 그리 단지요 내 입에 꿀보다 더 다니이다 주의 법도들로
말미암아 내가 명철하게 되었으므로 모든 거짓 행위를 미워하나이다"
■ 시편 1190:103-104

묵상이란?

그것은 거룩한 것들에 대한 장시간 동안의 진지하고 경건한 명상이다.

• 이것은 단지 지적인 고찰이나 숙고와는 구별된다. 묵상^{meditation}은 각기
다른 목적을 갖고 있다. 그 중 한 가지 목적은 하나님의 말씀을 이해하
는 것이며, 또 다른 목적은 그것의 능력을 경험하는 것이다.

• 그것은 일시적인 생각이나 동경^{aspiration}과는 구별된다.

묵상은 은혜의 방편이다.

은혜의 방편이란 말은 영혼 속에 거룩함을 증진시키기 위해 하나님이 정
해 놓으신 수단을 의미한다. 묵상이 그러한 방편이라는 것은 다음과 같은
것들로부터 입증된다. ① 그러한 목적으로 성경이 자주 명하여지고 있음,
② 성경에 기록된 성도들의 실례들, ③ 모든 시대의 하나님 백성의 경험으
로 입증된다.

묵상의 유익

• 하나님께서는 진리인 그의 말씀을 성화의 위대한 방편으로 정해 놓으

셨기 때문이다.

- 진리인 하나님의 말씀이 자체의 효력을 낳기 위해서는 마음에 명시되어야만 하기 때문이다. 악인에 대하여는 "그 모든 사상에 하나님이 없다"고 언급된다. 이는 "하나님을 떠난" 악인들에 대한 묘사다.
- 하나님의 진리에 대한 지식과 느낌, 인식cognition과 인지recognition, 앎 γνῶσις과 인정ἐπίγνωσις간의 밀접한 관계가 있다.
- 모든 부정한 감정이 하나님의 존전에서 진압되고 모든 불건전한 법칙들이 거룩한 진리의 빛으로 정정되기 때문이다. 우리는 우리의 친숙한 것들에 의해 일치되어진다.

우리가 묵상해야 할 대상은 하나님, 그의 말씀, 그의 아들, 그의 구원 계획, 죄인들로서 우리 자신의 상태와 천국 등이다.

묵상의 어려움

- 계속적인 사고의 어려움
- 우리의 생각이 다른 것들로 미리 점유되어짐
- 하나님과의 교제를 갖는 것을 마음내켜 하지 않음
- 방법과 목적의 결여

묵상을 위한 지침들

- 묵상의 중요성에 대한 의무감과 확신을 갖고 실천에 신실하기 위해 결단하라.
- 그러한 의무수행을 위한 시간과 장소를 설정하라.
- 그것을 하나님과의 교제를 의미하는 기도와 결부시키라.
- 그것을 성경을 읽는 것과 결부시키라. 말씀을 묵상하라. 말씀을 천천히 자신에게 적용시키며, 그리고 그것의 의미를 숙고하며 읽으라.
- 여러분의 생각들을 통제하는 습관을 신장시키라. 그러한 생각들이 우발

사고나 예기치 않은 관계들에 의해 지배받지 않게 하라.

- 빈번한 실패에 낙담하지 말라. 그리고 감정을 자극하는 것이 유일의 척도인 것으로 가정하지 마라. 감정이 거의 없는 것들에서 배울 것이 많고 얻어야 할 힘이 많을 수도 있다.

- 특히 공동예배나 공예배 시간들을 이러한 일에 바치라. 하나님의 전 ^{house}에 있는 동안에는 마음을 하나님으로 가득 채우라.

198. 묵상

"오직 여호와의 율법을 즐거워하여 그의 율법을 주야로 묵상하는도다"

■ 시편 1:2

진리에 대한 성령의 조명

인간의 마음과 진리 사이에는 시력과 빛 또는 오감과 물체들 사이에 있는 것과 유사한 관계가 존재한다. 여기서 말하는 묵상은 일반적 진리, 신앙적인 진리 또는 성령의 일들에 관련되는 것이며, 영적인 이해understanding, 곧 성령에 의해 조명될 때의 이해 작업에 관한 것이다.

- 인식력the power of perception이란 것이 있다. 시력의 기관이 없을 땐 빛이 시각의 목표에 대하여 아무런 효력도 발휘하지 못한다. 이러한 원리는 소리에 대하여도 마찬가지다. 이성이 없이는 진리에 대한 어떠한 이해도 존재할 수 없고, 영적인 이해력 없이는 성령의 일들에 대한 어떠한 인식도 있을 수 없다.

- 그리고 빛이나 소리가 없을 땐 시력이나 청각이 있어도 어떠한 것을 보거나 들을 수 없다. 이와 마찬가지로 진리가 없으면 이해력의 어떠한 발휘나 신앙적인 삶의 어떠한 실행도 존재할 수 없다. 빛이나 소리를 대체할 만한 것은 없으며, 진리를 대체할 수 있는 것 역시 아무것도 없다.

- 동일한 가시적인 대상이나 동일한 음향이 사람들에게 각각 다르게 영향을 미친다. 이와 마찬가지로 동일한 진리가 사람들에게 각각 다르게 영향을 미친다. 이러한 두 경우에 있어 그 원인은 주관적이다.

- 지각자percipient가 동일한 경우에 그 효력은 빛이나 소리의 특징에 달려 있다. 따라서 어떤 일정한 사람에게 미치는 오류의 영향은 진리의 영향과는 다르다.
- 동일한 감각의 대상이 각각 다른 측면과 각각 다른 목적으로 주목의 대상이 될 수 있다. 만일 우리가 그림을 비판하고 그것의 데생의 정확성이나 채색의 양식이나 명암의 처리 등을 평가하기 위해 바라본다면 그러한 경우 우리는 심미적인 영향은 전혀 경험하지 못할 것이다. 따라서 만일 우리가 진리인 하나님의 말씀을 비평가나 철학자의 눈으로 정관靜觀한다면 그것은 우리에게 아무런 신앙적인 영향도 미치지 못할 것이다. 그러므로 묵상은 단지 지속적인 관찰이 아니다.
- 감각은 교화에 의해 다르게 향상될 수 있다. 따라서 영적인 식별력의 기능과 그 결과로서 일어나는 마음의 영성은 묵상에 의해 증강된다.
- 감각의 대상들에 의해 생성되는 효력은 자주 반복되는 인식의 활동이나 오래 계속되는 정관에 의해서다. 따라서 영적인 것들에 있어 하나님과 그리스도 그리고 부단히 마음에 떠오르는 영원성에 대한 생각들은 항존적인 영향을 낳는다. 그러나 이것이 오래 지속되는 묵상에 적절한 대체물은 될 수 없다.
- 이러한 경우들이 서로 유사하긴 하지만, 하나는 자연적인 것이고 다른 하나는 초자연적인 것이다. 왜냐하면 우리가 구하고 필요로 하는 지식은 계시의 성격에 속하기 때문이다. 사도 바울은 영광의 아버지께서 에베소의 성도들에게 지혜와 계시의 정신을 주시기를 기도했다엡1:17.

이로부터 두 가지 중요한 결론이 따른다.

첫째, 묵상은 진리에 대한 명시를 기다림waiting for이라는 것이다. 우리는 진리의 거룩한 영광divine glory을 우리 자신의 어떤 주의력에 의해 억지로 발견해 낼 수 없다. 즉 우리는 그것의 계시를 겸손히 기도하며 기다려야만 한다.

둘째, 이러한 계시는 지력을 통하여 오는 영적인 인식에 속하므로 진리가 마음에 제시될 때 외에는 그것은 결코 일어나지 않는다. 즉 초자연적인 것은 자연적인 것에 잇따라서 일어난다. 그러므로 우리가 묵상하지 않는 한 영적인 계시를 기대한다는 것은 헛된 일이다.

이러한 주제의 중요성은 다음과 같다.
• 이상에서 언급한 경우의 성격으로부터와,
• 모든 시대의 하나님의 사람들의 실례로부터 명백하다.

묵상의 어려움

묵상의 어려움에는 두 가지 이유가 있다.
• 자연적인 것. ① 마음을 어떤 대상에 집중시키는 어려움과, ② 다른 대상들을 마음으로부터 제하여 내는 어려움 때문이다. 이러한 어려움은 자연스러운 방법, 곧 또박또박 소리 내어 말하기, 성경 읽기, 기도와 같은 실행과 계속하여 사고할 수 있는 자료들에 의해 제거시켜야만 한다.
• 영적인 것. ① 세속적임과 죄에서 일어나는 마음 내키지 않음, ② 우리의 믿음이나 영적인 생명의 법칙의 연약함 때문이다. 명상적이며 세속을 떠난 그리스도인들과 활동적인 그리스도인들 사이에는 커다란 차이가 있다. 그러나 바울에게서 그러했듯 그 두 요소는 결합되어야만 한다.

199. 안식일

"안식일을 기억하여 거룩하게 지키라 엿새 동안은 힘써 네 모든 일을 행할 것이나 일곱째 날은 네 하나님 여호와의 안식일인즉 너나 네 아들이나 네 딸이나 네 남종이나 네 여종이나 네 가축이나 네 문안에 머무는 객이라도 아무 일도 하지 말라 이는 엿새 동안에 나 여호와가 하늘과 땅과 바다와 그 가운데 모든 것을 만들고 일곱째 날에 쉬었음이라 그러므로 나 여호와가 안식일을 복되게 하여 그 날을 거룩하게 하였느니라"
■출애굽기 20:8-11

구약의 제도

구약의 모든 제도는 특별한 기초를 갖고 있었다. 그러한 제도들은 세 부류로 분류되었다.

- 사람들의 공통된 필요들과 하나님에 대한 인간의 공통된 관계에 기초를 두고 있는 것들이다. 이러한 것들은 유대인들과 그들의 모든 제도에 반영되었다. 모든 도덕률과 안식일 제도는 이러한 부류에 속한다.
- 유대인들의 특별한 환경에 관련된 제도와 규례들은 둘째 부류에 속한다. 그것은 정결한 고기와 부정한 고기 간의 구별과 할례 등이었으며, 이러한 것들은 유대인들이 준수해야 할 것들로서 그들을 속박했다.
- 셋째 부류는 메시아, 곧 그의 역사와 나라를 상징하도록 의도되었던 모든 것을 내포한다. 이러한 것들은 대체로 모세의 율법에 의한 기존의 제도에 통합되었다.

안식일이 모든 인간과 모든 시대를 망라하는 범세계적인 율법의 부류에 속한다는 것은 다음과 같은 이유들에서 명백하다.

- 그것은 율법이 주어지기 전에 제정되었기 때문이다.
- 안식일 준수의 근거는 모든 민족에 관련된 보편적인 근거였기 때문이다.
- 그것은 메시아의 통치 아래에서 준수되리라고 예고되었기 때문이다.
- 그것은 실제로 하나님의 명령에 따라 전 기독 교회에 의해서 계속 준수되어 왔기 때문이다.
- 그것은 십계명에 통합되었기 때문이다.

안식일 제정의 이유

안식일 제정에 대한 이유들은 구체적이거나 총괄적이다. 첫째 부류는 일곱째 날이 본래 안식일로 정하여졌는데도 왜 첫째 날을 그날로 정하는지의 이유들을 내포한다. 둘째 부류는 칠 일 중 왜 하루는 하나님께 바쳐야만 하는지의 이유들에 관계된다.

특별한 이유들

- 제 칠일이 본래 안식일로 정하여진 이유는 그날이 창조 역사를 기념하려는 것이었다는 것이다. 이것이 모든 신앙의 기초를 이루며, 그러므로 이날을 기억해야 한다는 것이 근본적이며 전반적으로 중요하다.
- 첫째 날을 준수하는 특별한 이유는 복음의 진리가 기초되어 있는 그리스도의 부활을 기념하려는 것이었다. 만일 그리스도가 살아나셨다면 복음은 참된 것이다. 만일 온 우주가 창조되었다면 그것은 창조하고 유지하며 통치하시는 인격적인 하나님이 계신 것이다. 그러므로 우리가 안식일 준수의 중요성을 아무리 높이 평가한다 하더라도 그것은 과대평가가 될 수 없다. 이것은 주의 성찬식 준수의 중요성과 유사하다.

칠일 중 한 날을 준수해야 한다는 이유들은 다음과 같은 것들이다.

- 생리학적인 이유다. 즉 인간과 동물은 쉴 필요가 있으며, 인간에게 있어서는 육신뿐 아니라 마음도 쉴 필요가 있다. 팔 일이나 구 일 중 하루나 십 일 중 하루가 준수될 수도 있지 않은가라고 묻는 것은 어리석은 것이다. 그러한 것은 그럴 법하지가 않다. 인간은 하루하루 수시로 쉴 필요는 있어도 그것을 하루 걸러서 쉴 수는 없듯이 한 주에 한 번은 온전히 쉴 필요가 있으며, 그렇지 않으면 안전할 수 없다. 인간의 모든 역사 history와 경험이 이를 입증한다. 칠 일째 이상으로에, 팔 일 중 하루를 안식일로 준수하는 것는 인간에게 해롭다.

- 공중예배를 위한 시간을 제공하기 위함이다.

  ① 그것은 진리 보존과 그 전파를 위해 필수적이다. 그것은 사람들을 영적으로 교육하는 날이며, 그러므로 이날이 없으면 그들은 멸망에 이르는 무지에 빠져들어갈 것이다.

  ② 사람들이 구원을 받게 되는 것은 복음을 설교함에 의해서이듯 그것은 회심의 방법으로서 필요하다.

  ③ 공예배와 공동예배는 심령의 경건을 활성화시키는 데 불가결하므로 그것은 교화의 방법으로서 필요하다. 그러므로 안식일을 어기거나 그날을 경홀히 하는 자들은 공공연하게 불신앙적이다.

  ④ 그것칠 일 중 한 날을 준수하는 것은 하나님께 공예배와 감사와 기도를 드리는 유일한 기회를 제공하는 것으로서 필요하며, 이것은 모든 개인뿐 아니라 모든 공동체의 의무다.

- 그것은 세속의 조류를 저지시키고 사람들을 멈추게 하여 이 세상이 모든 것이 아니며 가장 위대한 것도 아니라는 것을 기억시키는 것이다. 이날이 없다면 우리는 영원한 나라를 향하여 가는 우리의 진보를 점검하지 못할 것이다.

안식일의 준수

이날을 준수하는 양식은 이날의 목적에 의해 결정된다.

첫째, 그것은 모든 세속의 작업과 오락으로부터의 쉼을 내포한다. 둘째, 그것은 신앙적인 정신의 교화와 신앙적인 의무수행을 포함한다. 이날에 대한 바리새인적인 준수 방법은 하나의 극단적인 방법이며, 자유주의적인 준수 방법은 또 다른 극단적인 준수 방법이다. 후자의 방법은 오늘날 유행하는 방법이다. 유럽인들의 안식일 준수 방식은 더욱 악화되어 있다. 본 주제에 관한 경험의 교훈들이 앞서 진술한 원리들을 확증해 줄 뿐만 아니라 매우 결정적이다.

200. 안식일의 의의

"또 이르시되 안식일이 사람을 위하여 있는 것이요 사람이 안식일을 위하여 있는 것이 아니니"

마가복음 2:27

 본 절이 강조하는 원리는 목적이 방법보다 더 중요하며, 전자가 후자에 희생되어서는 안 된다는 것이다. 바로 이러한 원리를 안식일에 적용시키고 있음이 명백하다. 안식일은 인간과 가축의 최선의 유익을 증진시키기 위해 계획되었다. 그러한 유익에 관한 교화된 관점이 안식일의 어김을 요구했을 땐 그러한 어김은 타당하고도 의무적인 것이었다. 바리새인들은 그들의 가축들에 관련된 원리에 따라 행동하였다. 그들은 그것들에게 물을 먹이기 위해 그것들을 물이 있는 곳으로 인도하여 갔다. 그들은 가축들이 때로 구덩이에 빠져 있을 땐 그것들을 구덩이에서 구출해냈다. 그리스도께서 안식일에 병자를 고쳐주셨을 때나 안식일에 제자들로 곡식의 이삭을 자르는 것을 허용하셨을 때에도 그는 이와 동일한 원리에 따라 행하셨을 뿐이다. 그러므로 우리도 이와 동일한 원리에 따라 행할 수 있다.

 때로는 불가피한 일과 긍휼을 베푸는 것이 안식일에도 정당하다는 것이 이날을 준수하는 법에 관하여 주어진 해설의 기초가 된다. 이와 동일한 원리가 구약에서도 인정되었다. 선지자 호세아는 "나는 자비를 원하고 희생제물을 원치 않노라"고 말한다. 즉 도덕적인 의무들이 실제적인 계명들보다 더 숭고한 의무에 속한다. 하나님께서는 희생제물을 바칠 것을 명하셨지만, 그는 또한 자비를 베푸는 것도 명하셨다. 이 두 가지가 상충되어질 땐 하나가 다른 하나에 양보해야만 했으며, 양보해야만 한다는 것이 실제적인 명령이었다. 이러한 원리의 건전함과 이것의 측량할 수 없는 중요성은 이러한 원리를 어김에서 초래되어온 무수한 해악으로부터 명백해진다.

- 유대교가 변절되어 형식주의와 의식주의에 빠지게 된 것은 순전히 외적인 것이 내적인 것보다 더 중요하다는 것, 곧 의식과 예식, 금식, 절기 준수, 박하와 회향과 근채의 십일조 등이 율법의 어떤 중요한 것들보다 더욱 중요하다는 그들의 관념을 실행한 결과였다. 바리새인들은 그 모든 외적인 규례들을 준수함으로써 자신들이 거룩하다고 여겼다.

- 이와 마찬가지로 가톨릭교회의 변절은 목적을 그 방법에 실제적인 것을 도덕적인 것에 종속시킨 데 있다. 가톨릭교도들에게 있어서 어떤 사람이 교회에 순응할 때 그는 그것으로 구원을 받는다. 그러나 만일 그가 그러한 외적인 것들을 무시한다면 그는 그로 인하여 버림을 받는다. 따라서 아무리 그가 거룩하다 하더라도 그가 그러한 외적인 것들에서 실패한다면 그는 버림을 받는다. 그러므로 가톨릭교 국가들에서는 신앙이 완전히 변절되어 있다.

- 이러한 경우는 모든 종류의 고교회파^{의식을 중시하는 영국 국교의 일파}에 있어서도 마찬가지다. 그들에게 있어 만일 어떤 사람이 교회의 예식과 의식들에 따를 땐 그는 더 중요한 일들에 크게 쓰임 받는다. 따라서 예식과 의식적인 신앙이 참된 경건을 대신한다.

- 이와 동일한 해악들이 참된 개신교도들에게서도 자주 나타난다. 어떤 이들은 세례를 신앙보다 높이고, 어떤 이들은 특별한 형식의 성가를 신앙보다 높이며, 또 다른 이들은 안식일의 엄한 준수를 신앙보다 높인다. 그러므로 우리는 우리 주께서 가르치신 원리에 따르는 것이 매우 중요하다. 이것이 도덕법에 대한 해석을 좌우하는 원리다. 그러나 우리는 여기서 이와 반대되는 극단을 경계해야만 한다. 목적이 방법보다 더 중요하다고 해서 우리는 다음과 같이 결론지어서는 안 된다.

첫째, 방법은 의무적인 것이 아니다. 그리스도께서는 안식일을 준수할 의무가 끝났다고 가르치지는 않으셨다. 우리는 그가 말씀하시는 것본절으로부터 하나님께서 정하신 어떠한 방법도 더 이상 구속력을 갖지 않는다고 결론지어서는 안 된다. "너희가 이것을 행해야만 하려니와 저것도 금해서는 안 되느니라."

둘째, 우리는 방법을 소홀히 해서는 안 된다. 그것은 의무적인 것으로써 필수적일 뿐만 아니라 목적에 매우 도움이 되는 총괄적인 법칙으로서도 중요하다. 유대인들이 안식일을 지키고 희생제물을 바치며, 박하와 회향과 근채의 십일조를 드리는 것은 잘했지만, 그러나 그들이 하나님께서 제정하신 것들을 의도적이고 불필요하게 무시한 것은 하나님께서 본래 의도하신 목적을 상실한 데에서 비롯되었다. 그러므로 우리는 말씀, 안식일, 교회의 성례를 중시하지 않을 수 없으며, 이러한 것들을 소홀히 하는 것은 멸망을 초래하는 것이다. 본 절은 기독교의 안식일 준수에 대한 법칙은 유대인의 율법, 특히 바리새인들에 의해서 곡해되었던 율법이 아니라 그것의 제정 목적이—그것이 무엇이든 간에—법칙을 제공해 주는 것임을 암시해 준다. "또 이르시되 인자는 안식일의 주인이니라"눅6:5 왜냐하면 안식일은 그의 대의에 따르고 그의 뜻에 예속하기 때문이다. 인자는 그리스도이시다. 그가 안식일의 주인이시다. 즉 그가 그것에 대하여 최고의 통제권을 갖고 계시며, 그것을 폐지시킬 수도, 그것의 준수에 대한 법을 제정할 수도 있으시다.

201. 찬양

"왕이신 나의 하나님이여 내가 주를 높이고 영원히 주의 이름을 송축하리이다 내가 날마다 주를 송축하며 영원히 주의 이름을 송축하리이다 여호와는 위대하시니 크게 찬양할 것이라 그의 위대하심을 측량하지 못하리로다 대대로 주께서 행하시는 일을 크게 찬양하며 주의 능한 일을 선포하리로다"

■ 시편 145:1-4

찬양이란?

찬양은 그것의 대상에 대하여 칭송할 만한 어떤 것을 돌려 드리는 것이다. 그러므로 그것은 다음과 같은 것을 내포한다.

• 칭송할 만한 속성들에 대한 송영
• 칭송할 만한 행위, 곧 탁월함을 나타내는 행위들에 대한 송영
• 선을 행하는 능력과 성향을 계시하는 은혜들^{benefits}에 대한 송영

그러므로 성경에서 사람들과 모든 이성적인 피조물들은 다음과 같은 것들에 대하여 하나님을 찬양하라는 요구를 받는다.

• 그의 거룩하신 모든 완전함과 그의 무한한 위대하심, 그의 지혜, 능력, 거룩 선하심과 진리
• 창조와 섭리, 구속에 있어 그의 놀라운 역사들
• 창조와 섭리, 구속에 있어 그의 모든 복

이것들은 모든 피조물이 영원히 해야 할 찬양의 한량없는 제목이 된다. 찬양은 자연스럽고도 타당한 행위다.

- 그것은 하나님께 해야 하기 때문이다. 하나님은 우리가 그의 선하심과 위대하심을 하나하나 열거하여 말하는 것을 들으심에 의해 기뻐하시는 것이 아니라는 반론이 제기되기도 한다. 그러나 이러한 것은 인간이 하나님에 대하여 잘못 추론하는 데서 야기되는 오류 중 하나다. 인간들에게 있어 상찬adulation과 찬미laudation가 부적절하거나 불쾌할 수도 있기 때문에 그것이 하나님께도 그러할 것임에 틀림없다고 주장되기도 한다. 그러나 그러한 것을 인간들에게 할 때야말로 부적절하고 불쾌한 것이다. 그 이유는 첫째, 모든 피조물은 그 자체로 찬양받기에 합당하지 못하기 때문이며, 둘째로 인간들에 대한 그러한 감정의 발휘나 표현은 불건전not healthful하기 때문이다. 그러나 이러한 이유들이 하나님의 경우에는 적용되지 않는다. 하나님은 무한히 탁월하시며, 그의 완전하심을 고려할 때의 감격과 감정에 대한 표현은 최상으로 호의적이다beneficial.

- 하나님께 드리는 찬양은 말하자면 무의식적으로 나오는 것이기 때문이다. 우리에게 그의 아름다우심, 탁월하심과 선하심, 특히 우리에 대하여 발휘되는 선하심이 명시될 때 우리는 그를 찬양하지 않을 수 없게 된다.

- 그러므로 하나님에 대한 찬양은 자연스러운 것일 뿐만 아니라 또한 그것은 건전한healthful 것이다. 따라서 그것은 예배의 불가결한 요소다.

- 성경이 우리에게 하나님을 찬양할 것을 명하기 때문이다. 성경은 예배의 그러한 요소에 대한 예들로 가득하다.

- 천국은 이러한 소명찬양이 방해받는 일이 없는 나라와 장소로 묘사된다. 그러므로 찬양은 복됨에 대한 표현일 뿐 아니라 복됨을 초래한다.

하나님을 찬양하는 방법

• 그것은 마음으로부터, 그리고 지식understanding으로 해야만 한다. 만일 이 두 가지가 병행되지 않는다면 그것은 불쾌하고 유해한 웃음거리mockery 가 된다.

• 영혼이 하나님과 그리스도뿐 아니라 그에게 있어 그의 역사들에, 그리고 우리에 대한 그의 은혜들에 있어 하나님의 영광에 대한 감격스러움으로 충만하게 될 때 무언의 묵상으로 해야 한다. 이러한 찬양은 특별하고도 가끔 하는 것일 수도 있으며, 혹은 향이 자체의 향기를 발산하는 일을 결코 중단하지 않고 빛들이 결코 소멸되지 않는 것처럼 습관적이며 언제나 하는 것일 수도 있다.

• 우리의 기도를 통하여, 그리고 이 외의 다른 모든 형식의 말이나 교제나 우리의 동료인들에게 하는 인사말을 통하여 해야만 한다.

• 노래를 통하여 해야 한다. 이것이 합당하다는 것은 ① 그것이 자연스럽기 때문이다. ② 그것은 경탄하고 감사하는 감정을 짙게 하는 경향이 있기 때문이다. ③ 그것은 성경에서 명하여질 뿐만 아니라 교회 내의 신성한 합의에 의해 실행되기 때문이다.

• 교회에서의 노래나 음악은 다음과 같은 원리들에 따라서 수행되어야만 한다.

① 그것은 수단이며 목적이 아니라는 원리다. 교회에서의 노래나 음악이 하나님으로부터 그 자체에로 주의를 끌기 위해 정성 들여 불러지거나 연주될 때마다 의도했던 목적을 전복시키고 도리어 해악을 초래한다. 이것이 그리스 정교회, 로마 가톨릭교회, 그리고 종종 개신교 교회들에서 자행되는 공통된 해악이다.

② 그것은 가능한 훌륭하게 해야만 한다. 왜냐하면 그것은 자체의 탁월함에 비례하여 자체의 목적을 더 잘 성취할 뿐만 아니라 사람들을 교화시키고 순화시키기 때문이다.

③ 그것은 적절해appropriate야만 한다. 즉 호전적이거나 축제적festive이어

서는 안 되며, 경건한 것이어야만 한다.

④ 그것은 사람들의 협력을 얻도록 지휘되어야만 한다. 이것이 그들의 권리이며, 그들 자신에게도 큰 유익이 된다. 공동으로 기도할 때에는 한 사람이 기도하고, 그 외 다른 사람들은 조용히 합심하여 해야만 한다. 비록 동일한 형식으로 하는 기도일 때에라도 많은 사람이 함께 기도하는 것은 혼란을 초래할 것이기 때문이다. 그러나 공동으로 하는 찬양에서는 그러한 혼란이 일어나지 않을 뿐 아니라 노래의 가장 숭고한 목적이 확보된다. 가장 행복하고 가장 거룩하며, 가장 유용한 그리스도인들, 곧 성향과 상태에 있어 가장 천상적인 자들은 하나님을 최선을 다하여 가장 잘 찬양하는 자들이다.

202. 교회의 연합

"몸이 하나요 성령도 한 분이시니 이와 같이 너희가 부르심의 한 소망 안에서 부르심
을 받았느니라 주도 한 분이시요 믿음도 하나요 세례도 하나요 하나님도 한 분이시니
곧 만유의 아버지시라 만유 위에 계시고 만유를 통일하시고 만유 가운데 계시도다"
■에베소서 4:4-6

가톨릭 교인들이 믿는 것처럼 군주정치의 의미에서가 아니라. 감독제도
의 교인들이 가르치는 것처럼 외적인 조직들의 역사적인 혈통의 의미에서
가 아니라 자체의 머리 되시는 그리스도와 연합된 신비로운 몸이라는 의미
에서 교회는 하나다. 그리스도와의 연합의 결과들은 다음과 같다.

칭의

그리스도의 의가 대리적인 것이었으며, 그 자신을 위해서가 아니라 그의
백성의 이름으로 그들을 위해 이루어졌기 때문에 우리는 그의 의의 참여자
들이 된다. 그의 의가 그의 백성의 것이 되는 이유는 그것이 그들을 위해 이
루어진 효력에 의해서거나 그와 그들 사이의 영적인 연합의 효력에 의해서
가 아니라 그것 자체가 그들에게 전가되기 때문이다. 그것은 비록 성인들이
라 하더라도 그들이 그리스도를 믿는 순간 그들에게 전가되며, 유아들이 성
령의 새롭게 하심^{renewing}에 의해 그리스도와 연합되는 순간 그들에게 전가
된다.

- 그리스도의 의는 언약에 의해 참으로 정당하게 우리의 것이 된다. 그것은 마치 우리 자신에 의해 이루어진 것처럼 완전하게 우리에 대하여 효력이 있다.
- 그의 의가 무한한 가치가 있음은 그것이 하나님의 의이기 때문이다. 만일 그 의가 죄인에게 전가된다면 그리스도 자신이 정죄 받으실 가망성이란 없는 것처럼 그가 정죄 받을 가망성이란 없다. 그러므로 그것은 신자들을 절대적이며 영원히 안전하게 한다.
- 그것은 단지 죄에 대한 형벌로부터의 면제뿐 아니라 구속의 모든 축복에 대한 자격을 보증한다. 하나님께서 의롭다 함을 받는 자들에게 영생과 이것이 의미하는 모든 것을 베푸시리라는 것은 만약 아담이 범죄하지 않았다면 그는 살게 되었으리라는 것만큼이나 확실하다.

성화

모든 신자에게 공통되며, 그들로 한 몸이 되게 하는 그리스도와의 연합의 둘째 효력은 그들의 성화다. 그들은 하나님의 생명의 참여자들이 된다. 그들은 영적인 죽음에서 살아나게 될 뿐만 아니라 그들에게 전하여지는 영적인 생명의 원리가 다음과 같은 것들에 의해 유지되고 발전된다.
- 말씀과 성례를 통하여 공급받는 영적 자양분
- 그리스도와의 친교, 곧 경모·찬양·기도·신앙 고백, 그리고 중보 기도를 통한 그와의 교제
- 성도들과의 교제. 몸의 어느 한 지체가 그 외의 모든 지체의 조력에 의해 유지되고 성장하듯이 그리스도의 신비로운 몸의 경우도 그렇다.
- 그리스도와의 연합은 유기적인 단일성과 은사의 다양성을 필요 조건으로 한다. 즉 같은 그리스도 안에서 어떤 이들은 사도로 부름받고 어떤 이들은 교사로 부름받는다. 그리고 부름받는 자들마다 받는 은사도 다르다.

이에 관련하여 사도 바울은 다음과 같이 가르친다. 첫째, 이러한 다양성은 불가결한 것이다. 둘째, 각 지체의 직분은 그 자신이나 몸이 아니라 하나님에 의해 부여받는다. 그러므로 우리는 다음과 같이 결론지을 수 있다. ① 각자는 자신의 직분에 만족해야만 한다. ② 모든 지체는 서로 동정해야 한다. ③ 모든 지체는 성심성의로 협동해야만 한다. 고립되어 있는 개인에게 있어서가 아니라 공통된 생명의 참여자로서의 영혼에 있어, 그리고 유기적인 전체의 한 지체에 있어 성화의 역사가 실행되는 것은 이와 같은 것들을 통해서다. 개인적인 은사와 재능들이 무인도에 격리되어 있는 사람에게는 아무런 영향도 줄 수 없듯이 국가의 경우도 그렇다.

안전

각 신자와 전체로서의 교회에 속하는 그리스도와의 연합의 셋째 결과는 안전이다. 아무도 그들을 그리스도의 손에서 빼앗아 갈 수 없다. 하나님께서 그리스도에게 주신 자들은 모두 그에게로 갈 것이며, 그는 그들을 마지막 날에 일으키실 것이다. 지옥의 문은 교회에 대하여 결코 우세할 수 없다. 이러한 안전은 다음과 같은 것들에 의거한다.

- 하나님의 약속과 언약
- 그리스도는 살아계시며, 그의 생명이 각 신자와 교회의 생명을 보증한다는 사실
- 그가 하늘과 땅에 대하여 권세를 잡고 계시다는 사실
- 그리스도께서 죄와 사탄을 정복하셨기 때문에 그가 성령의 협력에 대하여 약속할 권리를 갖고 계시다는 사실

영화

넷째 결과는 신자와 교회의 영화이다. 이것은 다음과 같은 것들을 내포한다.

- 몸의 부활

- 모든 자에게 주어진 성품의 완전한 변화
- 위대한 위엄과 능력에로의 승화
- 그들의 존재의 외적인 상황
- 그리스도의 영광에의 참여

그리스도와의 연합의 증거들은 성령의 열매들이다.

그리스도와의 연합에 대한 성도의 의무는 다음과 같다

- 사랑
- 동정
- 조력
- 그들의 성공을 함께 기뻐함
- 질투나 경시를 금함

203. 기독교의 진취성

"하나님의 말씀은 살아 있고 활력이 있어 좌우에 날선 어떤 검보다도 예리하여 혼과 영과 및 관절과 골수를 찔러 쪼개기까지 하며 또 마음의 생각과 뜻을 판단하나니 지으신 것이 하나도 그 앞에 나타나지 않음이 없고 우리의 결산을 받으실 이의 눈 앞에 만물이 벌거벗은 것 같이 드러나느니라"

■히브리서 4:12-13

기독교란 무엇인가?

지각을 통하여 주어지는 지식과 논리적인 이해력에 의해 얻어지는 지식 사이에는 큰 차이가 있다. 예를 들어, 모든 사람은 아름다움이 무엇인가를 지각으로 안다. 그러나 "아름다움이란 무엇인가?"란 물음이 제기된다면, 그리고 이에 대한 답변을 논리적인 이해력에 의해 찾으려 한다면 여기에는 많은 혼란과 다양성이 있게 된다. 지금까지 이러한 질문에 답변하기 위해 숱한 논문과 저서들이 쓰여져 왔다. 마찬가지로 우리 모두는 기독교가 무엇인가를 안다. 그러나 막상 "기독교란 무엇인가?"란 질문이 제기될 때 이에 대한 답변들은 불확실하고도 각각 다르다. 우리가 묻지 않고도 알 수 있고 질문했을 때 알기를 중단한다면, 질문하는 것은 무익한 것으로 보일 것이다.

그러나 난제는 사람들이 질문들은 하지만, 잘못된 답변들, 곧 단지 부정확한 답변들뿐 아니라 치명적으로 해로운 답변들을 하리라는 데 있다. 오늘날 특히 독일에서와 영국과 미국 신학자들에게 있어 신학적인 모든 질문 중 "기독교란 무엇인가?"란 질문보다 더 많이 토론되어 온 것은 없다. 만일 우리가 기독교의 진취성^{aggressive character}에 대하여 이지적으로 생각하거나 말해야만 한다면 우리는 기독교란 무엇인가를 알아야만 한다.

기독교는 지금까지 다음과 같은 것으로 정의되어 왔다.

- 지식의 한 형식^{a form of knowledge}, 곧 성경에 계시된 하나님의 진리에 대한 체계
- 그리스도에 의해 소개된 하나님의 자기 계시에 대한 양식^{modus Deum cognoscendi et colendi}
- 순전히, 그리고 오로지 생명. 어떤 이들은 이 생명에 대하여 신앙적인 의식^{意識} 상태를 의미하는 것으로 이해하는 데 비하여 다른 이들은 그러한 표현에 의해 자기 백성에게 전하여지는 그리스도의 신인 양성적인 생명^{theanthropic life}, 곧 그 자체로 아담 안에서 타락되었던 것처럼 그리스도 안에서 회복된 인간성을 의미하는 것으로 이해한다.

이러한 답변들에 대한 반론은 그러한 답변들이 너무나도 제한되어 있다는 것이다^{신비주의에 의해 설명된 마지막 답변은 잘못된 것이다}.

기독교는 지식의 한 형태다. 그것은 하나의 종교다. 그것은 생명이다. 기독교는 이 중에서 어느 하나나 다른 하나가 아니라 그 모든 것이다. 기독교란 무엇인가를 결정짓는 최선의 방법은 이 말의 참되고 올바른 의미에서 "무엇이 사람으로 그리스도인이 되게 하는가?"라고 물어보는 것이다. 그리스도인은 그리스도가 그의 말씀에서 계시하신 것을 진리로 알고 받아들이는 자로서 그의 내적인 상태^{신앙적인 의식 상태}는 그러한 지식에 의해 결정되며, 그의 삶은 그리스도께 복종하고 그를 섬기는 데 바쳐진다. 그러므로 기독교는 체계적인 교리요 내적인 생명이며, 행동의 법칙이다. 따라서 우리가 기독교의 진취성에 대하여 말할 때 우리는 오류에 대한 진리의 적대, 영적 생명인 팽창력이나 외적인 삶에 있어 악에 대한 선의 적대와 죄에 대한 거룩의 적대를 의미할 수 있다. 우리는 또한 이 모든 것들이 그리스도에 대한 신

앙에 내포되기 때문에 그 모든 것을 의미할 수도 있다. 혹은 성경이 말하고 있듯이 우리는 그것의 진취성에 대하여 하나님의 나라를 의미할 수도 있다. 즉 기독교의 진취성에 대하여 우리는 그것의 본래적인 힘^{force}을 의미할 수 있는데, 기독교의 진취성은 그러한 힘에 의해서 인간의 모든 형태의 사고와 인간의 내적인 특성과 그들의 외적인 행위를 지배함으로써 개인과 인간 사회를 점점 완전히 지배하는 경향이 있다.

진취적인 기독교

그것은 정복하는 경향이 있으며, 또한 그것은 정복하기 위해 실제로 노력한다.

- 이것은 성경에서 다양한 형식으로 가르쳐진다. 기독교는 산에서 뜨인 돌에 비유되는데, 그것이 점진적으로 온 지구를 채운다. 그것은 또한 자체의 가지들이 온 땅 위에 퍼지는 나무, 밀가루 반죽 속에 있는 누룩, 건축 중에 있는 대성전, 온 하늘을 가로질러 이편에서 저편에로 운행하는 태양에 비유된다.
- 그것은 자체의 성격으로부터 추론해 볼 수도 있다. 진리는 필연적으로 오류에 대해 적대적이며, 거룩은 죄에 대하여 적대적이다. 전자는 개인들과 세상 안에 있는 후자를 정복하기 위해 노력해야만 한다. 게다가 신앙은 모든 사람이 필연성에 어울릴 뿐 아니라 현세와 내세에서 그들의 안녕에 절대적으로 불가결한 것임으로, 그것은 개인들 편에서 그것을 지지하고 확장할 의무를 의식하지 못하고서는 받아들여질 수 없다. 그러므로 기독교 신앙의 성격상 그리스도인은 그리스도의 영광에 대한 열정과 그의 동료 인간들에 대한 사랑으로 불탄다. 그의 기독교 신앙이 그로 진리와 개종자의 옹호자가 되게 한다.
- 기독교는 교회의 역사에 의해 입증되고 실증된다. 여자의 후손이 뱀의 머리를 상하게 하리라는 최초의 약속이 기독교 교리의 전 체계 속으로 확산되어 왔다. 사도 시대에 예루살렘에 있던 120명의 제자들이 수리

아, 애굽, 헬라와 이탈리아를 신앙으로 점령했다. 그리고 그 후 기독교가 문명 세계를 이루어 왔다. 그것이 다신교와 우상숭배를 추방시켜 왔으며, 여자를 여자로서 높이고 남자를 남자로서 높여옴으로써 교화된 인간 사회를 형성해 왔다.

• 그것은 모든 그리스도인의 경험에서 입증된다. 그리스도인의 내적인 삶은 부단한 발전이다. 그는 유아기에서 성숙기로 나아가면서 유아에서 성인으로 자라가고, 성인에서는 그리스도의 형상의 충만한 분량에까지 자라간다. 이러한 성장 과정을 통하여 그는 진리를 보다 잘 알게 되고 보다 확고히 믿게 된다. 한편으로 본성에 내재하는 죄는 점점 약화되어 가고 은혜가 점차 더욱 강화되어 간다. 그리고 그의 외적인 삶은 더욱 더 복음에 부합되어 간다. 이것이 사실이 아닐 때 참된 삶은 존재하지 않는다.

기독교의 진취적인 능력은 무엇에 기인하는가?

• 그것은 진리의 체계로서 자체 내의 어떤 것에도 기인하지 않는다. 만일 그것이 타계한 잃어버린 영혼들에게 계시된다면 그것은 무력하게 될 것이다. 그리고 만일 그것이 타락한 사람에게 계시되거나 책들이나 살아 있는 교사들에 의해 이교도에게 전해진다면 그것은 널리 거절당하고 말 것이다. 사탄과 사악한 마음이 그것에 대하여 전격적으로 반대할 것이기 때문이다.

• 그것은 기독교를 받아들이도록 권유받는 자들의 마음에 일어나는 주관적인 효력에 기인하지 않는다. 만일 복음을 받아들이도록 권유받는 것 외에는 외부로부터 아무것도 행하여지지 않는다면 내적인 효력과 외적인 효력은 소멸되어 버리고 말 것이다.

• 그것은 자체의 성격에 있어 초자연적인 것이다. 그것은 하나님의 의도하심과 성령의 역사에 기인한다. 어떤 여자가 밀가루 반죽 속에 누룩을 넣을 때 그녀는 그 온 덩어리가 발효되리라는 것을 확신하는데, 이

는 그 효력이 불변하는 물질의 법칙의 작용에 기인하기 때문이다. 그러나 복음이 어느 공동체나 나라에 소개될 때 그것이 그곳에서 뿌리를 내리고 퍼지게 되느냐 그러지 못하느냐는 하나님의 능력인 외부로부터의 주권적인 역사에 달려 있다. 그러므로 복음 전파의 효력에 대하여는 하나님에 대한 의존의식이 인정되고 교화되어야만 한다. 기독교가 널리 보급되어야만 하는 이유는 그것이 하나님의 생명^{즉 살아계신 그리스도의 생명}이기 때문이다.

- 비록 복음이 이와 같이 자체의 전파에 있어 초자연적인 역사에 달려 있다 하더라도 인간의 협력이 그 방법으로 명하여진다. 믿음과 사랑이 우리가 하나님의 영에 의존하여 발휘해야만 할 능력이다.

204. 직분에 대한 소명

"내게 주신 은혜로 말미암아 너희 각 사람에게 말하노니 마땅히 생각할 그 이상의 생각을 품지 말고 오직 하나님께서 각 사람에게 나누어 주신 믿음의 분량대로 지혜롭게 생각하라 우리가 한 몸에 많은 지체를 가졌으나 모든 지체가 같은 기능을 가진 것이 아니니 이와 같이 우리 많은 사람이 그리스도 안에서 한 몸이 되어 서로 지체가 되었느니라"

■로마서 12:3-5

그리스도의 몸

교회의 특성과 특권은 물론 그것의 교리는 그것이 그리스도의 몸이라는 근본적인 개념으로부터 전개된다.

- 교회는 그리스도의 영이 내주하는 자들로 이루어진다.
- 그러므로 이러한 식으로 생명이 불어 넣어진 이 공동체는 그리스도의 신비로운 몸에 속하는 단일성과 거룩함, 영속성과 보편성을 갖고 있다.
- 그러므로 그것은 사람들을 가르치고 상처받은 자들을 싸매어 주며, 죄에 억눌린 자들을 풀어놓아 줄 권한을 갖고 있다.
- 그러므로 그것의 지체들의 직분과 은사가 다양하다. 각 지체에 대하여는 성령의 임재가 명시된다.

사도 바울은 인간 몸의 각 지체의 기능에 대하여 실례를 든다. 같은 성령이 어느 지체에는 보는 능력을 주시고, 어떤 지체에는 듣는 능력을 주신다.

그리스도의 영적인 몸인 교회에 있어서도 그렇다. 어떤 지체는 이런 은사를, 다른 지체는 저런 은사를 갖고 있다.

교회의 직분

이로부터 다음과 같은 결론이 나온다.

- 교회 안에 있는 자 외에는 누구도 교회의 어떠한 직분에도 부름받을 수 없다. 이 직분은 일반 행정 직분자들뿐 아니라 거듭나지 않은 자들을 제외시킨다.
- 또한 몸의 어느 부분도 자체를 눈이나 손이 되게 할 수 없는 것처럼 교회 내의 누구도 어떤 직분을 자신의 뜻에 따라 맡을 수 없다.
- 손과 발이 몸의 어떤 다른 부분을 눈이나 혀로 인정할 수 없듯이 몸 자체는 직분을 부여할 수 없다. 하물며 교회 밖에 있는 자들은 누구도 교회의 직분을 임명할 권리가 없다.
- 교회의 직분에 대한 유일 정당한 소명은 성령으로부터 온다. 눈이나 손, 귀의 유일 정당한 사명은 몸을 지으시고 살게 하시는 자로부터 온다. 이와 같이 교회를 구성하고 살게 하시는 성령만이 교회의 직분에로 부르실 수 있다.
- 소명을 받는 자와 교회의 모든 일은 어떤 사람이 부름을 받는지의 여부를 결정하고, 만일 그러한 사실에 대하여 만족할 만한 결정이라면 그것은 공적으로 선포하는 것이다.
- 교회의 모든 직분은 각 은사를 전제로 한다. 가르칠 수 있는 자격은 눈이 볼 수 있는 능력을 전제로 하듯 가르칠 수 있는 능력[ability]을 전제로 한다.
- 교회의 직분 중 어느 직분에 대한 소명이든 간에 이에 대한 유일한 증거는 자격 소지라는 결론에 이른다. 그러나 자격에는 여러 가지가 있다. 첫째로 전제되어야 할 것은 중생이다. 둘째는 능력[ability]과 지식과 정통성[orthodoxy]을 포함하는 이지적인 자격이다. 셋째는 다음과 같은 것들을

포함하는 영적인 자격이다. ① 직분의 중요성에 대한 깊은 이해, ② 바른 동기들에서 그것에 대한 강한 욕망, ③ 자체의 의무 수행에 있어 기꺼이 어디든지 가고 기꺼이 무엇에나 복종하려는 결의, ④ 책임이나 의무감이다. 그러므로 우리는 "만일 복음을 전하지 아니하면 내게 화가 있을 것이로다"^{고전 9:16b}라고 말할 수 있다. 넷째는 육신적인 자격, 즉 건강과 발언에 필요한 은사다.

만일 이 문제에 대한 이러한 견해들이 올바르다면 성령의 이러한 부르심 없이 교회 직분을 맡고 있는 허다한 사람들에 대하여 우리는 어떻게 생각해야만 하는가? 중생함 없이 교회 안에 있는 자들에 대하여 우리는 어떻게 생각해야 하는가? 그들에 대하여도 교회의 일원들로 인정해야 하며, 그들의 행위 또한 그 자체로 정당할 수도 있다. 그러나 그들은 자신들이 자처하는 신분의 사람들은 아니며, 그들이 현재 처해 있는 곳에 있을 권리도 없다.

또 다른 결론은 이러한 문제에 있어 실수하는 것은 개인을 위해서나 교회를 위해서 두려운 일이라는 것이다. 만일 맹인이 맹인을 인도한다면 두 사람 모두가 멸망할 것이다.

205. 복음 전파의 사명

"내가 복음을 전할지라도 자랑할 것이 없음은 내가 부득불 할 일임이라 만일 복음을
전하지 아니하면 내게 화가 있을 것이로다"

고린도전서 9:16

복음의 전파

복음은 인류에 대한 하나님의 긍휼의 메시지다. 그것은 구원에 대한 계
획과 구원에 대한 유일한 계획의 전개를 내포한다. 그것은 그리스도의 위位,
그의 역사와 직분들을 제시해 주고 그것을 접하는 모든 사람으로 그리스도
를 그들의 하나님과 구주로 받아들임으로 그들 자신을 그에게 예배하고 섬
기는 데 바치도록 권한다. 그리고 그렇게 하는 자들에게 결코 멸망하지 않
고 영생을 얻으리라는 것을 확신시켜 준다.

어떤 의미에서 만일 사람이 복음에 대한 지식을 받아들였다면 그것을 전
하는 것, 곧 그것을 다른 사람들에게 알리는 것이 모든 사람의 의무다. "너
희는 온 세상으로 가서 모든 족속에게 복음을 전파하라"는 지상 명령은 오
로지 사도들이나 목사들에게만 주어진 것이 아니라 모든 교회와 그 일원들
에게 주어진 것이다. 교회의 모든 일원은 이 위대한 구원을 자기의 동료들
에게 알릴 권한이 있을 뿐 아니라 그렇게 할 의무가 있다. 이것이 언제나 그
리스도인들이 인정하고 실행하여 온 권리다. 그러나 복음을 전함에 있어서
는 사적인 전파뿐 아니라 공식적인 전파가 있다. 즉 그리스도의 명령에 따
라 그의 사역에 자신들을 바치도록 구별된 부류의 사람들이 있다. 사도 바

울이 여기서 언급하는 것은 이러한 부류의 사람들이다. 그리고 이들에 관련하여 그는 복음을 전하는 그들은 복음으로 말미암아 살리라고 말한다. 이것은 오직 공식적인official 복음 전도자들에 대해서만 진리이다.

그리고 그가 "만일 복음을 전하지 아니하면 내게 화가 있을 것이로다"고전 9:16b라고 말한 것은 복음 전도자로서 그 자신에 대하여 한 말이었다. 누구도 이러한 영광을 스스로 취하지 않는다. 그 부르심은 성령에 의한다. 교회의 직무는 단지 그러한 부르심을 확증하는 것이다. 사람이 성직 사역에 부름받고 허락이나 임명받았음에도 만일 그가 복음을 전하지 않는다면 화禍 곧 하나님의 진노를 받을 것이다.

복음을 전하지 않으면

자기의 사역을 게을리하고 전도하지 않으며, 마음을 돌려 자기의 중대 사역에 종속하지 않는 다른 일에 시간을 바치는 목사에게 화가 있을 것이다.

본 절이 의미하는 또 다른 진리는 전도함에 있어 복음 외의 것을 권하거나 다른 복음을 전하는 자에게 화가 있으리라는 것이다. 복음 사역을 시작하는 사람들은 대가를 셈해야만 한다. 그들은 자신들이 맡은 책임과 자신들이 하는 서약이 어떠한 것인가를 이해해야만 한다. 그러므로 이것은 여러분의 손바닥에 새겨 두라. 여러분은 어떠한 상황에서도 복음을 전해야만 한다. 여러분은 이 일에서 등을 돌릴 수 없다. 여러분은 어떤 다른 일로 전향할 수 없다. 여러분은 복음을 전하는 일을 돕지 않는 다른 일에 정당하게 관계할 수 없다.

복음을 전하지 않는 사역자들에 대하여 화가 선포되는 이유는 사람들이 그러한 사역 없이는 구원받을 수 없기 때문이다. 모든 사람은 영원한 죽음을 당하게 되어 있다. 이러한 죽음으로부터 구원받을 수 있는 길은 오직 하나뿐이며, 그러므로 공식적으로 복음 사역에 부름을 받고 그 일에 헌신하기로 했음에도 그 길을 다른 사람들에게 알려주지 않는 자에게는 화가 있을 것이다. 만일 어떤 사람이 현재 우리나라를 위협하고 있는 콜레라에 대한 어떤 예방법이나 특수한 예방법을 알고 있으면서도 그것을 사람들에게 알려주지 않는다면 그는 살인자가 될 것이다. 그러므로 성경은 우리에게 자신들의 동료 인간들에게 그들의 위험을 경고하지 않는 파수꾼들에 대하여 그들의 피가 요구되리라는 것을 확신시켜 준다^{겔 3:17-19}. 우리의 복음 전도는 진지하고 부지런하며, 교훈적이고 신랄하며 직접적이어야만 한다.

다른 것을 전하는 자

복음을 전하도록 부름을 받았음에도 불구하고 그 외 다른 것을 전하는 자들에 대하여는 더욱 격심한 화가 있게 된다. 만일 그들이 전도하는 것이 다른 복음, 곧 구원에 대한 다른 방법이라면 그때는 바울이 말한 것이 그들 위에 임할 것임에 틀림없다. "그러나 우리나 혹은 하늘로부터 온 천사라도 우리가 너희에게 전한 복음 외에 다른 복음을 전하면 저주를 받을지어다"^{갈 1:8} 전해야 할 복음이 전적으로 다른 복음일 필요가 없다. 진리가 곡해되고 난해하게 되거나, 죄인들을 확신시키고 회심케 하며 하나님의 사람들을 교화시키는 목적에 부적절하게 된다면, 그것은 어떠한 형식으로든 언젠가는 우리에게 화를 가져올 것이다.

형제들이여, 여러분이 복음 사역에 착수하되 다음을 유념하라.

- 복음을 전하고 그 일에 전념하며, 신실하게 수행하려는 확고한 결의 하에서 하라.
- 성경 외에는 아무것도 전하지 않고 성경이 가르치는 것만을 전하겠다는 결의에서 하라.
- 그리스도께서 여러분과 함께 계실 뿐만 아니라 여러분을 도우시고 후원하시리라는 확신을 갖고 하라.
- 오직 여러분이 헌신하고 충성하는 일에만 관심을 가지라.
- 여러분의 상^{reward}은 여러분의 재능이나 인기, 그리고 성공에 비례하지 않고 여러분의 헌신과 충성에 비례할 것이다.
- 용기를 발휘하라. 여러분의 수고는 짧고 여러분의 상은 영원할 것이다.

206. 복음 사역

"너희 중에 있는 하나님의 양 무리를 치되 억지로 하지 말고 하나님의 뜻을 따라 자원함으로 하며 더러운 이득을 위하여 하지 말고 기꺼이 하며 맡은 자들에게 주장하는 자세를 하지 말고 양 무리의 본이 되라 그리하면 목자장이 나타나실 때에 시들지 아니하는 영광의 관을 얻으리라"

■베드로전서 5:2-4

어떤 일에 대한 올바른 견해와 감정은 그것의 목적, 그 목적을 성취시키는 방법과 자체의 중요성에 의해 결정된다.

복음 사역의 목적

복음 사역의 목적은 인간의 구원이다.

- 구원은 구원받는 자들의 행복을 의미하므로 자비benevolence 혹은 인자함이 불가결하다는 결론이 따른다. 행복이 자주 유일하거나 포괄적인 동기로 간주된다. 그러나 이러한 것은 유대교나 이슬람교에서도 찾아볼 수 있다. 비록 하나님이나 그리스도를 부인하거나 우리가 그들에 대하여 전혀 아는 바가 없다 하더라도 자비가 있을 수 있다.

- 복음의 목적은 더욱 구체적이다. 즉 그것은 인간들의 거룩이며, 하나님과 그들의 화해다. 그러므로 목회자에게 있어 필요한 것은 거룩이며, 그것의 가치에 대한 인식과 이에 대한 묵종을 증진시키고 사람들로 모든 죄를 떨쳐버리며, 하나님과 화해시키려는 진지하고 탁월한 욕망이다.

- 그러나 여기서 고찰하려는 거룩은 비록 그것이 본질적으로 천사들의 것과 동일한 것이라 해도 보다 특별한 것이다. 첫째, 그것은 회개를 내포한다. 둘째, 그것은 특별히 그리스도에 대한 사랑과 그와의 일치에 있다. 그러므로 복음 사역의 특별한 목적은 사람들로 주 예수를 알고 사랑하며, 그에게 예배하고 복종하게 하는 것이다. 그러므로 목회자는 다음과 같은 것들을 갖고 있어야만 한다. ① 주 예수의 위엄에 대한 합당한 의식, ② 그에 대한 최상의 사랑, ③ 그의 나라가 어디에서나 확장되기를 바라는 것이다. "네가 나를 사랑하느냐?"가 그리스도가 그의 양무리를 먹이거나 그의 양들을 모을 자들에 대하여 물으셨던 질문이다.

복음 사역에 있어 올바른 마음 상태는 이러한 중대한 목적에 의해 성취해야 할 방법에 의해 결정된다. 그것은 불과 검에 의해서가 아니다. 강제에 의해서도 아니다. 사람들이 철학을 전하듯이 지적인 능력에 의해서도 아니다. 그것은 교회에 대한 복종에 의해서도, 신비 의식이나 마법적인 의식 거행에 의해서도 아니다. 그것은 오직 그리스도를 전함preaching christ에 의해서다. 그러므로 다음과 같은 것들이 필수적이다.
- 다른 방법은 사용하지 않으려는 결단이 필요하다.
- 이런 방법을 사용한다 해도 이것을 우리 자신이 효력 있게 하기에는 자신의 무력함에 대한 의식과 성령에 대한 부단한 의존 의식이 필요하다.
- 이런 방법이 절대 필요하다는 것에 대한 확신과 그것을 부지런히 사용하고 효과적으로 그렇게 하기 위해 준비하려는 결의가 필요하다.

복음 사역의 중요성
중대성에 있어 이에 비교될 수 있는 것은 아무것도 없다. 그러므로 이 세상에서 가장 중대한 사역에 착수하려는 자들은 다음을 고려해야 한다.
- 진지해grave야만 한다.
- 의중에 한 가지 목적만을 갖고 전심해야 한다.

- 이 세상의 것들에 의해서 번거롭게 되지 않아야 한다.
- 경주장에서 경주하는 자들과 같이 부단히 복음 사역을 위해서만 활동해야 한다.

올바른 동기하에서 사는 어려움

그것은 다음과 같은 것들에서 온다. ① 죄와 세속적임, ② 나태, ③ 부와 명예와 권력의 유혹.

바른 견해의 중요성

거듭나지 않은 세속적인 목회 사역은 교회와 세상에 대한 가장 큰 재난이다. 그러나 신령하고 헌신적인 목회 사역은 교회와 세상에 가장 큰 복이다.

207. 하나님의 기쁨

"항상 우리를 그리스도 안에서 이기게 하시고 우리로 말미암아 각처에서 그리스도를 아는 냄새를 나타내시는 하나님께 감사하노라…이 사람에게는 사망으로부터 사망에 이르는 냄새요 저 사람에게는 생명으로부터 생명에 이르는 냄새라 누가 이 일을 감당하리요"

고린도후서 2:14, 16

사도 바울은 한때 심한 박해를 받았다가 하나님으로부터 위로를 받기도 했다. 그러므로 그는 그로 하여금 언제나 승리케 하시고, 그리스도를 아는 지식을 전함에 있어 자기를 도구로 삼아주신 하나님께 감사했다. 그것은 향기로운 향으로써 하나님께서 받으실 만한 것이었다. 그러므로 그의 모든 수고의 결과가 그가 복음을 전했던 자들에게 생명이 되었든 사망이 되었든 간에 그 자신은 하나님께서 받으실 만했다. 본문에서 가르치는 교리는 다음과 같은 것들이다.

그리스도를 아는 지식

그리스도를 아는 지식이 하나님께서 받으실 만하거나 기뻐하시는 것이라는 것이다. 그것이 하나님께는 향과 같다. 사람들이 그리스도를 알아야만 하는 것, 곧 그를 하나님의 아들로 인정하고 그러한 자로서 그에게 경배하고 신뢰하며, 복종해야만 하는 것이 하나님께 기쁨이 된다. 바로 이것이 복음 전도의 목적이며, 복음 전도가 궁극적으로 성취해야 할 목적이다. 이러한 향기가 모든 제단과 모든 거처와 모든 심령으로부터 하나님께로 올라가게 된다.

복음 사역자

복음 사역자들은 하나님께서 받으실 만하다는 것이다. 하나님께서는 향기로운 향을 기뻐하시는 것처럼 그들을 기뻐하신다. 그들은 특별히 그의 종들이다. 그들의 사역은 그가 승인하고 기뻐하시는 사역이다. 이것은 어떤 다른 부류의 사람들에 대해서나 어떤 다른 종류의 봉사에 대해서와 같은 의미나 정도로 그러한 것이 아니다. 즉 다른 소명이나 직업이나 다른 직분의 사람들이 그리스도를 아는 지식을 퍼뜨리며, 그러므로 그들도 하나님께 향기로운 향기라는 것은 오직 간접적으로 그러할 뿐이다.

생명의 수단 vs 사망의 수단

그리스도 자신과 그에 대한 지식과 그의 복음 사역자들이 어떤 이들에게는 생명의 수단이 되고 다른 이들에게는 사망의 수단이 된다.

그리스도는 이스라엘 중 많은 사람의 넘어짐과 일어남을 위해 세움을 받으셨다. 그는 심판하기 위해, 곧 보지 못하는 자들로 보게 하고 보는 자들로 보지 못하게 하기 위해 오셨다. 그는 모퉁잇돌이셨을 뿐만 아니라 또한 넘어지게 하는 돌과 범죄케 하는 바위ᵃ a rock of offence이셨다. 그에 대하여 참된 것은 그의 복음과 그의 사역자들에 대하여도 참되다. 즉 복음이나 복음의 사역자들이 가는 곳마다 그들은 어떤 이들에게는 생명을, 다른 이들에게는 사망을 가져온다. 이러한 진리는 우리가 사람들에게 있어 사망의 수단이 되지 않도록 오직 우리의 마음에 부담이 되어야 하고, 또한 우리에게 진지함과 염려와 우려를 낳아야만 한다.

그리스도와 복음과 그 사역자들이 하나님 보시기에 받으실 만함은 그들을 통하여 낳아지는 결과에 달려 있지 않다. 하나님께서 그들을 기뻐하시는 것은 사람들이 그들에 의해 구원을 받게 될 때뿐 아니라 사람들이 진리를 무시함으로 멸망할 때에도 그렇다. 그리스도께서 조롱당하시고 채찍질을 당하시며 십자가에 못 박히셨을 때에도 그는 하나님의 우편 보좌에 앉으셨을 때처럼 하나님께 기쁨이 되셨다. 복음은 사람들이 그것을 거부하여 그들이 정죄를 받게 될 때에도 사람들이 그것을 믿을 때와 같이 영광스럽고 탁월하다. 그리고 만일 복음의 사역자들이 신실하다면 그들이 실패할 때에도 그들이 성공할 때와 같이 하나님께 여전히 기쁨의 대상이 된다.

이러한 사실이 그들이 당하는 어떠한 시련 아래에서도 그들을 위로하고 지지해 줄 것임에 틀림없다. 수년간 회심자 하나 낳지 못하고 수고하는 선교사라도 하나님의 판단으로는 여전히 향incense과도 같다. 그러나 사람들은 문제를 이러한 식으로 보지 않는다. 복음 사역자들은 그들의 수고에 아무런 가시적인 효력도 따르지 않을 땐 불신앙으로 인하여 종종 자신들이 하나님께 거부당하고 부인되는 것으로 간주한다. 그러나 하나님은 문제를 다른 관점에서 보신다. 그는 신실한 복음 사역자를 한결같이 기뻐하신다.

우리의 의무

하나님의 마음에 들도록 하기 위해서는 다음과 같이 할 필요가 있다.

- 우리는 하나님의 말씀으로 행상인 노릇해서는 안 된다. 즉 ① 우리는 그것을 이용하거나 우리 자신의 편의를 위해 사용하거나 그것을 우리 자신의 명예나 이익의 수단으로 삼아서는 안 된다. ② 우리는 그것을 혼탁하게 만들어서는 안 된다. 오스메 유오디아스ὀσμὴ εὐωδίας, 향기로운 향는 오직 순수한 복음뿐이며, 그러므로 그것은 또한 순수한 복음을 전하거나 전파하는 자들뿐이다. 인간의 사상으로 혼합된 진리와 그러한 진리를 전파하는 자들은 하나님께 불쾌한 냄새이며, 연기와 같은 것이다.
- 우리는 진실하고 마음이 순수하며, 순수한 동기에서 행동해야만 한다.
- 우리는 하나님에 의해 행동하게 되고 성령의 지배를 받아야만 한다.
- 우리는 하나님의 존전에서 하듯 행해야만 한다.
- 우리는 그리스도와 연합되고, 모든 것을 그에게서 이끌어내는 참된 그리스도인들과 사역자들로서 그리스도 안에서 말해야만 한다.

208. 목회자의 책임

"내가 복음을 전할지라도 자랑할 것이 없음은 내가 부득불 할 일임이라 만일 복음을 전하지 아니하면 내게 화가 있을 것이로다 내가 내 자의로 이것을 행하면 상을 얻으려니와 내가 자의로 아니한다 할지라도 나는 사명을 받았노라"

■고린도전서 9:16-17

목회자들은 직분자들이다.
• 그들은 자신들에 의해 부름받지 않는다.
• 그들은 사람들에 의해 임명받지도 않는다.
• 그들은 하나님에 의해 부름받는다. 이것은 다음과 같은 것들로부터 입증된다. ① 그들의 직함^titles, ② 성경의 선언, ③ 그리스도와 사도들에 의한 실제적인 임명으로 입증된다.

그러므로 그들의 책임은 궁극적으로 하나님에 대한 것이다. 그들은 자신들에게 과하여진 사적인 의무뿐 아니라 공적인 의무가 있다.

그들은 그들의 수고의 결과에 대하여 책임이 없다. 비록 이스라엘이 모아지지 않는다 하더라도 그들은 하나님께서 보시기에 여전히 영광스러운 자들일 수 있다. 그러나 그들은 다음과 같은 것들에 대하여는 책임이 있다.
• 그들이 가르치는 교리. 그들은 진리를 알기 쉽고 명백하게 설교해야만 한다. 그들은 다음과 같은 때에 이러한 점에서 실패한다. ① 그들이 잘못된 것을 가르칠 때, ② 그들이 진리를 명백하게 나타낼 때에라도 그

것을 인간의 지혜로 더럽히거나 혼탁하게 할 때, ③ 어떠한 이유로든 그들이 가르치기를 게을리할 때이다. 그들은 다른 사람들을 권고하고 격려할 수도 있지만, 만일 그들이 가르치기를 게을리한다면 그들은 그들의 중대한 소명에 대하여 불신실한 것이다. 진리는 거룩함에 불가결한 것임으로 진리에 관한 목회자들의 책임은 지극히 막중하다.

- 그들은 다음과 같은 것들에 관하여 충성되어야 할 책임이 있다. ① 하나님의 모든 말씀을 선포하고 두려움 때문이거나 호의를 사기 위해 진리를 은폐시키지 않음, ② 죄를 책망함, ③ 잘못된 것들을 바로 잡아줌, ④ 의문하는 자들을 지도하는 것에 충성되어야 한다.
- 그들은 다음과 같은 것들에 있어 근면해야 할 의무가 있다. ① 말씀에 대한 연구, ② 그들의 모든 공적인 의무 수행이다.
- 그들은 그의 영혼과 모범에 대하여 책임이 있다.

이러한 책임은 다음과 같은 것들을 고려해 볼 때 보다 중대하다.

- 진리의 중요성. 진리는 하나님의 비밀들이다.
- 그리스도의 영광과 그 나라의 권익과 영혼들의 구원이 위험에 처해 있기 때문이다.
- 목회자 자신의 영혼에 미치는 결과들. 그러므로 목회직에 대하여는 두려워해야만 하며, 하나님으로부터 분명하고도 충분히 확증되는 소명 없이는 맡지 말아야 한다. 빵조각이나 안락이나 명예를 위해서 목회직을 구하는 자들에게 화가 있을진저!

209. 그리스도를 전파함

"그리스도께서 나를 보내심은 세례를 베풀게 하려 하심이 아니요 오직 복음을 전하게 하려 하심이로되 말의 지혜로 하지 아니함은 그리스도의 십자가가 헛되지 않게 하려 함이라"

■ 고린도전서 1:17

바울은 이것이 그의 위대한 소명이라는 것을 자주 선언한다. 그것은 두 가지를 내포한다. ① 그의 설교의 주제, ② 그의 설교의 목적이다.

설교의 올바른 주제로서 그리스도

이것은 다음과 같은 것을 의미한다.

• 설교의 주제는 세상의 지혜가 아니라는 것이다.
• 그것은 그리스도에 관한 명시였다는 것이다. ① 그의 인격적인 본성, ② 그의 모든 직분에 있어 그의 사역work의 특징, ③ 그를 통한 구원의 방법, 즉 우리는 그의 구원의 방법에 관심을 가져야만 한다. ④ 우리가 그에 대하여 지고 있는 의무들이다.

설교의 목적으로서 그리스도

사람들이 갖고 있는 목적은 여러 가지다. 그 중 어떤 것들은 이기적이며 불명예스러운 것들이다. 어떤 이들은 그리스도를 다툼과 시기에서 전한다. 다른 이들은 정당하긴 하지만, 인간들의 현세적인 안녕이나 그들의 영원한 안녕과 같은 부수적인 목적을 갖고 있다. 그러나 참되고 특수하며 합당한 목적은 그리스도의 존귀와 영광이며, 그를 알리고 그로 경배와 복종을 받으시게 하는 것이다.

그리스도를 전해야 할 이유

- 그가 우리의 하나님과 구주이시기 때문이다.
- 그리스도인이 되는 데에는 이것이 필수적인 것이기 때문이다.
- 사람들로 그리스도인이 되게 하는 것이 하나님을 영화롭게 하는 최선의 방법이며, 인간의 행복과 거룩함 그리고 구원을 증진시키는 유일한 방법이기 때문이다.

그리스도를 설교하는 것은 은혜다

그것이 그처럼 위대한 은혜인 이유는 다음과 같다.

- 그것이 하나님과 그리스도를 가장 높이 섬기는 것이기 때문이다.
- 그를 섬기도록 허락받는 것이 최상의 영예honor와 축복인 때문이다.
- 그것이 행복의 가장 위대한 근원이기 때문이다.

그러므로 형제들이여, 지금부터 나아갈 때는 그리스도를 전하기 위해 나아가라. 그를 전하는preach 것이 여러분의 주제와 목적이 되도록 하라. 만일 여러분이 이 일에 신실하다면 여러분은 의의 면류관을 받을 것이다. 그러나 만일 여러분이 이 일에 불신실하다면 여러분은 전혀 태어나지 않았던 게 나은 것이 될 것이다.

210. 성령의 복음 사역

"말하는 이는 너희가 아니라 너희 속에서 말씀하시는 이 곧 너희 아버지의 성령이시니라"

마태복음 10:20

성령의 사역

그리스도는 이 말씀을 그의 제자들에게 하셨다. 그의 이 말씀은 오늘날의 목회자들에게도 적용된다.

- 그들은 처음에는 사도들로서가 아니라 그의 제자들로서 오직 유대인들에게만 가야 했지만, 후에는 어떤 특정 민족에게만이 아니라 온 세상으로 가야만 했다.
- 그들은 전도하러 가야만 했다.
- 그들은 그들이 할 수 있는 모든 선을 행해야만 했다.
- 그들은 그들의 부양^{support}에 대해 복음 사역에 의존해야만 했다.
- 그들은 하나님에 의한 파견 의식을 갖고 나아가야만 했다.
- 그들은 지혜롭고 순결해야 했다.
- 그들은 성령의 기관^{organs}으로서 말해야만 했다.
- 그들은 박해를 예상해야만 했다.
- 그들은 하나님의 보호하심을 확신할 수 있었다.
- 제자됨에 대한 시금석과 구원의 조건은 신앙고백과 헌신이다.
- 하나님은 그들을 축복하는 자들을 축복하실 것이다.

성령의 기관

여기서 특별히 고찰해야 할 논제는 마태복음 10장 20절이다. 복음 사역자들은 성령의 기관으로서 말해야만 한다. 포괄적인 선언이나 약속은 그것이 적용되는 사람들의 부류에 따라 여러 다른 의미로, 혹은 여러 가지 범위에서 이해되어야만 한다는 것이 해석상의 건전한 원리다. 본 절에서의 동일한 선언이 사도들에게는 영감에 대한 약속일 수 있고 목회자들에게는 영적인 지식과 가르치는 능력에 대한 약속일 수 있으며, 모든 믿는 자들에게는 영적인 조명에 대한 약속일 수 있다.

사도들이 성령의 기관이었다는 의미

- 그들은 그들의 지식을 성령의 암시와 계시에 의해 받았다.
- 그들은 성령이 가르치실 말씀으로 말했다. 그러므로 그들은 미리 생각하지 않고without premeditation 말해야만 했다.

목회자들이 성령의 기관이라는 의미

- 그들은 성령의 가르치심에 대한 기록인 하나님의 말씀에 내포되어 있는 것만을 말해야만 하며, 인간의 지혜나 신성한 것들에 대한 인간적인 억측을 말해서는 안 된다. 그들의 설교의 주제는 성령께서 계시해 주신 것이어야만 한다.
- 그들에게 있어 메시지의 표현 방법, 형식이나 양식은 영적이어야만 한다. 즉 형이상학적이거나 수사학적이 아니라 성경적이어야만 한다.
- 그러므로 부정적으로 그들은 그들의 설교의 주제나 방법을 자신들에게서 찾아서는 안 되며, 하나님의 말씀을 부지런히 연구함에서 찾아야 할 뿐 아니라 사람들에게 성령의 메시지를 전함에 있어 그의 기관organ으로서 행동해야 한다. 미리 생각하지primeditate 말라는 명령은 ① 자아 신뢰를 금함과, ② 성령에 의존하라는 명령을 내포한다.
- 그러므로 그들은 또한 성령의 내주하심을 구하고 소중히 해야만 한다.

왜냐하면 그의 가르치심은 말씀에 의한 외적인 것과 그의 은혜에 의한 내적인 것이기 때문이다.

- 더 나아가서 그들은 선생으로서뿐 아니라 성화시키시는 자로서의 성령의 내주하심을 구해야만 한다. 진리를 전함에 있어 효과적이고 성공적인 대행자로서 성령의 기관이 되기 위해서는 우리는 믿음과 성령으로 충만해야만 한다.

성공적인 목회의 3가지 요소

성령의 기관이 되는 데는 세 가지가 내포되는데, 그것이 성공적인 목회의 세 가지 중요한 요소를 구성한다.

- 여러분의 설교의 주제를 말씀에서 끌어내라.
- 말씀을 전하는 표현 양식이나 방법을 성경적으로 하라. 즉 성령께서 가르치시는 대로 하라.
- 여러분 자신이 성령으로 충만하라. 이 마지막 지침이 가장 중요하다. 그 이유는 ① 그것이 전자의 것들을 확실하게 하기 때문이다. ② 이것 없이는 전자의 것들이 비효과적으로 될 수밖에 없기 때문이다. ③ 살아 있는 자^{성령으로 충만한 자}로 생명의 통로가 되게 하는 것이 하나님의 법칙이기 때문이다.

이러한 사실은 성경과 경험으로부터 입증된다. 거짓된 불이나 거짓된 열정이 성령의 자리를 채울 수 없다. 성령의 임재로부터 오는 거룩함은 다음과 같은 것들을 제공해 준다. ① 열렬한 확신, ② 지혜와 능숙함^{skill}, ③ 자비와 사랑, ④ 관용과 인내, ⑤ 사람들의 마음과 양심에 대하여 발휘되는 특별한 능력을 제공해 준다.

211. 그리스도의 군병인 목회자

"병사로 복무하는 자는 자기 생활에 얽매이는 자가 하나도 없나니 이는 병사로 모집한 자를 기쁘게 하려 함이라"

디모데후서 2:4

군병이 된다는 것

군인의 생활은 이 세상에서 가장 고된 생활이다. ① 그것은 그 어떤 직업보다 더 많은 수고와, ② 더 많은 고난, ③ 그리고 더 많은 노출, ④ 모든 기능, 곧 경계와 전투에 있어 더 많은 노력을 내포한다.

그러므로 그것은 다음과 같은 것들을 요구한다.
• 전쟁의 성격에 따라 심신의 강인한 힘, 곧 결단력
• 강인한 인내
• 강인한 활력과 근면
• 전적인 헌신, 즉 일체의 다른 염려로부터의 해방과 자기 일에 대한 헌신이다. 아무도 군인이면서 농부나 상인이 될 수는 없다.

그리스도의 군병인 목회자

목회자들을 '군병들'이라 부름에 있어 사도 바울은 목회직에 관하여 무엇을 가르치려고 하는가?
• 그들이 종사하는 일은 그들의 모든 능력의 발휘를 요구하는 것으로서

힘든 일이라는 것이다. 그들은 안팎으로 정복해야 할 많은 적들이 있다. 즉 내부의 적들은 ① 게으름, ② 무기력, ③ 믿음의 결여, ④ 낙담, ⑤ 안락에 대한 사랑, ⑥ 명예에 대한 사랑, ⑦ 돈과 권력에 대한 사랑이다. 또한 외부의 적들은 ① 실수, ② 불의, ③ 진리에 대한 무시, ④ 무지, ⑤ 모든 형식에 의한 악덕, ⑥ 악의와 비난, ⑦ 사탄과 그의 졸개들이다.

이 일은 정복해야 할 적들 때문만이 아니라 수행해야 할 다음의 일들 때문에 힘이 든다. ① 복음을 가르침, ② 청년들을 교도함, ③ 질문에 대하여 답변하고 지도함, ④ 하나님의 사람들을 위로하고 교화시킴, ⑤ 병자와 가난한 자 및 갇힌 자들을 방문함, ⑥ 복음을 전파하기 때문이다.

• 본문에서 바울은 그의 역사는 인간의 모든 시간과 힘을 요구한다는 것을 가르치려고 한다. ① 그는 세상의 일들에 말려들지 않을 것이었다. 그는 그 자체로 자신의 일을 수행하는 데 필요할 수도 있는 그 어떤 세속의 직업에도 관계할 권리가 없었다. 그는 농부, 직공, 상인이나 선생이 되지는 않을 것이었다. ② 그는 다른 일들로 그의 주의력을 흐트러지게 하지 않을 것이었다. 문학, 과학, 정치 심지어는 일반적인 자선사업도 모두가 그의 한 가지 중대한 일—제자들을 삼는 일—에 방해보다는 도움이 되어야만 했다.

• 바울은 목사가 그의 의무 수행에 있어 다음과 같은 군인다운 모든 기질을 발휘해야만 한다고 가르친다. ① 내구력, ② 기민함, ③ 용기, ④ 인내력, ⑤ 불굴의 견인이 그것이다.

• 그는 목사가 군인과 같이 충성된 정신에 의한 활기를 띠게 되어야만 한다고 가르친다. 군인에게 있어 바른 동기는 그의 지휘관이나 그의 나라에 대한 충성이다. 이것이 군인 특유의 모든 행동의 동기다. 그의 대의의 정당성, 위태롭게 되는 중요한 권익과 이 외의 다른 동기들도 자체의 타당한 영향력을 발휘할 수 있고 또 발휘해야만 하지만, 결정적으로 중요한 동기는 그의 지휘관에 대한 충성이다. 따라서 목회자의 경우에 있어 그리스도에 대한 충성, 그의 영광에 대한 열정, 그의 인격에 대한

사랑과 그의 나라를 건설하고 확장하려는 욕망이 독특하고 합당한 동기다. 이 외에도 인간의 미덕, 그들의 영적인 향상, 행복과 구원과 같은 다른 동기들이 있다. 그러나 이러한 것들은 모두 불충분하며 부차적인 동기들이다. 우리의 가장 근본적인 동기가 되어야 하는 것은 그리스도의 영광에 대한 압도적인 의식과 그에 대한 우리의 의무에 대한 그러한 의식이다. 우리에게 이러한 의식만이 우리의 소명에 대한 바른 의식을 제공할 수 있으며, 우리의 사명을 올바르게 감당할 수 있게 해 준다.

• 바울은 본 절을 통하여 수동적인 복종이 목회자의 의무라는 것을 가르쳐 주려고 한다. 목회자는 자기가 어디로 가야 하는지를, 또는 자기가 무엇을 해야만 하는지를 스스로 판단할 수 없다. 그는 자기가 명령받는 곳으로 가고 자기가 요구받는 것을 하는 것 외에는 아무것도 할 것이 없다.

• 사도는 군인이 자기의 모든 의무에 대한 신실한 수행에 대하여 책임이 있을 뿐 그 성공에 대하여는 책임이 없다는 것을 가르친다. 결과에 대하여 책임을 지게 되는 자는 오직 사령관이다. 따라서 목회자는 사병처럼 결과에 대하여는 책임이 없다.

• 사도는 영광의 면류관과 의의 면류관이 목회자를 기다린다는 것과 그러한 면류관은 오직 신실한 목회자에게만 주어진다고 가르친다.

212. 목회자의 충성

"너는 장차 받을 고난을 두려워하지 말라 볼지어다 마귀가 장차 너희 가운데에서 몇 사람을 옥에 던져 시험을 받게 하리니 너희가 십 일 동안 환난을 받으리라 네가 죽도록 충성하라 그리하면 내가 생명의 관을 네게 주리라"

요한계시록 2:10

목회자들은 자주 특별한 의무가 주어진 자들로 묘사된다. 바울은 이러한 사실을 고린도전서 9장 17절, 갈라디아서 2장 7절, 데살로니가전서 2장 4절, 디모데전서 1장 11절에서 말한다. 충성에는 두 가지가 내포되어 있다. 첫째, 맡겨진 것에 대한 안전한 관리이다. "내가 네게 맡긴 것을 굳게 지켜라." 둘째, 우리의 의무들에 대한 엄밀한 집착과 근면한 수행이다. 자기에게 맡겨진 보화를 안전하게 지키는 귀중품 보관자는 신실하다. 자신의 충성됨에 있어 참되고, 자기의 모든 의무수행에 있어 근면한 종은 신실하다.

청지기들의 경우에는 이러한 두 개념이 내포된다. 그들의 주인들의 재산은 그들에게 맡겨진다. 그리고 그들은 그 재산의 적절한 관리와 그 집안의 지도 및 경영을 책임진다. 이와 마찬가지로 목회자들도 이러한 두 가지 형식으로 충성됨을 발휘하도록 요구받는다. 그들에게는 보화가 안전한 관리를 위해 맡겨져 있으며, 그들은 자신들의 충성과 헌신을 다할 의무가 있는 왕과 주인의 종들이다.

목회자들에게 맡겨진 것

그것은 '파라테케^{παραθήκη}'이다. 이것은 '하나님의 비밀' '복음' '하나님의 말씀' '이 보배'$^{고후 4:7}$라 불린다. 그러므로 교회, 특히 목회자들에게 맡겨진 것은 진리이다. 이 진리는 인간의 과학적·역사적·철학적 진리가 아니라 성령으로 계시된 하나님의 진리이다. 우리는 이 보배를 다음과 같이 인식해야 한다.

• 그것은 무한한 가치가 있다. 즉 그것은 우리가 한정할 수 없고 측량할 수 없는 가치를 갖고 있다. 그것은 실로 이 세상의 그 무엇과도 비교할 수 없는 가치를 갖고 있다. 빛이 소음^{sound}에 비교될 수 없듯 이 보배는 금, 은과 보석에 비교될 수 없다. 이 보배에 대해 비교할 수 있는 표준이란 존재하지 않는다. 즉 하나님의 진리인 그의 말씀은 다른 범주에 속한다. 그것은 자체의 효력과는 별도의 고유한 가치를 갖고 있다. 가치에는 세 종류의 것이 있다. ① 순전히 가공적이고 인습적인 것, 곧 보석이나 진기한 묘목이나 고서들과 같은 진품, ② 실용적인 가치, ③ 내적인 가치다. 이 모든 것이 복음에 융합되어 있다.

복음의 유익함은 헤아릴 수 없이 크다. 그리고 그것의 내적인 가치는 무한하다. 하나님이나 그리스도에 대한 지식에는 하나님이나 그리스도가 계시다는 의미가 내포되어 있다. 이는 마치 순전한 무지는 지식의 대상이 존재하지 않는다는 것을 의미하는 것과도 같은 것이다. 그러므로 성경의 진리들은 모든 진리 중 가장 높은 서열에 속한다. 그러한 진리들은 인간들이나 천사들의 인식 범위 내에 들 수 있는 주제들 중 가장 고귀한 부류의 주제들에 관계한다. 그리고 그러한 진리들은 유용성에 대한 표준으로 측정해 볼 때 무한한 가치가 있다. 그것들은 우리 자신의 구원, 세상의 구원, 문명사회와 국가의 최선의 이해 관계에 불가결한 것이다. 그것들은 용서와 거룩, 도덕과 영생에 필수적이다. 그러한 진리들에 대하여는 어떠한 대체물도 제시될 수 없다. 그러한 진리들만이 하나님의 유일한 능력이다. 즉 그의 구원하시는 능력이 명시되고 발휘되는 유일한 채널이다. 너무나도 많은 것이 종속하는 이러한 무한한 보배^{복음}가 여러분에게 맡겨진다. 그리고 오로지 여러분 자신의 영혼에 관한 한, 그리고 주로 여러분의 사람들에 관한 한 그것이 여러분에게 맡겨진다. 그러므로 이 보배를 맡게 된다는 것은 두려워할 만한 책임이 따른다.

- 그것^{복음}은 지키기가 매우 어려운 보화이다. 금과 은은 금고에 넣어 두거나 땅속에 묻어둘 수도 있다. 그러나 이 보화는 그러한 식으로 보관할 수는 없다. 그것은 드러내어 만민에게 명시되어야만 한다. 이러한 과업의 어려움은 교회—그리스정교회, 로마가톨릭교회, 개신교회—가 매우 널리 실패하여 온 사실로부터 명백하여진다.

① 그 보화는 질그릇, 곧 매우 연약한 인간의 손에 맡겨진다. 그러므로 우리가 이 보화를 지킴에 있어 우리의 힘이나 주의력에 의존하는 것만으로는 충분하지 못하다.

② 그것은 다음과 같은 무수한 원수들에게 노출된다. 타락한 우리 자신의 마음, 유한한 우리 자신의 이해력, 인간들의 전통, 여론의 힘, 철학적인 사색, 잘못된 선생들의 비판과 공격, 사탄의 음모 등이다.

그러므로 여러분은 중대한 과업을 맡고 있을 뿐 아니라 수행하기 가장 어려운 과업을 맡고 있음을 인식해야만 한다. 여러분이 해야 할 유일한 것은 첫째, 여러분이 해야만 하는 것에 대하여 명백히 이해하는 것이다. 즉 진리를 발견할 뿐 아니라 무엇이 진리로 계시되는가를 확인하여 그것을 왜곡 없이 굳게 지키는 것이다. 둘째, 여러분은 이러한 책임에 신실하고 내부로부터든 외부로부터든 진리에 대한 적들에 저항하리라고 결단하는 것이며, 그리고 나서 여러분의 능력은 하나님으로부터 오는 것임을 알고 도움을 위해 그를 바라보는 것이다.

그리스도에 대한 충성

충성의 유일한 형식은 우리의 왕과 주^{Master}이신 그리스도에 대한 충절과 헌신이다. 이것은 다음과 같은 것들을 내포한다.

- 그에 대한 올바른 마음 상태, 곧 그에 대한 뜨거운 감사, 전적인 복종, 그의 영광에 대한 열정이다. 이러한 것들이 충성을 보증하는 동기들이며, 이러한 것들 없이는 충성은 불가능하다.

- 그리스도 외 다른 주^{master}에 대한 포기이다. 여러분은 하나님과 재물^{mammon}, 그리스도와 벨리알, 세상과 구주를 겸하여 섬길 수 없다.

- 여러분 자신, 여러분의 사람들, 교회와 세상에 대한 여러분의 모든 의무를 수행함에 있어 부지런함과 정성이다. 이러한 충성은 죽기까지 해야만 한다. 어떤 이들은 잠시동안 매우 신실하다가 후에는 잘못되어진다. 이에 대하여는 가룟 유다가 대표적인 일례다. 이 외에도 세상과 교회의 수많은 사람들이 그렇다. 구원받는 자들은 오직 끝까지 참고 충성하는 자들뿐이다. 여러분의 역사와 위험은 오직 무덤에서만 끝난다는 것을 기억하라.

면류관

"네가 죽도록 충성하라 그리하면 내가 생명의 관을 네게 주리라"^{계 2:10b}

여기서 '내가'는 우리의 성정을 입으신 하나님의 영원한 아들이시다. 즉 주시는 자는 그리스도시며, 주시는 선물은 면류관이다. 면류관은 권세의 장식품, 위엄과 상징이다. 이 면류관은 생명, 곧 영적이며 영원할 뿐 아니라 가장 고귀한 종류에 속하는 생명의 면류관이다. 그것은 무한히 아름답고 존귀하게 하며, 능력을 부여하는 불멸의 면류관이다.

213. 하나님 나라의 도래

"그런즉 너희는 먼저 그의 나라와 그의 의를 구하라 그리하면 이 모든 것을 너희에게 더하시리라"

■마태복음 6:33

하나님 나라

신약에서 '하나님의 나라' 혹은 '그리스도의 나라'는 대체로 구약의 선지자들이 세워질 것으로 예언했던 메시아의 나라를 의미한다. 그러므로 그리스도의 선구자로서 세례 요한은 "하나님의 나라가 가까웠다"고 선포했다. 그리스도의 나라는 그때부터 세워졌으며, 그것은 자주 그리스도를 자신들의 왕으로 인정하는 자들로서 구성되는 것으로 언급된다. 그러한 인정이 진심에서 우러나온 것이었거나 단지 외적인 것이었을 때, 그리고 진심에서 우러나온 인정이 또한 외적인 것이었을 때 '그리스도의 나라'란 구절은 진실한 신자들의 공동체와 유명무실한^{professed} 신자들의 공동체를 가리키게 되었으며, 그러한 공동체들은 진실한 자들과 위선적인 자들로 구성되었다.

그러나 그리스도의 나라가 이 세상에서는 불완전하므로, 바꿔 말하면 그리스도의 권위가 이 세상에서는 범위에 있어 제한될 뿐만 아니라 그의 참된 제자들에 의해서조차 부분적으로만 인정되므로 성경은 자주 그리스도의 나라에 대하여 여전히 미래인 것으로 말한다. 즉 그의 왕권이 범세계적으로 인정되고 그것이 온 지상에 미칠 미래의 때를 말한다. 어떤 견해에 의하면 그것은 부활과 최후의 심판 전에 도래한다. 또 다른 견해에 의하면 그것은 이러한 사건들 후에 도래한다. 전자의 견해를 따르는 자들은 또한 두 부류로 나뉜다.

첫째는 우주적인 교회, 성령의 지배 아래에서의 참된 신앙에 의한 천년의 복지를 기대하는 자들로서 그들은 이교도들이 회심하게 되고 유대인들이 회복되며, 은혜의 방편을 유효하게 사용함으로 기독교 신앙이 범세계적으로 확산될 것으로 생각한다.

둘째는 성령의 그러한 지배가 단지 예비적인 것이라고 주장하는 자들로서 그들은 그리스도가 재림하실 때까지는 세인들의 회심이 거의 성취되지 않으리라고 생각한다.

그리스도의 재림은 인격적이며 가시적으로 성취된다. 그는 그의 보좌를 예루살렘에 설정하실 것이며, 세계 도처에 흩어져 있는 유대인들이 그들의 땅으로 돌아와 그를 그들의 메시아로 인정할 것이다. 그리고 모든 민족이 회심하게 되며, 유대인들은 그리스도와 함께 천년 동안 가시적인 위대한 장려함과 번영 중에 온 세계를 통치할 것이다. 이것이 그들이 기다리고 위해 기도하는 그리스도의 나라다. 보편적인 교회론에 의하면 우리가 "주의 나라가 임한다"고 말할 때 우리가 위해 기도하는 것은 왕으로서의 예수 그리스도의 권위가 범세계적으로 인정되고, 그의 통치가 모든 사람의 마음에 절대적으로 미치며, 모든 죄악이 제거될 뿐만 아니라 영광의 나라라 불리는 절정의 상태가 이르도록 하기 위해서다. 곧 우리는 바울이 모든 원수가 그리스도의 발아래 굴복하리라고 말할 때 그에 의해 묘사되는 상태를 위해 기도하는 것이다.[4*]

그리스도의 왕권

그리스도를 왕으로 인정한다는 것은 다음과 같은 것을 내포한다.

• 우리에 관한 한 육신으로 나타나신 하나님으로서 우리에 대한 그의 절

4* 그리스도 예수의 재림 이후 지상에서 천년왕국이 이루어질 것이라는 입장, 즉 전천년설의 맥락을 소개하는 것이다.

대적인 소유권과 주권을 내포한다. 이러한 소유권과 주권은 다음과 같은 것들에 근거된다. ① 피조물에 대한 그의 권리, ② 선물에 대한 권리, ③ 구속의 권리다. 결국 그리스도를 왕으로 인정하는 것은 우리의 이성, 양심, 감정과 삶에 대한 권위를 포함한다.

• 도덕적이며 신앙적인, 그리고 사회적인 의무들에 관계되는 것이든 정치적인 의무들에 관계되는 것이든 간에 그리스도의 뜻이나 그의 법에 대한 복종을 내포한다.

• 그리스도를 섬김에 헌신을 내포한다. 그에 대한 충성, 그의 인격에 대한 사랑, 그의 영광을 위한 열정과 그의 나라를 확장시킴에 전념하는 것 등이 그의 참된 백성을 이루는 자들의 특징적인 원리다.

• 그리스도의 보호하심과 그와 우리의 모든 원수를 굴복시키고 그의 모든 백성의 최선의 유익을 얻게 할 그의 능력을 신뢰함을 내포한다. 그의 능력이나 그가 그들을 기꺼이 보호하시고 복 주시리라는 것을 의심하는 것은 불충이다. 각인의 영혼 속에 그리스도의 나라가 임할 때 그 사람은 구원을 받는다. 그의 나라가 어떤 공동체를 구성하는 자들의 영혼 속에 세워질 때 그들은 현세에서 누리게 될 그의 통치에 의한 모든 혜택을 얻게 된다. 그리고 모든 민족이 굴복되고 그리스도의 통치가 만민 위에와 그들의 마음속에서 시행될 때 구속의 역사는 성취될 것이며, 우리 주의 영원한 나라는 자체의 모든 복됨과 영광중에 시작될 것이다. 그러므로 인생의 위대한 목적, 곧 유일하게 살 가치가 있는 것은 우리의 영혼 속에서 그리스도의 통치를 받고 다른 이들로도 그에 대하여 주라 부를 수 있게 하여 주는 것이다.

214. 국내 선교

"그러므로 너희는 가서 모든 민족을 제자로 삼아 아버지와 아들과 성령의 이름으로 세례를 베풀고 내가 너희에게 분부한 모든 것을 가르쳐 지키게 하라 볼지어다 내가 세상 끝날까지 너희와 항상 함께 있으리라 하시니라"

■ 마태복음 28:19-20

국내 선교의 목적

국내 선교의 목적은 국내의 소외계층에게 복음의 교리를 가르치는 것이다. 이를 시행함에 있어서 두 가지 방법이 있다. 하나는 순회 설교자들에 의한 것이다. 이러한 방법은 본래 미국 장로교회에서 채택되어 미국 역사의 근대에 이르기까지 계속되어 왔다. 그러한 순회 설교자들의 목적은 부분적으로는 어떤 일정한 예배 장소에 출석할 기회가 전혀 없는, 흩어져 사는 주민들에게 설교하는 것이었으며, 부분적으로는 흩어져 사는 교인들을 모아 교회들을 구성하고 그들 위에 직분자들을 임명하여 그들로 그들을 위한 목사를 모시는 방향으로 세우는 것이었다.

이러한 선교사업을 지도하는 또 다른 방법은 목사 한 분을 모실 수 있도록 약한 교회들을 돕는 것이었다. 우리에게 있어 이러한 방법이 다른 방법을 거의 대신해 왔다. 물론 이러한 방법들이 절충되어서는 안 될 이유는 없다. 어느 방법도 그 하나만으로는 충분하지 못하기 때문이다. 존스 박사^{Dr. C. C. Jones}가 선교위원회 서기였을 때 자기가 수년간 한 교회를 돕다가도 만일 그 교회가 스스로 자립하지 못하게 된다면 그 일을 포기한다는 계획에 따라 행동했다. 그러나 그의 이러한 계획은 비참한 방침이었다. 이러한 일을 함에 있어서는 실제로 큰 어려움들이 있다. 왜냐하면 선교위원회가 모든 현장의 필요들을 알 수 없을 뿐만 아니라 장로회의 판결이 그들 자신의 관할 구역에 대한 특별한 관심과 그 지방의 다른 구역들의 필요들에 대한 무관심에 의해 자주 영향받기 때문이다. 그들^{장로회}은 또한 그들 자신의 교우들에 대한 자연적인 동정에 의해서도 영향을 받는다.

누가 할 것인가?

복음이 사람들 중에서 지지받는 것을 확인하는 것은 누구의 책임인가? 교회에 의해 분열되어 온 두 가지 다른 신조들이 있다. 하나는 어떤 지역에서 복음을 지지해야 하는 의무는 그 지역의 사람들에게 달려 있다는 것이다. 이것은 자연스러우면서도 그럴 듯하다. 자치구의 공무원들에 대한 지원은 오로지 그 자치구의 주민들에게 달려 있다. 즉 그것은 자치구 주민들의 관심사이며, 그 외 누구의 관심사도 아니다. 이러한 원리는 가난한 자에 대해서도 마찬가지다. 한 도시의 주민들이 다른 도시의 목사의 지원에 기여해야 한다는 것은 불합리해 보인다. 이러한 원리가 다음과 같은 경우들에서라면 정당한 것이다.

• 주민들이 목사의 필요에 대하여 공무원들의 경우에서처럼 느끼는 경우다.

• 문제가 되는 이해 관계가 오로지 그 지역의 주민들의 이해 관계일 경우다. 그러나 이러한 것들 중 어느 것도 참되지 못하며, 게다가 만일 이러한 계획이 엄격하게 시행된다면 파괴적인 것이 될 것이다.

또 다른 신조는 복음을 확증할 책임이 전체로서 교회에 있다는 것이다. 명령은 복음을 전도하라는 것, 곧 그것을 어디에서나 알리라는 것이다. 이것이 참된 신조이다. 그 이유는 다음과 같다.

• 우리에게 어떤 지역에서 복음을 확증할 의무를 지우는 모든 조항은 모

든 다른 신자들에게도 적용되기 때문이다. 복음은 어디에서나 필요로 하는 것이다. 인간은 이에 대한 지식 없이는 모두가 멸망한다. 어디에서나 그리스도의 영광은 영혼들이 회심하게 됨으로써만 촉진된다. 도덕과 신앙, 그리고 사회 질서의 이해 관계 및 국가의 번영은 다른 것을 소유하는 것만큼이나 복음을 소유함에 있다.

- 복음이 다른 방법으로는 전파될 수 없고 확증되지도 않을 것이다. 사람들이 다른 방법은 지지하지 않을 것이다.
- 교회는 불신자들 가운데서 복음을 확증할 책임이 교회에 있다는 신조에 따라 행한다.
- 가장 도전적이며 번영하는 교파는 이러한 신조에 따라 행한다.
- 국가는 교육 문제에 있어 이러한 신조에 따라 행하지 않을 수 없었다.
- 교회의 내구성과 능력과 영적인 만족은 복음 전파와 깊이 관계되어 있다.

국내 선교에 더욱 힘써야 하는 이유

- 그리스도의 지상 명령의 총괄적인 이유들, 영혼의 가치와 사회와 국가의 번영에 대한 신앙의 필요성 때문이다.
- 선교 사역의 중대성의 특별한 이유 때문이다. 영국과 스코틀랜드의 선교 사역을 미국의 사역과 비교해 보라. 특히 국토의 넓이와 인구의 분산이 미국 내 선교를 어렵게 하며, 이 사역은 열심을 요구한다.
- 인구의 급속한 증가 때문이다. 이것이 선교의 방법을 앞지르고 있다.
- 만일 복음이 전도되지 않고 확증되지 않는다면 죄와 악덕이 성행하리라는 확실성 때문이다.
- 국가 운명 형성기의 중요성과 조상들^{청교도들}의 모범의 영속성 때문이다.
- 다른 모든 선한 사업은 선교 사역에 달려 있다.

215. 이교도들의 구원

"그들이 이 말을 듣고 잠잠하여 하나님께 영광을 돌려 이르되 그러면 하나님께서 이방인에게도 생명 얻는 회개를 주셨도다 하니라"

■ 사도행전 11:18

이교도들의 상태

우리가 성경을 이해하기 위해서는 성경과 조화를 이루어야만 한다. 죄와 주권자로서의 하나님에 대한 지식은 하나님께서 죄인들을 어떻게 다루시는가를 올바르게 이해하는 데 필요하다. 악의 기원, 죄와 악덕의 만연, 구원받는 자들이 희소함, 멸망해 가는 이교도들의 상태 등 이 모든 것은 우리가 부인할 수 없는 불가사의들이다. 그러므로 우리는 이러한 것들이 무엇에 기인하는가를 이해해야만 한다. 멸망해 가는 이교도들의 상태에 대하여는 다음과 같이 인식해야만 한다.

공의가 그들의 구원을 허용하지 않는다는 것이나 그들은 구원에 대한 방법을 가져야만 한다는 것이다. 이와 반대되는 억측이 어떤 이들로 구원을 얻는 방법으로는 자연의 계시로도 충분하다고 가정하게 해 왔으며, 다른 이들로는 복음이 그들에게 후에 전도되리라고 가정하게 해 왔다. 그러나 이러한 억측들이 근거 없다는 것이 다음과 같은 사실로부터 입증된다.

- 공의는 오직 ① 인간은 그들의 행위에 따라서와, ② 그들의 지식^{light}에 따라 심판을 받아야만 한다는 것을 요구한다는 사실이다. 성경은 이것이 이교도들의 경우가 되리라고 가르친다.

- 성경은 구원이 은혜의 문제라고 가르치기 때문이다. 하나님께서는 우리 인류의 구원을 예비할 의무가 없으셨다. 이를 부인하는 것은 복음 전체를 부인하고 그리스도의 역사를 빛의 문제로 해석하는 것이 된다.
- 그러므로 만일 하나님께서 그 누구의 구원에 대해서도 예비할 의무가 없으시다면 비록 그가 어떤 이들을 구원하기로 결정하신다 해도 그는 모든 사람의 구원을 예비할 의무가 없으신 것이다.
- 하나님께서는 이러한 원리에 따라 행해 오셨으며, 그러므로 이러한 원리가 정당한 것임에 틀림없다.

복음 없이 구원받을 수 없다

- 성경은 인간을 구원함에 있어 자연 계시는 불충분한 것으로 선언하기 때문이다.
- 성경은 인간을 구원함에 있어 그리스도에 대한 믿음이 불가결한 것으로 선언해 왔기 때문이다.
- 성경은 만민을 구원하는 방법으로서 그들에게 복음을 전하도록 명해 왔기 때문이다.
- 성경은 거룩함이 절대 필요하다는 것과 이교도들은 거룩하지 못하다고 선언해 왔기 때문이다.
- 이러한 것이 교회의 믿음이며, 또한 믿음으로 이어져 왔다. 복음주의 교회들은 무정하다는 비난을 종종 받는다. 그러나 그리스 정교회, 로마 가톨릭과 고교회파는 구원을 외적인 몸^{an external body}에 제한시키는 데 비하여 우리는 그것을 오직 전인^{全人}에 국한시킨다. 거룩한 자는 모두 구원을 받을 것이다.

우리의 의무

- 우리는 우리 자신의 죄악됨, 무지, 무력함과 하나님의 거룩하심, 그의 의와 뜻에 대하여 얼마나 둔감하고 불신앙적인가를 깊이 인식하고 하

나님 앞에 겸손해야 한다. 우리는 우리 자신과 다른 사람들에 관하여도 동일한 불신을 나타낸다. 바로 그러한 것이 큰 죄다.

• 우리는 복음의 진리들에 대하여 성경적인 일정한 원리에 따라 이해해야만 하며, 감정에 의지해서는 안 된다. 우리는 구원을 위해서는 복음이 절대 필요하다는 확신 아래에서 행동해야 한다.

• 우리는 복음 사역에 헌신해야 한다. 만일 우리의 생명이 이 외의 다른 대상에 바쳐진다면 우리는 우리의 생명을 낭비하는 것이다.

216. 해외 선교의 소명

"주를 섬겨 금식할 때에 성령이 이르시되 내가 불러 시키는 일을 위하여 바나바와 사울을 따로 세우라 하시니 이에 금식하며 기도하고 두 사람에게 안수하여 보내니라"
■사도행전 13:2-3

해외선교는 교회의 의무다

외국 선교 사역은 교회의 전반적인 사역과 별개의 것이 아니다. 교회가 수행해야 할 임무는 교회와 관계되는 모든 분야와 동등하게 관계가 있다. 그러므로 선교 사역은 목사의 사역과 다른 것이 아니다. 군인으로 징집되는 사람은 어느 한 분야를 위해 징집되지 않는다. 그는 자기가 어디로 파견되든 가야만 한다.

그러므로 선교사역에로의 부르심은 어떤 목사가 저쪽 지역보다 이쪽 지역에 정착해야 하는지 어떤지에 관한 의문에 유사한 것일 수 있다. 어떤 사람이 자기가 도시에 정착하도록 부름받았는지 아니면 시골에 정착하도록 부름받았는지, 동편에 정착하도록 부름받았는지 아니면 서편에 정착하도록 부름받았는지를 어떻게 알 수 있는가? 이러한 의문들과 그가 해외로 나가도록 부름받았는지 아니면 국내에 있도록 부름받았는지의 의문 사이에는 아무런 차이가 없다. 이러한 문제는 주께서 그의 종들의 장소에 관하여 어떤 목적을 갖고 계시다는 것과 그는 그러한 목적을 알게 하신다는 것, 그리고 그들은 그러한 목적이 무엇인가를 알아낼 수 있다는 것을 가정한다.

주께서는 그의 종들의 장소에 관하여 어떤 계획을 갖고 계신다.

- 그것은 섭리의 전반적인 교리로부터 추론되는 것으로서 그 교리는 하나님의 계획들은 모든 것에 미친다는 것과 그는 모든 것을 그러한 계획들의 성취를 위해 지배하신다고 가르친다. 이 세상에서 일어나는 크고 작은 모든 일에는 결코 우연한 것이란 없다. 우리의 출생지, 우리가 교육받는 곳, 우리의 직업과 일터는 모두 하나님의 계획에 내포되어 있다.

- 그것은 그리스도께서 교회의 머리가 되시고 그가 교회를 그의 성령으로 계속하여 지도하신다는 교리로부터 추론되는 것인데, 그는 성령에 의해 각 사람에게 그의 뜻에 따라 은사를 주시고 그의 모든 사람을 그들이 가야만 할 길로 인도하신다.

- 그것은 그의 종들에 대한 그의 특별한 관계로부터 추론되는 것이다. 그들은 그의 손안에 있는 별들이며, 그는 각 별에게 자체의 궤도를 정해 주신다. 그들은 또한 그의 사자들이며, 그들 각자를 각인의 파견지로 보내신다. 그들은 또한 그의 일꾼들로서 그들을 그들 각자의 일터로 보내신다. 그러므로 우리는 하나님께서 요나를 니느웨로, 바울을 이방인들에게로, 베드로를 할례받은 자들에게로 보내셨다는 것을 발견한다. 그리스도는 우리에 대하여도 어떤 계획^{purpose}을 갖고 계시다.

그는 그러한 그의 계획을 우리로 알게 해 주신다.

- 우리는 이러한 것을 각 경우의 성격으로부터 추론해야만 한다. 우리는 이성적인 피조물이며, 이성적인 방법에 의해 지배를 받는다. 만일 하나님께서 우리에 대하여 성취할 계획을 갖고 계시다면 그는 그것을 우리에게 알리셔야만 하며, 그렇지 않으면 우리는 그러한 문제에 있어 그의 뜻을 성취할 수 없다.

- 경험의 문제로서 우리는 하나님께서 그의 계획을 통하여 성취하시려는 자에게 그것을 알리신다는 것을 발견한다. 우리가 보아 왔듯이 그는 선지자들과 사도들에 대하여 그와 같이 하셨으며, 그는 그의 평범한 종들

에 관련해서도 그렇게 하신다. 그러나 언제나 하나님이 그의 계획을 우리에게 알려 주시는 일에 있어 우리 편에서의 모든 조사를 제외시키는 방식으로 행하여진다거나 우리 편에서의 어떤 실수의 위험을 예방해 주는 방식으로 행하여진다고 결론지어서는 안 된다. 사람은 실수할 수도 있고 하나님의 뜻과는 반대로 갈 수도 있다. 그리고 그 결과는 비참하다. 그러므로 우리는 이러한 문제에 대하여 주의 깊게 고찰해야만 한다.

하나님께서는 그의 종들이 어디서 일해야만 하는가에 관하여 그들에게 그의 뜻을 어떻게 계시하시는가?

첫째, 그들에 대한 그의 내적인 조치dealings에 의해서와, 둘째, 그의 외적인 섭리dispensations에 의해서 하신다.

- 하나님의 내적인 조치에 관하여. ① 그는 그의 종들에게 어떤 특별한 일터에서 필요로 하는 은사들을 주신다. ② 그는 그의 뜻을 그들의 이해력에 전하신다. ③ 또한 그들의 양심에 전하신다. ④ 그는 그것을 그들의 마음에 전하고 그들과 관련되는 일터의 특별한 부문에 관한 관심을 불러일으키시며, 그들 속에 그 일에 대한 열렬한 욕망을 주입시켜 주신다.

- 하나님의 외적인 섭리에 관하여. ① 그는 그들의 건강의 결여나 그들에게 의존하는 부모에 대한 의무들과 같은 장애물과 그 외의 유사한 성격의 다른 장애물을 그의 종들의 행로에서 제거시켜 주신다. ② 그는 그들에게, 그의 친구들에 의해서 메시지를 전해 주신다. ③ 그는 때로 교회를 자극하여 그들을 이러저러한 곳으로 불려가게 하신다.

목회 후보생들의 의무

- 그들 자신들은 하나님께서 어디로 부르시든 그곳으로 가지 않을 수 없다는 것과 자신들이 어디로 가야만 하는 가는 그들이 선택할 문제가 아님을 인식해야만 한다.

- 완전히 복종해야만 하며, "주여, 주께서는 저를 사용하셔서 무엇을 하시려나이까?"라고 말할 수 있어야만 한다.
- 자아를 살펴보아야만 한다. 즉 그것을 잊어버리지 말고 양심적으로 살펴보아야만 한다.
- 모든 방법을 사용하여 지적인 결정을 해야 하며, 그들의 마음은 도리에 따라야만 한다.

선교는 복된 사역이다

- 그 결과가 너무나도 영광스러운 것이기 때문이다.
- 그것은 특별히 비세속적인 것이기 때문이다.
- 하나님을 위해 집과 본토와 친구 등을 버리는 자들에 대한 하나님의 복된 약속들이 너무나도 풍성하기 때문이다.

217. 소명

"이에 제자들에게 이르시되 추수할 것은 많되 일꾼이 적으니"

마태복음 9:37

추수

'추수할 것'이란 무엇인가? 그것은 많은 인간의 영혼을 가리킨다. 그것이 '추수할 것'이라 불리우는 이유는 무엇인가?

- 본래 귀중한 것이기 때문이다.
- 구원받도록 계획된 것이기 때문이다.
- 그것은 거둬들여져야만 하기 때문이다. 만일 그것을 내버려 둔다면 그 것은 멸망할 것이다.
- 그것은 낫을 댈 준비가 되어 있기 때문이다.

이러한 추수할 것이 많다. 현재 지구상에 살며 복음을 다소 접할 수 있는 인구는 8-9억[1850년대 기준]이다. 추수할 것은 미국뿐 아니라 유럽, 아시아, 아프리카, 인도, 중국과 바다의 모든 섬 사람들을 포함한다. 이 모든 사람들이 복음을 필요로 하며, 복음을 접할 수 있을 뿐만 아니라 구원받을 수 있다.

추수할 의무는 온 교회와, 특히 목사들과, 각 신자들에게 있다.

소명

각자가 복음 사역을 위해 어느 분야에서 일해야만 하는가는 다음에 따라 결정된다.

- 개인의 소원이 아니라 하나님의 뜻에 달려 있다.
- 각인에 대한 그의 뜻을 전반적인 고찰에 의해서와 특별한 고려에 의해 결정되어야만 한다.

첫째, 우리의 개인적인 의무를 결정해야만 할 전반적인 고찰은 다음과 같은 것들이다. ① 우리와 관련된 분야에 있어 다른 부문들의 상대적인 크기, ② 그러한 분야들에 있어 사역자들의 상대적인 비율, ③ 전체에 관련하여 그 분야의 상대적인 중요성, ④ 복음에 대한 접근성과 준비 상태, ⑤ 우리와 맺는 관계가 그것이다. 사람이 다른 사람들을 부양하는 것보다 자기 가족을 부양하는 것이 더 큰 의무이듯이 우리는 다른 나라의 사람들에 대해서 보다 자국민에 대하여 더 큰 의무가 있다.

둘째, 특별히 고려해야 할 것은 다음과 같은 것들이다. ① 우리의 자격과 관계가 있는 것들, ② 우리의 신체나 건강과 관계가 있는 것들, ③ 우리의 가정이나 사회적인 의무들과 관계가 있는 것들, ④ 하나님의 섭리와 성령의 조처에 관계가 있는 것들이다.

헌신의 이유

이러한 사역을 위해 우리 자신을 드리고 하나님이 우리를 어디로 보내시든지 복종해야 할 동기들이 있다.

- **그리스도의 명령.** 이 명령은 명백하고 필연적인 것일 뿐만 아니라 마치 우리가 특별히 복음 사역에 임명받는 것만큼이나 우리를 향하신 특별한 명령이다. 따라서 우리가 가야만 하는 곳으로 가기를 불순종하는 것은 틀림없이 우리의 영혼에 대하여 가장 큰 해악을 끼치는 것이다.
- **그리스도에 대한 사랑과 그의 구속의 은혜에 대한 감사.** 특별한 동기는 구속자에 대한 사랑이며, 이 사랑은 육신으로 나타나신 하나님으로서의 그의 영광스러운 탁월함, 우리에 대한 그의 사랑과 우리가 그로부터 받는 은혜에 근거한다. 이러한 동기의 힘은 하나님이 보내시고 축복하

셨던 모든 사도들과 순교자들과 선교사들에게서 볼 수 있다.

- **이방인들의 구원을 위한 복음의 절대적인 필요성.** 이것이 명백히 성경과 교회의 가르침이다. 만일 그들이 복음을 듣지 못한다면 그들은 그리스도를 믿을 수 없다. 그리고 만일 그들이 그리스도를 믿지 않는다면 그들은 구원받을 수 없다.

그러므로 본 주제를 자체의 심각한 중요성에 비추어 고려하고 그것이 여러분의 마음을 끊임없이 짓누르도록 하라.

218. 주의 성찬에 대한 준비

"우리가 축복하는 바 축복의 잔은 그리스도의 피에 참여함이 아니며 우리가 떼는 떡은 그리스도의 몸에 참여함이 아니냐"

■ 고린도전서 10:16

성찬의 의미

주의 성찬은 성경에서 여러 가지 면으로 표현된다.

첫째, 그것은 주로 그리스도의 죽으심에 대한 기념으로 표시된다. 그의 죽으심의 목적은 인간 혹은 그의 백성의 구속이었으므로 그의 죽으심을 기념하는 것은 우리의 구속에 대한 공적인 감사를 표하는 것이다. 구속은 죄의 세력과 그것에 대한 정죄로부터의 구원이므로 이러한 감사제^{thank-offering}에 대한 준비는 다음과 같은 것을 내포해야만 한다.

- 죄에 대한 의식
- 죄로부터 구원받으려는 욕망과 그것을 저버리려는 결의
- 그리스도의 죽으심이 우리의 구원에 유효하다는 믿음과 구원을 위한 그것에 대한 신뢰
- 그의 무한한 복 주심에 대한 감사와 사랑

둘째, 그것은 은혜 언약에 대한 인증으로 표시될 뿐만 아니라 우리가 그러한 언약을 받아들이고 그러한 언약의 은혜를 사유^{私有}하는 것으로 표시된다. 이러한 견지에서 성찬에 대한 준비는 다음과 같은 것을 내포한다.

- 은혜 언약이나 구원 계획에 대한 지식
- 은혜 언약에 대한 묵종이나 우리의 구원을 위해 그러한 언약을 자체의 모든 약속과 그것에 대한 의무와 함께 받아들임. 하나님께서는 그의 언약에서 그리스도로 인하여 우리의 하나님이 되기로 약속하시므로 우리는 그를 우리의 하나님과 분깃으로 받아들인다. 그리고 우리는 그의 백성이 되기를 약속하고 우리 자신을 그리스도 안에서 하나님을 섬기고 영화롭게 하는 데 바친다.
- 그러한 언약이 요구하는 겸손과 믿음, 사의와 사랑의 모든 감정

셋째, 그것은 그리스도와의 친교의 행위로 표시된다.

우리가 축사^{bless}하는 잔은 그의 보혈에 참예하는 것이며, 우리가 떼는 떡은 그의 몸에 참예하는 것이다. 즉 떡과 포도주를 그리스도에 대한 기념물로 받아들임에 있어 우리는 그의 몸과 피―즉 그것들의 희생제물적이며 구원하는 효력―를 받아들임으로 그와 하나가 된다. 우리는 그를 우리의 희생제물로, 그리고 우리 영혼의 구주로 받아들이고 사유^{私有}하며, 그는 우리에게 그 자신을 주신다. 그러므로 주의 성찬에 참여하는 것은 그와의 친교 행위다. 이러한 점에서 성찬에 대한 준비는 다음과 같은 것을 요구한다.

- 그리스도의 몸과 피에 참예하는 것으로써 이러한 성례의 성격과 목적에 대한 지적인 이해
- 은혜의 방편, 곧 하나님이 우리에게 그리스도와 그의 은혜를 전하시기 위해 그가 정해 놓으신 방편으로써의 성찬에 대한 믿음
- 이 위대한 영적 축복에 대한 욕망. 즉 이 신령한 살과 음료에 대한 열망과 갈망, 그리고 식탁에서 우리에게 제공되는 축복에 대한 실제적인 사유^{私有}. 성찬은 그를 먹는 것$^{feeding\ on\ him}$이다.
- 겸손과 감사와 사랑. 이러한 것은 주의 존전에 나아가 그의 손에서 이러한 신령한 식물을 받는 것이 허락되는 자들이 느껴야만 하는 것들이다.

넷째, 그것은 동료 그리스도인들과의 친교 행위로 표시된다.

유대인의 제단에서 먹었던 자들은 모두 자신들이 유대인이며, 다른 모든 유대인을 그들의 형제로 간주하기로 고백했다. 늘 우상들의 전에 출입하는 자들은 모두 귀신들을 공동으로 예배하는 자들로서 연합되었다. 따라서 사도 바울은 그리스도의 식탁에 참여하는 자는 모두 한 몸이라고 말한다. 그들은 같은 구주를 섬기는 연합된 공동체로서 각각 살아 계신 머리로서의 그리스도와 연합되어 있으며, 그러므로 그들은 같은 몸의 다른 지체들인 다른 자들과도 연합되어 있다. 이러한 점에서 주의 성찬에 대한 준비는 다음과 같은 것을 요구한다.

• 모든 그리스도인은 형제들이라는 사실과 그리스도와의 공동 연합에 의해 다른 자들과의 연합이 주의 식탁에 참여하는 데에서 표시되고 고백된다는 사실에 대한 인정을 해야 한다.

• 성도의 그러한 친교와 불일치하는 모든 감정, 곧 모든 악의와 시기와 비방 등의 감정을 제외해야 한다. 반면에 사랑, 상호 신뢰, 존경과 동정은 발휘해야 한다.

• 동료 그리스도인들에 대하여 언제나 가장 다정다감하고 친밀하며, 가장 영속적인 유대에 의해 연합된 자들로서 대하려는 우리의 확고한 결의를 드러내야 한다.

성찬의 목적

성찬 예식의 이러한 여러 요소들은 물론 일관성이 있으며, 일정한 형식으로 의식을 준비하려면 다른 모든 측면에서 준비해야 한다. 그러나 성찬 예식의 중요한 목적은 구속에 대한 감사이며, 그러므로 그것은 우리의 성정을 입으신 하나님의 영원한 아들로서의 구속자의 영광에 대한 참된 견해와 우리의 거룩한 구주로서의 그에 대한 합당한 감정과 그의 역사에 대한 사의 그리고 그를 섬기고 영화롭게 하는 일에 헌신하는 것을 요구한다. 주 예수의 구속에 대하여 그에게 감사하기를 충심으로 바라고 그의 명령에 복종하며 살기로 결심하는 자는 누구에게나 주의 식탁에 참여할 권한이 주어지는데, 그러한 자는 그의 식탁에 참여하지 않을 수 없을 뿐만 아니라 우리의 구원을 위한 그의 죽으심에 대한 지식을 선포하고 지속시키는 일에 조력하지 않을 수 없다.

219. 은혜의 방편으로서의 성찬 (1)

"내가 너희에게 전한 것은 주께 받은 것이니 곧 주 예수께서 잡히시던 밤에 떡을 가지
사 축사하시고 떼어 이르시되 이것은 너희를 위하는 내 몸이니 이것을 행하여 나를
기념하라 하시고 식후에 또한 그와 같이 잔을 가지시고 이르시되 이 잔은 내 피로 세
운 새 언약이니 이것을 행하여 마실 때마다 나를 기념하라 하셨으니 너희가 이 떡을
먹으며 이 잔을 마실 때마다 주의 죽으심을 그가 오실 때까지 전하는 것이니라"
■ 고린도전서 11:23-26

능력의 근원
주의 성찬은 일찍이 능력의 근원으로 간주되어 왔다.
- 어떤 이들은 성찬에서 단지 거룩한 진리를 뜻하는, 예식의 도덕적인 능
  력을 받는 것으로만 인식한다.
- 다른 이들은 이와는 정반대로 그것을 통하여 고유하고 신적이거나 초
  자연적인 능력을 받는 것으로 인식하고, 또 다른 이들은 성찬 예식과
  관계되어 있는 하나님의 말씀 혹은 약속에 그러한 능력이 있는 것으로
  인식한다. 이러한 견해들은 다음과 같은 데서 일치한다. 첫째, 성찬 예
  식의 효력이 성령의 외적 영향에 기인한다는 것을 부인한다. 둘째, 그러
  한 효력이 성찬에 참여하는 자의 내적인 상태에 의해 결정되지 않는다
  는 것이다.
- 장로교의 교리는 이것이다. 첫째, 성찬의 효력은 중생이나 칭의가 아니
  라 ① 그리스도의 보혈을 새롭게 적용하는 것이다. ② 우리의 영적인

자양이며, 우리가 은혜 가운데 성장하는 것이다. 둘째, 성찬의 효력은 떡과 포도주에 있는 어떤 초자연적인 능력, 예식이나 그것을 집행하는 자가 아니라 오직 그리스도의 축복과 성령의 역사에 기인한다. 셋째, 우리 편에서 그러한 효력의 조건은 오직 믿음이다. 즉 만일 우리에게 믿음이 없다면 우리는 그것을 경험하지 못한다.

성찬에 대한 믿음

여기서 믿음은 다음과 같은 것을 의미하지 않는다.

- 복음이나 성경에 계시된 구원 계획에 대한 전반적인 믿음이다.

- 구원하는 믿음이다. 그리스도를 믿는 모든 참된 신자는 언제나 기도와 성경 읽기에 의해 영적으로 교화된다는 것이 사실이 아니듯이 그러한 자들이 모두 주의 성찬에서 그의 영적인 자양을 위해 그를 먹는다^{feeds upon him}는 것은 사실이 아니다.

- 여기서 의미하는 믿음은 성경이 이러한 성례에 관하여 다음과 같이 가르치는 것에 대한 믿음이다. 첫째, 성찬 예식은 인간의 착상에 의한 것이 아니라 하나님께서 정하신 것이다. 둘째, 그것은 그리스도의 죽으심을 기념하기 위해 제정된 것이다. 셋째, 그것은 예수 그리스도와의 친교의 방법이다. 즉 ① 우리에게 그의 죽으심의 혜택을 전달하는 방법과, ② 우리의 영혼과의 교제 방법이나 기회이다. 그러므로 여기서 의미하는 믿음은 다음과 같은 것을 내포한다. ① 그러한 성례에 있어 그의 임재^{presence}에 대한 믿음, ② 그가 우리의 성정을 입으신 하나님의 아들, 우리의 선지자, 제사장과 왕이시라는 믿음, ③ 그가 우리를 사랑하신다는 믿음이다. 이러한 믿음은 절대적으로 필요한 것이다. 넷째, 그것은 모든 신자를 한몸으로 연합시키는 방법이다. 그들은 같은 머리^{그리스도}에 공동으로 참여함으로써 하나가 된다. 이러한 믿음은 유익한 교제에 필수적인 믿음이다.

성찬에 대한 올바른 이해

그러한 믿음이 필수적인 이유는 우리는 그러한 믿음 없이는 그러한 성례의 혜택을 받을 만한 올바른 상태에 있지 못하며, 그러한 믿음을 갖고 있는 한에서만 우리는 그러한 혜택을 받을 수 있는 올바른 상태에 있게 되기 때문이다. 그러한 믿음이 그러한 성례의 혜택을 받을 수 있는 수용력을 구성한다. 비록 우리가 오랫동안 뵙지 못한 부친이 우리를 기다리면서 어떤 방에 와 계시다는 소식을 들었다 하더라도 ① 만일 우리가 그가 그곳에 계시다는 것을 믿지 않는다거나, ② 우리가 그곳에 와 계신 분이 실제로 우리의 부친이 아니라고 믿는다면, ③ 또는 그가 우리의 부친이시라 하더라도 그가 우리를 사랑하지 않는다거나 그가 우리를 자녀로 인정하지 않는다고 우리가 믿는다면 틀림없이 우리는 그를 만날 준비를 하지 않으리라는 것이 분명하다. 그러나 만일 우리가 이 세 가지를 모두 믿는다면 그것은 우리로 아버지를 뵐 준비를 하게 할 것이며, 우리는 그와의 대면에 의한 기쁨에 있어 실패하지 않을 것이다.

그러므로 주의 성찬에 대하여도 만일 우리가 그리스도께서 성례가 집행되는 곳에 계시다는 것과 그가 우리의 하나님과 구주시라는 것, 그리고 그가 우리를 사랑하신다는 것을 믿는다면 그땐 우리는 그의 임재의 혜택에 대하여 확신을 가질 것이다.

220. 은혜의 방편으로서의 성찬 (2)

"내 살은 참된 양식이요 내 피는 참된 음료로다 내 살을 먹고 내 피를 마시는 자는 내 안에 거하고 나도 그의 안에 거하나니 살아 계신 아버지께서 나를 보내시매 내가 아버지로 말미암아 사는 것 같이 나를 먹는 그 사람도 나로 말미암아 살리라"

■ 요한복음 6:55-57

은혜의 방편

여기서 은혜의 방편이란 은혜를 전하기 위한 목적으로 하나님이 정해 놓으신 방법을 의미한다. 은혜는 신성한 선물이며, 성령의 거룩하거나 초자연적인 감화를 의미한다. 은혜의 방편이 없는 곳에서는 우리가 알고 있는 한, 구원하는 은혜도 주어지지 않는다. 하나님께서 그의 말씀을 보내지 않으시는 자들에게 그는 구원도 보내지 않으신다.

주의 성찬이 은혜의 방편이다. 그것을 통해 전하기로 의도하는 특별한 은혜와 거룩한 감화의 특별한 성격은 무엇인가? 이러한 문제에 관한 로마 가톨릭교회의 교리는 다음과 같다.

- 각 성례는 그 자체와 관련된 고유한 은혜를 갖고 있다.
- 그 은혜는 다른 방법으로는 얻어질 수 없다. 세례에 의해 전하여지는 은혜는 오직 세례에 의해서만 받을 수 있다. 여러 의식들, 고해성사, 종부성사extreme unction 등에 대해서도 그렇다.
- 이러한 은혜나 일단 초래된 효력은 인장의 자국같이 지워질 수 없다.

여기서 진리와 오류가 섞이고 있다. 여기서 오류는 다음과 것이 있다.

- 성례에 의해 전하여지는 은혜들을 다른 방법으로는 받을 수 없다고 주장하는 데 있다.
- 그 자체가 성례가 될 수 없는 어떤 의식들을 성례로 규정하는 데 있다.
- 은혜 혹은 영향impression을 지워질 수 없는 것으로 주장하는 데 있다.

여기서 진리는 세례와 주의 성찬 사이에는 차이가 있다는 데 있다. 세례는 그리스도의 보혈과 성령에 의해 죄와 오염으로부터 영혼의 씻음을 상징하는데, 이러한 것이 세례에 의해 특별히 전해지는 은혜다. 성찬은 ① 죄에 대한 희생제물로서의 그리스도의 죽으심을 나타내며, ② 믿는 자들의 영혼이 이러한 희생제물을 사유私有함을 내포하는 것으로, ③ 그리스도와 다른 신자들과의 우리의 연합을 나타내기 위해 특별히 의도된 것이다. 그러므로 성찬에 의해 전하기로 뜻하는 특별한 은혜는 그리스도와 백성과의 친교다. 그리고 이것이 수반하는 거룩한 영향이나 내적 은혜는 그러한 연합에 대한 의식意識이다.

이러한 것은 바울이 고린도인들에게 하는 말과 비록 직접적으로 주의 성찬에 대하여 언급하고 있는 것은 아니라 해도 요한복음 6장에서, 그리고 주의 성찬을 성도의 교제라 부름에 있어 명시되는 교회의 공통된 믿음에서 입증된다. 그러므로 우리가 주의 식탁에 참여할 땐 이러한 특별한 은혜를 특별히 기대하고 위해 기도해야만 하며, 우리와 그리스도와 그의 백성이 하나라는 의식을 가져야만 한다. 그러므로 성찬은 '사랑의 축제'라 불리는데, 형제들 사이의 적의가 이러한 성례에 있어 특별한 장애물로 간주된다.

성찬의 은혜는 어떻게 전달되는가?

- 그것은 자체떡과 포도주 내에 있는 어떤 고유한 효력에 의해서가 아니다.
- 성례 집례자의 초자연적인 능력에 의해서도 아니다.
- 그러므로 성찬에 의한 은혜는 성찬 자체나 그 예식을 집례하는 자에 의해서 한결같이 모든 사람에게 전하여지는 것이 아니다. 어떤 이들은 성

찬 예식에 의한 은혜를 받는 일에 있어 전적으로 실패한다. 또 어떤 이들은 이러한 은혜를 어떤 때에는 다른 때보다 훨씬 더 많이 받는다.

• 성찬의 은혜는 신자들에게만 전해진다. ① 그리스도와 그의 복음을 믿고, ② 이러한 성례와 관련하여 하나님의 특별한 약속을 믿으며, ③ 이러한 성례의 축복을 믿음으로 받아들이는 자들에 의해 전해진다.

• 성찬 예식을 통하여 은혜를 받음에 있어서 주관적인 조건은 믿음이며, 성령이 유효적 원인이시다. 성찬의 은혜는 그 성례를 믿음으로 받아들이는 자들에게 성령의 역사에 의해 전해진다.

성례에는 말씀과 유사한 점이 있다.

• 말씀은 모든 사람에게 은혜를 끼치지 않는다.

• 그것은 믿는 자에게 언제나 같은 방법이나 정도로 은혜를 끼치지 않는다.

• 말씀의 성화시키는 은혜는 말씀을 믿음으로 받아들이는 자들에게만 전하여진다.

• 이러한 믿음은 성령의 열매이며, 또한 성령에 의해 자체^{그러한 믿음}의 모든 구원하는 열매가 낳아진다.

우리의 의무

• 우리는 거룩한 성찬을 매우 소중히 해야만 한다. 개신교도들은 가톨릭 교도들에 반대하여 극단으로 나가기 쉽다.

• 친교는 우리가 준비함에 있어 주의해야만 한다.

• 또한 우리는 주의 식탁에 참여함으로 더 나빠지는 것이 아니라 더 나아지도록 해야만 한다.

221. 성찬과 그리스도인의 친교

"우리가 축복하는 바 축복의 잔은 그리스도의 피에 참여함이 아니며 우리가 떼는 떡은 그리스도의 몸에 참여함이 아니냐"

■ 고린도전서 10:16

성찬에서의 공유

성경에 나오는 단어들의 의미는 자주 그것들의 문자적인 의미에 주의를 돌림으로써 가장 잘 이해된다. 따라서 '코이노스^{κοινός, 공동의}'에서 나온 '코이노니아^{κοινωνία, 함께한 교제}'는 어떤 것들을 공유함을 의미한다. 그리고 '오이 코이노노이^{οἱ κοινωνοί}'는 어떤 것을 공유하는 자들을 의미한다. 우리는 잔에 의해 교제하는, 곧 그리스도의 보혈에 관여하거나 같이하는 것으로 언급되고, 떡에 의해서는 그의 몸에 관여하는 자들이 되는 것으로 언급된다. 그러므로 떡이 하나이므로 우리는 그것을 함께 공유하는 자들^{코이노노이}이며, 같은 한 몸에 공동으로 관여함으로써 한 몸이 된다. 이러한 공동 참여에 의해 초래되는 친밀하고 실제적인 연합이 존재한다. 그리스도인들이 주의 성찬에서 공유함으로 그들로 하나가 되게 하는 것은 무엇인가? 이러한 질문에 대한 답변이 교회들을 분열시키고 보혈의 강을 여러 갈래로 흘러가게 해 왔다.

- 어떤 이들은 그것이 그리스도의 실제의 몸과 보혈이라고 말한다. 그들은 성찬에서의 떡과 포도주가 그리스도의 살과 보혈로 변한다거나 떡과 포도주가 자체의 성분대로 남아 있으면서도 그리스도의 살과 보혈이 실제로 그리고 부분적으로 그것들 안에, 그것들과 함께, 그리고 그것

들 밑에 존재하며, 그러므로 그것들이 입으로 받아들여진다고 말한다.

- 칼뱅은 믿는 자들이 주의 성찬에서 공유하는 것은 이적적으로 전달되어 입이 아니라 믿음으로 받아들여지는 그리스도의 영화된glorified 인성의 능력이라고 말했다.

- 칼뱅주의자들은 믿는 자들이 성찬에서 공유하는 것은 그리스도의 몸과 보혈의 희생제물적인 효력이라고 말한다. 믿는 자들은 성찬에서 그리스도의 죽으심과 생명에 참여하며, 그들은 이러한 교제에 의해 서로 친교한다. 그들이 서로 연합되는 것은 ① 같은 신앙을 단지 외적으로 고백함으로써가 아니다. ② 그것은 단지 같은 머리에 속한 하나의 단체로서나 조직체로서가 아니다. ③ 그것은 같은 돌보심의 대장들로서 연합된 한 가족, 한 양떼, 한 왕국으로서나 같은 은혜를 받는 자들로서가 아니다. ④ 그것은 내적이며, 실제로 같은 생명의 참여자들이 됨으로써이며, 같은 의로 옷 입고 같은 성령에 의해 생명이 불어넣어짐으로써다. ⑤ 그러므로 그들은 같은 몸의 지체들로서 연합된다.

그리스도인의 친교

그리스도인의 친교에 관하여 성경은 다음과 같이 가르친다.

- 그것은 그리스도와의 연합에 달려 있다. 모든 그리스도인이 서로 연합되는 것은 그들이 그리스도와 함께하는 자partaker가 되고 가지가 포도나무와 연합되듯 그와 연합되기 때문이다.

- 이러한 연합은 인간들 사이에서 존재할 수 있는 가장 친밀하고 영속적인 연합이다. 이러한 연합은 가족적인 관계들보다 더 친밀하고 더 오래 지속된다. 필자는 그러한 연합이 감정에 지배력을 갖고 있다고는 말하지 않는다. 그러나 그것은 우리의 본성에 보다 깊이 뿌리 박고 있다. 가족적인 관계들은 우리의 사회적이며 세속적인 삶에 속한다. 그러나 여기서 말하는 연합은 우리의 영적이며 영원한 생명에 속하는 연합이다.

- 그것은 전全 기독교회의catholic 연합이다. 그것은 교회의 특성들과는 아

무런 관계가 없다. 그것이 교회 조직의 차이점들에 있어 그 기초를 이룬다. 그리스 정교회인들, 로마가톨릭 교인들, 루터파 교인들과 개혁파 교인들은 그들이 각각 그리스도와 하나를 이루고 있는 한, 한 몸이다. 그리고 우리는 그러한 사실을 인정하지 않을 수 없다. 만일 우리가 어떤 진정한 그리스도인이 어떤 무엇에 있어 우리와 다르기 때문에 그를 동료 그리스도인으로 인정하기를 거부하거나 그와의 그리스도인적인 친교를 거부한다면 그것은 그리스도와 그의 몸에 대한 큰 죄가 된다.

이러한 연합은 모든 교회의 그리스도인들뿐 아니라 모든 시대의 가난한 자와 부자, 유식한 자와 무식한 자, 야만인과 구스인Scythians, 종과 자유인 모두를 연합시키는 것으로서 전 기독교적인 연합이다. 이러한 구별들은 실제적인 것들로서 우리는 이러한 것들을 무시해서는 안 되지만, 그러한 것들은 피상적이고 외적이며, 일시적인 구별들일 뿐이다. 이 모든 구별 밑에는 모든 부류를 그리스도 예수 안에서 한 몸으로 연합시키는 장엄한 연합의 결속이 있다.

- 이러한 내적인 신비로운 연합은 자체를 다음과 같은 의식을 통하여 계시한다. ① 공통된 믿음, ② 예수 그리스도에 대한 공동된 사랑과 경의와 헌신, ③ 믿는 자들 상호의 사랑, ④ 공통된 경험과 소망과 열망을 통해 계시한다.

- 그것은 자체를 다음과 같은 행위를 통하여 나타낸다. ① 상호 인정, ② 상호 교제, ③ 상호 참음과 인자와 자비의 행위를 통해 나타낸다.

222. 그리스도의 죽으심과 성찬

"너희가 이 떡을 먹으며 이 잔을 마실 때마다 주의 죽으심을 그가 오실 때까지 전하는 것이니라"

■ 고린도전서 11:26

주의 성찬과 그리스도의 죽으심

첫째, 주의 성찬은 그리스도께서 죽으셨다는 사실에 대한 증거다. 역사적인 사실에 대한 어떠한 기념이든 그것이 사건 직후의 시기에서 비롯될 땐 그것은 당연히 사실의 진실성을 내포한다. 이러한 기념식은 방해받지 않고 범세계적으로 거행되어 왔으므로 그것은 문제의 중대한 사실 ^{그리스도의 죽으심}에 대한 그 후 계속되어 온 모든 세대의 증거다. 우리는 주의 성찬을 이와 같은 것으로 인식해야만 한다. 그러한 증거가 성례에 의해 성취되어야 할 중대한 목적이며, 그러한 사실에 대한 지식을 생생하게 간직하도록 임명된 자들의 수에 든다는 것은 커다란 영예이다.

둘째, 주의 성찬은 그리스도의 죽으심이 그의 사역^{work}의 정점이었다는 계속적인 증거다. 만일 주의 성찬 예식이 단지 그리스도를 기억하도록 하기 위해 계획된 것이라면 그로 인해 기념했던 것은 그의 탄생과 그의 생애 및 그의 역사^{history}였을지도 모른다. 그러나 그리스도의 죽으심이 영속적으로 경축되도록 그 자신에 의해 제정되었다는 사실은 그의 죽으심이 그의 위대한 역사였음을 보여준다. 그가 세상에 오신 것은 죽으시기 위함이었다. 그 외 그의 모든 사역은 이에 종속되었다. 그는 선생이나 치료자로서가 아니라 죽으신 자로 기억되어야만 했다.

셋째, 주의 성찬은 그리스도의 죽음의 방법과 성격을 기념하는 것이다. 그의 죽으심은 병이나 쇠약함에 의해 초래된 통상적인 죽음이 아니었다. 그것은 그의 몸이 상처를 받고 그의 피가 흘려진 죽음이었다. 그것은 무법의 폭력에 의한 죽음, 곧 단지 불의의 사고가 아니라 부당한 판결에 의해 가하여진 죽음이었다. 그리스도는 살릴 수도, 죽일 수도 있는 권세를 잡고 있던 자에 의해 정죄받아 죽으셨다. 그러나 단지 인간적인 그러한 판결은 하나님의 심판에 의해 선포되었던 형식과 수단일 뿐이었다.

그가 십자가에 못 박혀 죽으신 것은 하나님의 일정한 계획과 예지fore-knowledge에 의해서였다. 이것은 모든 일이 하나님은 뜻하시는 계획에 따라 일어난다는 의미에서뿐 아니라 하나님께서 그를 넘겨주셨다는 의미에서도 사실이다. 하나님께서는 우리 모두의 죄를 그에게 전가시키셨다. 그리스도께서는 그의 모든 고난과 죽음이 하나님의 손에 의해 가하여지는 것으로 인식하셨다. 그때마다 그가 바라보신 것은 하나님을 향해서였다. 우리는 그리스도의 죽으심을 세상의 죄를 대속시키기 위하여 하나님께서 그의 아들을 내주셨던 것으로 인식해야만 한다.

넷째, 주의 성찬은 그리스도의 죽으심을 자의적인 것으로 제시해 준다. 그는 이끌려 가셨지만, 그러나 저항하지 않고 이끌려 가셨다. 그는 그의 목숨을 스스로 버리셨다. 그는 그것을 버릴 권세도 있고 다시 취할 권세도 있으셨다. 그는 예언서들에서 그같이 제시되었으며, 또한 복음서에서도 그러한 식으로 제시된다.

다섯째, 주의 성찬은 그의 죽으심을 속죄제와 화목제라고 하는 이중적인 빛으로 제시해 준다. 후자는 전자이기도 하지만, 그러나 전자가 언제나 후자는 아니다.

- 희생 동물이 그것을 드리는 자의 죄들을 담당했듯이 그리스도는 우리의 죄를 담당하셨다.
- 희생 동물의 죽음이 그것을 드리는 자의 죽음을 대신했듯이 그리스도의 죽으심은 대리적인 것이었다.
- 희생제물의 효력은 속죄와 화해였듯 그리스도의 죽으심도 그러했다. 그의 죽으심이 우리의 죄를 제거시켰으며, 그것이 하나님을 만족시키셨다.
- 희생제물을 드렸던 자는 확실히 사죄받고 회복되었듯이 그리스도의 죽으심도 우리에게 확실히 그러한 효력을 초래한다. 그것은 우리의 구원을 가능하게 할 뿐 아니라 확실하게 해 준다.

그리스도의 죽으심은 화목 제물로서 ① 언약을 확증한다. 그것은 하나님께서 그의 약속을 성취하시리라는 그의 편에서의 서약이다. ② 그러므로 그것은 믿는 자에 대하여 은혜를 보증한다.

여섯째, 주의 성찬이 그리스도의 죽으심을 이러한 두 가지 면에서 제시해 주듯이 그리스도의 죽으심은 사실상 속죄제와 화목제였듯이 주의 성찬은 속죄제와 화목제로서 그의 죽으심에 대한 기념이다. 그것은 그리스도가 세상의 죄를 위해 죽으셨다는 것, 곧 의로우신 자가 불의한 자들을 위해 죽으셨다는 것과, 그의 보혈은 희생제물로서 모든 죄에서 깨끗케 한다는 것을 만민에게 계속하여 증언해 준다.

성찬의 의미

그러나 믿음으로 성찬에 참여하는 자에게는 성찬이 이러한 것들 이상의 것이다. 그것은 그리스도의 몸과 피, 곧 그것들의 희생제물로서의 은혜들을 실제로 받아들이는 것이다. 믿음으로 성찬에 참여하는 자는 그가 떡과 포도주를 받아들일 때 그 즉시 그리스도를 받아들일 뿐 아니라 그의 영적인 자양과 은혜 중의 성장을 위한 그리스도의 모든 은혜를 받는다. 이러한 사유私有 행위는 감정적인 행위가 아니다. 그것은 비록 경건한 감정이 아무리 바랄 만한 것이라 하더라도 그러한 감정의 어떤 특별한 승화가 아니다. 그것은 이해의 행위만도 아니다. 그것은 믿음의 행위, 곧 다음과 같은 사실들을 믿는 것이다.

- 그리스도께서 죽으셨다.
- 그는 고통을 받고 피를 흘리시는 죽음을 죽으셨다.
- 그는 부당한 판결에 의해 죽으셨다.
- 그는 그러나 하나님의 약속에 따라 죽으셨다.
- 그는 희생제물로서 사람들의 죄를 위해 죽으셨으며, 희생제물로서 받아들여져 오셨다.
- 우리는 그의 죽으심에 의한 은혜의 참여자들이다. 우리는 무상으로 주어지는 그러한 은혜들을 믿음으로 받는다.

223. 주의 성찬에 대한 회고

"너희가 이 떡을 먹으며 이 잔을 마실 때마다 주의 죽으심을 그가 오실 때까지 전하는 것이니라"

■ 고린도전서 11:26

성찬 예식의 중요성

주의 성찬이 그리스도인의 삶의 핵심the middle point이라는 것은 역사적인 사실이다. 이에 대한 증거는 다음과 같은 데 있다.

- 모든 교회가 그것에 대한 해석상의 문제에 있어 많은 물의를 일으킬 정도로 그것의 중요성을 절대시한다.
- 가장 순수한 교회들이 그것을 집행하고 있음과 그리스도인들의 경험이다. 성찬이 그리스도인의 삶의 핵심이 되는 이유는 그리스도와의 교제가 그리스도인의 경건의 절정이라는 사실과 그러한 교제가 다음과 같은 이유들에서 그 외 어디에서보다도 더욱 친밀하고 더욱 두드러진다는 사실에서 발견된다. ① 하나님께서 그것을 그리스도인의 삶의 핵심이 되도록 정해 놓으셨기 때문이다. ② 그것은 주 예수를 섬기는 자들로서, 그리고 그의 몸의 지체들로서 그와 우리의 연합을 나타내 주고 선언해 주는 독특한 외적 행위이기 때문이다. 성찬 예식을 갖는 것은 사람의 결혼식과도 같다. 그것은 그리스도와 우리와의 연합에 대한 공적인 의식이다.

성찬의 본질

성찬의 성격은 위에서 언급해 온 것으로부터 나타난다. 주의 성찬은 교육을 위한 예식이 아니다. 그것의 주된 목적은 교육이 아니다. 이러한 점에서 그것은 구약에서의 희생제물과도 같다. 성찬 예식에는 교육도 포함되지만, 그러나 그것에 참여하는 행위에 있어 요구되는 마음 상태는 예배자의 마음 상태이다. 성찬은 예배의 예식$^{liturgical\ service}$이다. 즉 그것은 사람들을 위한 예식이 아니라 사람들에 의한 예식이다. 그러므로 성찬 예식을 집행함에 있어 목사가 교인들을 수동적인 관계에 있게 하고, 구경꾼이나 방청객들로서 그들에게 말을 하는 것은 잘못이다. 목사는 그들의 예배 행위의 선도자일 뿐, 예배에 있어 그들은 그리스도를 기억하고 그의 약속들을 붙들며, 그^{him}에게 헌신한다. 예배의 모든 순서는 이러한 특징을 지녀야만 한다.

- 성찬 예식을 집행하기 위한 기도는 막연해서는 안 되며, 구체적이어야만 한다.
- 떡과 포도주를 공급하는 것은 단순한 행위이며, 권고나 교육과 결부시켜서는 안 된다. 성찬 예식에서 떡과 포도주를 올바르게 먹고 마시는 양식이나 그것들을 소화시키는 이론에 관하여 길게 논한다는 것은 실로 온당치 못하다.
- 예식을 끝맺는 기도는 구속에 대한 감사여야만 한다. 성례 후에는 서로 권고할 수도 있다.

성찬의 유익

주의 성찬은 코이노니아 혹은 교제이며, 교제는 둘 이상의 당사자 간의 상호 행동을 의미하므로 이러한 성례에는 예식의 3중적인 면이나 이러한 예식에 관계하는 세 당사자가 있다. ① 그리스도, ② 믿는 자들, ③ 동료 그리스도인들이다. 이들이 이 예식에 관여하는 당사자들이며, 이 예식에 필수적인 구성원들이다.

- 여기서 그리스도는 그 자신과 그의 의, 그의 영^{성령}과 구원을 주신다.

- 믿는 자들은 그리스도를 하나님의 아들, 성육하신 하나님, 하나님의 지혜, 의, 성화와 구속으로 받아들인다. 여기서 신자는 ① 죄를 포기하고, ② 그리스도께 복종하며, ③ 자신을 그를 섬기는 데 헌신하기로 약속한다.
- 신자는 다음과 같이 함으로써 그의 동료 그리스도인들과 교제한다. ① 그들을 그리스도인들로 인정함, ② 그리스도의 공동 지체들로서 그들과의 그의 연합을 인정함, ③ 이러한 관계에서 일어나는 상호 사랑과 참음과 조력의 모든 의무를 인정함.

여기서 고려해야 할 주제는 다음과 같다.
- 이러한 성례의 중요성이나 가치이며,
- 우리의 약속에 따라 살아갈 동기들이다.

224. 신앙의 부흥

"우리가 그를 전파하여 각 사람을 권하고 모든 지혜로 각 사람을 가르침은 각 사람을
그리스도 안에서 완전한 자로 세우려 함이니 이를 위하여 나도 내 속에서 능력으로
역사하시는 이의 역사를 따라 힘을 다하여 수고하노라"

■ 골로새서 1:25-29

신앙의 부흥이 의미하는 것

우리의 신앙이 영적으로 때로는 보다 낮은 수준에 있기도 하고, 때로는
보다 높은 수준에 있기도 하다는 것은 우리에게 잘 알려진 사실이다. 어떠
한 분야에서나 어떤 상태로의 변천은 대체로 빠르다. 따라서 교회나 공동체
에 있어서도 그렇다. 신앙에는 쇠퇴기와 갱신기가 있다. 구약 시대에도 그
러했다. 그리스도가 지상에 계시던 때에도 그러했고 종교개혁 시대에도 그
러했으며, 조나단 에드워즈^{Jonathan Edwards} 시대와 그 후에도 그러했다. 신앙
의 부흥이란 말은 지금까지 판에 박힌 의미로 사용되어 왔다. 그것은 신앙
에 대한 전반적인 부주의에서 전반적인 주의나 그리스도인들의 열성이 명
백하게 증가되는 시기에로의 빠른 변화에 제한되는데, 이러한 시기에 상당
수의 사람들이 하나님께로 돌아온다.

다음과 같은 자들은 교회에서의 이러한 경험의 실재를 부인한다.
- 이성주의자들과 성령의 초자연적인 역사를 부인하는 모든 자들
- 성령의 회심케 하는 감화력이 성례와 관련된 경우를 제외하고는 언제

나 발휘된다는 것을 부인하는 자들

- 신앙에 대한 자신들의 이론이 순간적이거나 급속한 회심을 인정하지 않는 자들
- 본 주제에 관한 성경의 사실들을 인정하면서도 그러한 사실들을 교회의 전형적인 상태의 것들로보다는 이적적인 것들에 속하는 것으로 간주하고 싶어하는 자들

참된 부흥

하나님의 초자연적인 영향력에 의한 사실들을 인정한다면 부흥의 원리에 대하여 어떠한 반론도 있을 수 없다. 즉 부흥에는 신앙의 특성이나 방법상으로 성령의 역사와 불일치하는 것은 아무것도 없다. 이것은 실제적인 문제다. 이러한 것들은 물론 성경과 역사로 미루어 볼 때 의심할 여지가 없다.

이러한 실제적인 문제에 대하여는 다른 관점에서 고찰해 볼 수도 있다. 신앙적인 열렬함을 진정한 부흥이라 할 수 있는가, 없는가?

- 물론 그러한 열렬함이 모두 하나님의 역사라고 생각할 수는 없다. 그것은 인위적인 행위와 웅변의 산물 외에는 아무것도 아닌 것일 수도 있으며, 단지 자연적인 감정일 수도 있다. 부흥으로 통하는 많은 것이 의심할 바 없이 다소 이러한 부류에 속한다.
- 참된 부흥과 거짓된 부흥의 구분을 결정하는 표준은 참된 신앙과 거짓된 신앙의 구분을 결정하는 표준과 같다. 그러한 표준은 첫째, 그것부흥의 발단origin이다. 부흥이 진리에 대한 설교에서 기인하는 것인가? 둘째, 그것의 특성이다. 부흥에서 열렬함excitement은 겸손하고 경건하며, 화평하고 자비로우며, 거룩한 것인가? 아니면 그것이 교만하고 비판적이며, 악의적이고 공격적이며, 분열을 조장하며, 불경스러움을 나타내는 감정인가? 셋째, 그것의 영속적인 열매들이다. 이것이 유일하게 확실한 시금석이다.
- 그러나 개인들의 신앙에 대하여 완전함을 기대해서는 안 되듯이 부흥

에 대하여도 완전을 기대해서는 안 된다.

신앙 부흥의 중요성

이에 대하여는 대체로 다음과 같은 두 가지 면에서 평가해 볼 수 있다.

• 신앙 부흥을 통하여 이루려는 목적의 중요성 측면에서 평가해 볼 수 있다. 그것의 목적은 많은 영혼의 구원과 교회 경건의 향상이다.

• 역사적으로 신앙 부흥이 지금까지 낳아온 결과들에 관련하여 평가해 볼 수 있다. 오순절, 종교개혁, 영국의 존 웨슬리의 시대, 미국에서의 조지 휘트필드, 길버트 테넌트^{Gilbert Tennent}, 조나단 에드워즈와 그 외의 사람들 등이다. 이러한 모범적인 실례들과 인물들에 의해 평가해 볼 때 신앙 부흥의 중요성은 헤아릴 수 없이 크다.

부흥에 대한 잘못된 견해

부흥 집회가 신앙이 촉진될 수 있는 유일한 방법이라는 것이다. 많은 이들이 부흥 집회가 교회의 소망이라고 말한다. 많은 이들이 그러한 기간 외에는 거의 아무것도 기대하지 않을 만큼 신앙의 부흥에만 의존한다. 그래서 그들은 다음 부흥회를 갖게 되기까지는 거의 아무것도 하지 않고 쉰다. 그들은 어떤 인물과 열정에 빠져 산다.

또 다른 잘못된 견해는 부흥 집회가 최선의 길이라는 것이다. 신앙의 부흥이 큰 은총^{mercies}이긴 하지만, 그러나 그보다 더 중요한 것이 있다. 수년간의 기근이 있은 후 마침내 남아돌 만한 큰 수확을 한다는 것은 큰 축복이 아닐 수 없다. 그러나 해마다 수확이 풍성했더라면 그것이 더 좋았을 것이다. 그리고 전자의 경우보다 후자의 경우에서 더 많은 유익과 동시에 더 나은 상태가 유지된다. 규칙적이며 일상적인 향상이 간헐적으로 무리하게 향상시키려는 것보다 낫다. 전신에 걸친 지속적인 건강이 의기소침과 교체되는 넘치는 기쁨보다 낫다.

부흥회의 위험

이에 대하여 두 가지 면에서 고찰해 볼 수 있다. ① 그것의 성격, ② 우리의 경험이다.

- **그것의 성격.** 개인이나 공동체에 있어 자신들이 집중하는 데 비례하는 열렬함Excitement은 자신들에게 내재하여 있을 수 있는 선한 요소들뿐 아니라 악한 요소들을 활발히 발휘시킨다. 그러한 열렬함은 자신들을 의인시하는 자the self-righteous, 다른 사람들에 대하여 트집 잡기 좋아하는 자the censorious, 자만하는 자the vain 등으로 만든다. 그러한 열렬함은 교회 내에 온갖 사악한 요소들을 불러일으키고 몰아넣는다. 그것은 신앙을 촉진시킴에 있어 그러한 요소들을 새로운 독단적이며 불합당한 방법으로 발휘시킨다. 악한 요소들이 종종 선한 요소들과 뒤섞일 때 그것들이 선한 요소들보다 훨씬 더 드러나 보이게 된다. 뇌우나 홍수에 의한 재난은 종종 그것들에 의한 유익보다 훨씬 더 크다.

- **우리의 경험.** 우리는 다음과 같은 해악들이 부흥 집회에 수반한다는 것을 발견한다. ① 사도 시대에서와 같은 잘못된 선생들, 잘못된 교리들, 잘못되거나 타당하지 못한 조처들, ② 신앙과 환상과 황홀함에 대한 잘못된 견해들, ③ 은혜의 통상적인 방법들을 경시하고 소홀히 함, ④ 심각하고serious 생각에 잠기는reflecting 자들의 눈빛으로 신앙을 얕봄, ⑤ 비방과 분열, ⑥ 올바른 종류의 설교에 대한 잘못된 견해와 청년들을 교육하는 일을 소홀히 하는 것이다.

225. 은혜의 증거

"예수께서 대답하여 이르시되 진실로 진실로 네게 이르노니 사람이 거듭나지 아니하면 하나님의 나라를 볼 수 없느니라"

■ 요한복음 3:3

성령의 내주하심

다른 모든 경우에서와 같이 그리스도가 하셨던 시험^{test}은 여기에서도 적용된다. "그들의 열매로 그들을 알지니" 사람이 "가시나무에서 포도를, 또는 엉겅퀴에서 무화과를 따겠느냐" "좋은 나무마다 아름다운 열매를 맺고" 성령의 내주하심에 대한 유일한 증거는 성령의 열매다. 인간의 경험에 대한 이야기들은 여기서 더 이상 별로 중요하지 않다.

- 모든 인간의 모든 형식의 삶은 그것이 충분히 발전되고 활발히 발휘될 때 자체를 분명하게 명시해 준다. 모든 사람은 봄에 잎들을 내고 가을에는 풍성한 열매를 맺는 나무를 살아 있는 나무로 본다. 들에 있는 밀이 푸르고 무성할 때 그것을 살아 있는 것으로 보기란 쉽다. 그러나 어떠한 현미경에 의한 조사에 의해서도 우리는 많은 경우들에 있어 밀의 두 낱알 중 어느 것이 자랄지 결정할 수는 없을 것이다. 곡식의 생명이 씨앗 내에 있을 때에는 자체를 확실하게 나타내지 않는다.

- 비록 많은 경우에 있어 생명이 내재해 있는지의 여부를 결정하기란 불가능하지만, 그러나 일반적으로 그것이 죽어 있는지의 여부를 결정하기란 쉽다. 죽음은 자체를 생명보다 더 빠르고 확실하게 나타낸다. 많은

경우에 있어 영적인 죽음에 대한 증거는 "우리가 영적으로 살아 있는 가?"란 질문을 해 볼 필요가 전혀 없을 정도로 명백하다.

① 이단이나 성경의 어떤 주요한 교리에 대한 고의적인 거부가 영적인 죽음에 대한 결정적인 증거인 것으로 선언된다.

② 의도적인 범죄 그리고 우연한^{occasional} 범죄들이 아니라 어떠한 형식으로든 죄 가운데 살려는 결의 또한 그러한 것으로 선언된다.

> "미혹을 받지 말라 음행하는 자나 우상 숭배하는 자나 간음하는 자나 탐색하는 자나 남색하는 자나 도적이나 탐욕을 부리는 자나 술 취하는 자나 모욕하는 자나 속여 빼앗는 자들은 하나님의 나라를 유업으로 받지 못하리라" 고전 9:9-10

③ 그리스도인들에 대한 혐오.

> "누구든지 하나님을 사랑하노라 하고 그 형제를 미워하면 이는 거짓말 하는 자니" 요일 4:20a

• 성경은 사람이 자기의 영적인 상태에 관하여 속을 수도 있음을 가정한다. 성경은 자신을 시험해 보는 것을 인간의 의무로 정할 뿐만 아니라 그리스도인의 인격에 대한 시금석들을 정해 놓는다. 우리 자신을 시험해 보는 일은 어떠한 방법으로든 우리의 감정을 분석해 봄으로써 해결될 수는 없다. 만일 우리의 감정이 어떠한 시험도 필요로 하지 않을 정도로 결정되어 있지 못하다면 우리는 우리 자신을 시험해 보는 일에 있어 우리 자신에 대한 우리의 감정을 의식하는 것만으로는 그것^{우리의 감정}이 참된 것인지 그릇된 것인지를 식별할 수 없다. 하나님에 대한 사랑·회개·믿음이라는 구와 단어들은 그 자체로 모호할 뿐 아니라 이러한 말들이 표현하는 마음 상태란 너무나 복합적인 것이므로, 그것^{마음 상태}의 특성에 관하여 확실하게 판결하기란 거의 불가능하다. 그러므로 자신들이 거듭났는지의 여부를 판결하기 위해 언제나 자신들의 느낌이나 감정에 대하여 곰곰이 생각하는 자들은 결코 어떠한 만족스러운 해결도 보지 못한다.

은혜의 증거

성경에 제시되어 있는 은혜의 세 가지 중요한 증거들은 다음과 같다.

첫째, 진리에 관한 우리의 내적인 이해와 확신에 있어 하나님의 말씀과의 일치다. 자연인은 성령의 일들을 깨닫지 못한다. 그러나 신령한 자는 모든 것을 분별한다.

- 그는 성경이 죄와 타락에 관하여 가르치고 있는 것이 참된 것임을 이해한다. 그는 성경의 그러한 가르침에 대하여 내적으로 반대하지 않고 그것에 묵종하여 그것을 자신에게 적용시켜 간다.

- 그는 하나님, 그의 존재, 그의 완전하심, 그의 통치와 주권에 관한 성경의 교리들이 진실하고 탁월하다는 것과 그의 율법이 의롭다는 것 등을 인정한다. 그리고 그는 하나님께서 통치하신다는 것을 기뻐한다.

- 그는 성경의 가르침에 묵종할 뿐 아니라 그의 온 마음을, 특히 그것^{성경}이 우리 주에 대하여 말하는 진리와 일치한다. 거듭난 자는 그리스도를 참으로 하나님의 아들, 육신을 입으신 하나님, 온 인류 중에서 가장 뛰어나신 분으로 본다. 그리고 그의 마음은 그리스도에 대해 경의와 경탄과 감사와 강한 애착을 표한다.

- 그는 구원 계획에 대하여 계시되어 있는 것에 기쁨으로 묵종한다. 그는 그러한 계획이 자신의 경우에 적합하다는 것을 이해한다. 그는 자신의 의와 힘에 의해서가 아니라 무상에 의한 구원의 방법이 바로 자신이 필요로 하는 것임을 안다.

그리스도인의 인격에 관한 둘째 시금석은 마음의 결의에 관계된다. 마음의 결의는 감정보다 더욱 쉽게 결정된다.

- 죄 가운데 살지 않고 온갖 형식의 죄와 싸우려는 계획적인 결의가 있다.

- 은혜 가운데 자라기를 노력하고 날로 더욱 거룩하게 되며, 이러한 목적을 위해 하나님이 정해 놓으신 모든 은혜의 방법을 부지런히 사용하려는 결의가 있다.

- 그리스도를 섬기고 영화롭게 하며, 헌신하려는 결의가 있다. 즉 참된 그리스도인은 자신이나 세상이 자기가 위해 살 궁극적인 목적일 수 없다고 결의한다. 이러한 것이 그의 결의이며, 그러므로 그는 자신의 뜻이나 유익이 아니라 그리스도의 뜻이 자신의 행동의 법칙이 되어야 할 것으로 결의한다.

셋째 시금석은 거룩한 열매들로서의 행실이다. 만일 나무가 좋다면 그 열매도 좋을 것이다.

- 우리가 좋은 나무라면 우리가 다른 사람들을 대함에 있어 친절함과 공명정대함과 관용과 자비가 있을 것이다.
- 또한 우리 자신에 관계된 모든 의무에 있어 엄한 도덕이 있게 될 것이다.
- 그리고 경건한 삶, 곧 기도와 그리스도인의 친교와 예배 및 신앙을 촉진시키기 위해 노력하는 삶이 있을 것이다.

226. 구도자를 대하는 법

"내가 너희 가운데 거할 때에 약하고 두려워하고 심히 떨었노라 내 말과 내 전도함이 설득력 있는 지혜의 말로 하지 아니하고 다만 성령의 나타나심과 능력으로 하여 너희 믿음이 사람의 지혜에 있지 아니하고 다만 하나님의 능력에 있게 하려 하였노라"
■고린도전서 2:3-5

모든 그리스도인, 특히 모든 목회자는 질문자들을 대하게 될 것이다. 이는 매우 책임감 있고 어려운 일이다.

구도자를 대하는 일반적인 원리

질의자들에 대한 지도는 우리의 신앙관에 의해 결정될 것이다.

- 이성론자들은 신앙적인 모든 관심을 억제하려고 한다.
- 가톨릭교도들은 사람들에게 교회에 복종하고 신앙적인 모든 의무와 고해성사를 실행하도록 가르친다.
- 개신교도들은 질의자들을 복음에 정하여진 방법으로 하나님께 직접 나아가도록 지도한다.

그러나 이러한 전반에 걸치는 지도는 지도하는 자들의 특별한 견해에 따라 좌우된다.

- 어떤 이들은 신앙의 본질이 하나님에 대한 복종에 있다고 주장하며, 그러므로 그에 대한 복종을 총괄적인 지침으로 삼는다.

- 어떤 이들은 신앙의 본질은 하나님을 행복의 근원으로 선택하는 데 있다고 주장하며, 그러므로 그들의 지도법은 "하나님을 당신의 분깃으로 택하라"는 것이다.
- 또 어떤 이들은 그것이 전 인류의 행복을 우리의 존재의 목적으로 삼으려는 의지에 있다고 주장한다.
- 또 다른 이들은 신앙의 본질이 그리스도를 통하여, 그리고 그에 대한 믿음에 의해 하나님께로 돌아가는 데 있다고 주장한다. 그러므로 그들의 총괄적인 지도법은 "하나님을 믿으라"는 것이다. 이것이 다음과 같은 이유들에서 올바른 지도이다.
  ① 믿음이 구원의 조건인 것으로 선언되기 때문이다. 믿는 자는 구원을 받는다. 믿지 않는 자는 멸망을 당한다.
  ② 이것이 사도의 가르침이기 때문이다.
  ③ 용서도 성화도 다른 방법으로는 얻을 수 없기 때문이다.
  ④ 그리스도가 복음의 알파와 오메가이시기 때문이다.

그러나 믿음이란 무엇인가? 이를 위해 정확히 무엇을 해야만 하는가? 믿음의 발휘는 죄에 대한 즉시적인 확신과 회개를 내포한다.

특별한 지도

- 특별한 의심들에 관하여
  ① 주로 사색적인 논증에 의지하지 말라. 이교도와 철학자들이나 가톨릭교도들을 대함에 있어 사색적인 논증의 진정한 역할은 단지 난제들을 제거하고, 진리는 이성이나 사실과 불일치하지 않는다는 것을 보여 주는 것이다. 진리를 입증하기 위해, 곧 진리의 확실한 증거를 제시하기 위해 사색적인 논증을 구사해서는 안 된다.
  ② 진리를 명시해 주고 그것을 양심에 심어주는 데 의지하라. 첫째, 믿음의 기초는 진리에 대한 성령의 증거이기 때문이다. 둘째, 진리는 자체

를 입증하기 때문이다. 셋째, 진리가 신적인 것임에 비하여 논증은 인간적인 것이기 때문이다.

- 아무것도 할 것이 없다고 말하는 운명론자들에 관하여. 그들은 하나님의 선택에 관한 교리를 그 이유로 내세운다. 여기서 우리는 다시금 인간의 근본적인 문제에 대하여 고찰해야만 한다. 즉 죄 문제를 다루어야 하며, 이지적인 난제를 먼저 해결하려 해서는 안 된다.

- 무능함에 대한 변명에 의지하거나 자신들은 아무것도 할 수 없다고 느끼는 자들에 관하여 ① 그러한 자들에게, 그들이 무엇이든 할 수 있다고 말해 준다는 것은 헛된 일이다. ② 그와 같이 말해 주는 것이 근본적인 문제로서의 죄의식을 낳게 하는 데에는 불필요하다.

- 참된 방법은 사실을 인정하고 문둥병자처럼 예수의 발 앞에 엎드리는 것이다.

- 마음이 무딤을, 곧 죄에 대한 확신이 서지 않음을 이유로 내세우는 자들에 대하여. 그러한 자들에 대하여는 확신에 대한 참된 근거를 보여주라.

PRINCETON SERMONS Outlines of Discourses Doctrinal and Practical

9부

그리스도의 죽음과 구속의 완성

227. 시간 사용

"부지런하여 게으르지 말고 열심을 품고 주를 섬기라"

■ 로마서 12:11

시간의 흐름

시간은 연속^{succession}으로 측정되는 지속 기간^{duration}이다. 연속 없이는 어떠한 시간도 존재할 수 없다. 시간에 대한 우리의 개념은 우리의 본성의 불완전함에서 기인한다. 우리에게 있어 과거와 현재와 미래 사이의 구별은 매우 뚜렷하다. 그러나 과거가 현재와 같이 생생했었다는 것을 상상해 보라. 과거도 당시에는 현재였다. 그리고 미래를 명료하게 예견해 본다면 그것은 또한 현재가 될 것이며, 따라서 우리는 부동 상태에 존재할 수밖에 없다.

시간은 우리의 현재의 존재 양식에 관계가 있다. 우리는 보통 영원의 경계선 상에 있는 것으로 언급된다. 그리고 고인들은 영원 안에 있는 것으로 언급된다. 독일어의 관용구에 사자^{死者}들에 대한 친근한 표현으로 "영원하게 된 자들^{those rendered eternal}"이란 것이 있다.

따라서 우리에 관한 한 시간은 우리가 이 세상에서 보내는 우리의 존재의 몫^{portion}이다. 시간의 흐름은 한결같다. 그것은 결코 더 빠르거나 더 느리게 흐르지 않는다. 그러나 우리의 의식에는 그것의 흐름이 변화무쌍하다. 때로 우리가 시간의 경과를 의식하지 못할 만큼 바쁠 땐 그것이 빠르게 지나가지만, 우리가 그것의 경과를 계속하여 주시하거나 보통 각각 널리 분리되어 있는 여러 가지 다른 사건들이 때로 짧은 기간 내에 발발할 땐 더디 지나

간다.

시간의 흐름은 중단하는 일이 없다. 그것은 어떠한 사람에 대하여도 기다리지 않는다. 그것은 무를 수 없다. 과거는 영원히 가 버린다. 시간은 모든 사건과 행위가 그 안에서 실행되는 것이므로, 그것을 올바르게 사용하는 것이 우리의 첫째 의무이다.

시간의 사용

시간에 대한 올바른 사용법은 다음과 같은 것들을 요구한다.

• 그것을 허비되거나 무위로 보내는 것이 허용되어서는 안 된다.

• 그것이 악하거나 무익한 것을 하는 데 사용되어서는 안 된다.

• 그것은 다음과 같은 것에 사용되어야만 한다. ① 하나님을 섬김, ② 자기를 향상시킴, ③ 우리의 이웃들에게 선을 행할 때 사용되어야 한다. 이러한 것들이 우리의 시간을 바쳐야만 할 세 가지 중대하고도 올바른 목적이다. 이 외의 모든 것은 이러한 제하에 종속되거나 내포된다.

시간을 사용하는 법

• 이러한 주제에 관한 모든 법칙이 유익하게 되도록 하기 위해서는 시간의 가치에 대한 의식과 그것이 최선의 유익이 되도록 할 목적에 대한 의식을 전제 조건으로 하라. 우리는 우리의 시간을 활용할 욕망과 목적을 갖고 있으며, 그렇지 않으면 시간을 사용하는 법에 관한 법칙들이 우리에게 아무런 유익도 끼치지 못하리라는 것은 의심의 여지가 없는 것으로 여겨야만 한다. 시간에 대한 다음과 같은 격언들이 있다.

• "모든 일은 적시에 하라." 모든 일에는 순서가 있어야 하며, 어떠한 지연이나 지체가 있어서는 안 된다.

• "매분을 소중히 하라." 그렇게 하면 모든 시간이 유용하게 쓰여질 것이다. 부스러기를 모으라.

• "무엇을 하든 간에 전력을 다하여 하라."

- "결코 게으르지 말라." 휴식은 잠에서 취하고 일의 변화 속에서 긴장을 풀어라.

시간을 올바로 사용해야 하는 이유

- 우리는 하나님께 우리의 시간 사용에 대하여 책임이 있다. 시간은 우리의 관리에 맡겨진 귀중한 달란트다.
- 시간은 짧고 불확실하며, 무를 수 없다.
- 많은 시간이 이미 낭비되어 왔다.
- 시간의 문제는 영원 안에 있다. 현재가 영원한 미래를 결정한다.

228. 시간 사용의 지혜

"우리에게 우리 날 계수함을 가르치사 지혜로운 마음을 얻게 하소서"

시편 90:12

지혜란 무엇인가?

성경에서는 신앙이 종종 '지혜'라 불리고 사악함이 '어리석음'으로 불린다는 것은 명백한 사실이다. 즉 선한 자들은 지혜로운 자들이며, 악인들은 어리석은 자들이다. 그 이유는 무엇인가? 그것은 최선의 방법에 대한 선택과 최선의 목적들을 사용함을 의미하기 때문이다. 지고의 목적은 하나님의 영광이며, 최선의 방법은 그의 뜻에 대한 복종이다. 어떤 피조물의 유익이나 일시적인 달성을 최고의 목적으로 선택하는 것은 최고로 어리석은 것이다. 의로운 자들 외에는 모두가 그것을 택하며, 그러므로 의로운 자들 외에는 모두가 어리석은 자들이다.

다음과 같은 이유에서 하나님의 영광이 지고의 목적이다.

- 그는 그 외의 어떠한 존재나 온 우주보다도 무한히 탁월하시기 때문이다. 그를 아는 것과 그를 다른 사람들에게 알리는 도구가 되는 것이 그 무엇보다도 중요하다.
- 하나님의 영광에 대한 명시가 우주 안에 있는 모든 탁월함을 보장하기 때문이다.
- 그것이 이성적인 피조물들이 누릴 수 있는 모든 복을 보증하기 때문이다. 그러므로 그것이 지혜이다.

지혜로운 자들은 하나님의 영광을 자신들의 존재 목적으로 삼는 자들이다.

- 복음이 하나님의 지혜인 것으로 불린다. 그것이 하나님을 지고의 목적으로 계시하고, 그러한 목적 달성을 위한 방법을 알리는 체계다. 그리고 복음은 그것을 받아들이는 자들로 지혜를 얻게 한다. 즉 그것은 그들로 지혜로운 자들이 되게 한다.
- 따라서 인간의 지혜는 어리석은 것으로 불린다. ① 그것은 하나님의 영광보다 그 외의 것을 자신의 존재의 목적으로 나타내기 때문이다. ② 그것의 방법이 진정한 행복을 위해서는 무익하기 때문이다. ③ 그것을 받아들이는 자들은 어리석은 자들이다.

우리 날의 계수

우리의 날을 계수한다는 것은 무엇을 의미하는가?

- 우리가 앞으로 살날들이 얼마나 적은가를 고려하는 것이다.
- 우리의 날들이 지금까지 얼마나 많이 낭비되어 왔는가 고려하는 것이다.

우리의 날들이 적게 남아 있음에 대한 의식이 우리로 어떻게 지혜의 마음을 얻게 하는가?

- 그것은 우리로 가장 위대한 목적들을 달성함에 있어 우리에게 얼마나 적은 시간이 남아 있는가를 알 수 있게 하기 때문이다.
- 그것은 우리로 그러한 적게 남은 날들을 궁극적인 의미에서 아무 유익도 줄 수 없는 목적들을 위해 사용한다는 것이 얼마나 어리석은가를 알 수 있게 하기 때문이다.
- 그것은 우리로 하여금 우리가 우리 주의 일을 게을리해 온 무익한 종들이라는 것을 느낄 수 있게 하기 때문이다.

우리의 의무

• 자아 성찰과 반성의 의무다. 우리는 우리가 우리의 마음을 지혜에 적용
  시키는 데 있어 얼마나 실패해 왔는가를 깨달아야만 한다.
• 신실한 종들이 되기 위해 결단하고 새롭게 노력할 의무가 있다.
• 시간의 불확실함과 가치를 우리의 마음에 새기기 위해 모든 방법을 사
  용해야 할 중요성이 있다.

229. 시간의 가치

"우리에게 우리의 날을 세는 법을 가르쳐 주셔서 지혜의 마음을 얻게 해주십시오."

시편 90:12 새번역

인생에 대한 평가

본 절에 관하여는 여러 역본들에 있어 주목할 만한 차이점이 있다. 70인 경^{LXX}은 다른 독법을 취한다. "나로 주의 오른손을 알게 하사 충심으로 ^{혹은 마} ^{음으로} 지혜로 얻게 하소서." 불가타^{*Vulgata*}에서도 이와 같다. 루터역 "우리로 우리가 죽을 수밖에 없음을 기억케 하사 우리로 지혜롭게 하소서." 드 베트 ^{W.M.L. de Wette}는 "우리로 우리의 날들을 계수하도록 가르치사 우리로 지혜 로운 마음을 얻게 하소서." 영^{Young}은 "우리로 우리의 날들을 올바르게 계 수함을 알게 하시어 우리로 지혜로운 마음을 얻게 하소서." 조셉 알렉산더 ^{Joseph Addison Alexander}는 "우리로 우리의 날들의 수를 알게 하소서. 그리하면 우리가 지혜의 마음을 얻으리이다." 흠정역이 참된 견해를 제시한다. 즉 인 생에 대한 바른 평가가 지혜로 향한다.

인생은 짧고 불확실하다. 그럼에도 마치 인생이 무한히 긴 것처럼 생명의 소유가 확실한 것처럼 행하는 것은 어리석다. 이것은 대개의 사람들이 범 하며, 모든 사람이 범하기 쉬운 어리석음이다. 우리는 너무나도 둔감하므로 인생의 짧음과 불확실함을 진지하게 생각지 못한다. 우리는 지금까지 우리 가 마치 항상 살아야 할 것처럼 살아 왔다. 우리가 20대나 30대에 살면서도 생명의 연속에 대하여 우리는 10세나 15세 때에 느꼈던 것처럼 느낀다. 50

대나 70대가 되어도 경우는 마찬가지다. 우리는 현재에 살며, 현재는 어느 세대에나 다를 바 없이 현실적이다. 그러므로 이러한 진리를 우리의 마음에 새겨서 그것이 우리의 삶에 실제로 영향을 주고 그것을 지배하도록 하기 위해서는 노력이 요구된다.

이것은 그 성격상 어려운 일이다. 지속적인 기간^{Duration}은 변화가 없다. 즉 시간 자체에는 한순간에서 다른 순간에로의 과도기를 구분 지을 수 있는 것은 아무것도 없다. 이러한 경우는 동작에 있어서도 마찬가지다.

어떠한 일정한 대상을 지나가는 것 외에는 어떠한 것도 공간의 한 부분에서 다른 부분에로의 경과를 지적하여 내지 못한다. 따라서 사람들은 자신들이 어떤 기구^{balloon} 안이나 대양 위에 있는 것처럼 느낀다. 만일 배가 물보다 빠르게 움직인다면 우리는 그것의 동태를 의식할 수 있지만, 그러나 만일 그것이 물결에 의해 앞으로 밀려갈 뿐이라면 우리는 그것의 동작을 의식하지 못한다. 지구가 공간을 통하여 움직이기 때문에 우리는 그것을 의식하지 못한다. 이와 마찬가지로 우리는 시간의 흐름을 의식하지 못한다. 여기에 우리가 하나님이 우리의 마음에 시간의 속도와 그것의 짧음과 불확실함에 대한 의식으로 인상지우시도록 기도해야 할 이유가 있다. 이러한 문제에 있어서는 이유가 감정을 지배해야만 한다.

시간에 대한 교훈

시간을 측정할 수 있는 것 두 가지가 있다. 하나는 날^{days}과 달^{months} 그리고 사건들이다. 특별히 중요한 사건이 전혀 일어난 일이 없는 기간은 개인이나 국가들의 운명을 결정해 온 기간 만큼 길 수 있다. 그 어떤 세계사의 3년이 우리 주님의 사역 3년과 비교될 수 있겠는가? 초대 교회의 첫 50년이 그 후의 수 세기보다 얼마나 훨씬 더 중요한 기간이었겠는가? 종교개혁 기간의 사건들의 결과는 실로 엄청나리만큼 지대한 것이었다. 미국은 4년 간의 남북 전쟁에 의해 획기적으로 변하게 되었다. 유럽의 상태는 러시아군의 6주 간의 군사 행동에 의해 일변되었다.

개인에게 있어서도 그렇다. 만일 어떤 개인이 그의 날들을 계수해 보도록 요청받는다면 그는 그 날들을 시간에 의해서가 아니라 사건들에 의해서 평가할 것이다. 예를 들면 어느 해 자기가 했던 회심, 자기가 목회 사역에 부름받았던 일, 자기가 목사 안수식을 거쳤던 일, 그리고 마침내 자기가 어떤 특별한 일터로 가게 된 것 등에 의해서 자기의 지난날들을 평가할 것이다. 어떤 해는 자기의 인생의 다른 모든 해보다 생각할 것이 더 많을 수 있으며, 그의 운명을 형성하는 것이 더 많을 수도 있다. 따라서 어떤 사람이 시험에 빠지는 해는 그의 운명을 영원히 결정지을 수도 있다.

본 절이 우리에게 가르쳐 주는 첫째 교훈은 시간의 형언할 수 없는 가치다. 우리는 시간 속에서 우리의 영원한 상태를 결정한다. 우리는 시간 속에서 언제나 다른 사람들의 유익을 위해서나 미덕에 있어 우리 자신의 발전이나 하나님의 영광을 위해 우리가 해야만 할 모든 것을 한다. 지금은 우리가 일할 때이다. 이때가 지나면 '일할 수 없는 밤'이 온다.

본 절이 우리에게 가르쳐 주는 둘째 교훈은 우리의 시간이 너무나 많이 낭비되어 왔음에 대하여 겸손히 회개하고 슬퍼하는 일이다. 우리는 지금까지 무엇을 해 왔는가? 지식에 있어 어떠한 발전이 있어 왔는가? 경건에 있어서는 우리가 얼마나 향상되어 왔는가? 우리는 교회나 세계를 위해 무엇을 성취해 왔는가? 인생에 대하여 이와 같이 회상해 본다면 누구도 자신이 얼마나 크게 죄를 지어 왔는가를 깊이 의식하지 않을 수 없다. 그리고 그 자신이 하나님께서 우리에게 맡겨 주신 이 위대한 달란트인 시간을 얼마나 낭비해 왔는가를, 또는 활용하지 않고 얼마나 방치해 왔는가를 깊이 의식하지 않을 수 없다. 후회는 무익하다. 잃어버린 시간과 기회는 되찾을 수 없다.

본 절이 우리에게 가르쳐 주는 셋째 교훈은 우리는 이제 얼마 남지 않은 날들을 최대한으로 활용하겠다는 엄숙한 결정을 해야만 한다는 것이다. 우리에게 남은 날들은 실로 얼마 되지 않는다. 우리의 날들은 거의 다 지나가 버렸다. 그러므로 우리는 지혜에 주력해야만 한다. 즉 하나님을 더 가까이 하여 살고 좀 더 기도하고 우리 구주 하나님과 더욱 부단히 교제하고 말씀을 더욱 연구하고 다른 사람들의 유익을 위해, 그리고 사람들 중에서 진리와 거룩함의 진보를 위해 수고함에 있어 우리의 남은 날들을 최대한으로 활용하는 데 지혜로워야만 한다.

본 절이 우리에게 가르쳐 주는 넷째 교훈은 무익한 우리를 오래 참아 주시고, 그러한 우리에게 풍성한 긍휼을 베풀어 주심에 대하여 하나님께 감사해야 한다는 것이다.

230. 죽음

"흙은 여전히 땅으로 돌아가고 영은 그것을 주신 하나님께로 돌아가기 전에 기억하라"
■전도서 12:7

죽음은 영혼과 육신의 분리, 곧 영혼이 자체의 육으로 된 장막으로부터 분리되는 것이다. 죽음은 자연적인 것이 아니다. 그것은 형벌이다. 만일 죄가 없었다면 죽음도 없었을 것이다. 그리고 생명은 현세에서나 내세에서도 불멸하게 되었을 것이다.

죽음에는 세상으로부터의 완전한 분리가 따른다. 죽은 자란 이 세상을 떠난 자다. 영혼과 육신의 분리에 의해 육신은 흙이 된다. 그러나 영혼은 존재하기를 중단하지 않는다. 그리고 그것은 무의식적으로 되지도 않는다. 그것의 영원한 운명은 육신을 떠나는 즉시 결정된다.

의인들의 영혼은 다음과 같이 될 것이다.

- 거룩함으로 완전하게 된다. 어떻게 그렇게 되는가에 대하여는 물을 필요가 없다.
- 그 영혼들은 육신을 떠나는 즉시 영광 속으로^{into glory} 들어간다. 이 사실은 다음과 같은 것으로부터 입증된다. ① 성경과 그리스도의 선언, ② 바울의 경험, ③ 아브라함의 품에 있던 나사로, ④ 사두개인들에 대한 그리스도의 반론, ⑤ 그리스도인들의 보편적인 믿음에서 입증된다.

죽음에 대한 준비는 죽음 직후에 일어날 것에 대한 대비다.

• 우리는 세상과 그것이 내포하는 모든 것을 포기할 준비를 해야 한다.

• 심판 중에 하나님을 맞을 준비를 해야 한다. 즉 육신으로 있을 때 행한 모든 행위에 대하여 보고할 준비를 해야만 한다.

• 천국에 들어갈 준비를 해야 하며, 그러기 위해서 우리는 거듭나야 한다.

젊은이들의 죽음에서 우리는 죽기 쉬운 상태에 있다는 것뿐 아니라 우리가 살아 있는 한 부단히 하나님의 영광과 사람들의 유익을 위해 우리가 할 수 있는 모든 것을 하기 위해서 살아야 한다는 것을 배울 수 있어야 한다.

죽음과 미래의 나라가 이교도들에게는 설명할 수 없는 불가사의다.

• 인간의 이성이 미래의 나라의 사실에 관하여 아무것도 확실하게 결정적으로 말할 수는 없다. 그럼에도 우리의 본성의 타고난 본능은 미래의 나라의 사실에 대하여 호의적이다. 그러므로 다수의 사람들이 언제나 그것을 믿어 왔다. 그러나 과학이 미래 나라의 존재에 대하여 많은 의문을 제기했고, 그러므로 과학적으로 사고하는 사람들은 만일 그들이 그리스도인이 아니라면 일반적으로 그것을 불신한다.

• 인간의 이성은 우리의 미래의 존재의 성격에 관하여 아무것도 결정적으로 말할 수 없다. 그러므로 이러한 것에 관해 견해들이 실로 다양하다. 성경만이 무덤 위에 드리우는 음울함을 일소해 버린다. 그리스도가 생명과 불멸을 명시해 오셨다.

231. 죽음에 대한 승리

"이 썩을 것이 썩지 아니함을 입고 이 죽을 것이 죽지 아니함을 입을 때에는 사망을 삼키고 이기리라고 기록된 말씀이 이루어지리라 사망아 너의 승리가 어디 있느냐 사망아 네가 쏘는 것이 어디 있느냐"

고린도전서 15:54-55

죽음을 이긴다는 것

- 그것은 죽음이 무엇인지 모르고 죽는 짐승과 같지 않음을 의미한다.
- 그것은 미래의 나라를 믿지 않는 회의론자들이 죽는 것처럼 죽지 않는 것을 의미한다.
- 그것은 피할 수 없는 해악에 대하여 침묵으로 굴복하는 헬라 철학자들이 죽는 것처럼 죽지 않는 것을 의미한다. 긍정적인 측면에서 그것은 ① 사람이 죽는다는 것이 무엇인가에 대한 지적인 이해를 의미한다. ② 우리를 해칠 죽음의 세력이 파괴된다는 성경적이며 근거가 충분한 확신을 의미한다. ③ 그것은 죽는 것이 유익^{gain}이라는 기꺼운 확신을 의미한다.

죽음의 세력은 어떻게 파괴되는가?

- 죽음이 결정적인 해악인 한 그것은 파괴되어야만 하며, 그것은 우리를 하나님으로부터 분리시키기 때문에 우리는 그것을 두려워해야만 한다.
- 그러므로 죽음이 공포의 왕인 것은 오직 죄인들에게만, 그리고 오직 죄

때문에 그러하다.

- 그러나 죄는 율법으로부터 그 힘을 얻는다. 율법이 죄에게 저주할 수 있는 능력을 주기 때문이다.
- 그러므로 율법을 만족시키는 것이 죄의 권세를 깨뜨리는 것이며, 따라서 사망의 쏘는 것을 없애는 것이다.
- 그리스도께서 그의 의와 죽으심에 의해 율법의 모든 요구를 충족시키셨으며, 우리에게 죽음에 대한 승리를 제공하신다.

우리의 승리

우리는 우리의 승리를 위한 준비를 어떻게 해야만 하는가?

- 우리는 진정으로 그리스도의 의로 옷 입어야만 한다.
- 우리는, 우리가 그리스도 안에 있음을 알아야만 한다.
- 우리는 언제든지 천국을 위해 이 세상의 쾌락과 보화들을 포기할 수 있어야만 한다.
- 그러므로 우리는 하나님을 가까이하여 세속에 영향받지 않고 살아야만 한다.

하나님 백성의 경험

- 어떤 이들은 의심하며 죽는다.
- 어떤 이들은 찬양하며 죽는다.
- 어떤 이들은 승리감에서 죽는다.

만일 우리가 그리스도 안에 있기만 하다면 그러한 것은 중요하지 않다. 그러나 죽음이 올 때 우리가 죽는 것 외엔 더 이상 할 것이 아무것도 없다는 것은 실로 심각한 순간이다.

232. 천국 입성의 기회

"그러므로 우리는 두려워할지니 그의 안식에 들어갈 약속이 남아 있을지라도 너희 중에는 혹 이르지 못할 자가 있을까 함이라"

히브리서 4:1

성경의 영감에 대한 한 가지 중요한 증거는 하나님의 옛 백성인 이스라엘의 외적인 경험과 오늘날의 신자들의 내적인 경험 간의 유사점이다. 이스라엘의 역사는 교회의 역사에 대한 예시였다.

- 첫째, 히브리인들은 바로에 대하여 노예 상태에 있었다. 또한 그리스도를 믿기 전에 우리는 사탄에 대하여 노예 상태에 있었다.
- 둘째, 히브리인들이 바로의 권세에서 구출되었듯 우리는 사탄의 권세에서 구속되었다. 이것은 모든 사람에게 실제로 일어날 수 있는 사건이다. 그리스도의 죽으심이 온 세상의 죄에 대하여 유일하고 적절한 속죄인 때문이다. 그의 의가 모든 사람의 칭의에 적용될 수 있다. 그것은 모두에게 무상으로 주어진다. 그러므로 우리는 노예 신분의 집으로부터 언제라도 자유로이 떠날 수 있다. 우리를 지배하는 사탄의 권세와 힘은 히브리인들을 지배했던 바로의 권세와 힘처럼 효과적으로 파괴된다.
- 셋째 유사점은 안식에 대한 약속이 이스라엘 백성에게 행해졌던 것처럼 그것이 우리에게도 행하여진다는 것이다. 그 약속이 그들에게는 젖과 꿀이 흐르는 땅인 현세적인 안식이었다. 그러나 그것이 우리에게는 영원한 안식이다.

- 넷째 유사점은 그러한 약속이 맺어지고, 그러한 안식이 주어졌던 자들 중 많은 수의 사람들이 그것에 이르는 데 실패했다는 것이다. 영원한 안식에 대한 약속을 받아들이거나 구원의 기회를 갖는 자들 중 많은 수의 사람들 또한 그렇다. 즉 많은 수의 사람들이 영생을 얻지 못한다.

- 다섯째 유사점은, 그 같은 실패의 원인들이 두 경우에 있어 똑같다는 것이다. ① 어떤 이들은 가나안에 들어가기를 원치 않았다. 그들은 자기 부인과 수고와 관련되어 있는 가나안에서의 유업보다는 비록 노예 신분과 관계되어 있다 하더라도 애굽에서의 고기 가마솥을 택했다. ② 그들은 자신들이 불신앙으로 인하여 멸망하리라는 것을 믿지 않았다. 하나님의 말씀이 그들에게 아무런 유익이 되지 못했으며, 그것은 듣는 자들에게 있어 믿음과 결부되지 못했다.

이것은 무엇을 의미하는가? 그것은 그들이 거기에 가나안과 같은 땅이 있었음을 믿지 않았다는 것을 의미하지 않는다. 그것은 그들에게 있어 그 땅이 적절한 유업이 아니었다는 것을 의미하지도 않는다. 그들이 실제로 불신한 것은 하나님께서 가나안 땅을 그들에게 그 때에^{then} 거기서^{there} 주시리라는 약속이었다. 그들은 가나안 땅의 국경에는 이르렀지만, 그곳에 들어가기를 두려워했다.

이것이 수많은 사람들의 경우다. 그들은 천국이 있다는 것을 믿는다. 그들은 구원받기를 원한다. 그러나 그들은 하나님을 신뢰하기를 두려워한다. 그들은 그곳이 행복한 나라임을 믿는다. 그러나 그들은 하나님이 그들을 구원하시리라는 것을 믿지 않으며, 그러므로 그들은 구원받지 못한다. 만일 이스라엘이 가나안의 국경에 이르렀을 때 아말렉인들의 규모나 그들의 성읍들의 수와 힘에 개의치 않고 곧바로 앞으로 나아갔다면 그들은 약속된 땅을 유업으로 받았을 것이다. 그러나 그들은 그렇게 하기를 거부했으며, 따라서 그들은 그들의 불신앙으로 인하여 멸망하였다. 따라서 지금도 만일 여러분이 하늘 나라의 국경에 이르러 있으면서도 여러분의 수많은 죄악 때문에, 그리고 사탄이나 율법의 위협에 의해 두려워함으로 하나님을 계속하여 신뢰하기를 거부한다면 여러분도 동일한 불신앙의 본보기에 따라 멸망할 것이다.

• 여섯째 유사점은 자신들에게 기회가 주어졌을 때 들어가기를 거부했던 자들은 후에 들어가려 했어도 거부당했다는 것이다. 사람들의 신앙 경험에 있어 이러한 일은 실로 자주 재현되고 있다! 성령께서 자주 사람들을 부르시고 그들의 회심을 위해 고투하신다. 그러나 그들은 주의하거나 복종하기를 거부하며, 재앙이나 죽음이 왔을 때에야 들어가려고 힘쓰지만, 그러나 그들은 들어갈 수 없다. 그러므로 만일 여러분이 오늘 그의 음성을 듣는다면 여러분의 마음을 완악하게 하지 말라.

233. 신자에게 보장된 안식

"그런즉 안식할 때가 하나님의 백성에게 남아 있도다"

히브리서 4:9

하나님의 백성의 안식

여기서 사도는 그의 독자들에게 불신앙에 대하여 경계시킨다. 그는 그들에게 하나의 경고로서 고대 이스라엘인들을 명시한다. 이스라엘 백성은 애굽에서 이끌려서 가나안에서의 안식에 대한 약속을 받았지만, 그들은 불신앙으로 말미암아 그곳에 들어가지 못했다. 그들의 경우와 우리의 경우 사이에는 유사점이 있다. 우리는 애굽의 속박보다도 더욱 사악한 속박에서 구출되었다. 그리고 우리에게는 영원한 안식에 들어감에 대한 약속이 주어져 있다. 우리는 그것에 미치지 못하는 일이 없도록 주의해야만 한다.

이스라엘 백성과 우리 사이의 이런 유사점을 증명하기 위해 사도는 우리에게 안식이 남아 있음을 보여준다. 이를 위해서 사도는 시편의 기자가 창조 시에 확립된 안식일의 안식과 이스라엘 백성이 가나안 땅에 들어간 지 오랜 이후의 안식을 미래로 말하고 있음을 지적한다. 그러므로 하나님의 백성에게는 안식이 남아 있다.

안식의 본질

이 안식에는 세 가지가 내포되어 있다. ① 일labor로부터의 안식이나 해방, ② 갈등으로부터의 해방, ③ 최고의 행복the chief good을 누림에서 오는 영혼의 완전한 만족이 내포되어 있다.

- 일로부터의 해방. 어떤 의미에서 일은 축복이지만 다른 의미에서는 저주다. 그것이 낮은 차원의 활동을 필요로 하며, 고통과 피로를 수반한다는 의미에서는 저주다. 그러나 하나님의 백성들을 위해 남아 있는 안식에서는 더 이상 얼굴에서 땀을 흘리게 하여 생계를 확보하게 할 필요는 없을 것이다.

- 다음의 갈등으로부터의 해방. ① 우리 자신의 타락됨과의 갈등, ② 영적인 원수들과의 갈등, ③ 양심과 양심의 가책과의 갈등, ④ 우리의 본성의 불만족한 욕망 및 갈망과의 갈등이다.

- 안식이 주된 행복이다. 내적인 안식에 대해 세 가지 조건이 있다. ① 우리 자신의 본성에 있어서의 조화나 화평. 이것은 죄로부터의 해방과 마음의 완전한 상태나 거룩함을 전제로 한다. ② 자체의 모든 수용량과 욕망을 채우고 충족시키는 영혼에 적절한 분깃의 소유. 불신자들은 어떠한 안식도 누릴 수 없다. 독선적인 자기 의the self-righteous나 하나님의 은혜를 받지 못하고 그와의 친교를 갖지 못하는 자는 누구도 영원한 안식을 누릴 수 없다. ③ 이러한 소유의 안전에 대한 확신이다.

신자는 언제 안식하게 되는가?

죽을 때 들어간다. 이에 대한 증거로는 ① 본 절, ② 요한계시록 "지금 이후로 주 안에서 죽는 자들은 복이 있도다"계14:13, ③ 고린도후서 5장 1~6절과 그 외의 절들이다.

안식은 어디에서 누리는가?

천국에서 누린다. 이것은 부정적으로는 이 안식이 세상적인 것이 아니라는 것과 긍정적으로는 그것이 천상적이라는 것을 의미한다. 이것이 천상적인 것이라는 증거에 대하여는 고린도후서 5장 1절, 요한복음 14장 1절과 요한계시록에서의 여러 절들을 보라. 바울이 이러한 진리를 명시하는 실제적인 목적은 다음과 같다.

- 우리로 이러한 안식에 이르도록 격려하고, 특히 불신앙을 경계시키기 위해서다.
- 그는 말씀의 효력과 능력을 지지하며, 우리로 하나님의 모든 경고의 말씀과 약속들은 결코 실패하지 않는다는 것을 확신시켜 준다.
- 그는 우리에게 우리가 이러한 안식에 유일하게 이를 수 있도록 해 주시는 그리스도를 가르쳐 준다.

234. 그리스도와 같이 된다는 것

"사랑하는 자들아 우리가 지금은 하나님의 자녀라 장래에 어떻게 될지는 아직 나타나지 아니하였으나 그가 나타나시면 우리가 그와 같을 줄을 아는 것은 그의 참모습 그대로 볼 것이기 때문이니"

요한일서 3:2

본 절에 대한 일반적인 해석은 그리스도가 장차 나타나실 자로 언급된다고 가정하는데, 이러한 해석이 정확한 것으로 받아들여진다.

그리스도는 누구신가?

그리스도는 누구며 어떠한 분인가?

- 그는 하나님의 영원한 아들이시다. 그는 삼위일체에서 제2위 person이시며, 성부와 동등한 분이시다.
- 그는 육신으로 나타나신, 곧 우리의 성정을 입으시고 실제적인 육신과 이성적인 영혼을 가지신 하나님의 영원한 아들이시다.
- 그는 육신을 입으시고 지상에서 사시고 죽으셨으며, 다시 살아나신 자로서 하늘에 올라가 계시며, 지금은 하늘과 땅의 모든 권세가 그에게 맡겨져 있다. 그는 교회의 머리시요, 온 우주의 중심이시며 광원the radiant point이실 뿐만 아니라 모든 지적인 존재들에게 하나님의 존재와 모든 완전하심을 가장 명료하게 계시해 주시는 자이시다.

그리스도와 같이 된다는 것

어떤 의미에서 우리가 그와 같이 된다고 언급되는가?

- 여기서 의미하는 '같이 됨likeness'은 영혼의 성화, 곧 우리의 영혼이 그의 도덕적인 형상에 일치됨을 내포한다. 우리는 지식과 감정, 우리의 모든 내적인 삶에 있어 그와 같이 되어야만 한다. 이것은 다음과 같은 이유들에서 명백하여진다.

  ① 우리는 그의 아들의 형상에 일치되도록 예정되는 것으로 언급되기 때문이다. 이것은 우리가 사랑에 있어 그him 앞에 흠이 없도록 예정된다는 말에 의해 설명된다.

  ② 우리 앞에 정해진 행복good은 그리스도의 신장에까지 충분히 자라는 것, 곧 그와의 완전한 일치이기 때문이다.

  ③ 그리스도가 성경의 도처에서 우리가 본받아야 할 모범으로 제시되기 때문이다.

- 그것은 우리의 몸이 그의 영광스러운 몸과 같이 됨을 내포한다. 이것은 빌립보서 3장 21절에서 명백하게 주장된다. "그는 만물을 자기에게 복종하게 하실 수 있는 자의 역사로 우리의 낮은 몸을 자기 영광의 몸의 형체와 같이 변하게 하시리라." 고린도전서 15장에서는 우리가 흙에 속한 자의 형상을 입은 것 같이 하늘에 속한 자의 형상을 입으리라고 상세히 논증된다. 이것은 부활의 몸의 성격에 관계된다.

- 우리는 영광에 있어 그와 같이 될 것이다. 즉 우리는 그의 존귀와 통치권을 함께 누릴 것이다. 이것은 다음과 같은 것에 의해 입증된다.

  ① 우리가 그리스도와 함께 통치하리라고 언급되는 여러 절들. 우리는 그리스도와 공통의 상속인들이 되는 것으로, 곧 그의 유업을 그와 함께 나누는 것으로 언급된다.

  ② 그리스도는 아버지가 아들에게 주신 영광을 그의 사람들에게 주신다고 말씀하신다.

  ③ 성경에서는 구속받는 자들, 교회 또는 그리스도의 몸이 절대적으로

우주적인 주권에 따라 예정되는 것으로 언급된다. 로마서 4장 13절은 아브라함과 그의 후손에 대한 약속은 그들이 세상, 곧 우주의 상속자들이 되리라는 것이었다고 말한다. 고린도전서 3장 22절에서는 "지금 것이나 장래 것이나 다 너희의 것이요"라고 언급된다. 그리고 시편 8편에서는 하나님께서 만물을 인간의 지배 아래 두신 것으로 언급된다. 바울은 고린도전서 15장 27절에서 이러한 지배로부터는 하나님 자신 외에는 아무것도 제외되지 않는다는 것을 보여줌으로써 적어도 2회 진술한다. 히브리서 2장에서 그는 동일한 절^{고전 15:27, 시 8:4-6}을 들어 그리스도의 개별적인 지배가 아니라 구속받은 자들이 그리스도 안에서 얻게 되는 우주적인 통치권에 대해 논한다. 또한 에베소서 1장 20, 21절을 보라.

그와 같이 되는 역사는 언제 성취되는가?
• 그것은 점진적인 역사다. 이러한 역사의 첫 단계는 중생이다. 그리스도의 형상에 일치되는 역사는 현세에 있는 동안 진척되어 간다.
• 둘째 단계는 죽을 때인데, 이때에 신자들의 영혼은 거룩함으로 완전하게 되며, 즉시 영광으로 들어간다.
• 셋째 단계는 주의 재림 때다. 이것은 로마서 8장 18-24절, 빌립보서 3장 21절, 데살로니가전서 3장 14-18절, 고린도전서 15장에서 보여준다. 그 때에 믿는 자들은 창세로부터 그들을 위해 예비된 나라에 들어가게 될 것이다.

이러한 변화는 어떻게 초래되는가?
• 그것은 하나님의 전능하신 능력에 의하는 것으로 언급된다.
• 그것은 영혼에 관한 한 진리에 의해서 초래된다.
• 그것은 성령의 특별한 역사다.
• 그것은 그리스도를 바라봄^{vision}의 효력인 것으로 언급된다. 바울은 그리스도를 바라봄에서 회심되었다. 그는 그의 회심을 자기 안에 그리스

도를 계시하신 것으로 정의했다. 우리는 그의 영광을 바라봄으로 그의 형상으로 변화되는 것으로 언급된다. 그러한 복된 바라봄이 그와 같이 변화시키는 능력이 있다.

"우리가…볼 것이기 때문이니"란 표현은 우리의 변화의 원인이나 그 변화에 대한 증거를 나타내기보다는 우리가 그리스도를 보기 위한 필수적 조건이 우리가 그와 같이 되어야만 하는 것임을 가리키는 것이다.

누가 그와 같이 변하게 되는가?
• 모든 사람이 아니다.
• 모든 신앙고백자나 모든 목사들이 아니다.
• 그것은 그가 순결하신 것처럼 자신들을 순결하게 하는 자들이다.

235. 천국에 대한 소망

"만일 땅에 있는 우리의 장막 집이 무너지면 하나님께서 지으신 집 곧 손으로 지은 것이 아니요 하늘에 있는 영원한 집이 우리에게 있는 줄 아느니라"

고린도후서 5:1

본 절과 그 문맥 및 성경의 교리는 믿는 자들이 죽을 때에 거룩함으로 완전하게 되어 즉시 영광으로 들어간다는 것이다. 이는 다음의 교리에 반대된다.

- 미래의 복된 나라는 존재하지 않으며, 우리는 오직 현세에서만 그리스도에 대하여 소망을 갖는다는 교리
- 죽음과 부활 사이에는 무의식 상태가 존재한다는 교리
- 연옥이나 속죄와 성결 상태에 대한 교리

그러나 사도 바울은 그가 육신을 떠나는 순간 주와 함께 있으리라는 것과 그가 죽는 순간 천국에 들어가리라는 확신에서 위로를 받았다. 이것이 고난당하는 신자에게 가장 큰 위로와 격려가 된다.

천국에 대한 소망의 다섯 가지 의미

본 주제에 관하여 우리가 첫째로 주목해야 할 것은 만일 우리가 바울의 수고와 고난에 함께 동참하지 않는다면 우리는 그가 했던 것과 같은 경험을 할 수 없으며, 천상에 대한 그의 기쁨에 넘치는 기대를 공유할 수 없다는 것이다. 언제라도 냉수를 자유롭게 마실 수 있는 우리는 불타는 광활한 사막

이나 전쟁터에서 갈증으로 죽어가는 사람들의 격렬한 소망이 어떤 것인지 전혀 모른다. 우리는 종종 거룩한 기자들^{성경의 기자들}의 강한 표현의 말에 경탄해 하며, 교리와 욕망에 대한 그들의 수준을 우리 자신에게 무리하게 강요하려고 한다. 그러나 우리는 그렇게 할 수 없다. 우리는 편안하게 있으면서 만족하게 되기란 불가능하다. 만일 우리가 기뻐할 수 있으려면 우리는 그들의 고난에 동참해야만 한다.

둘째로 주목해야 할 것은 이러한 고난은 바울의 고난이 그러했듯이 외적인 고난일 필요는 없다는 것이다. 외적인 고난들은 내적인 고난들, 죄의식과 우리의 영적인 원수들의 폭력에서 오는 것일 수도 있다. 바울은 깊은 죄의식을 느끼고는 "오호라, 누가 나를 이 사망의 몸에서 건져내랴?"고 부르짖었다. 중요한 진리는 만일 우리가 죄의 사악함과 모든 선한 피조물의 만족스럽지 못한 성향에 대하여 적절한 경험을 하지 못한다면 우리는 거룩에 대한 강한 열망과 천국에 대한 동경을 가질 수 없으며, 하나님의 영광에 대한 소망 중에 기뻐할 수 없다는 것이다.

셋째로 주목할 것은 보통 그리스도인의 낮은 수준의 경험에서라도 본문의 교리는 형언할 수 없이 큰 위로가 된다는 것이다. 앞서 사용했던 비유로 돌아가 보자. 비록 우리가 냉수를 마실 때마다 사막이나 전쟁터에서 갈증으로 죽어가는 자들이 간혹 냉수를 마실 때와 같은 강렬한 기쁨으로 마실 수는 없다 하더라도 냉수는 우리에게 언제나 순수하고 변함없으며, 없어서는 안 될 기운을 돋아주는 것^{refreshment}이다. 모든 사람은 현재에 만족하지 못하여 미래를 내다보게 되며, 더욱이 그들은 어두운 공간이나 철저한 흑암을 기대하기보다는 영원한 축복에 대한 밝은 전망에서 무한히 귀하고 측량할 수 없는 위로와 격려를 기대한다.

넷째로 주목해야 할 것은 천국을 죽음 직후에 들어가는 것으로 계시하는 목적은 단지 고난받고 있는 신자들을 지지하거나 사랑하는 친구들을 잃음에 대하여 그들을 위로해 줄 뿐 아니라 그들로 세상을 단념시키려는 것 to wean이다. 하나님께서는 믿는 자들의 마음이 세속적으로 되지 않도록 하기 위해서 그들에게 거룩함에 영광과 복됨이 수반될 나라에 대한 전망을 열어놓으셨다. 세상의 것들에 대한 욕망과 추구가 영혼을 타락시키고 하나님으로부터 멀어지게 하듯이 천상에 대한 욕망은 이와 정반대의 경향을 갖고 있다. 천상을 향한 마음에는 불가분으로 관련되어 있는 두 가지가 내포되어 있다. ① 천상의 것들을 사고의 주제와 욕망의 대상으로서 부단히 마음에 둠, ② 천상의 것들과 동질적인 마음 상태, 감정과 애정affections을 유지하는 것이다. 이러한 것은 이미 천상에 있는 자들이 갖고 있는 마음 상태에 근접한 것이다. 따라서 위로뿐 아니라 성화가 사후의 천상의 나라에 대한 이러한 확신을 통하여 초래하려는 목적이다.

다섯째로 주목해야만 할 것은 신앙적이거나 그리스도인의 경험은 언제나 본질적으로 동일하며, 또한 동일해야만 한다는 것이다. 왜냐하면 그리스도인의 경험은 오직 기독교의 교리를 통하여 성령에 의해 영혼에 파급되는 효력이기 때문이다. 그러므로 기독교의 교리가 일정한 양으로 되어 있으며, 믿는 자들의 이해에 있어서도 언제나 본질적으로 동일하므로 그리스도인의 경험은 언제나 동일해야만 한다. 그러나 그리스도인의 신앙 경험에 대한 유일하고 참된 표준은 성경에서 찾아야만 한다. 그리고 우리의 신앙 경험은 성경에 나오는 것들과 일치해야만 한다. 즉 우리는 죄와 그리스도 그리고 천상에 대하여 바울과 요한이 느꼈던 것처럼 느껴야만 한다. 만일 우리가 믿음이 있다면 우리의 신앙 경험이 세상을 이겨야만 하며, 그것이 우리에게는 보이지 않는 것들에 대한 증거와 바라는 것들의 실상이어야만 한다. 그리고 그것은 우리의 마음을 정화시켜야만 하며, 우리의 애착심을 위에 있는 것들에 두도록 해야만 한다. 또한 그것은 우리로 천국과 하나님의 아들에 대한 계시를 열망하게 해야만 한다.

236. 죽음에 대한 승리

"사망아 너의 승리가 어디 있느냐 사망아 네가 쏘는 것이 어디 있느냐"

고린도전서 15:55

죽음에 대한 공포

죽음은 모든 공포의 왕이다. 그것은 죽음의 대상인 비이성적인 짐승들에 있어서조차 다른 모든 사건 중에서도 가장 두려운 것이다. 삶에 대한 사랑이 선천적이며 본능적이듯이 죽음에 대한 두려움도 그렇다. 그러나 죽음에 대한 두려움은 본능적인 것일 뿐 아니라 이성적인 것이다.

- 죽음은 우리가 의식하거나 경험하는 모든 존재의 유일한 끝이다. 그것은 의식의 눈에는 소멸이다. 죽은 자들은 모든 모양에 있어 태어나지 않은 자들과 같이 존재하지 않는다. 과거의 모든 세대들이 지금 어디에 있는가?

- 죽음은 우리의 모든 소유물과 우리가 습관 들여 온 즐거움의 모든 자료에 대한 상실이다. 그것은 사회적인 모든 유대의 단절이며, 부모와 자녀들 등과의 최후의 분리다.

- 비록 죽음이 감각의 눈에는 소멸이지만, 그것이 이성이나 양심의 눈에는 그렇지 않다. 모든 사람이 사후의 의식적인 존재의 상태에 대해 이해하거나 확신하는 것이 인간의 지적이며 도덕적인 본성이다. 그러나 그러한 상태가 어떠한 것인가에 대하여 인간의 이성으로는 말할 수 없다. 그것은 성경의 용어로는 '하데스^{음부}'이다. 과학의 횃불과 철학의 등

불도 무덤에서 발산하는 악취에 의해 꺼져 버린다. 죽을 때 영혼은 우리에게 알려지지 않은, 어둡고 밑도 끝도 없는 곳으로 들어간다.

• 그러나 이러한 것들이 죽음을 그처럼 두려운 것이 되게 하는 고려의 대상들은 아니다. 사망의 쏘는 것은 죄다. 그러므로 우리는 죄 외에는 어떠한 것도 두려워해서는 안 된다. 하나님께서 무소부재하시다는 것을 알고 있는 이상, 우리는 하나님께서 우리를 인도하시기에 적합하게 보시는 곳은 어디에서나 우리가 그의 사랑의 팔 안에서 안전하고 복될 수밖에 없음을 알아야 한다. 죄는 필연적으로 범죄를 내포하며, 범죄는 두려운 마음으로 하나님의 심판을 기다려야 할 뿐이다.

우리의 신체 안에는 우리가 간혹 생각하는 고통에 대한 수용 능력이 있듯이 우리가 불과 약간만 알고 있을 뿐인 하나님의 진노에 대하여 어느 정도의 두려움에 대한 수용 능력이 있다. 그러나 모든 사람은 그의 진노가 얼마나 두려운 것일까 하는 생각에서 오는 고통에 대하여 충분히 알고 있다. 그러므로 모든 사람은 죄에 대한 각성 의식이 사람의 가슴 속에 지옥을 일으킬 수도 있다는 것을 충분히 알고 있다. 바울은 이방인들에 대하여 그들도 하나님의 의로우신 심판을 안다고 말한다. 사람들이 죽음에 대한 두려움 때문에 일생 동안 노예 상태에 있기 쉬운 것은 그들이 사후에 심판이 있다는 것을 알고 있기 때문이다. 그러므로 죄의식에 있어 죽음은 모든 두려움의 왕이요, 왕임에 틀림없으며, 또한 왕이어야만 한다.

공포로부터의 해방

너무나도 우둔하여 마치 황소가 죽는 것처럼 죽는 사람들이 있다. 너무나도 무모한 나머지 하나님께서 자신들에게 최악의 심판을 집행하도록 도전하기를 두려워하지 않는 자들도 있다. 숱한 사람들이 죽음이 자신들을 향하여 점점 접근해 오고 있음에 대하여 전혀 우려하지 않을 정도로 무감각 상태에 있다. 그러나 이러한 사실들이 당면하게 될 경우를 변경시키지는 못한다. 하나님과 화해되지 못한 죄인에게는 죽음이 모든 사건 중 가장 두려운 사건이라는 것과 사람들이 죽음에 대하여는 바로 그들의 영혼이 교화되는 정도에 비례하여 그만큼 더욱 주의하게 된다는 것이 변함없는 사실이다.

죽음으로부터 그 모든 두려움을 박탈하는 유일하게 가능한 방법은 죄로부터의 해방이다. 그러나 죄의 권능은 율법이며, 율법은 하나님의 본성이다. 그러므로 율법은 한 치의 양보도 하지 않는다. 율법은 말한다. "율법 책에 기록된 대로 모든 일을 항상 행하지 아니하는 자는 저주 아래에 있는 자라" "범죄하는 그 영혼은 죽을지라" "죄의 삯은 사망이요" 하나님의 본성의 명령인 율법의 모든 명령은 충족되어야만 한다. 그러나 이러한 일이 어떻게 성취될 수 있는가? 이러한 목적을 위해 사람들은 희생제물, 금욕과 자아훈련 등으로 모든 노력을 발휘해 왔다. 그들은 각성하게 될 때마다 이러한 목적을 위해 여전히 그들의 노력을 발휘한다. 그들은 금식하고 기도하고 모든 악한 열정을 극복하려고 노력하지만, 인간의 모든 노력은 헛되이 될 뿐이다.

죽음에 대한 승리

그러므로 하나님께 감사해야만 한다. 그가 우리에게 우리 주 예수 그리스도를 통하여 승리를 주시기 때문이다. 그는 우리가 할 수 없는 것을 모두 성취해 주셨다. 그는 율법의 모든 요구를 성취하셨다. 그는 우리의 모든 죄를 담당하시고 저주를 받으셨다. 하나님께서 이제 의로운 분이 되시고 죄인들을 의롭다 하실 수 있다. 그를 신뢰하는 자들은 용서함을 받는다. 그들의 모든 죄가 그리스도에게 전가되었기 때문이다. 그들은 하나님과 화해된다. 하나님과의 그들의 정상적인 관계가 회복되며, 그 결과로 그들은 그의 형상으로 변하게 된다. 그들은 이제 하나님의 마음에 들게 된다. 그가 어디에 계시든 간에 '그를 가까이할수록 그들은 더욱 복을 받게 된다.' 각 믿는 자에게는 죽음이 은혜의 사자, 곧 그로 하나님을 더욱 가까이하도록 보냄을 받는 천사다. 따라서 믿는 자는 다음과 같이 말할 수 있다. "사망아 네가 쏘는 것이 어디 있느냐"

성경은 우리에게 우리가 죽을 때 들어가는 나라는 거룩하고 행복감을 느낄 수 있는 곳이라는 것을 계시해 준다. 바울은 고린도전서 15장에서 사후의 상태에 대하여 보다 광범하게 진술한다. 일찍이 창조 역사 이후 인류의 역사에는 선과 악, 죄와 은혜, 사탄과 그리스도 사이에 투쟁이 있어 왔다. 한 때 사탄이 압도적으로 승리를 거두었다. 곧 인류가 범죄하여 타락하고 정죄 받게 되었다. 그러므로 사망이 영혼과 육신을 지배했다. 그리고 사망과 무덤이 잠시 승리하게 되었다. 그러나 그리스도가 우리의 성정을 입고 오셔서 우리를 대신하여 율법을 성취하셨다. 그가 우리의 영혼을 죄의 저주와 권능으로부터 구해 내셨다. 그가 우리의 육신을 부패로부터 구하여 내셨다. 그리고 속죄 받은 자들은 모두 구원함을 받고 그들의 몸은 영광 중에 살아나며, 그때에 그들은 천사들의 외치는 소리를 듣게 될 것이다. "사망아 네가 쏘는 것이 어디 있느냐"

그러므로 ① 그리스도를 믿으라, ② 그에게 헌신하라, ③ 여러분의 동료들을 구원하기 위해 힘쓰라.

237. 복음의 본질

"기록된 바 하나님이 자기를 사랑하는 자들을 위하여 예비하신 모든 것은 눈으로 보지 못하고 귀로 듣지 못하고 사람의 마음으로 생각하지도 못하였다 함과 같으니라"
고린도전서 2:9

하나님의 지혜

바울은 지혜를 설교하지 않고 그의 교리들을 헬라의 수사학자들과 변사들의 방식으로 전하지 않는다 하여 비난을 받아왔다. 그는 고린도전서 1장에서 ① 이 세상의 지혜는 중요하지 않다는 것과, ② 하나님께서는 사람들이 어리석은 것으로 간주하는 복음으로 구원을 위한 하나님의 능력이 되게 하기로 결정하셨다는 것을 가르쳤다 2장에서는 네 가지 사실을 가르친다. 그가 여기서 가르치는 네 가지는 다음과 같은 것들이다.

- 복음이 참된 지혜라는 것, 곧 그것은 이 세상의 지혜가 아니라 하나님의 지혜라는 것이다.
- 이 지혜는 인간에 의해서는 깨달아질 수 없으므로 성령을 통하여 하나님에 의해 계시된다는 것이다.
- 이러한 지혜를 전함에 있어 그^{사도}는 성령이 제시하시는 말씀들을 사용한다는 것이다.
- 이 거룩한 지혜나 '성령의 것들'을 자연인은 받아들이지 않으며, 그러한 것들은 영적인 자들이 받아들인다는 것이다.

바울이 자신을 지혜를 가르치는 사람이라고 말하는 본 절에 대하여는 세 가지 해석이 있다. 첫째, 그가 가르치는 지혜는 헬라인들의 것과 같은 통속적인 교리였다. 둘째, 그가 초보자나 어린아이들에게는 쉬운 교리를 가르쳤던 데 비하여 완전한 자 혹은 상급자들에게는 보다 높은 교리를 가르쳤다. 그러나 전자뿐 아니라 후자의 해석도 바울에게는 어울리지 않는다. 그는 변명하고 있는 것이 아니다. 또한 그는 그의 반대자들이 지혜로서 존중하고 지혜로 간주하는 어떤 체계를 가르친다고 주장하고 있지도 않다. 그는 이 세상의 지혜가 어리석은 것임을 인정했다. 그러므로 셋째 해석이 참된 해석이다. 즉 비록 복음이 사람들이 보기에는 지혜가 아닐지라도 그것은 하나님의 지혜라는 것이다.

복음의 성격

본 절의 주요 개념은 복음이 인간에 의해서는 깨달을 수 없는 것으로서 하나님에 의해 계시된 진리의 체계라는 것이다.

복음은 ① 일련의 사실이며, ② 그것은 그 어떠한 인간적인 지식보다도 고차원적 형식의 지혜다. 그것은 인간에 의해서는 깨달아질 수 없을 뿐 아니라 자체의 진실함과 탁월함과 중요성에 있어 인간의 모든 지혜를 초월하는 어떤 것이다. ③ 그러므로 그것은 증명될 수 있기 때문이 아니라 그 자체 지금까지 가르쳐져 왔기 때문에 모든 사람은 그것을 받아들여야만 한다. 복음에 대한 신뢰는 하나님의 증언을 신뢰하는 것이 된다.

복음의 본질이 이러하므로 우리는 다음과 같은 것을 배운다.

- 복음을 받아들이는 데 필요한 것은 마음의 상태라는 것이다. 즉 우리가 지혜롭게 되기 위해서는 어리석은 자들이 되어야만 한다. 우리가 하나님의 지혜를 받아들이기 위해서는 우리의 인간적인 모든 지혜를 포기해야만 한다.
- 우리가 복음을 받아들이거나 올바르게 이해하기 위해서는 성령의 가르

침을 경험해야만 한다.

• 그것을 가르침에 있어 우리는 그것을 철학적으로가 아니라 성경적으로 표현해야만 하며, 수사학적으로가 아니라 단순하게 표현해야만 한다.

• 우리는 그것을 기뻐하고 그것에 집착해야만 할 뿐만 아니라 소위 철학을 가르친다는 자들의 계략에 의해 그것으로부터 떨어져 나가서는 안 된다.

PRINCETON SERMONS Outlines of Discourses Doctrinal and Practical

10부

목사 후보생을 위한 권면[5]

238. 주께서 하시는 모든 일은 선하다

- 애디슨 알렉산더 박사의 서거 후 집회 설교

"여호와께서 다스리시나니 땅은 즐거워하며 허다한 섬은 기뻐할지어다"

■ 시편 97:1

주 여호와

주는 여호와, 곧 무한하시고 영원하시며, 전능하신 하나님이시다. 주는 로고스, 하나님의 아들, 삼위일체의 제2위이시다. 주는 신인神人, 구속자, 살아나시고 승천하신 구주이시다.

그의 통치의 대상은 무엇인가?
• 모든 천사들이다.
• 외적인 온 세상이다.
• 개인의 모든 일 곧 그들의 외적 환경과 내적 삶에 관한 모든 것이다.
• 지상의 모든 국가와 그 국가들에 관한 모든 것이다.
• 교회, 그것의 총괄적인 운명과 모든 교파의 과정이다. 성령의 사역과 모든 교인들의 역사history이다.

온 땅이 즐거워해야 하는 이유

• 세상의 모든 사건은 우연이나 운명에 의해 일어나는 것이 아니라 하나님의 무한한 지혜와 능력과 사랑에 의해 일어나기 때문이다. 그러므로

우리는 모든 일이나 세상의 전 과정은 하나님이 의중에 품고 계신 위대한 목적의 성취를 위해 다스려지리라는 확신을 가져야만 한다. ① 애굽에서의 이스라엘의 상태, ② 광야에서의 그들의 오랜 체류, ③ 그 후 이방 나라들에로의 분산과 포로생활, ④ 모든 시대에 있어 교회에 대한 박해, 영국에서의 시민전쟁, 스튜어트 왕가Stuarts의 회복과 세계 도처에서의 대변혁들이다. 따라서 유럽의 현 사태들필자 시대의과 우리필자의 나라에 대해서도 우리는 하나님께서 모든 것을 유익을 위해 지배하시리라고 확신할 수 있다.

- 교회에서 일어나는 일들에 관하여 말하자면 그것은 교회의 타락과 부흥의 시기들, 특별한 계획과 선교사업의 실패, 위대하고 훌륭한 사람들을 잃는 것 등이다. 그러나 만일 주께서 통치하신다면, 만일 교회를 사랑하고 교회를 위해 자신을 바치신 주께서 모든 권세를 그의 손안에 갖고 계시다면, 모든 것은 최선의 상태로 변하리라고 우리는 확신할 수 있다.

- 우리가 우리 자신을 고려해 볼 때 우리는 주께서 통치하신다는 것에 대하여, 곧 우리를 사랑하시고 자신을 우리에게 주셨으며, 어머니가 자기의 유아를 사랑하는 것보다 더 크게 사랑하시는 그가 우리에 관한 모든 것, 우리의 성공과 실패를 주도하신다는 것에 대하여 기뻐할 수 있다. 모든 것이 합력하여 우리를 위해 선을 이룰 것이기 때문이다.

우리의 의무

그러므로 우리에게는 다음과 같이 해야 할 의무가 있다.

- 복종과 인종의 의무
- 기쁨에 넘치는 소망과 신뢰의 의무
- 우리의 모든 의무수행에 있어 민첩하고 부지런해야 할 의무

하나님의 이러한 통치는 다음의 특징이 있다. ①우주적이다. ② 절대적이

며 주권적이다. ③ 그의 본성 및 그의 피조물들의 본성과 일치한다. ④ 제2의 원인들과 대행자들을 사용함을 내포한다. ⑤ 불가사의하다. ⑥ 무한하고 지혜로우며 인자하다.

조셉 알렉산더 박사

조셉 알렉산더Joseph Addison Alexander의 부친이 프린스턴에 왔을 때 그의 나이 4세였으며, 그는 모든 교육을 이곳에서 받았다.

- 그는 부친의 가정에서 고등교육을 받았다. 물론 여러 선생들이 있었으며, 대학의 전 과정을 마쳤다. 그러나 주로 독학했다. 그의 연구 성향은 자유롭게 자신만의 방식을 따르는 것이었다. 14세 전에 꾸란을 통독했고, 다음으로 페르시아어, 히브리어, 수리아어, 갈대아어를 통달했다. 그 후 헬라어와 라틴어 성경을 독파했으며, 나아가 현대 언어들도 통달했다.
- 그의 문필의 양식이나 모든 언어의 문헌에 대한 정통은 전대미문이었다.
- 역사, 고대의 풍습과 제도, 성경 해석과 본문 비평 등에 있어 그의 방대한 학식. 이 모든 것이 그가 저술한 모든 주제에 나타난다.
- 그의 지적인 능력, 그의 놀라운 기억력, 그의 논리력, 마음의 포용력과 결합력, 그의 활기 있고 순결한 상상력.
- 풍부한 어학, 문체의 간결함과 명료함, 순정과 활기에 있어 작가로서의 그의 능력.
- 진리에 대한 그의 충심으로의 헌신. 복음의 절대 무오한 권위에 대한 믿음, 하나님의 말씀에 대한 그의 경의, 역사적·교리적인 모든 형식의 회의론에 정통해 있음에도 불구하고 그의 철저한 정통 신앙.
- 그의 겸손하며 깊은 경건.

239. 위탁된 복음

"오직 하나님께 옳게 여기심을 입어 복음을 위탁 받았으니 우리가 이와 같이 말함은 사람을 기쁘게 하려 함이 아니요 오직 우리 마음을 감찰하시는 하나님을 기쁘시게 하려 함이라"

데살로니가전서 2:4

위탁 받았으니

"위탁 받았으니"란 말은 무엇을 의미하는가? 이 단어가 헬라어로는 ① "시험하다" ② "허가하다." ③ "…하는 것이 적합하다고 보다"를 의미한다. 로마서 1장 28절에서는 이방인들이 지식에 in their knowledge, 마음에 하나님 두기를 싫어한 것으로, 곧 그들은 그렇게 하는 것이 합당하다고 보지 않은 것으로 언급된다. 여기에서 "위탁 받았으니"는 바울이 그 자신의 공로로 인하여, 또는 그가 장차 무엇이 되리라는 예측으로 인하여 주의 종이 되었다는 의미에서 "…하는 것이 적합한 것으로 판단하다"를 의미하지 않으며, 그것은 하나님의 주권적인 은혜의 행위였다는 것을 의미한다. 그러므로 그의 회심에 대한 기록인 디모데전서 1장 12절에서 그는 그리스도께 감사를 드린다. 고린도전서 7장 25절에서 그는 자기가 주의 자비하심을 받아 충성된 자가 되었다고 말한다. 그는 그가 복음의 사역을 맡게 된 것을 형언할 수 없이 크고 자기로서는 받을 자격이 없는 주의 긍휼로 간주했다.

복음이란 무엇인가?

그것은 성경에 계시되어 있는 구원의 계획에 내포되어 있는 기쁜 소식이다. 그것은 도덕이나 의식의 법전이나 실생활에 관한 법전이 아니다. 그것은 하나님과 인간 그리고 그리스도에 관한 체계적인 교리다. 복음의 역사 work는 구원에 대한 계획이다. 복음을 받아들임으로 구원받기를 찬동하는 자는 누구에게나 그리스도를 통하여 구원이 주어진다. 하나님께서 계시해 오신 것은 이성이 가르치는 것에 반대되듯이 복음은 인간들의 지혜와는 대조되므로 그것은 하나님의 지혜라 불린다. 그러므로 복음이 맡겨진다는 것 to be put in trust with the gospel은 비밀들, 곧 하나님에 의해 계시된 진리들의 청지기가 되는 것을 의미한다.

복음에는 두 가지, 곧 진리와 그 진리에 대한 선포가 포함된다. 복음은 보고 a report —들려지는 무엇—이다.

복음이 위탁인 이유

위탁 trust에는 두 가지 또는 피위탁인의 두 가지 의무가 내포된다. ① 맡겨지는 것에 대한 안전한 보관, ② 올바른 관리가 그것이다. 청지기는 이 두 가지 의무가 있다.

그것은 안전하게 보전되어야만 하며, 타락으로부터 보존되어야만 한다. 만일 어떤 사람에게 금덩이가 맡겨진다면 그것을 불안전한 곳에 두어서는 안 된다. 그는 그것을 지키고 보호해야만 한다. 그는 그것을 보잘것없는 지폐와 바꿀 수 없다. 복음은 가장 값진 보화이며, 금이나 권세보다 훨씬 더 값진 것이다. 그러므로 목사는 그것을 보호하지 않을 수 없으며, 그것을 자신의 두뇌의 무가치한 산물들로 교체시켜서는 안 된다. 그는 그것을 수건으로 싸 두어서는 안 된다. 그는 그것을 그것이 계획되었던 목적을 위해서만 사용해야 하며, 그 자신의 이익을 위해 사용해서는 안 된다.

바울은 그 자신에 대하여 다음과 같이 말한다.

• 그는 사람들을 기쁘게 하는 자로서가 아니라 하나님을 기쁘시게 하는

자로서 행했다.

- 그는 아부를 하지 않았다.
- 그는 탐욕으로 행치 않았다.
- 사람들의 영광glory을 구하지 않았다.

복음을 맡은 자의 불신실함의 죄는 크나큰 죄이다. 그러한 자에 대한 최후의 심판은 두려운 것이다. 그러나 신실한 종에 대한 상급과 축복은 생각할 수 있는 모든 상급과 축복 중 가장 큰 것이다.

240. 선행과 덕

"우리 각 사람이 이웃을 기쁘게 하되 선을 이루고 덕을 세우도록 할지니라"

로마서 15:2

사도는 여기에 진술된 원리를 특별히 약한 자들에 관련하여 강한 자들의 행위에 적용시킨다. 본 절 자체에 대해서만 말하자면 그것은 정중함에 관한 포괄적인 의무에 대한 분부다. 여기서 '덕'이란 단어의 어원과 빈번한 용법은 자체를 외적인 것, 곧 품위 있는 태도에 제한시키곤 한다. '궁정court' '정신臣下, courtier' '정중함courtesy'은 거의 서로 관련되어 있는 단어들이다. 왕의 궁전, 왕실에 늘 출입하는 정신, 궁전에 어울리는 양식의 태도인 정중함 또한 그렇다.

그러나 여기서 '신하'란 단어는 이보다 더 높은 의미를 갖고 있다. 즉 그것은 다른 사람을 기쁘게 하는 기술, 말하자면 '충성을 표하다'를 의미한다. '환심을 사는 것to court'은 기쁘게 하려고 노력하는 것이다. 정중함은 선한 동기에서 일어나며 올바른 목적으로 향하는 것으로서 기쁘게 하려는 욕망과 노력이다. 이것이 바로 여기서 사도가 명하고 있는 것이다. 아첨꾼과 아부꾼도 다른 사람을 기쁘게 하려고는 하지만, 그러나 그것은 덕을 세우기 위한 것이 아니다. 그는 이기적인 동기에서, 그리고 이기적인 목적을 위해 행동한다. 그러나 참으로 정중한 사람은 기쁘게 하려고 노력한다. 자신의 기독교 신앙이 자신의 인격을 형성하고 지배하는 한, 모든 그리스도인은 정중할 수밖에 없다.

기독교 신앙의 지혜의 요지는 '그리스도와 같이^{Christ-like}' 되는 것이다. 그리스도께서 그 자신을 기쁘시게 하지 않으신 것처럼 우리도 우리 자신을 기쁘게 해서는 안 된다.

천한 자, 가난한 자, 고통받는 자와 회개하는 자에 대한 그리스도의 정중함, 겸손, 친절함과 다정함을 능가할 수 있는 것은 아무것도 없다. "여자여, 너를 정죄하는 자가 아무도 없느뇨?" 초기 그리스도인들 중 많은 이들이 본 절을 삭제해 버리기를 바랐다. 그러나 우리 주님의 지상의 삶에 대하여 이 말씀보다 더 명료하고 밝게 조명해 주는 말씀은 없다. 정중함은 부정적인 면을 갖고 있다. 그것은 다른 사람에게 다음과 같이 하여 고통을 주는 일을 피함으로 명시된다.

- 그들에게 그들의 지위, 지식, 재능, 논증력이나 관대함에 있어 그들의 열등함을 기억시키는 것을 피해야 한다. 고린도인들 중 믿음이 강한 자들은 그들의 지나치게 세심한 형제들의 도량이 좁음과 약함을 경멸했다.
- 어떠한 방식으로든 그들의 감정을 상하게 하는 것을 피해야 한다.

반대로 이러한 미덕의 긍정적이거나 적극적인 면은 다른 사람을 기쁘게 하고 그들의 상한 감정을 위로하고 안심과 호의를 갖게 하기 위해 노력하는 것이다.

이것이 선을 행하는 방법이다. 예컨대 학생들을 어떤 선생과 이간시키는 것은 그들로 그 선생이 가르치는 것들로부터 이간시키는 경향이 있으며, 이와 반대로 학생들을 어떤 선생과 연합시키는 것은 그들을 그 선생이 가르치는 것들과 일치시키는 경향이 있다. 바울에 대한 경우가 그러했다. 그러므로 우리는 복음의 정신으로 채워져야만 한다. 다른 사람들이 여러분에게 해 주기를 바라는 것을 먼저 그들에게 해 주라.

241. 모든 것 위에 사랑을 더하라

"이 모든 것 위에 사랑을 더하라 이는 온전하게 매는 띠니라"

골로새서 3:14

　　본 절은 긍휼, 자비, 겸손, 온유, 오래 참음과 용서와 같은 그리스도인의 미덕들을 실행하도록 하기 위한 권고에 뒤따르는 말씀이다. "이 모든 것 위에 사랑을 더하라"^{골 3:14} 이는 온전하게 매는 띠이다. 온전한 띠가 아니라 온전하게 하는 띠이다. 사랑은 다른 모든 미덕을 하나의 온전한 전체로 연합시키는 것이다. 그것은 사람의 옷차림^{array}을 완전하게 하는 외투에 비유된다.

　　또 다른 해석은 이것이다. 즉 바울이 골로새서 3장 11절에서 말했듯이 교회 안에서와 그리스도 안에서는 "거기에는 헬라인이나 유대인이나 할례파나 무할례파나 야만인이나 스구디아인이나 종이나 자유인이 차별이 있을 수 없나니 오직 그리스도는 만유시요 만유 안에 계시니라" 그는 이곳 14절에서 사랑이 연합시키는 원리라는 것과 그것은 교회의 각기 다른 모든 일원들을 한 데 묶는 것이라고 말한 것으로 이해할 수 있다. 헬라어 성경에서 '아가페'란 단어는 다음과 같은 것들에 대하여 사용된다.

- 우리의 동료들에 대한 사랑과 인자함과 친절
- 우리에 대한 하나님의 사랑
- 하나님에 대한 우리의 사랑
- 그리스도인들 사이의 형제애
- 일반적으로 그리스도인의 은혜로서의 사랑. 그것은 고린도전서 13장

에서 다음과 같은 것으로 언급된다. 그것의 특징은 ① 오래 참는 것이다, ② 온유하다, ③ 질투하지 않는다, ④ 자랑하지 않는다, 또는 득의양양해하지 않는다, ⑤ 무례히 행하지 아니한다, ⑥ 자기의 유익을 구하지 아니한다, ⑦ 성내지 않는다, ⑧ 악한 것을 생각하지 않는다, ⑨ 불의를 기뻐하지 않고 진리를 기뻐한다, ⑩ 모든 것을 참고 모든 것을 믿으며, 모든 것을 바라고 모든 것을 견딘다.

이 사랑에 대하여는 다음과 같이 가르친다.

• 이것 없이는 다른 모든 열정은 무익하고 모든 신앙고백과 모든 소망이 공허하며 헛되다는 것이다. 이것 없이는 정통파 교리나 자연적 또는 초자연적인 능력에 대한 많은 지식, 가난한 자에 대한 자선이나 헌신, 교회의 일원이 되는 것, 신앙적인 모든 의무에 부지런함도 아무 쓸모가 없다.

• 사랑이 믿음의 열매라는 것이다. 믿음은 사랑 없이 존재할 수 없을 뿐만 아니라 사랑이 없는 믿음은 죽은 믿음이다.

• 그것은 온전하게 매는 띠라는 것이다. ① 그것은 그리스도인의 모든 미덕을 연합시킨다. ② 그것은 그리스도의 몸의 모든 지체를 연합시킨다.

• 그것은 하나님의 형상이다. 그것은 우리로 그리스도와 같게 한다.

• 그것은 천상의 아름다움과 복이다. 그것은 성경적인 신앙의 완성이다.

• 그것은 의식주의가 아니다.

• 그것은 단순한 호의benevolence가 아니다.

• 그것은 보편적인 의견에 따르는 것이 아니다.

• 그것은 성경에 계시된 교리들에 대한 믿음이며, 이러한 믿음이 사랑과 자체의 모든 열매를 낳는다.

242. 믿음에 굳게 서라

"그 안에 뿌리를 박으며 세움을 받아 교훈을 받은 대로 믿음에 굳게 서서 감사함을 넘치게 하라"

■ 골로새서 2:7

'굳게 서라stand fast'라는 권고가 성경에서 6회 정도 나오며, 이와 동일한 의무가 여러 형식에 의한 같은 의미로는 더욱 빈번하게 사용된다. 그러므로 이러한 의무는 신자에게 일차적으로 중요한 의무다.

굳건히 서는 데는 두 가지 필요 조건이 있다. 그것은 딛고서야 할 어떤 것과 힘이다. 사람은 발을 바위 위에 내디딜 수도 있지만, 그러나 그 자신이 넝마 조각같이 약하다면 그는 설 수 없을 것이다. 그리고 사람이 아무리 강하더라도 만일 그의 발이 유사流砂 위에 있다면 그는 확고할 수 없을 것이다.

첫째, 딛고서야 할 기초에 관하여 다음과 같이 조건이 필요하다.
• 그것은 진리이어야만 한다.
• 그것은 올바른 법칙들이어야만 한다. 진리는 불변하며, 잘못된 생각error은 변한다. 그러므로 모든 분야에 있어 만일 사람의 견해가 정확하지 못하다면 그가 안전하게 될 보장이란 전혀 없다. 그러나 여기서 우리의 주제는 그리스도인의 안정성Stability이므로 여기서 요구되는 진리는 신앙적인 진리, 곧 성경의 진리다. 어떤 이들의 믿음은 전통에 의거하고 다른 이들의 믿음은 사색에, 또 다른 이들의 믿음은 감정에 의거한다.

그들은 자신들의 마음에 드는 것을 믿는다.

이러한 기초들은 모두 불안정하다. 바리새인들의 전통들은 이미 모두 지나가 버렸다. 교회의 전통은 시대에 따라 변한다. 사색은 철학으로 귀착하지만, 그러나 철학보다 더 불안정한 것은 없다. 예를 들면 헬라 철학, 중세의 철학, 그리고 이성주의, 범신론, 유물론, 무신론과 염세론과 같은 오늘날의 철학들이 그렇다.

감정에 관하여 많은 사람들이 하나님을 믿고 그의 자비하심을 믿으면서도 공의와 보혈에 의한 구원, 인간의 전적 타락, 하나님의 주권과 영원한 형벌은 믿지 않는다. 유일하게 영속적인 기초는 성경이며, 성경이 하나님의 말씀이라는 것과 그것이 가르치는 것은 참된 정확무오라는 확고한 확신이다. 믿음의 유일하게 견고한 근거는 성령의 증언이다. 잘못된 생각들에 대한 유일한 안전과 견실함을 위한 안전은 참된 경험적인 신앙이다.

올바른 법칙이 필수적이다. 즉 우리에게 필요한 것은 편의주의, 이기주의나 분파의 이해 관계가 아니라 올바른 것^{what is right}이다.

둘째, 우리는 힘이 있어야만 한다. 사람들 사이에는 본디 많은 차이점이 있지만, 그러나 우리에게 필요한 힘은 우리 자신의 힘이 아니라 주님의 힘이다. 힘은 그의 것이며, 그의 선물이다. 만일 우리가 우리 자신을 신뢰한다면 우리는 패할 것이다.

243. 그리스도인의 성장

"오직 우리 주 곧 구주 예수 그리스도의 은혜와 그를 아는 지식에서 자라 가라 영광이 이제와 영원한 날까지 그에게 있을지어다"

베드로후서 3:18

신약에서 '은혜'란 단어보다 더 자주 나오거나 더욱 다양하게 적용되는 단어는 거의 없다. 이 단어의 모든 특수한 의미들은 우리로서는 '받을 자격이 없는 사랑'이라는 제1차적인 의미에서 파생한다. 부모의 사랑은 은혜가 아니다. 그러나 하급자, 특히 받을 자격이 없는 자에 대한 상급자의 사랑은 '은혜'다. 그러므로 죄인들에 대한 하나님의 사랑은 '은혜'다. 이 '은혜'는 놀랍고도 영광스러운 속성이며, 단순한 동정이 아니라 사랑, 곧 자체의 대상에 대한 기쁨이다. 그러므로 받을 자격이 없는 사랑에서 오는 선물은 그 어떤 것도 회개와 믿음 등과 같이 '은혜'다. 그러므로 또한 위대한 선물인 성령의 감화 감동은 현저하게 '은혜'다. 게다가 성령이 낳으시는 효력, 영적인 마음$\varphi\rho\acute{o}\nu\eta\mu\alpha\ \tau o \upsilon\ \pi\nu\epsilon\acute{\upsilon}\mu\alpha\tau o\varsigma$, 새 마음, 마음에 미치는 법칙 등이 그렇다. 그러므로 은혜란 단어는 객관적이며 주관적인 의미를 갖고 있다. 그러나 여기에서는 후자의 의미로 사용된다. 은혜로[in] 자란다는 것은 경건함으로 자라는 것이다.

- 새로운 성향은 새로운 생명이며, 식물이나 동물, 이성적이거나 영적인 존재에 있어 모든 생명은 발전[progression]이다. 이 모든 존재는 발전함에 있어 자체의 한계가 있다. 그러나 영적인 생명은 현세에서는 자체의 한

계에 이르지 못한다. 바울은 자기가 아이였을 땐 온전한 사람에 이르지 못했었다고 말한다.

• 성인에로의 성장은 어디에 있는가? 그것은 주로 지식과 힘의 증가에 있다. 즉 악에 저항하고 선을 행하며, 내적으로는 올바른 마음 상태와 외적으로는 올바른 행동을 유지할 힘의 증가에 있다.

• 성장의 조건은 자양분, 공기, 활동^{exercise}, 빛과 열이다. 이것은 식물과 동물에 있어서뿐 아니라 이성적인 삶과 영적인 삶에 있어서도 그렇다. 영적인 생명의 자양분은 진리다. 영적인 활동은 기독교 신앙의 모든 은혜를 내적이며 외적으로 행동하는 것이다. 빛과 열은 하나님과 그리스도의 임재와 그들과의 교제다. 공기는 하나님을 가까이함에 대한 부단한 의식이다.

  • 이러한 경우에 있어 영적인 교화는 은혜의 방편들^{말씀, 성례와 기도}을 부지런히 사용하는 데 달려 있다. 농부가 좋은 결실을 얻기 위해서는 수고해야 한다. 학생도 그러해야 하며, 그리스도인 또한 그러해야 한다. 좋은 열매는 저절로 자라지 않는다. 훌륭한 지성^{mind}도 그렇고 경건도 그렇다.

• 은혜와 그리스도를 아는 지식과의 성장의 관계다. 어떤 의미에서는 이 둘^{은혜와 그리스도를 아는 지식}은 동일하다. 다른 의미에서 후자가 전자의 방법이다. 즉 우리가 그리스도를 아는 지식으로 자랄 때 우리는 은혜로 자라간다.

왜 성장해야 하는가?

만일 우리가 전진하지 않는다면, 우리는 퇴보하는 것이다.

우리는 오직 수고함에 의해서만 전진할 수 있다.

우리가 수고함이 없이는 물결을 거슬러 올라갈 수 없다.

244. 인내로 승리하라

"그러므로 너희 담대함을 버리지 말라 이것이 큰 상을 얻게 하느니라"

히브리서 10:35

신자의 위험

사도는 여기서 그의 독자들에게 마치 대장이 맹렬한 전투에 참전 중인 그의 군대에게 말하는 것처럼 말한다. 모든 것은 그들이 자신들의 위치를 사수하는 데 달렸다. 만일 그들이 그들의 전열을 흐트러뜨리거나 후퇴한다면 멸망은 불가피하고도 비참할 것이었다.

이 그리스도인들은 가장 혹독한 박해와 가장 방심할 수 없는 계략에 직면해 있었다. 그들의 상황은 자주 괴롭힘을 당하고 자주 그들을 유혹했던 적들에 의해 포위당했던 구약 시대의 히브리인들의 것에 유사했다. 히브리인들이 당했던 시련은 더욱 위험하고도 더욱 빈번히 격심했다. 구약 시대에 있어 용서받을 수 없고 치명적인 큰 범죄는 여호와 하나님에 대한 숭배로부터의 배교였다. 그것은 죽음으로 벌을 받을 만했다. 그것은 어떠한 회개도 인정하지 않았다.

여기서 사도는 그의 독자들에게 그들의 위험도 그와 동일하다는 것, 곧 만일 그들이 그리스도를 저버린다면 그들의 죄는 그보다 더 크다는 것과, 그들에 대한 형벌은 훨씬 더 엄하리라는 것을 인상 지우려고 노력한다. 그리스도께서는 모세보다 더 위대하셨고, 그의 피는 황소와 염소들의 것보다 더 신성했으므로 그들의 그러한 죄는 더욱 컸다.

우리에게도 이러한 경고와 훈계가 필요하다. 암초들과 여울들이 숨겨 있는 잔잔한 바다에서 빠른 속도로 항해하는 배는 대양 한복판에서 폭풍으로 뒤치락거리게 될 때보다 때로는 더 위험하다. 전자의 경우에서는 배 안에 있는 모든 사람이 안심하고 부주의하나 후자의 경우에서는 모든 사람이 방심하지 않고 정신을 바짝 차린다.

우리의 위험은 어디에서 오는가?

- 내부에서, 곧 악한 마음에서다. 우리는 이러한 마음을 경계해야만 한다.
- 세상의 영향력, 쾌락, 오락과 세속 정신, 그리고 무관심, 자유주의와 불신에 이르는 견해들에서 온다.
- 고위직에 있는 자들의 사악한 권세에서 온다.

신자의 안전, 인내

우리의 안전은 인내다. 이것은 성경에서 자주 역설된다. 사람이 파도에 의해 배 밖으로 떨어져 나갔을 때 그를 구해내는 것은 첫째로 밧줄을 잡는 것이 아니다. 물론 그것이 필수적인 일이지만, 그가 일단 그것을 잡았으면 그것을 끝까지 붙들고 늘어지는 것이 똑같이 필수적인 일이다. 위기에서의 이러한 인내는 전쟁에서 군인의 경우가 그렇고 그리스도인의 경우도 그렇다. 그는 일생 동안 붙들고 늘어지고도 결국에는 멸망할 수도 있다.

이러한 신뢰^{confidence}는 내적으로는 믿음과 소망, 외적으로는 솔직함과 신앙고백을 내포한다. 두 가지가 필수적이다. 박해를 받을 때의 그리스도인들은 믿는 것은 물론 신앙을 고백하는 것이 요구되었다.

이러한 신뢰가 확고하게 되는 법이다. 다른 데서와 같이 여기에서도 이러한 은혜는 선물이며, 이것은 신장되어야만 한다. 군인은 용기를 신장시켜야만 한다. 즉 용감하게 되고자 결단해야만 한다. 우리는 우리의 능력이신 그리스도를 부단히 바라보아야만 한다.

위대한 상급은 인내를 필요 조건으로 한다. 상급은 무한하고 상상할 수 없으며, 무궁무진하고 영원하다. 즉 우리는 그리스도와 같이 될 것이며, 그의 영광을 함께 누릴 것이다.

245. 내가 올 때까지 일하라

"그 종 열을 불러 은화 열 므나를 주며 이르되 내가 돌아올 때까지 장사하라 하니라"
■누가복음 19:13

선행의 필요성

은혜에 의한 구원에 대하여 가장 오래되어 왔고 가장 그럴듯하며, 가장 일반적으로 반복되는 반론은 그것^{구원을 은혜로 받는다는 것}이 선행의 필요성과 그것의 중요성을 파괴한다는 것이다. 만일 사람들이 그들의 행위로 구원을 받지 못한다면 행위는 불필요하다는 것이다. 그리고 만일 하나님께서 죄인 중의 괴수도 도덕적으로 가장 선한 사람을 구원하시듯이 기꺼이 구원하신다면 선행은 중요하지 않다는 것이다. 더욱이 만일 하나님의 은혜가 선한 사람들의 구원보다는 악인들의 구원에 더욱 명백하게 나타나게 된다면 우리는 악하여질수록 그만큼 더 좋다는 것이다.

이러한 반론들이 바울의 교리에 대하여 제기되었으며, 그는 이러한 반론자들에 대하여 답변한다. 그럼에도 그 후 그러한 반론들이 수도 없이 반복하여 제기되어 왔다. 바울의 가르침에 제기되었던 동일한 반론들이 개신교의 교리에 대해서도 제기되므로 그것은 우리의 교리가 사도의 것과 같다는 것을 입증한다.

선행이 율법 아래서 필요했듯이 복음 아래서도 필요하다는 것은 진리다. "거룩함이 없이는 누구도 하나님을 보지 못하리라"는 것, 곧 간음자, 술취하는 자, 후욕하는 자, 탈취자, 탐욕자나 거짓말하는 자는 하나님의 나라에 들어갈 수 없다는 것은 변함없는 진리다. 율법 아래서나 복음 아래서나 선행의 필요성은 동일하며, 필요성의 근거가 다를 뿐이다. 율법 아래에서 선행의 필요성의 근거는 도덕적인 행위와 상급이 섬김과 보상의 관계에 있다는 것이다. 그러나 복음 아래서의 선행의 필요성은 다음과 같은 것들에서 발생한다.

- 하나님의 본성과 도덕법의 불변성
- 믿음의 성격. 믿음은 모든 선행에 있어 효과적인 역할을 하며, 그렇지 못하면 그러한 믿음은 구원하지 못한다.
- 구원의 성격. 성경에서 말하는 구원은 죄로부터의 구원이다.
- 하나님의 자녀로서 우리의 관계. 만일 우리가 그를 숭배하지 않고 사랑하지 않으며, 복종하지 않는다면 우리는 그의 자녀가 아닌 것이다.
- 그리스도의 생명에 동참하는 자들로서 우리의 관계. 만일 우리가 그가 사셨던 것처럼 살지 않는다면 우리는 그의 생명에 동참하는 자들이 아니다.

두 종류의 선행

첫째, 하나님과 우리의 동료 피조물과의 관계에 근거되어 있는 신앙적이며 도덕적인 의무다.

둘째, 그리스도의 종들로서 그에 대한 우리의 의무다.

종slave은 신앙적이며 도덕적인 사람일 의무가 있으며, 자기의 가족과 이웃들에 대하여 친절할 뿐 아니라 주인을 섬기고 자기에게 맡겨진 일을 해야 할 의무가 있다. 실로 이러한 두 종류의 일은 그리스도에 대한 우리의 관계에서 볼 때 동전의 양면들인 뿐이다. 왜냐하면 신앙적이며 도덕적인 의무들은 그리스도에 대한 섬김으로 간주될 수도 있기 때문이다. 그럼에도 이러한 두 종류의 의무는 자체의 관계에 있어 구별되는 것으로 생각해야만 한다.

"내가 돌아올 때까지 장사하라occupy till I come"라는 명령은 후자의 종류에 관계된다.

달란트란 무엇인가?

우리의 육신적이며 정신적인 모든 영향력, 우리의 모든 학식, 우리의 모든 영향력, 우리의 모든 시간과 주를 섬기는 데 사용될 수 있는 것은 모두가 달란트이다.

- 우리의 의무는 이러한 유리한 점들을 은사로, 곧 천부적이거나 후천적인 재능이 아니라 일정한 목적을 위해 주어진 것으로 여기는 것이다.

- 그러한 것들은 우리 자신이나 우리의 사회나 세상이 아니라 그리스도를 위해 사용하도록 주어진 것이다. 그러한 것들을 우리 자신보다는 사회나 인류를 위해 사용하는 것이 보다 숭고한 일이긴 하지만, 그러나 만일 그러한 것들을 그리스도를 위해 사용하지 않는다면 그것은 그리스도를 섬기는 것이 아니다. 사람은 자신의 세속적이며 정치적인 모든 의무를 수행할 수 있지만, 그러나 만일 그가 신앙인이라면 그는 그것을 하나님을 섬기는 것으로써 수행할 것이며, 그리고 만일 그가 그리스도인이라면 그는 그러한 의무를 그리스도를 섬기는 것으로써 수행할 것이다.

- 우리는 이러한 달란트들을 우리 자신의 목적을 위해 사용해서는 안 되듯이 그러한 것들을 우리의 생각대로 사용해서도 안 된다. 종과 군인은 명령받는 대로 해야만 한다. 그는 자신의 뜻이나 판단을 따를 수 없다. 따라서 우리에게도 규정된 법칙[rule]이 있다. 많은 사람들이 자신들은 그리스도를 성경에서 명한 것보다 더 나은 방식으로 섬길 수 있다고 생각한다. 그러나 명하여진 법칙을 무시하는 것은 그리스도가 명하지 않으신 것을 명하는 것과도 같다.

- 우리는 이러한 달란트들을 어떻게 사용했는가에 대하여 주께 보고해야만 한다. 자기에게 주어진 달란트들을 주를 위해 사용하지 않은 종은 정죄 받는다. 자신들에게 주어진 달란트들을 오용하는 자들에게는 어떠한 결과가 초래되겠는가? 또는 누가 그러한 것들을 자신의 이기적인 목적으로 사용할 수 있겠는가?

- 모든 사람은 자신에게 주어진 달란트들을 사용함에 있어 충성된 정도에 따라 상급을 받을 것이다. 즉 그들의 성공에 따라서가 아니라 그리스도를 섬기려는 그들의 의욕과 노력에 따라 상급을 받게 될 것이다. 이것은 무상의 은혜와 일치한다.

- 우리가 지금까지 우리의 삶을 뒤돌아볼 때 우리는 얼마나 겸손해야만 하겠는가? 한편 우리가 우리의 앞날을 내다볼 때 우리는 자신을 얼마나 고무시키고 격려해야만 하겠는가? "너희가 여기 내 형제 중에 지극히 작은 자 하나에게 한 것이 곧 내게 한 것이니라"

246. 자신의 주를 전하라

"도마가 대답하여 이르되 나의 주님이시요 나의 하나님이시니이다"

요한복음 20:28

고백

본 성구는 감탄의 말exclamation이 아니다.

- 그러한 감탄의 말이 유대인들에게는 혐오스러운 것이었기 때문이다.
- 그리스도에 대한 이러한 고백이 성경에서는 단 한 번의 예도 없었다.
- 이것은 형식에 있어 인사말address임에 틀림없다. 도마는 그, 곧 그리스도에게 말했다. 그는 그리스도를 그의 주와 하나님으로 인정했다.

주

두 단어의 의미, 곧 '주'와 '하나님'이란 단어 간의 차이점. '퀴리오스Κύριος, 주'는 소유권자를 의미하며, 소유권은 지배권을 내포하므로 '퀴리오스'는 다음과 같은 것을 표현했다.

- 포도원의 주인, 종들의 주인, 온 땅의 주로서의 소유권에 근거되어 있는 주권Lordship의 개념으로 표현했다.
- 이러한 근거에 관계없는 주권이다. 곧 왕들은 주Lord라 불리며, 가장家長이나 남편이나 선생 등도 이와 같이 불린다.
- 교사나 목사 등과 같은 정중한 칭호로 사용된다.
- '퀴리오스'가 하나님께 적용될 때는 자체의 상대적인 의미를 보유한다.

즉 이 단어는 피조물들의 소유주와 절대적인 통치자로서 그것들에 대한 하나님의 관계를 나타낸다. 이 단어가 '아돈*Adhon*, 주'과 '아도나이*Adbonai*, 나의주'에 대해서 뿐 아니라 '여호와' '샤다이전능자'와 '엘로힘위엄의 하나님'에 대용될 때와 같이 70인역에서는 수백 번이나 부적절하게 하나님에 대하여 사용된다. 그러나 이 단어가 신약에서는 그리스도에 대하여 사용된다. 그는 여호와가 히브리인들의 주가 되셨던 의미에서 우리의 주이시다. 여호와는 히브리인들의 절대적인 소유자와 통치자이셨다. 그리스도는 창조자와 구속자로서 우리를 소유하신다.

하나님

'하나님'이란 단어가 의미하는 것은 모든 이해력과 상상력을 초월한다. "하나님은 무한하시고 영원한 영이시다" 등으로 표현하기란 쉽다. 그러나 누가 무한하신 자를 이해할 수 있는가? 우리는 그 존재와 완전하심에 있어 무한하신 자는 다음과 같은 것이어야만 한다는 것을 안다. ① 경모의 대상, ② 지고의 사랑의 대상, ③ 절대적인 복종의 대상, ④ 신뢰의 대상, ⑤ 그의 사랑favor이 영적이며 영원한 생명이라는 것이다. 하나님께 기인하는 모든 것은 그리스도께 기인하는 것이다.

나의 주, 나의 하나님

'나의'란 단어의 뜻은 무엇인가? 그것은 소유대명사다. 그것은 그리스도가 우리의 주와 하나님이시라고 우리가 인정하고 고백하는 분이시라는 것을 의미할 뿐 아니라 그는 우리에 대하여 주와 하나님의 관계에 계시며, 우리는 그에 대하여 이에 대응하는 관계에 있다는 것, 그리고 그는 우리에게 주와 하나님이시며, 우리는 그의 소유권과 권위를 인정하고 그의 보호에 의지하며, 우리의 주와 하나님으로서 그를 경모하고 사랑하며, 신뢰하고 섬긴다는 것을 의미한다.

그리스도인이 되는 조건은 이것이다. 즉 "누구든지 성령으로 말미암지 않고는 예수 그리스도를 주라 시인할 수 없느니라." 예수를 하나님의 아들로 시인하는 자마다 하나님에게서 난다. 사람이 그리스도인 되는 방법은 자기에게 계시 되는 그리스도를 주와 하나님으로 소유하는 것이다. 그리고 사람이 은혜로 성장하는 방법은 그리스도를 아는 지식으로 자라는 것이다.

그러므로 인간의 중대한 의무는 그리스도를 전파하는 것^{preaching}이다. 천상의 복된 영광은 그리스도께서 우리를 아시는 것처럼 그를 아는 것이다.

247. 믿음의 선한 싸움을 싸우라

"믿음의 선한 싸움을 싸우라 영생을 취하라 이를 위하여 네가 부르심을 받았고 많은 증인 앞에서 선한 증언을 하였도다"

디모데전서 6:12

믿음의 싸움

첫째, 믿음이 벌이는 싸움을 의미할 수 있다. 이 싸움에서 믿음이 서로 싸우는 두 편 중 하나이며, 세상과 육신과 마귀는 다른 편이다. 이러한 경우에서 믿음을 주관적인 의미로 이해해야만 한다. 그것은 우리가 육의 눈으로 볼 수 없는 영원한 것들에 의해 인식하는 내적 기관이며, 그것을 통하여 우리는 그러한 것들의 은혜로움을 경험한다. 이러한 견지에서 믿음의 싸움이란 갈라디아서 5장과 에베소서 6장과 이 외의 구절들에서 충분히 묘사되어 있는 영적인 투쟁이다.

둘째, 그것은 믿음을 위한 싸움을 의미한다. 그러므로 이 명령은 유다서 3절에 나와 있는 것과 같은 명령이다. "성도에게 단번에 주신 믿음의 도를 위하여 힘써 싸우라" 이러한 경우에 있어 믿음은 객관적으로 우리가 믿는 교리들에 대하여 사용된다. 바울은 '믿음에서 떠난' 자들에 대하여 말한다. 그는 자신에 대하여 '믿음을 지킨' 것으로 말한다. 그는 '세상의 지혜'와 '하나님의 지혜'를 광범위하게 구별한다. 전자는 사람들이 사색에 의해 도달하는 견해나 확신들을 의미한다. 이러한 것들이 참된 것들일 수도 있고 거짓된 것들일 수도 있다. 그러나 어느 경우에서도 그러한 것들은 믿음의 범주에 속하지 않는다.

진리를 위한 싸움

하나님의 지혜란 하나님에 의해 초자연적으로 계시된 진리들임을 의미한다. 즉 "눈으로 보지 못하고, 귀로 듣지 못하며, 사람의 마음으로도 생각지 못한, 하나님께서 자기를 사랑하는 자들을 위하여 예비해 놓으신 것들" 고전 2:9-14을 의미한다. 그러나 하나님께서는 그러한 것들을 우리에게 그의 성령을 통해 계시해 오셨다. 이러한 것들이 우리가 위해 싸워야만 할 믿음을 구성한다.

그러한 것들이 믿음의 대상들이다. 그러한 것들은 증언, 곧 하나님의 증언에 의거하여 받아들여지기 때문이다. 그러므로 성도에게 주어진 것으로서 우리가 보전하고 전하고 전파해야 할 믿음은 성경에 내포되어 있는 것들, 곧 초자연적으로 계시된 진리들이다.

- 믿음을 위한 싸움에 첫째로 필수적인 조건은 성경이 믿음의 절대 무오한 법칙이라는 확고한 확신이다. 즉 성경이 가르치는 것은 무엇이든 바로 하나님께서 가르치는 것이며, 그러므로 그것이 절대적으로 참되다는 것과, 따라서 그것을 거부하는 자는 어떠한 자도 하나님의 증언을 거부하지 않을 수 없게 된다는 확고한 확신이다. 만일 사람이 성경이 가르치는 것으로 이해하는 것에서 의도적으로 떠난다면 그에게는 어떠한 안전도 없다. 인간은 무엇이든 믿을 수는 있다.
- 하나님에 의해 계시된 것들의 중요성에 대한 확고한 확신이다. 거룩함이 없이는 아무도 하나님을 볼 수 없으며, 진리 없이는 어떠한 신자도 존재할 수 없다. 우리 자신의 구원과 다른 사람들의 구원은 진리에 달려 있다. 이교도들의 세계와 한때 기독교 국가들이었으나 진리를 상실해 온 나라들을 바라보라.
- 진리의 힘에 대한 내적인 경험이다. 어떠한 사람도 자기가 소중히 여기지 않는 것은 어떤 것을 위해서도 싸우지 않는다. 이러한 경험의 결여

가 잘못된 믿음의 큰 원인이다.

진리를 위해 싸우는 방법은 이것이다.
첫째, 그것을 고백하고 선언함. 능력은 진리 안에 있다.
둘째, 그릇된 설명들과 반박자들에게 답변하여 줌.

이러한 일은 온유함으로 하고 진리를 사랑으로 말하며, 바울은 심고 아볼
로는 물을 주되 자라게 하시는 이는 하나님이시라는 것을 기억해야만 한다.

248. 성찬식의 의의

- 졸업반을 위한 성찬식에서

"너희가 이 떡을 먹으며 이 잔을 마실 때마다 주의 죽으심을 그가 오실 때까지 전하는 것이니라"

■ 고린도전서 11:26

이에 관련된 성경 구절들을 봉독하라.

성찬식의 본질과 목적

• 기념은 다음과 같은 것을 내포한다.

① **집례**Administration. 이것이 현재의 경우에서는 경모에서 실시된다. 그러나 이때의 경모는 단순한 경모가 아니라 인간의 형상을 입으신 하나님에 대하여 표하는 특별한 형식의 경모다. 그는 신성의 모든 완전함, 곧 하나님의 영광의 아파우가스마$^{ἀπαύγασμα, 광채}$를 소유하고 계실 뿐 아니라, 인성의 완전함과 아름다움^{loveliness}으로 옷 입고 계시다. 바로 이러한 것이 그로 모든 인간의 눈이 향하게 되는 우주의 핵심이 되게 한다.

② **감사.** 첫째, 그의 모든 은혜에 대하여 내포한다. 지옥과 사탄의 권세와 죄로부터의 구원, 하나님의 사랑과 그와의 친교에 대한 회복, 그리스도의 생명과 영광에의 참여를 포함하여 그와의 친교이다. 둘째, 이러한 은혜들에 의해 확보되었던 값, 그리스도의 수욕과 고난에 대하여 내포

한다.

• 교제

① 참여의 행위와 방식. 성찬식을 통하여 우리는 그리스도의 몸과 피, 곧 희생제물로서의 그것들의 효력에 참여한다.

② 이것의 결과가 우리로 그와 하나가 그리고 한 몸이 되게 한다. 유대인들의 신앙 의식들의 실례. 제단에 대한 참여가 사람으로 유대인—신정Theocracy의 혜택의 동참자—이 되게 했다. 따라서 이 교도들의 희생제물에 대한 참여가 숭배의 대상들과의 연합을 초래하였다. 이러한 의식을 통하여 우리가 갖는 그리스도와 성도들과의 연합은 그러한 것들보다 훨씬 더 친밀하다.

• 헌신

우리는 그리스도의 것이라는 것이다. 즉 그의 보혈에 의해 구속되었다는 것을 인정하지 않을 뿐 아니라 그를 섬기는 데 헌신하지 않고서는 성찬식에 의해 그를 우리의 구주로서 기념할 수 없다.

교리적이고 실제적인 설교 개요

프린스턴 채플 설교 노트

초판 1쇄 인쇄 2022년 5월 9일
초판 1쇄 발행 2022년 5월 23일

지은이 찰스 하지
옮긴이 아바서원 번역팀
펴낸이 정선숙

펴낸곳 협동조합 아바서원
등록 제 274251-0007344
주소 경기도 고양시 덕양구 삼원로51 원흥하이필드 지식산업센터 606호
전화 02-388-7944 **팩스** 02-389-7944
이메일 abbabooks@hanmail.net

ⓒ아바서원, 2022

ISBN 979-11-90376-47-1   03230